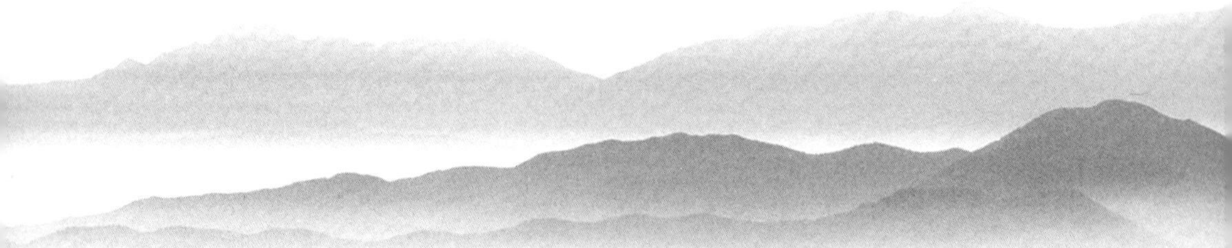

刘宗周与明清儒学

纪念刘宗周诞辰440周年学术研讨会论文集

陈来 高海波/主编

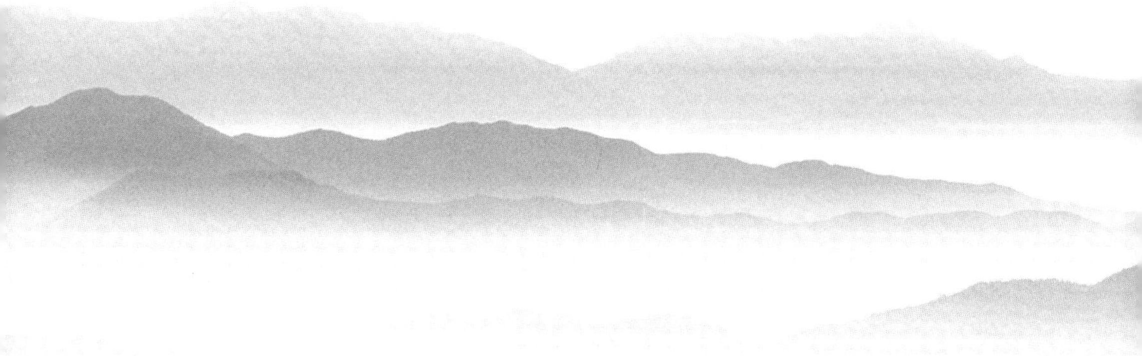

天津出版传媒集团
天津人民出版社

图书在版编目(CIP)数据

刘宗周与明清儒学：纪念刘宗周诞辰440周年学术研讨会论文集 / 陈来，高海波主编. -- 天津：天津人民出版社，2020.10

ISBN 978-7-201-16497-7

Ⅰ.①刘… Ⅱ.①陈… ②高… Ⅲ.①刘宗周(1578-1645)－哲学思想－思想评论－文集 Ⅳ.①B248.995-53

中国版本图书馆CIP数据核字(2020)第193110号

刘宗周与明清儒学

LIU ZONGZHOU YU MINGQING RUXUE

出　　版　天津人民出版社
出 版 人　刘　庆
地　　址　天津市和平区西康路35号康岳大厦
邮政编码　300051
邮购电话　(022)23332469
电子信箱　reader@tjrmcbs.com

责任编辑　林　雨
封面设计　春天·书装工作室

印　　刷　天津新华印务有限公司
经　　销　新华书店
开　　本　710毫米×1000毫米　1/16
印　　张　38.5
插　　页　2
字　　数　480千字
版次印次　2020年10月第1版　2020年10月第1次印刷
定　　价　118.00元

序

刘宗周，字起东，号念台，被学者尊称为“蕺山先生”，浙江山阴（今浙江绍兴）人，是明末著名思想家。明神宗万历六年（1578）生，清顺治二年（1645）明亡后绝食殉国。他吸收了理学、气学的因素，建立了一个以慎独、诚意为宗旨的心学体系，对阳明后学的流弊进行了修正，对宋明理学进行了一定程度的批判总结。因此，邵廷采认为刘宗周“粹然集宋明理学诸儒之成”。同时，在刘宗周的思想中也有很多新面向，如强调一元的理气论、心性论，重视气、习、欲的合理性等，都突出地反映了明清之际儒学变化的新趋向。深入研究刘宗周及明清之际的儒学思想，无论对于理解刘宗周本人的思想，还是对于理解明清之际的思想转变都具有非常重要的意义。

现代学界对刘宗周的重视应该始于牟宗三先生 20 世纪 70 年代出版的《从陆象山到刘蕺山》一书，在该书中牟先生将刘宗周定位为宋明理学的殿军，并将其与胡宏并列，置于其著名的“宋明理学三系说”中，视为“以心著性”的第三系（另外两系为程朱、陆王）。牟先生对刘宗周的研究和定位引起了港台学界对于刘宗周思想的重视，20 世纪八九十年代，曾一度掀起了刘宗周思想研究的热潮，出现了大量的博士、硕士论文，出版了一些相关的研究专著，另外还有不少学术论文发表。在这种情况下，1994 年台湾“中研院”中国文哲研究所启动了一项为期三年的“刘蕺山学术思想计划”，该计划主要有两项成果：第一是戴琏璋、吴光主编，钟彩钧、蒋秋华编审的《刘宗周全集》。第二是在此期间举办了四次“刘蕺山学术思想研讨会”，最后由台湾“中研院”中国文哲研究所筹备处在 1998 年出版了《刘蕺山学术思想论集》（钟彩钧主编）。该论文集汇集了众多海峡两岸研究刘宗周及蕺山学派思想的重要学者的重要论文。这两项成果对刘宗周和蕺山学派思想的研究起到了重要的推动作用。受港台影响，祖国大陆学界也开始重视刘宗周思想的研究。20 世纪 90 年代，东方朔（林宏星）、王瑞昌、何俊等人都对刘宗周整个思想或《人谱》进行了专门的研究，发表、出版了一些重要的研究成果。进入 21 世纪，伴随着学界对宋明理学特别是明代理学研究兴趣的升温，又出现了为数不少的硕士、博士论文，并先后出版了一系列研究专著。陈畅、高海波、张天杰、张瑞涛、雷静、张慕良等人都有关于刘宗周思想研究的专门的论著。应该说，近年来大陆的刘宗周研究也掀起了一个新的热潮。在这种情况下，集中学界的力量，汇集刘宗周研究的最新成果，探讨刘宗周研究的新的路径和方法，审视刘宗周在明清之际转型中的地位，就显得非常必要。

从 2017 年开始，在陈来先生的主持下，清华大学国学研究院制定了为期三年的“明清哲学”研究计划，该计划的主要目的是，汇集海内外关于明清思想研究的重要学者，召开三次（每年一次）以“明清哲学”为主题的学术会议。2017 年 8 月 26—27 日，清华大学国学研究院与武汉大学传统文化中心联合举办了“阳明学文献与思想研讨会”，2019 年出版了《阳明文献与思想》一书。这是第一次会议。会后，陈来先生就转年的会议主题征求大家意见，我提议，2018 年是刘宗周诞辰 440 周年，可举办个会议来纪念蕺山先生，陈先生慨然表示支持。

就这样，2018 年 8 月 9—10 日，清华大学国学研究院主办了“明清哲学”系列会议的第二次会议，即“刘宗周与明清之际儒学——纪念刘宗周诞辰 440 周年学术研讨会”。来自祖国大陆、香港、台湾地区，以及韩国、马来西亚的 30 余位专家学者围绕宋明理学殿军刘宗周与明清之际儒学进行了深入的研讨与交流。

陈来先生在闭幕式上总结此次会议有三个特点:第一,邀请的学者以明代中期到明末清初作为研究领域，两天的研讨会是在该领域内进行的专家层次的深入交流。第二,就会议论文而言,应该说是代表了这个领域,特别是刘宗周研究的最高水平和前沿研究。第三,研讨会不仅仅是提交论文,深入的讨论是非常重要的部分,涉及一些重要的、大的问题。会议论文更多的是围绕具体问题、小问题,本次会议论文基本上是围绕蕺山学派、文献研究、诠释研究、明清之际儒学思想研究这四个方面展开。本论文集的编辑也主要以此为依据,将全书内容分为三个部分:第一,刘宗周研究(主要包含思想研究、文献研究、诠释研究)。第二,蕺山学派研究。第三,明清儒学研究(重点是明清之际儒学研究,也包含几篇有关明代中期儒学研究的论文)。

在会上,朱鸿林教授指出,研究刘宗周有三个面向需要注意。第一,刘宗周是士大夫儒者(confucian scholar officer),朱鸿林分别从读书人(scholar)、官员(officer)、儒者(confucian)三个角度对刘宗周进行了深入解析。第二,黄宗羲认为刘宗周是纯儒,其成就超越了以往理学家,是宋明理学结局之人。对于黄宗羲的说法需要反思两个问题:心学与儒学到底是什么关系?刘宗周在儒学史上的地位如何?第三,从与刘宗周并世之人的角度来对其审视。比如从顾炎武、钱谦益、王夫之等人及一般经世儒者的角度来审视明清之际儒学,又会呈现多姿多彩的样态。

吴震教授指出刘宗周研究中有两条线索。第一条线索是哲学史研究的进路。这条线索的研究主要受到港台新儒家,特别是牟宗三、杜维明的影响、推动。第二条线索是思想史研究的进路,代表人物是余英时、王汎森。这条线索的研究方法、角度、对象不同于第一条线索,是从儒学宗教化运动过程中转型的角度来审视刘宗周的思想。吴震结合自身的研究经验,指出在研究这一转型过程时应重视历史追溯。历史追溯这个方面有两条线索:一是晚明儒学宗教性的转向可以跟上古中国的宗教资源关联起来研究，也就是说晚明士人、庶民阶层对于宗教的企向是有着深厚的中国传统文化资源做支撑的。二是儒学传统的经典中有许多关于“感应”的记录。从感应与报应这个角度可以对刘宗周的《人谱》进行更深入的研究，可以将其置入晚明劝善运动中，重新发掘其意义。

会后，我征求陈来先生的意见，是否可以将参会学者的会议论文集结出版，陈来先生欣然同意。同时，我提议给大家一年的时间用来整理、修改论文。至于出版事宜，则由我负责。在此期间，一个偶然的机缘，我联系上了多年不见的硕士同学林雨女士，得知她正在天津人民出版社工作。我非常高兴，就询问她，可否将我们的论文集放在她们那里出版，她二话没说就答应了。她很快向出版社的领导汇报了此事，出版社的领导也表示大力支持。

按照原定计划，论文集应该在2019年9月左右集结并交给出版社，但是考虑到大家的会议论文的发表需要一段时间，所以延迟了交稿的时间。2020年，又由于新冠肺炎的大暴发，也影响了该书的出版。好在林雨女士对此事非常重视，多次和我联系、沟通，论文集才得以尽快地完成集结、修订。在这里要对林女士和天津人民出版社表示衷心的感谢，没有她们专业、辛勤的工作，论文集不可能在这个特殊时期及时出版。

还要感谢香港理工大学的朱鸿林先生，朱先生是唯一一位连续三次支持了我们“明清哲学”系列会议（2019年召开了关于方以智研究的第三次会议）的学者。同时还要感谢台湾“中研院”中国文哲研究所的钟彩钧先生，北京大学的张学智教授，复旦大学的吴震教授、何俊教授，他们也连续两年参加了我们主办的会议。他们或者在会上发表了重要论文，或者做出了精彩的发言、总结，为会议的成功举办提供了学术方面的慷慨支持。当然，也要感谢所有在会上发表精彩论文，并在会后对论文进行精心修订的所有学者。本论文集就是他们重要学术成果的体现。

最后，还要感谢张昭炜、朱雷两位仁兄，他们除了在会上发表论文，也为会议提供了重要帮助。另外，国学院办公室的黄婉君、王晓涵女士，以及哲学系的刘鎏、吕志鹏、郭潇、黎骏颖等同学为会议提供了会务支持，没有她们辛勤的付出，会议不可能顺利进行，在此一并表示感谢。

高海波

2020 年 9 月 16 日

目　录

刘宗周研究

蕺山学派研究

明清儒学研究

刘宗周研究

气与刘蕺山对明代哲学的总结

张学智
（北京大学国学研究院）

刘蕺山是明代最后一位大儒。他的思想以对天人性命、已发未发、本体工夫的深刻体认为根据，以气为一切观念、范畴的基础，以诚意慎独为学术宗旨，以纠正明代乃至整个儒学之偏弊为职志，代表了当时第一流思想家对朱子学与阳明学的融会与调和。蕺山继东林之后，对善恶问题给予极大关注，但他的解决方法不同于儒学前辈，他着意彰显的路数是，从物质性的气入手，将心性问题安放在实证基础之上；从气引出心性，从心性中导出“意”，从意上说善恶，整个思想脉络以“意”为中心。蕺山用这一独特的理路，批评朱子与阳明，将这两位大思想家所代表的精神方向——价值理想和知识传统统合起来，使儒学思想既保持价值至上的品格，又立于坚实的物质基础之上。他的思想形态，开启了清代的学术方向，奠定了此后各派学术以气为本原的格局。他是明代理学的殿军，也是中国古代哲学的最后几位代表之一。

一

蕺山之学，以气为基础。世间一切事物，无论是物理的还是心理的，皆须从气说起，皆须以气为构成基础，皆是气的生发。蕺山说：

盈天地间一气而已矣。有气斯有数,有数斯有象,有象斯有名,有名斯有物,有物斯有性,有性斯有道。故道其后起也。而求道者辄求之未始有气之先,以为道生气,则道亦何物也,而能遂生气乎?[①]

盈天地间一气也。气即理也,天得之以为天,地得之以为地,人物得之以为人物,一也。[②]

这是说,气是天地间唯一的实体性存在,气在运动中有了结聚,数是气的结聚的数量差别,有此差别就有了事物的不同象状,名是此象状的指称符号,因象状、符号不同而有不同的物体,性是此物的特有性质,此性质即此事物之理,道即理的别名。在此序列中,气是最基本的,道是后起的。气是一切事物的本原,是一切事物之所从出,道是事物之理。求道于未始有气之先,是错了方向。为此,蕺山反对一切将气与存在物割裂为二的学说,认为"太虚""太极""道"等代表宇宙本体、代表宇宙最初存在阶段的概念,其本质无非是气。他说:

或曰:"虚生气",夫虚即气也,何生之有?吾溯之未始有气之先,亦无往而非气也。当其屈也,自无而之有,有而未始有;及其伸也,自有而之无,无而未始无也。非有非无之间而即有即无,是谓太虚,是谓太极。[③]

虚生气为道家学说,宋代张载即辟此说,以为割裂太虚与气之统一性。张载并以气之屈伸往来定义鬼神。蕺山承此,认为太虚即气之非有非无,而

① 刘宗周著、吴光主编:《刘宗周全集》(第二册),浙江古籍出版社,2007年,第407页。

② 《刘宗周全集》(第二册),第408页。

③ 《刘宗周全集》(第二册),第407页。

非有非无同时即有即无。此有无是从隐显说,气只有隐显而无有无。周敦颐的著名命题"无极而太极",刘宗周也用气去解释:

"一阴一阳之谓道",即太极也。天地之间,一气而已,非有理而后有气,乃气立而理因之寓也。就形下之中而指其形而上者,不得不推高一层以立至尊之位,故谓之太极。而实本无太极之可言,所谓"无极而太极"也。使实有太极之理,为此气从出之母,则亦一物而已,又何以生生不息,妙万物而无穷乎?[①]

此句意在破朱子以理释太极,以无形而有理释无极而太极,明言气乃本原,理乃气之条理,形而上者须从形而下中见。气为一切事物的本原,是一切思想观念的基础,这是蕺山牢不可破之见。以为气有二种,或有从气上说,有不从气上说者,皆错会蕺山之言所致。

蕺山将气作为他的理论的出发点,其他一切概念皆从气中生出。在他的诸哲学范畴中,心与气的关系最为直接。他对各种心理活动有清楚的界说,而统一于气:

盈天地间皆物也,人其生而最灵者也。生气宅于虚,故灵,而心其统,生生之主也。其常醒而不昧者,思也,心之官也。致思而得者,虑也。虑之尽,觉也。思而有见焉,识也。注识而流,想也。因感而动,念也。动之微而有主者,意也,心之官之真宅也。主而不迁,志也。生机之自然而不容已者,欲也。欲而纵,过也;甚焉,恶也。而其无过不及者,理也。其理则谓之性,谓之命,谓之天也。其著于欲者,谓之情,变而不可穷也。其负情而出,充周而不穷者,才也。或相什佰,气与质也。

① 《刘宗周全集》(第二册),第230页。

而其为虚而灵者，万古一日也。[1]

此段话对人的心理活动分类很细致，界定很明确，逻辑次序也合理。《原旨》一书作于崇祯十五年（1642），距他绝食而死只有三年，可视为他的最后定见。此中说，世间一切皆可谓物，人为万物之灵。人之灵是因为宇宙间生生之气聚合而为心这一虚空之体。心因其灵，故能为人的身体的统领和主宰。思是心这一最重要器官的功能，它的运行是自然而然的。虑是心致思的内容，觉是思虑至尽处而悟得一个结果。识是思而得一见解，想即想象，是识的自然延伸。念头是心对外感而做出的一个具体指向，意是决定具体念头方向的深微的主宰。意在蕺山诸心理范畴中是最重要的，它是心一切活动真正的、最后的主宰，故曰“真宅”。这一点后面还要详说，此处且按蕺山的逻辑顺序简述。志是由意决定的不变的心念方向。欲是人这一生机活体自然呈现的倾向，它是不能遏止的，它本身说不得善恶，放纵这种自然倾向不加节制，是过失，放纵之甚，是恶。理是欲的无过无不及之中道。理即性，即命。从理是行为的价值理想来说，叫作性；从理的不可抗拒之必然性说，叫作命，从理的精微高严必须遵守说，叫作天。气之自然起伏而通过欲表现出来的，叫作情，情处在不断的变化中，无有止息。气乘情周行而表现出的恒常能力叫作才，才之有高有下或相悬殊之原因或根据，叫作气质。以上中国典籍中关于心的范畴，蕺山皆为之定义。有的范畴间差别甚微，细入毫芒，蕺山的界说皆清晰明确。心虽有如许之具体活动和构成要件，但皆是心；虽只一心，其中分际不容混滥，稍有不明，便走入邪辟。蕺山指出，后世学术不明，皆因对心的诸方面及其关系识认不清。他指出：

善求心者，莫先于识官，官在则理明气治，而神乃尊。自心学不

① 《刘宗周全集》（第二册），第279页。

明，学者往往以想为思，因以念为意。及其变也，以欲拒理，以情偶性，以性偶心，以气质之性分义理之性，而方寸为之四裂。审如是，则心亦出入诸缘之幻物而已，乌乎神！物以相物，乌乎人！乌乎人！①

蕺山重视心的内涵、心对学术的决定意义，所以称一切学问为心学。学之首务，在明心官之内涵。明心之内涵，分际不乱，则理因此而明，气因此而治，心自然处于独尊之地。

蕺山于与心相关之各关系中，最重视心性关系与心意关系，故在讲学与著书中处处辩说。关于性的论说最清晰者为《原性》一文与逝世前二年所作之《证学杂解》，其中说：

子思子从喜怒哀乐之中和指点天命之性，而率性之道即在其中。分明一元流行气象。所谓"不识不知，顺帝之则"，全不涉人分上。此言性第一义也。至孟子因当时言性纷纷，不得不以"善"字标宗旨，单向心地觉处指点出粹然至善之理，曰恻隐、羞恶、辞让、是非，全是人道边事，最有功于学者。虽四者之心未始非喜怒哀乐所化，然已落面目一班，直指之为仁义礼智名色，去"人生而静"之体远矣。学者从孟子之教，尽其心以知性而知天，庶于未发时气象少有承当。今乃谓喜怒哀乐为粗机，而必求之义理之性，岂知性者乎？②

此一段涉及蕺山气上说性、未发已发、静存动察、性之二层诸义，实为其"心髓入微"语。蕺山认为，论性有二层，一是指性之本体，此天道边事。性之本体为超乎具体善恶对待之至善。一是指人喜怒哀乐之气之中和，此为人道边事，有善恶之可分。天地之间，一气流行，自然分为春夏秋冬；人心

① 《刘宗周全集》(第二册)，第280页。

② 《刘宗周全集》(第二册)，第272页。

之中，一气流行，自然分为喜怒哀乐。而天道人心，一气流通。蕺山说：

> 一心耳，而气机流行之际，自其盎然而起也谓之喜，于所性为仁，于心为恻隐之心，于天道则“元者善之长”也，而于时为春。自其油然而畅也谓之乐，于所性为礼，于心为辞让之心，于天道则“亨者嘉之会”也，而于时为夏。自其肃然而敛也谓之怒，于所性为义，于心为羞恶之心，于天道则“利者义之和”也，而于时为秋。自其寂然而止也谓之哀，于所性为智，于心为是非之心，于天道则“贞者事之干”也，而于时为冬。乃四时之气所以循环而不穷者，独赖有中气存乎其间，而发之即谓之太和元气，是以谓之中，谓之和，于所性为信，于心为真实无妄之心，于天道为“乾，元亨利贞”，而于时为四季。自喜怒哀乐之存诸中而言，谓之中，不必其未发前别有气象也。即天道之元亨利贞运于於穆者是也。自喜怒哀乐之发于外而言，谓之和，不必其已发之时又有气象也。即天道之元亨利贞之呈于化育者是也。唯存发总是一机，故中和浑是一性。①

气之流行乃一动态过程，此一过程表现为元亨利贞四者。就此四者之总体着眼曰中，此乃存；就此四者之分别着眼曰和，此乃发。曰中曰和，只是视点之不同，四者本来如故。故说“存发只是一机，中和只是一性”。这样，中和则不是就时间上的前后言，乃是就视点之或存或发言。此即黄宗羲所概括的蕺山发先儒所未发之四大端之一：已发未发以表里对待言，不以前后际言。蕺山此意对朱子以来就心之前后际言已发未发实是一根本性转变。同时蕺山以气之条理说性，亦根本上颠覆了朱子以来以天之赋予人者为性这一理学中占统治地位的说法。亦根本改变了朱子“涵养须用敬，进学

① 《刘宗周全集》(第二册)，第415页。

在致知”“静时涵养，动时省察”等分而为二的用功方法，而以心直接体验本体中和为根本用功方法。此工夫直击“人生而静”以上，无分心之动静。直击人生而静以上，故“全不涉人分上”之后天为善去恶。此即黄宗羲所概括的蕺山发先儒所未发之四大端之二：静存以外无动察。体中和而顺遂之，中和之体上不能用一毫工夫，故“从中和指点天命之性，而率性之道即在其中”。此所谓“不识不知，顺帝之则”。此是天道边事，是言性之第一义。而孟子从人之四端处见仁义礼智，从已发处标性善之旨，虽亦甚有功于儒者之修养，但已是人道边事，相对于未发之中上体认之最上乘已属第二义了。故认为性善之说，是为纠治时人之病不得已之法。这就是为什么蕺山既有“性无性也”之说，又特别提醒“然则性果无性乎”[①]的原因。前者指以上第一义说，后者指以上第二义说。

以上意旨，在《原旨·原性》中也有清楚的说明，蕺山说：

> 夫性因心而名者也。盈天地间一性也，而在人则专以心言。性者，心之性也。心之所同然者，理也；生而有此理谓之性，非性为心之理也。如谓心但一物而已，得性之理以贮之而后灵，则心之与性断然不能为一矣……盈天地间一气而已矣，气聚而有形，形载而有质，质具而有体，体列而有官，官呈而性著焉，于是有仁义礼智之名。……孟子明以心言性也。而后之人必曰心自心，性自性，一之不可，二之不得，又展转和会不得，无乃遁已乎！至《中庸》则以喜怒哀乐逗出中和之名，言天命之性即此而在也，此非有异指也。恻隐之心，喜之变也；羞恶之心，怒之变也；辞让之心，乐之变也；是非之心，哀之变也。是子思子又明以心言性也。子曰：“性相近也。”此其所本也。而后之人必曰理自理，气自气，一之不可，二之不得，又展转和会之不得，无乃遁已

① 《刘宗周全集》(第二册)，第280页。

乎！呜呼！此性学之所以晦也。[1]

这里也是说，性不是天之所命的抽象的预设，而是实然的心的条理。性须以心为基础，非心盛具外在的理，而是心的条理即理，即性。心是气，是气在流行中的起伏节度。故四端之心即性，非因人内在的性理而表现为四端之心。《中庸》所谓中和，正从喜怒哀乐上见，故不可离气言心，离心言性。因此，蕺山对理学的许多流行观念，如“未发为性，已发为情”“理生气”“心统性情”都本以上根本义旨提出批评，尤对义理之性与气质之性、道心与人心之截然二分提出批评，认为是一切割裂的根源所在；明乎此，则一切误解、一切混滥、一切支离可消，他说：

> 须知性只是气质之性，而义理者气质之本然，乃所以为性也。心只是人心，而道者人之所当然，乃所以为心也。人心、道心只是一心，气质、义理，只是一性。识得心一性一，则工夫亦一。静存之外，更无动察；主敬之外，更无穷理。其究也，工夫与本体亦一。此慎独之说，而后之解者往往失之。[2]

这仍是说，天地间实然存在的只是气，理是气的条理。此条理本身即性，性不是气之外、之上的主宰者和支配者。道心人心之理同此。识得此理，朱子的静存与动察、主敬与穷理之两处用功皆打并为一：只须静存，不必动察，静存即所以动察；只须主敬，不必穷理，主敬即所以穷理。本体即独体，即气的自然条理，慎独即保任此独体流行不有隔碍之工夫。故工夫与本体亦一。

① 《刘宗周全集》(第二册)，第280页。
② 《刘宗周全集》(第二册)，第301页。

二

与此相关的是他关于“意”的学说。“意”的学说是蕺山纠正阳明后学之偏弊,“归显于密”的重要理论根据。此说亦以他关于气的学说为基础。蕺山说:

> 形而下者谓之气,形而上者谓之性,故曰:“性即气,气即性。”人性上不可添一物,学者姑就形下处讨个主宰,则形上之理即此而在……今之为暴气者,种种蹶趋之状,还中于心,为妄念,为朋思,为任情,为多欲,皆缘神明无主。如御马者,失其衔辔,驰骤四出,非马之罪也,御马者之罪也。天道积气耳,而枢纽之地,乃在北辰。故其运为一元之妙,五行顺布,无愆阳伏阴以干之,向微天枢不动者以为之主,则满虚空只是一团游气,顷刻而散,岂不人消物尽?今学者动为暴气所中,苦无法以治之,几欲仇视其心,一切归之断灭,殊不知暴气亦浩然之气所化,只争有主无主间。今若提起主人翁,——还他条理,条理处便是意,凡过处是“助”,不及处是“忘”。忘助两捐,一操一纵,适当其宜,义出于我,万理无不归根,生气满腔流露,何不浩然去?浩然仍只是澄然湛然,此中元不动些子,是以谓之“气即性”。只此是尽性工夫,更无余事。①

此为《证学杂解》中语,此语出之蕺山逝世前二年,亦可视为论定之说。此中除以性气统一为基础之外,更以心有主宰为立说中心。而心有主宰,即天地间气有主宰之表现。蕺山认为,天之五气顺布,有天枢为之主宰。当然

① 《刘宗周全集》(第二册),第269页。

此天枢亦非在天之外。人心亦有主宰,人心的主宰即“意”。儒学之修养工夫不像佛道二教那样在空其心,而在此主宰常精常明。此主宰常精常明,则暴气皆为所化,心中流出者皆浩然之气。而此浩然之气即本心之澄然湛然之气。孟子所谓尽性,即由此主宰常常惺觉而心中之气以澄然湛然之状态流行。此即“诚意”,此即“慎独”,此即“本觉”。本体如是,工夫亦如是。故蕺山说:“甚矣,事心之难也!……必也求之本觉乎?本觉之觉,无所缘而觉,无所起而自觉,要之不离独位者近是。故曰‘暗然而日章’。暗则通微,通微则达性,达性则诚,诚则真,真则常。故君子慎独。”[①]“本觉”者,本体之自觉,独体之显露,诚意之达成,真常之无蔽。统只一个工夫。

蕺山从天道是人心之放大,人心是天道之具体而微出发,论证天人皆有枢纽,此枢纽是万物万事的主宰,并从天人一理的角度,认为“意”是人心之枢纽。他说:

> 天枢转于於穆,地轴亘于中央,人心藏于独觉。[②]
>
> 天枢万古不动,而一气运旋,时通时复,皆从此出。主静立极之学本此。[③]

又说:

> 天一也,自其主宰而言谓之帝。心一也,自其主宰而言谓之意。[④]
>
> 天穆然无为,而乾道所谓刚健中正,纯粹以精,尽在帝中见;心浑然无体,而心体所谓四端万善,参天地而赞化育,尽在意中见。离帝无

---

① 《刘宗周全集》(第二册),第 266 页。

② 《刘宗周全集》(第二册),第 409 页。

③ 《刘宗周全集》(第二册),第 378 页。

④ 《刘宗周全集》(第二册),第 442 页。

所谓天者，离意无所谓心者。[1]

意既为人心之枢纽与主宰，则它必是人的一切正面价值的凝聚，它本身必是超出具体善恶判断的至善。所以蕺山又以意为道心、诚、几、性体、独体，未发之中等。他着力辩白的是，意为心之所存而非心之所发，意决不同于念，亦不同于志。他对于朱子、阳明以心所发之念头训意皆不赞同，他批评朱子说："意者，心之所存，非所发也。朱子以所发训意，非是。传曰：'如恶恶臭，如好好色'，言自中之好恶一于善而不二于恶。一于善而不二于恶，正见此心之存主有善而无恶也。恶得以所发言乎？"[2]他又批评阳明说："意为心之所存，则至静者莫如意。乃阳明子曰：'有善有恶者意之动'，何也？意无所为善恶，但好善恶恶而已。好恶者，此心最初之机，唯微之体也。"[3]在蕺山这里，意是决定后天念虑之善恶的本初意向。它是心本有的，不是随所感而生的，是"所存"而非"所发"。意的内容是好善恶恶。此内容恒常如此，无有改变。他以罗盘为喻：罗盘喻心，盘针之不同指向喻念，盘针之必指向南的性质喻义。不管念之发生与否，意作为心之主宰，时时存在："问：'一念不起时，意在何处？'先生曰：'一念不起时，意恰在正当处也。念有起灭，意无起灭也。'问：'事过应寂后，意归何处？'先生曰：'意渊然在中，动而未尝动，所以静而未尝静也。本无来处，亦无归处。'"[4]此仍着重言意无动无静，是心之本有而非后天生起，它是不随具体善恶起灭的至善。

蕺山为什么要标榜这样一个"意"？这与他作为旷世大儒的自我担当有关。蕺山以孔孟之人格与功业自期许，思以学术纠正当时之弊。他认为当时最大的弊害在于求取功利而不出于正道，此人心之晦。他要以孔子之

① 《刘宗周全集》(第二册)，第443页。
② 《刘宗周全集》(第二册)，第390页。
③ 《刘宗周全集》(第二册)，第390页。
④ 《刘宗周全集》(第二册)，第339页。

道照亮此晦暗。而孔子之道，他认为最鲜明、最集中地体现在《中庸》中。孟子针对战国的时代问题，力倡仁义之说，而仁义的根据在内心。此“性善”之旨所以为孟子学术中心之故。而后之言性者，人置一喙，性之本义遂晦。至宋周敦颐始，诸理学大家重张圣人之学，而辩说日繁，支离转甚，圣人之学反为功利、辞章、释老之学所掩蔽，王阳明因倡良知之说，起而救治，儒学为之一大明。但王门后学又以私见羼入良知，遂使阳明之旨又湮晦。当时王学流弊之两大端为泰州、龙溪，皆承阳明良知之旨而走入邪妄者。蕺山尝言：“今天下争言良知矣，及其弊也，猖狂者参之以情识，而一是皆良；超洁者荡之以玄虚，而夷良于贼。亦用知者之过也。”[①]“参之以情识”者，指泰州派下之人喜言现成良知，所恃任者为心当下之所发，以此为良知之最真者，轻视归寂、主静等后天工夫。蕺山认为此种为学路径容易流入猖狂自恣，私见之情识混杂于心体流行之中而不自知，犹以为良知本体。“荡之以玄虚”者指龙溪之学。蕺山认为龙溪之四无说将心、意、知、物视为无，夷灭心中本有之良知，贼害孟子以来儒家性论之正宗——性善说，走入释老之学。泰州、龙溪之学之真实义旨，及蕺山对其批评果否是当，学界讨论已复不少。此处要指出的是，批评泰州、龙溪以纠正当时学弊，是蕺山提倡“诚意”之说的根本目的。此点蕺山自己言之甚多，如“司世教者又起而言诚意之学，直以《大学》还《大学》耳。争之者曰：‘意，稗种也。’予曰：‘嘉谷。’又曰：‘意，枝族也。’予曰：‘根荄。’是故知本所以知至也，知至所以知止也。知止之谓致良知，则阳明之本旨也。今之贼道者，非不知之患，而不致之患。不失之情识，则失之玄虚，皆坐不诚之病，而求之于意根者疏矣。故学以诚意为极则，而不虑之良于此起照。后觉之任，其在斯乎？孟子云：‘我亦欲正人心，息邪说，距诐行，放淫辞，以承三圣。’又曰：‘能言距杨

① 《刘宗周全集》(第二册)，第278页。

墨者，圣人之徒也。'予盖有志焉，而未之逮也"[1]。此中对诚意的重要性与己之所以提倡诚意之学的苦心表露甚为恺切。在蕺山这里，诚意是《大学》一书的概括：知本者知诚意为本，知至者知诚意为工夫之极致，知止者以诚意为最后的止息归宿之地。诚意则泰州所信从之现成良知方是良知本体，诚意则心中有良知本体而不至落入一切皆无之境地。故诚意是纠正当时学弊的良方，亦是纠正万世学弊的良方。蕺山之子刘汋也因此以诚意为蕺山之学的归结："先君子学圣人之诚者也。始致力于主敬，中操功于慎独，而晚归本于诚意。诚由敬入，'诚之者，人之道'也。意也者，至善栖真之地，物在此，知亦在此。意诚则止于至善，'物格而知至'也。意诚而后心完其心焉，而后人完其人焉。是故可以扶皇纲，植人纪，参天地而为三才也。"[2]并认为，就宋明道学言，濂溪、明道所开创的合内外动静为一的浑一学说，由朱子、象山分为理学、心学；此种分而为二复由阳明合而为一。但阳明毕竟偏于内，导致此种分而为二愈甚。至蕺山倡诚意之说，而立基于气之上，此种分而为二始又融合为一。故判蕺山之学"即内而即外、即动而即静，体用一原，显微无间。盖自濂溪、明道之后一人而已，其余诸子不能及也"[3]。又以蕺山诚意之学复心之本体，辟佛之功不在禹下；蕺山批评各种错误学说，特别是泰州、龙溪之学，是"扫蓁芜而开正路"，功亦与孟子辟杨墨同。[4]此等处虽不无推高乃亲之情愫，但蕺山确实是阳明之后思辨最为深刻、论说最为精严、体系最为庞大圆融，救世苦心最为切至的思想家。

蕺山是明代最后一位大儒，他一生的大部分时间，在明代后期的社会动荡中度过，朝内党争、满洲入侵、北方农民暴动，各种重大社会矛盾盘根错节，这些都以曲折的方式反映在明末的学术思想中。蕺山所面对的学术

---

① 《刘宗周全集》（第二册），第 278 页。

② 《刘宗周全集》（第六册），第 173 页。

③ 《刘宗周全集》（第六册），第 174 页。

④ 《刘宗周全集》（第六册），第 174 页。

潮流，一为阳明学席卷天下，其弟子中，泰州学派之“猖狂者参之以情识而一是皆良”，龙溪四无说之“超洁者荡之以玄虚而夷良于贼”，是蕺山之学着重针对、思欲救治的主要弊病。而陶石篑、石梁兄弟所讲的佛教诸论对儒家之学的背离，是蕺山把“证人”作为为学目的之直接原因。[1]从更广阔的学术背景看，蕺山沿东林之波，欲将朱子阳明两派学术统会为一，既保留朱子学以气为万物本原，一切立基于气之上的理性、实证色彩，又要保留阳明学以心为一切思想观念之首出、之统贯的优点，将阳明学突出的价值品格灌注于朱子学的重知系统，开出一有价值统领，有实证基础，同时重实地修养、重士人气节的新学说。蕺山之子刘汋对乃父的这一统会意向以及实际做出的贡献有清楚的说明：

> 先儒言道分析者，至先生（按指蕺山）悉统而一之。先儒心与性对，先生曰“性者心之性”；性与情对，先生曰“情者性之情”；心统性情，先生曰“心之性情”；分人欲为人心、道心，先生曰“心只有人心，道心者人心之所以为心”；分性为气质、义理，先生曰“性只有气质，义理者气质之所以为性”；未发为静、已发为动，先生曰“存发只是一机，动静只是一理”。推之存心、致知，闻见、德性之知，莫不归之于一。然约言之，则曰“心之所以为心”也。又就中指出本体、工夫合并处，曰诚意。意根最微，诚体本天，此处着不得丝毫人力，唯有谨凛一法，乃得还其本位，所谓“戒慎乎其所不睹，恐惧乎其所不闻”，此慎独之说也。先生曰：“诚无为，敬则所以诚之”是也。……先生即诚言敬，而敬不失之把捉；本意言心，而心不失之玄虚。致此之谓致知，格此之谓格物；正心以上则举而措之。盖一诚意而天下之能事毕矣。[2]

[1] 《刘宗周全集》（第二册），第498页。
[2] 《刘宗周全集》（第六册），第148页。

此中对蕺山以诚意为枢纽,贯理学主要宗旨的意思说得甚为明晰。蕺山此一统贯对后此儒学发展所关甚重，清以后的理学发展也大体遵循蕺山奠定之方向,除极少数杰出者,如黄宗羲、王船山、顾炎武之外,就规模之阔大、思辨之精微、境界之高迈、形上思考之深切说,未有能超越蕺山者。他的弟子黄宗羲也以他的思想龟鉴整个明代理学。从这个意义上说,蕺山是明代儒学的总结者,也是整个中国古典形态的哲学的终结者,在中国儒学史上占有重要地位。

《人谱》与李叔同的皈依律宗 *

何　俊

（复旦大学哲学学院）

1918 年李叔同（1880—1942，法名演音，号弘一，尊称为弘一法师）出家是民国初年震动士林的一桩奇事。尤为奇者，作为留学日本、开创现代艺术教育的艺术家，悟性极高的李叔同虽然在禅宗的丛林胜地虎跑寺出家、灵隐寺受戒，但却并不喜禅悦，而是修习净土，并致力于践行与研究戒律，成为南山律宗第十一代祖师。对于李叔同皈依佛门的原因，虽然当时与之后有许多人作了种种解释，但关于他弃禅习净、弘扬律学，却仍有待发之覆。本文试从晚明刘宗周《人谱》对李叔同的影响予以说明。

一、出家前的《人谱》修习

李叔同出家前曾给留学就读的东京美术学校图书馆写过一封信，告知自己即将出家的事，以及今后的通信地址。但在这封简短的信中，李叔同专门说明了他修习的是净土宗，而不是禅宗，并解释了原因。他讲：

不慧（俊案李叔同自谦）近有所感，定于七月一日入杭州大慈山

* 本文系国家社科基金重大项目“多卷本《宋明理学史新编》”（17ZDA013）的阶段性成果。

定慧寺(俗称虎跑寺)为沙弥。寺为临济宗,但不慧所修者净土。以末法众生障重,非专一念佛,恐难有所成就也。[1]

这个说明与解释至少反映两点:一是李叔同对时代的认识。所谓“末法”,虽专指佛教的衰微,但接着“众生障重”的描述,多少透露出他对时代以及自己的检讨。二是对禅宗的失望,认定单凭禅悟佛理,“恐难有成就”。对此,李叔同显然是非常在意的。出家次年,从前南社老友与《太平洋报》老同事胡朴安来看他,因胡朴安赠诗中有“弘一精佛理,禅房欣良觌……为我说禅宗,天花落几席”的句子,弘一专门指出:“学佛不仅精佛理而已,又我非禅宗,并未为君说禅宗,君诗不应诳语。”[2]

“末法众生障重”的认识,大致是李叔同出家前几年才开始形成的。民国前,虽然李叔同曾写过一些感时伤怀的诗文,包括他在东京演话剧《茶花女》等剧目时的男扮女装,但总体上还是致力于新事物与新观念的接受,即便是浪迹于青楼,也不全是消沉的生活态度,或结社,或办报,总是呈现着外拓的取向。辛亥革命,更是让他对民国的未来与自己的前途充满了愿景与期许,这有他填写的《满江红·民国肇造志感》为证:

皎皎昆仑,山顶月,有人长啸。看囊底,宝刀如雪,恩仇多少。双手裂开鼷鼠胆,寸金铸出民权脑。算此生不负是男儿,头颅好。荆轲墓,咸阳道;聂政死,尸骸暴。尽大江东去,余情还绕。魂魄化成精卫鸟,血华溅作红心草。看从今,一担好山河,英雄造。[3]

---

① 《致日本国东京美术学校图书馆》(二),此信未被收入1991年初版本的《弘一大师全集》,后被收入修订本,见第八册,福建人民出版社,2010年,第498页。此承陈星教授示知,谨志致谢。下引略称《全集》,均系1991年版。

② 《全集》(第十册),第76页。

③ 《全集》(第七册),第456页。

然而也就在差不多同时，李叔同外拓的取向便开始转向自我的内省。①其中的原因虽然不是太明白，但从夏丏尊在弘一六十寿时写的回忆看，民国初他们到杭州的浙江一师任教后，壮怀激烈的浪漫更是渐被教师职业的平淡所取代，精神已完全发生了转变。夏丏尊讲：

> （杭州浙江两级师范学校）有一个特别的地方，不轻易更换教职员。我前后担任了十三年，他担任了七年。在这七年中，我们晨夕一堂，相处得很好，他比我长六岁。当时我们已是三十左右的人，少年名士气息忏除将尽，想在教育上做些实际工夫。……我们那时颇有些道学气，俨然以教育者自任，一方面又痛感到自己力量的不够。可是所想努力的，还是儒家式的修养，至于宗教方面简直毫不关心的。

值得注意的是，在这七年中，李叔同与夏丏尊"所想努力的，还是儒家式的修养，至于宗教方面简直毫不关心的"。事实上，据夏丏尊回忆，直到出家前一年在虎跑寺断食体验以后，李叔同虽然"自己觉得脱胎换骨过了，用老子'能婴儿乎'之意改名李婴，依然教课，依然替人写字，并没有什么和前不同的情形。据我知道，这时他还只看些宋元人的理学书和道家的书类，佛学尚未谈到"。甚至1918年春节在虎跑寺过了年以后，真正开始皈依三宝，开始"茹素了，有念珠了，看佛经了，室中供佛像了。宋元理学书偶然仍看，道家书似已疏远"。②换言之，李叔同始终在看理学书，即便开始看佛经后也仍然在看，而道家书只是断食前后参阅过，看佛经后便疏远了。

李叔同出家，除了他自己的思想变化外，还深受马一浮的影响，以及具体的帮助。而且，李叔同在灵隐寺受戒后发愿修习戒律的直接原因，也

---

① 弘一在《改习惯》的讲演中讲："余于三十岁时，即觉知自己恶习惯太重，颇思尽力对治。"（《全集》（第七册），第386页）据此，李叔同的思想转变似还在辛亥以前。

② 夏丏尊：《夏丏尊文集》，浙江人民出版社，1983年，第245页。

是因为马一浮送给弘一《毗尼事义集要》与《传戒正范》二书。[1]但是在李叔同向马一浮请教的过程中，马一浮这位对儒佛都精通的理学大师究竟向李叔同作了怎样具体的开示，已无法确知。夏丏尊回忆的宋元理学书究竟有哪些，也不清楚。丰子恺虽讲过李叔同对阳明、程、朱之学，都做过工夫，[2]毕竟也是泛说。因此，仅此实难分析为什么习佛时间很短的李叔同会选修净土宗，并最终专修律宗，毕竟文人入佛门者，多数趋于禅悦，前引胡朴安的回忆，其实表征了这一点。

庆幸的是，在丰子恺迟至1957年写的《先器识而后文艺——李叔同先生的文艺观》一文中，非常具体而亲切地提到了《人谱》对于李叔同的影响。丰子恺讲：

> 李先生虽然是一个演话剧，画油画，弹钢琴，作文，吟诗，填词，写字，刻图章的人，但在杭州师范的宿舍（即今贡院杭州一中）里的案头，常常放着一册《人谱》（明刘宗周著，书中列举古来许多贤人的嘉言懿行，凡数百条），这书的封面上，李先生亲手写着"身体力行"四个字，每个字旁加一个红圈，我每次到他房间里去，总看见案头的一角放着这册书。当时我年幼无知，心里觉得奇怪，李先生专精西洋艺术，为什么看这些陈猫古老鼠，而且把它放在座右。[3]

---

① 在《四分律比丘戒相表记自叙》中，弘一云："余于戊午七月，出家落发。其年九月受比丘戒。马一浮居士贻以灵峰《毗尼事义集要》，并宝华《传戒正范》。披玩周环，悲欣交集，因发学戒之愿焉。"（《全集》第七册，第419页）俊案，弘一圆寂前绝笔"悲欣交集"的心境，最初发愿学戒即有，这似乎表征了弘一出家后长达24年的律学戒修，正是印证了他的初心。

② 丰子恺：《丰子恺全集·文学卷二》，海豚出版社，2016年，第212页。俊案，弘一1919年3月11日在《致夏丏尊》（五）的信中尝提到《四书小参》《中庸直指》等（《全集》第八册，第120页），前者系清人著述，撰者不详，后者是藕益的著述，由此或可大致推知他们读的书。

③ 《丰子恺全集·文学卷三》，第26页。

由此便知道，李叔同虽然可能读过多种宋元理学书，对阳明、程朱都做过工夫，但最终是落脚在了刘宗周的《人谱》，并且置于座右，奉为“身体力行”的指南。联系到《人谱》一书的性质与特征，足以断言，李叔同皈依律宗，正是刘宗周的《人谱》作了思想与行动上的真正导引。

作为宋明理学的殿军，刘宗周以“慎独”的标示，为宋明理学作结，他讲：

> 愚按孔门之学，其精者见于《中庸》一书，而“慎独”二字最为居要……圣贤千言万语，说本体，说工夫，总不离“慎独”二字。“独”即天命之性所藏精处，而“慎独”即尽性之学……总之诸儒之学，行到水穷山尽，同归一路，自有不言而契之妙。而但恐《中庸》之教不明，将使学“慎独”者以把捉意见为工夫，而不觌性天之体。因使求中者以揣摩气象为极则，而反堕虚空之病。①

解决的出路，就是他写的《人谱》所示。《人谱》完全不同于此前理学中的任何书，无论程、朱，还是陆、王。《人谱》一洗理学家的论说风格，把儒家理想的成圣成贤之路建立在人的改过的过程中。依据人的成长与展开过程，梳理罗列了从精神到行为的各个环节、各个方面所可能出现的过错，指导人在严格改过的践行中优入圣域。《人谱》非常简约，为了有效指导，刘宗周不仅具体阐述了改过的若干方法，而且更从历史中摘录了大量相关的史实，附在各类过错名下，以为案例。②上引丰子恺文章中提到的李叔同引裴

① 《刘宗周全集》(第二册)，浙江古籍出版社，2007 年，第 259~260 页。

② 关于《人谱》的分析，参见拙稿《刘宗周的改过思想》，载《刘蕺山学术思想论集》，台湾“中研院”中国文哲研究所筹备处，1998 年。笔者曾将《人谱》用于与晚明天主教的著作《七克》进行思想范式比较，或有助于理解李叔同之律学研究，可以一并参阅，见拙书《西学与晚明思想的裂变》第六、七章，上海人民出版社，2013 年修订版。

行俭论唐初四杰以阐明先器识而后文艺，即是一例。①

李叔同既读宋明理学书，并落脚在刘宗周的《人谱》做修身工夫，则以他的才情悟性，自然深知并体会到了刘宗周所指出的“以把捉意见为工夫，而不觌性天之体”，以及“以揣摩气象为极则，而反堕虚空之病”。《人谱》的改过于他而言正是对症的良药。他亲手在封面写上“身体力行”，并加了红圈，绝非随意的偶兴，而是真切的体验。出家后弘一坚持告知胡朴安，“学佛不仅精佛理而已”，既是这种真切体验的印证，又是对胡朴安的点示。此外，李叔同既以《人谱》为座右指南，必然深知刘宗周著此书，彰显此工夫，针对的便是晚明心学泛滥、禅风盛炽所带来的僧俗两界风气浇薄与行为失范。因此，当他修习《人谱》，渐除习气，结了佛缘，而又受制于居士的局限，终于承接了夏丏尊“不如干脆出家做和尚”的助推而决定出家时，沿着《人谱》所示的克己改过的路径，踏上苦修戒律的道路，实在是非常顺理成章的事情。弘一在受戒后披玩马一浮所赠《毗尼事义集要》与《传戒正范》，即生“悲欣交集”的心境，亦或多或少可以理解成与《人谱》的修习相印证而吻合的结果。

二、出家后的戒律修习与《人谱》

李叔同灵隐受戒，读马一浮所赠《毗尼事义集要》与《传戒正范》后，从此发愿研习律学。《人谱》作为俗书，此时似已完成了它对李叔同的引导作用，自然不必继续置于弘一的座右，而留给了他俗世中重要的弟子丰子恺，成为丰子恺最珍视的书籍，虽经战火遗失，仍重购一册，存至晚年。不过，遁入空门的弘一，其律学修习虽然不必再遵循着俗书《人谱》，但并没

① 丰子恺提到的裴行俭例，不见于刘宗周的《人谱》与《人谱杂记》，而见之于《人谱类记》。《人谱类记》是后人对《人谱杂记》的增订本，因四库采用，流行甚广。关于《人谱》及《人谱杂记》《人谱类记》的修订与异同，参见《刘宗周全集》(第六册)，第760~765页。

有轻弃儒家对于僧众修律的作用。在 1933 年厦门妙释寺的《改过实验谈》中，弘一讲：

余于讲说之前，有须预陈者，即是以下所引诸书，虽多出于儒书，而实合于佛法。因谈玄说妙修证次第，自以佛书最为详尽。而我等初学之人，持躬敦品、处事接物等法，虽佛书中亦有说者，但儒书所说，尤为明白详尽适于初学。故今多引之，以为吾等学佛法者之一助焉。①

因此，我们不妨从《人谱》的视角来观察弘一的律学修习。

《蕺山刘子年谱》顺治二年乙酉条五月载：

改订《人谱》。先生于《谱》中未当者再加订正。是书凡三易稿始定。又取古人言行，从《纪过格》诸款类次以备警，名《人谱杂记》。②

这条记载将刘宗周《人谱》的特征作了一个说明，即《人谱》本身是有关优人圣域的方法兼摄义理的著作，数稿而定，而《人谱杂记》类似于《人谱》的附录，收录了古人的言行，作为示人践行的举例。这样的体例表明，在刘宗周看来，成就一个人，既要在义理与方法上弄清楚，又必须在言行上求落实。这个思想，显然也为马一浮所认同。他送给弘一《毗尼事义集要》与《传戒正范》二书，前者记载的是明代藕益大师的践行，后者是明末清初律学的中兴典范见月律师关于戒律的著作，正仿佛《人谱杂记》与《人谱》。弘一的修习律学，同样是在知与行两个方面展开的。这里先观其行。

弘一圆寂后五个多月，丰子恺作《为青年说弘一法师》，其中讲到弘一出家后的戒律修习，可以帮助我们从俗家人的眼光来理解。丰子恺讲：

① 《全集》(第七册)，第 386 页。
② 《刘宗周全集》(第六册)，第 164 页。

法师的僧腊(就是做和尚的年代)二十四年。这二十四年中,我颠沛流离,他一贯到底,而且修行工夫愈进愈深。当初修净土宗,后来又修律宗。律宗是讲究戒律的。一举一动,都有规律,做人认真得很。这是佛门中最难修的一宗,数百年来,传统断绝,直到弘一法师方才复兴,所以佛门中称他为"重兴南山律宗第十一代祖师"。修律宗如何认真呢?一举一动,都要当心,勿犯戒律(戒律很详细,弘一法师手写一部,昔年由中华书局印行的,名曰《四分律比丘戒相表记》)。

丰子恺对弘一的律学修习的描述,实际上分了两部分,一是践行,"修律宗如何认真呢?一举一动,都要当心,勿犯戒律";二是著述,即括号中说明的手写一部《四分律比丘戒相表记》。这样的区分,正与前文所言《人谱》《人谱杂记》,以及马一浮所赠二书的区别一样,可以说正是彼此的一个重要的共同处。《四分律比丘戒相表记》是弘一的律学代表作,通常俗家人是不讨论的,加之为青年人写的追念性质的文字,对此书丰子恺自然按下不表,而专门讲弘一的践行。只是一旦落在践行,便无法空说,只能举例,形式上正与《人谱杂记》所示相同。丰子恺讲:

举一例说,昔年我寄一卷宣纸去,请弘一法师写佛号,宣纸很多,佛号所需很少。他就要来信问我,余多的宣纸如何处置。我原是多备一点,由他随意处置的,但没有说明,这些纸的所有权就模糊,他非问明不可。我连忙写回信去说,多余的纸,赠与法师,请随意处置。以后寄纸,我就预先说明这一点了。又有一次,我寄回件邮票去,多了几分。他把多的几分寄还我。于是以后我寄邮票也就预先声明:余多的邮票送与法师。诸如此类,俗人马虎的地方,修律宗的人都要认真。[①]

丰子恺举的这两个例子,性质是一样的,都是讲如何对待别人的财物。丰子恺最后有个评语:“诸如此类,俗人马虎的地方,修律宗的人都要认真。”这个评语通常讲,确实是如此,但如说俗人都马虎,就不一定了。比如刘宗周就不是,他的《人谱杂记》收集的古人言行,也都近乎修律宗的人那样认真。与丰子恺所举二例相仿,《人谱杂记·考旋篇》中第三十九、第四十条就是“警多取”“警滥受”,罗列的事例都是讲前贤在财物问题的处置,甚至虽临死而自律,比如“警滥受第四十”条载:

> 袁安遇大雪,深丈余,扃户不出。雒阳令按行,谓安已死,令人除雪,入户看之,见安僵卧。问:“何以不出?”安曰:“大雪,人皆饿,不宜干人。”[②]

这样的比较,不在于否认弘一修习律宗的性质,而仅在于说明相似的修习同样存在于《人谱》之中。除了完全属于宗教性质的戒律以外,“一举一动,都要当心”,正是《人谱》的工夫要求,只不过对于俗世的儒家而言,这些要求并非公认的“戒律”,而应是自我的要求。因此,弘一的修习,因其身份的改变,人们自然地归属于他的律宗修习,而实际上却不妨视作他《人谱》修习的继续。

实际上,丰子恺同时追忆的另外一件事,更有助于说明问题。丰子恺讲:

① 《丰子恺全集·文学卷二》,第211页。

② 《刘宗周全集》(第二册),第78页。

有一次他到我家。我请他藤椅子里坐。他把藤椅子轻轻摇动，然后慢慢地坐下去。起先我不敢问。后来看他每次都如此，我就启问。法师回答我说："这椅子里头，两根藤之间，也许有小虫伏着。突然坐下去，要把它们压死，所以先摇动一下，慢慢地坐下去，好让它们走避。"读者听到这话，也许要笑。但请勿笑，这是做人认真至极的表示。模仿这种认真的精神去做社会事业，何事不成，何功不就？我们对于宗教上的事情，不可拘泥其"事"，应该观察其"理"。①

这件事凸显的是护生的观念，故丰子恺着意阐明它的宗教性，读者也很自然会这样理解，但文中描述的场景，"他到我家""后来看他每次都如此"，证明这里的主人，尚不是剃度后的弘一，还只是做教师的李叔同。俗世中人当然也可以有宗教的情怀，但前文已述，此时的李叔同修习的是《人谱》，还没有开始读佛经。换言之，《人谱》的修习同样使李叔同达到了俗世中的丰子恺在弘一身上所见到的气象。事实上，丰子恺用来呈现弘一精神的事迹，也的确未限于出家后的弘一，而是见之于从李叔同到弘一的全部的行为。

正如丰子恺指出的，"我们对于宗教上的事情，不可拘泥其'事'，应该观察其'理'"。只是，"对于宗教上的事情"应由事见理，对于其他的事情自然也应该由事见理。我们既然已将弘一的律宗修行在事上与《人谱》相印证，便循着丰子恺的点示在理上作进一步的观察。

丰子恺将弘一僧俗两界的事迹所蕴含的"理"，最后由宗教上的彰显，概括为"做人认真至极的表示"。"做人认真至极"，是一个可以感知却难以界定的状态，因为"认真"与否很难有一个客观的标准，而"至极"更是一个

① 《丰子恺全集·文学卷二》，第212页。

极具主体感受性的状态。也许因为这样的特性，所以往往只能由事迹来呈现，丰子恺也没有作进一步的阐明，只是将它点示出来。不过，我们可以通过刘宗周的哲学阐明，来印证这个“做人认真至极”。

在刘宗周看来，做人就是要成为人，并予以证明，“学以学为人，则必证其所以为人”；而要证明自己成为人，“证其所以为心而已”，因为“夫人心有独体焉，即天命之性，而率性之道所从出也”。人的主体性源自自身，能否见证到做成人，说到底，是自我的认定。只是，人心这个独体很细微，很难体会与把握，只有在独处时才足以下工夫，因为“止有一真无妄在不睹不闻之地，无所容吾自欺也，吾亦与之毋自欺而已”。[①]这个容不得自欺，也不必自欺的心的一真无妄，刘宗周称之为“诚”。什么是诚？作为主体精神的状态，刘宗周引程颐的反向界定：“无妄之谓诚。”并进一步申明：

> 诚尚在无妄之后。诚与伪对，妄乃生伪也。妄无面目，只一点浮气所中，如履霜之象，微乎微乎。妄根所中曰“惑”，为利、为名、为生死；其粗者，为酒、色、财、气。[②]

由此可知，妄便放肆，而无妄便是敬，就是认真。刘宗周更干脆断言：“敬肆之分，人禽之辨也。”[③]丰子恺讲弘一修习所呈现的“理”，就是“做人认真至极”，换作刘宗周的理学术语，便是无妄、便是至诚无伪。

如果我们撇开弘一的释家身份，不在僧俗的区分上作计较，则似乎能够接受，弘一的律宗修习所见证的“理”，与他俗时修习的《人谱》可以说是相合无间的。这里不妨再引一件李叔同的故事，以证他的“做人认真至极”、至诚无伪。夏丏尊曾讲：

---

① 《刘宗周全集》(第二册)，第5页。
② 《刘宗周全集》(第二册)，第10页。
③ 《刘宗周全集》(第二册)，第5页。

他的力量全由诚敬中发出，我只好佩服他，不能学他。举一个实例来说，有一次，寄宿舍里有学生失少了财物了，大家猜测是某一个学生偷的，检查起来却没有得到证据。我身为舍监，深觉惭愧苦闷，向他求教。他所指教我的方法说也怕人，教我自杀！说："你肯自杀吗？你若出一张布告，说做贼者速来自首。如三日内无自首者，足见舍监诚信未孚，誓一死以殉教育。果能这样，一定可以感动人，一定会有人来自首。——这话须说得诚实，三日后如没有人自首，真非自杀不可。否则便无效力。"这话在一般人看来是过分之辞，他提出来的时候却是真心的流露，并无虚伪之意。①

弘一二十四年的僧腊，修行律学的事迹当然很多，不可胜述，但从"事"到"理"，由上述的分析，可知与俗世所修习的《人谱》是一贯的。不能由此推出，律宗的修习没有溢出世俗儒家的《人谱》，但也不能因为李叔同将《人谱》留给了俗世的弟子就简单地认为出家前修习的《人谱》在出家后便不具有影响了。我们可以推定的是，弘一的律宗修行与李叔同的《人谱》修习至少在方法与归趣上具有高度一致性，后者涵摄于前者中。前引弘一在厦门妙释寺讲的《改过实验谈》就证明了这一点。

当然，尚有一个问题是不可回避的，即《人谱》的立场是坚决辟佛的，弘一如何将它与自己的佛教身份相融呢？这需要从两个层面做出解释。一个是技术的层面。弘一的律学修习在方法与精神上与《人谱》具有高度的吻合，并不涉及儒佛在义理上的分歧，取其所取，舍其所舍，并无障碍。另一个是儒佛本身的关系。在晚明，辟佛是儒者刘宗周的根本任务。但在民国初年，已经式微了的儒学即便还要坚持自己的义理，其所要面对的挑战

① 《夏丏尊文集》，第245页。

也已不是佛教。换言之,儒佛的根本思想分歧虽在,但并不构成紧张了。[①]

三、《四分律比丘戒相表记》与《人谱》

弘一的律学修习在知的部分，最大的贡献便是南山律学的弘扬,其标志就是他的著作《四分律比丘戒相表记》(后略称《表记》)。关于对南山律的弘扬,以及《表记》的撰写,弘一在不同场合作有说明,概括起来,大意是:起初因推崇义净的新律(有部律),认为比道宣的旧律(南山律)更好,因此主要弘扬有部律;后受到天津徐蔚如居士的规劝,告知中国千余年来秉承的是南山律,如要弘扬律学,宜仍其旧贯,未可更张,因此兼学有部与南山,后渐渐认识到问题,终于"于佛前发愿,弃舍有部,专学南山"[②],因为"南山律依四分律而成,又稍有变化,能适合吾国僧众之根器故"[③]。其间,《表记》的撰写也经过相应的思想过程,因此数易其稿,才完成最后的定本。

《四分律》是在中国译出传播的五部主要佛教戒律之一,其他四部《十诵律》《僧祇律》《五分律》《根本说一切有部律》虽都曾经获得传播,但随着《四分律》因唐代道宣而弘扬,都渐趋无闻。道宣依据《四分律》撰写了《四分律删繁补阙行事钞》《四分律删补随机羯磨》《四分律比丘含注戒本》,确立了他的律学体系,因道宣居终南山,故称南山律。此后自唐至宋,注解者虽多,然只有北宋的灵芝无照最胜,他的《四分律行事钞资持记》《四分律戒本疏行宗记》《四分律羯磨疏济缘记》三记成为与前述的道宣三疏同样重要的律学撰述。只是"元照后,律学渐渐趋于消沉","南宋后禅宗益盛,

① 在《四库提要·人谱、人谱类记提要》中已明言其兼采佛教:"主于启迪初学,故词多平实浅显。兼为下愚劝戒,故或参以福善祸淫之说。"

② 《全集》(第一册),第194页。

③ 《全集》(第一册),第196页。

律学更无人过问，所有唐宋诸家的律学撰述数千卷悉皆散失”，直到清光绪末年，才从日本回流一部分。因此，弘一沉痛地指出，如果要依律学的严格标准，“从南宋迄今六七百年来，或可谓僧种断绝了”！[①]

弘一的弘律便是要将沉寂消失了七百年的南山律重新光大，可想而知，这工作的难度很大。弘一晚年讲：

> 我虽然学律近二十年，仅可谓为学律之预备，及得窥见少许之门径。再预备数年，乃可著手研究。以后至少亦须研究二十年，乃可稍有成绩。[②]

这当然是弘一的谦语，但也透露出他的弘律工作的艰难。除了散失久、年代远以外，更为困难的是，无论是南山三疏，还是灵芝三记，戒相烦琐，言义两难，民国以降的普通僧众实难接近。弘一不仅要取弘用精，而且更要以恰当的形式，才能既准确又适时，真正弘扬律学。弘一的代表作《表记》即以新颖的形式，将南山律简明而清晰地勾勒出来了。弘一讲：

> 庚申（1920年）之夏，居新城贝山，假得弘教律藏三帙；并求南山《戒疏》《羯磨疏》《行事钞》；及灵芝三记。将掩关山中，穷研律学。乃以障缘，未遂其愿。明年正月，归卧钱塘，披寻《四分律》；并览此土诸师之作。以戒相繁杂，记诵非易，思撮其要，列表志之。辄以私意，编录数章；颇喜其明晰，便于初学。……逮至六月，草本始讫，题曰《四分律比

① 《全集》（第一册），第196~199页。明末清初曾出现过律学重振，代表就是藕益智旭（1599—1655）与见月律师（1601—1679），前文述及，弘一便是由读马一浮所赠他们的著作《毗尼事义集要》与《传戒正范》而发愿弘律的。弘一在《律学要略》中指出，藕益与见月因为见不到唐宋以来的律学著作，因此虽然贡献很大，但与南山律仍是有出入的，而近代以降又有增减，不是《传戒正范》的本来面目了。

② 《全集》（第一册），第197页。

丘戒相表记》。数年以来，困学忧悴；因是遂获一隙之明，窃自幸矣！①

通常以为，佛教律学俗家人是不宜讨论的。因此下文仅取弘一《表记》的形式，与《人谱》作些比较，而不议其内容。

在形式上，《表记》与《人谱》最大的相似处，就是二者都以“表记”的形式来勾画出人的种种戒律/过失。《表记》将《四波罗夷法》戒律四条、《十三僧残法》戒律十三条、《二不定法》戒律两条、《三十拾堕法》戒律三十条、《九十单提法》戒律九十条、《四提舍尼法》戒律四条、《百众学法》戒律百条、《七灭诤法》戒律七条，共八种法、二百五十条戒律，总体上按照犯缘、犯相（罪相）、并制、境想、开缘（间或有减，甚至完全省略，仅列戒律名称，如《七灭诤法》的七条戒律），列以图表，依《四分律》摘录比丘戒相，条理其文。文字说明，长短不一，止于明白。表外根据需要，辅以南山与灵芝撰述，多录自《南山行事钞》《南山戒本疏》《灵芝资持记》《灵芝行宗记》，偶亦录自《见月止持》等，帮助说明戒律；即便有些摘录不完全涉及戒相，但也有助于修戒。这样的“表记”形式，将律学止持中的烦琐戒相作了简明清晰的呈现，非常便于修习戒律者。

相比而言，《人谱》虽没有标示“表记”，但其实际形式则近乎“表记”。刘宗周依循人的生命的展开，从性体、七情、九容、五伦、百行，即最初的心之独体，到人的情志、形象举止，再到社会关系的五伦，最后的个体行为种种，列出各个环节以及其中各部分的过失，总逾二百，虽述之以言，实形同于表，使人读之一目了然。我在过去专门讨论《人谱》的论稿中，即将《人谱》所列的过失呈之以表。②而弘一《表记》在表外所附的南山、灵芝疏记，则仿佛《人谱杂记》所摘录的古人言行。弘一的《表记》与刘宗周的《人谱》

① 《全集》（第七册），第419页。

② 参见拙稿《刘宗周的改过思想》，载《刘蕺山学术思想论集》，“中研院”中国文哲研究所筹备处，1998年，第127~154页。

在相似的"表记"形式下唯一的不同,是刘宗周将人的过失按照他的理论进行了梳理,分置于不同的层次,而弘一则照录戒律,只作阐明,未作新的处理。换言之,刘宗周的《人谱》重在他的思想创造,而弘一的《表记》则重在南山律的现代传承。

不过,弘一虽然没有对250条戒律进行总体梳理、重新分类,但如前所述,他对每一种法的各条戒律(除了只列戒律名,未作阐明者外)总体上都按照犯缘、犯相(罪相)、并制、境想、开缘进行阐明。所谓犯缘,即具缘成犯,指构成犯戒的条件;犯相(罪相)是指犯罪的情况与轻重;并制大意是指与本条戒律正制有所不同,但却视同一并处制;境想是指根据对境缘作正误的想象而判罪轻重;开缘指在某些特殊情况下,犯戒可以允许。[①]可见,弘一固然没有就整个戒律进行分类性质的阐明,但在每条戒律中还是作了上述这样的分类处理。因此,在过失/罪相的分析上,弘一与刘宗周实际上都是贯彻了分类的观念,这可以说是《表记》与《人谱》在形式上的另一个重要的相似点。

指出《表记》与《人谱》在形式上的一二相似,并不能由此推出《表记》的撰写一定受到了《人谱》的直接影响,但考虑到弘一出家前曾数年浸淫于《人谱》,却也不能简单排除《人谱》的形式在《表记》的撰写过程中完全没有某种启发性的影响。尤其是,《表记》虽然三易其稿,但反复修改的是它的内容,即在旧律与新律之间的取舍,而它的"表记"形式却是确定了的。由前引弘一的《四分律比丘戒相表记自叙》,知《表记》1921年春始编,六月初稿即讫,此时距弘一出家仅三年,前一年弘一至新城入贝山决心掩室山中,专研戒律,尚以障缘而未遂其愿,次年上半年便编成,亦可想见他对《表记》的著述形式是胸有成竹的。

---

① 参见释济群:《弘一大师对律学的贡献》,载泉州市弘一大师学术研究会编:《弘一大师纪念文集》,海风出版社,2005年,第25~42页。关于戒学的名相,尝请教于陈永革研究员与释慧什,谨志致谢。

四、余论：佛法与世风

从李叔同出家前的数年宋明理学修习，尤其是《人谱》的“身体力行”，可以确信，在辛亥革命带来的激情消沉以后，这位曾经浪迹天涯的公子哥，求新务变的才子名士，对于前此人生所辗转熏染的习气，不仅会产生他在《落花》歌中唱的“人生之浮华若朝露兮，泉壤兴衰”的伤怀，更是会投注深沉的批判，由自我的否定，到世风的反省，进而追寻改变，如他的《月》诗中所说：

仰碧空明明，朗月悬太清；
瞰下界扰扰，尘欲迷中道！
惟愿灵光普万方，荡涤垢滓扬芬芳！

这个追寻改变的客观事实，当然是李叔同皈依佛门，严守戒律，成为传戒弘律的弘一大师。亦因此，李叔同的学生曹聚仁将李叔同的诗《落花》《月》《晚钟》完全用来诠释他出家的心路历程。[①]毫无疑问，这是完全成立的。本文的分析，无意于祛除弘一的宗教性，而只是希望从他修习刘宗周《人谱》的事实，以及出家后传戒弘律中所透出的与《人谱》的相似处，来看到他的宗教性中所涵具的世俗性。事实上，《归燕》唱的“天涯芳草离亭晚，不如归去归故山”也好，《幽居》唱的“唯空谷寂寂，有幽人抱贞独”“唯清溪沉沉，有幽人怀灵芬”也好，[②]都宜与弘一的云游讲律，尤其是他对居士在家修律

① 林子青：《弘一大师新谱》1918年条，并注16，台湾东大图书股份出版公司，2009年，第155页、第162~164页。

② 陈星在曹聚仁分析的基础上，进一步由李叔同的《幽居》《归燕》《月夜》《幽人》四歌，指出它们“有一个共同的主题，即向往自然，歌赞归隐”。（《李叔同西湖出家实证》，杭州出版社，2008年，第75页。）所引诸歌，见《全集》（第七册），第458~460页。

的倡导并观，以知弘一的出家苦修，绝非是追求一人之归隐，更不是“作超现实的想望，把心灵寄托于彼岸”[①]，而恰恰是如弘一对自己敬仰的印光的赞语：“明昌佛法，潜挽世风”[②]。

另一方面，从《人谱》对李叔同的影响，以及与弘一持戒弘律的比较，足以反观得《人谱》的特征与功能。《人谱》因其具体指导人的各层次行为的特征，具有挽世风于既倒的实践功能。而且，因为它的严格性，致使《人谱》的这一特征与功能足以引导李叔同皈依律宗，进而以佛法的昌明来挽救世风。

不过，深受新文化运动以来影响的人，对《人谱》的所见恰恰与李叔同相反。20 世纪 80 年代初，宋明理学还被视为封建遗毒，高明如李泽厚先生，他虽然立意重新抉发宋明理学的理论成果与世界意义，但仍然讲：

> 重要的是，即使在纯理论或行动中具有进步倾向的人物（例如刘宗周），只要一翻阅他们那些涉及社会现实生活的种种议论（如刘的《人谱类记》），便触目惊心地可以看到这些理学家们是那样地愚昧、迂腐、残忍……他们几乎无一例外地要求用等级森严、禁欲主义……等等封建规范对人进行全面压制和扼禁。[③]

只是这个评论正可以从反面为《人谱》与李叔同皈依律宗的关系作注脚，因为只要剔除其中反礼教的战斗语词，《人谱》与律宗的戒律便呈现出巨大的一致性。如果我们联想到李叔同任教的浙江一师正是新文化运动的重镇，一师风潮虽然肇始于他出家当年的十月祭孔，但 1915 年刊行的《新青年》却早已席卷神州，李叔同正是在这样的世风下，数年修习《人谱》，最终皈依律宗，传戒弘律，因此，“明昌佛法，潜挽世风”，正是他自己的见照。

---

① 前引曹聚仁的解读，曹文：《李叔同先生》，载《全集》（第十册），第 32~33 页。

② 《全集》（第八册），第 147 页。

③ 李泽厚：《李泽厚哲学美学文选》，湖南人民出版社，1985 年，第 143 页。

恽日初思想及其背景

钟彩钧

（台湾“中研院”中国文哲研究所）

一、前言

恽日初，字仲升，号逊庵，江苏武进人。生于明万历二十九年(1601)，卒于清康熙十七年(1678)。恽日初崇祯末年从学刘蕺山，明亡后曾在福建参加抗清军事活动，失败后返回故乡，后出家为僧。①

刘蕺山去世后，因为遗书未出，弟子前往抄录，而产生诠释异同的问题。其中陈确曾选辑蕺山语录，作为个人自修准绳，但由于对《大学》《中庸》怀疑而完全不选蕺山对二书的诠释。张履祥亦曾想选蕺山语录以备自修之用，但他对蕺山的诚意、慎独思想皆不认同。②由于这两种选辑已不传，且他们与蕺山思想有明显差距，可以不必深究。至于恽日初与黄梨洲对蕺山诠释的分立则不仅著名，而且有探讨的价值。

关于恽日初的蕺山诠释已有一些研究，足以明其梗概，略述如下。恽

① 据恽日初所作《告庙文》，出家在丁亥(1647)，用意在佯狂避世，不肯臣服清朝。见恽日初著，林胜彩点校：《刘子节要附恽日初集》，台湾“中研院”中国文哲研究所，2015年，第182页。下文征引将视情况分为《刘子节要》与《恽日初集》二书。

② 《刘子节要附恽日初集》，第7~10页。

日初在康熙元年已起意选编《刘子节要》，但直到三年蕺山嗣子刘汋去世后，方从其子刘士林手中得见蕺山全部遗著，至康熙七、八年才完成《刘子节要》的编纂工作。[①]关于此书，梨洲在《答恽仲升论子刘子节要书》中提出三项批评：不认识诚意的重要、未收入《人谱》、将恽日初自作蕺山《行状》分节收入。梨洲因为不满而另选蕺山语为《刘子学案》，梨洲的选辑除了未犯三项错误外，另一项更重要的差异是形式上的。恽日初的选辑依朱子《近思录》的十四门类，梨洲则说自己的选录"一依原书次第。先师著述虽多，其大概具是，学者可以无未见之恨矣"。[②]其实恽日初与梨洲都是选录，只能见蕺山学的大概。主要差别在于两种不同的思维，依《近思录》门类选录，是依《大学》次第将蕺山之学格式化，而便于学习与作为修养的参考，其优点是公共的分类有利于内容检索，且所辑仍是蕺山之言，但既然使用了公共的分类，特殊性常受到一定程度的掩盖。梨洲的选录则不然。蕺山与先前理学家的著作有一最大不同处，就是用一组文章来表达一个主题，如《证学杂解》二十五则、《原旨》七首，而在《说》类的《第一义说》下有注云"以下十一首一时作"，蕺山用这方法有系统地阐明自己的思想。梨洲虽是选录，但"一依原书次第"，便能保留蕺山的体系，不因割裂于不同门类而失去蕺山的独特性。恽日初与梨洲的差异，从思维形态上说，恽日初较像传统理学家，重视身心修为，梨洲却较接近思想家，关心的是思想内容。

蕺山殉国后，嗣子刘汋积极进行蕺山遗著的编辑整理，由于清初朝廷尊朱的压力，而有删改蕺山著作不合洛闽处的说法流传。首先指出这点并加以抨击的是梨洲，到了乾隆年间，山阴学者沈冰壶承其说，又更进一步指出协助篡改者即为恽日初。其言云："蕺山之学，大约圭臬文成，而时有匡拂，具补偏救弊苦心。至考亭一脉，要未尝规规也。坚守《集注》者，如孙退谷、陆稼书，嫌其不合，即以张弧文成者，集矢蕺山，持锋甚厉。先生乃不

① 《刘子节要附恽日初集》，第11页。

② 《刘子节要附恽日初集》，第16~20页。

能自信，阴加窜易，附合考亭，恽日初仲升助之。黄梨洲哂为三家邨学究定王会图，谅哉！”当代学者即据此而将恽日初划为蕺山门人中的朱学派，并以恽日初《刘子节要》与梨洲《刘子学案》的分立，为蕺山学派分立的重要事件。[①]其论述虽甚博辩，但由于未见《刘子节要》，对于蕺山分派的问题，主要凭借间接史传、书序等材料去猜想。本文则依《刘子节要》与《恽日初集》重新探索这个问题，不再有盲人摸象之苦。恽日初思想来自对刘蕺山与高景逸思想的发展，因此本文从《刘子节要》及该书附录文章的蕺山诠释，来探讨恽日初的思想，再利用《恽日初集》的材料，做进一步的展开。明白恽日初思想后，蕺山诠释的属性问题便可迎刃而解。但本文不止探究恽日初的蕺山诠释符合的程度，而是以恽日初思想的研究为主体。

二、恽日初的学派属性——从诚意诠释说起

《刘子节要》收录恽日初为蕺山作的《行状》，可看到他对蕺山之学的整体诠释：

> 先生之学，从主敬入，中乃进之慎独，以扼其要焉，晚乃反之一诚，以达乎天焉。故尝曰：敬则诚，诚则天。而又以慎独为达天之要。盖其功自相因，而其进有不自知者。故当盛年，以身委道，内外翼修，间不容息，居平懔懔，勇见神色。迨其晚也，涵容了心，动无静有，与天合真。使人望之不疑，即之可亲。油油乎其不忍舍也。盖优哉游哉，与道委蛇，有不知年岁之不足者矣。窃尝合诸子而论之：周元公、程纯公，尚矣。其一主静，其一主存诚，皆直达本心，彻上下、合显微，体太极先天于日用，使千载不传之学复明于后世。其为孔氏正宗，无得而议也。

① 《刘子节要附恽日初集》，第3~6页。王汎森：《清初思想趋向与〈刘子节要〉——兼论清初蕺山学派的分裂》，载《晚明清初思想十论》，复旦大学出版社，2004年，第249~289页。

朱子生数大儒之后，而接其源流，剖毫抉芒，筒疑别异，其学凡数变，致于精一，周、程之道，赖以益明。要之，断以晚年者为定论。后儒不省，持前说而墨守之，又济师焉，以故辨击愈繁而道愈晦，虽有踔绝之资，不能自拔。盖晦蚀者二百余年，而阳明子倡良知以救之，复固有、证同然，其为功于朱子甚大。然其弊也，情识炽然，猥言举目前而即是，异端杂霸错出而乘其胜，而良知之说又穷。于是先生言诚意之学。盖意者，心之几，知之会，而物之所以为物也。故诚意而《大学》之能事毕矣。格物致知者，诚意之功，正心以往，则举而措之耳。抑诚者，道之极挚也。故意诚而天下之能事毕矣。故意诚则无内无外、无动无静，而一以贯之矣。故先生之学，同朱子之穷理而守其约，合阳明之良知而举其全，折衷群儒，以归至当。总周程而上接孔氏，为我明儒者之冠，又何疑哉！①

这段话值得注意的地方有：早年主敬，中年慎独，晚年反诚。这历程在刘汋、黄梨洲的叙述中是大同小异的。刘汋《刘宗周年谱·弘光元年》曰："先君子学圣人之诚者也。始致力于主敬，中操功于慎独，而晚归本于诚意。诚繇敬入，诚之者，人之道也。意也者，至善栖真之地，物在此，知亦在此，意诚则止于至善，物格而知至矣。意诚而后心完其心焉，而后人完其人焉。"②梨洲《子刘子行状》云："先生宗旨为慎独，始从主敬入门，中年专用慎独工夫，慎则敬，敬则诚，晚年愈精微，愈平实，从严毅清苦之中，发为光风霁月消息，动静步步实历而见。"③我们所关心的是梨洲所强调的蕺山晚年诚意之学，在文中并未出现。日初与梨洲对蕺山学术历程的描述基本上

① 《刘子节要》，第155~156页。

② 刘宗周著，戴琏璋、吴光主编：《刘宗周全集》(第5册)，台湾"中研院"中国文哲研究所，1997年，第528页。

③ 《刘宗周全集》(第5册)，第45~46页。

相同，是慎独工夫由用力（主敬）而自然（诚）的过程。恽日初谓“诚则天”，梨洲虽未用诚字，但光风霁月的形容即是“诚则天”的意思。反而是刘汋叙述晚年用“诚意”一语。由于董玚曾对刘汋《刘宗周年谱》整理点定，或许包括了此处的“诚意”一语[1]，是否如此，今已不可考证。然而更重要的是，这种参差的现象只是表象，不论刘汋是否对蕺山晚年归宿用“诚意”二字，他对“意”的理解同于恽日初，皆指心之所发，异于梨洲之指心之所存。将三人对意的理解并观，前引文中恽日初论理学史的发展，谓诚意所以救良知之穷：“于是先生言诚意之学。盖意者，心之几，知之会，而物之所以为物也。故诚意而《大学》之能事毕矣。格物致知者，诚意之功，正心以往，则举而措之耳”。恽日初对工夫的描述是从敬到诚，是使心纯化的工夫。意作为心的发用（心之几），是知之所面对（知之会），与事物的成立（物之所以为物），于是心的工夫将落实于意，更落实于格物致知。至于刘汋，对意的描述是“至善栖真之地，物在此，知亦在此”，是至善的居所，然而须施以诚的工夫，故谓“意诚则止于至善，物格而知至矣”。至于梨洲作《行状》，论蕺山晚年境界并未用诚意二字，可能是不自觉地沿袭恽日初的《蕺山行状》。但他在后文说蕺山“发先儒之所未发者，其大端有四”，其中第二项便是“意为心之所存非所发”，仍然提出“诚意”。关于诚意说，争论焦点在“意”是工夫的对象，还是工夫的依据、标准？这也是阳明与蕺山的差异处。梨洲的“所存非所发”之说，才明白指出意为心的本体，属于后说，而合于蕺山诚意宗旨。恽日初、刘汋则以意为心之所发，修养归结于意之善，而这是由致知格物工夫达到的，接近朱子、阳明。这点在下文再回来细究。

恽日初在《蕺山行状》中对理学史的论断不是全貌，而是其特定观点的反映。可注意处有二，一是心与天的同一，另一是朱子学的意义。恽日初

① 董玚云：“间有一二隐而未揭，散而无纪者，小为订之。亦即伯绳氏未发之意也。”《刘子全书抄述》，《刘宗周全集》（第5册），第781页。王汎森：《清初思想趋向与〈刘子节要〉——兼论清初蕺山学派的分裂》，载《晚明清初思想十论》，第285页。

以濂溪、明道为最高，认为“直达本心，彻上下、合显微，体太极先天于日用”，也就是二子能尽本心的体用，而这便等同于将太极先天体现于日用之中。天就绝对普遍性而言，不离于本心。天的提出，反映明末思想界在王学流弊出现后，以强调客观性来救正，而这也是朱学复兴的契机。但正如东林学派属于通过阳明心学的“新朱子学”[①]，恽日初对于朱子同样“断以晚年者为定论”，就是以阳明《朱子晚年定论》为准，主张的是不逐求外在之理，而从事主敬涵养的心学化的朱子学。恽日初接着说明阳明良知与蕺山诚意的地位，以为蕺山学兼朱、王，总周、程而上接孔氏。从其“格物致知者，诚意之功……意诚则无内无外、无动无静，而一以贯之矣”之语，可知其体用显微合一的理想，这是心与天合一的境界。当今学者从间接资料论断恽日初属朱子学，并未说错，然而应更明确地指出是接近于东林学派的新朱子学。[②]

《刘子节要》附录有几篇文字，对于恽日初诠释的理解很有帮助。可惜版面有不少损坏，只能略述梗概。在《答高学宪论刘子节要及行状书》中，对于高世泰提出的疑问：“《节要》中一二及姚江，谓恐未免姚江派。”恽日初解释蕺山因为与陶奭龄共主讲席，有诱引的必要：“先师既诱进其见之相近者，而匡改其相远者，越学为之一变。”此当指蕺山一方面赞成本体悟

① 冈田武彦指出东林学是经由王学而产生的新朱子学。东林始祖顾泾阳曾师事王门的薛方山，顾泾阳、高景逸皆折中朱、王，取长舍短。东林学的特色是根源于朱子学，以静深的体认自得之学为要，并重视气节清议。参看冈田武彦：《王阳明与明末儒学》，吴光等译，上海古籍出版社，2000 年，第 356~358 页。

② 恽日初青年时受到张玮的诱掖，张氏学《易》于东林学派孙慎行，并辑有《程朱语要》，恽日初作《二程语要序》（按，据内容，当作“程朱语要序”），云：“今之称二程者，或微抑伊川，如云庄敬日强，去来无碍，与明道之鸢飞鱼跃，必有事焉，有以异乎？否乎？若夫紫阳晚年，宗极一心，易简直截，固已同符周、程矣。此之不求，而举世所诵习，执为定论，与夫概目以斤斤章句者，其智皆不足以知朱子。”见《恽日初集》，第 200 页。此书旨在提升伊川、朱子的地位，而其方法是以阳明《朱子晚年定论》来诠释朱子，可见东林中一个支脉的传承。

见，另一方面强调具体实践的重要。[1]恽日初进而说："至于论学援引文成子，或抑或扬，或离或合，以发舒其中所独得。先师固绝非姚江派，而亦初无视别于姚江之心。验在独知，惟其是而已。"[2]恽日初指出，蕺山并不反对阳明，惟其是而已。一方面反映当时朱学门户的确存在，且东林后学亦在此潮流之中；另一方面也反映了恽日初本人并无门户之见，而以折中朱、王来诠释蕺山之学。

三、恽日初对高景逸、刘蕺山的折中

（一）悟修兼重

《刘子节要》附录有一篇重要文章《高、刘两先生正学说》，论两人之学：

> 忠宪先生得之悟，其毕生闵免，只重修持；山阴先生得之修，其末后归趣，亟称解悟。忠宪先生以格物为宗，成乎形之谓物，本乎天之谓则。格者，穷至其极也，物格则天然之则见焉。先生既于程子"万变在人，实无一事"语下有省，知则非悟无由见，悟非格物无由臻，故立格物为宗。然格物开知至之始，而尤要意诚以后之终，则修是已。务尽于日用彝伦，而发挥于物则，乃天德良能，无声臭可即。理一在是，分殊在是。先生尝曰："圣学须从格物入。"又曰："格物者，格知物则也。"又曰："有物有则，式和民则，顺帝之则，动作礼仪威仪之则，皆天理之

① 参考蕺山《证人社语录题辞》："因思会时（石梁）先生每提起识认二字，为学者谆谆。诸君子于此事未经识认，又如何讨下手？乃高明之士又往往深求之，便欲识认个恁么，转落影响边事，愈求愈远，因而反入于坑堑者有之，辜负先生苦心矣。《中庸》言道不远人，其要归之子臣弟友，即吾夫子犹以为歉焉，学者乃欲远人以为道乎？"见《刘宗周全集》（第二册），第649~650页。

② 《刘子节要》，第164~165页。

自然，非人所为，圣贤传心之学在此。”可谓独提圣学之纲要，究之一敬以达天，践履于曰明曰旦之中，则精微之极致也。晚乃心与之孰，而几非在我，盖以乾知统摄坤能，惟实修始完其真悟也。[①]

恽日初论景逸之学，以为由悟入，而以修完成；蕺山则由修入，而以悟归结。先说景逸。为了理解这段典雅的文字，先要区分两边。一边是悟、格物、天则、知至、乾知；一边是修、诚意、日用彝伦、良能、敬、践履、坤能。乍看格物诚意的熟语，似乎很难与悟相连结。恽日初特殊处在把作为规范、法则的“则”高看。“则”本具有客观普遍性，因此是天与者，恽日初保留此意之外，更推进一步，以为悟则可达到天的位置。程子“万变在人，实无一事”语，表示超越私欲、人为干预的“则”是不变之天，达到则便无一事。格物以见则，除了认知客观法则，对于此物此则更是一种形上意味的体认与悟见，故称作“天德良知”。但物格知至只是开始，接着就要有意诚以下的修为，这是天德良能。则由敬与践履而落实，敬与践履亦因则而上达。因此是乾知统摄坤能，实修始完其真悟。

恽日初续论蕺山云：

山阴先师以慎独为宗。一于位之谓独，原于性之谓诚。慎者，主宰精明也，慎独，则所性之诚复焉。先师既用力之久，顿见浩然天地气象，知存诚尽乎持敬，持敬尽乎慎独，故立慎独为宗，密察于显见隐微，而默成于独觉。既以慎独操复成之键，而即透还明之几。其为悟也，乃天德良知，非见闻可到……(此处多坏字)……晚乃心与之一，而诚则无事矣。盖以坤能证入乾知，惟真悟始契其实修也。[②]

---

① 《刘子节要》，第161页。
② 《刘子节要》，第161~162页。

敬慎与性诚有致力与自然的差别，由致力而自然。因为心性有天的地位，故久而顿见浩然天地气象，而透还明之几，这是由修而悟，所悟为天德良知，由坤能证入乾知。恽日初既论两人之学，虽入门有修悟不同，但皆倚赖另一方来补足而完成。因此总结云：

两先生之学，其同中有异，异而无害其同如此。学者将为穷理之学，则开关启钥，必不能外格物以托始；将为主敬之学，则求端用力，必不能舍慎独以操切。要以穷理、主敬，用各有当，而进实相资，孔门之博约也，虞廷之精一也。两先生所由直接其传，而学者恶容以偏废也。[①]

从这理解看恽日初自己的主张，就是入门虽有悟修不同，成学则须悟修兼具[②]。

若夫体认要于静坐，克治验于应事，广心畜德，资于读书，惕理欲存遏之端，决好善恶恶之意，审义利公私之分，策改过不吝之勇，勉小物克勤之图，肩道统学术之责，懔天下万世之忧，而慎辨于阴阳消长、君子小人、治乱兴亡之故，则又两先生之所大同。惟道大同，故用不异，乃至立朝大节，皆足以上正君心，下定民志，扶方倾之国运……（下多坏字）[③]

---

① 《刘子节要》，第162页。

② 梨洲引用恽日初论景逸、蕺山修悟先后之说，加以抨击云："夫天气之谓乾，地质之谓坤，气不得不凝为质，质不得不散为气，两者同一物也。乾知而无坤能，则为狂慧；坤能而无乾知，则为盲修。岂有先后？彼徒见忠宪旅店之悟，以为得之悟，此是禅门路径，与圣学无当也。先师之慎独，非性体分明，慎是慎个何物？以此观之，日初亦便未知先师之学也。"（见黄宗羲著，沈芝盈点校：《明儒学案》，《蕺山学案序》，中华书局，1985年，第62卷，第1507~1508页。姑不论梨洲悟修先后的批评是否得当，却能够映衬恽日初兼重悟修的主张。

③ 《刘子节要》，第162页。

恽日初接着论两先生之道大同与用不异。这里包括的是儒学共有的各项修德节目,包括静坐、处事、读书、存理去欲、义利之辨、修齐治平等。这点一方面说明先前所辨的两先生殊途同归的正学,乃是提纲挈领,以求能够更真切正确地实践儒学所共认的理想与德目，另一方面也反映了晚明玄远之学与修己治人实学的交会。恽日初虽然强调悟的必要,但并未像景逸那般详论悟的方法、历程与经验,只说修悟合起来才是完整的成学之道。他其实是把明代所发展的诸多入悟法门简化，而把悟修兼具作为儒学道德实践的纲领。悟修虽是成学关键，但不再斤斤分辨轻重先后与方法得失,而是寻求简明的从入之途,以求对德目有更确实的实践。于是也可以反过来说，在这纲领之下，儒学传统所共认的理想与德目才是真正的内容。就体验方法的简化而言,理学的时代可说接近尾声了。

(二)高、刘诠释中的格物倾向

恽日初在《刘子节要》与附录中的诠释,在《恽日初集》中的一些文章中有更多的发挥。其中《笺高、刘二子语》,所录所笺,多言心体自身与回复心体的工夫。对高、刘二子的引用,兼顾了主敬、慎独、心体,对两人的诠释几无差别,却可见到恽日初自己的思想特色。

在景逸方面,引用了景逸语:“敬者,心之贞也,贞则元矣。故求仁莫如敬。又曰:敬者,绝无之尽。”“学问只是反躬二字,所以妙。反躬即退藏也。”[1]又引用景逸释周子主静:“静非境静之静也。”前引文中,恽日初释景逸为以乾知统坤能,就是先由格得物则进入即心即天的境界,再用诚意、敬、践履等工夫固定下来。但此处笺注景逸论敬语,乃由坤能进入乾知。“绝无之尽”指绝无私欲人为,也就是回复到心本体,而这就是“反躬”“退藏”“主静”。这是由敬还明,以坤能证入乾知,几乎与先前引述蕺山者没有分别。

① 《恽日初集》,第303页。

对论“独”引述尤其符合：

高子曰：独是独而无对之称，不是念头见得底。见得此体，随处是独而无对也。真是六合一心，瞬息万年，无古无今，无人无物。若有古今、人我、内外，便是二，二便不诚，诚则不二，故曰慎独。

笺曰：从上言独，皆是有对之独，不是无对之独。隐微显见分则有对，隐微显见合则无对。古今、人我、内外，是隐微显见中事，隐微显见合，则无古今、人我、内外，随处是独而无对也。慎独则独觉不昧，慎独则独位不离，故慎独而圣功毕。[①]

景逸“念头见得底”、恽日初笺“有对之独”皆指独知，他们反对这样看“独”，而主张“无对之独”，则指心自身，但两人的理解亦稍有不同。景逸“见得此体，随处是独而无对也”之说，其所谓悟指心体觉悟，而见万物皆心体中流行之物，心体涵盖古今、人我、内外，而为无对之独。保全此体须诚一，即是慎独。恽日初理解中，心体一方面和景逸一样，是与天相同的生生之体，生生之体与所生事物本来合一，即前引《蕺山行状》所说的“彻上下，合显微，体太极先天于日用”。能慎此合一之体，则独觉不昧，独位不离，而为天、心与事物合一的境界。但相对于景逸以保任言慎独，恽日初强调用思，因而离不开格物，如下：

（景逸）先生谓学者曰：有一件物事，梳头着衣，日用饮食，时刻不离，而人不知之，所谓“利用出入，民咸用之”者也。又曰：五更初觉时，还思量否？

笺曰：此事本来具足，但非体会不知。故要用思，若能五更清梦，

① 《恽日初集》，第304页。

思之思之，一旦豁然现前，则梳头着衣，色色天真，日用饮食，种种神妙，乃至一语一默，一动一静，莫不皆然。[①]

这段话中，景逸言心体不离事物，百姓日用不知，未言格物工夫（因为日用平常本不为碍）。五更之说，谓早起清醒，道即在我，不必思量。恽日初则言格物工夫，五更清明即是全然放下，放下后更须用思。思则有起处，但这起处通于心体本源，经验与形上意义兼具，故云色色天真，种种神妙。

以上，恽日初选录解说景逸言敬言独，大体在由敬而心明，与恽日初的蕺山诠释无别，恽日初自己则离不开格物。若就格物而言，景逸说“物格则无物”“因物付物而我无与”，是对心体所含事物精益求精的工夫；恽日初则为连结事物与心体，由格物而悟入心体的工夫。

接着看恽日初对蕺山的选释：

刘子曰：心无存亡，但离独位便是亡。又曰：人心藏于独觉。又曰：无隐见显微曰独。又曰：独者，静之神，动之几也。

笺曰：独以位名，则位不可离矣。独以觉言，则觉不可昧矣。独无隐见显微，则着隐见显微求独，非矣。独为静神动几，则分动静求独，非矣。[②]

关于随处无对的独、独觉、独位，合并前面对景逸的引文观之，景逸、蕺山、恽日初笺的内容几乎全同，皆就心体而言，共同观念之下的小异，此处暂不讨论。

刘子曰：盈天地间皆道也，学者须择中庸。事之过不及处，即为恶

① 《恽日初集》，第 304 页。

② 《恽日初集》，第 306 页。

事;念之有依着处,即为恶念。择非在事念者,直证本心始得。

> 笺曰:人心如太虚空,无所不包,日月星辰、山河大地,以言乎天之下,则备矣,而太虚空不有也。心亦如是,古今内外、体用显微,无所不备,而心不有。惟不有一事一念,所以能含万事万念。若事有过不及,则心为事所掩;念有依着,则心为念所碍,而本心失。故欲证本心,必须离事念,非精以择之不可。择字即"择乎中庸"之择,舜之隐恶扬善,执两端而用中,此所谓直证本心者也。①

恽日初笺一方面承袭阳明"人心虚无而无所不包"的心观,在阳明指的是良知知觉天地万物,本身无一物(无一毫私欲),使事物皆得其是非。蕺山承之,重点在本心即中庸,得本心则于事无过不及,于念无执着。但恽日初更强调虚无的未发心体与已发事物之间是由认知而统一的关系,其言"离事念""隐恶扬善,执两用中",是"由念而离念",即由格物(于事无过不及,于念无执着)而见独。蕺山直证本心,恽日初由物则而入本心,两人有直截与曲折的微异。

以上,恽日初在对高、刘二子论敬与独处,皆以心体释之。恽日初论格物,本于景逸无对之独、蕺山无隐见显微之独,而更求事物与心体的贯通。格物工夫对于恽日初的重要性还要超过景逸与蕺山。②

---

① 《恽日初集》,第307页。

② 恽日初为高世泰《紫阳通志录》作序云:"凡儒者之学,未有不言本体工夫者也,而不必其皆由格物。由格物而言本体工夫,则乾知之始,即坤行之终,进德修业,发乎天则,此颜、曾以上圣人之学也。不由格物而言本体工夫,则必遏人欲,方能存天理,察识扩充,知行互进,损、雍以下贤人之学也。人知阳明王子不由格物,而不知象山陆子先立乎其大者,正是察识扩充贤人之学,而其立言则皆乾知奋迅者着力不得之事,不从穷理而得,所以失之粗。阳明良知亦然。要以贤人之学,二子为的切,但非优入圣域之初门,亦未可概《孟子》七篇之全旨。……故象山、阳明不足以尽孟子,而忠宪则断可以继程朱,皆以格物辩之也。"见《恽日初集》,第198页。文中难免迎合高世泰的门户之见,但也反映恽日初在朱子—景逸与象山—阳明两派中偏向前者,而这点和他的特重格物说是分不开的。

四、恽日初的格物说

（一）由器入道

《恽日初集》有《见则堂问语》一篇，能表现恽日初继景逸、蕺山思想而向前发展的成绩。“见则”当是取自《周易·乾卦》“乾元用九，乃见天则”之语，以见到天则为学问的理想，以下便以此为线索来引证分析。又有《读魏叔子日录偶书》一篇，包含较多思想内容，因此随处取其论述来参照。

恽日初所推尊的高、刘正学，分别以格物、慎独为入门，而这两项也成为他自己论学的核心，并皆有所推进。关于格物，因为配合不同的文献诠释，又包括不同的阶段，常使人不能准确掌握其意旨，然而下举一条应能总括其义：

> 圣人说格物，只教人于形形色色上见那无声无臭底道理。《系》言“形而上者谓之道，形而下者谓之器”，是格物了义。器非道也，离器却更无道。如水乳然，水非乳也，离水却更无乳。后之执器以为道者，滞于形名度数之迹，便是俗学。离器以求道者，入于窈冥寂灭之乡，便是异学。从来歧路，尽此二者，合一都是工夫，分开尽成弊病。①

恽日初的格物论主张道与器是不即不离的关系，离器无道，但又不可自限于器中。这是理学的通说，要追究的是如何达到这无声无臭的形而上道理，而这道理的内容又是什么。此条所见的道器分离的结果是“滞于形名度数之迹”与“入于窈冥寂灭之乡”。可知其格物并不追求形名度数等结构

① 《恽日初集》，第321页。

性的知识，而是虽不离这样的知识，却以形而上的道理、意味、价值为目标，其比喻为由水而得到乳。

关于形而上之道，恽日初已指出景逸与蕺山各是一路，一由格物达到物则，另一是由慎独达到性诚，也就是两人学问中的“悟”。就道与器“不即”的关系而言，进入之道也只有靠着“悟”。恽日初则进一步说明达到悟见的方法。针对景逸的格得物则，恽日初提出从无思进而思的方法。无思是格物以前的心地工夫，思是格物而得天则，这天则是道的全体。关于无思，以下引一段问答来说明。

> “思只怕出位，既晓得无思是思之位，便须拼命进去，讨个倒断。若只悠悠无些子吃紧，便不能透入。”问：“终日如此，精神恐不能继，如何？”先生曰：“每日只要数时刻的下功，昧爽清明，切须警觉。其余读书便读书，应事便应事，只将心境放开，令他闲旷，精神常令有余，自然生机凑集。若晨起如此，日中如此，夜间也如此，只哄哄地衮去，济得甚事？”又曰：“昧爽清明触发，也须从日里竭思不得处来，不然总十分着紧，未免蹉过。”[①]

“无思是思之位”借用罗念庵语以明体用关系。恽日初在他处有云：“思者作圣之本，必须全放下方可用思，否则终日憧憧往来物欲中，一切思维，都成客感。罗念庵曰：‘无思者，心之位。凡思俱不出此。’此语最善。盖思以思其无思也。今将种种客感反据吾心本位，又何从用其心之思乎？”[②]恽日初以为心之本体（亦即心之位）是无思，亦即无欲而不会有憧憧往来的客感。“思以思其无思”，指寻求心的无思本位。因此正思须先无思，恽日初教

① 《恽日初集》，第328页。

② 《恽日初集》，第321~322页。

人先拼命进入无思。但用力于无思也难持续,因此恽日初提出昧爽清明时数刻警觉的方法,其实指当初觉心境清明之时,加以体验。其余时间照常读书应事,只是保持心境开旷,精神有余,自然生机凑集。这昧爽心地清明与白昼心境开旷就是"无思是思之位"的保任。心本位所发出来的思是生机的表现,是主动的;然而若心憧憧往来于私欲,便被客感所占满,是被动的。引文中"若晨起……济得甚事",说的便是不曾有体验工夫,只在憧憧往来中度过的情景。

由此他的无思工夫论中,含蕴形上本体是主动流行的生机,而且向无思恢复的工夫有简易自然的倾向。例如他说:"凡人当杂念起时,必逐物流去,但与截断,不消费力。才费力,又是出位。"[①]以为去除憧憧往来之念,如果过于费力反而出位。"因论学者气质难变。先生曰:'只是任性。一部《礼经》,只是教人不要任性,才一任性,便与禽兽相近。'"[②]这任性指随杂念而逐物流去,必须有挽回的工夫,但截断亦不费力。此外又有"人家小儿每三五日便会生出一件不好气质来,为父兄者即与翦去,亦便就止"。"雨后观庭前新布置盆花,楚楚可玩。先生曰:'学贵日新,亦如此矣。昨日是这花,今日也只是这花,稍一变换,便有一番新鲜气象。旨哉《汤铭》,身心家国之理备于是矣。可知有生以后,才着旧一边,都成习气;才向新一边,都是生机。'"[③]这二条更说到形上之道是生机,因此虽随时有阻滞、歧出而生出不好气质的情形,只要当下克除,生生之机便有自然生长与回复的可能。此处一方面说明了心与天的统一,一方面说明生机本体使工夫成为简易。

恽日初的格物工夫首先在物我无碍,他说:

又问:"在物上彻见,工夫甚难,竟不知如何下手?"曰:"未曾到物

① 《恽日初集》,第323页。
② 《恽日初集》,第326页。
③ 《恽日初集》,第326页。

格时，自是如此。魏庄渠曰：‘物格则无物’，看来物未格时，眼前物事，件件都与我隔碍。正此隔碍处，好用全副精神与之研究。且说某与贤清晨一番如此，如今又如此，此却都是甚个物事？”又问：“却是不好执着一物否？”曰：“不必如此说。一物如此，物物如此。若能触处有见，一得万毕，更无疑障。”①

格物是以无思而思之，所欲达到的境界是物与我没有隔碍。格物入手在昧爽清明，因此物有隔碍时须追究清晨气象未能保任。恽日初对魏校“物格则无物”的解释是彻入本体，因此当前一物有隔碍时不能放过，须提醒清晨的气象，求能触处有见。②

“程门以观未发以前气象为下手指诀。伊川曰：‘善观者不如此，莫若即于已发之际观之。’此语最为无弊。盖静坐时观未发，未免偏在静一边；从本体上觅本体，了不可见，非数十年定力不能得，得之亦不能分明坚卓。若在已发处观，便从动时发露处体认，是用上见得本体，直是痛快，再无打失。”问：“从已发处观未发，毕竟如何用力，便是格物？”曰：“语默动静之理，即是一草一木之理。若有两般，则凡圣人所说身心性命与天下事事物物，都拍不合了。所以从事物上见得，较静时所得更切实了当。”问：“才一动念，便是已发，便是事，便可于此观未发气象，不必更分别内外、大小、精粗，再去体认否？”曰：“下手不必更求他法，贤只如此去，自然有得。”③

---

① 《恽日初集》，第322页。

② 恽日初又云：“直待放下后方去用思，便是有一个停歇处，但如此放之又放，不知不觉，忽然凑泊，此时正好用思。”见《恽日初集》，第322页。一次放下未必有见，但放之又放必将有得。

③ 《恽日初集》，第323~324页。

前面引文的昧爽清明以保任无思心体，尚为格物的准备工夫。在这段引文中，恽日初举伊川“于已发之际观之”之说，以说明格物。但对于已发如何用力的疑问，他又转向外物，谓“语默动静之理，即是一草一木之理”，草木相当于已发，宜在此做格物工夫。学生再问动念即事，于此体认，更不分内外大小精粗，恽日初默认学生的理解，因此格物是即已发悟本体的工夫，至于已发是就念头或外物而言，似不重要。①

格物目的在由器入道，但物并不是只有作为道的通孔的消极意义。恽日初以水与乳比喻器与道的关系，格物是由器入道，见到器中之道，犹如乳水合为一体，这是器与道两者皆明，器也获得积极的意义。他解说《论语·子罕·颜渊喟然叹章》云：

> 《喟然章》是千古入道榜样。毋论学者，即大贤以上，更别无间道可入。盖大用神灵，都从无思无为中出，而人以思为盖覆之，不得显见，虽以颜子明睿之姿，不免高坚前后之见，正思为虚恍之境也。所以愈求愈远，愈用力愈不可得。惟博文约礼，不从思为来，万事万物，作我心范，从博反约，直到欲罢不能，都是一往天机鼓舞，向来有作功营，丝毫无用。故曰“既竭吾才”。夫人之于道，所以不能觌体相应者，物欲间之。物欲非他，思为是也；思为非他，才是也。才既竭，适还无思无为之本然。谓之“如有所立卓尔”者，破形独出，绝见全彰也。至此则神灵变化，应用日新，而要非有辙可循、有迹可践，故曰“虽欲从之，末由也已”。以是知入道全在无思无为，而能透思为以复无思为者，则惟博文约礼。故曰夫子循循善诱。博约即格物也。此圣学入门，必以格

---

① 恽日初有物则即心则之说。李长祥《与恽逊庵论格物书》：“先生于格物固有真见，今读先生之言曰：‘一物之则，物物之则也；物物之则，一心之则也。见一心之则，即见物物之则；见一物之则，亦即见吾心之则。’格物之说，明白如此。”见《恽日初集》，第351页。恽日初此语未见于《恽日初集》，录以备考。

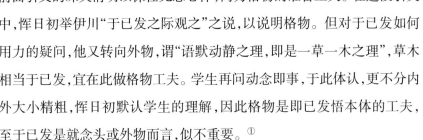

物为第一义。[1]

“博约即格物也。此圣学入门,必以格物为第一义”,与传统解释差不多,然而如何而为格物则大有不同。传统解释,以朱子集注为例,博文约礼引侯氏曰:“博我以文,致知格物也。约我以礼,克己复礼也。”欲罢不能以下引杨氏曰:“自可欲之谓善,充而至于大,力行之积也。大而化之,则非力行所及矣。此颜子所以未达一间也。”博文约礼是有思有为,圣人并非别有道路,然而大而化之,达于无思无为境界。但恽日初对于博约所以为格物,却别有解释。基本差异是朱子格物以道德为目的,恽日初则以形上之道为目的。颜渊初见孔子时以思为求道,故见孔子高坚前后,无门可入。孔子以无思无为为根本,博文约礼实为其入门,万事万物(博文),作我心范(约礼),使每一个格物都是体验形上之道的活动,故直到欲罢不能,一往天机鼓舞。于是愈格物愈超出物欲、思为、才,而道遂破形独出,绝见全彰。道体呈现后,更是神灵变化,应用日新,无辙迹可循践。从恽日初美妙的叙述,可知博文约礼是思为其无思无为,因而超出物欲、思为、才等属于主观之物。能够如此,道与器才是生机整体,格物虽然要经历事物,却超越“有作功营”,不做主观的执取,反而是经由超越主观而契入道体,而后有自然呈现的神灵大用。

(二)格物与实践

以上说明格物是由器入道,又因道与器是生机整体,入道则器能呈现神用。恽日初曾以观庭下洛阳花说格物:

因观庭下洛阳花数十种,先生曰:这数十种都是洛阳花,便是理

① 《恽日初集》,第330~331页。

一处；其中花色变态，种种不齐，便是分殊处。又必如此烂漫，尽其文采，方能完得洛阳花天然自有之色。格物要晓得这数十种都是一本洛阳花，既晓得都是洛阳花，又要晓得洛阳花之种种不齐，而截然不可浑殽。如此，方是真能晓得洛阳花者。[①]

恽日初以洛阳花为喻说格物。洛阳花一类而多种，便是理一分殊的道器关系。格物使二者同时呈现，在特定品种某一植株中，尽其烂漫文采，天然自有之色，就如前引另一譬喻中的从水中尝到乳。对恽日初而言，器不仅是看到根柢的一体之道的窗口，自身也盎然活跃起来。道与器是动态的生机关系，悟道并不是到达寂静的终点，而是发为神用的开始。

恽日初又说：《系辞》“易与天地准”一章，最说得格物之学尽，须细细玩味读去。[②]

他说的是《系辞上传·四章》，兹录全章并分三节如下：“①易与天地准，故能弥纶天地之道。仰以观于天文，俯以察于地理，是故知幽明之故。原始反终，故知死生之说。精气为物，游魂为变，是故知鬼神之情状。②与天地相似故不违，知周乎万物而道济天下，故不过。旁行而不流，乐天知命，故不忧。安土敦乎仁，故能爱。③范围天地之化而不过，曲成万物而不遗，通乎昼夜之道而知，故神无方而易无体。”第一节是彻幽明死生鬼神之知，恽日初在接下去的一条自己加以解说：“圣人仰观俯察，知幽明之故。天文地理，岂不都是明？……若能向明处识得幽，费处识得隐，便是真物格。”[③]天文地理是物，即明，而作为根柢的本体是幽，即明处识得幽，才是物格。恽日初只解说了第一节，但他既说此一章说得格物之学尽，我们也应通看一章。第二节是体用之知全具后的实践。格物后不是停止于空知，

① 《恽日初集》，第325~326页。

② 《恽日初集》，第325页。

③ 《恽日初集》，第325页。

而是与实践相连结，全体之知，发为不违、不过、不忧、能爱等行为。第三节是对万物的成就，能范围曲成，知行等同于天地变化，创生万物。恽日初虽未一一指出，但应该是其格物理想应有的内容。

恽日初论格物发为实践，因为契合道体，生机发露，故能发挥超乎寻常的创造力。因此他举光武昆阳之战的气概，"要其挺挏天地，呼吸鬼神，惊风雨而骇虎豹者，不过当机奋迅，一往无心得之也"[①]。又举出一乡人仓促遇盗，遽跳跃水田数十武以避之，所过田间无履迹，履亦不沾湿的故事，以为"人生各具此副通灵本事，只为见闻识知，因循习惯，将这天能彻底遮障，显露不得"[②]。恽日初以人的潜能为喻，意在说明求道须无心勇猛以赴之。但体道者具有神灵大用的创造力，也包含在其中了。

恽日初于形上道体取动态的生机观点，从以上论述已可看出。说体道者有神灵大用的创造力，或许有些夸张，至少不是人人如此的。但有一点是明确的，就是体道包含道德的实践能力。《见则堂问语》最后两条云：

> 戒慎恐惧，今都认做初下功时便须如此。看上文从道也者说来，乃直指道本如是，特将君子立个道之模范。盖不睹不闻，性体也；戒慎恐惧，乾知也。戒慎正其不睹，恐惧正其不闻，即文王纯亦不已境界，尧舜以来心法如此。[③]
>
> 圣人时时只在戒惧上，如天行之健，无须臾之息。圣人有时而怠，则天有时而息矣。故戒慎恐惧，即道体即工夫，彻始彻终，更无余事。[④]

前举《高刘两先生正学说》中，恽日初以为景逸由格物说入悟，而以诚意工

① 《恽日初集》，第330页。
② 《恽日初集》，第331页。
③ 《恽日初集》，第334页。
④ 《恽日初集》，第334页。

夫贞定之；蕺山则由慎独入手，久而同样达到性诚。但由于他自己对于道体为动态生机的体验，此处他把戒慎恐惧视为君子模范，而不是初学者作为入门工夫。戒慎恐惧便是睹不睹、闻不闻的境界，圣人道体流行中便包含自然不息的戒慎恐惧。

戒慎恐惧与道体流行的连结，含蕴道德态度与道德能力的相关性。恽日初评刘备的得失，便依据道的实践能力，其言云：

> 昭烈气度绝类光武，而天然之勇不及，故廑得偏安，不成一统。只如荆州势所必取，孔明在草庐指画已定，一失于表让我之时，再失于琮降曹之日，卒至溃败不支，为吴所有。若我先取荆，纵不能无败，倚吴恢复，吴不得而有也。此明是昭烈失算，而人不非之者，贵其先义而后利也。以后入成都，袭刘璋断之，知为非义，只是气不足耳。例学者于道，既具大端，而勇不足以济，则亦不能优入圣域也。[1]

格物包括明义，恽日初以为刘备能明义，但勇不足以行之。因此两次失去取荆州的机会。荆州是当取而勇不足以济，取益州则是义不当取而无法拒绝权力诱惑，其不义也同样是勇不足的结果，只因他以兴汉之义为心，人们仍能接受而已。道包含义，因此格物即能知义，道也包含实践能力，惜乎刘备不能鼓起勇气以济之。

前述恽日初《蕺山行状》中“诚则天”“直达本心，彻上下、合显微，体太极先天于日用”，将心与天直接连结的说法，在《读魏叔子日录偶书》中有更多的说明。

> 叔子曰：“天地生机，圣贤道理，极是两间不滞之物，从此体认出

① 《恽日初集》，第330页。

> 仁、知……”孙庵曰:“仁、知都在心上说,那容分天地、圣贤?先儒有本天、本心之说,所谓天者,吾心之天也。今以仁、知分天地、圣贤,则心外矣。心外有天,则形体之天,而非天之所以为天。若以形体之天为仁,则但得仁之郛郭;若指天之所以为天,则仍是一心矣。故知心,则心外无天地、圣贤,心外无仁、知。”①

魏禧以为仁指天地生机,知指圣贤道理,恽日初则以为仁、知在心上说,而不在天地、圣贤上说。魏禧的分类,道理在天地、圣贤的扩展性,以其不滞而可以体验同样特色的仁、知之德。但不滞不是对外物的观察,而是出于心自己的体验。观察外显行为只能得到形貌,所谓不滞只是有限度的不滞。如果从心出发,心虽有欲望、偏私、窒碍等问题,透过工夫超越这些偏滞,以印证心之所以为心,这就是天。从包含万事万物说是形体之天,从认识与创造的本体上说,则是与心不二的形上之天。

> 始言诚,终言性,理一也。中言己言物、言仁言知,分殊也。而其所以言仁知,正要明分殊即是理一,故紧承曰性之德也。……伯子谓五德从发现者论,愚谓当从发见处见。盖心非寂守,随触显章,若能于发见处彻见根原,则性之与诚,德之与道,一以贯之矣。②

这条是对《中庸》廿五章的诠释,原文为“诚者,自成也,而道自道也。诚者,物之终始,不诚无物,是故君子诚之为贵。诚者,非自成己而已也,所以成物也。成己,仁也;成物,知也。性之德也,合外内之道也,故时措之宜也”。由于恽日初反对天人之分,该章首尾的诚、道、性、德是同一个理一,分殊

① 《恽日初集》,第308页。
② 《恽日初集》,第308页。

只在成己成物上见。关于成己、成物的仁、知之德，伯子"五德从发现者论"，谓五德是成己、成物等不同事物之德。恽日初则谓"当从发见处见"，以为德是一，而在五个不同发见处见。从发现处见根原，则性、诚、德、道一以贯之，发见与根源皆在心，心是道与器、已发与未发交会统一的场所。

何谓道学？尧、舜以来转相传授之心法也。推其实，则曰本诸身；要其极，则曰见天则。舜之孝、文王之忠，则即忠孝见天则。然舜、文以见天则圣，不以忠孝圣也。若夫无私欲、忘名利，则亦犹之忠孝，岂可遂许之见天则？不见天则而无私欲、忘名利，贤知之见仁知者也。不见天则而忠孝，百姓之日用而不知者也。皆不足语于道学。……盖忠孝者，行也；圣者，心法也。心法即天则，舜、文之忠孝独至，本乎见天则，而舜、文之见天则，不尽乎忠孝也。故曰：舜、文以见天则圣，不以忠孝圣也。至于禹、稷、皋、契治水教穑等事，此则圣人之才。论圣人者，终不以才而先德。①

心落实在身，极致在天则。天其实是就天则而言，因此外在的天只是看到形体。德目只能作为天则流行的凭借，犹道器之"器"，因此舜、文之圣不以忠孝，而以天则。这说法一方面援引了阳明仁义为心之表德的说法，另一方面，保持天则的超越地位，而增加具体德目的弹性，而有增减的可能。治水教穑等是才，随人气禀而各有不同。至于德是知仁勇的能力，乃是普遍于人人，而须加以修为，虽然本诸身，其极超越具体德目，是即心即天的。

① 《恽日初集》，第312~313页。

五、恽日初格物说的生活背景

（一）学习的背景与经历

以上对恽日初的思想做了详细的引述与分析。《恽日初集》与附录还有一些材料，虽然不是论述性的文字，对于恽日初思想背景，乃至其性质的理解，却有相当的重要性。因此再立一节加以说明。

恽日初传记中述其学术，最早是举业，[①]其后与张玮讲习。张玮《恽逊庵文集序》，谈到当时科举文"不论性命经济，而一以言外者为至极"，谓其逐求于外，缺少内在的心性根原，因此他提倡性命之学，而恽日初的表现最好：

> 亟欲与二三同志讲明性学于文介先生止躬之庐，而恽子仲升为之领袖。……集中之言性命者有焉，则程朱诸子之所敛衽也；集中之言经济者有焉，则唐宋诸臣之所藉手也。仲升行且就正于当世之有道君子。[②]

此文可注意处在于这是科举教学下兼讲性命之学，张玮是东林书院孙慎行的弟子，所讲性命之学的内容与东林学派应该有相当的关系。恽日初兼重性命与经济之学，除了性向接近，应该也受到东林学风的影响。引文最后一句应指癸酉（1633）恽日初赴试京师之事，是年恽日初中副榜，入国子

① 高嵀《恽逊庵先生传》："初为名诸生，与复社杨维斗、钱吉士诸公角艺论文，即以天下为己任。"见《恽日初集》，第376页。

② 《恽日初集》，第335页。

监读书，开始京师的生活，直到明亡前夕才回乡，并入山隐居。[①]

蕺山任都察院左都御史在崇祯十五年十月至闰十一月的三个月[②]，时张玮为副都御史，介绍恽日初拜蕺山为师[③]。蕺山很快离任，因此恽日初实际问学的时间很短。从这经历来看，恽日初的理学受东林的熏炙为多，对于蕺山恐怕主要是人格的感召，直到康熙初年才开始有系统地研读其书。就研究蕺山之学而言，日初与梨洲的起跑点是差不多的。恽日初以合会景逸、蕺山为"正学"，梨洲对恽日初最深的印象则在其格物，云："今年（康熙三年，1664）渡江吊刘伯绳，余与之剧谈昼夜，尽出其著撰。格物之解，多先儒所未发。"[④]可以见到东林、特别是景逸的影响。

恽日初在抗清活动结束与面临剃发令时出家，基本上仍属儒家思想下的避世行为。然而其选择出家也因为和佛教有一定的亲近，以下介绍两个材料。据恽日初《先孺人母张氏行状》，其母卒于崇祯八年（1635）十二月，他记述母德，除对族党窭乏者的施予外，"闻有饭僧粥饿及兴作佛事者，即倾橐靡靳"。又云："先是，待年闺中，即修出世治；迨举不孝，即屏肉食茹蔬。至是，转侧床蓐间凡数月，持佛号不少解。"[⑤]当时士大夫家的妇女奉佛是普遍现象，在这种氛围下他很自然地以佛教作为避难所。

景逸有著名的汀州之悟，恽日初称道景逸由悟入门。这种悟入的工夫，蕺山、梨洲师弟都讥其为禅。[⑥]我们固然不应见人说悟就以为是禅，但

---

① 朱溶《恽日初传》："见边寇益急，势终不可为，遂归。以家事属长子桢，携子桓、格，载书三千卷，隐读天台山中。"见《恽日初集》，第 373 页。

② 刘汋：《刘宗周年谱·崇祯十五年六十五岁》，载《刘宗周全集》（第 5 册），第 441~452 页。

③ 参见《恽日初集》，第 373、376、378、382 页。

④ 黄宗羲：《恽仲升文集序》，载《恽日初集》，第 337 页。

⑤ 《恽日初集》，第 287~289 页。

⑥ 黄宗羲《蕺山学案序》："今日知学者，大概以高、刘二先生并称为大儒，可以无疑矣。然当《高子遗书》初出之时，羲侍先师于舟中，自禾水至省下，尽日翻阅，先师时摘其阑入释氏者以示羲。……观日初《高刘两先生正学说》……，彼徒见忠宪旅店之悟，以为得之悟，此是禅门路径，与圣学无当也。"见《恽日初集》，第 363~364 页。

下引材料却说明了恽日初少年即与佛门亲近。卓发之《答恽仲升》：

> 弟瞻恋吾兄，有逾骨肉，以禅悦中臭味甚真，非止文章之好也。乃乙亥病榻一晤之后，几不可起，养疴古林者累月。起索仁兄，则已玄亭寂然。然犹谓三峰举火后，定当再入白门。不意兄有罔极之惨，弟复有西河之悲。……亡姬一传呈览，其中阁君礼拜事，非慧眼不能判断，幸以证之三峰位下诸尊宿，祈作一法语寄示，以开后来眼孔。[①]

书中提到乙亥（1635），是恽日初赴试中副榜，入国子监之年，“罔极之惨”指恽日初母亲卒于是年。此书说明了恽日初青年时在朋友眼中已是“禅悦中臭味甚真”，与禅林尊宿有密切来往的人。因此就悟而言，恽日初既不做儒释之辨，应该是视为儒释共法。但这例子只说明恽日初与佛教亲近，若论其出家动机，仍然要求之于儒家的纲常伦理。

（二）节义

恽日初许多文字表现出对节义的重视。恽日初成长与受教育的常州地区，因为东林学派的影响，对于纲常伦理十分坚持，经易代之痛后，更大力表彰忠义事迹，而这也成为其格物思想的一个背景。恽日初在乙酉、丁亥间流离福建、广东时出家，就是从纲常伦理的坚持发出的佯狂避世之举。[②]

恽日初于丁亥（1647）二月作《告庙文》，向孔子神位辞别出家，重要内容如下：

---

① 《恽日初集》，第359~360页。

② 指出恽日初出家只是寄迹者，如黄宗羲《恽仲升文集序》：“余谓之曰：子之学非禅学也，此世之中而有吾两人相合，可无自伤其孤另矣。”全祖望《题恽氏刘忠正公行实后》：“逊庵后尝为僧，然有托而逃，不以累其正学。”收于《恽日初集》，第337、345页。

内夏外夷，实天之制；尊卑以辨，胡宁倒置？所以《春秋》，特表其义。……于赫有明，鬈除元系。神衢更廓，乾乾重植。作君作师，先后合契。伊予小子，禀法是虔，是训是行，庶几无愆。云何不淑，迫此腥膻；有带斯左，有首斯髡。日月昭昭，魑魅奔奔；俯仰宇宙，曷其自存？痛心名教，税驾空门。……杀身成仁，愧彼先儒；佯狂箕子，行歌接舆。千载一心，聊以为模。自今而往兮与世殊。所冀人伦，尚其正之；所冀神州，尚其定之；嗟嗟宗传，谁与证之？①

第一段言中国居中以临四夷是天道，也是孔子之教。第二段言明朝驱逐胡元，得国之正，如今竟亡于清，由于不愿剃发，而逃世遁入空门。第三段自言无能杀身成仁，因此佯狂避世。唯愿颠倒的人伦能够恢复，沦陷的神州能够复位。最后两句反映他纵使出家，仍然自我期许能印证孔子宗传。显然的，他虽遁迹空门，仍然志在儒家之道。他在《与膴原大兄》中再度说明这点：

弟自入山，已作世外人，宁待今日？然向之所慕者，道也，非必从事于释也；今之从释者，迹也，非必生平之志也。诗有之："樵隐俱在山，繇来事不同"，弟今脱白作头陀之谓也。抑闻之，凡物数变后则忘其本，弟踪迹屡迁，循此以往，保不自忘其本乎？又弟之所大惧也。②

虽然出家却怕忘本，可见就其心而言纯是儒家。

以下举例来看纲常伦理如何成为所格的"物"。他为陆秀夫遗文逸事的汇编作序云：

① 《恽日初集》，第182页。
② 《恽日初集》，第249页。

儒者之效，自子舆氏没，不复见于世，至宋而大儒辈出，周程倡之于前，朱陆继之于后，圣学之精微，尽发明备。于是乃有从事其学，本身心之实，以究极乎天经地纪之归，历险阻、滨死亡而不贰，若陆丞相君实先生其人者。……即其处穷崖绝岛、行宫茇舍之际，兵饷旁午，牍聿纷纭，枝梧撑距，日不暇给，而犹书《大学章句》，劝讲不辍，非明行精积，能如是乎？盖先生之学，四子之学也；四子之学，尧舜孔子之学也。圣臣贤佐，繇此其选。幸则为尹、说、旦、奭，不幸则为龙、比、夷、齐，其事[异]，其趋一也。然则际昌期、应名世，而修虞夏明良之业者，不得侘先生以所未能，而先生之所以立于君臣之闲以大为之防者，则千古独矣！①

以为陆秀夫是理学明备以后的实践者，若生太平之时则为伊、周，不幸国破家亡，则为夷、齐。恽日初以理学为纲常之本，将经世济民与杀身殉国等视，皆是理学的实践表现。

在易代之际，恽日初强调对于政权、特别是对种族的忠诚，例如许衡生于北方，人多认为仕元无害。但恽日初说：

或以衡产元地，宜末减。此言似(拆)[折]其衷，而实不然。夫谓衡产元地云者，以衡未臣宋，与澄(按，吴澄)异，而独不思衡所产之地，中国乎？非中国乎？衡而非中国，固《春秋》之所不治也；如其中国也，衡故[无]以自解于《春秋》。且衡不命为儒则已，衡诚命为儒，试问衡所俨然而北面者何人？所比肩而进者何等？所造膝而奏对者何事？所拥皋比群萃而讲肄者何族类？而犹猥负纲常，哆谈道义，先王其表则，

① 《恽日初集》，第195~196页。

六籍其指归，郰鲁其统宗，濂洛关闽其前导，衡固居之不疑，而当时称之无异议。其若宵旦反镜叩心之时何？衡易箦之言可征睹已。[1]

恽日初又在福王政权初立时，主张不可任用明臣在北都沦亡时曾出仕于李自成者，反而应该治他们叛臣之罪[2]。诸生董质明因为不肯剃发，绝食六日而死。恽日初作墓志铭，谈到家乡的节义风气：

酉、戌间，毗陵诸生守志者以百数，或赴义从军死，或全发终老，或毁发，或中夺志，或志不久夺，或即不夺守，而浮沉声利间自活。而君死独洁最先，死时年二十八。执友闻之，咸以为质明行不愧言。呜呼！士方其宴安无事，议论今古人成败得失，是是非非，毫发无所假。或大故交乎前，荣辱死生乱于内，父母妻孥患之，而交游姻戚族党非之，初与终若不相谋者，往往而是。质明创大义数千言，龂龂侃侃，诸所论说，皆诛奸崇正，动系伦常。酉、戌之际，假令质明不死，亦一诸生耳，何与当世事？而卒乃以身践之。其言如是，其行即如是，何志之决也！[3]

酉、戌间指1645至1646明朝初亡时。大难未来之先，道理人人会说，大难既至，起初守志者亦多，随着时间推移而品类遂分，大抵能长久不变者少，多数因为内心乱于私欲，外面牵系家人与交友，于是始与终判若两人。唯独质明平时言论激烈，此时能够实践其言。

---

① 《恽日初集》，第215页。

② 这是董质明的主张，恽日初在《明文学董质明墓志铭》加以叙述。在《与伯兄书》中对于应福王征召的伯兄，他也提出同样主张："凡从贼乞降诸畔逆，不正其罪于天下，则臣纪不彰，人心不肃，《春秋》所以首严乱贼之诛也。已穷竟其情实、差等其刑否乎？此皆当今之先务，为政之大经，兄何以提衡而赞决之乎？"见《恽日初集》，第291、250页。

③ 《恽日初集》，第292页。

以上列举有关节义的历史、时事与自身经历，恽日初将这些事迹与理学思想联系，因此是当作学问表现来看待的。纲常伦理，不论是历史或行事，其作为是自发的或从圣经贤传习得的，都是一种“物”，能与心/天本体相联系，是为“物格”，这种联系决定了道能否发为神灵大用，而实践则是成德的验证。

（三）艺术

恽日初格物思想的另一个背景是艺术。恽日初少子寿平，初名格，号白云外史、南田草衣，“诗文楷法皆工，尤精绘事，山水花卉，兼擅所长”，是清初著名的画家，恽日初晚年赖其卖画供养。[①]恽日初有《跋侄孙所藏王父以下遗墨》，叙述其侄孙启巽将四代遗墨汇集装潢成册，因而为之作跋。[②]文中恽日初历述恽氏几代以来重文学、长于书法与绘画的情形。恽日初又有《跋女弟董硕人画扇》，云：“吾家自诸父敬止公以书画开翰墨宗，道生遂擅一时之绝。女弟耳濡目染，比夫鸟之在鷇，不自知其符采之映发也。”[③]从这些记载知道恽日初家庭本有擅长书画的传统，到恽寿平而发扬光大。

恽日初作《书淳化阁帖后》，有云：

> 余生平雅好法书，而尤慕说淳化阁帖。每闻有善本，必求寓目，迨乎披展，恒不副向往，初心为之恙恙，至于掩卷太息。因谓金石虽工，必不能究古人笔妙，譬则以土木偶人而貌古先贤哲，廑可仿佛其形模而已，神思气象，自不能传。……大氐模帖必精求古人用笔之法于纤微向背、毫发死生间，得其意思所存，然后可以妙施勾勒，乃至趯笔潜锋，摧挫折衄，书法不传之秘，全在于斯。故有均一点画，共一偏旁，而

① 汤修业：《恽逊庵先生传》，载《恽日初集》，第380页。

② 《恽日初集》，第211~212页。

③ 《恽日初集》，第226页。

道俗县殊，古今夐别，非深探突奥者，临文不见也。此处既失，纵形像宛然，神明亡矣。今观阁帖，病正坐此，甚者，并形像失之。脱或放学，先得一种近今流俗习气，乃欲于此寻晋唐人笔法，岂不远哉！①

如果笔妙为道，点画为器，法书不能离开点画，是为道与器不即不离的关系。然而形同不等于神同，形与神间有一种飞跃。但学习须从形似开始，至“于纤微向背、毫发生死间，得其意思所存”，古人法书是从道表现为器，今人学习则从器入道，是为格物。恽日初谓淳化阁帖不得古人精神，“脱或放（按，同“仿”）学，先得一种近今流俗习气”，而去古人愈远。关于这种从形到神的学习，恽日初在《跋王石谷模古画卷》中有更多发挥：

图画家以外师造化，中得心原为极则，而尤必斤斤放古，何居？盖画不放古，则度物取形，真想县如，神趣不传。故知古法者，造化之妙衡，心原之明范也。虞山王君石谷，能画有俊声，本之气奋迈爽，耽山水，故一往多奇。此卷则其模古所业，投余几案属题。卷凡若干帧，余燕坐得卧游焉。每展一帧，如亲见一古人。辟绰皴擦，不离本法，而显殊姿。譬则井之在澥，不异不淆。②

王石谷即王翚，与恽寿平同属清初六大家，以临摹古人著名。“外师造化，中得心原”，即天与心相通的形上之道。入道必须通过器的学习，即临摹古代名家的作品，“每展一帧，如亲见一古人”，是其临摹之工。“譬则井之在澥，不异不淆”，不但指他和古人的异同，也指古人之间及其与道的异同，这是道器间不即不离的关系。在这些地方，他的用语和论理学如出一辙，可知他的思想受到艺术经验的影响。

① 《恽日初集》，第 218~219 页。

② 《恽日初集》，第 223~224 页。

六、结语

以上笔者根据近年出版的《刘子节要附恽日初集》探讨了恽日初的思想,今人对恽日初评价的得失也可以迎刃而解。

今人认为恽日初为蕺山弟子中的朱子学派，此派在蕺山思想诠释上的缺失,一是未能认识蕺山晚年"意为心之所存"的宗旨,有失蕺山思想的精华；二是屈服于朝廷尊朱的压力，帮助刘汋篡改蕺山原稿不合朱子之处。检讨这些说法,篡改蕺山原稿之说最不合理。蕺山著作中《四库全书》所收者基本上出于刘伯绳整理的"录本",与董玚后来依原稿整理的《刘子全书》本有不少异同。然而比对异文,并不能得到"录本"是依朱子思想篡改原稿的结论。[①]关于蕺山晚年诚意之说,恽日初的确主张"意为心之所发",未能如蕺山所主张的"意为心之所存",心中有意作为定向,其道德性更为紧切。至于恽日初属于朱子学派之说,虽然不错但分析未精。恽日初传承的是东林学派受阳明心学洗礼的新朱子学,"心法即天则""物物之则,一心之则也",皆其警语。然而清初的朱子学排斥陆王,以言心言悟为忌讳,与恽日初的新朱子学有很大的差异。

恽日初的朱子学强调格物与心体的联系。这方法,梨洲讥讽高景逸推窗得悟是佛学,也就是格物说其实是即物而明心,目标在心而不在物,对于客观的事物认知并无帮助。恽日初许多格物说给人这个印象。但更仔细检讨,恽日初格物对象是已发之物,而非未发之心,其目标是无隐见显微的,合已未发为一的"独",因此并未离开事物,只是不自限于事物,而要上达于道而已。将物与心,或器与道相联系,目的除了心明,更在心物合一的

① 笔者曾比对异文,发现篡改的动机主要在奏疏删去满州侵略的部分,这是政治而非思想的忌讳。见钟彩钧:《四库全书刘宗周著作初探》,《中国文哲研究通讯》,第13卷第2期(2003年6月)。

"神灵变化"。

梨洲称恽日初的格物为禅悟，是未将其思想与生活经验连结的结果。笔者于恽日初的一生，提出节义与艺术两个特殊之处，二者正构成其格物说的背景。节义是对纲常伦理的明确坚持，艺术则对造化与古人作品，从纤毫处见到精神，因此二者皆须在事物上辨析入微。然而又不能停留于事物，节义与艺术的精神是道，如果不能上达于道，则牺牲犯难的节义，师造化得心原的艺术就会徒留躯壳，失去感动人心的力量，而走上崩解一途。

从以上论述，可以看到恽日初的思想不但渊源于明末两大儒，而且经历了时代的淬炼与个人的坚贞，有丰富的生命力，值得今人研究学习。

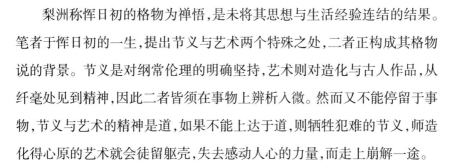

蕺山“前四句”的文本问题

——基于耿宁工作的进一步讨论

方旭东

（华东师范大学哲学系）

众所周知，蕺山对阳明之学的态度，有所谓“三变”：始疑——中信——终辨。[①]但具体如何划分这三个时期，尤其是中晚期，学者意见并不统

---

① “三变”说肇始于蕺山之子刘汋：“（崇祯十六年癸未十一月，蕺山）著《证学杂解》及《良知说》。先生（引者按：蕺山）痛晚近学术不明，用功悠谬，作《证学杂解》二十五则，末章以觉世之责自任。又著《良知说》一篇。”（文俱见《刘宗周全集》，浙江古籍出版社，2012年。版本下同。先生于阳明之学凡三变：始疑之，中信之，终而辨难不遗余力。始疑之，谓其近禅也。中信之，信其为圣学也。终而辨难不遗余力，谓其言良知，以《孟子》合《大学》，专在念起念灭用工夫，而于知止一关全未勘入，失之粗且浅也。夫惟有所疑，然后有所信，夫惟信之笃，故其辨之切。而世之竟以玄渺称阳明者，乌足以知阳明也与！）”[《蕺山刘子年谱》，载《刘宗周全集》（第九册），第143页。]黄宗羲继承了这个说法：“先生以谓新建之流弊，亦新建择焉而不精，语焉而不详有以启之也。其驳《天泉证道记》曰：……其驳‘良知’说曰：……盖先生于新建之学凡三变：始而疑，中而信，终而辨难不遗余力，而新建之旨复显。”[《子刘子行状》，载《刘宗周全集》（第九册），第41页。]可以看到，黄宗羲在刘汋之说的基础上最后加了一句“而新建之旨复显”，似乎有意弭平蕺山与阳明之学之间的差异。一般谈到“三变”说，主要依据梨洲，或至多将刘汋与梨洲并提，殊不知刘说在黄说前。盖刘《序》称：“汋不孝，罹先君子之变八年矣。”[《蕺山刘子年谱》，载《刘宗周全集》（第九册），第49页。]考蕺山亡于顺治二年（乙酉，1645），则序《谱》之时为顺治十年（癸巳，1653）。而梨洲撰《子刘子行状》，时在康熙六年（1667）。[参见黄炳垕：《黄梨洲先生年谱》，载《黄宗羲全集》（第十二册），第41页。]

一[1]，似乎还有进一步研究的余地。

蕺山对阳明的不满，“四句教”[2]是一个重点。[3]就其对“四句教”的批评来说，蕺山六十二岁（崇祯十二年，己卯，1639）提出的“新四句”可谓全面而彻底。

> 蒙因为龙溪易一字，曰：“心是有善无恶之心，则意亦是有善无恶之意，知亦是有善无恶之知，物亦是有善无恶之物。”不知先生（引者按：阳明）首肯否？[4]

所谓“为龙溪易一字”，是就《传习录》所载龙溪“四无”说而发，盖龙溪以为：“若说心体是无善无恶，意亦是无善无恶的意，知亦是无善无恶的

① 比如，陈畅根据他对蕺山慎独思想的考察提出，蕺山思想从中年期向晚年期过渡的时间是在五十五岁至五十七岁期间（崇祯五年冬十月至崇祯七年夏日）。蕺山五十岁《皇明道统录》成，是其“中而信”阶段的标志性事件。而崇祯九年（丙子，蕺山五十九岁）则被认为是蕺山晚年思想成熟的一个节点。（参见所著：《刘宗周中晚年思想转变及其哲学意义——兼论刘宗周思想发展之分期》，《人文论丛》2009年卷，第309~329页，尤其第327~328页。）而高海波则认为，“中信”阶段大约可以延续到壬午（崇祯十五年，1642），而“终而辨难不遗余力”当始于癸未（崇祯十六年，1643），并直至蕺山去世。（参见所著：《慎独与诚意——刘宗周哲学思想研究》，生活·读书·新知三联书店，2016年，第441页）

② 阳明晚年有所谓“四句教法”，见载于多种文献，根据陈来先生的研究，这些文献的史料价值并不相同，从高到低，依次为：《阳明先生年谱》《传习录》《天泉证道记》。参见所著：《〈天泉证道记〉之史料价值》，收入《中国近世思想史研究》，生活·读书·新知三联书店，2010年，第667~681页。《年谱》所载“四句教”为：“无善无恶是心之体，有善有恶是意之动，知善知恶是良知，为善去恶是格物。”[《王阳明全集》（卷三十五），上海古籍出版社，1992年，第1307页。]

③ 关于蕺山对阳明的批评，比较系统的讨论，除了前揭高海波书，另可参杨祖汉：《从刘蕺山对王阳明的批评看蕺山学的特色》，载钟彩钧主编：《刘蕺山学术思想论集》，台湾“中研院”中国文哲研究所筹备处，1998年，第35~66页。

④ 《阳明传信录》，载《刘宗周全集》（第七册），补遗一，第82页。

知，物是无善无恶的物。”[①]

对照阳明“四句教”原文可知，蕺山的“新四句”对“心、意、知、物”这四个关键字的界说与阳明无一合辙。然而，蕺山并不是一开始就达到这样的认识，事实上，在他五十九岁（崇祯九年，丙子，1636）对“四句教”提出修正时，其说有很大不同。

> 有善有恶者心之动，好善恶恶者意之静，知善知恶者是良知，为善去恶者是物则。[②]

笔者将此称为蕺山的“前四句”，以区别于崇祯十二年的“新四句”。[③]从形式上看，蕺山“前四句”与阳明“四句教”有较多重合，尤其第三句“知善知恶是良知”，更是一字不改。

对此，有论者认为，蕺山此时尚承认阳明的“知善知恶是良知”说。[④]也

---

① 参见《王阳明全集》（卷三），第 117 页。蕺山《阳明传信录》所引，字句略异：“若说心体是无善无恶，意亦是无善无恶，知亦是无善无恶，物亦是无善无恶矣。”[《刘宗周全集》（第七册），第 80 页。]而比较接近《王阳明年谱》所记：“心体既是无善无恶，意亦是无善无恶，知亦是无善无恶，物亦是无善无恶。”[《王阳明全集》（卷三十五），第 1306 页。]

② 《学言上》，载《刘宗周全集》（第三册），第 352 页。

③ “新四句”“前四句”这些说法都是笔者所拟。也有论者只把“前四句”才称为蕺山的“四句”，如黄敏浩，参见所著：《刘宗周“四句”的诠释》，《中国文哲研究通讯》，第 8 卷第 3 期，1998 年 9 月，第 105~116 页。

④ 比如高海波认为：“知善知恶是良知”，蕺山尚可以承认阳明这一说法。（参见所著：《慎独与诚意——刘宗周哲学思想研究》，生活·读书·新知三联书店，2016 年，第 473 页。）在另一处，他的语气没有这么肯定：“知善知恶是良知”，仅从字面上看，似乎刘宗周尚可承认阳明这一说法。（参见所著：《刘宗周对阳明四句教的批评》，载《中国哲学史》，2014 年第 3 期。）

有论者认为，虽然两者字面相同，但含义却相去甚远。[①]

那么，蕺山的“知善知恶是良知”跟阳明的“知善知恶是良知”到底有何异同？蕺山“前四句”与阳明“四句教”之间究竟是什么关系？这是值得探究的问题。晚近瑞士学者耿宁（Iso Kern）对第四句文本差异的发现，为我们探究这些问题提供了一个契机。本文拟在耿宁工作的基础上继续前进。

一

耿宁指出，按照《明儒学案》，第四句不是“为善去恶是物则”，而是“有善无恶是物则”。[②]在耿宁之前，几乎没有人注意到这个问题。[③]

① 黄敏浩根据他对第四句“为善去恶者是物则”的考察，推定：刘宗周的“知善知恶”与阳明——至少是他理解下的阳明——的“知善知恶”并不同。前者没有预设有善有恶，而后者则是。依宗周，良知知善知恶，并不是觉知这个是善，那个是恶，从而为善去恶。他曾批评“四句教”中的良知知善知恶，只是“知在善恶之外，第取分别见”；而相连第二句有善有恶之意，是“因有善有恶而后知善知恶，是知为意奴”；又相连第一句无善无恶之心，是“本无善恶而又知善知恶，是知为心祟”；又认为《大学》“致知”的原意只是“知先”“知本”“知止”，如今更言良知，以良知之知知止、知先、知本，“岂不架床叠屋之甚乎？”（以上引文均见刘宗周：《良知说》——原注）。参见所著：《刘宗周“四句”的诠释》，《中国文哲研究通讯》，第 8 卷第 3 期。黄氏的主要问题在于完全不考虑蕺山言论的时间性，径以崇祯十六年（癸未，1643，蕺山六十六岁）的《良知说》来解释崇祯九年（丙子，1636，蕺山五十九岁）的“四句”。详下正文所论。

②《明儒学案》本作：“有善有恶者心之动，好善恶恶者意之静，知善知恶者是良知，有善无恶者是物则。”（《明儒学案》（卷六十二），中华书局，1985 年，第 1519 页。）耿宁最早是在 2010 年发表的一篇会议论文中提出这个观点的，该文“刘宗周与黄宗羲对王阳明‘四句教’的诠释。刘宗周针对王阳明‘致良知说’所提出的‘诚意说’是否体现了一种哲学的进步？”后收作《人生第一等事》（全名为《人生第一等事：王阳明及其后学论“致良知”》）一书的附论，商务印书馆，2014 年，第 1082~1130 页。顺便说，姚名达《刘宗周年谱》在“崇祯九年”条下辑录了是年蕺山语录数条，其中就包括“前四句”：“有善有恶者心之动，好善恶恶者意之静，知善知恶者是良知，有善有恶者是物则。”［《刘宗周全集》（第九册），第 378 页。］姚氏自注：“据《刘宗周全集》卷十及《明儒学案》卷六十二”（第 379 页），则其第四句“有善有恶者是物则”显然为传抄之误，本作“有善无恶者是物则”。

③ 论者在谈论蕺山“前四句”时，或取《刘宗周全集》本，如黄敏浩、高海波；或取《明儒学案》本，如唐君毅［参见所著：Liu Tsung-chou's Doctrine of Moral Mind and Practice and His Critique of Wang Yang-ming，载狄百瑞（W.M.Theodore De Bary）编：*The Unfolding of Neo-Confucianism*，Columbia University Press，1975］、吴光（参见所著：《从阳明心学到力行实学》，载吴光编：《阳明学综论》，中国人民大学出版社，2009 年），而未注意到另一个版本的存在，遑论比较其优劣。

耿宁详细阐述了自己的取舍理由，主要有三条，涉及两则材料。[1]耿宁还表示："但对他的文本方面的差异还值得做进一步说明，只是这里无法提供这样的说明。"[2]遗憾的是，迄今为止，中文学界对此尚未做出应有的反应或呼应。[3]以下，我们就来检视耿宁的论证。

耿宁认为，"有善无恶者是物则"这个说法[4]可以获得刘宗周同年另一条语录的支持。[5]

> 《大学》之言心也，曰"忿懥、恐惧、好乐、忧患"而已。此四者，心之体也。其言意也，则曰"好好色，恶恶臭"。好恶者，此心最初之机，即四者之所自来，所谓意也。(一本无四字。)故意蕴于心，非心之所发也。又就意中指出最初之机，则仅有知好知恶之知而已，此即意之不可欺者也。故知藏于意，非意之所起也。又就知中指出最初之机，则仅有体物不遗之物而已，此所谓独也。故(一作"哉"。)物即是知，非知之所照也。《大学》之教，一层切一层，真是水穷山尽学问，原不以诚意为主，以致良知为用神者。[6](下划线为引者所加)

---

① 参见《人生第一等事》，第1086~1087页。

② 《人生第一等事》，第1087页。

③ 关于耿宁此书，中文书评，笔者寓目者，唯林月惠一篇而已：《耿宁对阳明后学的诠释与评价》(《广西大学学报》，2015年第3期，第7~23页)。该文主要聚焦于阳明后学的"致良知"问题，没有涉及蕺山"四句"的讨论。

④ 蕺山"前四句"，据黄宗羲加在"语录"部分的小字注，这条材料属"丙子京邸"之言。黄宗羲为语录加了小字注，以标明时间，"正谛当时，切忌又起炉灶"以下，至"体天地万物为一本，更无本心可觅"，凡17条，注云："以上丙子京邸"(《明儒学案》，第1520页)，"有善有恶"四句为第12条。

⑤ 《人生第一等事》，第1087页。在中译本中，《学言》的年代1636被错误地写成了1639。耿宁认为，"《大学》之言心"这段话表明，刘宗周尚处于"相信王阳明学说"的阶段。参见：《人生第一等事》，第1088页。

⑥ 《刘宗周全集》(第三册)，第351页。

耿宁把"又就知中指出最初之机,则仅有体物不遗之物而已,此所谓独也。故物即是知,非知之所照也"这段话意译为:

> 如果我们在"知"中指出最初的驱动,那么这无非就是毫无遗留地被彻底经验到的"物"【体物不遗之物】。这就是(在《大学》第六章的同一语境中)所谓的"独立【独】"。因此之故,"物"与(对"物"的)"知"是一回事,而不是"知"所表象(反思、反映)的东西。①

随后,他评论说:

> 刘宗周将"物"理解为根本的实在,真正的认识【体认】与它是完全的一体,易言之,这是本体论的"真",是"秩序原则【天理】"和心的"实体"(独立的实在、"独体")。②

而对"有善无恶者是物则"这句话,耿宁把它意译为"有善而无恶的东西是'物'的法则"③。"物则"一词,有时他直接写作"实在的法则"。④

基于如上理解,耿宁认为,"体物不遗"的"物","所谓独""即是知"的"物"与"有善无恶"的"物则"之"物"含义相同,都是表示"根本的实在"。

---

① 《人生第一等事》,第 1085 页。

② 《人生第一等事》,第 1085~1086 页。

③ 《人生第一等事》,第 1086 页。

④ 比如,他说:"在这四句教的第四句中,刘宗周将'实在的法则'定义为'有善无恶的东西'。"(《人生第一等事》,第 1088 页。)

耿宁的这种理解，虽然在经典解释上不无可议[①]，但在理论上可自成一说。尽管如此，却也不能令人完全释疑。一个很自然的疑问是：即便我们接受他对"物"的解释，也不能因此就得出"为善去恶是物则"之说在刘宗周那里不成立的结论。说到底，承认"物"是指"根本的实在"以及"物则"是指"实在的法则"，在逻辑上不能推出"有善无恶者是物则"是刘宗周的观点，也不能推出刘宗周一定不会接受"为善去恶是物则"之说。要证成这些，还需要提供更强的证据。在一定程度上，耿宁的后两条理由弥补了这个缺憾，其第二条理由是说刘宗周曾明确提出过"有善无恶"之说，其第三条理由是说刘宗周明确反对"为善去恶"之说。这两点我们留待后文讨论，现在，我们要对耿宁使用的这个文献做进一步的辨析。

我们首先要指出的是，耿宁书中引的这段话，《明儒学案·蕺山学案》的"语录"部分也采入了，但两个文本存在差异。《明儒学案》本作：

> 《大学》之言心也，曰忿懥、恐惧、好乐、忧患而已。此四者，心之体也。其言意也，则曰好好色，恶恶臭。好恶者，此心最初之机，即四者之所自来，故意蕴于心，非心之所发也。又就意中指出最初之机，则仅有知善知恶之知而已，此即意之不可欺者也。故知藏于意，非意之所起也。又就知中指出最初之机，则仅有体物不遗之物而已，此所谓独也。

---

① 比如，按照朱熹，"体物不遗"的意思是说"（鬼神）为物之体，而物所不能遗也"（《中庸章句》，载《四书章句集注》，中华书局，1986年，第25页），而不是耿宁从字面上理解的"毫无遗留地被彻底经验到的'物'"。至于耿宁顺着刘宗周的说法，把"物"理解为《大学》第六章（诚意章）所说的"慎独"之"独"，在经典诠释上也是别具一格的，像朱熹，就把《大学》与《中庸》上的"慎独"之"独"都解释为"人所不知而己所独知之地也"（《大学章句》，载《四书章句集注》，第7页；《中庸章句》，载《四书章句集注》，第18页）。而郑玄亦把《中庸》"君子慎其独"解释为"慎独者，慎其闲居之所为"（参见孔颖达：《礼记正义》，中华书局，1980年，第397页）。关于"慎独"之"独"的诠释史，可参见《出土文献与君子慎独——慎独问题讨论集》（漓江出版社，2012年）。另外，关于"物则"，如前正文所述，刘宗周是把它理解为"条理"，而不是耿宁这里说的"实在的法则"，至少，刘宗周从来就没有在"实在"这个意义上使用"物"一词。不能不说，在这些地方耿宁带进了他自己的哲学前见（prejudice）。

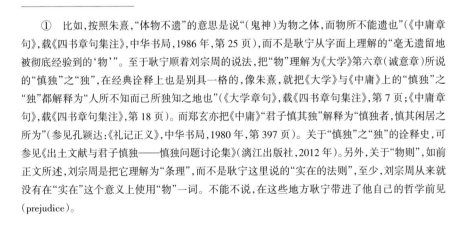

故物即是知，非知之所照也。《大学》之教，一层切一层，真是水穷山尽，学问原不以诚意为主，以致良知为用神者。[1]（着重号为引者所加）

将这个版本与上引《刘宗周全集》本对照，其间差异微小到几乎让人难以察觉：《明儒学案》本作"知善知恶之知"，《刘宗周全集》本作"知好知恶之知"，仅一字之差。

对于这个差异，耿宁浑然无识。他在文中对所引原文给出如下意译：

如果我们在"意"中指出最初的驱动，那么，这无非就是知道善、知道恶的"知"而已，并且它不会被"意"所欺骗【欺】（一个出现在《大学》第六章同一语境中的概念）。因此之故，"知"是隐藏在"意"中的，而不是"意"所发动的【起】。[2]（着重号为引者所加）

从这个意译可以推知，耿宁引用的是《明儒学案》本：

又就意中指出最初之机，则仅有知善知恶之知而已，此即意之不可欺者也。故知藏于意，非意之所起也。[3]（着重号为引者所加）

可是，由于耿宁在引用时这样写道："刘宗周在前引1636年的'学言'中写道……"[4]。因此，中译者在还原原文时找到《学言》当中的那段话："又就意中指出最初之机，则仅有知好知恶之知而已，此即意之不可欺者也。故知藏于意，非意之所起也"[5]。（着重号为引者所加）

---

① 《明儒学案》（卷六十二），第1519页。
② 《人生第一等事》，第1085页。
③ 《明儒学案》（卷六十二），第1519页。
④ 《人生第一等事》，第1085页。
⑤ 《人生第一等事》，第1085页。

耿宁固然是这个错误的源头[①],但中译者恐怕也难辞其咎。如果中译者做得更仔细些,也许就能发现乃至纠正这个错误。然而,中译者并没有注意到耿宁实际引用的是《明儒学案》,大概他想当然地以为《刘宗周全集》与《明儒学案》所载并无二致。正因于此,他在注明这段话的出处时,不惮将《刘宗周全集》与《明儒学案》的页码一并列出。[②]

在我们看来,耿宁以上对"有善无恶者是物则"的论证包含了一个洞见,那就是:蕺山"前四句"与"《大学》之言心"这段话相互发明。耿宁说:

> 在出自1636年(他去世前九年)的"学言"或"语录"中,刘宗周首先阐述了他自己对"心"、"意"、"知"、"物"这四个概念的理解,它们是王阳明"四句教"的对象,而后他对'四句教'做了全面的改造。"[③](着重号为引者所加)

耿宁之所以做这样的理解,我们认为,当是受了《明儒学案》的影响。正是《明儒学案》对刘宗周语录的那样一种编排让耿宁产生了这种印象。

在《明儒学案》所收蕺山语录中,蕺山"前四句"那条语录就紧接在"《大学》之言心"这条语录之后。[④]而在《刘宗周全集》所收的《学言》当中,这两条语录相隔甚远:在"《大学》之言心"这一条与"有善有恶者心之动"

① 耿宁在引用刘宗周文本时,这样的疏漏容或有之,此贤者千虑一失,无须为讳。我们还可以举出另一个例子。在引《刘宗周文集》"此心最初之机,即四者之所自来,所谓意也。(一本无四字。)故意蕴于心,非心之所发也"这段话时,耿宁就没有把"所谓意也"四个字译出(当然,"一本无四字"也就更不会译出)。参见《人生第一等事》第1084页脚注1中的译者注。

② 参见《人生第一等事》,第1085页脚注2。中译本将《明儒学案》的页码1519误写成了1517。

③ 《人生第一等事》,第1083页。

④ 《明儒学案》,第1519页。

那一条之间总共隔了五条语录。[1]那么,《明儒学案》的这种编排是否出于随机或完全是黄宗羲个人的一种理解而并非《学言》原貌呢?

回过头来仔细看《学言》,我们发现,对于这五条语录,下面有小字原注:“旧钞不载”。而“《大学》之言心”那一条连同其上一条“身者,天下国家之统体”,亦有小字原注:“二条新本无”。所谓“旧钞”,当指刘宗周之子刘汋所编的刘宗周遗著的稿本(又称底本),而“新本”当指在稿本基础上誊录编订成书的文录(又称录本)。黄宗羲编定、姜希辙刊刻的《子刘子学言》二卷以及《四库全书》收录的《刘子遗书》四卷内《学言》三卷,据吴光推测,当皆出自“录本”。[2]据此而言,在刘汋当初编定的稿本上,“《大学》之言心”那一条后面接着的就是包含“有善有恶者心之动”四句的那一条。

这也就是说,《明儒学案》关于“《大学》之言心”与蕺山“前四句”的编排顺序既非出于随机,亦非出于黄宗羲个人的理解,而就是《学言》初稿原貌。如此一来,这两条语录之间存在义理关联,可相互发明,就不是耿宁的凭空想象,而是有案可稽。进而,衡诸“《大学》之言心”关于“知”的论述,蕺山“前四句”的第三句,于理就应当写作“知好知恶者是良知”,而不是现行《刘宗周全集》本的“知善知恶是良知”或《明儒学案》本的“知善知恶者是良知”。

那么这种文本上的差异是否意味着义理上的不同?要回答这个问题,我们就需要研究“知好知恶”在蕺山这里究竟是什么意思。

蕺山不止一次用过“知好知恶”一语,下面这段话对我们理解“知好知恶”可能有直接的帮助。

---

① 参见《刘宗周全集》(第三册),第351~352页。

② 参见所著:《刘宗周著述考》,载《刘宗周全集》(第十册),第729页。事实上,笔者经过翻检发现,无论是《刘子遗书》本《学言》还是《子刘子学言》,既没有收录“《大学》之言心”那条语录,也没有收录包含“有善有恶心之动”四句的这条语录。这从一个方面也证实了我们关于“新本”是指“录本”的猜测。

予尝谓好善恶恶是良知，舍好善恶恶，别无所谓知善知恶者，好即是知好，恶即是知恶，非谓既知了善，方去好善，既知了恶，方去恶恶。审如此，亦安见其所谓良者？乃知知之与意，只是一合相，分不得精粗动静。[①]

蕺山的意思是，对良知而言，“知善”与“好善”不应该理解为两件事，不是先去了解是不是善，了解了之后才会产生喜好之情。实际情况是：知道是善的，立刻就会产生喜好之情；知道是恶的，立刻就会产生厌恶之情。也就是说，“知善知恶”天然地就包含了“好善恶恶”。知（认知）与意（情感好恶）天生就合在一起。

由于“好”跟“恶”是多音字，“好即是知好，恶即是知恶”，孤立地看，可以有不同的读法，但是联系到上文有这样的话：

及考之（《大学》——引者按）〈修身〉章“好而知其恶，恶而知其美”，只此，便是良知。（标点有所改动）[②]

可知，“知好”“知恶”云云，当是从《大学》〈修身〉章“好而知其恶，恶而知其美”这个典故而来，因此，“知好”的“好”字应该读作 hǎo，“知恶”的

---

① 《刘宗周全集》（第三册），第 400 页。《明儒学案》也摘录了这段话而字句小异：余尝谓好善恶恶是良知，舍好善恶恶，无所谓知善知恶者。好即是知好，恶即是知恶，非谓既知了善，方去好善，既知了恶，方去恶恶。审如此，亦安见所谓良者？乃知知之与意，只是一合，相分不得精粗动静。［《明儒学案》（卷六十二），第 1533 页。］《明儒学案》的标点者将“乃知知之与意，只是一合相，分不得精粗动静”误断为“乃知知之与意，只是一合，相分不得精粗动静”，明显造成破句。

② 《刘宗周全集》（第三册），第 400 页。这里，蕺山对《大学》“修身”章没有引全，完整的原文如下：“所谓齐其家在修其身者：人之其所亲爱而辟焉，之其所贱恶而辟焉，之其所畏敬而辟焉，之其所哀矜而辟焉，之其所敖惰而辟焉。故好而知其恶，恶而知其美者，天下鲜矣！故谚有之曰‘人莫知其子之恶，莫知其苗之硕。’此谓身不修不可以齐其家。”（《大学章句》，《四书章句集注》，第 8页。）

"恶"字应该读作 è。《大学》"修身"章是说:带着喜好之情,就很难发现其恶;带着厌恶之情,就很难发现其美。换句话说,喜欢(好,hào)一个人就会觉得他样样都好(hǎo),讨厌(恶,wù)一个人就会觉得他样样都不好(亦即恶,è)。《大学》所说的这个现象毋宁是人之常情。

蕺山从《大学》这个说法演绎出如下命题:"好(hào)即是知好(hǎo),恶(wù)即是知恶(è)"。这当然说得通。不过,按照蕺山对良知的解说(非谓既知了善,方去好善,既知了恶,方去恶恶),"知好(hǎo)即好(hào)之,知恶(è)即恶(wù)之"或者"知善即好(hào)善,知恶(è)即恶(wù)恶(è)",而不是现在这个"好(hào)即是知好(hǎo),恶(wù)即是知恶(è)",才是更顺理成章的推论。

至此,我们可以判定:"知好知恶之知"当中的"好"应读作hǎo,"恶"应读作 è。这样读法的"知好知恶"跟"知善知恶",其实在意思上并无分别,因为,读作 hǎo 的"好",跟"善"差不多是一个意思。①

可见,蕺山"前四句"的第三句"知善知恶是良知",从文本上讲,我们有理由认为,当作"知好知恶是良知",不过,在义理上,"知好知恶是良知"与"知善知恶是良知"并没有什么实质差异。

---

① 不能不说,"好善恶恶是良知""知好知恶是良知"与"知善知恶是良知"的差异被有些论者错误地夸大了。如高海波提出,刘宗周晚年已经不把良知看作监督、指导意念活动的道德本体,而是把良知看作"意中最初之机",是"知好知恶之知",所以"知藏于意,非意之所起也。"[《刘宗周全集》(第二册),第 389 页。]也就是说,他将知看成作为心体主宰的道德意向(或道德情感)所表现出的理性自觉,这实际上是将道德理性(知)收摄到了道德意向(意)中。刘宗周后来公开反对"知善知恶是良知",而主张"好善恶恶是良知"或"知好知恶是良知",就是出于此。(参见所著:《刘宗周对阳明四句教的批评》,第 68 页)在他另一处表述中,"知好知恶之知"与"知善知恶之知"的对立意味更明显地突出出来:"知善知恶是良知",蕺山尚可以承认阳明这一说法。不过,蕺山此时已经不把良知看作监督、指导意念活动的道德本体,而是把知看作"意中最初之机",是"知好知恶之知",所以"知藏于意,非意之所起也。"[《刘宗周全集》(第二册),第 389 页。](参见所著:《慎独与诚意》,第 473 页。着重号为引者所加)高文所引"意中最初之机""知好知恶之知"那些话,其实就出自"《大学》之言心"那条语录,如上所述,这条材料跟蕺山说"知善知恶者是良知"那四句是同一年。所以,说"知好知恶之知"是后起的讲法,是没有事实根据的。说"知好知恶之知"跟"知善知恶是良知"同时,但意味有别,是未经辨析的结论。

二

耿宁依据的第二条材料是崇祯七年（甲戌，1634，蕺山五十七岁）蕺山写给秦弘祐（履思）的一封信，此即《与履思十（甲戌八月）》。耿宁认为，这封信阐述了一个与《明儒学案》版蕺山“前四句”之末句“有善无恶者是物则”等值的命题：“天地间道理，只是个有善而无恶”。同时，这封信还反驳了王阳明“四句教”之末句“为善去恶是格物”：“言为善便是去恶，言去恶便是为善。……以此思之，则阳明先生所谓‘为善去恶是格物’亦未必然也”。而这一点显然不利于《刘宗周全集》版的“为善去恶是物则”。[1]下面，我们就来认真理会耿宁的这些说法。

“物则”一语本出《诗经》：“天生烝民，有物有则”（《大雅·烝民》），传统解释为：“物，事。则，法。”[2]与此不同，蕺山对“物则”有其特殊用法，他所理解的“物”不是万物，而是“理”或“条理”。[3]从而，“物则”实际就指“条理”或“理则”。

就蕺山的“物则”主要是指“条理”这一点来看，耿宁关于“有善无恶者是物则”与“天地间道理只是个有善而无恶”等值的看法是可以成立的。同样，就“物则”是指“条理”这一点而言，说“物则”是“有善无恶者”，是比较容易理解的，而说“物则”是“为善去恶”，则是比较奇怪的。[4]从这些方面考

---

① 《人生第一等事》，第1087页。

② 《十三经注疏·毛诗正义》，北京大学出版社，1999年，第1218页。

③ 蕺山说：“物之为言理也，以其为此知之真条理也，故曰致知在格物。”[《答叶润山民部（名廷秀，丁丑闰四月二十二日）》，载《刘宗周全集》（第五册），第292页。]丁丑为崇祯十年（1637），蕺山六十岁。

④ 关于“为善去恶是物则”，高海波提供了一种解读：“应是指良知或独体所具有的条理是‘为善去恶’的准则。”（《慎独与诚意》，第474页）这种理解实际上是把原文改写成了“物（良知或独体所具有的条理）是为善去恶之则（准则）”，未为佳也。

虑，我们同意，蕺山"前四句"的最后一句作"有善无恶者是物则"比起"为善去恶是物则"显得更合理一些。

但是，我们也需要指出，单靠这条材料去论证蕺山崇祯九年（丙子，1636，蕺山五十九岁）提出其"四句"时不大可能采纳阳明"为善去恶是格物"之教，尚嫌单薄。也许，我们可以为耿宁的观点补充一条材料。

> 一生因问："文成为善去恶之义如何？"余（引者按：蕺山）曰："人性本善，其有时而恶，则气拘物蔽之病耳。文成言致良知于事事物物之间，非直以为善去恶当格物。"①

比起"为善去恶是格物"，蕺山宁愿相信"致良知于事事物物之间"更能代表阳明的看法。蕺山的这种态度跟他自身对"格物"的理解有关。蕺山所理解的"格物"根本不是什么"为善去恶"，因为，在他看来，"物""本善而无恶"②。

不过，我们也要指出，存在着对耿宁非常不利的证据。那就是，蕺山并不排斥"为善去恶"。耿宁似乎没有看到，就在同一封信里，蕺山明确说："我辈人学问，只是个为善而去恶。"③

细读蕺山文集，不难发现：基本上，蕺山对"为善去恶"的工夫是持肯定态度的，这一点在他与陶石梁（1571—1640，奭龄，字君奭，一字公望，号石梁）为代表的"无善无恶派"的论学分歧④上可以看得特别清楚。

陶石梁一班人从"无善无恶心之体"的立场出发，对"为善去恶"工夫不以为然。这是王龙溪—周海门—陶石梁一脉的宗旨使然。据蕺山描述，

---

① 《刘宗周全集》（第三册），第 497 页。

② 《答叶润山民部（名廷秀，丁丑闰四月二十二日）》，载《刘宗周全集》（第五册），第 293 页。

③ 《刘宗周全集》（第五册），第 284 页。

④ 关于刘、陶二人的学术分合，可参看张天杰：《刘宗周、陶奭龄与晚明浙中王学的分合——兼谈蕺山学派与姚江书院派之关系》，载《中国哲学史》，2014 年第 4 期，第 104~109 页。

朋友当中，有人举“为善去恶”工夫，引来陶石梁从本体上予以消解。

> 董黄庭言：“为善去恶未尝不是工夫。”正恐非本体之流露[1]正当处。故陶先生切切以本体救之，谓：“黄庭身上，本是圣人，何善可为？何恶可去？”[2]

然而蕺山认同的本体与石梁所言者有天壤之别：一无善无恶，一有善无恶[3]。所以蕺山对石梁的“以本体救之”之论评价甚低：

> （石梁之论）正为用工夫下一顶门针，非专谈本体也。而学者犹不能无疑于此，何也？既无善可为，则亦无所事于为善矣；既无恶可去，则亦无所事于去恶矣。既无本体，亦无工夫，将率天下为猖狂自恣。[4]

蕺山不认为石梁所谈本体是本体，另一方面，石梁又取消了工夫。所以，照蕺山看来，依石梁之教而行，人最后只能落得一个“既无本体，亦无工夫”的结局。蕺山与石梁论学不合，由此可见一斑。

细味蕺山之说，他对于“为善去恶”工夫显然并不否定，他所关心的是，如何去落实这个“为善去恶”工夫而不至于走上邪路。最后，他找到孟子那里，以孟子所讲的“知爱知敬”作为工夫下手处。

> 故仆于此只揭“知善知恶是良知”一语解纷。就良知言本体，则本

① 原文衍一“与”字，据后文“‘知爱知敬’，正是本体流露正当处”删。

② 《刘宗周全集》（第五册），第274页。

③ 蕺山云：“论本体，决是有善无恶。”[《刘宗周全集》（第五册），第284页。]“是”，原作“其”，据《年谱》“崇祯七年”条[《刘宗周全集》（第九册），第103页]改。下同，径改，不再说明。

④ 《刘宗周全集》（第五册），第274~275页。

体绝无虚无；就良知言工夫，则工夫绝无枝叶，庶几去短取长之意云尔。……孟子言良知，只从知爱知敬处指示，亦是此意。知爱、知敬，正是本体流露正当处。从此为善，方是真为善；从此去恶，方是真去恶。则无善无恶之体，不必言矣……[①]

蕺山说得何等明白？“知爱、知敬，正是本体流露正当处”，“从此为善，方是真为善；从此去恶，方是真去恶”。蕺山何曾否定“为善去恶”工夫？他否定的，不过是“无善无恶之体”。

另一方面，蕺山对当时社会流行的“为善去恶”实践——“迁善改过”运动十分反感，尤其是那种既“纪过”又“纪功”的做法。

当时，有个士人，叫秦弘祐（履思），仿袁了凡《功过格》著《迁改格》一书，“善与恶对举，一理性情，二效伦纪，三坊流俗，四广利济”[②]，所谓“广利济”，即是以善恶功过相抵消。秦氏以书呈示蕺山，蕺山直斥其“害道”。

《迁改格》“广利济”一款宜除。此意甚害道。百善、五十善，书之，无消煞处，不如已之。纪过则无善可称，无过即是善。若双行，便有不通处。愚意，但欲以改过为善。今善恶并书，但准多少以为销折，则过终无改时；而善之所列，亦与过同归而已。有过，非过也；过而不改，是

① 《刘宗周全集》（第五册），第 275 页。

② 《年谱》“崇祯七年”条记此事甚详，可参：“时秦弘祐仿袁了凡功过册著《迁改格》一书。善与恶对举，一理性情，二效伦纪，三坊流俗，四广利济。陶先生序而行之，因以册呈先生，先生曰：‘此害道之书也。’乃与弘祐书曰：来书‘广利济’一格宜除，此意甚害道。百善、五十善等格，书之无消煞处，不如（引者按：此处当脱落“去之”二字）纪过则无善可称。无过即是善，若双行，便有不通处。有过，非过也。过而不改，是谓过矣。有善，非善也。有意为善，亦过也。此处头路不清，未有不入于邪者也。至于过之分数，亦属穿凿，理无大小多寡故也。平日所讲专要无善，至此又说个为善。仆以为论本体决是有善无恶，论工夫则先事后得，无善有恶可也。因有感而著《人谱》。”［刘汋：《蕺山刘子年谱》，载《刘宗周全集》（第九册），第 103 页。］

谓过矣。有善，非善也；有意为善，亦过也。此处头路[1]不清，未有不入于邪者也。至于过之分数，亦属穿凿，理无大小多寡故也。今但除入刑者不载，则过端皆可涤除，似不必分多寡。但有过而不改，入于文，直须记千万过耳。平日所讲专要无善，至此又说为善，终落在功利一路。仆以为：论本体，决是有善无恶；论工夫，则先事后得，无善有恶可也。凡此皆道之所在，不可不谨。[2]

秦氏书将善恶对举，一方面纪过，另一方面又录善，蕺山认为不通之甚。蕺山反对善恶双行的主要考虑是：如果善恶并书，允许善恶可以相抵，就会让人作恶时也有恃无恐，因为感到反正可以通过行善来抵消。这就根本违背了改过迁善的初衷。

有感于《迁改格》之害道，蕺山遂作《人谱》。《人谱》“言过不言功，以远利也”[3]。因此，只设“纪过格”。蕺山的“纪过格”，实际上是以“去恶”为主要形式的一种工夫。这是因为，按照蕺山，“有善，非善也；有意为善，亦过也”，“论工夫，则先事后得，无善有恶可也”，即比起有意去为善，蕺山认为，实心实意去“去恶”可能更有成效。

就此而言，蕺山自身严格实践了“为善去恶”工夫，只不过，他把工夫的重心放在“去恶”上而已。

总之，从蕺山思想的义理判断，不能认为蕺山会有意回避“为善去恶是物则”这样的说法。至于“阳明先生所谓‘为善去恶是格物’亦未必然也”那句话，可作如下理解：蕺山不是一概反对“为善去恶”的工夫，而仅仅是反对将“为善”与“去恶”作为工夫的两项提出，因为，蕺山基于他从“迁善

---

① “头路”，黄宗羲《子刘子行状》引此语，作“路头”。[《刘宗周全集》(第九册)，第 43 页。]刘汋《蕺山刘子年谱》引此语，仍作“头路”。[《刘宗周全集》(第九册)，第 103 页。]未知孰是。

② 《刘宗周全集》(第五册)，第 283 页。

③ 《刘宗周全集》(第三册)，第 6 页。

改过”运动当中的乱象所得到的教训，强调学者只有“去恶”（也就是“改过”）一种工夫可言。

三

如上所述，耿宁向我们正确地提示：蕺山“前四句”与“《大学》之言心”这两条语录可以相互发明。正是运用这个原则，他为《明儒学案》本“有善无恶者是物则”提供了辩护。耿宁的做法是用“《大学》之言心”条来参蕺山“前四句”，他没有尝试反过来用蕺山“前四句”来参“《大学》之言心”条。现在，就让我们试着这样做一下，看会出现什么结果。

“《大学》之言心”条，其言“心”部分，对应的是“前四句”首句“有善有恶心之动”。然而，前者没有出现“心之动”这样的说法，相反，倒是有“心之体”这样的提法。所谓“此四者，心之体也”，意思是：忿懥、恐惧、好乐、忧患这四者是“心之体”。这个讲法让人迷惑。因为，“《大学》之言心”云云是指《大学》有关“修身在正心”那段话：“所谓修身在正其心者，身有所忿懥，则不得其正；有所恐惧，则不得其正；有所好乐，则不得其正；有所忧患，则不得其正。”其中“身有”之“身”字，二程指出，当作“心”。忿懥、恐惧、好乐、忧患这四者，按照传统的解释，乃是心之用。朱熹就说：“盖是四者，皆心之用，而人所不能无者。”[1]可是，蕺山在这里却说“此四者，心之体也”。

“心之体”的讲法，显然对耿宁也造成了困扰，因为，要把恐惧、好乐这样的心理感受理解为“心之体”，在理学上是有很多困难的，除非这里所说的“体”不是常规的“本体”之意。最终，耿宁给读者看到的是这样一个结论：“它（引者按：心之体）在此语境中既不能被理解为‘心的本体’（相对于它的‘功用’——耿宁原注），也不能被理解为在此意义上的‘心的实体’，

① 《大学章句》，载《四书章句集注》，第8页。

即:仅仅在这不同的感受或心理活动中,心才是实在的。”[①]耿宁只说这里的“体”既不能解作“本体”,也不能解作“实体”,却没有告诉读者,这个“体”字到底应该怎么解。

其实,就蕺山自身的哲学观念来说,他是决不会把忿懥、恐惧、好乐、忧患理解为心之本体的。因为,蕺山明确说过,忿懥、恐惧、好乐、忧患这四者是“心之所发”。关于这一点,可以参考下面这则材料。

> 程子言心指已发言之说[②],亦本之《大学》。《大学》言正心,以忿懥、恐惧、好乐、忧患证之,是指其所发言也。中以体言,正以用言。周子言中正,即中和之别名。中和以性情言,中正以义理言也。知心以所发言,则意以所存言益明矣。[③]

在蕺山哲嗣同时也是蕺山遗著搜集整理者刘汋所编的《蕺山刘子年谱》当中,这条语录也被收录而文字略异。[④]这一点加强了它的可信度。[⑤]

从以上材料来看,蕺山之意甚著:“《大学》言‘正心’,以忿懥、恐惧、好

---

① 《人生第一等事》,第 1083 页。

② 这句话在黄宗羲编的《子刘子学言》当中作“程子心指已发之说”[参见《黄宗羲全集》(第一册),浙江古籍出版社,2005 年,第 317 页]。按:程子心指已发之说,是程颐与吕大临论中时提出的观点,后来被吕大临质疑而承认有所不妥:“凡言心者,指已发而言。此固未当。”(《与吕大临论中书》,载《二程集》,中华书局,1986 年,第 609 页。)

③ 《刘宗周全集》(第三册),第 379 页。

④ 《年谱》载:(崇祯十年,丁丑,1637)冬十一月,辨解太极之误。是时,先生有论学数十则。(见《学言》内)其辨“太极”曰……,先生又发明《大》《中》未尽之意,论诚意曰:或问:“子以意为心之所存,好善恶恶,非以所发言乎?”曰:“意之好恶,与起念之好恶不同。意之好恶,一机而互见。念之好恶,两在而异情。以念为意,何啻千里!”又曰:“《大学》言正心,以忿懥、恐惧、好乐、忧患证之,是指其所发言也。中以体言,正以用言。周子言中正,即中和之别名。中和以性情言,中正以义理言也。知心以所发言,则意以所存言益明矣。”[刘汋:《蕺山刘子年谱》,载《刘宗周全集》(第九册),第 116~117 页。下划线为引者所加。]

⑤ “忿懥、恐惧、好乐、忧患是指所发言”,这样的言论在蕺山那里并不鲜见,此外还有:“正心之好乐、忿懥、恐惧、忧患,指其所发者言也”[《刘宗周全集》(第三册),第 409 页。]

乐、忧患证之，是指其所发言也”，“中以体言，正以用言”。所以，对蕺山来说，忿懥、恐惧、好乐、忧患这四者是心之所发、心之用，而不是什么心之体，这一点决无可疑。

在蕺山那里，本体意义上的“体”只能是善，而不可能有恶，心之“发”（发见、发动）才可以说“有善有恶”[①]，事实上，这就是为什么蕺山“前四句”首句作“有善有恶心之动”的原因。蕺山强烈反对将已发视作心本身（也就是这里说的“心之体”）：

> 程子（叔子）云：“凡言心者，皆指已发而言。”是以念为心也。[②]

综上所述，我们判定，“此四者（忿懥、恐惧、好乐、忧患）心之体”之说不合蕺山论学一贯宗旨。那么，如何解释此说出现于“《大学》之言心”这条语录的事实呢？

照笔者看来，其实很简单，就是此条语录传写有误：其中“体”字当为“动”字或“用”字之误，并且，“心”字前脱一“正”字。

当然，我们也可以设想现行“《大学》之言心”的表述无误。那么根据“（忿懥、恐惧、好乐、忧患）四者心之体”的说法，从中概括出来的命题就是“有善有恶是心之体”，因为《大学》的“不得其正”云云暗示了这四者有善有恶。如此一来，蕺山这句“有善有恶是心之体”，与阳明“四句教”的首句“无善无恶是心之体”适成反对，似乎也符合蕺山不满阳明四句教而欲另立一说的心意。然而，说“心体”有善有恶，不但不见于先儒之说，蕺山本人也断断不能接受，因为他自始至终都坚持“有善无恶”的价值立场。从儒学的一般知识来看，“有善有恶是心之体”完全是一句妄言。所以，最后我们

① 蕺山说：“意者，心之所发，发则有善有恶，阳明之说有自来矣。”（《学言下》，载《刘宗周全集》（第三册），第398页。着重号为引者所加。）

② 《刘宗周全集》（第三册），第379页。

还是只能认为现行本“《大学》之言心”关于“心之体”的表述有误。

以上，我们运用耿宁提示的两条语录可以互相发明的原则，尝试以蕺山“前四句”来参“《大学》之言心”条，结果获得一个重要推断：后者关于“心之体”的表述应当存在传写之误。

现在让我们回到本文一开始提出的问题：蕺山“前四句”跟阳明“四句教”究竟有何异同？我们的结论是：不同的地方在于蕺山重新定义了“心”与“意”，相同的地方在于蕺山有保留地接受了阳明关于“知善知恶”和“为善去恶”的主张。蕺山“前四句”跟阳明“四句教”的关系是：前者脱胎于后者，在言语、思想上尚未彻底独立于后者。一直要到崇祯十二年编《阳明传信录》时，他才终于找到自己的语言，到崇祯十六年写《良知说》时才真正从理论上对阳明之说做出彻底的清算。

耿宁没有提到，黄宗羲在编《子刘子学言》两卷时，并没有收入蕺山“前四句”跟“《大学》之言心”条，只是在为《蕺山学案》选辑蕺山语录时，这两条才被补充进去。因此，不排除这种可能：《蕺山学案》中的蕺山“前四句”之所以呈现现在这种与《刘子全书》本《学言》不同的面貌，是黄宗羲做了编辑的结果。[①]耿宁相信《明儒学案》本更接近原本，细考其说，理据并不充分。本文接受耿宁提出的蕺山“前四句”与“《大学》之言心”条可以相互发明的原则，推定第三句“知善知恶是良知”似当作“知好知恶是良知”，但在义理上这两个表述可以互换。本文还通过运用那个原则发现了“《大学》之言心”可能存在一个传写错误。是耶非耶？功耶过耶？俟诸高明。

① 黄宗羲编、姜希辙刻《子刘子学言》二卷，时在康熙五年（1666）［此据《黄宗羲全集》（第一册），第3页］，而《明儒学案》成于康熙十五年（1676）［此据黄炳垕：《黄梨洲先生年谱》，载《黄宗羲全集》（第十二册），第46页］。

刘宗周“静气如山”的气象及证成

张昭炜
（武汉大学中国传统文化研究中心）

作为宋明理学殿军，刘宗周思想呈现出宋明理学诸流兼宗的综摄性，工夫论以“慎独”贯通“持敬”与“主静”，证成“静气如山”的气象，本文以气象证成为线索，展现刘宗周的道德修养工夫论，主要内容有从万廷言到刘宗周、圣学吃紧三关、主静的四种春境、《周易古文钞》解慎独。

一、从万廷言到刘宗周：视平心柔

万廷言之学从沉潜邃密中积淀而来，以静立本，他又服膺程颐之学，静中有敬，这为刘宗周所欣赏，如刘宗周摘录万廷言论学语：

万思默（廷言）曰：“凡物诱人，色为甚；人为诱所入，目为甚。故养神之道，全在收视。收视者，非瞑目不视，盖常不欲尽视也。如所谓平视含光之意。此养德、养身之至要。语云‘平视则心柔’，甚有味。”

又曰：“人心惟危，故易动。易动，故有一种躁率粗犷之气不觉发来，与物相忤，所以虽向好事，动多凶悔吝。道心惟微，微更细腻。圣贤兢兢在微处用功，所以气平色和，动必安详而吉。”

又曰："人多经忧患始能思，则惧而反本。"①

上述三段引文均指向返本：平视含光是养德、养身之至要，是归根之学；在道心惟微处用功亦是返本；经过忧患的历练，然后思而返本。刘宗周所引第一段文字是讲九容之目容。与主静一致，目容重点在收视，与之相对的是目容之过："偷视、邪视、视非礼。"②从动静而言，偷、邪、非礼视均是妄动，是消耗心神之举；而收视则是由动返静根，是养心之功。万廷言以主静工夫为主，于静中养出平和，冲然孕育恬愉。如同主静的收摄保聚，对于九容之目容，万廷言通过收视将发散的神收回，进而涵养保育。

从本源处讲目容，这显然受到道家养生学说的影响。从邵雍的"人之神栖(发)于目"来理解，"收视"即是收神，收敛、退藏、保任心神。"平视含光"相通于扬雄的"藏心于渊，美厥灵根"。以渊寂、深静养心，这正是养心、养身、养德的总纲。由"视平"(平视)达到"心柔"，守柔是老子思想的重要特征，如《道德经》第十章："载营魄抱一，能无离乎？专气致柔，能婴儿乎？"

① 《刘宗周全集》(第二册)，浙江古籍出版社，2007年，第33页。这三段引文取自万廷言的《学易斋约语》："邵子曰：'天之神栖于日，人之神栖于目。'《阴符经》曰：'机在目。'夫凡物诱人，色为甚，人为诱所入，目为先。故养神之道全在收视。收视者，非瞑目不视，盖常不欲尽视也，如所谓平视含光之意。此养德养生之至要。又语云：'视平则心柔。'甚有味。"(《万廷言集》，中华书局，2015年，第497页。)"视平则心柔"，当出自张载论气质之言："视有上下，视高则气高，视下则心柔。"(《经学理窟二》，《张子全书》卷四，西北大学出版社，2015年，第76页。)按张载所论，视向上则气高，视向下则气卑，以平视为当。平视中有略向下之意，则是兼取张载、万廷言之论。"人之神栖于目"之"栖"，《观物内篇》作"发"。"人心惟危，故易动。易动，故有一种躁率粗犷之气。不觉发来与物相忤，所以虽向好事，动多凶悔吝。道心惟微，微便细腻。圣贤兢兢在微处用工，所以气平色和，动必安详而吉。古今国家治乱成败，士君子进退失得，其几多在此。《乾》初之潜，是惟微之理；《坤》初履霜，是惟危之意。凡躁率皆属《坤》气，故《坤》利牝马之贞，先则迷，后则得，必顺以从《乾》。离丧朋类而后安贞吉，所谓在微处用工也。一部《易》，教人趋吉避凶，精意不过如此。吾人习心习气终是易动，未有能行之者。孔子云：'五十学《易》，可无大过。'宜深自省悟。"(《万廷言集》，第487~488页。)"人多经忧患始能思，思之深则惧而反本。此豳所以继曹桧之后。"(《万廷言集》，第489页。)

② 《刘宗周全集》(第二册)，第11页。

据万廷言释义：

> 魄锐则气奔而强，气柔魄亦驯而伏，强则纵魄，柔则近虚。虚者，气之母也；柔者，虚之用也。气之始生也必柔，故敛魄抱一，将循危以入微，由粗以臻妙，莫如专气致柔。专者，专一翕聚之意。翕聚此奔驰之气，使渐还其生之初，则机融而魄自化。婴儿者，气之初，柔之致也，故曰"专气致柔，能婴儿"也。[1]

魄是人的精神中具有收敛性、下沉性的部分，类似于"精神"之精，是"阴神"。儒家由众人至君子、圣人的过程内在化表述是，以魂制魄、以魂胜魄、魂魄融妙；从儒学心性角度而言，魄"则今之念是已"[2]。念牵动着气，魄与气相摩荡，魄如桀骜不驯的野马，带着气一起奔放。若要驯服魄，必须"专气致柔"，以柔克刚。通过翕聚专气，从而收摄念虑。从先天而言，气始生时为柔，"专气致柔"是从后天返先天的过程，如复归婴儿，亦是由惟危人心返至惟微道心的过程，是由粗返精的过程。按照动静的特征，可分为三个层次：后天有动有静；其生之初为静极而动，这是"机"；先天生生不息。"收视"是将后天有动有静归于静，以静养动，养"机"。先天之机表现在"其生之初"，此时具有生生活力。"平视则心柔"，由"平视"（视平）的工夫涵养而达到"心柔"的效验。柔则能静，这是心由实向虚的渐趋过程，是收念的过程，是敛魄之纵、化魄之锐的过程。

"收视"是养神之道，甚至可以说是"养德、养身之至要"。收视不是瞑目，而是为了涵养心体，换言之，收视是手段，养心是目的。如《孟子·告子上》"故苟得其养，无物不长。"心亦不例外，由收视而得以心神明，这亦如扬雄"藏心于渊"是为了"美厥灵根"。此处有一个转换点，即是由收到放的转换，指

---

① 《万廷言集》，第509页。

② 《万廷言集》，第509页。

向渊静至灵根生发的转换点，对此转换点的把握可以说是养德养身之至要中的至要者，这一转换点是《周易》的《坤》《复》之际，即是由深静向真动转机处，万廷言对此极为重视，泰州学派的管志道应和之，如二人所论：

《阴符》《参同》论日月《姤》《复》，立天定人之旨，多《图》《书》先天之意。虽出伯阳辈，必传古语。盖《易》自儒者执泥文字，多失其精意。秦乱，有道高人诡迹方外，《图》《书》遂为秘传。至周邵表章之，《易》始有头脑。夫养德养生是一事，今人聪慧大露，思虑忿欲日贼其根，性情失其中和，神精昏耗，灾病横生，不能保其天年，岂可尽诿诸命？①

文中子曰："九师兴而《易》道微"。九师皆儒也，乃以注疏微《易》道，而玄家如魏伯阳陈图南之属，实有得秘传之《易》者。伯阳知《坎》《离》为《乾》《坤》之二用，又知爻辞之不肇于周公，而肇于文王。图南知《先后天图》俱出文王之作，而谓《乾》生子，《坤》生午，《坎》终寅，《离》终申，为应天之时，置《乾》退《坤》，《坎》《离》得位，为应地之方，此皆通神明之德，究象数之原，儒家之所未及晓者，安可谓其不同道而废之？而图南之《易》学实为周邵二子开先，周精其理，邵精其数，并以儒宗命于世，亦不可谓图南之迹于玄而遂等之为外道也。盖有阳修《六经》仁义之教，而阴恋九还七返之术，依违两可于其间者，此诚二本之学已。若乃洞明《易》道，约取而旁通之，如孟子之以养气辅持志，周子之以主静摄禅玄，则何伤于夫子之一贯也？今之学者不蔽于执一，则流于二本，皆以不深于《易》之故，而万子研几入密，其探一贯之源良邃也……孜孜惟忠信闲邪、洗心藏密之为主根，极羲文周孔之要旨而粹然一出于正也哉！②

① 《万廷言集》，第475页。

② 管志道：《易原引》，载《万廷言集》，第528~529页。

如同“收视”体现养德养生之至要，《周易》的“头脑”（纲领）亦表现为养德养生。万廷言与管志道所论涉及儒道两家谁是《周易》真精神的继承者。万廷言站在儒学的立场上阐发《周易》的精蕴，能够把握住《周易》“秘传”的内核，或许正是因此而被黄宗羲称为：“自来说《易》者，《程传》而外，未之或先也。”[①]按照万廷言与管志道的理解，《周易》有显学与密教两个传统，《周易》的显学体现在“九师”，如《汉书·艺文志》“淮南王安聘明《易》者九人，号九师说”，由此可以延伸至自汉代以来盛极一时的卦气说、象数说、魏晋横扫象数的义理说，以及孔颖达等对于经文的疏证等。显学的主要特征是“执泥文字”，而《周易》的密教体现在内证工夫，即将《周易》视作心性工夫的宝典。从万廷言与管志道所列可以大概梳理出《周易》密教的谱系：伏羲、文王、周公、孔子、孟子、《阴符经》、魏伯阳（《参同契》）、陈抟、周敦颐、邵雍，这是一个儒道两家混杂的谱系，其中周敦颐、邵雍与陈抟的直接师承关系本身就是学术界持续争论而未决的学术问题。传承谱系中有时中断，如从魏伯阳到陈抟，甚至毫无联系，如从孟子到《阴符经》，但这并不妨碍密教的传心要旨，即是《图》《书》先天之意、《姤》《复》天心之际。从邵雍的《易》学观点来看，《姤》卦代表月窟，《复》卦代表天根，天根月窟来往间孕育着春意，万物生生不息。主静是发掘天根的过程，这与孟子的养气说一致。周敦颐“主静摄禅玄”，以儒学为立场，通过主静，以统摄释道，这是对于孔子“一以贯之”、孟子“养气”的继承，当然是儒学正宗。万廷言贵精，重视《坎》寂，这可看作继承了魏伯阳“知《坎》《离》为《乾》《坤》之二用”，从而以《坎》进入《周易》内核。万廷言认为“不深则竭”[②]，因此重视深深，这正是“研几入密”，以求孔子一贯之源的工夫。“忠信闲邪”可视为持敬，“洗心藏密”是主静，由此孜孜以求，以此归根，这不仅是万廷言的为学

① 黄宗羲：《黄宗羲全集》（第七册），浙江古籍出版社，2005年，第580页。

② 《万廷言集》，第34页。

工夫进路，也成为刘宗周思想的重要特征。[①]

刘宗周所引的第二段文字是从十六字心传的“人心惟危”“道心惟微”讲动与静。目妄动而视，为色所诱惑，此时如同人心危，是凶；收视是主静，返至惟微道心，是吉。万廷言借助《乾》《坤》二卦以明此理：《坤》属于躁气，是妄动，“动多凶悔吝”，属于人心，《坤》之初六“履霜”，即容易导致危险的境地；《乾》之初九是潜龙，是收敛退藏，属于道心，《坤》必顺以《乾》，然后才能吉，“动必安详而吉”。《乾》《坤》二卦是《周易》的门户，由万廷言的诠释进路推致，则整部《周易》可视作从人心向道心做工夫的经典。由此再看孔子云：“五十学《易》，可无大过。”孔子学《易》是为了避免履霜，追求“动必安详而吉”，这当然不会产生大过，由此，万廷言赋予孔子之语以新意。

刘宗周所引的第三段文字是讲返本。这继承了文王拘而演《周易》的忧患意识，以及《周易》作为人生忧患之作，由动而臻静，这亦是王阳明龙场悟道的主要思想资源。此言主要指先后关系，先经“忧患”，而后能始能思、惧，而返本；也可视作因果关系，常处忧患，所以才能对于本体有透髓的理解。万廷言与此相应的表述是“此豳所以继曹桧之后”，刘宗周在引用时略去此言，这是从《诗经》篇章安排来重申此意。《诗经》编排总体上依据风雅颂的顺序，风以《桧风》《曹风》《豳风》结尾，下接《小雅》。按照万廷言的解释，曹桧是忧患、浮躁之作，豳是返本、沉潜之作。《桧风》共四篇，《羔裘》描写士大夫的服装，以此怀念着羔裘的大夫；《素冠》是悼念亡夫的诗；《隰有苌楚》是国破民逃之诗；《匪风》是游子思乡诗，总体上以忧患为主。《曹风》共四篇，《蜉蝣》借蜉蝣言死亡，感叹时间的流逝；《候人》讽刺近小人，远君子；《鸤鸠》讽刺在任君子不一；《下泉》前三章感叹周京，最后一章描写芃芃黍苗，赞美国王勤劳。总体而言，《曹风》亦是以忧患为主。从抑到扬的转换出现在《下泉》末章，由此可将《下泉》作为由曹桧的忧患之风向

① 《万廷言集》，第34页。

豳的返本之风的小过渡。《豳风》七首，以描写勤劳耕作的《七月》为首。从《诗经》的文学史来看，《豳风》合《雅》《颂》，[1]这是从诗歌体例而言。万廷言以《诗经》的思想特点论述，由曹桧的忧患，能思而惧，应该自然出现豳的务本。从儒学密教的实现过程来看，必然经过艰苦的工夫琢磨，方能正而雅，经过忧患的积淀，才能成就盎然的春意。

总之，上述三段引文以目容为引子，涉及由危向微、由动至静、由凶向吉、由末返本的儒学工夫论，体现出江右王门万廷言主静思想的丰富性以及刘宗周的接受。许孚远是万廷言的重要学友，刘宗周师承许孚远，显然亦得万廷言思想之启沃，由此慎独，静气如山。

二、圣学吃紧三关

"关"主要包括三层意思。其一，关指重要节点，如关节、难关等。其二，关为关口，古代险要地方或国界设关，过关后进入另一个境域，如老子过函谷关。其三，关如"穴"，透关如同打开气穴，从而元气汩汩而出。主静愈深，其开掘气穴所产生的气愈能充塞天地。关亦如"扃"，如同道家的丹扃，透关开启密室的门闩，从而能够直接体知心源之"无尽藏"。儒学的道德修养工夫有层次、有境界，不同的层次、境界触及的道体深度不同。儒者若想在层次、境界提升，须通过重要节点，才能进阶层次、提升境界，即闯关。

刘宗周类录孔孟及北宋五子之言，注按语，作《圣学吃紧三关》。"吃紧"指儒学工夫最迫切、最紧要的问题。刘宗周继承往圣前贤的闯关经验，

---

① 如胡承珙《毛诗后笺》认为《豳风》"合乎《雅》《颂》故也。""据此，可知《七月》虽属风诗，但它又可以在不同的场合配上《雅》《颂》的乐调来歌唱。"（程俊英、蒋见元：《诗经注析》，中华书局，1991年，第405页。）另外，从诗歌的内涵深度来看，《桧风》《曹风》浅陋，"我诗如曹桧，浅陋不成邦。公如大国楚，吞五湖三江。"（黄庭坚：《子瞻诗句妙一世乃云效庭坚体盖退之戏效孟郊樊宗师之比以文滑稽耳恐后生不解故以韵道之》，《山谷诗集注》卷五，《黄庭坚诗集注》，中华书局，2007年，第191页。）《豳风》正而雅，由此《桧风》《曹风》《豳风》表现为由浅陋以至雅正的过渡。

以程朱理学持敬工夫论展开，吃紧三关分别指人己关、敬肆关、迷悟关：人己关为头脑、方向；敬肆关牵连着工夫、践履；迷悟关侧重境界、结果。这三关依次递进，相互呼应，共同撑开刘宗周的工夫论。三关之外，刘宗周最终过生死关，绝食而亡后，惜其学未能尽传。

（一）人己关

圣学吃紧三关以"人己关"居首："学莫先于问途，则人己辨焉。此处不差，后来方有进步可规。不然，只是终身扰扰而已。故拟为第一关，俾学者早从事焉。"[①]之所以首列"人己关"，因为这决定了学问的大方向，若此关纷乱，则不能踏上正确的学圣路径。"千里之行，始于跬步。起脚一差，燕越在户。"[②]从工夫而言，破"人己关"须在着工夫之前。工夫如行路，行路前须先问途，大方向有两途可选：一是为人，二是为己。引申此意，"而蔽之以义利两言。除却利便是义，除却功名富贵便是道。""学者合下未开眼孔，却将功名富贵认作在己家当"，"若早见此不是自己家当，便须一脚跳出，亟亟觅个安身立命处也"。[③]据此，"人己关"转化为义利之辨：为人者为利，追求功名富贵，于道德本体未开眼孔；为己者为义，心体通往大道，以求道德内在的充实饱满，能够安身立命。破"人己关"，亦可视为一脚跳出利、功名富贵，跳入义、道。兹摘录《人己关》语录及按语如下：

子曰："古之学者为己，今之学者为人。"（"为"是主意。）

子曰："君子求诸己，小人求诸人。"（"求"是下手。）……

孟子曰："欲贵者，人之同心也。人人有贵于己者，弗思耳。赵孟之所贵，赵孟能贱之。《诗》云：'既醉以酒，既饱以德。'言饱乎仁义也，所

---

① 《刘宗周全集》（第二册），第 192 页。

② 《刘宗周全集》（第二册），第 199 页。

③ 《刘宗周全集》（第二册），第 199 页。

以不愿人之膏粱之味也;令闻广誉施于身,所以不愿人之文绣也。”(教人急开眼孔。)……

君子以道充为贵,身安为富。……

为天地立心,为生民立道,为去圣继绝学,为万世开太平。(方是真为己。)①

《人己关》首引孔子之言:“古之学者为己”一段据《论语·宪问》;“君子求诸己”一段据《论语·卫灵公》。两段合释,以明“己”。“为”是“主意”,这是工夫追求的境界;“求”是“下手”,这是工夫具体着落。下手与境界均是“己”,“己”贯穿工夫始终,起点方向与终点目的一致,由此将“己”撑开,并引向独体。

“孟子曰”一段据《孟子·告子上》,言“贵于己”,据朱熹注释:“贵于己者,谓天爵也。”②这仍是从义与道的道德境界论而言,并与《诗经·大雅·既醉》互释:“既醉以酒,既饱以德。”“饱”“醉”如同光之喷涌、流溢,又如浩然之气充塞于身,己之全身为正气所润沃,是德性的充满;“饱”“充”又如周敦颐言:“君子以道充为贵,身安为富”③。以上是“己”向内充,充满后流溢,向外推致,如张载言:“为天地立心,为生民立道(命),为去(往)圣继绝学,为万世开太平”,由一己之身扩大至天下宇宙,这是真己扩大处、为己之学的最终指向。综合来看,“己”分两个阶段:第一是向内充;第二是内充后,向外推致。第一阶段是下手、入门,第二阶段是目的、结果。虽然“人己关”以己为下手,但不是封闭在一己之内,而是为了更大的一体,从而有利于他者。从为己与慎独的关联性而言:“孰为在己,终身蹉过。屋漏之间,不闻不

① 《刘宗周全集》(第二册),第192~196页。

② 朱熹:《四书章句集注》,中华书局,2012年,第336页。

③ 周敦颐:《元公周先生濂溪集》(卷四),岳麓书社,2006年,第68页。

睹。上通天载,下则圣路。诚以自成,道以时措。识己之真,俯仰今故。”[①]“己”是独体,上可以通天道,下可以行圣路,由此关联慎独工夫,即使独处时,亦能暗室不亏心,处处、时时保任独知。

人己关主要从显性维度而言;对应于缄默维度,同样是为己之学。由孔颜授受可知,缄默维度工夫进路分成两个阶段:第一,工夫落脚在“己”,以证“内圣”;第二,由“内圣”向外推,以利他者,从而得以“外王”。

“古之学者为己”,缄默维度的“主意”是个人实现“内圣”,抛弃干扰道德积聚的功名富贵与利,追求道德之义。如《中庸》“诚者自成也,而道自道也。”“成己,仁也”。为己之学不“求诸人”,并不要求他者的参与,而是重在一己之向内积聚。为己之学是个性化的、自足的,向内求,向内充,“以道充为贵”。如《中庸》“子曰:‘回之为人也,择乎中庸,得一善,则拳拳服膺而弗失之矣。’”颜子向内积聚善,通过内在德性充满,“既饱以德”,达到“内圣”。通过内在充满的德性,儒者影响他者;儒者并不要求他者践行同样的工夫、具备同样的道德境界。在内在道德充足后,一己之身逐步扩充成“大身子”,如同浩然正气塞天地,承担起为天地立心、为万世开太平的道德责任,这是儒者安身立命处。这里需要注意:儒者为己,重在个体道德培养,通过己立而立人。这并不排他,如果志同道合者相与助发,更有利于道德工夫的提进,如万廷言之与王时槐、刘宗周之与高攀龙。个人道德修养以成仁为目标,在个性中具有公性。

(二)敬肆关

再看圣学吃紧三关的敬肆关:

学以为己,己以内又有己焉。只此方寸之中作得主者是,此所谓

① 《刘宗周全集》(第二册),第199页。

真已也。必也主敬乎？是为学人第二关。[1]

敬之一字，自是千圣相传心法，至圣门只是个慎独而已。其后伊洛遂以为单提口诀，朱子承之，发挥更无余蕴。儒门榜样，于斯为至。后之学者，宜服膺而弗失也。[2]

敬肆关是刘宗周圣学吃紧三关的核心，工夫论具体落在持敬。承接"人己关"之归根于己，敬肆关聚焦于"己以内又有己焉"，这是"己"的嵌套，即己的主宰。己内之己是自我的警觉，是独体的戒惧，是第一意。"以时出之，方寸为纽。上下四旁，前后左右。感而遂通，如辰逢斗。"[3]第一意如同以北辰确定星斗的方位，时时刻刻为工夫指明方向。第一意如指南车。"北辰"与"指南车"之喻均表明"第一意"方向的确定性，由此贞定心意。"人己关"指向为己之学，从而避免向"为人之学"偏离；"敬肆关"的"己内之己"进一步指明圣途，将为己之学内化为戒惧独体，从而使得意之所发必指敬，避免向"肆"偏离。"于时葆之，湛然中守。如临深渊，如驭索朽。"[4]如同"人己关"从大方向选择，起脚的每一步都要方向正确；"敬肆关"是从细微处着手，以期心意缜密无漏、"湛然中守"，从而期待灵根的生发；从时间而言，其要点是"于时葆之"，时间无缝隙。表现形式如《诗经·小雅·小旻》"战战兢兢，如临深渊"，稍有不慎，便堕入深渊；又如腐朽绳索驾驭马车，需时时戒惧，以防车毁人亡。

从千圣相传心谱系构建来看，刘宗周以《中庸》为根本经典，发挥慎独，以此遥接程朱持敬。《中庸》是承接孔颜之学与孔孟之学的纽带，慎独既可以深贯孔颜的缄默维度，又可以生发为持敬的显性维度。静与敬的融

---

① 《刘宗周全集》(第二册)，第200页。

② 《刘宗周全集》(第二册)，第213页。

③ 《刘宗周全集》(第二册)，第213页。

④ 《刘宗周全集》(第二册)，第213页。

通是敬肆关需要解决的重要问题:静侧重内,由内渗透至外;敬强调外,由外收敛至内。静与敬是互摄关系:脱离了敬,静易堕入虚寂;离开了静,敬易流为色庄。周敦颐主静,至程颐转为持敬,道体主旨及用功路径转向。周敦颐认为学圣“一为要”[①],刘宗周则认为:“主一之谓敬。”[②]以敬融摄静,以程朱持敬诠释周敦颐主静。另举“敬肆关”引朱熹问答:

> 吴伯英问持敬之义。曰:“且放了持敬,更须向前进一步。”问:“如何是进步处?”曰:“心中若无一事时便是敬。”[③]“明道教人静坐,李先生亦教人静坐,盖精神不定,则道理无凑泊处。”[④]看来“须是静坐”[⑤]。(既说静不如敬,今又说敬不如静。须知不是坐上作生涯。)[⑥]

主静的深度要大于持敬,故而“须向前进一步”。朱熹将持敬引向“心中若无一事”,从慈湖学的角度来看,“心中若无一事”可与“不起意”互释,“不起意”相通于“无欲”,周敦颐的无欲与主静是一体两面,“心中若无一事时便是敬”显示出主静与持敬的内在一致性。

以“不起意”追求持敬的进步,即是以主静带动持敬,这有利于破除持敬的色庄之弊,向深度之静开掘,道理贯浃,并获得愉悦的初春体验。在上述引文中,朱熹亦觉知到敬的深度不如静,有倾向于主静之意。刘宗周评论指出:朱熹摇摆于主静与持敬之间,他既羡慕主静的深度,又固守持敬

---

① 《元公周先生濂溪集》(卷四),第63页。

② 《刘宗周全集》(第二册),第201页。

③ 朱熹:《训门人八》,载《朱子全书》(第18册),上海古籍出版社、安徽教育出版社,2002年,第3784页。

④ 朱熹:《持守》,载《朱子全书》(第14册),第379页。

⑤ 原文应是“须是静坐,方能收敛。”[朱熹:《持守》,载《朱子全书》(第14册),第379页。]

⑥ 《刘宗周全集》(第二册),第210页。

的广度，并试图充分吸收二者之长，防止二者之短，总体表现为以持敬来限定主静。刘宗周吸收了朱熹的进路，静向敬倾斜，破除了专守主静的“坐上作生涯”的流弊，如《敬肆关》所引：“专务静坐，又恐堕落那一边去。”[1]“不可专要去静处求。所以伊川谓‘只用敬，不用静’，便说得平也。”[2]程颐之言是以持敬涵盖主静，这为朱熹认同。

从《朱子语类》的编排来看，“明道教人静坐”一段是分界线，此前语录重在持敬，此后为主静，这段引文可视为朱子学内部主静与持敬的平衡。程颢与李侗之所以重视主静，目的是为了将精神定住；用慈湖学展开后的话语表示，即是要达到精凝神聚，这是王阳明、王畿、万廷言主静的用功方向。精神定静（精凝神聚）能够将儒学的道与理内化于身，视儒学为实理实学、体知亲证之学。由敬肆关可知，刘宗周试图统合周敦颐、道南指诀、江右王门的主静传统与程颐、朱熹的持敬传统，这需要深刻理解并平衡主静与持敬。透过敬肆关后，进入迷悟关。

敬肆关是显性维度的工夫，对应于缄默维度的静欲关：敬相当于静；肆相当于欲。按此，敬肆关对应于无欲主静的工夫，由此可在显性维度与缄默维度统合“主一之谓敬”与“无欲当一”，二者归于“一”。“一”跨越两个维度，并兼具二者，即是“独”；独在显性维度是己，在缄默维度是己内之己，便是第一意：由此而论，持敬与主静合一，缄默维度与显性维度合一。

（三）迷悟关

圣学吃紧三关最后一关为迷悟关：“由主敬而入，方能觌体承当，其要归于觉地，故终言迷悟。学者阅过此关而学成。”[3]此关承接敬肆关之持敬。

---

① 《答潘子善》，载《朱子全书》（第23册），第2596~2597页。

② 《刘宗周全集》（第二册），第211页。刘宗周此段引文见：《罗仲素》，载《朱子全书》（第17册），第3409页。

③ 《刘宗周全集》（第二册），第214页。

经迷悟关后，“方能觌体”，即是能够证得独体，体知、默契独体；这又可表述为独体的显现。由于王阳明、王畿等对于“悟”已有深度阐释，刘宗周以悟透圣关，其关键在于如何理解“悟”：

或曰：“格物致知，《大学》之始事，今以悟为终事，何也？”

曰：“格致工夫，自判断人已一关时，已用得着矣。然必知止知至以后，体之当身，一一无碍，方谓之了悟。悟岂易言乎？修到方悟到，悟到更无住修法。若仅取当下一点灵明，瞥然有见时便谓之悟，恐少间已不可复恃。”①

按照《大学》框架，格物、致知是第七、八条目，物格知致而能意诚、心正、身修、家齐、国治、天下平，第七、八条目是始事，以此引向“诚意”，乃至天下平的终事。从阳明学角度来看提问者，格物、致知均是为了致良知，是始事，致良知过程中会出现省悟、顿悟等，而刘宗周将悟作为终事。之所以如此，在于刘宗周定义的“悟”是“了悟”“彻悟”，悟不仅是短暂的灵光乍现、瞥见灵明，而是持久的、完备的至善，这从道体上拔高了“悟”的境界。从工夫论而言，“修到方悟到”，这吸收了阳明学“悟修合一”的思想。②刘宗周以修作为悟的充分条件，悟以深厚之修为基础，修到极致方能悟，是即工夫而实现的道体。

又据《迷悟关》引朱熹《答廖子晦》：圣人设教，“但只教人格物致知，克己复礼”，“《论》《孟》之言，平易明白，固无此等玄妙之谈。虽以子思、周子吃紧为人，特著《中庸》《太极》之书，以明道体之极致，而其所说用工夫处，只说‘择善固执’‘学问思辨而笃行之’，只说‘定之以中正仁义而主静’‘君

① 《刘宗周全集》(第二册)，第226页。

② 张昭炜：《阳明学发展的困境及出路》，中国社会科学出版社，2017年，第275~282页。

子修之吉'而已,未尝使人日用之间必求见此天命之性、无极之真而固守之也。"[1]朱熹从孔、孟以及子思、周敦颐所设之教来验证迷悟关之"悟",归根在格物致知等实修实学。子思《中庸》明示诚体之极致,但工夫仍在择善、笃行之实修实学,因此,迷悟关的重心仍是以实修实学去证悟境;同理,周敦颐的无极太极说得境界极高,下手处仍是"定之以中正仁义"与"修",这均是贯彻了"修到方悟到"。

迷悟关以修为实际,"是谓仁体,即悟即修。真积力久,物化滓消"[2]。"真积力久",如同扬雄的太玄之吸积,从而以敬摄肆、以理销欲,"物化滓消",随着工夫的积淀沉积,缄默维度触及的层次愈深,其所能化解的欲、意亦愈深隐,由显以至微,显微俱化;换言之,通过显性维度明确方向,可以潜移默化地渗透至缄默维度。悟又可表述为觉、学,"学者觉也"[3],觉即是悟,以学定义觉,即是以修定义悟。

总体而言,刘宗周的圣学三关重在显性维度:人己关是辨别学问方向,如同立志;敬肆关是主敬,以敬夹持,从而使得心体依循于理;迷悟关是境界的超越,迷则不见独体,悟则亲证独体,直入圣域。三关归于一关,便是敬肆关,工夫在持敬。《圣学吃紧三关》作于崇祯八年(1635),刘宗周时年五十八岁,[4]"三关"是"慎独"的总路线图,但在具体实施及细节处有待进一步展现。从缄默维度与显性维度的区分来考量《圣学吃紧三关》,三关属于显性维度。由显性维度映射到缄默维度:"人己关"则是缄默维度崇尚内在的冥契,向个体心性内部去寻找道德本体;敬肆关则是静欲关,如作为目容的"平视含光""视平则心柔",敬而不肆,静则无欲;反言之,无欲故静。迷悟关是"静极而真动、真动而生生",如同在显性维度修

① 《刘宗周全集》(第二册),第225页。
② 《刘宗周全集》(第二册),第227页。
③ 《刘宗周全集》(第二册),第227页。
④ 《刘宗周全集》(第六册),第376页。

到极致便是悟，“是谓仁体”，由此仁体启动，达到“物化滓消”。缄默维度极静而动，由此生生之仁启动，似初春的元气流行，则自然满园春色，处处是仁体。

三、主静的四种春境

万廷言的“视平则心柔”可归入刘宗周的主静资源，他对于江右王门的收摄保聚之学多有继承，并综合了东林学派等主静工夫。[①]追溯刘宗周主静的师承，则是许孚远、唐枢、湛若水以至陈献章，刘宗周的诗文中不乏陈献章“氤氲一气似初春”的影子，如刘宗周主静所证的四种春境：

> 学圣工夫静里真，只教打坐苦难亲。
> 知他心放如豚子，合与家还做主人。
> 隐隐得来方有事，轻轻递入转无身。
> 若于此际窥消息，宇宙全收一体春。

> 万法论心总未真，精神一点个中亲。
> 不求《坎》《离》还丹诀，且问《乾》《坤》成位人。
> 亘古生生惟此息，只今惺惺亦非身。
> 请观声臭俱无处，毕竟谁尸造化春？

① 高攀龙静坐有成，是学力坚定所致，这影响到刘宗周绝食而亡，“又先生处化时，端立水中，背倚池畔，左手捧心，右手垂下带，口不入勺水。人多异之者。先生平日学力坚定，故临化时作得主张如此。摄气归心，摄心归虚，形化而神不化，亦吾儒尝事。”[《刘宗周全集》(第四册)，浙江古籍出版社，2007年，第122页。又见《刘子节要(附恽日初集)》，台湾“中研院”中国文哲研究所，2015年，第79页。]

有物希夷气象真，多从血肉认非亲。
闲来拭拂尘中镜，觉后方呈梦里人。
呼吸一元通帝座，往来三复得吾身。
憧憧思虑成何用？月过中秋花又春。

圣学相传自有真，舂陵一脉洛中亲。
惟将敬字包终始，恰与几先辨鬼神。
黑浪岂随初乘佛？嵩山应误再来身。
凭君决取希贤志，口诀虽然不度春。[1]

上述四首诗道出了刘宗周主静的三个关键点：其一，静里真。用诗中语言表达："万法论心总未真"，道体论学习不能进入深静的缄默维度；"学圣工夫静里真"，只有在主静工夫才能真切体知道体；其二，静中春。四首诗均归结在"春"，以春为物象特征。由工夫实现境界，元气在主静工夫中显现。其三，静与敬的关系：以静摄敬，静敬合一。兹分述如下：

其一，静里真。四首诗用真韵，首句结尾均是"真"，次句均是"亲"。亲为躬亲，亲自参证，由亲证而得真。体证深静离不开长期工夫践行，刘宗周将静坐贯彻于日常，如里居时，"陈道永、祝渊侍先生云门，尝终日相对静坐，不出一言"[2]。刘宗周作家塾规，首阐考德之要，"侵晨起，且静坐，自证平旦之气果与人相近、好恶几希处"[3]。这显然继承了孟子养气的工夫，是并与江右王门万廷言的收摄保聚相接。正是由于长期深厚的静坐工夫积累，刘宗周绝食临终前，"吾日来静坐小庵，胸中浑无一事，浩然与天地同

① 《刘宗周全集》(第四册)，第528页。
② 《刘宗周全集》(第六册)，第190页。
③ 《刘宗周全集》(第四册)，第425页。

流，不觉精神之困惫”[①]。在生死关口依然保持静定，穿透生死关。“浩然”，如文天祥养成浩然正气塞天地，这是孟子学养气工夫所证境界。“与天地同流”，这亦是孟子的境界，这一境界相通于“天人合一”。

从亲的展开来看：在道统上，刘宗周以濂洛为正鹄，如第四首“春陵一脉洛中亲”，周敦颐出于湖南春陵，此处指以主静立人极的濂溪学，刘宗周的主静以此学脉为真，为亲；从工夫论来看，“学圣工夫静里真，只教打坐苦难亲”，静里才能得真，以主静学圣。由此，主静是实现得真的途径，但主静并不限于打坐。打坐只是主静的手段，主静并非是坐在蒲团上，瞑了目、闭了口，这些仅是外在的形式，如此去做，只会“苦”，难以“亲”。真正的主静，应是“动而趋静、静极而真动、真动而生生”。生生便是证得春意，润沃身心，才能真正做到亲。从儒学道统延续而言，周敦颐主静继承孟子寡欲、养心，刘宗周认为主静的工夫是“知他心放如豚子，合与家还做主人”。这是求放心的工夫，将放失的本心寻回，如浪子归家，由此做得自家主宰。从工夫的超越来看，从有以至于无，“多从血肉认非亲”，“隐隐得来方有事”，“有物希夷气象真”，心与道合，达到希夷的气象，由此体证的道体更加亲切、更加真实。希夷气象如同周敦颐《读英真君丹诀》首句“始观丹诀信希夷”[②]，此句中“希夷”指向《老子》第十四章“视之不见，名曰夷；听之不闻，名曰希”。视力、听觉虽然不能直接把握现身的道体，但是通过深静的体证却能触及。从最终指向来看，外入者非家宝，“万法论心总未真”，要真正接得上春陵学脉，必须自证自得，即是诗中“精神一点个中亲”，在精神层次上体证深静的隽永，实现对心灵的滋养润沃，得到精神的内在自足，从而由亲证转为真知。理气心性论是思辨层次的“万法”，属于知识层面，终归与体知隔着一层，尚未臻亲、真。

① 《刘宗周全集》(第二册)，第546页。
② 周敦颐：《遗诗》，载《元公周先生濂溪集》(卷七)，岳麓书社，2006年，第108页。

主静是缄默维度透关的工夫，据刘宗周所述：“思而无思，静专而守之。渊乎！其无所用也，而无不用也。”①“心体至精亦至大，谓之无尽藏。”②此言可与扬雄“藏心于渊，美厥灵根”相互发明：“渊”是“无尽藏”“无不用”，是至精、至大、至微。打开“无尽藏”之门的工夫是主静，“静专而守之”。“藏心”继承了《易传·系辞上》“圣人以此洗心，退藏于密”。周敦颐的无欲主静侧重于“有”的层次，以“欲”为下手处；刘宗周融入“无”的层次：“思而无思”，既超越有，又不放弃有；换言之，既能无，又能有。此处可以将“思”换作“意”，由此便得“有意无意出真意”，这可视为融合了慈湖学“不起意”双向展开的工夫，既保留了“不起”第二意，又保留了真意之第一意。“请观声臭俱无处，毕竟谁尸造化春？”此句是先答后问，春源于声臭俱无，“尸”为“主持”，以无生春，春即生生，创生万有，仍是“有”“无”之间的转化；又如“隐隐得来方有事，轻轻递入转无身”，隐隐之“有”转化成轻轻之“无”，妙在从“有”向“无”转化之“际”，这不仅适用于天道，立太极；而且适用于人极，“宇宙全收一体春”，这又是前文所言“浩然与天地同流”。

深静的缄默维度蕴含丰富内容，由此体知到心体的至大至深，并增强以主静探求无尽藏的动力。当然，道家亦有重视精神的静坐工夫，如视《坎》为水，为精，《离》为火，为神，修炼精神，取《坎》填《离》，以成丹道，儒学亦仿此用于主静修身工夫，如论万廷言将《坎》《离》引入主静，重视以《坎》寂为特征的贵精之学。刘宗周“不求《坎》《离》还丹诀，且问《乾》《坤》成位人”，由此表现出坚定的儒家立场，成就立于天地间的大人，引导精神之真指向“成人”，即是《人谱》主旨。《乾》《坤》是《周易》门户，据刘宗周解释《系辞上》“《乾》以易知，《坤》以简能”：“易知简能，乃《乾》《坤》之道，而即圣人之道也。”③“易知，故物物皆于《乾》资始而有亲；易从，故物物皆于

---

① 《刘宗周全集》(第二册)，第152页。

② 《刘宗周全集》(第三册)，第317页。

③ 《刘宗周全集》(第一册)，第214页。

《坤》作成而有功。有亲，故始始不穷而通万古于一息；有功，故生生不匮而会寰宇于一身。则其德业之贤于人当何如者，而岂不有以尽天下之理而成位乎天地之中乎！”[①]通过知能的交互作用，达到“通万古于一息”，时间的维度在我之一息中全部展现；“会寰宇于一身”，空间的维度在我之一身中全部汇聚。由此可以说人“成位乎天地之中”，得以证成“成位人”。

其二，静中春。如同丹道的极静子时正是得药之际，端倪是元气萌发，是获得初春体验之时，是境界与工夫合一，即工夫即是境界，其阶次为：“动而趋静、静极而真动、真动而生生。”从刘宗周的工夫论来看，第一阶段是收敛身心之动以趋静，由身的端正夹持心，即由持敬的显性维度向主静的缄默维度渗透，由动以至静，收摄身体以保任心体；第二阶段是静极而动，静中养出端倪，由深静生真动，由心影响身。陈献章夜坐达到“半属虚空半属身”神秘体验，肉身被似初春的元气所浸润，从而得以超越。这种体验之妙在于：虽然超越肉身之有，还未完全达到虚空的状态，仍有肉身的存在，此时的肉身已被虚空所同化，处于向无超越的居间状态。主静的第二阶段主要是心对身的渗透，由身心二元达到身心混融氤氲的状态，在此状态，身心俱适，俱得恬愉之境，即是“真动而生生”之春意。刘宗周细化了陈献章的体验过程，如第一首诗所言，在经过求放心工夫后，“隐隐得来方有事，轻轻递入转无身。”“隐隐”而得，在深静中悄然完成向真动的转换。如孟子所讲的平旦之气呈现，当深静中端倪发露时，应采取孟子勿忘、勿助长的方法，让端倪自然生发，进而无声息地润浃肉身。“轻轻”，既是端倪柔弱的表现，又是一种细水长流的绵延。在端倪不断生发的影响下，“有身”向“无身”渐变，由全属身至半属身，随着端倪的扩充，这种模式不断复制叠加，生生不息，由个体扩充至万物，达到“宇宙全收一体春”，生命充实饱满。由这一超越的体验再返视，便容易理解肉身之“有”的限制性：“只今

① 《刘宗周全集》（第一册），第215页。

惺惺亦非身”,“多从血肉认非亲”。

生生之心牵带出初春之身,生生仁体的充要条件即是深深之息、渊寂之静。此处有两层意思,息是“生生”的必要条件,这里有两个生字叠加,强调生生不已。从浅层次而言,有生有灭,是一种普遍存在的自然现象,这种生无源、无根,不能持续,此处,“息”不是“生”的必要条件;从深层次而言,生生不已,渊泉时出,只有在渊寂中方能出现,这种生生必须依赖于息,“息”是“生”的充分条件,足够的深息能够保障生生不已。刘宗周以苹果为例说明:

> 谓友人曰:“苹果经冬不坏,何也?以其善藏也。”
>
> 一友曰:“既用絮以裹之,又置之冰窖中,方保无虞耳。”
>
> 余曰:“真费如许工夫在。夫惟絮里以养其生意,而又深深以息之,则燥湿之气皆不能侵矣。知乎此者,得养心之道焉。”[①]

苹果之息如深静闭藏,从而收敛炽盛的欲望、躁动的心灵,洗心退藏于密,藏中有养,有生生的积蓄。如同种子在退藏时实现“后熟”,在退藏中实现内在机能的升华,从而使得种子不仅保持生生的活力,而且在经过秋冬的磨砺后,在春天能够迅速生根发芽。“亘古生生惟此息”,苹果善潜、善藏、善息,由此保证了下一次再生,生生不已,对于养心而言,其关键亦是如何保持、壮大生意,在“月过中秋”后,如何保证“花又春”。

“若于此际窥消息”,主静是为了深静中养出生生元气,以此元气洋溢于身,发行于事,“呼吸一元通帝座”,“呼吸”主要指向主静时的调息。由呼吸的调整达到先天的超越,做得主宰:“天枢万古不动,而一气运旋,时通时复,皆从此出。主静立极之学本此。”“然则何以又下个静字?曰:‘只为

① 《刘宗周全集》(第四册),第435页。

主宰处着不得注脚，只得就流行处讨消息。'"[1]此处所论"天枢"，是从动态的深静中产生真动，是气源，发气的母。能讨得消息，便是握住了天枢，如前文所论亥子中间、《坤》《复》之际，主宰一立，众妄皆消，这是本立而道生的进路，刘宗周由此批评袁黄拘泥于末端的功过格：

> 《功过册》条件，仆意先书一圆圈当太极，象未发之中，以静坐法当之，此则为元善。此外推之动念以卜吉凶，为动而生阳；又推之视听言动以卜悔吝，为静而生阴；又推之五伦百行之是非得失，以当五行与万物化生，而其要归于主静以立人极，庶不落了凡窠套。大抵立教不可不慎，若了凡功过之说，鲜不以功为过，以过为功，率天下而归于嗜利邀福之所，为吾道之害有不可言者。[2]
>
> 大抵诸君子之意，皆从袁了凡、颜壮其来。了凡之意，本是积功累行，要求功名得功名、求子女得子女，其题目大旨显然揭出，虽是害道，亦自成一家言。诸君子平日竖义，本是上上义，要识认求良知下落，绝不喜迁改边事。一旦下稍头，则取袁了凡之言以为津梁，浸入因果边去。[3]

主静是溯源工夫，是求本工夫。静中能养澄静源，静而能立元善本。因其是溯源工夫，源清则流清；因其是求本工夫，本正则事正，有本则有主。袁了凡、颜壮其崇尚的劝善改过说侧重于流，倾向于末，刘宗周认为这是"下稍头"工夫：之所以是"下"，因为这是流，而非源；之所以是"稍头"，是因为这

① 《刘宗周全集》(第二册)，第378页。据黄宗羲："圣人以'静'之一字，返本归元"，"一敛一发，自是造化流行不息之气机，而必有所以枢纽乎是，运旋乎是，是则所谓静也。故曰'主静'。"[《黄宗羲全集》(第三册)，浙江古籍出版社，2005年，第608页。]

② 《刘宗周全集》(第三册)，第317~318页。

③ 《刘宗周全集》(第三册)，第320页。

是末，而非本。功过格的问题不是法病，而是人病。功过格最初用于记录过失，记过以自警，日三省吾身。但在流传过程中，变为功过同时记录，追求功大于过。甚至拿功过格示人，炫耀自己的德行，显示功大于过，在这种意识鼓动下，多数人会选择多记功，少记过，夸大功，缩小过，这些显然均为末端之学。以功求名利、富贵、子嗣，归于嗜利邀福之所；将功过格用于求功名子女，浸入因果边去。

刘宗周亦讲迁善改过，《人谱》的工夫基于主静体知未发之中，这个中是元善，能生生诸善，这是有本有源之学。当然，这些工夫是从五伦百行层层深入卜动念之几，乃至密体。这样，既有元善由内及外的发散，又有功过由外之内的收紧，如此方是全而不偏的圣学正途。

其三，静与敬的关系。“圣学相传自有真，舂陵一脉洛中亲。惟将敬字包终始”，“静”字诀传自舂陵周敦颐，静中能得真。“洛中亲”，周敦颐传程颐，但程颐将静转为敬，如本章前文所论敬肆关：“敬之一字，自是千圣相传心法”，“其后伊洛遂以为单提口诀”。敬肆关为圣学吃紧三关第二关，由此进入圣学吃紧第三关。从道统而言，程颐将周敦颐的主静翻转为持敬，持敬成为伊洛传统的主要工夫，可以说是以持敬压抑了主静。在持敬“口诀”之外，主静仍作为潜流，润沃着道南指诀，以至朱子的“木晦于根”。从宋明理学持敬传统来看，程颐是奠基，朱熹集大成，刘宗周是将持敬与主静结合，以“慎独”统摄主静与持敬，并注重二者的融通与平衡。

静与敬在工夫论中虽然均可用“主”，但总体表现为主静与持敬的差异。主静之主，指有个主宰，以静为主，主静是沉潜入密的深深工夫，在退藏中体证元气的生发，可以说静中有气，因此，主静是归根复本之学。由于静没有明确的道德指向，很容易误入沉虚守空的歧途。刘宗周以循理定义静，从而为静指明了道德方向。持敬之持，夹持、限制之意，指以敬为依循，不使工夫走偏，可以说敬中有理。持敬在显处用功于九容，在隐处指向微过、隐过，逐渐夹持到心意之密体。从内外而言，主静是由内破壳，元气生发后，一体皆春；持敬是由外向内夹持，深入意密后，所发皆中。内在生生的春境与外在谨严的持敬融为一体，即谨严即生生。主静与持敬交相益，最终殊途同归。

四、《易》解慎独

刘宗周于《周易》用功颇深，“余年十四五时，从先外祖父章南洲授《易》”，“使小子有知，能读先人遗书，请必自《易》始矣。岁时每阅对识，辄低徊不能仰视，盖五六十年如一日也”。[①]《周易古文钞》成书于崇祯癸未（1643年）夏，时年六十六岁，是其思想成熟后的重要著作。刘宗周的理学思想集中在《人谱》，学界对此研究较多，而对《周易古文钞》关注不够，尤其是《周易古文钞》与《人谱》关联，有鉴于此，略引如下。

通过《系辞上》“生生之谓易”，刘宗周直指道体：“易即仁，仁乃生生，生生之谓心。”[②]此处将“心”“仁”“生生”“易”四个概念互释，反映到中国儒学缄默维度，四者贯通的基础在于工夫论，能够证成，则四者一到俱到。“生生”源于“真动”，由此关联境界论的“生生春意”。“真动而生生”与“生生春意”均可以定义“仁”，二者是仁的具体表现形式，并且二者均由工夫证成。“生生之谓易”是将《周易》的哲学精神表达为“生生”。刘宗周以“生生”定义“心”，心是被氤氲气化的心，在气化中显现生生的活力，表现为初春的意境。由心再观《周易》：“易道虽本之天地，而实具于圣人之一心，以圣人之心具有天地之全体也。”[③]这源于天人合一，天地之心寓居于易道，即是圣人之心，圣人之心是《周易》生生精神的承载者、实现者，证得心之生生，亦是证得《周易》的根本精神、天地的根本精神，亦是成仁。

---

① 《刘宗周全集》（第一册），第1页。

② 《刘宗周全集》（第一册），第220页。

③ 《刘宗周全集》（第一册），第213页。

从工夫证成而言，《人谱》为成人、证人之谱，《周易》是成圣阶梯："大《易》惓惓，示作圣阶。"[①]"圣人善学天地，而《易》其阶也。"[②]"学天地"，即是效法天地的生生精神，可以落实在践行《周易》精神："读《易》之法，先理其要。学《易》之易，践形唯肖。形肖而下，形上斯妙。"[③]学《周易》最重要的是践形，用生命去体知，即行即知，即下即上，如此展现的《周易》方有生命力，这可以说是继承了阳明学诠释《周易》的工夫学派传统。《周易》的精神由"形"展开，这个"形"可以从"独体"理解，也可以从《人谱》成人理解，据《孟子·尽心上》"惟圣人，然后可以践形"。此言可以将《周易》成圣与《人谱》证人合二为一，朱熹引程子曰："此言圣人尽得人道而能充其形也。盖人得天地之正气而生，与万物不同"[④]。此处以"充""正气"诠释践形，这是文天祥的工夫进路，"圣贤之学，主乎践形"[⑤]，由此可看出刘宗周与文天祥之学遥相呼应。"践形唯肖"，如扬雄所言"七十子之肖仲尼也"[⑥]。"肖"不仅包含典范的临摹效仿，而且透体入德，证成内圣。"形肖而下，形上斯妙"，下与上可引入显性维度与缄默维度区分：显性维度有形，可学可肖；缄默维度无形。通过由显以即隐，以显性维度工夫渗透到缄默维度，如以视平影响心柔，由持敬带动主静，通过"践形唯肖"，开辟出缄默维度与显性维度联结的通道，以有形练无形，以形下即形上，从而将深隐的缄默维度转变成具体的证人之学。

《周易古文钞》与《人谱》交相辉映，慎独工夫目分为六：凛闲居以体独、卜动念以知几、谨威仪以定命、敦大伦以凝道、备百行以考旋、迁善改

---

① 《刘宗周全集》(第一册)，第29页。

② 《刘宗周全集》(第一册)，第222页。

③ 《刘宗周全集》(第一册)，第26页。

④ 《四书章句集注》，第368页。

⑤ 文天祥：《文天祥全集》(卷十)，江西人民出版社，1987年，第402页。

⑥ 扬雄：《法言义疏》，中华书局，1987年，第9页。李轨注："肖，类也。螟蠃遇螟蛉而受化，久乃变成蜂尔。七十子之类仲尼，又速于是。"[扬雄著，李轨注：《学行卷第一》，载《诸子集成》(第七册)，上海书店，1986年，第1页。]

过以作圣。《周易古文钞》“慎独”工夫诠释散见于诸卦，下文以《复》《豫》《履》《无妄》《小过》说明，并以《节》《蛊》《大过》展现刘宗周学问与生命的统一。

（一）体独与知几

刘宗周以“慎独”为工夫宗旨：“自昔孔门相传心法，一则曰慎独，再则曰慎独。”[①]刘宗周反复强调“慎独”，并认为这源自孔子。“慎独”思想显赫于《中庸》。朱熹题《中庸》：“此篇乃孔门传授心法，子思恐其久而差也，故笔之于书，以授孟子。”[②]据此而言，刘宗周所述“孔门相传心法”继承自朱熹。朱熹认为子思将心法传授给孟子，《中庸》首章引入慎独：“莫见乎隐，莫显乎微，故君子慎其独也。”隐、微指向缄默维度，这在前文已有较多论述。“慎独”以隐、微为基础，由此可引出性体：“至隐至微，至显至见。故曰‘体用一原，显微无间’。君子所以必慎其独也，此性宗也。”“夫性，本天者也。心，本人者也。天非人不尽，性非心不体。”[③]性体与心体通过人沟通，以慎独为工夫，这种思路发展到方以智变得更加清晰：隐微如缄默维度之密冒、隐均，指向性体；显见如显性维度之显冒、费均，指向心体；独如统冒，指向独体。“尽”指向太极与人极合一，天人合一。“体”即体知、体证，以心体即性体，通过独体得以贯通。“独字是虚位。从性体看来，则曰莫见莫显，是思虑未起，鬼神莫知也；从心体看来，则曰十目十手，是思虑既起，吾心独知时也。然性体即在心体中看出。”[④]牟宗三认为此论是归显于密，自心体内摄为“内在之密”，自性体上提为“超越之密”，内摄而上提，则永绝

---

① 《刘宗周全集》（第二册），第5页。

② 《四书章句集注》，第17页。

③ 刘宗周著，恽日初编：《论道体》，载《刘子节要附恽日初集》，台湾“中研院”中国文哲研究所，2015年，第23~24页。

④ 刘宗周：《语录》，载《黄宗羲全集》（第八册），《明儒学案·蕺山学案》，浙江古籍出版社，2005年，第895页。

荡肆之弊。①

从刘宗周所论来看，性体主要从未发讲，心体是从已发而言，前者属于缄默维度，后者属于显性维度。两个维度有互通的内在需求，但由于性体是未发，不可睹闻，因此，需要由心体看性体，即由显以观密。“独”是由显观密的媒介，通过“独”，使得密体显现。相对于心体之显而言，独是心体内摄产生的“内在之密”，这种内摄工夫可以借助《大学》阐释：“此谓诚于中，形于外，故君子必慎其独也。曾子曰：‘十目所视，十手所指，其严乎！’”这是从心体慎独对治“形于外”的工夫。目之所见，手之所指，指向已发的显性维度。《大学》慎独的进路是从显性向缄默维度追问，只要发出来，十目便看见，十指便指向，如同警察打击黑恶势力，露头便打。从形外的戒慎作用于诚中，这是心体向内卷，对于心体的荡肆之弊有效果，但不是从根本上解决问题。反映到阳明学，荡肆问题主要是泰州学派、浙中王门末流所导致，通过心体慎独，从而得以收敛。这将导致两种可能：一是压抑。心体只是害怕十目、十手之严，而暂时回避，等目、手稍有松懈，还要反弹出来。二是枯禅。如江右王门心体收摄保聚，流弊为心体只向内收，不向外发了，流向死寂顽空。由性体而入，可以借助《中庸》阐释：“戒慎乎其所不睹，恐惧乎其所不闻。莫见乎隐，莫显乎微，故君子慎其独也。”“莫见莫显”是遮诠的表述方式，由否定显性维度指向缄默维度。这是从观未发进入，直接面对缄默维度，“性体向上提”。在孔传心法中，《大学》是露头便打；《中庸》是直入巢穴，试图从本源上解决问题，这将导致两种可能：一是超洁。“超越上提”，可能导致超越与心体脱离，成为超洁的本体。本体因为爱惜高贵的超洁，不愿再下贯。二是空无一物。不睹不闻也可能是一片漆黑，什么也没有。由此来反观牟宗三所论“内摄而上提，则永绝荡肆之弊”，这显得推崇过高，盲目乐观，对于心体性体由内摄上提所导致的四种问题均未

① 牟宗三：《宋明儒学的问题与发展》，华东师范大学出版社，2004年，第176页。

警觉。

从现实问题而言，性体与心体的出发点是为了救正王门末流向显性张扬，刘宗周用心良苦。从孔学的继承性而言，在分别显赫《中庸》与《大学》慎独工夫特点的基础上，又将二者合释，这使得缄默维度的工夫论更加细密。要解决心体与性体的遗留问题，需要二者联动，即体即用，性体之用必然要表达在心体，从而不至于超洁与空无一物；即用即体，心体之用要向性体回归，从而任性体而流行，消除压抑与枯禅之弊。从意识三分来看，要解决心体的问题，必然要清除潜意识之恶，引导元善而出，使得密体之密表达为生生春意。性体於穆不已，生生不息，如同春到花自开，性体流行，带动心体的元善境界，为身体带来初春的体验。

从《周易》来看，心体可表现为《复》卦。《复》卦内摄，内摄不是目的，而是手段。通过内摄，引出一阳来复，心体之“密”是由内摄带出生生，由极静而得真动。《复》卦象辞：“雷在地中，复。先王以至日闭关，商旅不行，后不省方。”据刘宗周解释：“闭关，返视却听，严出入也。商旅云者，屏一切应感酬酢也。不省方者，屏一切心也。事易屏，心难屏也，屏心之尽，渊然而已矣，湛然而已矣。”“是故君子无日而非至日也，无时而非至时也。”[1]“至日”，在年为冬至；“至时”，在日为子时，此时静极而真动，为工夫下手最佳时刻。“无时而非至时也”，与内养功之时时皆活子时同义。据《易传·系辞上》，“圣人以此洗心，退藏于密”，洗心如返、却、屏，以此退藏于密；《复》是“雷在地中”，可称为雷门。从“慎独”考量，上述所指均是《大学》的工夫进路，是心体的内摄，以求见密体。闭关不是将门永久关闭，而是为了更大的敞开、更远的旅行；同理，进入缄默维度，不是进而不出，而是为了能够在显性维度有更大发用。“返视却听”，“返视”是由观看外在的显性维度返到内视，如扬雄“藏心于渊，美厥灵根”；“却听”是向内听，“无听之以耳，而听

① 《刘宗周全集》(第一册)，第105页。

之以心"(《庄子·人间世》),通过却听,达到心斋,这是孔颜缄默之学在《庄子》的表现。屏心、内省,让躁动、烦乱的意念停止,使得心体得以安宁;通过返视却听、不行商旅、不省方,让心体归于密,在密中使得灵根生发。通过切断心体与外物的关系,泯识显智,心猿意马之心意"复"归本位。通过心意之复,"渊然"呈现,即深静中生生不息,如扬雄所论太玄;"湛然"亦随之呈现,如文王之缉熙、文天祥之大光明,是纯粹至善。

《复》是由躁动而静,由静极而真动,是从已发向未发推进而证得;性体向心体推致,则是由极静而真动,真动而生生,是从未发向已发推进。性体幽远深邃,由"津"而显化:"无过不及,乃见中因。中无定体,万变错陈。约而操之,不动一尘。主静立极,颇涉其津。即静即动,廓兮无垠。"[①]"津"为通道,"颇涉其津"之"津"如同"透关"之"关",为透关密钥。以"主静立极"为通道,由主静实现天人合一,心性得以超越。主静立极是进入性体的通道,"津"如关,缄默维度深邃,如蓝洞。由于性体的富有与渊深,语言表达有困难,用显性维度的语言表达,便是"中":通过双遣"过"与"不及",指向"中",这是合宜的道德原则,是"善";"中"亦不是一成不变的,而是在"万变错陈"时,仍能做到"无不中";"中无定体","中"亦不是固定的,而是流行的。借助独体,可以通过主静体知"中"。主静立极证得元善,"即静即动,廓兮无垠","静"基于元善本体之静,亦即性体,由性体而动,是由内向外发,是元善的流行,由此真动而生生。元善的流行基于"廓兮无垠"的性体:由此保证有源,流行不竭;亦保证有本,能够适应万变错陈,并且时时能合乎善。

《证人要旨》次提"卜动念以知几",从第一目到第二目,独体由内向外走,由缄默维度走向显性维度。性体是"即静即动",静在缄默维度,动表达在显性维度,是性体流行。由动念向里"卜",需要返观"几"。《系辞下》"几

① 《刘宗周全集》(第一册),第28页。

者，动之微，吉之先见者也”，引证《豫》六二卦辞“介于石，不终日，贞吉”，刘宗周以此合释第二目：“几之为德也，动而无动，有吉而无凶，道心常为之主者也。几非动也，而作乃动也，知以前知，动以前动也。介如石，静气如山也。”“动之微者，人心本尝动，而此其惟微处，非谓继静而动也。‘吉之先见’，本无‘凶’字，周子以为‘几善恶’者，误。此千古学脉所关，不可不辨。”[①] 几为“吉之先见”，则无恶。刘宗周所言“吉之先见”之“几”为第一几，属道心；周敦颐“诚无为，几善恶”，几有善恶，这是第二几，属人心。第一几从深密中来，纯然湛然，至善无恶，有吉而无凶，为吉之先见者，这与《系辞下》所言一致。如同刘宗周所论之“意”，亦可分第一与第二。第一意如指南车、北辰，始终不偏移方向。与第一意相同，第一几“介如石，静气如山”，这正是刘宗周的自我写照。

（二）定命与考旋

《证人要旨》第三目为“谨威仪以定命”，前两目重在端本澄源，第三目始由内及外，“诚于中者形于外，容貌辞气之间有为之符者矣”[②]。又据《文言》释《坤》：“直其正也，方其义也。君子敬以直内，义以方外，敬义立而德不孤。”刘宗周解释为：“正以心之体言，义以心之用言。君子之学，其由敬入乎？敬以直内，而义自从之。于是内外交相培养，而天德有依据之地，至于日新月盛而不容已”[③]。此处出现“中”与“外”“体”与“用”的反对概念，“诚于中者形于外”与“内外交相培养”一致，“中”相当于“内”。如扬雄太玄，“硼中而彪外”[④]：“硼中”是“积行内满”，“彪外”是“行必有称”，动容旋止合于德，如刘宗周“谨威仪以定命”。从显性与缄默维度区分：缄默维度

① 《刘宗周全集》（第一册），第 84 页。
② 《刘宗周全集》（第二册），第 7 页。
③ 《刘宗周全集》（第一册），第 45 页。
④ 《法言义疏》，第 496 页。

是体，是中，是弸中，是敬以直内；显性维度是用，是外，是彪外，是义以方外。借助体用，可引出三重关系：第一重，“弸中而彪外”，“诚于中者形于外”，“敬以直内，义以方外”，这是由体向用、由内向外的发展。第二重，将体用互换，以用验体，由“彪外”渗透“弸中”，由“形于外”查验“诚于中”，由“义以方外”考问“敬以直内”。第三重，“明体达用”与“以用验体”合参，则是“内外交相培养”。由此内外一致、通体灵透、三重关系合一，由此返观“谨威仪以定命”：“谨威仪”可以说是彪外、形于外、以方外；以外返内，即是第二重体用关系，由此“以定命”、立体、固本；本体强固后，又可反作用于“谨威仪”，回到第一重体用关系：第一重与第二重更迭助长，从而将三重关系变得更加牢固。由三重关系产生效验与境界：“符”“依据之地”“不容已”。“容貌辞气之间有为之符者”，“符”如信符，它是从显性维度的容貌辞气来验证中之体；“天德有依据之地”，这是牢固的道德本体之确立，是定命处；“不容已”如春生生，亦如《文言》“黄中通理，正位居体，美在其中”，亦如“学者工夫，自慎独以来，根心生色，畅于四肢，自当发于事业”[①]。由此，更进一步强化了《孟子》与《中庸》的内在一致性，并与《易传》合释。

“谨威仪”展现在《礼记·玉藻》九容，类似于前文所论目容之视平心柔：视平有助于心柔，如以用利体；心柔又保证视平，如以体固用。显性维度“视听言动”威仪的结构具有内在一致性，视平心柔的特点亦可反映到言与行。《系辞上》依次引《中孚》九二、《同人》九五、《大过》初六、《谦》九三、《节》初九、《解》六三，刘宗周评：“六爻引义，其间曰善、曰同、曰慎、曰恭、曰密，一步进一步，至于负乘，分明指出病根，其示人之意最为痛切。”“言学《易》者致谨于言动之要。”[②]由显以入隐，谨言行还体现在由持敬向主静渗入，按照《系辞上》行文顺序，列表说明如下：

---

① 《刘宗周全集》(第二册)，第8页。

② 《刘宗周全集》(第一册)，第225页。

序号	卦爻	主题	工夫点	显隐	参照关系	论证方式
1[①]	《中孚》九二	言与行	善	显隐	总论	
2[②]	《同人》九五	言	同	显	与5互参	
3[③]	《大过》初六	行	慎	显	与4互参	正言
4[④]	《谦》九三	行	恭	隐	与3互参	
5[⑤]	《节》初九	言	密	隐	与2互参	
6[⑥]	《解》六三	言与行	显	显	与1–5互参	反说

从1至5，“一步一步”，由显入隐，又有内在的言行交错，呈现出言显、行显、行隐、言隐的交错递进。《中孚》九二强调善，言必善言，行必善行，这是总论。“言行，君子之枢机。”由此呼应《孔子家语·观周》金人“三缄其口”“古之慎言人”、南容谨言。《同人》九五强调同，“或出或处，行不同而心同；或默或语，言不同而心同”[⑦]。默而心同，正是缄默维度的表达。不但要致谨于言性之表，而且要深入至心，在内心深处慎独。《大过》初六强调慎：“白茅，示洁用以为藉，慎之至也，抑亦可以无大过矣！”[⑧]于祭品之下再置白茅，以示纯洁。借用白茅之“过”是于“慎”再加一层工夫，如同将祭品献祭帝天，已是慎；用白茅，是慎上加慎。《谦》九三强调恭，“恭”之义可与“盛”

① 据《系辞上》：“鸣鹤在阴，其子和之……君子居其室，出其言善，则其千里之外应之……言行，君子之枢机。枢机之发，荣辱之主也；言行，君子之所以动天地也，可不慎乎！”

② 据《系辞上》：“同人先号咷而后笑。”子曰：“君子之道，或出或处，或默或语。二人同心，其利断金。同心之言，其臭如兰。”

③ 据《系辞上》：“初六，藉用白茅，无咎。”子曰：“苟错诸地而可矣，藉之用茅，何咎之有？慎之至也……”

④ 据《系辞上》：“劳谦，君子有终，吉。”子曰：“劳而不伐，有功而不德，厚之至也，语以其功下人者也；德言盛，礼言恭，谦也者，致恭以存其位者也……”

⑤ 据《系辞上》：“不出户庭，无咎。”子曰：“乱之所生也，则言语以为阶；君不密则失臣，臣不密则失身，几事不密则害成，是以君子慎密而不出也。”

⑥ 据《系辞上》：“子曰：作《易》者其知盗乎？《易》曰负且乘，致寇至。负也者，小人之事也；乘也者，君子之器也。小人而乘君子之器，盗思夺之矣。上慢下暴，盗思伐之矣。慢藏诲盗，冶容诲淫。《易》曰负且乘，致寇至，盗之招也。”

⑦ 《刘宗周全集》(第一册)，第224页。

⑧ 《刘宗周全集》(第一册)，第115页。

互释。“德言盛，礼言恭”，基于《谦》九三之劳谦。劳谦即是谦成，内在于以积聚至德盛，如《谦》九三象辞“劳谦君子，万民服也。”由内在的德盛，必然导致礼恭。这如同由心柔而视，则视必平。《节》初九在密，“君子慎密而不出也”。如同洗心退藏于密，将慎独工夫贯彻至缄默维度之深隐处。《解》六三是反说，“指出病根”。“负且乘，致寇至”，负乘是由显至隐的反转，不仅要显，而且暴露张扬，招摇声利，由此导致灾害的发生。由反说再次印证前面1—5递进的正确性。

《证人要旨》第四目为“备百行以考旋”，刘宗周以《履》卦阐释：“愬愬二字，是《履》道要义。”[①]据《履》之九四：“履虎尾，愬愬，终吉。”愬愬与戒慎恐惧同义，上承“凛闲居以体独”“谨威仪以定命”，下接“敦大伦以凝道”“备百行以考旋”。此处可与万廷言论《履》互证。从《履》之卦辞来看：“履虎尾，不咥人，亨。”踩在老虎尾巴上，老虎没咬人。追问这种现象的原因，在于“愬愬”，正是因为戒慎恐惧，所以履险境而能亨通，化凶为吉，最终是吉象。刘宗周从九四看，以戒慎恐惧的“慎独”工夫来化凶为吉；万廷言则是从初九、九二看，引出收敛退藏的工夫来化凶为吉。“至‘初九，素履，往无咎’，九二，‘幽人贞吉’，然后知非虎之不咥人也，彼固无所措其爪牙也。”“惟素，言乎其不染也；幽，言乎其靓深也。不染则欲净，靓深则躁泯。欲净而躁泯，则形神所注，惔焉若无。”[②]“素”是欲望清除的状态，可理解为无欲的境界，由此而行，则无过；“幽”如玄，如晦，由此而处，则贞吉。通过“素”“幽”进一步超越至“惔焉若无”，如同退藏于密，即使不小心误入险境，亦能逢凶化吉。从工夫深度来看，“素”“幽”较之于“愬愬”更深，更彻底。由于刘宗周的六目主要从显性维度而言，他更注重“愬愬”。总体而言，初九、九二、九四均是吉象，共同诠释《履》之卦辞。

① 《刘宗周全集》(第一册)，第66页。

② 《万廷言集》，第102页。

“备百行以考旋”工夫缜密，体现为“备百行”，可理解为要求在显性维度无不中，礼自中出，要求处处符合礼，在显性维度做到极致。深静的缄默维度是体，显性维度是用。既要明体达用，又要以用验体，以“备百行”检验缄默维度之体。“考旋”出自《履》卦上九爻辞：“视履考祥，其旋元吉。”“视履”即检查自己的行迹，“祥”如第二几，几善恶，是吉凶的显现；如卜动念而知第一几，由“考祥”回溯“元吉”，返回第一几，固守第一几。据《证人要旨》解释“备百行以考旋”：“《易》称‘视履考祥，其旋元吉。’吉祥之地，正是不废查考耳。今学者动言万物备我，恐只是镜中花，略见得光景如此。若是真见得，便须一一与之践履过。”[①]“吉祥之地”可理解为境界，在境界上再着“查考”工夫，即境界即是工夫，并有利于查考第一几、第一意是否正确，同时将缄默维度之体表达在用，以视履之用检验元吉之体。“不废查考”还可以联系“勰勰二字，是履道要义”，即使在吉祥之地，仍然要坚持慎独工夫，始终贯彻中国儒学缄默维度以“工夫”为核心。

“备百行以考旋”对于中国儒学缄默维度的发展意义重大，可充当刺穿并破除虚幻与光影的蒺藜蓬。“镜中花”不是真花，通过“一一与之践履过”，可以打破造成虚幻的镜子。光景与此类似，光景的境界类似于“万物皆备于我”。经由“一一与之践履过”，光景锻炼成实境，镜中花转为春之花。

《周易古文钞》阐发《履》之上九：“处履之终，庶几全归之地，而至此正不废审视，以考其祥，果其启手足而无亏乎？又继之以周旋不舍之念，是谓大善而吉。”[②]处履之中，“不废审视”；对应上文“吉祥之地，正是不废查考耳”：两处解释均强调了审视、查考的重要性，必须在境界上着工夫。《履》之上九为终，如上九象辞“元吉在上，大有庆也”。这貌似达到工夫的极致，如同到达终点。从旋的角度来看，之所以元吉在上而大有庆，原因在于“其

① 《刘宗周全集》(第二册)，第8页。
② 《刘宗周全集》(第一册)，第67页。

旋元吉”，即旋回到起点：“旋”是原因，“元吉”是结果，由“旋”从而保证“元吉”。这避免了《乾》卦上九爻辞“亢龙，有悔”，象辞“亢龙有悔，盈不可久也”。反言之，若要持久，就需要由终点返回起点，继续“素”“幽”的工夫。当然，这种返不是简单的返回，而是从更深层次开掘，从而进行深度的螺旋递进。

由境界着工夫，这暗含了“悟后起修”，可借邹元标论胡直全归来解读：“学以悟为入门，以修为实际。悟而不修是为虚见，修而不悟是为罔修。先生已洞然圣学之大，而复与困学同功，兹所以全而归也。”[①]悟如元吉，“处履之终”，“洞然圣学之大”；修如考旋，返履之始，“复与困学同功”：上述两者具备，方能实现“全归”。邹元标亦以曾子为例，“昔曾子临终，启手足以示门人，庶几无忝所生。先生生平战兢，而终犹惓惓三极之真，百圣之宗”[②]。曾子是全归的典范：刘宗周在“处履之终”审视，以悟而修，由此可以杜绝“悟而不修”之“虚见”；胡直战战兢兢实修中惓惓不忘三极之真，以修而悟，由此可以杜绝“修而不悟”之“罔修”。综上可知，胡直与刘宗周全归之论可以互补。当然，胡直亦有以悟而修的工夫，“以尽性至命为宗，以存神过化为功，学已闯圣窔矣”，“铢铢而积，寸寸而累，其心良苦”[③]。刘宗周亦有以修而起悟的慎独工夫。二者又可以互补，且二者独自互补：以此全归。

据《履》之象辞：“上天下泽，履。君子以辩上下，定民志。”刘宗周解释为：“履者，礼也。惟礼可以定分，分定而后天下之民志定。胥天下而纳之轨物之中，不至以侈肆坏士习，以骄奢败民行，以僭拟无涯伤士大夫之操持，皆此物此志也。而君子所谓端身范以作则于上，又可知矣。”[④]从圣学吃紧三关之“敬肆关”来看，礼在显处约束“肆”的行为，如“侈肆”“骄奢”“僭拟

① 邹元标：《胡庐山先生全归稿序》，载《胡直集》，上海古籍出版社，2015年，第927页。

② 《胡直集》，第927页。

③ 《胡直集》，第927页。

④ 《刘宗周全集》（第一册），第67页。

无涯”，将这些行为“纳之轨物之中”，即是持敬，即是归于礼。履即礼，由此将工夫具体化为显性维度的礼仪规范遵循。从狭义而言，慎独基于心体，在深密处证得至善；与此类似，审视、查考基于行为规范，严格审视其行为践履，在显明处展现至善。端身范以作则，个体的道德充实饱满，安其所安，止其所止，成就“敦大伦以凝道”“备百行以考旋”。

按刘宗周阐释《履》卦象辞的行文顺序，从后向前看，由君子“独行愿”成就为己之学，君子“端身范以作则于上”，上定，则下随之亦定，由此礼成。礼之成毁取决于居主导地位的君子；换言之，在君子以身作则的带动下，成就礼。结合圣学吃紧三关之“人己关”，向内追问，君子之学是为己之学；再向内追问，“己内之己”是己的主宰，这便是独体，如《履》卦上九象辞：“素履之往，独行愿也。”“素”在前文已论述，素如无欲退藏，由此保证了独体的纯洁，带动身范之正、民志之定。在独体确定且内充后，还要向外敞开、推致，如人己关将一己扩充：“为天地立心，为生民立命，为往圣继绝学，为万世开太平。（方是真为己。）”综上，人己关及《履》卦阐释均指向以个人道德修养为主导的为己之学。道德原则的建构不是从理性思辨出发，去寻求公共性原则；而是从个体道德实践出发，通过君子的道德践履，以身作则，上定，则下随之亦定，由此而礼成，带动道德原则的示范及建构。以个体道德实践为主导，对于以身作则者具有很高的道德要求，并且依赖于个体。若道德实践个体“己内之己”的主宰不坚定，很难有高标准的示范，从而导致整体道德水平的下降。这种原则对于品行较高的君子尤为适用，刘宗周心如北辰、介如石坚，加之持续工夫的跟进，由此带出极高的道德水平，带来生命境界飞跃，其水平境界远超过公共性的道德原则，是成就真君子的为己之学。

第六目“迁善改过以作圣”，以“改过”为中心。据《改过说》，“大《易》言补过，亦谓此心一经缺陷，便立刻与之补出，归于圆满，正圆满此旭日光明耳”[①]。“盖圣人作《易》,无非使人趋吉避凶,而终之以善补过也。”[②]“趋吉避凶”是《周易》的指导性思想,也可以说是如何逢凶化吉,如上文论《履》卦在踩老虎尾巴的险境中,如何达到亨。据刘宗周解释《小过》卦辞:“行过则轻,言过则诞,为中不足而外有余也。抑而从下,敛翮来归,葆光塞兑而反其初,则小者不过,而大者亦不终受伤于既往,吉之道也。合而观之,可以得君子补过之法。”“言凡事皆循分自裁,所谓行过乎恭,用过乎俭也。过而不过,补过之道也。”[③]刘宗周追求的道德境界很高,“行过乎恭,用过乎俭”,在高度的道德标准要求下,虽然貌似有过,其实是“过而不过”,是真正的补过之道。据《证人要旨》:“一迁一改,时迁时改,忽不觉其入于圣人之域,此证人之极则也。”[④]通过迁善改过,至此慎独工夫显密俱到、动静俱融,成己证人,入圣域,赞化育而参天地。

“卜动念”之“动念”如“动而趋静”之“动”,这是以动求静的工夫,由显性维度向缄默维度而去。“知几”之“几”是定静,由此在“趋静”过程有所主,在“静极”立定。“卜动念以知几”是以动求静、以不定求定,从而立起第一意,也就是“独体”。由“知几”向缄默维度深入,便是“凛闲居以体独”。“闲居”是不动而动,如同有意无意出真意,“动而不动是真动”,闲中有定,超然中有毅然,这是刘宗周最深沉的工夫、默契体知的工夫,是其他五目之根基。

从隐微至开显,这是六目的顺序:闲居、动念、威仪、大伦、百行、迁善改过。六目递进,由独体证内圣,如雨后春笋,节节拔升,最后到达“作圣”。

---

① 《刘宗周全集》(第二册),第19页。

② 《刘宗周全集》(第一册),第217页。

③ 《刘宗周全集》(第一册),第203页。上述内容可与《人谱续编二》之《纪过格》《改过说》相辉映,此处不再展开。仅强调一点,刘宗周对于改过有所保留,如其所言:“学贵日新,德贵日进,斤斤于弗过之遇而不更求一进步,吾虑其过之不终无也已。”由此破除斤斤计较于过而迷失己之主宰的歧途。

④ 《刘宗周全集》(第二册),第9页。

反观六目，则是从显性维度先缄默维度的工夫，层层深入，以至“闲居”。按照显性维度与缄默维度的区分，可以将前两目视为进入缄默维度，是体；后四目视为显性维度，是用。体用一源，由体达用，深静的缄默维度显性工夫可具体化为“谨威仪以定命”“敦大伦以凝道”“备百行以考旋”“迁善改过以作圣”。由用返体，返至缄默维度最深处，便是“凛闲居”。

（三）以身证学

《周易》是致良知的“工夫宝典”，万廷言重视蓍卦之辞危，由危而惧以敛，由此相通刘宗周的戒惧慎独。刘宗周以凶险之卦阐释慎独工夫，如《蛊》《大过》，并以《节》卦展现学问与生命的统一。真意如司南，指向不改，刘宗周的风节亦如此，介如石坚。节有苦甘，刘宗周恪守苦节：“节极则苦矣，虽贞亦凶，况不可贞乎！然而与其失之甘也，宁失之苦。甘易流，苦乃坚也。”“然则风节之在天地间，盖亦有相感而成者乎？东汉之末可睹已。滂母之言曰：‘汝今与李、杜齐名，虽死何恨！’”[1]《节》九五爻辞“甘节，吉”；上六爻辞“苦节，贞凶”；卦辞“苦节，不可贞”。从吉凶判断，苦节是危辞，凶险；甘节能得吉。刘宗周明知苦节贞凶，守苦节会带来危险，乃至以生命作为代价，但他依然固守，在《节》卦注解中透露出两个主要原因：第一，他追求“节极”，将节的精神贯彻到极致，树立道德典范，成就一代完人。“甘易流，苦乃坚也”，人好甘恶苦，但是，“甘”容易导致意志涣散，而苦能磨炼意志、检验意志，愈苦愈坚，逆势而上，苦难反而有助于他恪守苦节。刘宗周绝食二十三日而亡，期间所受的肉体、精神之煎熬、之折磨，真可谓极苦，这种坚定的毅力预先透露在《节》卦注解中。第二，在通向苦节的路上，刘宗周并不孤单，有前贤相激励。范滂与母诀别时的一段话催人泪下，在范母看来，道德典范树立的意义远大于付出肉体生命的代价，由此成就了范

① 《刘宗周全集》（第一册），第 199~200 页。

滂，与李膺、杜密风节长存。刘宗周以前贤为榜样，“相感而成”，用生命鲜活诠释并展现了苦节之贞，风节在天地间，与李、杜、范齐名，虽死何恨！

蛊是祸乱，刘宗周注解《蛊》卦：“世道之坏，大都起于人心下巽而上止，则上下不交矣，所以蛊也。治蛊之道，首在扶起元阳一脉，一洗卑逊苟止之习，以求可亨之道，而行之尤贵于果，为涉川之象。”《蛊》象辞：“山下有风，蛊。君子以振民育德。”刘宗周注解：“巽为风，其德为入。振民以育德，则起弊维风之道也。振之于先，而育之于后，使自得之也。”[①]《蛊》卦上为巽风，下为艮山，从政道而言，祸乱的原因在上下不交：民畏于上，上无心于下，上下各行其是，人不和，政不通，生生之道穷而世道蛊。据《杂卦》“《蛊》，则饬也。”要整饬祸乱，首要之务在于扶起元阳一脉，振育生生的活力，居于下位者不甘卑逊，敢于将下情、民隐言于上；居上位者不再苟且现状，而是敢于下访民隐，体恤孤弱。更进一步，居下位者敢于“赤手搏龙蛇”，居上位者具有“吾曹不出如苍生何”担当。“振之于先”即先扶元阳一脉，使上下相交；“育之于后”，以道德之风敷荣，使之生生。由此映射到中国儒学缄默维度的心之“精”“神”“意”，精神合而知微透关，似初春的氤氲一气生生。反之，精神不交：精位于下而不上进，如下巽；神居于上而不下贯，如上止，则精神不合，元气不生。如同《蛊》卦整饬，精神的修炼即是让神下贯，精上进，以真意合精神，从而精神相交、氤氲一气生生，既生之，则养育之，从而不断壮大元气生生的力量。

面对明朝的崩溃，刘宗周虽有力挽狂澜之心，但在大势之前，无异于螳臂当车。即便这样，他仍能固守苦节，坚定道德工夫修养，不为外界所动；在明亡的乱象中，维系儒学风节。“国有道，不变塞焉，强哉矫！国无道，至死不变，强哉矫！”（《中庸》）刘宗周解释《大过》：“四阳居中，过盛。正君

① 《刘宗周全集》（第一册），第88~89页。

子处非尝之时而僇力相与以有为，不无失之过激者。孤栋莫支，天下之势已一无足恃，而终能奋不顾身，决一往之利，以济天下之变，道固如是，他非所计也。"[①]《大过》是下《巽》上《兑》，中间四个阳爻，上下各一阴爻，呈现"四阳居中"。"过盛"，以"盛"修饰"过"，即是"大过"，如彖辞"大过，大者过也"。卦辞言"栋桡"，指房屋塌陷出现的危险情况，又如下《巽》上《兑》所呈现的泽灭木。据此而言政治，明亡如大厦倾覆，尽管刘宗周深知"孤栋莫支"，但他还要奋不顾身去"支"。如同可以选择甘节，但他却选择苦节；他知其不可支而支，这是其"过"处。刘宗周是严格自律的道德君子。他选择"支"，这符合他心中的道德准则，并且必须如此，即使个人面临死亡危险。正是在他的孤栋之支下，撑起了中国儒者理想的道德精神世界，由此风节天地间，树立起儒家士大夫忠节的道德典范。由此不禁要追问，刘宗周奋不顾身承当的精神如何培养而成？结合前文所论，有两点值得注意：第一，道德修养工夫深厚，持敬与主静双修，慎独确立的独体根本坚固；从缄默维度养出生生春意，超越了物欲、利害的层次。境界超越，则能驾驭显性维度；独体根本坚固，则不会随风倒，固守苦节。第二，信念坚定。这既源于家学的熏陶、人格的个性，亦有道德工夫深厚的积淀，并与往圣前贤风节相激励：多重因素交相叠加，使得志向愈苦而愈坚，愈危而愈勇于担当。

再进一步看《大过》卦解释："处栋桡之时，人酿其祸，我职其辜，见以为过也。然刚虽过而得中，有巽说之德，以是而往，所以亨也。此之谓大过之才而处大祸之时也。""曾子曰：'辱可避则避之。如其不可避也，君子视死如归。'不惧无闷，分出与处，皆死道也。死道也者，大过之时之道也。遁世亦死耳。夷狄患难，无往无死地也。子畏于匡，不言死乎？"[②]读至此，我们不难理解支撑刘宗周内心深处的精神力量，不难明白他视死如归的精神资源。此处可以引发思考三个问题：第一，如何培养道德实践能力。在栋

① 《刘宗周全集》(第一册)，第114~115页。
② 《刘宗周全集》(第一册)，第116页。

桡之际，道德知识、学理说教、条框规范不仅不能帮助道德抉择，而且还可能会束缚道德实践。道德实践能力的培养源于日常点滴积聚，缄默维度固然难以进入，显性维度的持敬工夫却较容易践行，且容易检验，通过显性维度工夫渗透至缄默维度，从而带动道德实践能力的培养。关键时刻的抉择受制于平时证人工夫的积聚，刘宗周《人谱》六目清晰，层层嵌套，提供了一个如何成人的范本，这不仅有利于树立风节，而且对于心灵净化乃至预防腐败均具有重要参考价值。第二，以死道与大过之道互诠。刘宗周列孔子、曾子之生死观，这属于生死格。第三，如何避免“处栋桡之时，人酿其祸”。这个问题可以说是拷问儒学的有效性。从明亡之时的道德选择分类而言，主要包括三种：职其辜、可避则避之、酿其祸。“职其辜”者，屹然挺立，“见以为过”；“可避则避之”者，持中立态度；“酿其祸”者，如贰臣，助纣为虐。从史料来看，第一种凤毛麟角，第三种多如牛毛。由此反思明亡前的社会政治，这些“酿其祸”者充当了儒学道德规范的制定者、儒学知识的传播者、国家机器运转的核心部件，他们大多数是通过科举考试产生的社会精英，这也不难理解刘宗周仕途的波折及在朝纲的孤立。

刘蕺山之情论 *

杨少涵

（华侨大学哲学与社会发展学院）

作为“宋明理学家最后的殿军”[1]，刘宗周（蕺山，1578—1645）之学“乃乘王学之流弊而起者”[2]。王阳明心学曾一扫程朱理学的沉闷局面而风靡天下，但是到了晚明，王学的流弊也日益膨胀。一方面，王门高弟王畿（龙溪）“以无念为宗”[3]，过度强调无善无恶的虚寂之体，从而流于空谈心性；另一方面，泰州学派鼻祖王艮（心斋）“以日用见在指点良知”[4]，过分强调良知本体之日用现成性，从而流于满街圣人。阳明之学自王心斋传至颜山农，率性而行日趋变为“任情纵欲”[5]，历来传为笑柄的一个案例就是颜山农仿驴打滚，以证良知。[6]对于王门后学的流弊，明儒邹尔瞻说：“今学之流弊，认欲为理，以情为性，以防检为桎梏，以礼法为戏场，滔滔江河，莫知底

* 本文为教育部人文社会科学研究规划基金项目“经学史视域下的《中庸》升格问题研究”（18YJA720015）的阶段性研究成果。

① 钱穆：《钱宾四先生全集》（第九册），台湾联经出版公司，1998 年，第 385 页。

② 牟宗三：《牟宗三先生全集》（第八册），台湾联经出版公司，2003 年，第 365 页。

③ 王畿：《王畿集》（卷十五），凤凰出版社，2001 年，第 440 页。

④ 袁承业编：《王心斋全集》，江苏教育出版社，2001 年，第 73 页。

⑤ 史玉池语。参见《黄宗羲全集》（第八册），浙江古籍出版社，2005 年，第 843 页。

⑥ 李贽：《焚书》（增补一），中华书局，1975 年，第 261 页。

止，所以语悟者害人不浅。”[①]刘蕺山也曾总结说：“今天下争言良知矣。及其弊也，猖狂者参之以情识，而一是皆良；超洁者荡之以玄虚，而夷良于贼，亦用知者之过也。”[②]“任情纵欲”与“以情为性”即刘蕺山所说的“参之以情识”。参之情识而以情为性的结果是良心善性的本真面目隐而不彰：“自喜怒哀乐之说不明于后世，而性学晦矣。”[③]性学明不明在于喜怒哀乐之情明不明，喜怒哀乐之情不明则性学不明。所以在蕺山看来，要想对治王学流弊，首先要对喜怒哀乐之情做一个了断。

一、四德与七情

刘蕺山论情特重《中庸》所言之喜怒哀乐之情，并借之以发挥其形上思想，“尤其愈到晚年愈见其淋漓尽致的发挥”[④]，甚至可以说其“晚年独体说之要害在于喜怒哀乐之说”[⑤]。但刘蕺山对喜怒哀乐之情的阐明方法很特殊，他是从喜怒哀乐之情与春夏秋冬之气的相关性来讨论情性关系的。蕺山屡言：“喜怒哀乐，一气流行，而四者实与时为禅代。如春过了夏，秋过了冬，冬又春，却时时保个中气，与时偕行，故谓之时中”[⑥]，“一性也，自理而言，则曰仁义礼智；自气而言，则曰喜怒哀乐。一理也，自性而言，则曰仁义礼智；自心而言，则曰喜怒哀乐”[⑦]。喜怒哀乐相与禅代，春夏秋冬迭变更替，两者都是一气流行。春夏秋冬的迭变更替之内有一个中气，与时偕行。同样，喜怒哀乐之中也有一个随时而动的东西，这就是天命之性，也就是

① 邹元标：《愿学集》（卷五上）《文江证道记》，载《景印文渊阁四库全书》（第 1294 册），第 166~167 页。

② 《刘宗周全集》（第二册），浙江古籍出版社，2007 年，第 278 页。

③ 《刘宗周全集》（第二册），第 416 页。

④ 杜保瑞：《刘蕺山的工夫理论与形上思想》，台湾花木兰文化出版社，2009 年，第 46 页。

⑤ 陈畅：《自然与政教——刘宗周慎独哲学研究》，上海人民出版社，2016 年，第 146 页。

⑥ 《刘宗周全集》（第二册），第 457 页。

⑦ 《刘宗周全集》（第二册），第 391 页。

理。正如中气就在春夏秋冬四气之内一样，性理也就在喜怒哀乐四情之内。这样，蕺山就在喜怒哀乐四情的相与禅代和春夏秋冬四气的迭变更替之间，为他的性情理论和理气理论找到了一种相关性。对于这种相关性，蕺山曾有详细的分说：

> 喜，仁之德也；怒，义之德也；乐，礼之德也；哀，智之德也。而其所谓中，即信之德也。一心耳，而气机流行之际，自其盎然而起也谓之喜，于所性为仁，于心为恻隐之心，于天道则元者善之长也，而于时为春。自其油然而畅也谓之乐，于所性为礼，于心为辞让之心，于天道则亨者嘉之会也，而于时为夏。自其肃然敛也谓之怒，于所性为义，于心为羞恶之心，于天道则利者义之和也，而于时为秋。自其寂然而止也谓之哀，于所性为智，于心为是非之心，于天道则贞者事之干也，而于时为冬。乃四时之气所以循环而不穷者，独赖有中气存乎其间，而发之即谓之太和元气，是以谓之中，谓之和，于所性为信，于心为真实无妄之心，于天道为乾元亨利贞，而于时为四季。①

蕺山将喜怒哀乐之情称为“四德”，将春夏秋冬之气称为“四气”。喜怒哀乐四德不但与仁义礼智四性一一对应，而且也与春夏秋冬四气一一对应。蕺山认为，如果明白了四德与四气之间的这种相关性，未发已发之说也就豁然开朗了：“人有四德，运为喜怒哀乐四气……知此，可知未发已发之说矣”②。性学之所以晦暗不明，“只为将喜怒哀乐四字看错”③，之所以会把喜怒哀乐四字看错，只为不知四德与四气的这种相关性。

那么这个相关性之本质到底是什么呢？就是一个“序”字。蕺山曾说：

---

① 《刘宗周全集》(第二册)，第414~415页。

② 《刘宗周全集》(第二册)，第420页。

③ 《刘宗周全集》(第二册)，第456页。

"喜怒哀乐，虽错综其文，实以气序而言"[①]。这就把问题升华了。喜怒哀乐四德与春夏秋冬四气之间的相关性是从四气之序而言的，并非是从四气本身来说的。喜怒哀乐四德与春夏秋冬四气之间虽然有紧密的相关性，但这只是为了强调四德与四气相关性的紧密程度，并不是说四德与四气之间就可以直接画等号。因为"气序"与气是不同的。气是实然之气质，而气序是气之周流不断、迭出循环的次序。次序代表的是一种规律。在理气论中，这个规律也就是理；在性情论中，理就是性，所以序也就是性。喜怒哀乐四德是从气序上来说的，"气之序"也可说是"情之序"。情之序也就是性理。

序既然是性理，那么这个序是不能乱的。气之序是理，气之序乱了，理也就乱了；理乱了，气也将不成其为正常之气。情之序是性，情之序乱了，性也就变了；性变了，情也将不成其为正常之情。所以蕺山说：

> 天有四德，运为春夏秋冬四时，而四时之变，又有风雨露雷以效其用，谓风雨露雷即春夏秋冬，非也。人有四德，运为喜怒哀乐四气，而四气之变，又有笑啼哂詈以效其情，谓笑啼哂詈即喜怒哀乐，非也。故天有无风雨露雷之日，而决无无春夏秋冬之时；人有无笑啼哂詈之日，而决无无喜怒哀乐之时。[②]

春夏秋冬四时按序流行，这就是天之常运。但是如果春夏秋冬四时不按其序运行，该是春天却是秋天，该是夏天却是冬天，这就是四时之变，四时之变的结果就是风雨露雷。风雨露雷当然也是气，但这不是正常的四时之气。喜怒哀乐四情按其序发生，这就是人之常情。但是如果喜怒哀乐不按其序发生，当怒而喜，当哀而乐，这就是四气之变。四气之变的结果就是笑

---

① 《刘宗周全集》(第二册)，第 399 页。

② 《刘宗周全集》(第二册)，第 420 页。

啼詈骂。笑啼詈骂当然也是情，但这不是正常的人情。

由此我们看到，蕺山就从“序”之变不变、乱不乱出发，区分出了两种情感。喜怒哀乐是序之不变的情感，这是性之情，相当于现代哲学中的“道德情感”。笑啼詈骂是序之变的情感，这是气之情，可以称之为“自然情感”。这两种情感的区别，蕺山称之为“四德”与“七情”之别：“《中庸》言喜怒哀乐，专指四德言，非以七情言也”[①]。四德即孟子所说四端之情，而七情则为《礼记·礼运》所说的喜怒哀惧爱恶欲之情。四德是心性本体本具，所以是形上之道德情感，而七情是“性情之变”[②]，是形下之自然情感。“前者无法去除，后者则必须去除。”[③]王学末流一无遮拦，任情纵欲，其所任之情、所纵之欲并非道德情感，而是性情之变，是自然情感。通过对两种情感的区分，蕺山就补足了阳明良知之教中未专门讨论的问题，并以此在昭示王门中人，仿驴打滚根本不是良知呈现，根本不是天理发用，任情纵欲只不过是认欲为理，只不过是以情（自然情感）为性。

二、指情言性与因情见性

从四德与四时之相关性上区分出两种情感，这并不必然能够理解道德情感之本质。因为喜怒哀乐四德与春夏秋冬四时之相配，是在气之序的意义上而不是从气本身来说的，但这毕竟有一个转折，需要拐一个弯，不够直接。这就在方法上容易产生一个问题，就是蕺山所说的“指情言性”与“因情见性”之混淆。蕺山在分析《孟子》之情与性的关系时说：

> 孟子曰：“乃若其情，则可以为善矣。”何故避性字不言？只为性不

① 《刘宗周全集》（第二册），第414~415页。

② 《刘宗周全集》（第二册），第399页。

③ 胡元玲：《刘宗周慎独之学阐微》，台湾学生书局，2009年，第86页。

可指言也。盖曰吾就性中之情蕴而言，分明见得是善。……指情言性，非因情见性也。即心言性，非离心言善也。后之解者曰："因所发之情，而见所存之性；因以情之善，而见所性之善。"岂不毫厘而千里乎？[①]

世儒谓因情之善见性之善，然情则必以七情为定名，如喜、怒、哀、惧、爱、恶、欲，将就此见性之善，则七情之善，果在何处？……《中庸》以喜怒哀乐为情，则四性又属何名？岂恻隐、羞恶、辞让、是非之情有性，而余者独无性也邪？从此参入，便破一班。[②]

"指情言性"与"因情见性"虽然只几字之差，但意义却是天壤之别。指情言性是"指情蕴情实而言，即情即性也"[③]，性蕴于情，情就是性，这时的情必定是道德情感。孟子以四端之情言心性，就是指情言性，四端之情就是天命之性。因情见性则是从情中见性，这时的情可以是道德情感也可以是自然情感。于是因情见性之弊端就有两个：一是性情分离，二是因情并不一定能见性。因情见性预设了情不是性，性可以于道德情感中见，也可以于自然情感中见。如果所因之情是四端等道德情感，因情当然能够见性，情善故性善。如果所因之情是七情等自然情感，因情就不一定能见性，因为自然情感可以为恶，难道说情恶故性恶吗？这两个弊端归为一点，仍然是两种情感不分，按蕺山批评朱子的话说，"终是泥水不清"[④]。

蕺山感觉到，以上对两种情感的区分方法是不够彻底的，所以就转而翻上一层，进行了一个更为根本的区分，这就是四德与好恶的区分："'好人之所恶，恶人之所好，是谓拂人之性。'然则好恶者性乎！今云情之属，何也？好恶与喜怒不同。"[⑤]"好恶"与"喜怒"不同，即好恶之情与喜怒哀乐四

① 《刘宗周全集》（第二册），第465页。
② 《刘宗周全集》（第二册），第470页。
③ 《刘宗周全集》（第二册），第345~346页。
④ 《刘宗周全集》（第二册），第346页。
⑤ 《刘宗周全集》（第二册），第452页。

德之情是不同的。

我们知道,《大学》有言:"好人之所恶,恶人之所好,是谓拂人之性,灾必逮夫身。"这里出现了前后两对好恶,即"好人之所恶"与"恶人之所好"。拂人之性、灾逮夫身显然是就前面那个好恶而言的,与之相对,后面那个好恶就应该是顺人之性,更不会灾逮夫身。这里稍显绞绕。但按照情感之形式和性质来看,好恶只是情感的形式,而非情感的性质。既然是形式,既可以用来指道德情感,也可以用来指自然情感。《大学》此语中的好恶只是情感的形式,从性质上说,前面那个好恶是自然情感,后面那个好恶是道德情感。

蕺山所言"好恶者性乎"之性是天命之性。那么其所说的好恶当是《大学》此语中后面那个好恶即道德情感,而非前面那个好恶即自然情感。无论是道德情感还是自然情感,一般来说,好恶属情,但《大学》却说它们是性,故而蕺山自问:"今云情之属,何也?"蕺山自答:"好恶与喜怒不同。"[①]好恶与喜怒是不同的,其所不同之处就在于"喜怒有情而爱恶有意,好恶有理而爱恶有欲"[②],喜怒属于情而好恶属于意。好恶与四德虽然都是道德情感,但对蕺山而言,好恶之情与四德之情是不同的,他称前者为"意",后者才称为"情"。可以看出,这仍只是名称形式上之区分,只不过是对道德情感的形式区分。

蕺山如此区分,有其更深层的用意,那就是要克治王学的第一个流弊即玄虚而荡。蕺山说:"好恶从主意而决,故就心宗指点;喜怒从气机而流,故就性宗指点。毕竟有好恶而后有喜怒,不无标本之辨,故喜怒有情可状,而好恶托体最微。"[③]好恶从主意而言,喜怒从气机而言,喜怒有情可状,属于显,好恶托体最微,属于隐,好恶与喜怒的区别是"标本之辨"。再者,如

① 《刘宗周全集》(第二册),第452页。

② 《刘宗周全集》(第二册),第400页。

③ 《刘宗周全集》(第二册),第457页。

果把好恶与喜怒的关系套在心与性的关系上，那么意之好恶是相应于心宗而言，情之喜怒相应于性宗而言。

于是，蕺山区分好恶之意与喜怒之情的深意就有两个：其一，好恶与喜怒的标本之辨意味着，好恶与喜怒虽然都是道德情感，但好恶更为根本，需要进一步深究。好恶与喜怒都是道德情感，但道德情感也有其发与未发，也有其隐与显。好恶之意是未发之隐，喜怒之情是已发之显，喜怒之显源于好恶之隐，“毕竟有好恶而后有喜怒”。显而易见，隐而难言，所以需要对好恶之意更加重视。其二，好恶与喜怒分属心宗、性宗，这就意味着：与性宗一定要明白喜怒哀乐一样，心宗也一定要明白好恶之意；性宗一定要讲明喜怒哀乐，心宗一定要讲明好恶之意；否则喜怒哀乐不明，性即永晦，好恶之意不明，心亦不彰。好恶之意与四德之情都是道德情感，但蕺山一定要对它们再做一个区分，其深层的用意就在这里，就是要告诉学者，性宗一定要先弄明白喜怒哀乐之情，心宗一定要先弄明白好恶之意。

三、意念之辨与心意之辨

归总地说，好恶与喜怒之辨的两层深意其实是一层意思，那就是要辨意。意是蕺山哲学最重要的概念。[1]辨意也就成为蕺山有进于阳明甚至有进于整个宋明前儒之处。蕺山对前儒有一个根本的判断，那就是“看《大学》不明，只为意字解错，非干格致事”[2]。具体到阳明之学，也是同样的问题：

所云良知，亦非究竟义也。知善知恶与知爱知敬相似，而实不同。

① 张学智：《论刘宗周的“意”》，《哲学研究》，1993年第9期。

② 《刘宗周全集》（第二册），第422页。

知爱知敬，知在爱敬之中；知善知恶，知在善恶之外。知在爱敬中，更无不爱不敬者以参之，是以谓之良知。知在善恶外，第取分别见，谓之良知所发则可，而已落第二义矣。且所谓知善知恶，盖从有善有恶而言者也。因有善有恶，而后知善知恶，是知为意奴也。良在何处？又反无善无恶而言者也，本无善无恶，而又知善知恶，是知为心祟也。良在何处？……只因阳明将意字认坏，故不得不进而求良于知。仍将知字认粗，又不得不退而求精于心。①

蕺山对前儒最不满意的地方就是“将意字认坏”“将知字认粗”。“将意字认坏”主要是针对朱子来说的。朱子视意为心之所发，发而有不中节，有过不及，所以需要以格致之工夫以诚之。从性质上说，这时的意就相当于自然情感。“将知字认粗”是针对阳明来说的。阳明在知的问题上迥异于朱子，但在意的问题上却与朱子如出一辙。良知知善知恶，这是没有问题的。问题在于良知对善恶之知是在善恶分判之前已知呢，还是在善恶分判之后才知？善恶分判在于意之动，这个问题也就是问：良知是在意之先，还是在意之后？如果良知在意之先，在善恶分判之前已知，然而却出现了善恶，那就又会带来两个问题：要么良知不是良能，不能阻止善恶，知也白知；要么良知不是良知，不能知道善恶何时分判。这两个问题都是阳明所不乐于见到的。良知肯定是良知，不必多说；良知也肯定是良能，否则就又落入了朱子之“性体无力”的老问题。②如果良知在意之后，在善恶分判之后才知，那问题就更严重，良知是跟着善恶走的，是跟着意走的。这样一来，“知为意奴”“知为心祟”，良知就不再是主宰，而成了意之奴仆。于是良知“已落入第二义矣”，这也是阳明所不愿意见到的。但这两个问题又的确是从阳明

① 《刘宗周全集》（第二册），第317~318页。
② 杨少涵：《朱子哲学之义理架构及其理论问题》，《中州学刊》，2014年第8期。

良知之学中引出来的。阳明之学之所以会出现这种问题,根本原因就在于阳明“将意字认坏”,进而也就“将知字认粗”。所以意是比良知更为根本的东西,需要往前一步,先把意字辨明。

蕺山辨意是从两个方面来进行的:一是意念之辨,二是心意之辨。意念之辨就是道德情感与自然情感之辨。这一点比较明朗,也容易理解。蕺山说:“意之好恶,与起念之好恶不同。意之好恶,一机而互见;起念之好恶,两在而异情。以念为意,何啻千里?”[①]好恶是情感的形式,既可以指道德情感,也可以指自然情感。意之好恶是道德情感,道德情感至善无恶,未发为中,已发即和。蕺山尝说:“人心之体,存发一机也。心无存发,意无存发也。盖此心中一点虚灵不昧之主宰,尝尝存,亦尝尝发。所谓静而未始沦于无、动而未始滞于有也。”[②]意之好恶一往皆善,本来无所谓存发,说个存发也只是为了方便理解。念之好恶是自然情感,自然情感可以为善,也可以为恶。可善可恶就是“两在而异情”。念之好恶之所以有善有恶、可善可恶,源于念之性质。蕺山对念有一个明确的定义:

> 今心为念,盖心之余气也。余气也者,动气也,动而远乎天,故念起念灭,为厥心病。故念有善恶,而物即与之为善恶,物本无善恶也;念有昏明,而知即与之为昏明,知本无昏明也;念有真妄,而意即与之为真妄,意本无真妄也;念有起灭,而心即与之为起灭,心本无起灭也。故圣人化念归心。[③]

念是从心来说的,是心之余气。余气是指心之活动所遗留下来的势能、余波,心驻于余气,则成“僵化了、破裂了的心”,此是“心之病,也就是恶的根

① 《刘宗周全集》(第二册),第412页。

② 《刘宗周全集》(第二册),第338~339页。

③ 《刘宗周全集》(第二册),第417页。

源”。[①]蕺山以气之流行说心性情，不但说“喜怒哀乐，一气流行”[②]，还说“人心一气而已矣”[③]。我们知道，这不但是从气之流行，而且是从气之所以流行、气之序而言的。心是一气流行，是气之序，念是心之余气，是气序之乱。良知之心本来虚明不昧、至善无恶、无起无灭，心之余气则有昏有明、有善有恶、有起有灭，所以念就有昏有明、有善有恶、有起有灭。与此相应，念之好恶当然也就有昏有明、有善有恶、有起有灭。这就需要化念归心，化自然情感之过与不及而归之于无过不及。当然这并不是说心与念就是同一的了，也不是说念之好恶与意之好恶是同一的了，而只是说念及其好恶受到节制，由无序成为有序，最终走上正途正道罢了。

心意之辨其实是心性之辨。蕺山不满意于前儒将意字解错，将意字认坏，其错其坏就在于说意是心之所发。所以蕺山要对意重新定位。蕺山重新定位意，是从重新定义意开始的。蕺山从一动一静两个方面对意进行了重新定义。从动的方面来说：“心所向曰意，正如盘针之必向南也……心所之与心所往异”。[④]意是好善恶恶之好恶，是心之所向。动可以指意之动，也可以指心之动。指意之动来说，就是意之好恶；指心之动来说，就是心之所向、心之所之。从心之动而言，意是不动的。用蕺山那个有名的比喻来说，意就是指南针之向南性，这是不动的。从静的方面来说：“意者，心之所存，非所发也……意无所为善恶，但好善恶恶而已。好恶者，此心最初之机，惟微之体也。”[⑤]意是心之所存，不是心之所发。心是良知之心，知善知恶。良知之心虽然知善知恶，但心之本体却是无善无恶的。这就是阳明“四句教”之第一句“无善无恶心之体”。意是心之所存，当然也是无善无恶的。

通过一动一静两个方面的重新定义，蕺山就对意进行了重新定位，重

① 黄敏浩：《刘宗周及其慎独哲学》，台湾学生书局，2001 年，第 162 页。

② 《刘宗周全集》(第二册)，第 457 页。

③ 《刘宗周全集》(第二册)，第 435 页。

④ 《刘宗周全集》(第二册)，第 343 页。

⑤ 《刘宗周全集》(第二册)，第 390 页。

新安排了心与意的关系。在阳明那里，良知之心是第一义的，是理论之基点。但在蕺山这里，意向上翻了一层，越过良知之心成了理论的基点，成了第一义的。意被重新定义、重新定位以后，意与心的关系发生了对翻。在阳明那里，意是要由心来规定的，但到了蕺山这里，心则要以意来规定。"意者，心之所以为心也。止言心，则心只是径寸虚体耳。著个意字，方见下了定盘针，有子午可指。然定盘针与盘子，终是两物。意之于心，只是虚体中一点精神，仍只是一个心，本非滞于有也，安得而云无？"[①]蕺山所说"心只是径寸虚体"，这是有所指的。按阳明的话说，心是虚灵明觉。按蕺山的分析，"心体浑然至善。以其气而言，谓之虚；以其理而言，谓之无。至虚，故能含万象；至无，故能造万有"[②]。如果只说心，总是给人以虚无感。阳明后学龙溪一路之玄虚而荡即从此而来。所以需要对心作进一步的规定，这就是意。意是良知之心径寸虚体中的"一点精神"。如果心是盘子，意就是定盘针。一句话，意就是心之所以为心者，按照现代哲学的说法，意"即心的道德主宰"[③]。

心之所以为心者，就是能够对心进行进一步规定的东西。在宋明理学中，"心之所以为心者"是有定指的，这就是性。蕺山也承认这一点："性即心之所以为心也"。[④]性是心之所以为心者，意也是心之所以为心者，而心之所以为心者只能有一个，所以意与性也就必定为一。可见，心意之辨其实就是心性之辨。意是对心进行进一步规定的东西，也就意味着性是对心进行进一步规定的东西。由于有了这一步规定，心不再逃空堕幻。蕺山即以此性天之尊来对治王门后学的玄虚而荡。[⑤]

---

① 《刘宗周全集》(第二册)，第337~338页。

② 《刘宗周全集》(第二册)，第410页。

③ 高海波：《刘宗周对阳明四句教的批评》，《中国哲学史》，2004年第3期。

④ 《刘宗周全集》(第二册)，第457页。

⑤ 东方朔：《刘蕺山哲学研究》，上海人民出版社，1997年，第149页。

四、蕺山之学“心性情为一”的义理架构

通过意念之辨和心意之辨，我们会发现，蕺山之学其实是一种“心意性为一”的义理架构，其中意是道德情感，所以其义理结构也就是“心性情为一”。

意念之辨是道德情感与自然情感之辨，由之标示出的是意与心为一，道德情感与良知之心为一。化念归心一方面是将气之余气化归于心，使之不再昏恶不明，另一方面也是将念之好恶化归于意之好恶。念之好恶即自然情感，意之好恶即道德情感。所以化念归心必然包含着心与意的同一，也就是良知之心与道德情感之为一。心意之辨是心性之辨，由之标示出的是意与性为一，道德情感与天命之性为一。心意之辨通过重新定义意而重新定位意，意被抬升或复归为第一义，是心之所以为心者，也就是性，意就是性，意与性为一。意是道德情感，性是天命之性，意与性为一也就是道德情感与天命之性为一。

总之，意与心为一，就是良知之心与道德情感为一，意与性为一，就是道德情感与天命之性为一，所以蕺山之学整个就是心意性为一，或心性情为一。蕺山本人对此架构也明确地表示：

> 心意之辨明，则性情之辨亦明。心与意为定名，性与情为虚位。喜怒哀乐，心之情，生而有此喜怒哀乐之谓心之性；好恶，意之情，生而有此好恶之谓意之性。盖性情之名，无往而不在也。即云意性、意情亦得。意者，心之意也；情者，性之情也。[1]

① 《刘宗周全集》(第二册)，第344页。

这段话涉及蕺山心性之学的四个主要概念，即心、意、性、情。这四个概念之间的关系非常繁复。从心来说，意是心之意，情是心之情，而“凡所云性，只是心之性”[①]；从意来说，性是意性，情是意情；从性来说，情是性之情。但万变不离其宗，归结到一点仍然是心性情为一。我们知道，朱子有“心统性情”之说，张南轩有“心主性情”之说，蕺山对这两种说法都不满意，他批评说：“‘心统性情。’终是泥水不清。”[②]“张说为近，终是二物。曷不曰‘心之性情’？”[③]“心之性情”就是蕺山对心性情为一的最后表白。

其实心性情为一也是思孟学派的义理结构，蕺山清楚地注意到了这一点。他论《中庸》说：

> 《中庸》则直以喜怒哀乐逗出中和之名，言天命之性即此而在也，此非有异指也。恻隐之心，喜之变也；羞恶之心，怒之变也；辞让之心，乐之变也；是非之心，哀之变也。是子思子又明以心之气言性也……呜呼，此性学之所以晦也！然则尊心而贱性，可乎？[④]

蕺山说《中庸》以喜怒哀乐逗出中和之名，天命之性即在其中，这真是把话说到家了。后儒多不明于此，这就是性学之所以晦而不明的关键所在。蕺山又论《孟子》四端之心说：

> 孟子以恻隐、羞恶、辞让、是非之心，征性之善，犹曰：“有心善，有心不善。”故曰：“有性善与不善。”惟《中庸》以喜怒哀乐言之，人孰无喜怒哀乐者？当其未发谓之中，及其已发谓之和，乃所以为善也。恻隐

① 《刘宗周全集》(第二册)，第465页。
② 《刘宗周全集》(第二册)，第346页。
③ 《刘宗周全集》(第二册)，第471页。
④ 《刘宗周全集》(第二册)，第281页。

之心，喜之发也；羞恶之心，怒之发也；辞让之心，乐之发也；是非之心，哀之发也。喜怒哀乐之未发，则仁义礼智之性也。[1]

抛去其中四端四情之比附配对，可以说蕺山完整地看到了孟子之学的特征，这就是以四端之情论良知之心，又以良知之心论仁义礼智之性，最终是心性情为一。

心性情虽然为一，但它们毕竟是三个名称，毕竟有其形式上的区分。于是心、性、情三者是同一而又有区分的关系。这种关系，蕺山用合与分来表示，心性情为一是“合而言之”，心性情三名是“分而言之”：

理，一也。得于心为德，本于生为性，蕴于性为情，达于情为才，亶于初为命，体于自然谓之天。[2]

喜怒哀乐，所性者也。未发为中，其体也；已发为和，其用也；合而言之，心也。[3]

分而言之，灿然情也，情一知也；合而言之，浑然性也，性一智也。[4]

从本质上说，心、性、情、理、天、命是一，都是道德的内在根据和形上本体。这就是“合而言之”。它们的不同是形式上的区别，是为了方便从各个角度、各个侧面理解道德本体，这就是“分而言之”。蕺山曾根据朱子引用苏东坡的诗句说，分而言之就是“横看成岭侧成峰”。[5]心性情三者的分合言之，蕺山又称为“离心而见”和“即心而见”：

① 《刘宗周全集》(第二册)，第412~413页。
② 《刘宗周全集》(第二册)，第463页。
③ 《刘宗周全集》(第二册)，第471页。
④ 《刘宗周全集》(第二册)，第439页。
⑤ 《刘宗周全集》(第二册)，第457页。

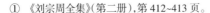

性情之德，有即心而见者，有离心而见者。即心而言，则寂然不动，感而遂通，当喜而喜，当怒而怒，当哀而哀，当乐而乐。由中导和，有前后际，而实非判然为二时。离心而言，则维天於穆，一气流行，自喜而乐，自乐而怒，自怒而哀，自哀而复喜。由中导和，有显微际，而亦非截然分为两在。然即心离心，总见此心之妙，而心之与性，不可以分言也。[①]

“离心而见”和“即心而见”是以心为坐标而对性情之同一关系所做的描述性说明，“离心而见”就相当于“分而言之”，“即心而见”则相当于“合而言之”。无论是即心而见，还是离心而见，这都是形式上的区分，而在实质上心性情是为一的，是绝不能分离的。

心性情为一是思孟学派的完整义理结构：心是良知之心，情是道德情感，性是天命之性，三者浑然为一，不可割裂，而且各有其职，缺一不可。但是阳明对道德情感的分疏和强调不够，以至于王门后学对两种情感不分，最终导致任情纵欲，认欲为理，认情为性。这就是情识而肆的理论来源。阳明推尊良知，在某种程度上忽略了对天命之性的强调。蕺山称之为“尊心而贱性”[②]。天命之性代表的是必然而定然的客观性，贱视这一客观性，当然就会流于完全的主观性。这就是阳明后学玄虚而荡之流弊的主观原因。蕺山之学心性情为一的义理架构，归根结底是对治此流弊而出。

① 《刘宗周全集》(第二册)，第413页。

② 《刘宗周全集》(第二册)，第281页。

刘蕺山论敬的变化与发展

李慧琪
（台湾“中央大学”中文系）

一、前言

在儒学思想发展过程中，“敬”是备受重视的观念之一，早期《诗》《书》等经典里，便已出现“敬天”“敬德”之意，如《诗经·大雅·板》：“敬天之怒，无敢戏豫；敬天之渝，无敢驰驱。”《尚书·周书·召诰》：“呜呼！天亦哀于四方民，其眷命用懋，王其疾敬德。”强调对天之敬畏，君王应修德以应天命。到了孔、孟，也提出“居处恭，执事敬”（《论语·子路》）、“言忠信，行笃敬”（《论语·卫灵公》）、“仁者爱人，有礼者敬人”（《孟子·离娄下》）等说，主张待人处事上应“恭敬”“笃敬”“礼敬”。而后来宋明理学家中的二程，更十分重视“敬”，如陈淳所说：“敬一字，从前经书说处尽多，只把做闲慢说过，到二程方拈出来，就学者做工夫处说，见得这道理尤紧切，所关最大。”[1]因此“敬”成为许多学者从事道德实践的入手处。明末大儒刘蕺山（1578—1645）就曾归纳出一条主敬的发展脉络：

① 陈淳：《北溪字义》，中华书局，1983年，第35页。

圣人之道即圣人之心是已。尧、舜之兢业，禹之祗承，汤之日跻，文、武之缉熙执竞，皆圣人之心法也。是心也，仲尼传之子思子，以作《中庸》，则曰："君子戒慎乎其所不睹，恐惧乎其所不闻。"而约之曰"慎独"。遂为万世传心的旨。道之不明也，小人之中庸，小人而无忌惮也，异端曲学，邪说暴行，充塞仁义，至于率兽食人，人将相食，皆此无忌惮之心为之，而敝也久矣。后千余年，河南程氏两夫子继濂溪氏作，直溯孔门心法，以一敬为入德之方，廓除蓁莽，使圣道复明于世。①

凡人自有生以后，此心随物而感，而逐于物，则五官为之牖矣。一向放失在外，一旦反求，欲从腔子内觅归根，又是将心觅心，惟有一敬焉为操存之法。随处流行，随处静定，无有动静、显微、前后、巨细之歧，是千圣相传心法也。在尧、舜谓之兢兢，在禹谓之祗台，在汤谓之日跻，在文、武谓之敬止、敬胜，在孔门谓之敬修，在孟子谓之勿忘、勿助，在程门谓之居敬、穷理，朱子得统于二程，惓惓以主敬授学者，至明儒相传，往往多得之敬。②

在两段文字中，蕺山皆点出了一条圣人之道的传承线索，从尧舜、禹汤、文武、孔孟、子思，再到濂溪、程朱及其后学，其中关键便在一"敬"字，也就是以一种随时随地戒惧谨凛的态度作为入道心法，能敬，便能体现圣人之心，传承显明圣道。

回到蕺山自身为学历程来看，虽其学问宗旨归于诚意慎独，但"主敬"也是其一开始入门处：

先生从主敬入门，敬无内外，无动静，故自静存以至动察皆有事

① 《刘宗周全集》(第四册)，第6~7页。

② 《刘宗周全集》(第二册)，第376页。

而不敢忽，即其中觅个主宰曰独，谓于此敬则无所不敬，于此肆则无所不肆，而省察于念虑皆其后者耳。故中年专用慎独工夫，谨凛如一念未起之先，自无夹杂，既无夹杂，自无虚假。慎则敬，敬则诚，工夫一步推一步，得手一层进一层。晚年愈精微，愈平实，绝无伸侗虚无之弊，洵乎为伊洛正脉也。[①]

先君子学圣人之诚者也。始致力于主敬，中操功于慎独，而晚归本于诚意。诚繇敬入，诚之者人之道也。意也者，至善栖真之地，物在此，知亦在此。意诚则止于至善，物格而知至矣。意诚而后心完其心焉，而后人完其人焉，是故可以扶皇纲，植人纪，参天地而为三才也。[②]

根据刘汋《年谱》记载，蕺山二十六岁问学许敬庵，敬庵告以“存天理，遏人欲”[③]，这是影响蕺山从事圣学由主敬入手的一大原因。尔后，蕺山三十五岁拜谒高景逸，亦论及主敬之功，[④]景逸答以“观千古圣贤心法，只一敬字，快捷方式无弊”[⑤]，虽其问学内容已佚，但此时应仍关心主敬问题。即使后来蕺山之学关注的核心有所移转，但从“即其中觅个主宰曰独，谓于此敬则无所不敬”“慎则敬，敬则诚”“诚繇敬入”等话语中，还是可以看到敬与慎独、诚意之间的密切关联。由此可知，其实蕺山自始至终都十分重视“敬”在道德实践的重要性，[⑥]所以到晚年，还是以“敬”告诫弟子：“各言励初心，弗复疑孔、孟。巧拙虽殊方，勉之诚与敬”[⑦]、“为学之要，一诚尽之矣，

① 《蕺山刘子年谱》四十九岁条，见《刘宗周全集》(第六册)，第83页。

② 《蕺山刘子年谱》六十八岁条，见《刘宗周全集》(第六册)，第173页。

③ 《蕺山刘子年谱》二十六岁条，见《刘宗周全集》(第六册)，第61页。

④ 《蕺山刘子年谱》三十五岁条，见《刘宗周全集》(第六册)，第67页。

⑤ 《答念台三》，载《高子遗书》(卷八上)，文渊阁四库全书本。

⑥ 黄敏浩亦曾提醒此义，参见《刘宗周及其慎独哲学》，台湾学生书局，2001年，第25页。

⑦ 《刘宗周全集》(第四册)，第480页；亦见《蕺山刘子年谱》六十六岁条，《刘宗周全集》(第六册)，第145页。

而主敬其功也"[①]。

虽然一论及蕺山学宗旨，必先注意其慎独、诚意之说，但既然蕺山如此重视"敬"，那么他究竟是如何理解这项圣人心法，在其思想发展中，主敬之说又可反映什么意义？是值得讨论的课题。故本文主要顺着蕺山学思历程，逐步梳理蕺山论敬的内容，期能展现"敬"在其理论系统的意涵，以及其始终强调"敬"的用心。

二、入道莫如敬

承上所述，蕺山早年从学许敬庵，以敬作为学问入处，而具体工夫主要在于随处谨凛、存理遏欲：

> 自此励志圣贤之学，谓入道莫如敬，从整齐严肃入，自貌言之细，以至事为之着，念虑之微，随处谨凛，以致存理遏欲之教。每有私意起，必痛加省克，直勘前所猷来为如何？又勘后所决裂更当如何。终日端坐读书，曰："吾心于理欲之介非不恍然，古人复从而指之曰此若何而理，彼若何而欲，则其存之遏之也，不亦恢恢有余地乎？"[②]

"入道莫如敬"出自伊川，[③]从文中可看出蕺山实践之法，是从外在的容貌言行到内在的念头思虑，都要抱持严肃谨慎的态度，一一省察克治，是仍存在对治相的持敬工夫，也是属于伊川朱子的工夫型态。如伊川言："但惟是动容貌、整思虑，则自然生敬，敬只是主一。"[④]朱子也说："持敬之说，不

① 《刘宗周全集》(第二册)，第545页；亦见《蕺山刘子年谱》六十八岁条，见《刘宗周全集》(第六册)，第170页。

② 《蕺山刘子年谱》二十六岁条，见《刘宗周全集》(第六册)，第62页。

③ 伊川曾言："入道莫如敬，未有能致知而不在敬者。"见《二程集》，中华书局，1981，第66页。

④ 《二程集》，第149页。

必多言。但熟味'整齐严肃','严威俨恪','动容貌,整思虑','正衣冠,尊瞻视'此等数语,而实加工焉,则所谓直内,所谓主一,自然不费安排,而身心肃然,表里如一矣。"[1]两人所言主敬皆表现出一种收敛身心、端庄严整之意。

而蕺山三十八岁教授于解吟轩时,仍是以严肃设教,以为"今欲学为人,请自学礼始。凡一语一默、一饮一食、一进一反,莫不各有当然之则,苟能致谨于斯,浅言之则小学之科条,深言之即收放心之要法也"[2],还是教人随时随事致谨,穷究当然之则。

在四十岁写的《论语学案》中,也同样可见伊川朱子路线的主敬工夫,如论及孔子"修己以敬"之说时,蕺山言:

> 敬者,圣学终始之要,修己之心法也。敬修之道,在肃然收敛此心而主于一,不显亦临,无斁亦保,湛然无复非几之扰,至于反身而诚,则已得其己矣。……
>
> "小心翼翼,昭事上帝;上帝临汝,无贰尔心",是敬修正当处。
>
> 修己以敬,正是尊德性而道问学。
>
> 程子曰:"敬胜百邪。"
>
> 古来无偷惰放逸的学问,故下一"敬"字,摄入诸义。就中大题目,只是克己复礼、忠恕、一贯、择善固执、慎独、求放心便是。后儒将敬死看,转入脚注去,便是矜持把捉,反为道病。
>
> 拈出"敬"字,良多苦心。如曰"敬只是心中无一事也",又曰"惟忘敬而后无不敬",不免翻案立说,使后人借口。而谓"打破敬字,方能入

① 朱杰人、严佐之、刘永翔主编:《朱子全书》(第14册),上海古籍出版社、安徽教育出版社,2002年,第373页。

② 《蕺山刘子年谱》三十八岁条,见《刘宗周全集》(第六册),第71页。

道”，几于小人之无忌惮而圣学晦矣！①

朱子曾言“敬之一字，圣学之所以成始而成终者也”②，也为蕺山所同意。而敬修的方式便在于“肃然收敛此心而主于一”，即伊川朱子“主一无适”之说，也就是凝聚心气使之专一不散乱，此有助于心之明理，自能修己成德。文中蕺山征引了《诗经》赞美文王之德的话语③，皆表现从事道德修养时应具有的一种恭敬谨慎、小心翼翼的精神。而以此主一之心为本，便能在日用行事中随时体察实践，如此可兼具尊德性和道问学，所以蕺山说：“我这主一之心既葆得此理完固，足以为日用云为之本，由是随事精察而力行之，日新又新，转徙无端，小而证之日用饮食，大而察之纲常伦理，无不得其泛应之妙，所谓徙义也。此‘道问学’之功也，崇德得力处在此”④。对于蕺山来说，“古来无偷惰放逸的学问”，欲为学入道，内外必下实功，所有工夫如克己复礼、忠恕、一贯、择善固执、慎独、求放心等，无一不是如此。但若不能体会此圣人心法，则会产生许多问题。比如“将敬死看”，即把敬当成一把捉持守的对象，内不能明理，外不能济事。如朱子所言：“敬有死敬，有活敬。若只守着主一之敬，遇事不济之以义，辨其是非，则不活。”⑤而类似伊川“忘敬而后无不敬”⑥之说，或东坡“何时打破这敬字”⑦的批评，在蕺山看来其共同问题便在于使人对于道德实践易生轻慢之心，给人不认真笃实作工夫的借口。

---

① 《刘宗周全集》(第一册)，第480页。

② 《大学或问》，载《朱子全书》(第6册)，第506页。

③ 《诗经·大雅·思齐》：“雝雝在宫，肃肃在庙。不显亦临，无射亦保。”《诗经·大雅·大明》：“维此文王，小心翼翼。昭事上帝，聿怀多福”“上帝临女，无贰尔心”。

④ 《刘宗周全集》(第一册)，第40页。

⑤ 《朱子全书》(第14册)，第378页。

⑥ 《二程集》，第66页。

⑦ 《二程集》，第414页。

总之，蕺山认为："人心才肆便疏阔，敬则严密"[①]，从敬用功方是正途。因此诚如《年谱》所云"先生蚤年不喜象山、阳明之学"[②]，其关键便在于蕺山以为心学缺乏笃实的下学工夫，关于这种想法，在三十六岁时与陆以建的书信中可清楚看出：

> 今世俗之弊，正在言复而不言克，言藏密而不言洗心，言中和而不言慎独，言立大本而不言心官之思，言致知而不言格物，遂不免离相求心，以空指道，以扫除一切为学，以不立文字，当下即是性宗，何怪异学之纷纷也！故曰："道不远人，人之为道而远人。"古人十五年学恭而安不成，有多少病痛在；孔子所谓"闻义不能徙，不善不能改"；颜子三月之仁，往往而是。此学问思辨工夫所以终身不能已，而不厌之学，孔子所以成大圣也。执事提主脑之说，盖虑频失频复，日月之至，无当于学问，而不知孔、颜已难之矣，徒然其为躐等之见也。[③]
>
> 然象山、阳明之学皆直信本心以证圣，不喜谈克己工夫，则更不用学、问、思、辨之事矣。其所言博学等语，乃为经传解释，非阳明本旨。要之，象山、阳明授受终是有上截无下截，其旨险痛绝人，与龙溪四无之说相似。苟即其说而一再传，终必弊矣。观于慈湖、龙溪可见，何况后之人乎？[④]
>
> 君子之学，言行交修而已。孔门屡屡言之曰："不敢不勉，有余不敢尽。""不敢"二字，何等慎着！真是战兢惕厉心法。此一点心法，是千圣相传灵犀，即宋儒主敬之说，穷此之谓穷理，尽此之谓尽性，至此之谓至命，不必另说天说性，作蛇足也。学问每在乎实处有味，孔子

---

① 《刘宗周全集》（第一册），第 339 页。

② 《蕺山刘子年谱》二十六岁条，见《刘宗周全集》（第六册），第 62 页。

③ 《刘宗周全集》（第三册），第 299~300 页。

④ 《刘宗周全集》（第三册），第 301 页。

曰："可以无大过矣。"《易》曰："慎斯术以往，其无所失矣。"言有尽而意无穷。[1]

学术之不明，往往影响社会人心甚巨，故从引文可看见蕺山对于当时世俗之弊的忧心。蕺山认为"学问每在乎实处有味"，无论说心说性、说天说道，工夫都要回到真实的践履，秉持战兢惕厉的精神，切实修身自省。因此象山、阳明的立大本、提主脑、信本心之说，在蕺山看来无严谨下学工夫，在道德实践上容易躐等而造成弊病，从事克己、主敬方更能相应圣贤"不厌""不敢"之教。基本上，象山、阳明心学使人能直指本心，先识得道德实践的主体不假外求，才不至于做无头的工夫，但蕺山却以为这是"有上截无下截"，虽说是针对当时王门后学流弊而发，但可见此时蕺山对于心学所说的良知本体还未有清楚的了解，故不能相契识认本心的工夫。

三、从主敬到主静

从上面的讨论可看出，蕺山早期论敬，是站在崇尚朱学、批判王学的立场。然而随着蕺山自身思想的发展，不难发现其对敬的内涵的理解也有所改变：

伊、洛拈出敬字，本《中庸》戒慎恐惧来。然敬字只是死工夫，不若《中庸》说得有着落。以戒慎属不睹，以恐惧属不闻，总只为这些子讨消息，胸中实无个敬字也。故主静立极之说，最为无弊。[2]

主一之谓敬。心本有主，主还其主，便是主一。今日乃打破敬字。[3]

① 《刘宗周全集》(第三册)，第 301~302 页。

② 《刘宗周全集》(第二册)，第 397 页。

③ 《刘宗周全集》(第二册)，第 468 页。

明明之前还强调敬为修己之心法，这里却说“敬字只是死工夫”；明明之前还反对“敬只是心中无一事也”“惟忘敬而后无不敬”这种从无、从忘言敬之说，此处又言“胸中实无个敬字也”，由此可见蕺山想法的转变。只是这些看似前后不一致的说法，并非完全推翻前说，而是展现在道德实践中不同面向的体会，基本上由敬而来的谨畏笃实义，蕺山始终都很重视。

而如刘汋所言蕺山之学“中操功于慎独”[①]，随着为学焦点的改变，主敬之说也有了更丰富的内涵。在蕺山四十九岁所作的《圣学吃紧三关》中，已清楚看到其将心法从主敬转移到《中庸》慎独，其言：“敬之一字，自是千圣相传心法，至圣门只是个慎独而已。”[②]在后来作的《人谱》更直接只说：“自昔孔门相传心法，一则曰慎独，再则曰慎独。”[③]而这种转移并非扬弃主敬，而是将主敬与慎独相结合，而慎独即在“戒慎乎其所不睹，恐惧乎其所不闻”，因此文中蕺山也点出程朱言敬，实来自《中庸》戒慎恐惧之言，甚至言敬不如言戒惧，因为如此工夫才有根源。若敬只是一味地恭谨严肃、克己制欲，反而沦于死工夫，不知源头为何？以奉养父母为例，蕺山就说过：“敬则真心自致于养者，非严威俨恪之谓也。”[④]而敬的工夫要活，即在识得敬之本体，如《中庸》所说的戒慎恐惧工夫，一方面随时在睹闻处用功，一方面也要在不睹不闻处识取，所谓“君子就所睹而戒慎乎其所不睹，就所闻而恐惧乎其所不闻，直是时时与天命对越也”[⑤]。所以虽然蕺山此处说敬不若《中庸》的戒惧有着落，但其用意并非在否定主敬，而是要点出主敬工夫的根源。

此外，蕺山曾说：“自得全然是个敬体，无时不戒慎，无时不恐惧，则此心纯乎天理而无一毫人欲之私，何等心安意惬，更何境遇足以动其中乎？

---

① 《蕺山刘子年谱》六十八岁条，见《刘宗周全集》(第六册)，第 173 页。

② 《刘宗周全集》(第二册)，第 213 页。

③ 《刘宗周全集》(第二册)，第 213 页。

④ 《刘宗周全集》(第一册)，第 281 页。

⑤ 《刘宗周全集》(第二册)，第 392 页。

若只认作快活景象，便已落无忌惮一流。”[①]从中可知蕺山此时所言敬的工夫，虽仍时时戒慎恐惧，却也是自然而然。毕竟心体之所以为心体，即在其纯亦不已的活动，故吾人下工夫时不需添任何手脚，只须随顺心体纯乎天理之流行，只此便是敬，由此体会之体又可说“敬体”。因此蕺山于他处又说“顺之所以为敬也”[②]，亦即此意。既然“顺之所以为敬也”，那么敬不过就是顺心原有的活动，复还心之主宰，这就是为何在第二段引文中，蕺山是从“主还其主”来诠释“主一之谓敬”，即“主一”非心与理二分，以为真有一个“一”或“理”可主，不过就是让心复还其自己而已。故忘敬、无敬反而能真敬，若刻意持守一敬字，敬成死敬，本心便无法自然地作用呈现。在前面的讨论中，曾提到蕺山顺伊川朱子之说从主一言敬，但此处所言之“主”，已非收敛义，而是复还义，并非另觅一心外之主，敬的工夫只是使本心觉其自己、还其自己，而非去明另一个理，由此可知蕺山对于本体与工夫的理解已走上心学的道路。因此之前蕺山担忧学者“打破敬字”会流于无忌惮，现在反而要“打破敬字”才能真的让心复还其主。

而在上面所引第一段引文末，还有一个值得注意的地方是，蕺山提到“主静立极之说，最为无弊”，从中可看到蕺山思想传承的轨迹。“主静立极”之说出自濂溪，其言：“圣人定之以中正仁义，而主静立人极焉。”[③]而蕺山指出，伊川、朱子之所以提出主敬，即是针对濂溪主静而发：

而程子则以“静”字稍偏，不若专主于“敬”，又以“敬”字未尽，益之以“穷理”之说，而曰：“涵养须用敬，进学在致知”。朱子从而信之，初学为之少变，遂以之解《大》《中》，谓慎独之外，另有穷理工夫，以合

---

① 《刘宗周全集》(第二册)，第501页。

② 渊问：“敬以直内，合下便须有个宽以居之度量，然后无拘迫之病否？”先生曰：“坤德主顺，顺者，顺阳道也。此心之善，无所不备。为学之方，惟顺其心之本然，顺其心之自然，顺其心之当然而已。顺之所以为敬也。”[《刘宗周全集》(第二册)，第349页。]

③ 《周敦颐集》，中华书局，1990年，第6页。

于格致诚正之说。仍以慎独为动而省察边事,前此另有一项静存工夫。[①]

朱子初从延年游,固尝服膺其说;已而又参以程子主敬之说,觉静字为稍偏,不复理会。[②]

蕺山以为伊川、朱子对主静有疑虑,故强调主敬、穷理,最后反造成工夫的支离,所以蕺山曾批评:“而伊、洛渊源,遂以一敬为入道之门,朱子则析之曰‘涵养须用敬,进学则在致知’,故于《大学》分格致、诚正为两截事,至解慎独,又以为动而省察边事,先此更有一段静存工夫。则愈析而愈支矣。”[③]在蕺山看来,“识得心一性一,则工夫亦一。静存之外,更无动察;主敬之外,更无穷理”[④]。因为本体的活动具超越性,不受动静相对相所限制,而其作用又即于日用动静中时时表现,因此欲体证本体的工夫自然也就不能截为动静二时,无论动时静时都只是一个证体工夫,如同前述“无时不戒慎,无时不恐惧”。而此工夫虽无分于动静,却也在日用动静中用功,所谓“静中工夫,须在应事接物处不差,方是真得力”[⑤]、“涵养之功,只在日用动静语默衣食之间”[⑥]。所以蕺山提出了“静存之外无动察”,将主静工夫超越于动静、无分于动静、不离于动静之意清楚呈现出来,如此自然就无须如伊川、朱子担忧静字稍偏,而以主敬代主静了。

甚至蕺山认为,主静与主敬两种工夫是可以通贯起来的,蕺山言:

主静,敬也。若言主敬,便赘此主字。[⑦]

① 《刘宗周全集》(第二册),第 301 页。
② 《刘宗周全集》(第二册),第 244 页。
③ 《刘宗周全集》(第一册),第 650 页。
④ 《刘宗周全集》(第二册),第 301 页。
⑤ 《刘宗周全集》(第二册),第 518 页。
⑥ 《刘宗周全集》(第二册),第 273 页。
⑦ 《刘宗周全集》(第二册),第 434 页。

在蕺山看来"主静"亦是"敬"的工夫，皆是在动静、睹闻中，体证超越于动静、不睹不闻处之本体，所以都是"主还其主"的证体工夫。但若严格来说，"若言主敬，便赘此主字"，这也是为何蕺山以为"主静立极之说，最为无弊"。就如前所言，主敬一不留意就可能变成流于形式的死工夫，或沦于空头，或沦于把捉，其实就实际的实践上，主静、主敬各有可能的弊端，如主静也有偏于静的问题，但显然蕺山是以为主静更为稳当，从中可见蕺山学是选择走向濂溪的路线。

四、主敬所以存诚

有关上节所言主静与主敬两种工夫的贯通，还可从蕺山言及濂溪与明道的关系中看到，从中也可显示蕺山欲融会濂溪、明道思想的用心。蕺山认为明道《识仁篇》可说是"善发濂溪之蕴"，其云"周子说'主静'，程子便于此悟出'诚敬'二字，而曰：'未尝致纤毫之力'"[①]。由此可见，蕺山认为明道诚敬说和濂溪主静说有着同样的内涵。明道曰："学者须先识仁。仁者，浑然与物同体，义、礼、智、信皆仁也。识得此理，以诚敬存之而已，不须防检，不须穷索。"[②]蕺山对此的诠释是：

> 《识仁》一篇，总是状仁体合下如此，当下认取，活泼泼地，不须着纤毫气力，所谓我固有之也。然诚敬为力，乃是无着力处。盖把捉之存，终属人为；诚敬之存，乃是天理。只是存得好，便是诚敬。诚敬就是存也。存，正是防检，克己是也；存，正是穷索，择善是也。若泥不须防检穷索，则诚敬之存，当在何处？未免滋高明之惑。[③]

① 《刘宗周全集》(第二册)，第237页。
② 《二程集》，第16~17页。
③ 《刘宗周全集》(第二册)，第365页。

程子首言识仁，不是教人悬空参悟，正就学者随事精察力行之中，先与识个大头脑所在，便好容易下工夫也。识得后，只须用葆任法，曰“诚敬存之而已”。而勿忘、勿助之间，其真用力候也。盖天理微渺之中，着不得一毫意见伎俩与之凑泊。才用纤毫之力，便是以己合彼之劳，安得有反身而诚之乐？诚者，自明而诚之谓。敬者，一于诚而不二之谓。诚只是诚此理，敬只是敬此诚，何力之有！后人不识仁，将天地间一种无外之理，封作一膜看，因并不识诚敬，将本心中一点活泼泼之灵，滞作一物用，胥失之矣。良知良能是本心，昏昧放逸是习心。向来不识此理，故种种本心为习心用；今来既识此理，故种种习心为本心转。又何患不存之，又存而不能期月守也？此程子见道分明语也。[①]

蕺山曾言：“朱子谓程子《识仁》乃地位高者之事，故《近思录》遗之。然‘诚敬存之’四字，自是中道而立。”[②]所以有别于朱子的想法，蕺山以为《识仁篇》乃明道“见道分明语”。基本上《识仁篇》展现了明道对于本体与工夫的理解，一方面就本体言，明道从“浑然与物同体”言仁，特显仁体感通无隔、觉润无方的意义[③]，因此蕺山说仁体是活泼泼的，正是点出本体的这种创生性；一方面就工夫言，仁体乃吾心所固有，故工夫只需当下认取，不着纤毫之力。但虽说工夫看似无着力，绝非不作工夫，也非悬空体悟，正是要人先“识个大头脑所在”，方能做有根源的实践工夫。而“识得后，只须用葆任法”，即明道“以诚敬存之”，也就是保持顺任此本体的活动，使本体时时作主，自然就能有无穷的作用，所谓“用葆任之功，如提灯用蔽，明便不息”[④]。

在此要留意，“识仁”与“诚敬”绝非两个工夫，就如蕺山所提醒：“然识

① 《刘宗周全集》(第二册)，第236页。

② 《刘宗周全集》(第二册)，第180页。

③ 参见牟宗三：《心体与性体》(第二册)，台湾正中书局，1968年，第220~224页。

④ 《刘宗周全集》(第二册)，第510页。

破此理，亦不容易。看下文‘诚敬存之’一语，直是彻首彻尾工夫。若不用‘诚敬存之’之功，又如何能识破至此？以为既识破后，又须诚敬工夫，作两截见者，亦非也。”[①]因“识仁”着重在证体义，强调仁是天理亦是吾心，故可当下自觉吾心本有之活泼泼的活动，如孟子所言“反身而诚”，一逆觉即显，无须向外求索。且一旦能识体，本心自能存主，就不用担心习心的影响，可说能识就是能存。而“以诚敬存之”着重在操存义，如孔子所言“操则存，舍则亡”，故不是识得此理后有意去持守，如此心理为二，仍是有隔，而是随处精察、随处力行，让吾心原有之理时时呈显作用，一旦能操存，即是能防检穷索，而克己择善之功自在其中。同时此操存是自然地葆任，否则就会如蕺山所言：“然认定诚敬，执着不化，则其为不诚不敬也，亦已多矣。”[②]所以蕺山甚至认为“诚敬存之”其实就是彻首彻尾工夫，可说能存就是能识。由此可知，工夫可说是既要有所识认存主而“勿忘”，又要自然不把捉而“勿助”。而透过蕺山的解释，不论工夫从濂溪之主静还是明道之诚敬来说，其实都是一致的进路，皆是主还其主的工夫。

不过从上引文中，也看到蕺山虽顺明道将诚敬合着说，但对于诚、敬二者仍有细部的区分，所谓“诚者，自明而诚之谓。敬者，一于诚而不二之谓。诚只是诚此理，敬只是敬此诚”。朱子曾言：“诚只是一个实，敬只是一个畏。”[③]又言：“敬是不放肆底意思，诚是不欺妄底意思。”[④]所以诚有真实无妄义，故从真实不欺妄地呈现吾心本有之天理上说；敬有畏谨收敛义，故从专一不放肆地实践存诚之事上说。然虽言诚与敬的着重点略有异，但诚如孟子言四端是从不同面向体会心体，说到底诚与敬两者皆是复还本心原有自然灵明的活动的工夫。

① 《刘宗周全集》（第三册），第 312 页。

② 《刘宗周全集》（第二册），第 370 页。

③ 《朱子全书》（第十四册），第 241 页。

④ 《朱子全书》（第十四册），第 241 页。

由于“诚只是诚此理，敬只是敬此诚”，因此可知为何随着蕺山学问发展至“晚归本于诚意”阶段，如刘汋所言“慎则敬，敬则诚”[①]“诚繇敬入”[②]，蕺山依然强调敬的重要：

> 慎独乃诚意之功。诚无为，敬则所以诚之也。诚由敬入，孔门心法也。[③]
>
> 陈剩夫先生曰：“《大学》诚意是铁门关，主一二字，乃其玉锁匙也。”一者，诚也；主一，敬也。主一即慎独之说，诚由敬入也。剩夫恐人不识慎独义，故以主一二字代之。[④]

蕺山将学问重心转向《大学》诚意，不表示之前所言主敬、慎独、主静等就不重要，而是随着关注点的转移，也进一步将之前所讨论的本体、工夫加以融通。陈剩夫之学就《明儒学案》记载，走的是伊川、朱子路线，[⑤]故其对主一的体会未必与蕺山相同，但蕺山借此以申己意。陈剩夫言“主一”是进入诚意关的钥匙，蕺山以为主一即慎独，但不言慎独而言主一，是“恐人不识慎独义”，提出主一较好入门。而对于主一，蕺山解释“一者，诚也；主一，敬也”，“一者，诚也”，从本体说；“主一，敬也”，从工夫说，因此是以主敬达至诚意。故从文中可看出诚意亦可关联着慎独、主敬来了解，这也就是为什么此处又从诚敬说孔门心法，因为说到底主敬、慎独、诚意皆是一事，皆

---

① 《蕺山刘子年谱》六十八岁条，见《刘宗周全集》（第六册），第173页。

② 《蕺山刘子年谱》二十六岁条，见《刘宗周全集》（第六册），第61页。

③ 《蕺山刘子年谱》六十二岁条，见《刘宗周全集》（第六册），第129页。

④ 《刘宗周全集》（第二册），第442页。

⑤ 《明儒学案·卷第四十六·诸儒学案上四》：“初读《中庸》，做存养省察工夫，学无头绪。继读《大学》，始知为学次第。以朱子所谓敬者，乃《大学》之基本也，乃求其所以为敬。见程子以主一释敬，以无适释一，始于敬字见得亲切，乃实下工夫，推寻此心之动静，而务主于一。静而主于一，则静有所养，而妄念不复作矣；动而主于一，则动有所持，而外诱不能夺矣。”[沈善洪主编：《黄宗羲全集》（第八册），浙江古籍出版社，2005年，第384页。]

是入道心法。

而这里应该特别注意的是，诚意之说原是蕺山面对王学流弊的一大用心所在，其以为“意根最微，诚体本天”①，以好善恶恶、渊然有定向的意来贞定心，而意根即诚体，诚体就意之真实无妄不欺处说，工夫便在于复还此至深至微之意根诚体，顺其原本自然的好恶流行，使心之所以为心的意义全幅朗现。前面言诚敬时，蕺山还从自明而诚的工夫义言诚，这里蕺山则重视诚的本体义，由于“此处着不得丝毫人力，惟有谨凛一法，乃得还其本位，所谓戒慎乎其所不睹，恐惧乎其所不闻”②，因此蕺山特别强调“惟敬故一，一则诚”③的工夫，主张“敬则所以诚之也”“主敬所以存诚也”④。这种从体现幽微诚体所说的敬的工夫，相较于一般心学显本心、致良知的逆觉工夫，更带有伊川、朱子言敬时谨慎戒惧专一的意味，显出一种从深根宁极处见体的工夫特色，让敬的工夫更加深化。

五、敬与养气

虽然在刘汋对蕺山学思历程的归纳中，未提及气，但黄梨洲在《子刘子行状》中把蕺山的思想约为“静存之外无动察”“意为心之所存，非所发”“已发未发，以表里对待言，不以前后际言”“太极为万物之总名”四大端中⑤，其中“太极为万物之总名”即涉及理气问题，此也是蕺山与前儒不同的关键之一。基本上重气是蕺山思想的一大特色，其以为“盈天地一气”，而蕺山论敬亦表现与气论的相应。

明道曾以“无间断”来说敬，其言：“‘天地设位而易行乎其中’，只是敬

① 《刘宗周全集》(第二册)，第 453 页。

② 《蕺山刘子年谱》六十六岁条，见《刘宗周全集》(第六册)，第 148 页。

③ 《刘宗周全集》(第四册)，第 159 页。

④ 《刘宗周全集》(第三册)，第 365 页。

⑤ 《刘宗周全集》(第六册)，第 39~42 页。

也。敬则无间断，体物而不可遗者，诚敬而已矣，不诚则无物也。《诗》曰：'维天之命，於穆不已，于乎不显，文王之德之纯'，'纯亦不已'，纯则无间断。"[1]由此可知，从无间断言敬，一方面具有"体物而不可遗"之本体义，一方面又有"纯亦不已"的工夫义。而蕺山也说过"心有闲断，只为不敬，故若敬，则自无闲断"[2]，所以能敬就能恢复心体无间断之活动。

而蕺山除了和明道一样从无间断言敬之外，也以此来说养气：

> 先生曰："观春夏秋冬，而知天之一元生意，周流而无间也。观喜怒哀乐，而知人之一元生意，周流而无间也。"因谓学者曰："为学亦养此一元生生之气而已。"曰："不免间断耳。"曰："有三说足以尽之：一曰本来原无间断，一曰知间断即禅续，一曰此间断又从何来？学者但从第三句做工夫，方有进步。"[3]

本体的活动原周流无间，从天之春夏秋冬递嬗过程中"夏不愆冬，秋不伏春"[4]的表现，或从人之喜怒哀乐中"诚通处，便是喜而乐；诚复处，便是怒而哀"[5]的流行，便可见得本体不已的创生作用，在此蕺山便以生生之气言此主宰，而学者做工夫，自然是从养此一元生生之气上用功。但就现实实践上，难免有本体无法时时呈现而间断的时候，因此蕺山便由此"间断"来分析。首先是"本来原无间断"。就本体自身来看，其之所以是天地万物的存在根据，即在于其于穆不已的创造性，自无间断可言。此肯定本体原是无间断的活动，正同于明道对于本体的了解。所以如明道识仁所言，为学首要识得此即存有即活动的大本，而此活动虽然是超越的活动，但就在日

① 《二程集》，第 118 页。
② 《刘宗周全集》（第二册），第 472 页。
③ 《刘宗周全集》（第二册），第 518 页。
④ 《刘宗周全集》（第一册），第 28 页。
⑤ 《刘宗周全集》（第二册），第 139 页。

用经验中表现其作用,故举目所见其实皆是此本体的流行,端看人能否识得其中"生意"。

也就是因为人有时因私意阻隔,未必能完全依理而行,导致本体的呈现有所间断,但所谓"知间断即禅续",当人一意识到本体之流行有所停滞时,当下正是心体的自觉自显,如此又可回复心之主宰,让吾心之生气当下再度活泼泼地显现。虽然朱子也曾言:"只是才觉间断,便提起此心。只是觉处,便是接续。"[①]但其觉之法是要让人"就读书上体认义理"[②],终究和逆觉本心路线有极大差异。

也就因为间断是从人身上说,不是从本体上说,因此从事道德实践时,还是要真切自省"此间断又从何来",秉持严谨不放肆的态度,以时时复还本心固有的生气流行。由于蕺山非常重视间断问题的产生,于是其对人心之所以生机断灭的情形就会有比较多的注意,工夫自然也随之下得愈深,也就更能避免世俗学者因工夫不笃实所造成的诸多弊病。故蕺山也提醒学者做工夫要从第三句下手,因为人之所以需要工夫,就是因无法使本体在现实遭遇的各式情境中全然表现其作用,于是间断处正是人不断修养自己的关键处。

总之,不论从养气还是从敬来说工夫,都必须关注间断的问题,而此处透过养气工夫所说"无间断"三义,更有助于开展"敬无间断"之义,使敬的工夫内涵由此分解地更为明晰。"本来原无间断"义,相应明道所言"体物而不可遗"之本体义;"知间断即禅续"义,相应明道所言"纯亦不已"的工夫义。至于"此间断又从何来"义,则凸显蕺山于现实从事道德实践的深切体会,既然随时都会面临间断问题,又怎能不处处敬慎省察,这也就是蕺山学为何总有着严肃谨凛的风格,丝毫不放纵。

---

① 《朱子全书》(第十四册),第331页。

② 《朱子全书》(第十四册),第332页。

六、结语

蕺山常被视为宋明理学殿军[①]，其对前人典籍说法的确一一消化融合成自己的学问，本文单就蕺山论敬之相关主张来讨论，从中亦可清楚地看到，对于这条从尧舜以来至明儒的主敬学脉，蕺山是如何继承与发挥的。

首先，顺着刘汋所言蕺山学"始致力于主敬，中操功于慎独，而晚归本于诚意"[②]的发展，可知蕺山一开始学的是伊川、朱子严谨专一的主敬工夫，然后顺着其关注点的转移，将敬结合慎独、戒惧、主静、识仁、诚意、养气等观念来思考，表现出于日用动静中自然地葆任本体无间断流行的内涵，敬的工夫也随之更加邃密。由此可见，在蕺山理论系统中，各个概念是紧密互通的，而这背后反映的正是蕺山的合一企图。在蕺山看来"夫道，一而已矣"[③]，只有在日用中透过道德实践呈显的才真正是道，其他分解的说法，终究不能掌握道体。故工夫也只有一个，就是使道真实表现的工夫，所以说"从来学问只有一个工夫，凡分内分外，分动分静，说有说无，劈成两下，总属支离"[④]。因此，虽然因学者受病不同，可选择不同工夫入手，比如"其言静也者，为躁者药也；其言敬也者，为肆者药也；其言知者，为昏者药也"[⑤]，但所体会的本体并无不同，工夫自然也可会归为一。

其次，随着蕺山学问的成熟，其对于敬的了解，从起初倾向伊川、朱子路线的主敬，逐步归向濂溪的主静、明道的诚敬，从中可展现其思想的承

① 见牟宗三：《心体与性体》（第二册），第 512 页；钱穆：《宋明理学概述》，台湾学生书局，1984 年，第 417 页。

② 《蕺山刘子年谱》六十八岁条，见《刘宗周全集》（第六册），第 173 页。

③ 《刘宗周全集》（第六册），第 147 页。

④ 《刘宗周全集》（第二册），第 452 页。

⑤ 《刘宗周全集》（第二册），第 274 页。

袭，诚如刘汋所言："独信濂溪、伯淳为无弊"[①]，蕺山之学终是上承濂溪明道。此外，从蕺山论敬中，也可发现其对于伊川、朱子与象山、阳明之学是各有取舍而意图会通，所以蕺山曾言："陆子之言本心也，几于诚明矣。朱子之言主敬也，几于明诚矣。合而言之，道在是矣。"[②]应是希望汲取两家之长加以融通，但就对本体工夫本质的理解来看，蕺山毕竟还是属于肯认心即理、逆觉体证的心学路线。只是虽然蕺山以为朱学支离，但其也言："近世一辈学者，肯用心于内，亦多犯悬空识想，将道理镜花水月看，以为绝悟，其弊与支离向外者等"[③]，又说："后人喜言顿悟，谓即心即圣，不假修为，更无阶级。然谓吾心即圣人之心则可，谓吾已放之心即圣人存存之心则不可。故与其顿也，宁渐"[④]，所以能真实力行才是关键所在。故主敬虽非蕺山学问宗旨，但由于其具有谨凛的意思，始终为蕺山所重视，作为工夫实处，这也就是为什么蕺山临终所言的，仍是"为学之要，一诚尽之矣，而主敬其功也。敬则诚，诚则天。若良知之说，鲜有不流于禅者"[⑤]，强调诚由敬入。

综上所述，蕺山学所展现的合一融通精神是其一大特色，从其论敬之说亦可显此。然而从敬来看蕺山思想的最大意义，应在于其自始至终所展现的对于道德实践的严肃意识，而这种"惟凛凛乎忧勤惕厉之法"[⑥]，深化了敬的工夫内涵，亦是蕺山生命学问光彩之所在。

---

① 《蕺山刘子年谱》五十五岁条，见《刘宗周全集》（第六册），第173页。

② 《刘宗周全集》（第二册），第151页。

③ 《刘宗周全集》（第三册），第312页。

④ 《刘宗周全集》（第四册），第45页。

⑤ 《蕺山刘子年谱》六十八岁条，见《刘宗周全集》（第六册），第170页。

⑥ 《刘宗周全集》（第三册），第333页。

从“理一分殊”“万物一体”到“一统于万”

——刘蕺山融汇朱、王的本体论探析

雷　静

（华南农业大学哲学系）

本体，从宋明理学的道德本体论立场而言，严格来说，并不是孤立的词，而须是与工夫同在，即本体即工夫是也。若我们试图从哲学语言上稍作分析，则即本体即工夫，应是指客观普遍性与实践主体性的合一。以即本体即工夫为宗旨，自朱熹、王阳明以来，其所提出的道德本体论各有侧重，朱熹的“理一分殊”说较为侧重客观普遍性，阳明子的“万物一体”说较为侧重实践主体性。对这两种本体论模式的相关研究和讨论，是学界熟见的。然而，还有一种道德本体论模式，倾向于融汇“理一分殊”说的客观普遍性与“万物一体”说的实践主体性，则可能是大家没有十分留意的。这种本体论模式，即是被钱穆先生誉为“宋明理学殿军”人物之晚明大儒刘宗周（1578—1645，字起东，号念台，又被称为蕺山先生，本文随此称呼）提出的，是其所谓的“一统于万”说：

问万物皆备之义。曰：“万物统于我矣，万形统于身矣，万化统于心矣，万心统于一矣。”问：“一何统乎？”曰：“统于万。一统于万，一故无一。万统于一，万故无万。无一之一是谓一本，无万之万是谓万殊，致一者体仁之功，汇万者强恕之说。二乎？一乎？安乎？勉乎？”①

本文认为，由于从义理结构上分析，“一统于万”说融汇了朱子和阳明子的道德本体论，故而我们可以通过比较从“理一分殊”“万物一体”到“一统于万”的三个道德本体论，探讨在义理上融汇客观普遍性与实践主体性的论证思路，从而为理解宋明理学的道德本体论，展开更加丰富的视野。

一、从“理一分殊”到“一统于万”

“理一分殊”说有其问题意识背景和针对性，其由程颐提出、朱熹发展，主要针对理的客观性，以及具体事物之理彼此之间的客观独立性。在张子《西铭》的基础上，程颐提出“理一分殊”，最初的问题意识是回应杨龟山对于“万物一体”之仁是否有滑向墨子“兼爱”的危险，程子回应道：“《西铭》明理一而分殊，墨氏则二本而无分。”②朱熹发展了程颐的观点，他对于“理一分殊”，主要突出了两个方面：一是表征理一，表征万物共同的理本体，具有共同性；二是表征分殊，即万物各自表现出具体的理，具有差别性。万物在秉得天理的层面，没有差别，是所谓的“性理”，而在具体事物的本质、规律方面，千差万别，是所谓“分理”。③朱子的理一分殊说所针对的共同性的理的客观性，尤其是具体的事物分理彼此之间的客观独立性，是容易被一般的认知经验的对象化思维所接受的。

由于“理一分殊”说积极区别于“兼爱”、立足于“爱有等差”的儒家性格，这使得“理一分殊”说的客观性，与认知主体所对象化的各个物联系在

① 刘宗周著，吴光主编：《刘宗周全集》（第三册），王孝鱼点校，浙江古籍出版社，2012年，第387~388页。

② 程颢、程颐著：《二程集》，王孝鱼点校，中华书局，1981年，第609页。

③ 陈来：《朱熹哲学研究》，中国社会科学出版社，1987年，第45页。

了一起。这种客观性之思，是以“外”物为前提的，即确定主观的我之外有确实存在的物，物独立于、外在于我，有其自己的本质规律。因此，在认知中，我就以物为外在的对象，物本身具有的本质规律则是外在于我的规定性。从主体的对象化思维出发，就可以明白地区分出主观性的我与客观性的万物。

由于“理一分殊”中，万物外在于我的客观性前提，故其“理一”的归纳的共同普遍性，与程颢“万物一体”的一体性是不同的。程颢在“万物一体”说当中，是用一种境界体认的描述性语言来表征主体与万物的一体感应：“仁者，以天地万物为一体，莫非己也。认得为己，何所不至？”[①]“仁者，浑然与物同体。义、礼、知、信皆仁也。识得此理，以诚敬存之而已，不须防检，不须穷索。……此道与物无对，大不足以名之，天地之用皆我之用。”[②]这种一体性，是没有明确表明其中包含有“主体—对象化的万物”的关系的。

但是从概念的从属来看，一体性，可以包含于“普遍性”这一更为宽泛的概念当中。而理解“普遍性”这一更为宽泛的概念集合的时候，又有可能落到“一体性”这种表征内在性感应的子集合之外，而落入与之相邻的外在性的、归纳的普遍性的子集合。

另外一方面，从“客观性”的多重意蕴来看，大程子“万物一体”说所具有的客观性，与其说是肯定对象化的外物客观存在的客观性，不如说是在实践中体验到真实存在的“真”。真作为客观性，不一定需要区分出我与对象化的外物，而可以是在信仰共同体当中被道德实践者们体验到的最高境界的存在。

根据以上比较，显然，“万物一体”说与“理一分殊”说将把我们带入不同的义理背景：程颢“万物一体”说凸显的是内在性“真”与一体性，朱熹“理一分殊”说强调的是客观性与共同普遍性。从概念的集合关系来看，客

① 《二程集》，第15页。

② 《二程集》，第16~17页。

观性与普遍性分别可以包含“真”与一体性，但是，朱熹所表述客观性与共同普遍性的语言是对象化的、外在性的、归纳的，虽然仍然属于客观性与普遍性的概念集合，但是显然与内在性和一体性是根本迥异的。

程颢、朱熹的义理虽然路线不同，但是在逻辑上属于同一个大概念集合：客观性与普遍性。这个大的概念集包含了程颢、朱熹的两个小的子概念集，两个子概念集之间是相互区别的关系，我们可以称之为“殊途而同归”，最终大的方向还是客观性与普遍性。

这样一个“殊途而同归”的大方向，正是蕺山在考察“万物一体”“理一分殊”问题时需要面对的基本的义理共识。在考察“万物一体”这个传统的义理问题时，蕺山的论说亦呈现出客观性与普遍性的脉络。

在客观性与普遍性的语言表述上，蕺山沿用了朱熹使用过的“一”“万”，以及水月之喻，来解释一统于万。同样的语言形式，使得听众进入了朱熹所表述的客观性、共同普遍性的语境当中：

> 万统于一，其理易见；一统于万，旨奥难明。知万者一所散见，而一者万所同然。月落万川，处处皆圆，正以处处此月，故尔处处皆圆。今以万月之圆，仰印孤悬之月，曾无有二。既无二圆，是无二月。既无二月，万川之月摄归一体。吾举一川之月，摄尽各川之月，以一统万，旨正如此。①

但是相同的是语言形式只能说明，蕺山带领听众们进入到了这种语境、义理的探讨领域，而并没有从内容实质上表明蕺山与朱熹的义理路线是完全一致的。这种做法，并不是蕺山的首创，朱熹当年也是这样做的。他的“一”“万”，以及水月之喻，都表达出了与佛家不同的义理，虽然他借用

① 《刘宗周全集》（第三册），第388页。

了佛家的表述。

在义理结构上，蕺山与朱熹的确不同，蕺山采取的是“一统于万”说。与朱熹所表述“一”与万物的不即(数量上不同)不离(内容上相同)的关系不同[①]，蕺山采取的是一万相即的结构。在数量上，每一个“一”都包含了所有的万物。“一”与“万”，不仅在内容上相同，而且在数量上也是相同的。[②]

蕺山这种一万相即的义理结构，使得他所表述的客观性、普遍性，成为程颐、朱熹所论之外的第三种样态：

从客观性方面而言，一万相即也确定了具体万物彼此独立的存在，但是，在这种彼此独立的前提下，不是局限于彼此对象化的关系，而是可以包含彼此的内在化的关系。一中包含了万，承认了一物之外的万物相对于此一物的独立性，以及这些万物彼此之间的相对独立性，这样的结构与朱熹的对象化的外物之间的彼此独立性是一致的。但是蕺山与朱熹不同的是，从万物彼此之间的独立性出发，迈向了不仅彼此对象化，而且彼此之间可以包含的内在化格局。

从普遍性方面而言，一万相即由于是万物彼此内在化的关系，因此，普遍性不是由归纳对象化万物而来的共同性，而是表现为彼此内在化的一体性。

相较于程明道的内在体验之“真”的客观性，以及一体性的普遍性，蕺山更加侧重于从朱熹强调出的万物之彼此独立性基础上做出本体论论证。因此，在一种物我融贯的一体性结构中，蕺山加上了物之独立性存在的前提，强化了“爱有差等”的儒家性格。蕺山也承认，一体性的万物，彼此之间具有独立的性质，功能，从而各自的天然身份不同，所谓有君臣父子

① 关于朱子此处的分析，详见陈来：《朱熹哲学研究》，中国社会科学出版社，1987年，第44页，第48页。

② 佛教的华严宗提出一多相摄，蕺山的一万相即与之在结构上相似，但是存在内容实质的不同。蕺山说过，儒释之间，所争只有一线。二者交互发展出不少同调的心性论，但是“一起脚便不同”，最终宗旨是迥异的。这个问题，将在以后展开。

夫妇朋友之五伦、人之具有此人伦日用之“五性”是也。[①]

一统于万的独特义理结构，体现了蕺山用自己的问题意识来解读蕴含了客观性—普遍性的理学语言，辨证其义理建构的基本元素。现在我们逐渐进入到了蕺山的问题意识：承认万物彼此独立存在为前提的客观性，以及万物彼此包含的内在化之一体性。蕺山因此在表述客观性、普遍性的理学语言中，选择了“一”“万”、水月之喻这样的能够在彼此独立的、对象化的殊性基础上开展彼此内在化的义理建构元素。

蕺山的“一统于万”说，将普遍性建构为以万物彼此独立存在（或者对象化）存在为前提、万物之间彼此包含的内在化之一体性。那么，“一统于万”这一内在化，具体体现在人身上，是怎样将万物融摄在内的？这就要进一步了解蕺山对于阳明子“万物一体”义理的发挥。

二、从“万物一体”到“一统于万”

从“理一分殊”到“一统于万”，我们主要了解了蕺山是如何在“一统于万”说中体现了本体的客观普遍性的特质。当“一统于万”格局中，“一”是作为主体的人，“万”是作为主体所对象化的万物的时候，那么蕺山“一统于万”说所呈现的本体，除了客观普遍性，还具有实践主体性；并且，一统于万，主体与对象化万物的相融，在结构上，体现为心体与客观普遍的对象化万物的同构，对于本体而言，即表现出客观普遍性与实践主体性融汇于一体。要了解蕺山“一统于万”说是如何将普遍客观性的对象化万物同构于实践主体性的心体，就需要了解蕺山对于心学宗师阳明子的“万物一体”说的发展，即为了理解蕺山的道德本体论，我们接下来需要主要了解蕺山所讨论的心性论方面的心体结构，及其落实为实践活动的工夫论方

① 蕺山在《人谱》中指出：“放勋曰：‘父子有亲，君臣有义，夫妇有别，长幼有序，朋友有信。’此五者，五性之所以著也。”[《刘宗周全集》(第三册)，第3页。]

面的特点。

大程子提出的“万物一体”，由阳明子发扬光大，蕺山的“一统于万”说，主要也借鉴了阳明子“万物一体”的义理。尤其值得注意的是，阳明子“万物一体”说的显著立场是“知行合一”，这个立场，被蕺山在“一统于万”说中吸收。但是蕺山又扬弃了阳明子的“知”，通过用物来定义知，又提出“心意知物一路”的心性论，将客观普遍性的对象化万物与主体性的心同构。进而，在“好恶一机互见”的工夫论中，将客观普遍性与实践主体性的融汇明确为排除一切不善对象的工夫践履。我们下面先从“知行合一”的立场，以及蕺山的心性论谈起。

阳明子的心学，致力于人心的主体性，所以对于阳明来说，即本体即工夫必须从“知行合一”的立场来讲。阳明子称：“知不行之不可以为穷理，则知知行之合一并进而不可以分为两节事矣。夫万事万物之理不外于吾心，而必曰穷天下之理，是殆以吾心之良知为未足，而必外求于天下之广以稗补增益之，是犹析心与理而为二也。”[1]而蕺山的弟子黄宗羲尤其强调这一点，他认为，后人往往误读了阳明的“致良知”，以为玄妙空无，其实不知道阳明的本意乃在于知行合一，乃在于“理”真正在现实的道德践履中成立：“然‘致良知’一语，发自晚年，未及与学者深究其旨，后来门下各以意见搀和，说玄说妙，几同射覆，非复立言之本意。”“先生致之于事物，致字即是行字，以救空空穷理。”[2]

从道德践履之主体体验的角度，“知行合一”强调“知”是主观性的认知，是“主意”“头脑”；行，则是这种认知在实践行为当中被完成。那么在这样的论说结构当中，知与行，共同构成了主观认知的全幅展开。从人们的意识与行为之间的关系来讲，行为当然是意识的展开，并无间断，意识与行为共同构成了认知流动的整体。

① 王阳明著，吴光等编校：《王阳明全集》（第一册），浙江古籍出版社，2011年，第51页。

② 黄宗羲：《明儒学案》，中华书局，1985年，第179页。

因此，阳明贴近道德认知体验的过程，从知行合一的立场来谈万物一体。在《拔本塞源论》中，阳明生动地用认知、行为之间的一体性来表现万物一体之仁的“志气通达”：

盖其心学纯明，而有以全其万物一体之仁，故其精神流贯，志气通达，而无有乎人己之分、物我之间。譬之一人之身，目视、耳听、手持、足行以济一身之用。目不耻其无聪，而耳之所涉，目必营焉；足不耻其无执，而手之所探，足必前焉；盖其元气充周，血脉条畅，是以痒疴呼吸，感触神应，有不言而喻之妙。此圣人之学所以至易至简，易知易从，学易能而才易成者，正以大端惟在复心体之同然，而知识技能非所与论也。①

知行合一，既是“万物一体之仁”在人的身体意识行为上的表现，也是“万物一体之仁”之所由之、能被体证的本来之学（此圣人之学所以至易至简，易知易从）。而这种立足道德实践之心性根本的“本来之学”，适所以区别于追逐知识技能的支离之学。阳明子正是从知行合一的立场出发，用主观性的原则，取代朱子客观性的原则，来论证“万物一体”。

虽然知与行同属于知觉体验的过程，但是，知毕竟不是仅仅指向主观性认知的、单向度的知。从日常经验来讲，知是一种同时指向客体和主体的存在，而将客体对象化、以区分于主体的这种对象化的分别心，则是形成知的必要条件。从常识的角度讲，意识，就是对于对象的意识，无论这个对象，是我自身，还是外物，都要首先被对象化、客观化，才能呈现其面目。这样，认知就不仅仅是主观性的体验，而先验地具有对象化“知识”的结构。事实上，阳明子认为，禅宗之知是空寂之知，而日常生活世界中的“知”，

① 《王阳明全集》（第一册），第60页。

与这种空寂不同，是一种著于相的、因而也就承认了事物之间彼此分别的“知”:“释氏却要尽绝事物,把心看做幻相,渐入虚寂去了。”[1]“佛氏不著相,其实著了相。吾儒著相,其实不著相。”[2]荒木见悟先生有见于此,认为良知说不仅非禅,而且为典型的儒家式思维。[3]阳明子虽然见到了良知必为一分别心,但是,阳明子却反对这一分别心进而导出对象化的知识。对于阳明子而言,知,是一良知,其分别心就在分别道德是非上体现。这一典型的儒家性格,蕺山以之为阳明学区别于禅学的理由。[4]但是阳明子的良知,显然限定于道德是非的主观性领域,而与客观性、对象化的知识无本质性的关涉。这一点,陈来先生已有详细评论。[5]

对于客观性、对象化的知而言,它限定着“行”。如果说在主观认知层面,对于行的关系宛如河流的源头与流水般的直贯的结构;而在客观知识层面,其对于行的关系则宛如容器与所盛之水的限定的结构。这种限定,为我们的实践行为的实现划定了可能性的范围：什么是我们能够行为的对象、场所、方式。从知对于行的限定的角度来讲,知行也的确是在实践中合为一体的。

同样是知行合一,人们既可以从主观认知的方面谈知行的一贯流畅,也可以结合知的客观性方面谈知行合一的实践可能性范围。阳明子以实践为标的,他的知行合一这一实践标的吸引了蕺山,但是蕺山显然有他自

① 《王阳明全集》(第一册),第 117 页。

② 《王阳明全集》(第一册),第 108 页。

③ 荒木见悟:《佛教与儒教》,杜勤、舒志田等译,中州古籍出版社,2005 年,第 281 页~第 283 页。

④ 阳明曰:“良知只是一个良知,而善恶自辨,更有何善何恶可思?”刘宗周评论道:“观先生前后二则,直是按着人病根骨髓处,不由人不推门入臼,而儒佛之辨亦在较然。《刘宗周全集》(第三册),第 223 页。

⑤ 陈来:《有无之境:王阳明哲学的精神》,人民出版社,1991 年,第 41~45 页、第 56~61 页、第 270~271 页。

己的问题意识，他提出：“心以物为体，离物无知。”[1]他所关注的，就不仅仅是实践的行为，更是实践行为之于对象、场所、方式等客观因素而能够实现，否则，离开这些客观的“物”因素，就谈不上实践行为的“知”。从而，蕺山将主观认知—实践行为这对知行关系引入了实际的、对象化的、客观性的领域，从这个立场来强调物对于知的规定性：“物则知之所以为知也”。[2]

按照蕺山“物则知之所以为知”的逻辑，贯通认知与行为的所在——心，就不仅仅是阳明子“万物一体”说所呈现的浑一，而更是能够同时成立所有具体的对象、或者说“物”的“一”。这样，心的结构，就是对象化的万物全体先验地成立于一心的结构。由于有了这种结构，一和万，在数量上、内容上都没有分别，也就是我们前面讲的一统于万的一万相即；从心体结构上来说，这是把对象化万物全体与心体同构，这种“一万相即”的心的结构，蕺山称之为心之全谱[3]、心之全量、心之全体[4]：

> 心一也，……又总而言之，则曰心；析而言之，则曰天下、国家、身、心、意、知、物。……凡圣贤言心，皆合八条目而言者也，或止合意知物言。维《大学》列在八目之中，而血脉仍是一贯，正是此心之全谱，又特表之曰“明德”。[5]
>
> 合心意知物，乃见此心之全体。更合身与家国天下，乃见此心之全量。今之言心者，举一而废八也。举一而废八，而心学歧，即淮南格物，新建致知，慈湖无意，犹偏旨也。[6]

---

① 《刘宗周全集》（第三册），第 343 页。
② 《刘宗周全集》（第三册），第 350 页。
③ 《刘宗周全集》（第三册），第 350 页。
④ 《刘宗周全集》（第三册），第 368 页。
⑤ 《刘宗周全集》（第三册），第 350 页。
⑥ 《刘宗周全集》（第三册），第 368 页。

全谱，乃是综括地说，总合心、意、知、物、身、家、国、天下。具体到心的结构而言，心活动的结构叫作心意知物，是为心之全体；心存在的结构叫作身家国天下，是为心之全量。从心之全量而言，心就是万物（身与家国天下），无论从数量上，还是内容上，都是一万相即的。

从心之全体而言，蕺山又立体地将之解读为“心意知物是一路”[①]：“心中有意，意中有知，知中有物，物有身与家国天下，是心之无尽藏处。”[②]“心意知物一路”这样的心性论，是从一统于万的本体论出发，推导出来的：“万物统于我矣，万形统于身矣，万化统于心矣，万心统于一矣。”[③]又由于“一统于万，一故无一”[④]，所以就有了一个特别的体用观：“心无体，以意为体；意无体，以知为体；知无体，以物为体。物无用，以知为用；知无用，以意为用；意无用，以心为用。此之谓体用一原，此之谓显微无间。”[⑤]“知无体，以物为体”，认知的根源，不是阳明子主观的知，而是“以物为体”，是关于对象化万物客观的知。“以物为体”，心活动的结构，或者知的结构，是客观的对象化万物全体成立的先验结构。

“心意知物一路”的心性论，其对于心的结构的崭新解读，又突出表现为蕺山对于“意”的正名。由于把心的结构解读为对象化万物全体成立的先验结构，过去朱子、阳明及其后学所认为的“已发”——与具体的认知对象相关联的“意”，就从经验层翻转而为先验层。在蕺山看来，朱子的格物，乃至阳明致知，以及淮南格物、慈湖无意，都将“意”（先验结构）错认为了“念”（认知结果），所以导致“举一而废八”，对于心体的认识不全面。他提出一个崭新的命题：“意者心之所存，非所发也。”[⑥]正是强调了“心意知物

① 《刘宗周全集》（第三册），第 375 页。

② 《刘宗周全集》（第三册），第 375 页。

③ 《刘宗周全集》（第三册），第 387 页。

④ 《刘宗周全集》（第三册），第 388 页。

⑤ 《刘宗周全集》（第三册），第 405 页。

⑥ 《刘宗周全集》（第三册），第 371 页。

一路”的先验结构。

另一方面，蕺山关于“意”与“念”的区分，还蕴含了“好恶一机互见”的工夫特点，从而说明了道德实践活动中，排除一切不善的对象，即是成立了善的全体。他指出：“意之好恶，与起念之好恶不同。意之好恶，一机而互见；起念之好恶，两在而异情。”[①]好恶一机而互见的意，就是善的心体，“好善恶恶之意，即是无善无恶之体，此之谓‘无极而太极’”[②]。好善恶恶的心体，一机互见，说明无论是好善，还是恶恶，都是完全等价于善的整全性，所以才能够好善恶恶相通为一。在道德实践活动中，好恶一机互见的意识结构，是一个等价结构，即“善”的逆否命题，正等价于善的全体。

好恶一机互见表明，客观的对象化万物全体成立于心的结构，在道德实践活动中，就体现为善的全体等价为排除一切不善的对象，即“一统于万”落实为排除一切不善的对象。这种理解，应当是源于道德实践活动的经验，即善的整全性与其纯粹性是等价的。具体来讲，客观的对象化万物全体成立于心，显然为整全性，当然也是纯粹性，并且在道德实践活动经验中，整全性正是通过纯粹性来落实的，即只有排除一切不善对象的先验结构的纯粹性，才能与至善的整全性等价，从而担当至善心体。

蕺山认为，我们需要精进的，就是不断检查好善与恶恶之间的一机互见，使得恶恶能够等价于善的整全性，从而达到“止于至善”。他因而也把检查好善恶恶是否一机互见作为格物的真义：“真知善之当为而为之，与恶之当去而去之，亦既足以决进学之路矣。然安知吾之所为善者，不复邻于恶，而一破吾似是之惑乎？又安知吾之所为恶者，又复伺吾善，而一鼓吾中道之勇乎？惟其知之无不至，而后其进而为之也必力。此之为物格知至，此之谓止于至善。”[③]

---

① 《刘宗周全集》(第三册)，第371页。
② 《刘宗周全集》(第三册)，第371页。
③ 《刘宗周全集》(第三册)，第330页。

好善恶恶一机互见，作为格物的定义，较之阳明子曾经提出的格去不善以归于至善，讲的更加明确。从道德实践的经验而言，仅仅是格去不善，并不一定就是排除一切不善，前者是我们的意念结果浅层，而后者才是我们意识结构深层。由于宋明儒者往往也将意识结构的活动判定为意念结果这一浅层（已发），在蕺山看来，这就不能深入到意识结构中，把握主体道德实践的真实根本。对于将意作为已发的观念，蕺山进行了批评，指出这是心性之学不明的根本症结：“程子（叔子）云：‘凡言心者，皆指已发而言。’是以念为心也。朱子云：‘意者，心之所发。’是以念为意也。又以独知偏属之动，是以念为知也。阳明子以格去物欲为格物，是以念为物也。后世心学不明如此，故佛氏一切扫除，专以死念为工夫，及其有得，又以念起念灭为妙用。总之，未明大道，非认贼作子，则认子作贼。”[①]

排除一切不善对象的先验意识结构，蕺山特意点明其“知止”的意蕴，以之为即本体即工夫：“独知之知，即知止之知，即本体即工夫也。”[②]蕺山的即本体即工夫，既体现了阳明子在“万物一体”说中倡导的“知行合一”的义理要求，也保证了知，不仅仅是主体性的意识活动，更是一个以对象化万物全体成立的普遍性为内涵的先验意识结构，从而融汇了主体性与普遍性。

即本体即工夫，或者说，在蕺山所呈现的问题意识中，体现为对于融汇主体性与普遍性的关切，最终使得他将即本体即工夫锁定在了既是主体性的、同时又以普遍性为内涵的“意”上。而“意”作为心体的先验结构，其将善等价为、体现为对于一切不善对象的排除，令人们联想到孔子“观过，斯知仁矣”。在日用伦常当中，道德实践者做得最多的，恐怕就是改过、排除不善，蕺山把这一个道德实践的常识，锤炼为即本体即工夫的根本，体现了儒家“极高明而道中庸”的精神，也向我们敞开了一个朝向日常世

① 《刘宗周全集》（第三册），第379页。
② 《刘宗周全集》（第三册），第378页。

界的本体—工夫领域。

三、一般性评论

三种道德本体论的着眼点是不同的:“理一分殊”着眼于客观普遍性,“万物一体”着眼于实践主体性,而“一统于万”,则试图融汇客观普遍性与实践主体性。从实践的知行合一的本质出发,关照“知”的对象性与主体性的两个维度,从而把“理一分殊”视野中的客观普遍的对象化万物,全体成立于“心”,即是“知”的先验结构,从而,将“理一分殊”的客观普遍性融摄在“万物一体”的实践主体性中了。事实上,这同时也是对“万物一体”的更加理性化的拓展,使“万物一体”这个浑一的本体(境界),有了工夫措行的心体依据和实践方法:即,以客观普遍性的“物—理”全体成立于人心的先验结构为保证,展开为排除一切不善对象的道德实践活动。

因此,综合评价,“理一分殊”和“万物一体”固然分别是理学与心学的道德本体论模式,“一统于万”模式则融汇了二者,还不能简单地将之划归为或理学的或心学的。从各自的理论特色上而言,“理一分殊”讲得平实明确,有助于接引广大的一般学者;“万物一体”讲得生动活泼、妙用无穷,自有上根学者与之相应、可以在生活中运用自如。人心中的善性是可以被随缘启发的,因各自禀赋不同,被启发出的感受不同,境界有高低,然而都是对于“万物一体”的体知。但是,如果仅仅满足于各自的境界,还不能真正洞彻“万物一体”的本体。境界的感知可以是多样的,但是本体的存在却只能是唯一的、客观的。即本体即工夫,其实是实践主体性与客观普遍性的合一,而不能局限于工夫的某种境界,否则就是“即境界即工夫”了,或者用批评王学末流者的话来说,是玩弄光景。在这种情况下,有必要强化本体的客观普遍性,有必要把这种客观普遍性贯彻到实践主体性的工夫当中去,因而,“一统于万”说的提出,顺应了宋明理学内在逻辑发展的趋势。

“一统于万”这种道德本体论的模式，其贡献在于揭示了融汇客观普遍性与实践主体性的认知结构，并把即本体即工夫明确为排除一切不善对象的改过实践，这是蕺山研究周敦颐易学的心得，是把本体归为“气”的理论开展（注意这种“气”是指气机流行）。蕺山借鉴周敦颐的易学，把本体的宇宙论层面讲得比较清楚，“易”的精神在于“生生不息”，生生不息，才是万物产生以及永续不断的整全。生生不息的原因，则在于纯粹性，所谓“其为物不贰，则其生物也不测”[①]。而这种纯粹性，又是靠不断排除不纯来实现的。这种排除非纯之道谓之“息”“止”，“息乃得止，止则诚”[②]；或者名之“节宣”，“时时有节宣之妙，天道所以生生不已也”[③]。可见在蕺山的理解中，万物产生、存在、延续的整全，不是由某个“物”生出来的，而是由于这种排除不纯的机制。他指出：“知无物之为物者，其知神之所为乎！”[④]“神之所为”就“无物之为物”的机制了。从易的角度而言，这种机制，其实就是天地间阴阳五行“相克而不相害”之道。[⑤]通过相克之道、息止、节宣之妙，排除不纯的纯粹性从而产生了整全性。落实到人性论层面，也是借由气机运行的机制来讲本性善。蕺山是用喜怒哀乐四气的正常流转来定义本性善。[⑥]他指出：“独者，心极也。心本无极，而气机之流行不能无屈伸、往来、消长之位，是为二仪。而中和从此名焉。……又指其中和所蕴之情，不过喜怒哀乐四者，依然四气之流行而五行各司其令也。”[⑦]又说“程子曰：‘天下之道，感应而已矣，喜怒哀乐之谓也。’《易》曰：‘咸，感也。’天下惟感应之道为无心，动以天也。感之以喜而喜焉，感之以怒而怒焉，绝非心所与谋也。故喜

① 《刘宗周全集》（第三册），第123页。

② 《刘宗周全集》（第三册），第125页。

③ 《刘宗周全集》（第三册），第117页。

④ 《刘宗周全集》（第三册），第126页。

⑤ 《刘宗周全集》（第三册），第118页。

⑥ 陈来先生持此说法，详见陈来：《元明理学的“去实体化”转向及其理论后果》，载陈来：《诠释与重建——王船山的哲学精神》，北京大学出版社，2004年，第410页。

⑦ 《刘宗周全集》（第三册），第353~354页。

怒哀乐即天命之性”。[1]但是,用气机运行来讲本性善,就显得稍欠明确性,似乎不如直接揭明“理一分殊”的性善论明确,也不如“万物一体”的体知来得亲切上手。本性善的问题,最终是在工夫论中被进一步明确的。蕺山把性善,或者说,把即本体即工夫诠释为好恶一机互见的排除一切不善的实践过程,这种改过之人道,正可以对应于“易”的相克、节宣之道,因此,也可以归之为整个宇宙气机自身排除不纯的机制。这从逻辑上是讲得通的,从实践上来做也是做得来的,因此他提倡改过是为学的法门。相比较而言,改过作为即本体即工夫,在贴近生活实践、亲近生活的本色上,有更多的演绎空间。

① 《刘宗周全集》(第三册),第353页。

刘宗周与《阳明传信录》*

高海波

（清华大学哲学系）

在刘宗周的思想中，与阳明思想的关系是其中一个重要的侧面。刘宗周对阳明思想的态度，根据其子刘汋的说法，经历了“始疑之，中信之，终而辩难不遗余力”三个阶段，“始疑之，疑其近禅也。中信之，信其为圣学也。终而辩难不遗余力，谓其言良知，以《孟子》合《大学》，专在念起念灭用工夫，而于知止一关全未勘入，失之粗且浅也”①。关于这三个阶段的转变及其具体内容，拙著《慎独与诚意——刘蕺山哲学思想研究》对此有专门论述，这里不再赘述。②值得注意的是，刘宗周对阳明态度，既与当时的学术思潮有关，又与自己的思想立场有关，也与他对阳明著作的研读、反思、批判有关。本文试图以刘宗周六十一岁所编辑的《阳明传信录》为个案，以展现这一特点。

一、《皇明道统录》对阳明语录的选编

刘宗周早年并未系统阅读阳明著作，受高攀龙、许孚远等学者影响，

* 本文系作者参与吴震教授主持的国家社科基金重大项目“多卷本《宋明理学史新编》”(17ZDA013)的阶段性成果。

① 刘宗周著，吴光主编：《刘宗周全集》(第二册)，浙江古籍出版社，2007年，第147页。版本下同。

② 高海波：《慎独与诚意——刘蕺山哲学思想研究》，生活·读书·新知三联书店，2016年，第436~488页。

"早年不喜象山、阳明之学，曰：'象山、阳明直信本心以证圣，不喜言克治边事，则更不用学问思辨之功矣，其旨险绝人，苟其说而一再传，终必弊矣。观于慈湖、龙溪可见，况后之人乎"。[1]"阳明子曰'博学者，学此者也。'堕体黜听，直信本心，更无余事，非圣人'不多'之矣。"[2]"阳明先生主脑良知，而以格物为第二义，似终与《大学》之旨有异，儒释之分，实在于此。"[3]刘宗周批评阳明过于强调对于良知本心的顿悟，而忽视具体的省察克治、学问思辨、格物等工夫，其思想实近于禅学。应该说这一时期，刘宗周的立场比较接近于朱子学。

刘宗周三十七岁时，对心有了重要的体悟，悟到天下无心外之理，无心外之学，"只此一心，散为万化，万化复归一心"[4]。四十八岁时，因魏忠贤迫害东林正人，大兴勾党之狱。刘宗周因担心自身安危，颇觉心动，因而进一步在心上做工夫，从事静坐，遂悟慎独之旨。五十岁时，刘宗周开始系统阅读明人文集，作《皇明道统录》。也就是在此时，刘宗周才系统地接触到了阳明著作，始对阳明思想深信不疑，"信其为圣学"。根据刘汋的说法，《皇明道统录》共七卷，"仿朱子名臣言行录，首纪平生行履，次语录，末附论断"[5]。《皇明道统录》一书今佚，其论断部分被黄宗羲辑为《师说》，保存在《明儒学案》之首，对黄宗羲写作《明儒学案》有重要的指导作用。在《师说》中，刘宗周对阳明可谓推崇备至：

先生承学绝于辞章训诂之后，一反求诸心，而得其所性之觉，曰良知。因示人以求端用力之要，曰致良知。良知为知，见知不囿于闻见；致良知为行，见行不囿于方隅。即知即行，即心即物，即体即用，即

① 《刘宗周全集》(第二册)，第 62 页。
② 《刘宗周全集》(第一册)，第 400 页。
③ 《刘宗周全集》(第三册)，第 304 页。
④ 《刘宗周全集》(第六册)，第 70 页。
⑤ 《刘宗周全集》(第六册)，第 84 页。

工夫即本体，即上即下，无之不一。以救学者支离眩骛之病，可谓震霆启寐，烈耀破迷，自孔孟以来，未有若是深切著明者也。特其急于明道，往往将向上一机轻于指点，启后学躐等之弊有之。天假之年，尽融其高明卓绝之见而底于实地，则范围朱、陆而进退之，有不待言矣。[①]

但是令人遗憾的是，由于《皇明道统录》并未完整保存下来，刘宗周摘录的阳明语录并没有存留下来，因此我们无法看到他对阳明语录的选编情况。另外，值得注意的是，黄宗羲在编辑《明儒学案》时，将《阳明传信录》第一卷、第三卷的内容，全部原封不动地采纳到阳明学案之中。令人疑惑的是，黄宗羲既然看过《皇明道统录》，并将其中的论断辑为《师说》置于《明儒学案》之前，他为什么不直接采纳《皇明道统录》中的阳明语录，而是采用刘宗周后来所编辑的《阳明传信录》的内容？是否《皇明道统录》中的内容，已经被吸收到《阳明传信录》中？具体情况不得而知。

二、《阳明传信录》编定的背景、动机、内容

根据刘宗周的《阳明传信录小引》，是书作于崇祯己卯(1639)，时刘宗周六十一岁，对于阳明思想的态度尚属“中信阶段”。[②]不过，尽管刘宗周在此阶段相信阳明学为圣学，并不意味着刘宗周的思想与阳明完全一致。刘宗周虽然在总体态度上认同阳明思想，但是鉴于他自身的成学经历，以及他对明末阳明学流弊的警惕，他始终是站在自己的学问立场上来审视阳明的思想、著作。在刘宗周所处的晚明时期，由王龙溪、周海门一派所鼓吹

① 《刘宗周全集》(第六册)，第85页。

② 刘宗周对阳明思想的质疑，尽管在《阳明传信录》中已经出现，但“辩难不遗余力”应始于崇祯壬午(1642)，有关这一点，可以从《存疑杂著》和《良知说》中看出。参见拙著《慎独与诚意——刘蕺山哲学思想研究》，第440~441页。

的“无善无恶”之说泛滥，渐有将良知学导向“玄虚而荡”“情识而肆”的趋势。同时，这种良知荡肆的趋势是与阳明学、禅学的合流相伴而生的。黄宗羲说：

当是时，浙河东之学，新建一传而为王龙溪（畿），再传而为周海门（汝登）、陶文简，则湛然澄之禅入之；三传而为陶石梁（奭龄），辅之以姚江之沈国谟、管宗圣、史孝咸，而密云悟之禅又入之。①

刘汋亦云：

越中自阳明先生倡学后，其门人最著者为王龙溪，由龙溪而传及海门，海门同时为陶石篑，俱本良知为宗，而递衍递失其旨。②

为对治良知学去道德化的倾向，东林的顾、高等人极力强调朱子的性善思想，批判“无善无恶”之说。刘宗周的老师许孚远，也曾与周海门就“无善无恶”问题展开激烈的争论，对刘宗周有深刻的影响。刘宗周继承了许孚远这方面的思想，站在严肃的道德主义的立场，对“无善无恶”说持批评态度：“仆平生服膺许师者也，于周师之言，望门而不敢入焉……仆窃谓：天地间道理，只是个有善而无恶；我辈人学问，只是个为善去恶。言有善便是无恶，言无恶便是有善。以此思之，则阳明先生所谓‘无善无恶心之体’，未必然也。”③

另一方面，刘宗周和浙中王门后学陶奭龄、沈国谟、管宗圣、史孝咸等人有密切的交往，且曾经共同讲论阳明的良知之学。不过，由于陶奭龄等

① 《刘宗周全集》（第六册），第42页。

② 《刘宗周全集》（第六册），第103页。

③ 《刘宗周全集》（第三册），第320页。

人秉承王龙溪、周海门、陶望龄的学风，强调对本体的证悟，而相对忽视工夫，且纠合儒释，将阳明学禅学化，过分强调良知的明觉作用（良知的现成、自由活动），而忽视了良知中包含的道德原则（天理），由此引起了刘宗周的担忧。“顾今天下谈新建之学者，未有不借路葱岭；即当日一种教法，所谓‘天泉问答’等语，今日亦不复拈起。高明之士谈性宗而忽彝伦，卑暗之士乐猖狂而恶名检，即此之由。”①

正是在这种情况下，刘宗周试图通过《阳明传信录》的编纂，以及评点、质疑来重新揭示阳明学的真精神，纠正阳明后学对于阳明思想的误解，使得一些玄虚而荡、情识而肆的阳明后学不得借口于阳明。这一点，刘宗周在《阳明传信录小引》中表达得很清楚：

而先生之言良知也，近本之孔、孟之说，远溯之精一之传，盖自程朱一线中绝而后，补偏救弊，契圣归宗，未有若先生之深切著明者也，是谓宗旨。则后之学先生者，从可知已。不学其所悟，而学其所悔，舍天理而求良知，阴以叛孔孟之道而不顾。又其弊也。说知说行，言悟言参，转增学虑，吾不知于先生之道为何如？……间尝求其故而不得，意者先生因病立方，时时权实互用，后人不得其解，未免转增离歧乎？宗周因于手抄之余，有可以发明先生之蕴者，僭存一二管窥，以质所疑，冀得籍手以就正有道，庶几有善学先生者出，而先生之道，传至久而无弊也。因题之曰《传信》云。②

清人陈昌奕在跋文中也总结得非常到位：

有明之学，白沙开其端，至阳明而闻性道之蕴……于其殁后，其

① 《刘宗周全集》（第六册），第388页。
② 《刘宗周全集》（第五册），第2页。

门下持论不无过高，即教法四句已不能归一，故其流弊以情识为良知，以想象为本体，由择焉而不精也。子刘子悉加辩正，名之曰《传信》，所谓澄源端本，学者庶乎无他歧之惑矣。①

另一方面，根据刘汋在《子刘子年谱》中的说法，当时有些谈禅的人，喜欢援引阳明的思想作为同调，以此来批评朱子思想为支离。职此之故，刘宗周选取阳明的一些重要文献，并在其后略缀数语，以表明阳明、朱子思想在根本精神上是相通的。

时谈禅者动援阳明而辟朱子，先生曰："朱子以察识端倪为下手，终归涵养一路，何尝支离？阳明先生宗旨不越良知二字，乃其教人惓惓于去人欲存天理以为致良知之实功，何尝杂禅？"欲删定二子书以明学术之同归，乃先摘《阳明文集》为三卷，每条有发明，以世之读是书者讹故也。②

也就是说，不同于多数阳明后学将朱子与阳明的思想对立起来的看法，刘宗周试图通过对阳明思想中一些具有朱子学色彩的内容的揭示，来表明朱子学与阳明学在精神上是相通的，以此来纠正阳明之后某些学者对阳明所进行的禅学化的误读。

按照《小引》的介绍，《阳明传信录》包括三部分，即①《语录》一卷。主要选录"先生与门弟子论学诸书"③，重点体现"学则"，即为学的准则、目标。就实际的内容来看，其内容相当丰富，难以仅仅以"学则"二字概括。②《文

① 《刘宗周全集》(第五册)，第92页。

② 《刘宗周全集》(第六册)，第124页。

③ 《刘宗周全集》(第三册)，第2页。

录》一卷。主要“录先生赠遗杂著”[1]，重点表现阳明的教学方法的特点。刘宗周将其主要总结为三点：“去人欲而存天理”“知行合一”“致良知”。刘宗周认为阳明对师友、门人的所有指点、教导都是围绕这三个方面展开。③《传习录》一卷。“录诸门弟子所口授于先生之为言学、言教者，存宗旨也。”[2]主要揭示阳明的致良知宗旨与孔孟程朱的精神一脉相承，其核心内容是彰显作为道德原则的“天理”。

三、“天理人欲”四字是朱王印合处

刘宗周认为，阳明后学的某些学者有将良知玄虚化、情识化的趋势，根本原因就在于脱离道德原则来谈良知，故刘宗周在《阳明传信录》中重点选取阳明文献中可以体现“去人欲，存天理”的内容，并指出朱子学与阳明学在这一点上具有相通性。如在《传信录》第三卷中，刘宗周在很多语录后特别下按语，来揭示与天理人欲有关的内容：

> “天理人欲”四字是朱王印合处，悉必晚年定论。[3]
>
> 愚按，曰仁为先生入室首座，所记先生语录，其言去人欲、存天理者，不一而足。又曰“至善是心之本体，然未尝离事物”，又曰“即尽乎天理之极处”，则先生心宗教法，居然只是宋儒衣钵。[4]
>
> 又拈出天理。[5]
>
> 又举天理。[6]

① 《刘宗周全集》(第三册)，第 2 页。

② 《刘宗周全集》(第三册)，第 1 页。

③ 《刘宗周全集》(第五册)，第 52 页。

④ 《刘宗周全集》(第五册)，第 56~57 页。

⑤ 《刘宗周全集》(第五册)，第 57 页。

⑥ 《刘宗周全集》(第五册)，第 57 页。。

又举天理。[①]

依旧只是去人欲、存天理。[②]

天理二字是家当，先生又每说克己二字，正求所以保任此家当耳。[③]

又举天理二字，如此方是真读书，亦便是真格物处。[④]

又摄天理二字内。天理即良知，是先生前后打合指诀。又曰“良知愈思愈精明”，盖言天理愈精明也。[⑤]

刘宗周有关“天理”“人欲”的按语主要集中在《传信录》第三卷中，此外，第一、二卷中也有一些，如在第一卷中有：

吾心之良知，即所谓天理也。[⑥]

致良知只是存天理之本然。[⑦]

在第二卷中有：

良知即天理，故曰至善。[⑧]

象山喜言实理，先生言天理。[⑨]

从上述这些有关天理、人欲的按语来看，刘宗周的主要目的是想提醒

① 《刘宗周全集》(第五册)，第57页。
② 《刘宗周全集》(第五册)，第63页。
③ 《刘宗周全集》(第五册)，第69页。
④ 《刘宗周全集》(第五册)，第77页。
⑤ 《刘宗周全集》(第五册)，第83页。
⑥ 《刘宗周全集》(第五册)，第14页。
⑦ 《刘宗周全集》(第五册)，第18页。
⑧ 《刘宗周全集》(第五册)，第36页。
⑨ 《刘宗周全集》(第五册)，第39页。

读者，“先生（引者按：指阳明）教人吃紧在去人欲而存天理”，因此我们不应该忽视阳明思想中“去人欲，存天理”的根本宗旨。而某些阳明后学将对阳明良知思想的阐释引向去道德化的方向，那样其实就背离了儒学的根本精神，即刘宗周在《小引》中所批评的“舍天理而求良知，阴以叛孔、孟之教而不顾”。

有关这一点，刘宗周在同年所写的《重刻王阳明先生传习录序》中，表达得也很清楚：

> 盖先生所病于宋人者，以其求理于心外也。故先生言理曰天理，一则曰天理，再则曰存天理而遏人欲，且累言之而不足，实为此篇真骨脉。而后之言良知者，或指理为障，几欲求心于理之外矣。夫既求心于理之外，则现成活变之弊，亦将何所不至？……先生盖曰“吾学以存天理遏人欲”云尔。故又曰“良知即天理”，其于学者直下顶门处，可为深切著明。程伯子曰：“吾学虽有所受，然天理二字却是自己体认出来。”至朱子解至善，亦云“尽乎天理之极而无一毫人欲之私”者，先生于此极首肯。（底本有“前人之遗溲，亦近日之良药欤？嗟乎！”）则先生之言，固孔孟之言，程朱之言也。而一时株守旧闻者，骤诋之曰禅。后人因其禅而禅之，转借先生立帜，自此大道中心门户，反成燕、越。而至于人禽之几，辄喜混作一团，不容分疏，以为良知中本无一切对待，由其说，将不率天下而禽兽食人不已。[①]

刘宗周指出，阳明有关“天理”“人欲”的思想是《传习录》的“真骨脉”，但当时有些学者却故意无视阳明对于道德本心所体现的道德原则（天理）的反复强调，导致对于良知本心的解读、运用过于现成、活变，既缺乏艰苦的道

① 《刘宗周全集》（第四册），第31页。

德实践工夫，又丧失了道德原则的约束，从而带来了很大流弊。刘宗周指出，阳明其实也很强调天理人欲之分，在这一点上，阳明思想与孔孟程朱思想在精神上是相通的，因此并不是禅学。可当时有一部分阳明学者却有意将阳明思想向禅学发展，消解良知中善善恶恶的道德内容，使得良知学丧失了其严肃的儒家道德内涵，刘宗周认为，由此将会带来严重的社会问题。可以看出，刘宗周之所以特别重视阳明思想中有关去人欲、存天理的内容，主要是针对部分阳明后学“指理为障，几欲求心于理之外”的流弊。刘宗周试图通过强调阳明思想中与程朱理学相通的、有关天理人欲的内容，一方面缓解时人对阳明禅学化的批评，另一方面则努力融合朱、王，用程朱理学严肃的道德精神来重新审视阳明思想，以应对时人对于阳明学所作的玄虚化、情识化的解读与发展。刘宗周的这一思想，更鲜明地体现在他对阳明“四句教”的批评中，如在《阳明传信录》中，他说：

先生每言：“至善是心之本体。”又曰：“至善只是尽乎天理之极，而无一毫人欲之私。”又曰：“良知即天理。”《录》中言天理二字，不一而足。有时说“无善无恶者理之静”，亦未曾径说“无善无恶是心体”。若心体果是无善无恶，则有善有恶之意又从何处来？知善知恶之知又从何处来？为善去恶之功又从何处来？无乃语语绝流断港？快哉四无之论，先生当于何处作答？……蒙因为龙溪易一字，曰“心是有善无恶之心，则意亦是有善无恶之意，知亦是有善无恶之知，物亦是有善无恶之物”，不知先生首肯否？或曰：如何定要说个有善无恶？曰：大学只说致知，如何先生定要说个致良知，多这良字？①

刘宗周认为阳明在很多地方都强调天理、至善，这与其四句教首句的“无

① 《刘宗周全集》（第五册），第92页。

善无恶心之体”的说法存在内在的矛盾。因为，如果心体不包含任何道德内容，那么“知善知恶”的道德理性（知），善恶杂糅的道德意识与不道德意识（意），为善去恶的道德实践（物），其根据何在？其内在的联系何在？四句教就会变得相互割裂、难以解释。龙溪的四无说，实际上是对阳明四句教首句所作的逻辑融贯的推衍。当然，刘宗周是很反对龙溪的四无说的，他认为，必须坚持道德主义立场，在此基础上，他将阳明的三有一无的四句教改为“四有”说，即心、意、知、物，就其本来性意义上说，都是有善无恶的，他认为这才能体现阳明良知之学“良”的内容，即先验的道德内涵。

四、能戒慎恐惧者是良知

在刘宗周生活的地区和时代，浙中王学广泛传播。其特点之一即重视对本体的了悟，而忽视艰苦的道德实践工夫。由此，导致对良知的理解过于现成、活变，产生了很多流弊。刘宗周受东林及许孚远的影响，始终强调必须先用敬慎的工夫，才能真正透悟本体，否则如果认为证悟本体后无须再用艰苦工夫，将会导致“猖狂纵恣”的后果。为此，早在写作《阳明传信录》之前，刘宗周就在本体与工夫二者的先后轻重关系方面，与浙中阳明后学陶奭龄等人有着不同的意见。

陶先生曰：“学者须识认本体，识得本体，则工夫在其中。若不识本体，说甚工夫？”先生曰：“不识本体，果如何下工夫？但既识本体，即须认定本体用工夫。工夫愈精密，则本体愈昭荧。今谓既识后遂一无事事，可以纵横自如，六通无碍，云。势必至猖狂纵恣，流为无忌惮之归而后已。[①]

① 《刘宗周全集》（第二册），第 507 页。

秦弘祐谓:“陶先生言识认本体,识认即工夫,恶得以专言本体少之?”曰:“识认终属想象边事,即偶有所得,亦一时恍惚之见,不可便以为了彻也。且本体只在日用常行之中,若舍日用常行,以为别有一物,可以两相凑泊,无乃索吾道于虚无影响之间乎?”①

另外,刘宗周早年从主敬人入门,四十八岁之后就确立的慎独的宗旨,故而他特别欣赏阳明“良知只是独知时”的说法,在五十四岁时的《答秦履思六》一书中,他说:

迩来深信得阳明先生“良知只是独知时”一语亲切,从此用功,保无走作。独只是未发之中,未发之中正是不学不虑真根底处。……学者只为离独一步说良知,所以面目不见透露,转费寻求,凡所说良知都不是良知也。……须知良知无圣凡,无大小、无明昧,若不向独上讨下落,便是凡夫的良知。②

刘宗周所说的慎独工夫,是指对在未发心体上的省察、克治、体认,其目的是求未发之中,而不是思虑、情感已发之后的工夫。刘宗周认为,真正的良知其实就是作为未发之中的独体所具有的道德知觉。而在他看来,很多阳明学者,由于脱离慎独工夫,他们所说的良知其实都掺入了情感、私欲,并不是真正的良知,因此刘宗周特别强调独知对于良知的意义,试图用慎独工夫来修正阳明后学的致良知思想。他认为,阳明后学的致良知,往往在应用上流转,在念虑情感已发之后做工夫,这其实已经“落后一着”,为此,他强调体认未发之中的慎独工夫。这些都体现在《阳明传信录》中。如对阳明的《与黄勉之》一书,刘宗周只节选了“谨独只是致良知”一句,并评论说

① 《刘宗周全集》(第二册),第509页。
② 《刘宗周全集》(第三册),第314页。

"千圣同符"[1],体现了他是站在自己的慎独之学的立场上来审视阳明的致良知思想。对于阳明"病虐之人,虐虽未发而病根自在,则亦安可以其虐之未发而遂忘其服药调理之功乎"的说法,他也非常欣赏,评论道:"未病服药之说,大是可思。"[2]除此之外,类似评论还有:

> 能戒慎恐惧者,是良知。[3]
>
> 千圣相传,只慎独二字为要诀。先生言致良知,正指此。但此独字换良字,觉于学者好易下手耳。[4]
>
> 此是独体正当处,被先生一口打并出来,到这里,说恁良不良、知不知?[5]
>
> 此语端的。良知常发而常敛,便是独体真消息。若一向在发用处求良知,便入情识窠臼去。然先生指点人处,都在发用上说,只要人知是知非上转个为善去恶路头,正是良工苦心。[6]
>
> 良知只是独知时,然余干主谨独,先生言致知,手势大不同。先生是出蓝之见。[7]

凡此都可以看出,刘宗周始终强调通过未发之体上的慎独工夫来理解阳明的致良知思想,认为只有强调良知的"独知"特点,才可以避免强调现成良知所可能导致的"凡夫的良知",甚而"在发用处求良知,便入情识窠臼去",将良知导向感性情欲。在他看来,一般人正是因为缺乏对于深层心体

---

① 《刘宗周全集》(第五册),第12页。
② 《刘宗周全集》(第五册),第11页。
③ 《刘宗周全集》(第五册),第10页。
④ 《刘宗周全集》(第五册),第59页。
⑤ 《刘宗周全集》(第五册),第73页。
⑥ 《刘宗周全集》(第五册),第79页。
⑦ 《刘宗周全集》(第五册),第87页。

的自我反省，所以才在良知中掺杂了情感、私欲、意见，这导致在思虑、情感发用时，良知虽然可以觉察是非，但是由于受这些负面因素的牵制，良知却无法自主。刘宗周认为，唯有未发时有深度的心体上的工夫，才能保证心体的纯粹性，道德本心的发用才会刚健有力，此时的良知才是真良知，这就是刘宗周为什么在《阳明传信录》的按语中，反复强调独知、慎独的特别用意。

五、念与意终有别

按照刘汋的说法，刘宗周"晚归本于诚意"[①]。刘宗周确立诚意作为宗旨大概始于崇祯丙子（1636），"先生始以《大学》诚意、《中庸》已未发之说示学者"[②]。刘宗周认为《大学》诚意章所说的意，不是已发的善恶之念，而是未发的人心好善恶恶的道德本体，是人心的内在道德主宰。如在丙子的《证独编》中，刘宗周说《大学》诚意章"其言意也，曰好好色，恶恶臭。好恶者，此心最初之机……故意于心，非心之所发也"。[③]"觉有主，是曰意。"[④]在次年的《学言》中，刘宗周已经开始注意区分意念，认为先儒将《大学》诚意章的意解释为心之所发，是"以念为意"[⑤]。刘宗周关于诚意的新说以及区别意念的思想也体现在崇祯戊寅（1638）年所作的《阳明传信录》的评语中。如在评价阳明《与黄宗贤》中的"立诚"思想时，刘宗周说："'诚无为'便是心髓入微处，良知即从此发窍者，故谓之立天下之大本。看来良知犹是第二义。"[⑥]这种说法表明，刘宗周更重视立诚，认为主体立诚所达到的心

① 《刘宗周全集》（第六册），第 101 页。
② 《刘宗周全集》（第六册），第 117 页。
③ 《刘宗周全集》（第六册），第 394 页。
④ 《刘宗周全集》（第六册），第 410 页。
⑤ 《刘宗周全集》（第六册），第 411 页。
⑥ 《刘宗周全集》（第五册），第 4 页。

体是“心髓入微处”，是比良知还要更为根本的道德本体，良知都要立基于此。对于阳明“只见那好色时已是好了，不是见了后又立个心去好”“只闻那恶臭时，已是恶了，不是闻了后又立个心去恶”的说法，刘宗周也评论说：“此是先生洞见心体处，既不是立个心去好恶，则绝不是起个意去好恶可知。故知意不可以起灭言。”[①]在刘宗周看来，《大学》所说的好恶之意，并不是可以起灭的念虑，而是心体内在的道德评价的主体。刘宗周对阳明意念连用的说法也表示质疑：“先生每以念与意字合说，恐念与意终有别。”[②]由此，刘宗周对阳明“心之所发便是意”“意之所在便是物”的说法也提出质疑：“以心之所发言意，意之所在言物，则心有未发时，却如何格物耶？请以前好恶之说参之。”[③]如果说阳明将物视为意念的对象，又将意念视为已发之心，那么格物的工夫就只是用在已发之时，如此说来，未发时候就缺乏了格物的工夫。出于同样的理由，刘宗周也在《阳明传信录》中质疑阳明“意在于事亲，即事亲为一物”的说法，他说“意不在于事亲时是恁物？”显然，刘宗周认为，阳明格物理论的这种困境源于他对《大学》意字的错误理解。

先生又曰：“工夫难处全在格物致知上，此即诚意之事，意既诚，大段心体自正，身亦自修。但正心修身工夫，亦各有用力处，修身是已发边，正心是未发边，心正则中，身修则和”云云。先生既以良知二字冒天下之道，安得又另有正修工夫？止因将意字看作已发了，故工夫不尽，又要正心，又要修身；意是已发，心是未发，身又是已发。先生每讥宋学支离，而躬自蹈之，千载而下，每欲起先生于九原质之而无从也。噫！[④]

① 《刘宗周全集》(第五册)，第 54 页。

② 《刘宗周全集》(第五册)，第 72 页。

③ 《刘宗周全集》(第五册)，第 55 页。

④ 《刘宗周全集》(第五册)，第 62 页。

刘宗周认为，正因为阳明意视为已发之念虑，所以才会认为诚意工夫有所不足，诚意之后还要有未发的正心、已发的修身工夫加以补充，如此一来，就造成了工夫的支离。在《阳明传信录》的末尾，针对“天泉证道记”，刘宗周也评论说：

> 又曰：其次且教在意念上着实用为善去恶工夫，久之心体自明。蒙谓才著念时，便非本体。人若只在念起念灭上用工夫，一世合不上本体了，正所谓南辕而北辙也。先生解《大学》，于意字原看不清楚，所以于四条目处未免架屋叠床至此。①

阳明将诚意理解为在念虑已发后着意去诚实念头的工夫，刘宗周认为这是在念头的起灭上用工夫，这种工夫不是建立在本体之上，因此永远也不会与道德本体密合无间。正是由于阳明对《大学》的意字有误，才造成上述情况，并导致他对大学前四目的解释有“架屋叠床”之嫌。而按照刘宗周的理解，《大学》所说的意是好善恶恶的内在心体，只要能够真诚地顺应其道德意向进行实践，工夫就一了百当。能够做到诚意，心自然正，身自然修，家齐、国治、天下平也就自然实现。所以，当他读到阳明“大学工夫即明明德，明明德即是个诚意”一段解释时，他评价说：“先生疏《大学》惟此段最端的无病。明明德只是个诚意，若意字看得分晓，委的不必说正心更有工夫了。”②

刘宗周晚年严格区分意念、思念，并强调需要克念，自号克念子。六十五岁，刘宗周有《答董生心意十问》，主要阐明意为心之主宰，即主宰即流行，意不在心外，不得以心为所存，意为所发的观点。同时，指出意念有别，意无生灭、去来，念则有生灭、去来。又著《治念说》。《治念说》则指出思念

① 《刘宗周全集》（第五册），第92页。
② 《刘宗周全集》（第五册），第71页。

有别，念有起灭，思无起灭；治念不是要摒除念虑，而是要“与思以权而不干之以浮气，化念归思，化思归虚”[①]。这些有关念虑的思想其实在《阳明传信录》中已经露出端倪。在评论阳明“念念去人欲、存天理”的说法时，刘宗周说：“此所谓念，是无念之念，莫错会。不然，才起一念，已是欲也。故曰：凡有所向便是欲。”[②]在另一个地方，刘宗周也说：“念本无念，故是天理；有念可存，即非天理”[③]。可以看出，刘宗周认为内心发出的、有外在功利目的的念头实际上是欲望的体现，应该加以克治。所以对于阳明“戒惧亦是念”的说法，刘宗周也批评说：

> 戒惧不是念，可言是思。思只是思诚。思是心之本官，思而动于欲为念，故念当除，而思不可除。后人专喜言无思，至于念则以为是心之妙用，不可除，是倒说了，他只是要除理障。[④]

在刘宗周看来，“戒惧”可以说是真实无妄的道德本心的自觉反省，可以称为“思”，思不可除。念不同于思，念是“思而动于欲”，是人心的负面意识，所以应该克除。刘宗周在《阳明传信录》中另一处也说：“一切好歹念都著不得，可知凡有念皆不是道。”[⑤]后人往往混淆这两者，专要去思而视念为心体自然的妙用，其最终目的是要摆脱天理对于心灵的约束，去追求一种没有纯粹的、没有道德取向的无执境界，实际是受佛学影响。

---

① 《刘宗周全集》(第二册)，第 317 页。
② 《刘宗周全集》(第二册)，第 58 页。
③ 《刘宗周全集》(第二册)，第 59 页。
④ 《刘宗周全集》(第二册)，第 68 页。
⑤ 《刘宗周全集》(第二册)，第 89 页。

六、小结

《阳明传信录》是刘宗周六十一岁时对阳明文献进行的选编，属于对阳明学“中信”阶段的作品，后来黄宗羲将其原封不动地收入《明儒学案》的《姚江学案》中。早年，刘宗周未系统读阳明之书，不喜欢阳明之说，批评阳明近禅。后于三十七岁，刘宗周自悟心学。又在四十八岁悟慎独之旨。五十岁时，刘宗周遍读明人文集，始接触阳明文集，方信其为圣学。是时，刘宗周作《皇明道统录》，对阳明的语录有所选编，可惜并未保存下来，其具体内容不得而知。从黄宗羲保存下来的《师说》来看，是时刘宗周对阳明无一句贬词。六十一岁，刘宗周始作《阳明传信录》，并作《重刻王阳明先生传习录序》。阳明何以在此时进行此项工作？笔者认为与刘宗周所处的思想氛围有关：中晚明时期，由王龙溪开启的浙中王学重本体、轻工夫，有将良知导向玄虚、情识的倾向，并逐渐与禅学合流。另一方面，由王龙溪提倡的无善无恶说，经周海门的推波助澜，也泛滥成灾，有消解良知的道德内涵的趋势。这引起了东林诸人及许孚远、冯从吾等人的激烈批评。刘宗周受东林学派影响，又师从许孚远，友于冯从吾，故对“无善无恶”思想进行了严厉的拒斥。此外，刘宗周生于浙中地区，与浙中阳明后学陶奭龄等人有着密切的交往。刘宗周在本体与工夫等方面与陶奭龄等人有着不同的意见，对陶奭龄等人纠合儒释，将阳明学禅学化的做法颇有微词。正是上述原因导致刘宗周进行此项正本清源的工作，即重新删定阳明文集，努力突出阳明学中体现孔孟、程朱儒学道德内涵的内容，并努力调和朱、王之间的分歧，以朱子学严肃的道德主义来纠正阳明学。这一方面回应一些株守旧闻的朱子学者对阳明学为禅学的批评，另一方面也使得那些模糊阳明学与禅学界限的阳明后学不得借口于阳明。总之，刘宗周的目的是要通过这项工作还阳明学以真面目，这就是刘宗周将其题名为“阳明传信录”的原因。

在《阳明传信录》中，刘宗周首先努力突出阳明学中论述“去人欲、存天理”的内容，并下了大量的按语，认为这才是阳明学的精神命脉所在，也是阳明“印合”程朱之处。刘宗周这么做无非是要突出阳明学的道德内涵，以此对治当时阳明后学将良知玄虚化、情识化，从而“外理以求心”的做法。同时，即使在中信阶段，刘宗周对阳明思想的接受也不是无条件的，他是站在自己慎独思想的立场上来审视阳明思想，这就是他为什么反复强调“良知只是独知时”的原因。刘宗周试图通过对于慎独、独知的强调，强化致良知的工夫，将致良知工夫引向对于深层心体的省察、体验。即强调致良知的工夫应该在未发心体上，而不是用在念起念灭上。另外，刘宗周在崇祯丙子，即作《阳明传信录》的前三年，已经“归本于诚意”，故而在《阳明传信录》中，刘宗周对于阳明有关诚意的看法多有质疑、批评。刘宗周认为，阳明《大学》诠释的根本问题是视意为已发的念虑，从而导致在《大学》的解释上“架屋叠床”。如果能认识到意是人心的未发之体，是好善恶恶的内在道德本体，那么这些问题就迎刃而解。此外，刘宗周认为，阳明对意的理解是以念为意，为此他严辨意念、思念，认为意与思是人心的道德本体及其自觉功能，没有起灭，而念则是由欲望而起，有生有灭，二者不能混淆。这些内容构成了晚年《原心》《治念说》中一些重要观点的雏形。

总的来说，《阳明传信录》处在刘宗周对阳明思想从“中信”到“终而辩难不遗余力”的过渡阶段，体现了刘宗周试图通过重新整理阳明文献而救正阳明学流弊的特殊用心。同时，刘宗周也在自己的慎独、诚意之学的基础上，通过对阳明文献的选编、评论，重现诠释了阳明的某些文献，并对阳明的某些观点进行了质疑、批评，通过这些质疑、批评也发展了自己的思想。

刘宗周对王阳明思想的“误读”

——以《阳明传信录》按语为例 *

张慕良

（吉林大学哲学社会学院）

《阳明传信录》是刘宗周阐述王阳明思想的一部重要著作。该书完成于崇祯戊寅（1638 年），刘宗周六十一岁时。按其在《序》中所讲，此书摘取《阳明文集》中《语录》《文录》及《传习录》中之要语，汇编成三卷，分别阐述阳明学之学则、教法及宗旨，以求重新理清王阳明“致良知”思想，救后学左派“言悟言参”之偏。在摘录的基础上，并“于手抄之余，有可以发明先生之蕴者，僭存一二管窥，以质所疑，冀得藉手以就正于有道，庶几有善学先生者出，而先生之道传之久而无弊也”[①]。此即是说，《阳明传信录》一书按语中亦加有刘宗周对王阳明学问的质疑。本文将以《阳明传信录》的按语为例，来说明刘宗周所质疑王阳明之处乃是其“误读”之处，而刘宗周所改之“诚意”说并未达到对“阳明心学”之超越。

一、从阳明“教法”谈王学之“病”

刘宗周中年后虽笃信王阳明为“圣学”，但其亦有对王阳明超越之企

* 本文原载于《北京师范大学学报》（社会科学版），2019 年第 4 期。

① 黄宗羲：《明儒学案·姚江学案》，中华书局，2008 年，第 183 页。

图，如《明儒学案·师说》中王阳明守仁条所讲：

先生命世人豪，龙场一悟，得之天启，亦自谓从《五经》印证过来，其为廓然圣路无疑。特其急于明道，往往将向上一机，轻于指点，启后学躐等之弊有之。天假之年，尽融其高明卓绝之见而底于实地，安知不更有晚年定论出于其间？①

按刘宗周的理解，王阳明之学为圣学无疑，但是其于向上一机轻于指点，所以才致引起后学左派之偏。而到王阳明晚年时，已经发现有此问题，所以其晚年之思想才应该是其定见。此句隐含之意即王阳明晚年之定见并没有被后学所发现，其后学仍以其中年未成形之见解教人，所以才有空虚之病。而刘宗周所要做的工作即是"指点"出王阳明学问之"向上一机"。这里，刘宗周所指王阳明学问之欠于指点而引起后学空疏之弊病处，在其《阳明传信录》最后一段对"天泉证道"一事的按语中有集中表述。

"天泉证道"为王阳明晚年征思、田前，答王龙溪、钱德洪争论"无善无恶心之体，有善有恶意之动，知善知恶是良知，为善去恶是格物"之"四句教"法理论内涵一事。对此教法的理解，王龙溪以"四无说"主本体，钱德洪则言"格致诚正修，此是复性体工夫"强调修养工夫。针对二人的不同解读，王阳明强调："二君之见正好相资，不可各执一边。"王阳明指出龙溪之法适用于利根之人，而德洪之法则适用于其次之人，并特别强调利根之人，世亦少见，"人有习心，不教他在良知上实用为善去恶工夫，只去悬空想个本体，一切事为俱不著实，不过养成一个虚寂，病痛不是小小，不可不早说破"。②

针对"天泉证道"一事，刘宗周在按语中评价道：

① 《明儒学案·姚江学案》，第7页。

② 《明儒学案·姚江学案》，第217页。

先生每言，至善是心之本体。又曰："至善只是尽乎天理之极，而无一毫人欲之私。"又曰："良知即天理。"《录》中言"天理"二字，不一而足，有时说"无善无恶者理之静"，亦未尝径说"无善无恶是心体"，若心体果是无善无恶，则有善有恶之意又从何处来？知善知恶之知又从何处来？为善去恶之功又从何处起？无乃语语断流绝港乎！快哉，四无之论！先生当于何处作答？却又有"上根下根"之说，谓"教上根人只在心上用工夫，下根人只在意上用工夫"，又岂《大学》八目一贯之旨？又曰："其次且教在意念上着实用为善去恶工夫，久之心体自明。"蒙谓才着念时，便非本体，人若只在念起念灭上用工夫，一世合不上本体，所谓南辕而北辙也。①

按刘宗周所言，王阳明所讲"四句教"法之问题，主要有以下两点：

第一，王阳明即认为"至善是心之本体"，《语录》中亦多言"至善只是尽乎天理之极，而无一毫人欲之私""良知即天理"等，那么，为什么此处王阳明却讲"无善无恶是心之体"呢？若"心体本是无"，那么心之所发之"意"，知善知恶之"知"，为善去恶之功又从何起？若如此，无怪龙溪有四无之说。

第二，王阳明讲"上根之人在心上用功，下根之人在意上用功"，分明是两段工夫，与《大学》一以贯之之意不和；又言"其次且教在意念上著实用为善去恶工夫，久之心体自明"，但王阳明所讲"意"，为心之所发（注：按刘宗周的理解，此意为念）。工夫用在念起念灭上，所以"才著念时，便非本体，人若只在念起念灭上用工夫，一世合不上本体，所谓南辕而北辙也"。

而刘宗周认为以上两点问题产生的关键在于其解《大学》时，没有将

① 《明儒学案·姚江学案》，第218页。

“意”概念认清，他接着讲：

先生解《大学》，于“意”字原看不清楚，所以于四条目处未免架屋叠床至此。乃门之士一再摹之，益失本色矣。先生他日有言曰：“心意知物只是一事。”此是定论。既是一事，决不是一事皆无。蒙因为龙溪易一字曰：“心是有善无恶之心，则意亦是有善无恶之意，知亦是有善无恶之知，物亦是有善无恶之物。”不知先生首肯否？[①]

刘宗周认为，因王阳明将“意”字认错，所以导致“格致诚正”四条目皆流于空疏。而刘宗周的解决办法即是改“有善有恶”之“意”为“有善无恶”之“意”。将“意”解为“有善无恶”，实质是将“意”字本体化，以强调“良知”的“客观性”。[②]如此则“心意知物”皆为实，而“格致诚正”工夫亦皆有下手处。此种方式虽能够合理解决“四句教”法之空疏问题，但王阳明讲“意”时明言为“心”之所发，为“有善有恶”之意，而非刘宗周所解“本体”之“意”。而这种对于“意”的不同理解，正显示出刘宗周所理解之王阳明之学与王阳明之学本身之间在对“良知”认识上的差异性。

二、将“良知”解释为至善之“知识”

刘宗周概括王阳明“致良知”之教时讲：

先生承绝学于词章训诂之后，一反求诸心，而得其所性之觉，曰

① 《明儒学案·姚江学案》，第218页。

② 对于刘宗周所讲“意”的解读，耿宁先生所用“意能”的表述方式是值得参考的，他讲：“在刘宗周的术语中，‘意’是处在心的‘实体’的层面上，……作为人心朝向善并同时背弃恶的根本志趣的‘意能’具有极为丰富的内涵：它也包含孟子的德性之‘四端’。”参见［瑞士］耿宁：《人生第一等事》，倪梁康译，商务印书馆，2014年，第1100页。

“良知”。因示人以求端用力之要，曰“致良知”。良知为知，见知不囿于闻见；致良知为行，见行不滞于方隅。即知即行，即心即物，即动即静，即体即用，即工夫即本体，即下即上，无之不一，以救学者支离眩骛，务华而绝根之病。①

刘宗周讲“良知为知”，“致良知为行”，“即知即行，即心即物，即动即静，即体即用，即工夫即本体”，从刘宗周所讲“良知”与“致良知”二者“逻辑关系”而言，的确亦符合王阳明之意，但在对于“良知”的理解上，却并非王阳明所讲。

王阳明讲“心”、讲“良知”，有其思想出发的“第一”前提。在《大学问》首段回答弟子钱德洪所问“《大学》之道，何以在‘明明德’时”，王阳明讲：

大人者，以天地万物为一体者也。其视天下犹一家，中国犹一人焉。若夫间形骸而分尔我者，小人矣。大人之能以天地万物为一体也，非意之也，其心之仁本若是，其与天地万物而为一也，岂惟大人，虽小人之心亦莫不然，彼顾自小之耳。是故见孺子之入井，而必有怵惕恻隐之心焉，是其仁之与孺子而为一体也。孺子犹同类者也，见鸟兽之哀鸣觳觫，而必有不忍之心焉，是其仁之与鸟兽而为一体也。鸟兽犹有知觉者也，见草木之摧折而必有悯恤之心焉，是其仁之与草木而为一体也。草木犹有生意者也，见瓦石之毁坏而必有顾惜之心焉，是其仁之与瓦石而为一体也。是其一体之仁也，虽小人之心亦必有之。是乃根于天命之性，而自然灵昭不昧者也，是故谓之“明德”。②

在这段话中，王阳明首先区分了“大人”“小人”，以“天地万物为一体”者，

① 《明儒学案·姚江学案》，第6~7页。

② 王阳明：《王阳明全集》（下），上海古籍出版社，2006年，第968页。

为大人，即是将整个宇宙内事看作“一个人”的事；进而，王阳明讲能以天地万物为一体，不是主观的构想，而是本于人之本心。小人之为小人，非其本来如此，而是自甘为小人；大人、小人之所以能共有此“心”，乃是因为此心“根于天命之性”，是“自然灵昭不昧者”，此即是讲人人同此心的客观根据。这种讲法并不是对于“心”的规定，而是“描述”，这是一条继承“思孟”及陆九渊思想而开出的一条本于“信心”的对于“理”之为理的合理性前提的追问的思维方式，其所欲教乃是使人由理之“追随者”而成为“理”之自觉者。因此，在这样的“第一”前提下，王阳明讲：“心即理也，此心无私欲之蔽，即是天理，不须外面添一分”，非是将“心”规定为是“天理”，而是讲“心”无私弊的本真状态，才是人人所共有的，才是能够体认天理的合理性前提。王阳明欲描述“心”之无私弊的本真状态，所以才讲其是“无善无恶”。

但这一种“无善无恶”的讲法，则不免受人非议为“佛老”。对这一问题，王阳明在《答陆原静》书中曾予以说明，他讲：

> 不思善，不思恶，时认本来面目，此佛氏为未识本来面目者设此方便。本来面目，即吾圣门所谓良知……体段工夫大略相似，但佛氏有个自私自利之心，所以便有不同。[①]

这里，王阳明说明的是二者工夫相似性中的根本性不同：佛家以自私之心接物；而“良知”之“功”是依天理而行。具体来说：

> 佛氏不著相，其实著相；吾儒著相，其实不著相。佛怕父子累，却逃了父子；怕君臣累，却逃了君臣；怕夫妇累，却逃了夫妇，都是著相，

① 《王阳明全集》(上)，第67页。

> 便须逃避。吾儒有个父子，还他以仁；有个君臣，还他以义；有个夫妇，还他以别，何曾著父子君臣夫妇的相？①

由此可见，王阳明所讲“无善无恶”与佛家所讲“无善无恶”乃是千里之别。王阳明所讲之“心”乃是一自然“存在”之存在，依此“心”所“知”而行，方是“知行合一”。但此时言知、言行，亦只是因后儒分言知、行而不得已为说，其实知即是行，行即是知，如此才是“致良知”之旨：“致良知”就是“大人”之心的自我呈现与自我完成。②因此，说“本体”为“至善”，为“无善无恶”，皆是对真实存在之“心”的状态之描述，实则并无差异。关于王阳明所讲的这一点，其弟子钱德洪的理解是值得参考的，他在《复杨斛山》中讲道：

> 人之心体一也，指名曰善可也，曰至善无恶亦可也，曰无善无恶亦可也。曰善、曰至善，人皆信而无疑矣，又为无善无恶之说者，何也？至善之体，恶固非其所有，善亦不得而有也。至善之体，虚灵也，犹目之明，耳之聪也。虚灵之体不可先有乎善，犹明之不可先有乎色，听之不可先有乎声也。目无一色，故能尽万物之色；耳无一声，故能尽万物之声；心无一善，故能尽天下万事之善……故先师曰“无善无恶者心之体”，是对后世格物穷理之学先有乎善者立言也。因时设法，不得已之辞焉耳。③

---

① 《明儒学案·姚江学案》，第 210 页。

② 此欲说明“致良知”是一“三位一体”性的结构“本体”而非是知性的“二元”模式，即“致良知”中所内涵的是本体自身的“存在”，对本体的自觉认识以及通达本体之修养工夫的有机整体性。关于中国哲学本体观念的这一“三位一体”性特征以及“致良知”思想内在逻辑结构的详细阐释，可参见张连良、陈琦：《从〈大学问〉看王阳明“致良知”思想的逻辑结构》，《社会科学战线》，2014 年第 6 期。

③ 《明儒学案·浙中王门学案一》，第 234~235 页。

按钱德洪所言，以“无善无恶”言“心之体”，“是对后世格物穷理之学先有乎善者立言也”，所指向的是程朱理学所遗留下来的认“理”为先在的问题；而又言“因时设法，不得已之辞焉耳”，则正是说明“良知”之教乃非“立言”之教。钱德洪《会语》中曾记：先师在越，甘泉官留都，移书辩正良知天理同异，先师不答，曰：“此须合并数月，无意中因事指发，必有沛然融释处耳。若恃笔札，徒起争端”，[1]正是说明此意。此外，从这段王阳明的作答中亦可看出，他是已经认识到以外在语言规定“本体”存在的僵化性危险的，即使是“因时设法”所讲“无善无恶”，亦有走向空虚之潜在危险。而从王阳明去世以后其后学发展的总体情况来看，其主流恰恰是走向了对于“良知”的外在性论辩之中，而这种论辩又将“良知”带向了“心”的主观性。刘宗周改“致良知”为“慎独”即是要强调“良知”的客观性根据。但当本身为客观“存在”的自然的“良知”以语言的确切形式被追问并要求被表达时，必然不自觉地陷入要求被“确定性”定义的“理”学思维中，其具体表现即如对“天泉证道”一事中刘宗周按语所纠结辨析于“至善”与“无善无恶”之中的问题。以此思维方式来考察王阳明所讲“良知”，则必然将其解释成为一“被界说者”式的存在。刘宗周在《阳明传信录》中另外三处关于“良知”的阐释，即是沿着这样一种思路来解读的。

第一处，《文录》中朱子礼问为学为政之要。王阳明讲：

> “明德、亲民，一也。古人之明明德以亲其民，亲民所以明其明德也。是故明明德，体也；亲民，用也。而止至善，其要矣。”子礼退而求至善之说，炯然见其良知焉，曰：“吾乃今知学所以为政，而政所以为学，皆不外乎良知焉。信乎，止至善其要也矣！”
>
> （蕺山按）：良知即天理，故曰至善。[2]

① 《明儒学案·浙中王门学案一》，第229页。

② 《刘宗周全集》（第五册），浙江古籍出版社，2007年，第36页。

第二处，《传习录》中王阳明言：

知是心之本体，心自然会知。见父自然知孝，见兄自然知弟，见孺子入井自然知恻隐，此便是良知，不假外求。

（蕺山按）：即云至善是心之本体，又云知是心之本体。盖知只是知善知恶，知善知恶正是心之至善处。[①]

第三处，《传习录》中：

问："良知原是中和的，如何却有过不及？"曰："知得过不及处，就是中和。"

（蕺山按）：良知无过不及，知得过不及的是良知。[②]

对比以上王阳明所言及刘宗周的按语可见，刘宗周讲"良知"为"至善""无过不及"，皆是将自然而然之"存在"解释为"实体性"之"存在"。而这一理解方式亦体现于其对《大学》文本的解读以及因此而产生的对王阳明所解释《大学古本》的质疑中。

三、在"八条目"结构下理解"诚意"

《大学》改本始于二程，至朱子《大学章句》出，分经传，补"格物致知"传文。至元后，朱子《四书章句集注》被立为科举考试的标准答案，朱子之解《大学》随之深入学者们的学术思维。虽朱子以后之学者有不同于朱子之改本出现，但就大多数成书的内容而言，所谈及范围多是限于"格致"是

① 《明儒学案·姚江学案》，第200页。
② 《明儒学案·姚江学案》，第215页。

否缺传、“八条目”中的内容性调整等，其不变之思想前提即是“不自觉”的承认“三纲领”“八条目”框架的先在合理性。至王阳明提出恢复《大学》古本，首先欲打破的，即是朱子所立《大学》之此前提。王阳明对恢复《大学》古本之意的说明，可见于其所作《大学古本原序》中。他讲：

《大学》之要，诚意而已矣。诚意之功，格物而已矣。诚意之极，止至善而已矣。正心，复其体也；修身，著其用也。以言乎己，谓之明德；以言乎人，谓之亲民；以言乎天地之间，则备矣！是故至善也者，心之本体也；动而后有不善。意者，其动也；物者，其事也。格物以诚意，复其不之动而已矣！不善复而体正，体正而无不善之动矣！是之谓止至善。圣人惧人之求之于外也，而反复其辞。旧本析而圣人之意亡矣！是故不本于诚意，而徒以格物者，谓之支；不事于格物，而徒以诚意者，谓之虚；支与虚，其于至善也远矣！合之以敬而益缀，补之以传而益离。吾惧学之日远于至善也，去分章而复旧本，傍为之什，以引其义，庶几复见圣人之心，而求之者有其要。①

首先，王阳明在这段话中所讲“圣人惧人之求之于外也，而反复其辞”，其目的正是针对“求理于外”之“时病”；进而，王阳明强调“诚意”“格致”合一之旨，则直指朱子改本《大学》之说。②这里需要注意的是，王阳明所讲“诚意”，并非朱子“八条目”所设之“诚意”，即其所讲“诚意”并非处于在逻辑层面与“格致”同级的条目规定下的一环节。王阳明所讲“修身”“诚

① 《王阳明全集》(下)，第1197页。

② 朱子《大学》言“八条目”，又单提“格致”“诚意”两条目为入手处。“其第五章乃明善之要，第六章乃诚身之本，在初学尤为当务之急，读者不可以其近而忽之也。”(朱熹:《四书章句集注》，中华书局，1983年，第13页。)

意”,其实质即“致良知”。[①]在《大学古本傍释》中,王阳明借注释“古之欲明明德”至“一是皆以修身为本”一段表达此意。

注“古之欲明明德于天下”节时,王阳明仅以“明明德天下,犹《尧典》‘克明峻德,以亲九族’,至‘协和万邦’”一句概述,进而转言“心者身之主,意者心之发,知者意之体,物者意之用”,又举“如意用于事亲,即事亲之事格之,必尽夫天理,则吾事亲之良知无私欲之间而得以致其极”[②]为例。三句一起,只是用来解释“明明德在于亲民”之“知行合一”之理。接下一节“自天子以至于庶人,一是皆以修身为本”,王阳明直言“修身惟在诚意,故特揭诚意,示人以修身之要”。[③]在理解王阳明刻《大学古本》所针对之“求理于外”之学术问题这一时代背景的前提下,我认为王阳明的这种注释并不是对“先”“后”条目之避谈或因文本而作的强附之注,而可以说正是王阳明学问的“高明”以及“无奈”之处——王阳明所讲“良知”之学本非立“言”之教,其以“致良知”为教法亦只是针对“时病”之“药方”,这是其学问继承儒家“思孟学派”及陆九渊一系的“高明”之处;而从王阳明对《大学古本》的注释不难看出,他对于文字的选择是十分谨慎的。这种谨慎性实际上亦是其“无奈”之处。如不予以语言说明,则难与人表达其意,但其表意所用概念却亦有使读者不自觉陷入被先在知识占有的朱子学的思维框架

① 可参《大学问》。钱德洪问:“……敢问欲修其身,以至于致知在格物,其工夫次第又何如其用力与?”(王阳明)曰:“此正详言明德、亲民、止至善之功也。盖身、心、意、知、物者,是其工夫所用之条理,虽亦各有其所,而其实只是一物。格、致、诚、正、修者,是其条理所用之工夫,虽亦皆有其名,而其实只是一事……物者,事也,凡意之所发必有其事,意所在之事谓之物。格者,正也,正其不正以归于正之谓也。正其不正者,去恶之谓也。归于正者,为善之谓也。夫是之谓格。《书》言‘格于上下’,‘格于文祖’,‘格其非心’,格物之格实兼其义也……然后物无不格,而吾良知之所知者无有亏缺障蔽,而得以极其至矣……盖其工夫条理虽有先后次序之可言,而其体之惟一,实无先后次序之可分……”[《王阳明全集》(下),第971~972页。]条理,即道(理)之以“得其分则有条而不紊”言者,离“物”无“条理”。所以“格”者,即“道”(理)之本身自然存在及运行状态,“格”兼有格于“文祖”“上下”“非心”三者有机整体性统一之内涵。

② 《王阳明全集》(下),第1193页。

③ 《王阳明全集》(下),第1193页。

中的危险。

刘宗周虽亦讲“诚意”即“致良知”，但其所讲“诚意”却正是停留在朱子《大学》的框架中，将王阳明所讲“格致”“诚意”当作朱子《大学》中处于平等逻辑层次的工夫环节。按刘宗周中年所注《大学古记》来看，虽文本顺序大部分同于古本，但必要单解“诚意”章，并注言“右第三章，申诚意之义，而致知、正心皆举其中”；[①]至晚年又依《伪石经大学》而成《大学古文参疑》，先分出“格物致知”章，后专讲“诚意章”并注言：“止言‘必诚其意’以应首句，更不言‘先致其知’，正以见诚意之为专义也，亦了义也。……阳明子曰：‘大学之道，诚意而已矣。’而解‘诚意’仍作第二义，以迁就其‘致良知’之旨，无乃自相矛盾。”[②]

所以，在朱子“八条目”的框架下来看“诚意”与“致知”，势必出现如上刘宗周所质疑之矛盾，乃至“正心”“修身”之条目亦皆不合。《阳明传信录》所记：

问：“格物于动处用功否？”（阳明）曰：“格物无间动静，静亦物也。孟子谓‘必有事焉’，是动静皆有事。”

（蕺山按）：“此是先生定论。先生它日每言‘意在于事亲，即事亲为一物’云云，余窃转一语曰：‘意不在于事亲时是恁物？’先生又曰：‘工夫难处全在格物致知上，此即诚意之事。意既诚，大段心亦自正，身亦自修。但正心修身工夫亦各有用力处，修身是已发边，正心是未发边，心正则中，身修则和’云云。先生既以良知二字冒天下之道，安得又另有正修工夫？只因将意字看作已发，故工夫不尽，又要正心，又要修身。意是已发，心是未发，身又是已发。先生每讥宋学支离而躬自

① 《刘宗周全集》（第一册），第630页。
② 《刘宗周全集》（第一册），第614页。

蹈之。千载而下，每欲起先生于九原质之而无从也。"①

刘宗周在解《大学》文本时所体现的从朱子"八条目"的框架下的理解方式，且以"实体性"概念来理解王阳明所讲之"良知"，则必如其所言："心"与"意"不合。即若"意"为"心"之所发，"意"上用功是无法达到对于本体之澄明的。所以，若合于王阳明所讲《大学》之意，则必须要改"意"。刘宗周所改对"意"之理解，可见于《阳明传信录》中王阳明与徐爱谈"知行合一"一节按语：

（阳明言）"故《大学》指个真知行与人看，说如好好色，如恶恶臭。见好色属知，好好色属行；只见好色时已自好了，不是见后又立个心去好。……"

（蕺山按）：只见那好色时已是好了，不是见了后又立个心去好。……此是先生洞见心体处，既不是又立个心去好恶，则决不是起个意去好恶可知，故知意不可以起灭言也。②

刘宗周讲不以起灭言"意"，其对于"意"之解释是其与前儒大不同之处。其弟子黄宗羲在《子刘子行状》中概括其师学问"发前儒之未发处"讲：

一曰："意为心之所存，非所发。"《传》曰："如恶恶臭，如好好色。"言自中之好恶，一于善而不二于恶。一于善而不二于恶，正见意之有善而无恶。所谓："几者动之微，吉之先见者也"，正指所存言也。如意为心之所发，将孰为所存者乎？如心为所存，意为所发，是所发先于所存，岂《大学》知本之旨乎？盖心无体，以意为体；意无体，以知无（为）

① 《明儒学案·姚江学案》，第204~205页。
② 《明儒学案·姚江学案》，第199~200页。

体；知无体，以物为体。物无用，以知为用；知无用，以意为用。工夫结在主意中，方为真工夫。如离却意根一步，亦更无格致可言。问："意为心之所存，好善恶恶，非以所发言乎？"曰："意之好恶，与念之好恶不同。意之好恶，一几而互见；念之好恶，两在而异情。以念为意，何啻千里！"①

刘宗周提出了"意"与"念"的区别，并认为前儒所讲"意"实际上是"有善有恶"之念，而"意"实际上应该是"有善无恶"，是"心"之所"存"。此亦是其《大学》改本的基本思路以及晚年强调"诚意"说的原因所在。刘宗周的此种解释虽表面合于王阳明所讲"《大学》之道，诚意而已矣"之意，但需要注意的是，因其停留在朱子"理"学的框架中，所以又只能通过用外在语言来言说"心意知物"四者之间的有机联系。

四、结语

综上所述，从现实文化意义上讲，刘宗周以"诚意"改"致良知"，而强调"良知"的客观性，对于救治王学后学"左派"空疏之偏，确有补治之功。但在王阳明处，"良知"是类似于胡塞尔现象学意义上的具有"自明性"的无前提的自然存在，而刘宗周在对"良知"的理解中，却将其看成为一种被界说的"知识性"存在，以至在其讲"意"时，只能是用语言的"辩证性"来规定这一"本体"，而避免它的僵死性。刘宗周所认"良知"并没有达到王阳明所认"良知"的自然性。因此，从这一学理角度上看，刘宗周对于"良知"的"误读"，实际上是"心"学的倒退。

刘宗周对于王阳明思想"误读"的根本原因，是与其学术思想形成之

① 《刘宗周全集》(第六册)，第40~41页。

渊源密切相关的。刘宗周的理学思想是本于湛甘泉一系的，[①]所以在其思维方式上，是以一种外在规定的“圆融性”模式来处理“心”“性”“理”等之间的关系，这种思维方式亦从根本上决定了刘宗周以及“湛学”一系学术思想本质上的“程朱”理学一脉的倾向。[②]对这一学脉的认识，于理清宋明理学史的发展脉络问题具有重要的借鉴意义。此外，刘宗周的《阳明传信录》一书被其弟子黄宗羲所采用并编入《明儒学案·姚江学案》中以作为黄氏阐释王阳明思想主旨之文字，[③]刘、黄二人所理解的王阳明思想遂对于其后之学者解读王阳明思想产生了重要的影响。简言之，《阳明传信录》所释王阳明思想在一定程度上被“不自觉”的接受下来并被认为即是王阳明本人思想之主旨，但这一“观点”恰恰应该是被再“反思”的。对这一问题的清晰认识，于合理把握王阳明思想本质具有重要的学理意义，而对王阳明思想本质的理解亦是研究刘宗周思想所理应给予前提考察的。

---

① 这一观点可参见以下诸先生之文字：乔清举《湛若水哲学思想研究》（文津出版社，1993年）、《甘泉哲学体系及其后传研究》（见《哲学研究》，1994年第2期，第52~59页）；黄宣民《蕺山心学与晚明思潮》（见钟彩均主编：《刘蕺山学术思想论集》，台湾“中研院”中国文哲研究所筹备处，1998年，第211~261页）；李振刚《证人之境——刘宗周哲学的宗旨》（人民大学出版社，2000年）。笔者在此进一步指出，因刘宗周理学的“湛门”传承，所以刘宗周在面对王阳明思想时，是与笃信王学的“王门弟子”（或自认为王学后人）之“信”王学不同，而是将王学视为被“审视”之对象，这也合理解释了刘宗周为何一直有对于王阳明思想的“质疑”并欲“超越”之企图。

② 笔者在即将出版的拙著《“虚位”之体——刘宗周“慎独”哲学研究》中将对这一观点作详细阐述。另，崔大华先生亦有类似观点。他讲：湛若水的心学思想和整个江门学派的心学思想都是结束在“随处体认天理”中。其“随处体认”，一定程度上显现的是明代心学开门风气者江门陈献章的“自然”“养端倪”的心学特色；其“天理”，潜蓄着的却完全是朱学的实质。见崔大华：《刘宗周与明代理学的基本走向》，载钟彩均主编：《刘蕺山学术思想论集》，台湾“中研院”中国文哲研究所筹备处，1998年，第187页。

③ 黄宗羲所录《明儒学案·姚江学案》中之《阳明传信录》并非为全录，而只取其第一卷《语录》与第三卷《传习录》，并在文字细节上有一定的节取与删改。但对于王阳明思想的理解上，刘、黄二人是基本一致的。关于二书之间文字差异的详细比较，可参见朱鸿林先生《〈明儒学案·姚江学案〉的文本问题》，载于朱鸿林：《〈明儒学案〉研究及论学杂著》，生活·读书·新知三联书店，2016年，第191~268页。

刘宗周的《大学》诠释方法 *

王涵青

（黄冈师范学院文学院）

一、前言

刘宗周思想就经典诠释之层面言，以《大学》《中庸》《易》为主轴，此经典之依据与宋明儒“对佛教思想之否定以及摆脱汉儒传统，以归向先秦儒学之本来方向”[1]的基源问题有关；虽然在思想发展的历程中，佛老对宋明儒者之影响，以及三教融合会通的趋势不可避免，但多数宋明儒者仍以不流于佛老且能对抗佛老（尤以佛学为主）完整形上学、心性论、工夫论理论系统之问题意识为企图，选择了此些典籍与孔孟心性论结合，进行义理间架之设计，此经典诠释模式成为宋明理学发展的重要特征。此种经典诠释的特点，我们可以劳思光“基源问题研究法”中的“设准”概念来思考。劳思光透过基源问题的确定与基源问题研究法的径路，及其个人心性论中心的设准，完成了宋明理学一系三阶段说的理论系统建构。在“基源问题研

* 本文完整初稿发表于 2018 年“刘宗周与明清之际儒学——纪念刘宗周诞辰 440 周年学术研讨会”，后截取稿件部份陆续发表于各期刊，本文为稿件最后一部分，以“刘宗周的《大学》诠释方法”为题于 2019 年 6 月发表于《哲学与文化月刊》（台湾）。本文受黄冈师范学院博士基金项目支助，项目名称：刘宗周的经典诠释方法与明清之际学术转型问题，项目编号：2042019004。

① 劳思光：《新编中国哲学史》（三上），生活·读书·新知三联书店，2015 年，第 36 页。

究法”中，主张哲学史研究的最后阶段必须基于研究者个人之“设准”，产生全面性之判断。①借由基源问题研究法，回到宋明儒者的理论建构现场，其所面对的是整体时代与学术背景（外、内缘因素）综合而在其思路中形成的基源问题；在问题处理，即理论建构过程中，其理论之内涵又是透过对上述先秦以来儒家经典的诠释，以及对其之前宋明儒者各种主张的反思中逐步形成的，而在其之前的宋明儒者的理论内涵，又是根据了一致的先秦儒家典籍。在思辨进程中，宋明儒者形塑了各自不同的哲学“设准”，因之对不同理论系统有各自之判断（甚至批判），此实则亦展现为在经典诠释上的不同见地。循此思路，笔者认为，一种关于宋明儒者如何使用先秦儒学经典的方法论意识与诠释方法之探究，无论就论、孟，抑或易、学、庸而言，为理解宋明儒者对过往经典诠释与其理论发展内涵的重要线索。此所谓“方法论意识”，意指哲学家就着其基源问题展开论述时，有意识地就个人哲学基本判准、使用各经典概念构筑义理间架、处理单一经典内容等各层面，设定处理方法，此三者以前者为基础迭加而为整体。“方法论意识”作为中国哲学理论建构者（包括现今当代中国哲学研究者）在论述过程中的自我设准，是具体落实于文本中的；在经典诠释层面，便使不同哲学家之理论内涵，与对相同经典以及经典中之概念建构，透显出不同的思路特色。

回到刘宗周所处时代，其外在环境为明清鼎革之际，就其理论根源之内缘因素上，则处于阳明学发展的困境中；然而，在理解阳明学流弊问题之过程中，宗周也明白王学本身之形成过程的内缘因素，又在于对程朱以来性理之学工夫过于支离的补偏救弊企图。如此，面对宋明以来理学与心

① 劳思光对基源问题研究法的使用并不贯串整部《新编中国哲学史》，但很明确的可见其个人“心性论中心”之哲学设准在书中的呈现；其对宋明理学以归向孔孟儒学、对峙佛老的基源问题之确立，以及就此而主张的宋明理学一系三阶段说，亦为基源问题研究法的重要代表。参见劳思光：《新编中国哲学史》（一），生活·读书·新知三联书店，2015 年，第 10~13 页。

学发展而导致的尊德性与道问学之争以及之弊，刘宗周如何于两者间重整与建构，完成宋明儒学理论体系，成为其体系建构的基源问题所在，[1]亦为其经典诠释的基础。本文即以此思考脉络为基准，讨论在此整体性问题意识之下，当刘宗周面对作为其理论与概念根基的各经典与经典中的各概念，如何在经典诠释的细节上展现其对于自身问题意识的处理，并展现出其独特的方法论意识操作。本文以刘宗周的《大学》诠释为核心，以“慎独”作为其哲学最高概念范畴，从《大学》与《中庸》而出，宗周晚年就着《大学》中的“诚意”发展了慎独思想，此为其理论发展的重要环节。刘宗周就《大学》为题旨而现存之文献，包括思想中期（52岁，崇祯二年）的《大学古纪约义》，中期以后（51岁以后，崇祯年间）为诸生讲《大学》而作的《大学杂言》，以及思想后期两次就《大学》篇章进行的改本与章句诠解，分别为62岁（崇祯十二年）编著的《大学古记》[2]与68岁编著的《大学古文参疑》，另外当然还有更多与《大学》内含之概念有关的著述。在诠释《大学》的过程中，其如何进行实际的文本诠释操作？

刘宗周认为《大学》是慎独之教就着心宗层面的开展，慎独是其学问第一义可以确定，而晚年殚精竭虑所开展之诚意说，理论建构的目标即是就着《大学》心宗脉络诠释慎独之教。在《读大学》文中其言：

> 大道之道，诚意而已矣；诚意之功，慎独而已矣。……夫道一而已矣，学亦一而已矣。大学之道，“慎独”而已矣；中庸之道，“慎独”而已

---

[1] 如杜维明所论，虽然我们今天一致地评价刘宗周思想为心学一脉，且着重其与阳明的联系，以及其对心学的改造，但实际上就其问题处理与理论建构的整体性而言，是包含着理学与心学发展，或更精准地说是朱熹与阳明学发展的总体响应。参见杜维明、东方朔：《杜维明学术专题访谈录——宗周哲学之精神与儒家文化之未来》，复旦大学出版社，2001年，第95页。

[2] 关于《大学古记》之成书时间当今学界有崇祯二年（宗周52岁）与十二年（62岁）两说，本文循宗周年谱之记载崇祯十二年为说。相关讨论可见陈群《明清之际〈大学〉诠释研究》中之整理。参见陈群：《明清之际〈大学〉诠释研究》，科学出版社，2017年，第54页。

矣；论、孟、六经之道，“慎独”而已矣。“慎独”而天下之能事毕矣。①

因此慎独之教作为其学问宗旨，而诚意为在《大学》文本脉络中论述慎独思想的意旨十分明确，就着《大学》脉络言，落能通贯慎独之教，即是“言慎独，而身、心、意、知、家、国、天下一齐俱到”②。

在进入刘宗周《大学》诠释的方法意识与操作层面的正面建构论述前，首先必须厘清，其对过往宋明儒者《大学》诠释的反思，主轴在于“支离”的问题，而导致支离的原因，一方面在于对《大学》文本整体性与一致性的忽略，而有多余的增加或援引，譬如朱熹的《格致补传》或阳明的援孟子良知入《大学》；另一方面则因着前述的失误而导致在概念确立与定义上的错误，如对朱熹格物穷理的定义容易偏离知本之旨、对朱熹与阳明对意为已发的定义导致种种问题，而与阳明学有关的种种问题也是导致王门后学流弊（同样显现为各种支离）的因素。③其原因可归结于就着《大学》文本而发挥的此些主张并没有真正的符应《大学》文本意旨，因此产生了过多、过度的解释。相应于此，刘宗周所采取的策略即是，减少这些过多、过度诠释，回到《大学》文本脉络，就着此策略与方法，刘宗周的《大学》诠释便有以下主要操作。

二、“一贯”的《大学》诠释方法论意识

就着《大学》文本的诠释，以及此诠释所欲处理的朱王格致诚正等主

---

① 《刘宗周全集》（第六册），浙江古籍出版社，2012 年，第 867 页。本文刘宗周原典之引用均依据此版本。

② 《刘宗周全集》（第三册），第 357 页。

③ 关于刘宗周对于过往宋明儒者《大学》诠释的反思，笔者另有专文进行详尽分析，而为本文的基础，在此仅扼要总论，不再开展。

张的不同问题，刘宗周采取一种“一贯”的诠释方法与意识形态。例如最后的《大学》改本，宗周临终担忧改本过于割裂原始版本而命削删之，但我们还是可透过此次改本见到其企图，在《大学古文参疑》第一章，刘宗周将《大学》开头的“大学之道，在明明德，在亲民，在止于至善。”后，移走“知止……则进道矣”一段，直接接上“古之欲明明德于天下者，先治其国，……国治而后天下平”一段，使三纲八目接合，并解释：

> 愚按：三纲以着大学之教，而八目以申三纲之义。三事归之一事，文势已完，故定为一章。先儒之言曰：“大学不分经、传，只是六段文字。”愚按：虽不分经、传，而首尾详略，部位森然，故不妨分章如右。[①]

《大学》实即为明明德、亲民、止于至善之学，由三纲之旨可说明一切，而八目为对三纲之旨的详解，并且，三纲亦为一事，不该分别开看。刘宗周认为此分章可以将大学的核心主旨一次澄清，且在此中亦提出了“三事归之一事”的观点，开启了“一贯”的思路。那么，明明德、亲民、止于至善如何只是一事？《大学》是透过格致诚正修齐治平八目来解释三纲，此八目亦只是一事吗？所谓的一事意指？宗周言：“大学是一贯底血脉，不是循序底工夫。”[②]便指出所谓“一事”，指的是大学所展示的三纲与八目序列，通常从工夫操作的次第言八目时，对其有前后时间与过程上的区分，讲求层层递进的次序，刘宗周则主张无论三纲八目，非“循序工夫”而为“一贯血脉”，此为“归之一事”。因此，看似的“序列”实则是“一贯”的，宗周言：

> 合心意知物，乃见心之全体。更合身与家国天下，乃见此心之

① 《刘宗周全集》(第二册)，第575页。
② 《刘宗周全集》(第三册)，第407页。

全量。[1]

以八目言，心意知物与身家国天下前后四者就着不同层面展现了主体之“全体”与“全量”，“全体”就主体自身层面言，“全量”就自身而向外之扩展言，然无论自身与外在，都不是分开了自身与外在世界，而均就着主体心/主体性说，此亦为一种“一贯”，宗周云：

> 问大学要义。曰：言本体，吃紧得个“善”字；言工夫，吃紧得个“止”字；言本体工夫一齐俱到处，吃紧得个“知”字；言本体工夫一齐归管处，吃紧得个“身”字。[2]

以止于至善为例，此“一贯”可彰显于由“善”说本体而由“止”说工夫上，本体工夫一齐俱到处落在“知”上，亦即“致知”之中，因为致知就是知止、知至，即本体即工夫，而本体工夫的操作主体，落在人之主体，即“身”之上。因此，刘宗周“即本体即工夫”的核心方法意识，[3]在此就着“一贯”的意识展开处理。

另外，就此“一贯”之理，刘宗周认为《大学》的核心宗旨在于诚意之学，但何以解释《大学》中言“修身为本”？便如上所言，“身”为一切操作的主体，是八目中的前后联结点，其云：

> “形色，天性也。”故大学之教，归于修身，内之摄心意知物，外之

① 《刘宗周全集》(第三册)，第368页。

② 《刘宗周全集》(第二册)，第616页。

③ “即本体即工夫”的主张作为一种方法论进路，为刘宗周建构各个主张的基本意识，关于此理论特色之展现，刘宗周常使用“体用一原，显微无间”“一而二，二而一”“本体工夫为一”等，以说明在各个理论脉络上的即本体即工夫特征之意涵。然而在经典诠释的实际操作上，处理不同典籍内涵时，刘宗周又会基于此核心方法论意识，形成由此经典内涵而展现的，特殊方法论意识内涵。

摄家国天下,此践形之尽也。[①]

借着孟子践形之说,刘宗周指出主体自身(修身)作为内外交摄的节点,透过心意知物与家国天下的内外践履,即能尽其理而践其形。在此脉络上言"修身为本"是可以理解的,因为身(主体)就是工夫操作所在处,就此所在处,由内而为心意知物、由外而为家国天下。

三、透过对"知"之"知本、知止、知至"的解释贯通三纲八目

对刘宗周言,不认同朱熹与阳明对"意"为已发的常见理解,而欲以诚意为《大学》宗旨,那么《大学》如何透过诚意说以开展慎独之教?对此问题,刘宗周就着《大学》文本,回应以格致与诚意在《大学》诠释上的问题处理之。其将致知回归《大学》文本中的几个与"知"有关的概念,透过几个"知"(知本 / 知止 / 知至)贯穿心意知物与明明德至止于至善。此"本、止、至"的用词,即其展现"一贯"之理的操作手段。

在建立诚意为核心宗旨时,其云:

此章首喝"诚意"而不言在致其知,以诚意为专义也。致知为诚意而设,如中庸之明善为诚身而设。盖惟知本,斯知诚意之为本而本之,本之斯止之矣。亦惟知止,斯知诚意之为止而止之,止之斯至之矣。即诚即致,故曰专义也。[②]

诚意之所以为《大学》文本的核心概念,刘宗周认为只要从论诚意时,开头仅言"所谓诚其意者",而不像后续的正修齐治平等,句型是"所谓修

① 《刘宗周全集》(第三册),第382页。
② 《刘宗周全集》(第二册),第578~579页。

身在正其心者”，以正心为修身的前提，若按照序列，则诚意的前提应该为致知，但透过《大学》文脉已可理解，在此序列中致知并非诚意的前提，所谓的“序列”亦并非时间或操作进程的前后关系，而是“一贯血脉”，所以致知是为诚意所设的。致知的意涵，则是透过“知本、知止、知至”几个概念显示。因此，在《大学古文参疑》的“释格物致知”章中，刘宗周将《大学》文本中以上几个概念联系成章，①并分别解析“物有本末，事有终始。知所先后，则近道矣”“于止，知其所止”“听讼……，此谓知本”几段为：

> 物，即是格物之物；知，即是致知之知；先后，即前章先后字面；道，即大学之道。②
>
> 知先之说，归之知止而已。知止，所以知本也。③
>
> 止之，即所本之地。知止，所以知本也。致此之知，是为致知；格此之物，是为格物。④

格物是格此物有本末之物，致知是知所先后，即是知所本与所止（先/后），而知本又在于能知止，知所止之处（方向），即所本之地，如此，“本”与“止”成为一个虚构的循环的先后序列，此本末先后终使序列实则是“一贯”的，从“知止”言工夫入手处，从“知本”言工夫操作是朝向本源、本体的探本寻本之路，另外从此尚未引入的“知至”言工夫最终目标处，前后本末

---

① 物有本末，事有终始。知所先后，则近道矣。诗云：“缗蛮黄鸟，止于丘隅。”子曰：“于止，知其所止，可以人而不如鸟乎？”知止而后有定，定而后能静，静而后能安，安而后能虑，虑而后能得。诗云，“邦畿千里，惟民所止。”子曰：“听讼，吾犹人也。必也使无讼乎！”无情者不得尽其辞。大畏民志，此谓知本。自天子以至于庶人，壹是皆以修身为本。其本乱而末治者，否矣。其所厚者薄而其所薄者厚，未之有也。此谓知本，此谓知之至也。（《大学古文参疑·第二章释格物致知》，第二册，第575~577页。）

② 《刘宗周全集》（第二册），第575页。

③ 《刘宗周全集》（第二册），第575页。

④ 《刘宗周全集》（第二册），第576页。

终始被刘宗周紧缩在即本体即工夫的操作准则下。又如以下的比喻:“譬如树木,本之生意,无所不贯,无末非本也;譬之经纬,始之条理,无所不引,无终非始也。”[①]“无末非本、无终非始”,就本 / 始而言是生意、条理,是本体,本体又是贯通、导引于整体之中的。通常我们很容易以本体下贯于整体存在界中的万事万物而区分本体的形上实体与经验世界事物的存在两类基本阶层,而对本体与经验世界的事物有形上与形下的区分,但此种理学式的区分在心学“心即理、良知即天理”的命题中,便已有变化。刘宗周在此以树木与经纬比喻本末终始关系,所言的“本 / 始”若为本体,或是说为形上层次的概念,其所谓的“末 / 终”,则不能说是理学家思维的下落于经验世界中的万事万物而有其理,就此使用的形下层次的概念。诚如高海波之辨析,刘宗周的形上与形下“是以无形迹、能否被感知来区分。即具体与抽象的关系”“形而上是抽象的道理,形而下是具体的可感之物”。[②]抽象的道理与可感之物都同在一整体之中,因此树木与经纬也是作为一个整体而进行比喻。

此一贯的操作,放在《大学》三纲中,则显示了最终的止于至善其实就是止于所以明之明德,因此刘宗周言“大学首言‘明明德’,又继之曰‘止于至善’,盖就明德中指出主宰,有所谓至善者,而求以止之,止之所以明之也”[③]。又此“知”之根据与核心,则在于诚意,因此宗周言:

本者止之地,知本则知至而知止,故授之以意诚,意诚则心之主宰处止于至善而不迁矣。

致知者,致吾知止之知也。收摄到极处,即是推致到极处,殆止于至善,则知至矣。致知在格物,格其物有本末之物。知本则知止,知止

① 《刘宗周全集》(第二册),第620页。

② 高海波:《慎独与诚意——刘蕺山哲学思想研究》,生活·读书·新知三联书店,2016年,第58页。

③ 《刘宗周全集》(第二册),第395页。

则知至矣。[①]

从字词来看,“本”是源头,“止”是最终的尽头,“至”是要达到的目标,前者为本而后两者为末,因此“止于至善”本来是就着“末”,也就是主体用工夫的最终尽头(知至),在于至善的目标,但刘宗周抹除了本末的距离,言“本者止之地”“知本则知止,知止则知至”,言收摄即是推致。此“知本”,往前是要透过格物的格此物有本末之本来保障,往后则是明白此物有本末之本,即在于以诚意为本而主体能有所本之,因此云:

格物虽格尽天下之物,然其要只是知本,盖物有万而本则一也。……夫所谓知本者,依旧只是知诚意之为本而本之,不是悬空寻个至善也。[②]

如此,三纲中所标示的止于至善的最终目标,就着八目的解释而言,就是厘清诚意之为本的道理,且透过知本、知止、知至的“一贯”之理,刘宗周一方面一贯了三纲之旨,另一方面,也一贯了格致诚正修齐治平的八目序列,其云:

大学之教,只要人知本。天下国家之本在身,身之本在心,心之本在意。意者,至善之所止也,而工夫则从格致始。正致其知止之知,而格其物有本末之物,归于止至善云耳。格致者,诚意之功,工夫结在主意中,方为真工夫,如离却意根一步,亦更无格致可言。故格致与诚意,二而一,一而二者也。[③]

---

① 《刘宗周全集》(第二册),第617页。
② 《刘宗周全集》(第五册),第334页。
③ 《刘宗周全集》(第三册),第351页。

在《大学》八目序列中，由外往内逐一探本，而知最后以“意”为本，即至善所止，而得以完成诚意之教的径路则在于格致工夫，如此，格致与诚意可说是“二而一，一而二”者。①

四、透过对“知”之“知本、知止、知至”的解释解析“心意知物”关系

就着格致与诚意的诠释，刘宗周亦对由此而生的“心意知物”关系，在此“知本、知止、知至”的“一贯”操作方式上，进行了思考。

在八目上，刘宗周引《孙子·九地》“常山之蛇”之说为喻，其言：

> 身者，天下国家之统体，而心又其体也。意则心之所以为心也，知则意之所以为意也，物则知之所以为知也，体而体者也。物无体，又即天下国家身心意知以为体，是之谓体用一原、显微无闲。又云：大学八条目，如常山之蛇，击其首则尾应，击其尾则首应，击其中则首尾皆应。②

我们可以说，“身”在八目中即为蛇之“其中”，“击其中则首尾皆应”，因此身具有“统体”的性质，往后为天下国家，往前为心意知物，人于天下国家的实践需有主体自身的存在，而主体自身又以心体为本，再往上追溯，

---

① 在刘宗周思想中期的《大学古记约义·经旨》中，即就此本末一贯之理有过陈述，亦可为代表，因此列于下以供参考。且由此亦可见刘宗周的《大学》诠释以“一贯”之方法意识为基础的操作，或是说即本体即工夫的方法论基础，始终为其思想发展与论述的根基。

古人立大学之极者也，欲明明德于天下而天下之本在国，国之本在家，家之本在身，而心、而意、而知，为至善之地，则本之本也。“致知在格物”，即格其“物有本末”之物也；物格则知本知末，且知始知终，知所止矣；知止则知至，意于此而诚，心于此而正，身于此而修，家于此而齐，国于此而治，天下于此而平矣。必疏八目反复言之，何也？循八者反于本，则其本始真；循八者而达于末，则其末始备。如水有源，必盈科而放海；如木有本，必由干而透华。［《刘宗周全集》（第二册），第 607 页。］

② 《刘宗周全集》（第三册），第 350~351 页。

心体本于意，意本于知，知本于物，物不单指特定对象的某物、某体，而就是八目其他的天下国家身心意知七者，此即“体用一原、显微无间”，此常山之蛇的比喻就如前述树木、经纬之喻般，都是以自身的整体性事物为象征，在此脉络上，也可以说刘宗周将天下国家等本就着经验世界层面而言的具体事物，统会于主体自身，如东方朔言其不再是“外界的客观存在物”而“必须换作是从一心普现上说”，[①]所以又将主体自身收归于“心”。如此，刘宗周可以将“明明德、亲民、止于至善”“知本、知止、知至”“格致诚正修齐治平”“心意知物”等，都放在这一自身整体性上进行比喻，做出说明。

回到心意知物的关系问题上，其言：

> 心无体，以意为体；意无体，以知为体；知无体，以物为体。物无用，以知为用；知无用，以意为用；意无用，以心为用。此之谓体用一原，此之谓显微无闲。[②]

这里先要说明的，是关于“意”之定义，诚意之所以成为《大学》中的核心概念，一方面如前所述由文本脉络中可得，另一方面，即在于刘宗周“意为心之所存非所发”的主张。心与意的关系在此脉络上，如刘宗周言：“意者，心之所以为心也。止言心，则心只是径寸虚体耳。着个意字，方见下了定盘针，有子午可指。然定盘针与盘子，终是两物。意之于心，只是虚体中一点精神，仍只是一个心，本非滞于有也，安得而云无？”[③]“说意仍是说心，意不在心外也。心只是个浑然之体，就中指出端倪来，曰意，即惟微之体也。”[④]在心意知物的序列上，心与意之间的关系，心为心体，但此体的落实

① 东方朔：《刘蕺山哲学研究》，上海人民出版社，1997年，第258页。
② 《刘宗周全集》（第三册），第405~406页。
③ 《刘宗周全集》（第三册），第304页。
④ 《刘宗周全集》（第三册），第307页。

在于“以意为体”，因此宗周言“心无体”，心与意在关系上为“体用一原，显微无间”，意作为心体的主宰能力，为定盘针、为得以指出端倪者，刘宗周此种定义，因此将心虚化了，将意的主宰与作用加强，如东方朔所析，刘宗周在此的意图在于“试图借此意以定住圆滑、活泼之心体，以杜绝将情识、玄虚一并混入良知”。但其亦评论到“如此一来，蕺山言意便显得特别紧”[①]。另外，刘宗周进一步说意以知为体，则说明了意必须透过知的作用展现，知以物为体说明了知必须透过其所意识关涉到的一切自觉活动而发挥，因此两两间均为“体用一原，显微无间”。再看其云：

> 总之，一心耳，以其存主而言谓之意，以其存主之精明而言谓之知，以其精明之地有善无恶归之至善谓之物。识得此，方见心学一原之妙，不然未有不堕于支离者。[②]
>
> 故意蕴于心，非心之所发也。又就意中指出最初之机，则仅有知好知恶之知而已，此即意之不可欺者也。故知藏于意，非意之所起也。又就知中指出最初之机，则仅有体物不遗之物而已，此所谓独也。故物即是知，非知之所照也。[③]

心意知物四者，以心为开端，互为体用，以意为主，定向心体而为心之存主，蕴于心中非别有二者；而意中的好善与恶恶能力作为一种最初之机，即是“知”，因此“知藏于意”，为心所存主之精明，如此，意与知当然亦非别有二者；最后，就知中所指出的最初之机，此所指对象即为“物”，而此知与物的关系仍是非别有二者，“物即是知”，作为所指对象，借着主体经过工夫操作一步步彰显其有善无恶的至善条理，物是就着主体的意识与操作

① 东方朔：《刘蕺山哲学研究》，第248页。

② 《刘宗周全集》（第五册），第337页。

③ 《刘宗周全集》（第三册），第351页。

而为物，是知的主体自觉活动本身，非指经验世界客观对象，因此物“非知之所照”，[1]亦呼应了前面“物无体，又即天下国家身心意知以为体”之说。

总之，刘宗周在心意知物的关系上，一方面或许有对于意体、对诚意概念作为核心的立场，有以意为本的主张，另一方面心意知物又互为体用，紧缩为一贯之道，诚如高海波所言：“蕺山比较强调《大学》心、意、知、物血脉的一贯性，即在纯粹理想的本然状态下看待它们之间的关系”。[2]

最后，还需补充说明，就着心意知物脉络，心为心体，为《大学》就着心宗说慎独的基本立场，因此说“好恶从主意而决，故就心宗指点。”[3]但相对于性宗，以及心性架构来看，刘宗周又有“形而上者谓之性，形而下者谓之心”[4]之区分。前已提到，此形上与形下并非存有阶层上的分别，而是说明心性的抽象与具体之别，心体与意体就本体层面是“存发一机”，但相对于性宗的慎独论述（主要发挥于《中庸》的文本诠释中），心宗就着《大学》论慎独之教企图更具体的建构出主体工夫践履的方式。所以，回到《大学》中对“正心”之解，刘宗周又会说：

> 程子言心指已发言之说，亦本之大学。大学言正心，以忿懥、恐惧、好乐、忧患证之，是指其所发言者。……知心以所发言，则意以所

① 刘宗周此对于心意知物关系的论述当代学者无论就劳思光或牟宗三，均有详尽的疏理与评论。劳思光主要立场在于不同意刘宗周将“事实世界”或“存在”全部收入心灵语言，将家国天下的客观存在性消除。牟宗三则对刘宗周知与物的体用显微关系有“幽深曲折而又隐晦”之评述，其对“知藏于意，非意之所起”与“物即是知，非知之所照”几段文字义理的区别十分精彩；总体言之，牟宗三指出刘宗周在解心意知物关系的问题上，之所以造成看似幽深曲折实为“回环缴绕、缴绕隐晦”的主因，还是在于对于阳明良知之说的取消，将《大学》中的致知与“知止、知本、知至”贯连，又坚持在此脉络上解释“知”而造成。参见劳思光：《新编中国哲学史》（三下），生活·读书·新知三联书店，2015年，第460~464页。牟宗三：《从陆象山到刘蕺山》，台湾学生书局，2000年，第473~484页。

② 高海波：《慎独与诚意——刘蕺山哲学思想研究》，第373页。

③ 《刘宗周全集》（第三册），第412页。

④ 《刘宗周全集》（第三册），第351页。

存言益明矣。①

就着《大学》以身之有所"忿懥、恐惧、好乐、忧患"解释心之不正，此所言之心则从已发处言，是在经验活动之中而非心之本体的脉络，即是主体受经验世界影响后而有可能不正的情况，在此脉络下又可区别心以所发而意以所存。

五、结论

刘宗周的《大学》诠释，是以朱熹与阳明以及阳明后学诠释上的各种"支离"为批判轴心，进入自身的建构。就创造性而言，刘宗周特别之处在于将诚意就着形上本体层面推举出诚体、意根概念，标示出"意为心之所存非所发"的主张，然本文并不对就着诚意此概念所扩展出的诚意之说进行义理间架的说明，而是本着《大学》诠释的脉络进行考察。在此过程中，呈现出刘宗周"即本体即工夫""体用一原，显微无间""一而二、二而一"几个主要的方法论意识主轴，在《大学》诠释中，是透过"一贯"之理而被显示。此"一贯"之理被使用在三纲与八目的统整与关系上，使得各种"循序工夫"收摄而为"一贯血脉"，此种方法论意识亦强烈地表现于以"知本、知止、知至"贯穿三纲八目与论心意知物关系上。此些特征，完全地呼应于当代学者对宗周学说宗旨的定调，如劳思光以"合一观"②、牟宗三以"本体论地即体即用之一滚地说"③、刘述先以"内在一元论"④称之，又如张永儁指

① 《刘宗周全集》(第三册)，第379页。

② 劳思光:《新编中国哲学史》(三下)，第45~457页。

③ 牟宗三:《心体与性体》(一)，正中书局，1990年，第394页。

④ 刘述先:《黄宗羲心学的定位》，允晨文化，1986年，第25~29页。

出刘宗周体用一如、上下一贯、内外一本的表达方式，是一种“统法”，但不能称之为“合一法”，[①]近年刘宗周研究如高海波，则以“体用一原，显微无间的一元论之坚持”[②]描述宗周思想的此种特征。又如郑宗义指出：“回到思想史的层面，则不可否认的蕺山思想是有圆融一滚说的一面，且绝不能以偶然视之。”[③]此些说法或各有异且互有批判，但总体而言，刘宗周的《大学》诠释，完全可显示出此些当代学者所定调的特征。

从这些评论中，我们可继续反思关于哲学工作者的方法论意识问题。回到刘宗周自身的方法论意识，其对于《大学》文本的处理，以及借此与其他文本接合而发展出的整体义理间架，作为其所面临的基源问题，即作为宋明理学发展至此而对理学与心学的各种纷争与问题的整合，不能否认此就着宋明理学脉络的整合方式是可被认同的，在刘宗周自身体系中确实在解决其所观察到的各种“支离”，然而在这些整合中，某些论述在字词上的不精准，如心意知物关系上的论述，则可见得此种系统整合的困难，刘宗周晚年《大学古文参疑》之作以及最后命削删之，亦可见得刘宗周本人也不满意他至此的思考。又我们若将眼光放到当代哲学工作者的角度，我们所见到的就是预就着哲学史研究脉络，以及自身进行此哲学史研究各具的哲学“设准”的当代学者，在哲学史中试图清晰地将刘宗周的义理间架说清楚并评论之的工作展现。但也因着此些“设准”，当代学者的各种评论与分析，亦成为值得研究的对象，譬如陈畅透过牟宗三与刘宗周论“寂感真几”的分析，认为牟宗三“屡屡将刘宗周本人最为得意的理论创见斥为矛盾之说，这种现象所显示的牟氏诠释困境不是个别思想命题上的不相应，而是体系性、整体性的不相应”[④]。陈畅于此之评述虽非针对刘宗

① 张永儁：《刘蕺山心学之特质及其历史意义》，《哲学与文化》，第27卷第11期，总第318期，2000年11月，第1001~1017页、第1093页。

② 高海波：《慎独与诚意——刘蕺山哲学思想研究》，第531~532页。

③ 郑宗义：《明清儒学转型探析——从刘蕺山到戴东原》，中文大学出版社，2000年，第62页。

④ 陈畅：《自然与政教——刘宗周慎独哲学研究》，上海人民出版社，2016年，第255页。

周《大学》诠释而论，但说明了当代中国哲学研究与发展必须关注的脉络。回到牟宗三对刘宗周"知物关系"之论"回环缴绕、缴绕隐晦"的评判，牟先生指出宗周将格物致知之知(此知牟宗山认为即是良知)与知止 / 知本之知贯连，是混淆了知本知止此知为虚位字，而良知(格致之知)之知为实体字，最终导致知物关系上的诠释困难。

对此论析，一方面我们可同意其从一理论体系的义理间架就着其相关的各种论述是否能合理地被建构为标准，对刘宗周的论述进行了检验，并就此提出刘宗周在论述上的困境；另一方面，牟宗三认为刘宗周将良知之显教归于"意根最微"的密教，将心体之显教复摄归于性体之密教，[①]此种理论建构模式若就王门后学流弊问题的解决而言确实为一种可被肯定的解决模式，但回到《大学》诠释本身，牟宗三提出刘宗周过于以《大学》为主而看轻孟子，因此有"斤斤较量于不明确之大学本义而横难良知教也。""大学之本旨亦难定。蕺山并未切实了解良知教。只以本旨不明确之大学为定准有何益哉？自伊川、朱子特重大学后，继起者皆集中于大学，本末颠倒，甚可怪也。"[②]此类批判，认为刘宗周之说自可成立，但不必辨难良知教，其对阳明良知之教的辨难全为误解。[③]此种见解，则又是在牟宗三自身整体性地认同心学显教的立场，以及自身之哲学设准中产生的结果，[④]因此忽视处于刘宗周之立场，其若不在意概念，以及心意知物关系上进行此

① 参见牟宗三:《从陆象山到刘蕺山》，第 453~454 页。

② 牟宗三:《从陆象山到刘蕺山》，第 462~464 页。

③ 参见牟宗三:《从陆象山到刘蕺山》，第 465~466 页。

④ 如林月惠论牟宗三对于刘宗周此些论点的批判，是"未注意到蕺山是在《大学》文本的脉络中讨论此些问题……蕺山的说法虽然曲折，但并不悖于《大学》文本"。亦如杜保瑞所论，"牟先生的做法是，同意蕺山可以自创系统进行扭转，但批评蕺山对阳明所做的攻击，认为这些攻击是无谓的，一方面只是语意约定的转变，二方面则是归显于密的特质差异……牟先生并不能说蕺山的《大学》诠释是错的，但是对心意知物的定义，牟先生认为蕺山没有必要一定要说阳明的使用意义不对，牟先生对阳明的创造性《大学》诠释已经是完全接受且继续创造理论予以证成之，故而不能忍受蕺山的攻击"。参见林月惠:《刘蕺山对大学诚意章的诠释》，《中国文哲研究集刊》，第 19期，2001 年 9 月，第 407~450 页。杜保瑞:《牟宗三儒学平议》，新星出版社，2017 年，第 510 页。

种收摄，那么对于“情识而肆”与“玄虚而荡”的问题，以及扩而言之的朱熹与阳明的各种支离问题，将难以处理。实则，在《大学》诠释上，刘宗周消融了良知说，如晚年《良知说》中“知在止中，良因止见。故言知止则不必更言良知。”“大学开口言明德，因明起照，良知自不待言。”[①]等说，但刘宗周亦有如于《寻乐说》中：“良知之在人，本是惺惺，从本体上说，即天理之别名。……其实良知原不可欺也。吾自知之，吾自致之，此之谓自谦，此是人心真乐地。”[②]的说法，因此很清楚地其对阳明致良知之教有着正面承继，只是不认为在依循着《大学》讨论心宗的慎独之学时，需要混杂阳明良知的主张，因为此融合反而会导致如本文前述的理论困境。

在近百年的当代中国哲学研究中，不缺乏就哲学史发展进程或哲学家理论体系的各种定调与评价，在此些定调与评价中更不缺乏当代哲学家自身的哲学“设准”，亦如过往历代哲学家的思考一方面对治了其对之前哲学理论的反思，另一方面亦透过自身的哲学“设准”而产生处理问题与经典的方法论意识，以此建构体系。从刘宗周的《大学》诠释与牟宗三或劳思光对此诠释之评价，均可见得各自方法论意识的企图与呈现。

---

① 《刘宗周全集》(第三册)，第286页。
② 《刘宗周全集》(第三册)，第361页。

刘宗周哲学的理气观及与其心性论的关系

朱　雷

（北京师范大学哲学学院）

刘宗周是明代儒学的殿军。黄宗羲说："先生之学，以慎独为宗。"[①]刘宗周晚年的慎独诚意之学是在他早年、中年对阳明学既有所吸收，又鉴于阳明学的流弊而对之有所批判的基础上，发展起来的学问宗旨。明代心学自王阳明以来在存在论上的主流观点——以气为宇宙存在的基础，在理气关系问题上的主流倾向——理气合一，在心性论与气论关系上的主流倾向——性气合一、心气合一，等等，在刘宗周哲学中都得到了继承、发展和总结。并且，这些围绕气论建立的理论，与他慎独诚意的学问宗旨有着根本性的关系。本章即以"气"为切入点和线索，研究刘宗周的存在论（理气论）、心性论及以慎独诚意为核心宗旨的工夫论中的气论思想，从气论的角度出发，对刘宗周哲学进行观察和分析，并对明代心学哲学中气论思想的最终走向与归结，做出评述。

一、气即理也

明代心学关于气的理论，发展到刘宗周，以气为世界在存在论上的基

① 黄宗羲：《明儒学案》（卷六十二），中华书局，2008年，第1514页。

础,认为气与理是一体的关系,理不是气之外的形上实体,而就是气自身内部的条理与规律的思想,基本上已经成为一种共识了。理气为一体,理即气之理,这基本是明代心学乃至各个学派的共识。而以“气即理”的命题形式,把明代哲学在理气关系上的这一主流看法固定下来的,是刘宗周。

刘宗周说:

> 盈天地间一气也。气即理也。天得之以为天,地得之以为地,人物得之以为人物,一也。人未尝假贷于天,犹之物未尝假贷于人,此物未尝假贷于彼物,故曰:“万物统体一太极,物物各具一太极。”自太极之统体而言,苍苍之天亦物也。自太极之各具而言,林林之人,芸芸之物,各有一天也。[①]

在朱子哲学中,“万物统体一太极,物物各具一太极”的说法表示的是天理与万物所禀得的分理间“理一分殊”的关系。物物各具的太极即物物所禀得的天理,太极指形上之理。而在刘宗周这里的说法中,万物所禀得的那个作为天地间公共之物的太极,实则是气,或者说,是那种即气即理者,但其中的基础与实体仍然是气。“盈天地间一气也”,气是生天生地生人生物的基础实体。刘宗周强调天地人物之气之间,是不相“假贷”的关系,这并非是在说天地人物之间是相互区隔、不相贯通的,而只是在强调,气是天地间的公共之物,是生生不已的基础实体。气是第一性的,人是直接由气而生,而非由天地所生,因为天地也是由气构成与生成的,人所生成之气“未尝假贷于天”。因此,从气这个生成天地万物的“太极”的统体角度来看,苍苍之天亦是其所生成者,故亦只是一物(“苍苍之天亦物也”),而从人物各由此气生成的角度来看,“林林之人,芸芸之物,各有一天也”,

① 《刘宗周全集》(第二册),浙江古籍出版社,2007年,第408页。

此天即是生成它们的气。通过把朱子"物物一太极，统体一太极"理论中太极的内涵由理替换为气，指出气为天地间生天生地生人生物的基础实体，万物各禀此气而生，刘宗周在这里实际上也提出了一种类似于"气一分殊"的对于世界存在的解释模式。

在这条文献中，刘宗周虽然指出"气即理"，气是万物生成的基础实体，但并未明确这里所谓"理"的内涵。在另一处，刘宗周写道：

> 或问："理为气之理，乃先儒谓理生气，何居？"
>
> 曰："有是气则有是理，无是气则理于何丽？但既有是理，则此理尊而无上，遂足以为气之主宰，气若其所从出者，非理能生气也。"[①]

在朱子哲学中，"理生气"指的不是"从理中生出气来，只是依傍这理而气始有合度之生化"[②]。在"理生气"中，理气关系仍是如牟宗三先生所说的："理与气之正面关系是此理在气之存在之然背后静态而超越地，同时亦即存有论地主宰而定然之"[③]。也就是说，理生气不是实指理能生出气，而只是指气依照理而生。虽然理生气之生不是实指，但理在气先，是气的存在论上的根据，这一点在朱子哲学中则是确定无疑的。而刘宗周正是要反对这种理在气先的思想。他曾说："理即是气之理，断然不在气先，不在气外。"[④]在上引文献中，刘宗周亦强调"有是气方有是理"。但对于这段文献中所谓"既有是理，则此理尊而物上，遂足以为气之主宰"一句，则不能产生误解。这里所说的理对于气的主宰性，指的不是理作为气之中的一种独立的、超然的实体而存在，并对气产生主宰与规范的作用。理的主宰性

① 《刘宗周全集》(第二册)，第410页。

② 牟宗三：《心体与性体》(第三册)，上海古籍出版社，1999年，第461页。

③ 牟宗三：《心体与性体》(第三册)，第458页。

④ 《刘宗周全集》(第二册)，第410页。

即气的自我主宰性，是气自有条理、规律与定向的表现，气的本然的性质就不是一团杂气，而是自有其主宰的，把这种气之中的内在条理与自我主宰性指称出来并推而尊之，即名之曰理。所以，理始终只是气之理，因为它是气自身的条理、规律与主宰性。这样，“气即理”这一命题的含义也就清楚了，它说的是气即是自有其条理之气、自有其主宰所在之气。“气即理”中的“即”，绝对不能理解为朱子学式的理气不离不杂的即，否则理气终究为二物。这里的即指的是气就是有条理之气，理就是气之所以为气的本性所在，亦即气之自我主宰性的体现。

正因为理即气之理，有气斯有理，所以理气的衍生关系不是理生气，倒应该说是“气生理”。刘宗周说：

> 盈天地间，一气而已矣。有气斯有数，有数斯有象，有象斯有名，有名斯有物，有物斯有性，有性斯有道，故道其后起也。而求道者，辄求之未始有气之先，以为道生气，则道亦何物也，而能遂生气乎？①

刘宗周在这里批评的“道生气”的说法，可能既针对道家的相关理论，也是在批判“理生气”的思想。关于刘宗周在这里所说的气、数、象、名、物、道的内涵及其派生关系，张学智先生解释说：“气是最根本的存在，数是气的性质和运行规律，象是气凝聚成物而有的形象，名是据其形象给予的指称符号，有了名称才表示物有了自别于他物的独特性质。这里的道即理，指事物永恒不变的性质，所以说有性斯有道。”②今按，刘宗周“有气斯有数”一段话，可能是在一定程度的易学背景中说的。对于“有气斯有数”一语，刘宗周自己曾有过一个相关的说法：“浑然一气之中，而周流不息，二仪分焉……阴阳相生，禅代不穷，四气行于其间矣。又分之而为八、为六十

① 《刘宗周全集》（第二册），第407页。

② 张学智：《明代哲学史》（修订本），中国人民大学出版社，2005年，第427页。

四、为四千九十六,至于无穷,皆一气之变化也,而理在其中矣。"[①]可见,"有气斯有数"的数,更具体地来说即《周易》卦象中体现出来的数学规则。"象"则指法象。无论刘宗周解释的从气到物的具体之理的派生步骤是怎样的,从中可以看出,刘宗周认为有气才有气自身的性质与规律,有气所凝聚形成的物才有物之理。总之,气是存在论上的基础,气是先于理的,有气方有理,理是气之理。刘宗周在另外一处曾言简意赅地说:"盈天地间,凡道理皆从形气而立,绝不是理生气也。"[②]表达的也是相同的意思。

综上所述,简单来说,刘宗周哲学认为理气关系是统一的、一体的,理是气自身之中的条理、规律与主宰性之所在,形上即在形下之中。气既是可闻可见的形象的物质基础,也是不可闻不可见的规律与主宰性的载体,这两个方面是统一于一气、以一气为基础的。所以刘宗周既说"气即理也",也说"形下即形上",这两个命题的内涵也是贯通的、统一的。

二、气之虚、心之灵与理无理

在理气关系问题上,刘宗周认为"气即理也",对于这种有气才有的理,刘宗周还指出过它的一个特征,即"理无理"。"理无理"的意思是说,理因气而生,气变则理变,故理非实有不变之理,而是随气而变之理。另一方面,气之所以能有变动不居、神妙不测的变化,是因为气有"虚"的性质。虚能行气,使气产生神妙不测的变化,故理非定理,而是"理无理"。另外,就人心与理气的关系而言,刘宗周认为"人心,一气而已矣"[③],气同样是人心的存在基础,气之中"虚"的特性即是人心灵明善应的功能的源头,气之虚与心之灵这二者也是统一的。这样,在刘宗周哲学中,气之虚,心之灵,理

① 《刘宗周全集》(第二册),第127~128页。
② 《刘宗周全集》(第三册),第367页。
③ 《刘宗周全集》(第二册),第435页。

无理这三个方面就构成了一种统一的关系，而其根本则在于气自身的虚灵的特征。气既是心与理的存在基础，同时，气自身的虚灵特性也是人心的灵明功能与理的“理无理”特征的源头所在。

首先来看刘宗周对气之虚灵特性的理解与规定。在这方面，刘宗周认为“虚即气也”并且“虚能生气”。他说：

(1)或曰：“虚生气。”虚即气也，何生之有？吾遡之未始有气之先，亦无往而非气也。当其屈也，自无而之有，有而未始有；及其伸也，自有而之无，无而未始无也。非有非无之间，而即有即无，是谓太虚，又表而尊之曰太极。①

(2)惟天太虚，万物皆受铸于虚，故皆有虚体。非虚则无以行气，非虚则无以藏神，非虚则无以通精。即一草一木皆然，而人心为甚。人心，浑然一天体也。②

在第(1)则文献中刘宗周指出，虚即气也，而绝对不能说“虚生气”，因为虚并非是在气之前的另一种实体，而只是气自身的性质，这种性质就表现在气之一屈一伸、一来一往、变动不居、神妙不测的运动变化之中。刘宗周认为，气的神妙不测、有无之间的运动变化，即是气的太虚性质的反映，而这种变化中所体现的条理、规律与自有主宰处，即是气之中的太极。太虚与太极这二者也是统一的。这里，刘宗周实际上已经表达了与后文将要讨论的“理无理”相通的思想，即太极与太虚合一的性质。在第(2)则材料中，刘宗周认为“惟天太虚”，太虚即气之中的天道的不可闻不可见的特征。“万物皆受铸于虚”，也就是说，万物都是由一气凝结积聚而成的。刘宗周在这里指出“非虚则无以行气”，这好像是认为虚是独立于气的某种实

① 《刘宗周全集》(第二册)，第407~408页。

② 《刘宗周全集》(第二册)，第410页。

体了，这样理解就会与第(1)段引文中“虚即气也”的说法产生矛盾。实际上，刘宗周这里的意思应该理解为气自身若没有太虚的性质，则不能有神妙不测的运动变化。总之，刘宗周认为太虚与气是相即为一的关系，太虚是气的源初的、本然的状态，太虚就反映在气的变动不居、神妙不测的运动变化之中。太虚是气的一种内在属性，虽然说“虚能生气”，但这只是说因气有太虚的性质而自能发挥其神妙不测的功用。气仍是第一性的，虚是第二性的。

在第(2)则文献的最后，刘宗周已经指出气之虚与人心之灵的统一关系，认为“人心浑然一天体也”，这里所谓的“天体”即指“惟天太虚”的“虚体”。这种太虚、虚体的特征反映在人心中，即是人心虚灵妙用的知觉功能，因为人心是以气为存在基础的。刘宗周说：

(1)盈天地间，皆物也，人其生而最灵者也。生气宅于虚，故灵，而心其统也，生生之主也。①

(2)浩然之气，即天地生生之气，人得之为元气而效灵于心，则清虚不滓，卷舒动静，谓时之适，不见其所为浩然者。及夫道义之用彰，而充塞之体睹，浩然与天地同流矣。②

(3)人生而有此形骸，蠢然者耳。有气以运行其间，而形骸之发窍始灵。此一点灵气无所不有，而实无一物之可指，这便是天命之性。③

与从王阳明、王畿以来的心学传统一样，刘宗周哲学中的心气概念也是相互统一的。“人心，一气而已矣”，作为人的精神主体的心与作为天地的存在基础的气，是一贯的、相通的。气本身就具有精神性的含义，是一种

① 《刘宗周全集》(第二册)，第279页。

② 《刘宗周全集》(第二册)，第314页。

③ 《刘宗周全集》(第二册)，第480页。

即精神即物质的存在。故天地生生之气即是人心中的浩然之气。人心之所以有其“清虚不滓，卷舒动静，惟时之适”的灵明功能，是因为人心禀得天地之气中的虚气、元气、灵气，故人为万物中最灵者(“生气宅于虚故灵”“人得之为元气而效灵于心”)。可见，刘宗周把人心的灵明功能落实到气自身的太虚性质上来讲，气之虚与心之灵这两个方面是统一的，前者是后者在存在论上的基础和根源。

刘宗周曾借圣人心体的太虚性质来描述、表达这种心之灵与气之虚的统一关系。他说：“圣人之心如空中楼阁，中通外辟，八面玲珑，一气往来，周极世界。天地之体，皆我之体；天地之用，皆我之用。只是一个虚而已。”[①]王阳明曾说：“心无体，以天地万物感应之是非为体。”[②]刘宗周在这里对心体的虚体特征的描述，表达的也是类似的看法，即认为心体的本然状态并没有一个实体，而是以天下为一体的虚体，惟心体是虚体，如此方能与天地万物为一体。这种心体的虚体特征，在存在论上也是根源于气的“一气往来，周极世界”的流通状态的。圣人心体的太虚状态，是对气之虚与心之灵的统一关系的最佳体现。

在上引第(3)则文献中，刘宗周指出人心之灵是根源于“一点灵气”运行于形骸之间，于是而有“形骸之发窍始灵”的作用。但人作为一个有身体的存在者、有形骸的存在者，必然有其“蠢然”的一方面。蠢然指气积聚成形后所造成的滞重与不通。人虽然是有蠢然性存在的存在者，但既有一点灵气发窍于人心，故人又是万物中最灵者。另一方面，“万物皆受铸于虚，故皆有虚体”，也就是说，万物中亦含有灵的成分。这样，从气的既虚又实、既灵又蠢的特征出发，刘宗周对由气构成的万物作了一种平等化的描述。他说：

① 《刘宗周全集》(第二册)，第461页。

② 王守仁撰，吴光等编校：《王阳明全集》(上)，上海古籍出版社，2011年，第123页。

一气之变，杂然流行。类万物而观，人亦物也，而灵者不得不灵，灵无以异于蠢也，故灵含蠢，蠢亦含灵。类万体而观，心亦体也，而大者不得不大，大无以分于小也，故大统小，小亦统大。[①]

刘宗周还曾说过："形而上者谓之道，无蠢非灵；形而下者谓之器，无灵非蠢。"[②]在这里，刘宗周出于气对于形上与形下、道与器、灵与蠢的统一关系，以"一气之变，杂然流行"的存在论为基础，对万物的存在状态及其关系做出了一种统合的、互摄的、平等的描述。万物都是由气构成的，都禀受有气中虚气相即的虚体性质，也就是说，万物都禀受有形而上的天道，从这个角度来看，"无蠢非灵"。但万物既然是一物，是有形质、可闻可见的形而下之器，那万物就都含有"蠢然"的成分，即使是万物之灵的人类也有身体性的存在。从这个角度来看，"无灵非蠢"。万物都含有灵与蠢的成分，区别只在于程度与比例的不同，故刘宗周说"灵含蠢，蠢亦含灵"，而人心既是万物之中的一个个体，但心体的本然状态又是"体无体"、与万物为一体的状态，故刘宗周说"大统小，小亦统大"。总之，刘宗周在这里想要说明的是人心作为与万物一体的存在，其存在是与万物的存在处于一种统合的、互摄的、平等的存在状态中。人作为万物之灵并不是在存在性质上与万物有根本的、绝对性的差别，区别只在于所禀受的气的性质或者说"成分"的不同，但就人与万物同禀此气而生，并处在"一气往来"中的状态而言，人与万物是平等的、互摄的关系。这是刘宗周从"虚即气也"及"万物皆受铸于虚"所得出的结论。

以上讨论的是刘宗周哲学中气之虚与心之灵的一体关系。而无论是就气与理的关系，还是就心与理的关系来说，这都决定了理作为没有定

① 《刘宗周全集》(第二册)，第408页。
② 《刘宗周全集》(第三册)，第340页。

理、只在气之成形或心之感应的基础上才有其理的“理无理”特质。刘宗周曾说:“性即理也,理无定理,理亦无理。”①这主要是从心的感应能力来谈论理的根源及“理无理”的特质。对于理无理,刘宗周曾具体解释说:

心,虚而已矣。惟虚故灵,惟灵故应。以父子感之谓之仁,以君臣感之谓之义,以夫妇感之谓之别,以长幼感之谓之序,以朋友感之谓之信。物感则通,物过则寂,仍归之虚而已矣。天地之所以覆载,鸟兽之所以飞潜,草木之所以蕃变,皆是理也。②

无形之名,从有形而起。如曰性,曰仁义礼智信,皆无形之名也。然必有心而后有性之名,有父子而后有仁之名,有君臣而后有义之名,推之礼智信皆然。故曰:“形色,天性也,惟圣人然后可以践形。”一而二,二而一也。③

在这里,刘宗周是以心的虚灵感应而生其理的能力来反驳朱子理在气先的思想。朱子在解释伊川“冲漠无朕,万象森然已具,未应不是先,已应不是后”时曾说:“此言未有这事,先有这理。如未有君臣,已先有君臣之理,未有父子,已先有父子之理。不成元无此理,直待有君臣父子,却旋将道理入在里面。”④刘宗周在这里的说法却正是要指出“元无此理”,理没有朱子哲学中的实体化特色,理是本无此理的。父子之理不在父子关系之前,有父子之心的感应,方才有父子之理,其他诸理皆然。而心之所以能有如此这般的感应能力,是因为其所具有的虚灵的特性。心之虚灵是“有此理”的源头,而这样产生的理也恰恰因为心之虚灵的特性而有了“理无理”

① 《刘宗周全集》(第二册),第418页。

② 《刘宗周全集》(第二册),第513~514页。

③ 《刘宗周全集》(第二册),第514页。

④ 黎靖德编:《朱子语类》(卷九十五),中华书局,1986年,第2436页。

的特质。也就是说，理是由心给出的，理不是在心（或气）之外独立存在的实体。对于因心之虚灵方有此理的“心即理”关系，刘宗周还曾以叩钟为喻作过解释。他说：

> 钟虚则鸣，叩之以大则大鸣，叩之以小则小鸣，以为别有一物主所以鸣者，非也。盈天地间，道理不过如此。友人尝启予曰：“止为虚而能应之理，物物皆然，非钟所得而私也。”此可以明性体矣。①

钟叩之以大则大鸣，叩之以小则小鸣，惟其虚故能善应如此，此亦象征惟人心虚灵故能感应万变从而给出理。这种心与理的关系，从根本上来说也就是“无形之名从有形而起”的衍生关系，而这实际上即是刘宗周在理气关系上坚持的“理即是气之理”，“有是气方有是理”的反映。把这种气之虚、心之理与理无理的关系统合在一起，刘宗周说：

> 性无性，道无道，理无理，何也？盖有心而后有性，有气而后有道，有事而后有理。故性者心之性，道者气之道，理者事之理。②

此则文献，在原文中接在上引“无形之名从有形而起”一条之后，可以视为对其的解释与申论。性无性、道无道及理无理，并非是在说天地间无性无道无理，而只是在强调，性、道、理都并非于气或心之外独立存在的实体。性理是由气的实存及心的感应能力给出的，有气方有理，有心方有性，故理即气之理，性即心之性。而气之有其运动的条理、规律与主宰性，又是在“虚能行气”的特质中方才有其神妙不测的运动的，故理亦具有了“无理”的特质，即理非气之先的实体，而是气自身神妙不测的运动的规律与

---

① 《刘宗周全集》（第二册），第419页。

② 《刘宗周全集》（第二册），第514页。

主宰的反映，理由气而生。这即是本文前面说过的太虚与太极的相通关系的反映。另一方面，心是在其虚灵知觉的感应功能中给出性或理的，故亦可说性无性。总之，通过将性理的根源追溯到气之虚与心之灵的统一关系，刘宗周提出了“性无性，道无道，理无理”的命题。“理无理”这一说法可以看作是陈来先生指出的元明理学对理的“去实体化”进程，在心学中所达到的一个终极的结论。通过提出“理无理”这一命题，刘宗周把理的根源完全落实到气与心上讲，“理即气之理”的逻辑被推论到了极致，朱子哲学中理的实体化含义也由此被全然解构了。

三、性只是气质之性

关于刘宗周哲学中理气论与心性论的关系，陈来先生曾指出：“刘宗周的理气论不仅是他对本体论、宇宙论的一种理解，对于他来说，更重要的是以这种理气论来说明关于心性的关系。所以他强调，知道了理即气之理，理不在气之先，才能知道‘道心即人心，义理之性即气质之本性’。也就是说，他认为，道心与人心、义理之性与气质之性的关系与理与气的关系是相同的。”[①]的确，在刘宗周哲学中，理与气及心性论中的义理之性与气质之性，有一种同构的关系。刘宗周继承了明代心学的主流传统，反对宋儒义理与气质二分的人性论模式，认为性善之性就是在气质中表现出来的性，提出“性只是气质之性”的说法。这是刘宗周哲学的理气关系在心性论领域的反映。

对于“气质之性”的含义及其与“义理之性”的关系，刘宗周有一些开宗明义的说法。他说：

① 陈来：《宋明理学》，华东师范大学出版社，2004年，第302页。

(1)程子又曰："论性不论气不备，论气不论性不明。"是性与气分明两事矣。凡言性者皆指气质而言也。或曰："有气质之性，有义理之性。"亦非也。盈天地间，止有气质之性，而义理之性即在其中，如曰气质之理即是，岂可曰义理之理乎？①

(2)心只有人心，道心者，人心之所以为心。性只有气质之性，而义理之性者，气质之所以为性也。②

刘宗周认为"凡言性者皆指气质而言也"，"盈天地间只有气质之性"，这就是说，性只有一种表现方式，即在气质中表现自身。而这在存在论上的根本原因即在于，性（理）不是气（质）之外的某种实体，而就是气质自身的本然状态，是其中的条理、规律与自我主宰性之所在。故刘宗周说："理即是气之理，断然不在气先，不在气外。知此，则知道心即人心之本心，义理之性即气质之本性。"③刘宗周认为，义理之性是气质之性之所以为性者，这里的"之所以"指的是气质自身的合理性与善性之所在。义理之性不是与气质之性对立的一种性，也不是如朱子所理解的指性通过气质的影响所表现出来的一种整体性，而是指气质自身的内在的、本具的合理性与善性。正因为气质本有其善性，所以在气质上才能说一种性，而这与存在论上的"理即是气之理"的关系是统一的、同构的。正因为理不是气之外的实体，性也不是气质之外的独立实体，而就是气质之中的义理之所在。

前人在气质之性之外另提一种义理之性，实际上是为了保证性善的超越性，使人性之善成为一种独立的、不受人的气质干扰的存在。但刘宗周恰恰认为，义理之性与气质之性的二分会造成"任气质而遗义理""遗气

① 《刘宗周全集》(第二册)，第418页。
② 《刘宗周全集》(第二册)，第520页。
③ 《刘宗周全集》(第二册)，第410页。

质而求义理”“衡气质义理而并重”的后果，从而使性善之旨无法保证。刘宗周认为，必须把义理“收紧”为气质之自性而讲，指出气质是自有其义理的气质，才能真正为儒家的性善之旨做出辩护。他说：

> 天命之所在，即人心之所在。人心之所在，即道心之所在。此虞廷未发之旨也。或曰：“有气质之性，有义理之性”，则性亦有二与？为之说者，正本之人心、道心而误焉者也。程子曰：“论性不论气，不备。论气不论性，不明。二之则不是。”若既有气质之性，又有义理之性，将使学者任气质而遗义理，则可以为善、可以为不善之说信矣；又或遗气质而求义理，则可以为善、可以为不善之说信矣；又或衡气质义理而并重，则有性善、有性不善之说信矣。三者之说信，而性善之旨复晦。此孟氏之所忧也。须知性只是气质之性，而义理者气质之本然，乃所以为性也。心只是人心，而道者人之所当然，乃所以为心也。人心、道心，只是一心。气质、义理，只是一性。识得心一性一，则工夫亦一。静存之外，更无动察。主敬之外，更无穷理。其究也，工夫与本体亦一。此慎独之说，而后之解者往往失之。[①]

刘宗周认为，那种义理之性与气质之性二分的思想会造成三种后果：或者使学者“任气质而遗义理”，即放任气质上的缺陷与负面影响而不管义理，这样，性善之旨显然无法保证；或者使学者“遗气质而求义理”，在气质之外追求义理，气质上的问题可能仍然存在，求得求不得亦没有必然的保证，性善之旨仍然不明；或者使学者“衡气质义理而并重”，把气质与义理作为两个并列的、对立的原则，在具体的个人身上谁占优势尚未可知，也无法保证性善。总之，“三者之说信，而性善之旨复晦”，只要把义理之性

① 《刘宗周全集》(第二册)，第 300~301 页。

与气质之性看作是性质不同的两种性，那么性善论就无法得到保证。刘宗周认为，只有认识到“人心道心只是一心，气质义理只是一性”，把义理收紧为气质自身的本性，认识到义理之性即为气质的本然状态的反映，才能真正保证性善之旨的成立。刘宗周这种把义理之性与气质之性打并为一、将义理收紧为气质之自性的思路，是其理气观中“理即是气之理”在心性论领域的自然推衍与必然结论。刘宗周在这里提出的“性只是气质之性”的命题，是对明代心学自阳明以来在人性论上主张性气相即、即气即性思路的一个总结与完成。理的去实体化进程在存在论与心性论领域中同时得到了完成。

刘宗周把义理之性收紧为气质之自性说，这并非是把性的规范性与超越性混同于气质，而是在强调气质自有其规定与主宰。另一方面，刘宗周虽认为性只是气质之性，但他也强调只有通过“学”的工夫才能把气质自身的善性，真正地实现出来，这就是所谓“气质化性”的过程。当然，在刘宗周哲学中，气质变化为性并不是一个消解气质、泯灭气质的过程，而是气质的自我实现过程。“气质化性”并不是引入一个外在于气质的原则来对气进行修正，而就是气质自我变化，回复到其源初的、本然的状态的过程。

对于“性只是气质之性”，必须通过“学”以验其实，刘宗周说：

> 人生而有气质之性，故理义载焉，此心之所为同然者也。然必学焉而后有以验其实。学者，理义之矩也。人生而百年，未必皆百年也。百年者，先天之元气，而培养此百年元气，全在后天。一日寒暑之不时，饥饱之失节，而病或侵之，久之而至于伤生夭折者有之。心之于立意也，犹饥渴之于饮食也，一日不再食则饥。一息而非理非义，可以为心乎？况又甚焉者乎？而其于非理非义也，犹客气之有寒暑也。一岁不再衣则寒，一息而不治之以理义，又可以为心乎？况又有甚焉者乎？

故心不可不养也。如培养此元气然，时起饥饱而达之于所欲，无令其苦而不甘也。节其寒暑而闲之于所感，无令其疏而授之隙也，则理义之悦我心，有不可胜用者矣。悦则乐，乐则和，和则中，中则性。[1]

刘宗周认为，人心之所同然者，即气质之所以为性的义理之性，而义理之性虽然是人生而有之的，但是要将之实现出来，还是需要"学"的工夫。学的作用在于以后天复先天。学的工夫在于"养心"。心之中的条理与主宰处即"意"，心对于意，应该像饥渴之人对于饮食，人一餐不食就会感到饥饿，以义理治心，也不应有一息之或停。有一息之非理非义，则心不成其为心。能以义理养心、治心，则心得其悦、其乐、其和、其中，如此则心性合一矣。心性合一，即恢复心的本然状态与功能，亦即是气质实现其本然的作为义理之性的状态，如此则气质之性即为义理之性、"性只是气质之性"了。

刘宗周强调这种养心化气之功，要立脚在性体上用功，而不能徒在气质上克治。当然，刘宗周在这里的意思并不是说性是独立于气质之外的，是气质之外的另一原则，而是在强调，要把握住气质自有其主宰处与气质自身的头脑，来修正气上的偏颇。前文已经引用过的刘宗周的一段话，已经说明了这层意思："人生而有此形骸，便有此气质。就中一点真性命，是形而上者。虽形上不离形下，所以上下易混作一块。学者开口说变化气质，却从何处讨主脑来？《通书》曰：'性者，刚柔善恶中而已矣。'中便是变化气质之方。而《中庸》曰喜怒哀乐未发谓之中，却又无可著力处。从无可著力处用得工夫来，正是性体流露时。此时刚柔善恶果立在何处？少间便是个中节之和。这方是变化气质工夫。"[2]刘宗周指出虽然形上不离形下，但只有把握住形下者自身中那一点形上的头脑，那"就中一点真性命"去化解

① 《刘宗周全集》(第二册)，第271页。
② 《刘宗周全集》(第二册)，第310页。

气质上的偏颇，这才是真正的变化气质、“气质化性”的工夫。如果只在气质之偏颇处帮扶匡正，补偏救弊，而不在性体上立根，那就未免落于“堂下人伎俩”了。在这个意义上，刘宗周也认为孟子养其浩然之气的工夫，不是单纯地在气之“蠢然”处用功，而是以气之自有其条理与主宰处来养气。他在《气质说》这篇文章中还写道：

> 或问：“孟子说善养浩然之气，如何？”
>
> 曰：“才提起浩然之气，便属性命边事。若孟施舍、北宫黝、告子之徒，只是养个蠢然之气，正是气质用事处，所以与孟子差别。”①

“才提起浩然之气，便属性命边事”即是说孟子养其浩然之气，是以气之自具条理与主宰处为主脑的，这与孟施舍等人只是养个“蠢然之气”，也就是只在气质之偏处补偏救弊，而不去遵循气所自具之理，是全然不同的。所以在刘宗周哲学工夫论的语境中，即使是“养气”“变化气质”，也不仅仅是在气或气质上下工夫，而是要循着气所自具之理、气质自有之性，把握住气质中的主脑来纠正气上的负面含义。刘宗周哲学工夫论的这一含义，是与其理气论中把理收紧为气所自具之理的思路，相一致的。

总结上述，一方面，刘宗周认为性只是气质之性，义理之性即是气质之所以为性处，性只在气质中表现自身，义理之性即气质之自具其善性、合理性与主宰性之所在。这是刘宗周理气论中“理只是气之理”在心性论领域的推衍和延伸，反映出刘宗周哲学对气的积极评价，明代心学在人性论问题上性气合流、心气合流的最终走向，以及理的“去实体化”进程在人性论领域的开展和完成。另一方面，刘宗周自然也对气质的负面含义有所意识与警觉，强调要通过“学”来使气质化为性。但这两个方面是相互统一

① 《刘宗周全集》(第二册)，第310页。

而非矛盾的，因为“气质化性”并非引入一个与气质对立的、在气质之外的另一重原则来克治气质中的弊病，而是要把握住气质的本然之性来纠正气质的问题，使其恢复到其源初的本然状态。所以，“气质化性”的工夫论是以“义理之性即气质之性”的心性论为背景的，这一背景使“气质化性”的工夫论含义不能简单地等同于宋儒的“变化气质”，而是反映出明代心学理气合一、性气合一的理论特征。这就是刘宗周“性只是气质之性”说所反映的气论思想。

四、喜怒哀乐与一气流行

刘宗周哲学心性论认为，《中庸》所说的喜怒哀乐是心体本身呈现出来的基本内容。“喜怒哀乐之未发谓之中”，即是气质之所以为性的粹然至善的部分。喜怒哀乐“发而皆中节谓之和”，即天命之性表现于气上的具体内容。这样，刘宗周就把气质之性与喜怒哀乐这“四德”联系了起来，并认为喜怒哀乐是一气流行在人心中的表现与内容，而气既然是自有其条理之气，那喜怒哀乐也就是自有其中节处的四德了。因此，作为性体自身内容的喜怒哀乐四德，与人性“感于物而动”的喜怒哀惧爱恶欲这“七情”，其性质是完全不同的。前者是一气流行中自有其条理、规律与主宰之气的体现，也是人心人性的本然内容，与人心寂然不动之体是即体即用的关系；后者是感于物而动所形成的“欲”。陈来先生指出：刘宗周“把心体流行解释为气的流行，又把一气流行分为四个阶段的循环更迭，这样一种理解，本质上是把心的过程看作气的流行过程”[①]。本小节即研究刘宗周哲学心性论中心体流行的具体内容即喜怒哀乐四德与一气流行的关系，这种关系同样也是刘宗周哲学的理气关系在心性论领域的反映与引申。

① 陈来：《宋明理学》，第300页。

刘宗周认为喜怒哀乐未发时的寂然之中体即是气质之性，更准确地说，是气质之所以为性的粹然至善的部分，关于这一点，刘宗周具体解释说：

气质之性即义理之性，义理之性即天命之性，善则俱善。子思子曰："喜怒哀乐之未发谓之中"，非气质之粹然者乎？其有不善者，不过只是乐而淫、哀而伤，其间差之毫厘与差之寻丈，同是一个不及，则皆其自善而流者也。惟是既有过不及之分，则积此以往，容有十百千万倍蓰而无算者，此则习之为害，而非性之罪也，故曰"性相近，习相远"云尔。[①]

刘宗周所谓"气质之性即义理之性"这一论点，在上一小节已经研究过了。在这里需要指出的是，刘宗周认为喜怒哀乐的未发状态，即气质之性之所以为性之所在，气质中呈现出的不善者不是因为气质之性本身是不善的，而是由于"自善而流"而有过不及的偏差，再加上"习"的影响，人性就会表现为千差万别的形态。刘宗周把喜怒哀乐与气质之性联系了起来，喜怒哀乐的未发之中是气质中粹然至善的本性，喜怒哀乐的已发之和是气质之性的具体内容与呈现，喜怒哀乐作为发而皆中节的四德，即是一气流行中的"气序"与条理之所在，这即是刘宗周对"喜怒哀乐"与"一气流行"关系的基本看法。

刘宗周曾从气论的基础出发，解释了气与恻隐、羞恶、辞让、是非之心及喜怒哀乐四德的关系。刘宗周说：

盈天地间一气而已矣，气聚而有形，形载而有质，质具而有体，体

① 《刘宗周全集》(第三册)，第 331 页。

列而有官，官呈而性著焉，于是有仁义礼智之名。仁非他也，即恻隐之心是；义非他也，即羞恶之心是；礼非他也，即辞让之心是；智非他也，即是非之心是也。是孟子明以心言性也。而后之人必曰心自心，性自性，一之不可，二之不得，又展转和会之不得，无乃遁已乎？至《中庸》则直以喜怒哀乐逗出中和之名，言天命之性即此而在也，此非有异指也。恻隐之心，喜之变也；羞恶之心，怒之变也；辞让之心，乐之变也；是非之心，哀之变也。是子思子又明以心之气言性也。子曰“性相近也”，此其所本也。而后之人必曰理自理，气自气，一之不可，二之不得，又展转和会之不得，无乃遁已乎？呜呼，此性学之所以晦也！①

刘宗周认为，有气方有性，性即是以气为基础的心的恻隐、羞恶、辞让、是非的作用。更重要的是，刘宗周认为，喜怒哀乐是与心的这四种基本能力相关的，具体来说，喜怒哀乐四者是“心之气”，所以刘宗周说《中庸》以喜怒哀乐逗出中和之名（此处“逗”是点拨、引生义），是在“以心之气言性”。恻隐之心是喜气之变，羞恶之心是怒气之变，辞让之心是乐气之变，是非之心是哀气之变。恻隐之心等即是性体本身，因心性为一故，而恻隐之心又是由心之喜怒哀乐四气演变而成的，所以刘宗周说这是“以心之气言性”。这样，刘宗周就把喜怒哀乐与气放在了一个对等的、对应的地位，或者说，喜怒哀乐就是人性表现在气上的具体内容。而既然气是自有其条理之气，喜怒哀乐也就不是什么任意的、随意的情绪，而是“四德”，是性体本身的内容的呈露。气是自有其条理之气，喜怒哀乐也是自有其节的心之发用，这两方面是统一的，故刘宗周接下来就批评了那种“理自理，气自气”的想法，认为这是性学不明的根本原因。只有把握住心性为一、性气为一，气即体现为喜怒哀乐之四德，而气是自有其理之气，四德也是自有其

① 《刘宗周全集》（第二册），第280~281页。

节律的发用,这样理解,才能把握住性的真正特质。

刘宗周在这段文献中认为恻隐、羞恶、辞让、是非之心是喜怒哀乐四德之"变",这种说法实际上已经隐含着认为喜怒哀乐在心性论结构中的地位要比恻隐、羞恶、辞让、是非之心更为基础和根本。喜怒哀乐在心性结构中具有更为基础的含义,而恻隐之心等等是从喜怒哀乐等派生而出的。在另一段文献中,刘宗周就明确指出喜怒哀乐就是人生而静之体自身的内容,是全不涉及人为的,而孟子所说的四心则已是有"名色""面目"者了,由此可见刘宗周把喜怒哀乐四德收紧为性体自身内容的思路。他说:

> 子思子从喜怒哀乐之中和指点天命之性,而率性之道即在其中,分明天地一元流行气象。所谓"不识不知,顺帝之则",全不涉人分上,此言性第一义也。至孟子,因当时言性纷纷,不得不以善字标宗旨,单向心地觉处指点出粹然至善之理,曰恻隐、羞恶、辞让、是非,全是人道边事,最有切于学者。虽四者之心未始非喜怒哀乐所化,然已落面目一班,直指之为仁义礼智名色,去人生而静之体远矣。学者从孟子之教,尽其心以知性而知天,庶于未发时气象少有承当。今乃谓喜怒哀乐为粗几,而必求之义理之性,岂知性者乎?①

刘宗周认为,喜怒哀乐即为天命之性自身的内容,亦即人生而静之体的内容。顺之而行即"顺帝之则",而率性之道即在其中。孟子所说的恻隐之心等四心则"已落面目一班,直指之为仁义礼智名色,去人生而静之体远矣"。刘宗周的这种理解,显然突破了朱子对"人生而静以上不容说,才说性便已不是性"的解释。朱子认为,人生而静以前只有性,没有气,故无法形容,只有当性堕在形气之中后才可形容,但此时的性已混杂了气质,

① 《刘宗周全集》(第二册),第272~273页。

因此不是性体的源初、本然的状态了。而刘宗周既然认为“性只是气质之性”,“义理之性即气质之性”,那么性就没有脱离形气的存在状态,而一定是有其在形气上的具体内容的。这种内容,刘宗周认为就是喜怒哀乐四德。喜怒哀乐的“一元流行气象”即是性体自身的呈现。理即气之理,性即气质之性,表现在人心中,性就必有其先天的内容,即喜怒哀乐,因此在心性论结构中与情感的发生次序上,喜怒哀乐就一定是先于面对具体情境方才会产生的恻隐、羞恶、辞让、是非之心的。认为喜怒哀乐四德是恻隐等四心的根源,这实际也是“性只是气质之性”的一个理论后果,因为性只存在于具体的一气流行、喜怒哀乐之中。所以,刘宗周在这段文献的最后批评了那种以喜怒哀乐为“粗几”,而在喜怒哀乐之外别求“义理之性”的想法。喜怒哀乐与一气流行是对等的、相应的,它们同是性体自身的内容的呈现。

天地间的一气流行有其自身的条理、时序所在,人心的四德亦有其自身的节律,从此即可看出人心与天地之气不相离,天地之气即人心之妙用,故心即是性。刘宗周说:

> 性情之德,有即心而见者,有离心而见者。即心而言,则寂然不动,感而遂通,当喜而喜,当怒而怒,当哀而哀,当乐而乐,由中导和,有前后际,而实非判然分为二时。离心而言,则维天於穆,一气流行,自喜而乐,自乐而怒,自怒而哀,自哀而复喜,由中导和,有显微际,而亦非截然分为两在。然即心离心,总见此心之妙,而心之与性,不可以分合言也。故寂然不动之中,四气实相为循环,而感而遂通之际,四气又迭以时出。①

性情之德,所谓“即心而见”者,即心之喜怒哀乐四德;“离心而见”者,

① 《刘宗周全集》(第二册),第413页。

即客观地说的天地间的一气流行的状态。心之四德是"当喜而喜,当怒而怒,当哀而哀,当乐而乐"的,一气流行是"自喜而乐,自乐而怒,自怒而哀,自哀而复喜"的。前者体现的是四德的发用流行自有其中节的节律,后者体现的是气之运行自有其内在的时序,理之在气或在人心,都是内在的、自具的、本然的,心与气也是一体的、相通的。就心与气之尚未发动而仅为本体而言,四气已具有循环之理蕴含其中,就其感而遂通呈现为发动而言,四气则是"迭以时出"的。气是有理有序之气,这是喜怒哀乐四德自有其节律所在的根源与基础。

当然,虽然气是自有其条理之气,四德是自有其节律之发用,但这绝对不意味着说,任气机之流行便是本体,任喜怒哀乐之发用便是良知。刘宗周哲学的心性理论严格区分了喜怒哀乐"四德"与喜怒哀惧爱恶欲"七情"的区别,并认为略有不慎,脱离了一气流行中的自有条理、顺序之所在,四德就会转变为七情,性情之德就会转变为七情之欲。刘宗周在以下两处文献中解释了这种四德转变为七情的可能:

(1)喜怒哀乐,虽错综其文,实以气序而言。至殽而为七情,曰喜怒哀惧爱恶欲,是性情之变,离乎天而出乎人者,故纷然错出而不齐,所谓"感于物而动,性之欲也"。七者合而言之,皆欲也。君子存理遏欲之功,正用之于此。①

(2)喜怒哀乐之中,各有喜怒哀乐焉。如初喜属喜,喜之畅属乐,喜之敛属怒,喜之藏属哀,余仿此是也。又有逐感而见者,如喜也而溢为好,乐也而溢为乐,怒也而积为忿懥,一哀也而分为恐、为惧、为忧、为患。非乐而淫,即哀而伤。且阳德衰而阴惨用事,喜与乐之分数减,而忿懥、恐惧、忧患之分数居其偏胜,则去天愈远,心非其心矣。②

① 《刘宗周全集》(第二册),第399页。

② 《刘宗周全集》(第二册),第413~414页。

刘宗周认为，喜怒哀乐是《乐记》所谓“人生而静，天之性也”的性体自身的内容，而喜怒哀惧爱恶欲则是“感于物而动，性之欲也”的表现。二者的性质是完全不同的。四德是性，七情是欲，四德流而为七情的关键就在于“感物而动”，也就是刘宗周在第(2)段文献中所说的“逐物而见”。喜怒哀乐逐物而动时，就会离开其本然的状态而流溢为七情，如喜会流溢为好，乐会流溢为乐(淫乐之乐)，怒会积滞为忿懥，哀会流变为恐惧、忧患，总之，皆非性体自身中，自有其发而中节之则的四德本身了。并且会有非当乐时而有淫乐之意、略有哀意即流为滥伤的弊病，如此则“阳德衰而阴惨用事，喜与乐之分数减，而忿懥恐惧忧患之分数居其偏胜”。四德流为七情，就“去天愈远，心非其心”了。

刘宗周认为，独体即喜怒哀乐之主宰、枢纽之所在，中气即一气流行中与时偕行、不失气序之所在。刘宗周的气论与心性论是相通的、同构的，故“保个中气”实际上就等于心性论上的慎独工夫。另外，《中庸》曾说“君子戒慎乎其所不睹，恐惧乎其所不闻，莫见乎隐，莫显乎微，故君子慎其独也。”慎独的具体下手工夫即是“戒慎恐惧”，而刘宗周哲学又将慎独与诚意贯通起来，认为“独体即独的本然之体，就是指意”，“意就是独”[1]，由此，慎独工夫与诚意工夫也是统一的。由此，刘宗周也通过“戒慎恐惧”与诚意之诚来强调对喜怒哀乐中的独体与一气流行中的条理的把握。刘宗周说：

> 天命之性不可得而见，即就喜怒哀乐求之，犹以为粗几，不足据也。故又就喜怒哀乐一气流行之间，而诚通诚复，有所谓鬼神之德者言之。德即人心之德，即天命之性，故不睹不闻之中，而莫见莫显者存焉。是以君子既尝戒慎恐惧以承之，又若或使之，如所谓“小心翼翼，昭事上帝”，“上帝临汝，无贰尔心”者，故特以祭法推明之。一切工夫

① 陈来：《宋明理学》，第296页，第297页。

总是一诚，乃信阳明先生“戒慎恐惧是本体”之说，非虚语也。本体此诚，工夫亦此诚，相逼成象，洋洋复洋洋，凡以见鬼神之为德如此。①

总之，无论是慎独诚意的工夫，还是“时时保其中气”的工夫，都是为了保证一气流行按照其自具的条理与时序，诚通诚复地运行，也是为了保证心体中喜怒哀乐之发用符合其自具的节律与准则，这两个方面是统一的。

以上讨论了刘宗周哲学中喜怒哀乐与一气流行的关系。刘宗周认为人心的喜怒哀乐与一气流行是贯通的，喜怒哀乐即一气流行在人心人性中的表现与内容。气既然是自有其条理、时序与主宰之气，那么，喜怒哀乐也是自有其节律、中节的发用，而在工夫论上，这两者统一于慎独，即要把握住一气流行与喜怒哀乐中的主宰处之所在。这样，以气的思想为基础与背景，刘宗周建立了一个从存在论（理气论）、心性论到工夫论的圆融体系。在下面一段话中，刘宗周把他的哲学从心性论与气论的关系，归结为慎独工夫的宗旨，概括得颇为清楚。他说：

一心耳，而气机流行之际，自其盎然而起也谓之喜，于所性为仁，于心为恻隐之心，于天道则元者善之长也，而其时为春。自其油然而畅也谓之乐，于所性为礼，于心为辞让之心，于天道则亨者嘉之会也，而其时为夏。自其肃然而敛也谓之怒，于所性为义，于心为羞恶之心，于天道则利者义之和也，而其时为秋。自其愀然岑寂而止也谓之哀，于所性为智，于心为是非之心，于天道则贞者事之干也，而于时为冬。乃四时之气所以循环而不穷者，独赖有中气存乎其间，而发之即谓之太和元气，是以谓之中，谓之和，于所性为信，于心为真实无妄之心，

① 《刘宗周全集》（第二册），第460页。

于天道为乾元亨利贞，而于时为四季。故自喜怒哀乐之存诸中言谓之中，不必其未发之前别有气象也。即天道之元亨利贞，运于於穆者是也。自喜怒哀乐之发于外而言谓之和，不必其已发之时又有气象也，即天道之元亨利贞，呈于化育者是也。盖以表里言，不以前后际言也。惟存发总是一机，故中和浑是一性。如内有阳舒之心，为喜为乐，外即有阳舒之色，动作态度，无不阳舒者。内有阴惨之心，为怒为哀，外即有阴惨之色，动作态度，无不阴惨者。推之一动一静，一语一默，莫不皆然，此独体之妙，所以即隐即见，即微即显，而慎独之学，即中和即位育，此千圣学脉也。自喜怒哀乐之说不明于后世，而性学晦矣。①

在这里，刘宗周把恻隐、羞恶、辞让、是非之心，与仁义礼智之性、元亨利贞之乾德、喜怒哀乐四德、春夏秋冬四时，整合成了一个统一的、有机的、相互关联的整体。刘宗周强调："四时之气所以循环不穷者，独赖有中气存乎其间，而发之即谓之太和元气。"中气即一气流行的元气中的独体、枢纽之所在，也是气之自有其条理与主宰处的反映。就气而言，虽有作为主宰的中气与作为流行的元气的分别，但都是一气流行中自有的特质，二者是即中即和、体用一原、即体即用的关系。对应于人心的喜怒哀乐，其未发之中与已发之和同样是体用一原的关系，所以刘宗周说，已发与未发"以表里言，不以前后际言也"。这与阳明论已发未发时所说的"未发在已发之中，而已发之中未尝别有未发者在；已发在未发之中，而未发之中未尝别有已发者存"的关系，是一致的，都是以体用一原、即体即用的关系来理解未发已发，而不是以是时间上的前后分际来理解。这样理解喜怒哀乐与性体的关系，是刘宗周哲学将喜怒哀乐收紧为性体自身的内容、认为四德自有其节律、主宰所在的一个必然的理论后果。正因为在喜怒哀乐之中，

① 《刘宗周全集》(第二册)，第 415~416 页。

"存发总是一机","中和浑是一性",故作为性体内容的喜怒哀乐也总是表现为"形色"上的喜怒哀乐。刘宗周举例说:"内有阳舒之心,为喜为乐,外即有阳舒之色,动作态度,无不阳舒者。内有阴惨之心,为怒为哀,外即有阴惨之色,动作态度,无不阴惨者。"这实际即是性即是气质之性,性的内容必然表现为气质上的作用的一个反映。这也是刘宗周把人心的喜怒哀乐与气上的一气流行建构为一个贯通的、统一的整体的后果。而从更深刻的背景来说,这是刘宗周哲学理气合一、性气合一、体用合一的必然归向,刘宗周自己也解释说这表现的是独体"即隐即见、即微即显"的性质,并最终归结为慎独之旨。这样,以气论为基础,从理气论到心性论再到工夫论的一个圆融有机的系统,就建构而成了。

黄宗羲的一段评述已经很好地说明了刘宗周哲学以气论为基础,建立的从理气论到心性论再到慎独诚意的工夫论这样一个环环相扣、圆融贯通的体系。黄宗羲说:"先生之学,以慎独为宗。……盈天地间皆气也。其在人心,一气之流行,诚通诚复,自然分为喜怒哀乐,仁义礼智之名因此而起者也。不待安排品节,自能不过其则,即中和也。此生而有之,人人如是,所以谓之性善。即不无过不及之差,而性体原自周流,不害其为中和之德。学者但证得性体分明,而以时保之,即是慎矣。慎之工夫,只在主宰上,觉有主,是曰意,离意根一步,便是妄,便非独矣。故愈收敛,是愈推致,然主宰亦非有一处停顿,即在此流行之中,故曰'逝者如斯夫!不舍昼夜'。盖离气无所为理,离心无所为性。"[①]刘宗周认为,气是世界的存在基础,并且,气是自有其条理、规律与主宰的气,理是气的自有其理与自有主宰的体现。人心由一气所构成,气的屈伸往来、诚通诚复即是人心中的喜怒哀乐的根源,既然气是自有其条理与主宰之气,喜怒哀乐也就不是单纯的已发之情,而是性体自身的内容,是即中即和、即体即用、即未发即已发的自有

① 黄宗羲:《明儒学案》(卷六十二),第1514页。

其节律者。气与人心中的主宰之处就是独体,人作慎独的工夫才能使气与心回复到其自有条理与节律的源初的、本然的状态。这就是从气论的角度对刘宗周哲学所作的一个大致的描述。

“主静立人极”断章取文源流考论*

翟奎凤

（山东大学儒学高等研究院）

周敦颐被誉为道学宗主，其代表作《太极图说》对后世影响甚大，堪称宋明理学的经典文献。《太极图说》虽短短249字，但后来的相关讨论甚至争议非常多，如开篇“无极而太极”，朱熹与陆九渊就曾围绕“无极、太极”展开过激烈论辩。“无极”“太极”之外，引起讨论比较多的，当是“人极”的问题。《太极图说》曰：“唯人也得其秀而最灵。形既生矣，神发知矣。五性感动而善恶分，万事出矣。圣人定之以中正仁义而主静，立人极焉。”此段最后一句“圣人定之以中正仁义而主静，立人极焉”就曾引起广泛讨论，在宋元明清时期，一些儒者往往断章取义，把这句话引述为“主静立人极”，有意无意漏掉或忽略最关键的“中正仁义”四字。流风所至，近现代一些著名学者也常以“主静立人极”来说周敦颐的思想，甚至也有学者把这句话句读为“圣人定之以中正仁义，而主静立人极焉”，这是对周敦颐思想宗旨的很大误解。

* 本文为国家社科基金重大项目“多卷本《宋明理学史新编》”（17ZDA013）阶段性成果。

一、朱子及门人论“定之以中正仁义而主静”

二程虽曾游学于周敦颐，但兄弟二人在论学中对其《太极图》《太极图说》乃至《通书》基本没有论及。直至南宋朱子，推尊周敦颐，极力推崇其《太极图》《太极图说》，并对两者有详细注解，与门人弟子相关讨论甚多。

在朱子，断句非常清楚，即“圣人定之以中正仁义而主静”为句，“立人极焉”在后，就是说“人极”是包含“中正仁义”与“主静”两个方面。但是朱子关于“中正仁义”的讨论比较特别，如在注解《太极图》时，朱子说：

> 惟圣人者，又得夫秀之精一，而有以全乎○之体用者也。是以一动一静，各臻其极，而天下之故，常感通乎寂然不动之中。盖中也、仁也、感也，所谓◐也，○之用所以行也。正也、义也、寂也，所谓◑也，○之体所以立也。中正仁义，浑然全体，而静者常为主焉。则人○于是乎立，而天地日月，四时鬼神，有所不能违矣。①

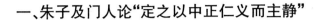

朱子这里把“中”与“仁”“感”“行”相对应，看作是“阳动”的表现，而把“正”与“义”“寂”“立”相对应，看作是“阴静”的表现，并以前者为用，后者为体。简言之，阳动、感通为用，阴静、寂然为体，中正仁义、阴阳动静，浑然全体，密不可分，但是“静者常为主”，体现的是重“体”、立“体”的思想。在注解《太极图说》中，朱子也说：

> 此言圣人全动静之德，而常本之于静也。盖人禀阴阳五行之秀气

① 周敦颐：《周敦颐集》（卷一），陈克明点校，中华书局，1990年，第2~3页。

以生，而圣人之生，又得其秀之秀者。是以其行之也中，其处之也正，其发之也仁，其裁之也义。盖一动一静，莫不有以全夫太极之道，而无所亏焉，则向之所谓欲动情胜、利害相攻者，于此乎定矣。然静者诚之复，而性之真也。苟非此心寂然无欲而静，则又何以酬酢事物之变，而一天下之动哉！故圣人中正仁义，动静周流，而其动也必主乎静。此其所以成位乎中，而天地日月、四时鬼神，有所不能违也。盖必体立而后用有以行，若程子论乾坤动静，而曰“不专一则不能直遂，不翕聚则不能发散”，亦此意尔。①

应该说，这个解释与对《太极图》的注解在思想主旨上是一致的，在一些表述上更为明确，中正、仁义、动静浑然一体，乃圣人、太极之全德全道，但“常本之于静”“静者诚之复，而性之真也”。朱子在这里进一步突显了“主静”“立体”是基础。

张栻曾质疑朱子以动静来解中正仁义，对此，朱子辩护说：

但熟玩四字旨意，自有动静，其于道理极是分明。盖此四字便是元、亨、利、贞四字（仁元、中亨、义利、正贞）。元、亨、利、贞一通一复，岂得为无动静乎？近日深玩此理，觉得一语默、一起居，无非太极之妙，正不须以分别为嫌也。②

朱子这里又把中正仁义与元亨利贞作了对应，“仁，元；中，亨；义，利；正，贞”，朱子又进一步发挥说：

① 周敦颐：《周敦颐集》（卷一），陈克明点校，第7页。

② 朱杰人、严佐之、刘永翔主编：《朱子全书》（第二十一册），上海古籍出版社、安徽教育出版社，2002年，第1337页。

此四字配金木水火而言，中有礼底道理，正有智底道理。如乾之元亨利贞，元即仁，亨即中，利即义，贞即正，皆是此理。至于主静，是以正与义为体，中与仁为用。圣人只是主静，自有动底道理。譬如人说话，也须是先沉默，然后可以说话。盖沉默中便有个言语底意思。[①]

又说：

中正仁义分属动静，而圣人则主于静。盖正所以能中，义所以能仁。“克己复礼”，义也，义故能仁。《易》言“利贞者，性情也”。元亨是发用处，必至于利贞，乃见乾之实体。万物到秋冬收敛成实，方见得他本质，故曰“性情”。此亦主静之说也。[②]

如此，朱子以动静体用、元亨利贞解“中正仁义”是一贯而明确的。他也把“中正”解为礼、智，这也关联到其更广阔的思想背景，即从一气流贯往复的角度把仁义礼智与元亨利贞、春夏秋冬相对应，即春，仁，元；夏，礼，亨；秋，义，利；冬，贞，智。朱子以利贞为“乾之实体”“万物本质”，也是强调静藏为体、发动为用。在这个意义上，“正”“义”相对于“中”“仁”就有优先性、根本性，“中正仁义分属动静，而圣人则主于静。盖正所以能中，义所以能仁”“圣人定之以‘中正仁义’，‘正’字、‘义’字却是体，‘中’‘仁’却是发用处”[③]、“主静者，主正与义也”[④]。而这与通常的理解包括朱子本人的“仁体”思想似恰恰相反。对此，学生就有疑惑，问：“仁却恐是体？”朱子说：“随这

① 《朱子全书》(第十七册)，第 3137 页。
② 《朱子全书》(第十七册)，第 3137~3138 页。
③ 《朱子全书》(第十七册)，第 3137 页。
④ 《朱子全书》(第十七册)，第 3139 页。

事上说，在这里仁却是发用。只是一个仁，都说得"[1]。朱子似认为这是两种不同语义，强调的重点和角度不同，并无矛盾。

笔者认为，张栻对朱子的质疑有道理，朱子以阴阳特别是动静来解"中正仁义"带来不少问题，给其思想体系带来一定不统一性和混乱。朱子所理解的"主静"，多是贞藏、翕聚、收敛义，这与"动"还是经验意义上的辩证关系，似并不是哲学意义上的体用之体、形上之体。朱子后来在《太极说》中对此思想作了进一步阐发：

> 动静无端，阴阳无始，天道也；始于阳，成于阴，本于静，流于动者，人道也。然阳复本于阴，静复根于动，其动静亦无端，其阴阳亦无始，则人盖未始离乎天，而天亦未始离乎人也。
>
> 元亨，诚之通，动也；利贞，诚之复，静也。元者，动之端也，本乎静；贞者，静之质也，著乎动。一动一静，循环无穷。而贞也者，万物之所成终而成始者也。故人虽不能不动，而立人极者必主乎静。惟主乎静，则其著乎动也无不中节，而不失其本然之静矣。
>
> 静者，性之所以立也；动者，命之所以行也。然其实则静亦动之息尔。故一动一静皆命之行，而行乎动静者乃性之真也。故曰："天命之谓性。"
>
> 情之未发者，性也，是乃所谓中也，天下之大本也；性之已发者，情也，其皆中节，则所谓和也，天下之达道也。皆天理之自然也。妙性情之德者，心也，所以致中和，立大本而行达道者也，天理之主宰也。[2]

① 《朱子全书》(第十七册)，2002年，第3137页。
② 《朱子全书》(第二十三册)，2002年，第3274页。

这篇《太极说》有些争议，年代也待考[1]，我认为当后于《太极解义》，其思想表述上比《太极解义》圆融清晰，可以看作是朱子思想的进一步发展。这里强调"本然之静"，"行乎动静者性之真也"，都表明此"静"是超越经验对待之动静，乃性之本然、本体之形上之静。这在儒家，最大的经典支持是《礼记·乐记》所说"人生而静，天之性也。感于物而动，性之欲也。物至知知，然后好恶形焉。好恶无节于内，知诱于外，不能反躬，天理灭矣。"这也当是周敦颐强调"主静"工夫的主要经典来源。其次是《中庸》所说"喜怒哀乐之未发，谓之中；发而皆中节，谓之和；中也者，天下之大本也；和也者，天下之达道也。致中和，天地位焉，万物育焉。"显然，朱子是融合此《中庸》思想来发挥其"静以立体"之义的，先立中之大本，才有和之达道，而这与其以"元亨利贞"模式来解"中正仁义"似有一定矛盾。

朱子以阴阳动静来解释对应中正仁义，把中正仁义对应为元亨利贞之一气流行，这两者都突显了"静""贞"相对于"动"，"体"相对于"用"的优先性和重要性。这样"中正仁义"的独特价值不是很突显。牟宗三说"将主静工夫直拉于中正仁义之中而言之，把中正仁义亦套于阴阳动静体用之宇宙论的格局中而说之，此即减杀原文'立人极'之道德的警策之意"[2]。牟宗三对朱子有些偏见，固可商榷，但此条评论笔者认为是有道理的。劳思光也指出"'中正'二字连用，以表价值标准，显然出于《易经》观念。……但朱熹解此段则勉强以'中正'配'礼智'，以与孟子四端牵合，可谓全失本意。……朱说殊无道理。然此等强合强比之处，正可见朱熹立说之特殊作风，学者亦不可不留意"[3]。

虽然总体上朱子及门人对此句的断句是没问题的，但由于朱子把"中正仁义"动静化处理、对"静以立体"过于强调，以至朱子与门人对话中也

① 田智忠、陈亚洲：《朱子文献中的"太极图说"所指考论》，《周易研究》，2017年第3期。

② 牟宗三：《心体与性体》（下册），吉林出版集团有限责任公司，2013年，第160页。

③ 劳思光：《新编中国哲学史》（三）（卷上），广西师范大学出版社，2005年，第78页。

确实出现了省略“中正仁义”，直接用类似“主静立人极”的说法。如下面朱子与门人辅广的对话：

> 问：“自太极一动而为阴阳，以至于为五行，为万物，无有不善。在人则才动便差，是如何？”曰：“造化亦有差处，如冬热夏寒，所生人物有厚薄，有善恶。不知自甚处差将来，便没理会了。”又问：“惟人才动便有差，故圣人主静以立人极欤？”曰：“然。”[①]

朱子这里直接肯定了辅广“圣人主静立人极”的说法，没有做出补充说明，没有强调“中正仁义”。南宋朱子学者魏了翁也直接说：“盖必体立，用乃有行，人生而静，性命于天，感物而动，好恶形焉。圣人主静以立人极。学者匪静，畴保天则？”[②]元代朱子学者方回也说：“剥复之间有坤卦，四时有冬，一日有夜，非谓有静无动也。静为动体，贞为四德之干也，所以圣人主静立人极，内之存养者也”[③]。魏了翁“体立用行”、方回“静为动体”都是朱子的意思，他们的“圣人主静立人极”之说显然也是承朱子之义。类似的，明初朱子学者胡居仁也说：“乾必有初潜而后有二见，坤必有初凝而后有二动，乾必专一而后直遂，坤必翕聚而后发散，周子所谓主静立人极，主此立此”[④]。笔者认为，元明之际这些朱子学者“主静立人极”的说法未必是有意断章取义，但是到了明代就出现了以“主静立人极”断章取义的提法，并流行开来。但也不得不说，一定意义上，元明之际这些朱子学者不经意的“主静立

① 《朱子全书》(第十七册)，第 3128 页。
② 魏了翁：《鹤山集》(卷五十七)《高才卿静庵铭》，文渊阁《四库全书》本。
③ 方回：《桐江续集》(卷三十四)《天原发微前序》，文渊阁《四库全书》本。
④ 胡居仁：《易像钞》(卷五)，文渊阁《四库全书》本。

人极”之说是后来断章取义的滥觞。[1]

二、阳明后学及刘宗周与“主静立人极”之断章取义

明初学者孙作在其《答性难》一文中说：“周子‘定之以中正仁义’，和也；‘主静以立人极’，中也。其静而得其性之本乎”[2]。孙作这里明确把“中正仁义”与“主静”断开，把“主静立人极”连为一句，进而以“定之以中正仁义”为“和”、“主静立人极”为“中”。明确以“主静立人极”断章并取义的作者可能就是元末明初的孙作。

值得注意的是，阳明在论及周敦颐主静工夫的时候，强调“故循理之谓静，从欲之谓动。欲也者，非必声色货利外诱也，有心之私皆欲也。故循理焉，虽酬酢万变，皆静也。濂溪所谓‘主静’，无欲之谓也”[3]，认为“无欲故静，是‘静亦定、动亦定’的‘定’字，主其本体也”[4]。阳明以超越动静的“定”来诠释周子所主之“静”，应该说是接着程颢《定性书》的思想来发挥的。

阳明本人并没有“主静立人极”的说法，而且他论及周敦颐的“人极”思想，非常明确强调是“定之以中正仁义而主静”。但阳明后学常直言“主静立人极”，如南中王门、曾从学于王龙溪、钱绪山的查铎，他说：“圣人则浑然无欲，虽酬酢万变而其寂然者常存，所谓主静立人极也”[5]，此论似接

① 本文初稿此节题目为“‘主静立人极’之断章源于朱子及门人”，此论确实不妥，故陈来先生回信批示曰：“奎凤：再考虑考虑，不可说源于朱子，你好好看看《朱子语类》卷九十四，朱子与门人都是以‘定之以仁义中正而主静’断句，朱子亦从未将周子之说概括为‘主静立人极’。当然，朱子并未警惕此说之流弊，故辅广说时，亦未当成大问题，多只是从强调主静与否来看。朱子本师延平，亦是主静工夫，故朱子并未从是否反映周子立人极之说的整体来谈这个问题。陈来。2018 年 8 月 16 日”。

② 孙作：《沧螺集》（卷五），文渊阁《四库全书》本。

③ 王守仁撰，吴光等编校：《王阳明全集》（卷五），上海古籍出版社，2015 年，第 155 页。

④ 《王阳明全集》（卷三），第 80 页。

⑤ 查铎：《查先生阐道集》（卷四）《书楚中诸生会条》，清光绪十六年泾川查氏济阳家塾刻本。

着阳明“故循理焉，虽酬酢万变，皆静也。濂溪所谓‘主静’，无欲之谓也”来说的，但阳明并未明言“主静立人极”。查铎还说：“惟闻道则主静立极，真常在我，生本无生，死亦何死”[①]，又说：“夫养生之说，仿于老氏，然未尝不通于吾儒，观妙观窍而归于玄者，无生也。惟无生故长生不息，主静立极，而要于一，一者无欲也”[②]。这些论说明显杂入了佛老的思想。

浙中王门曾从学于欧阳德的王宗沐，他在《刻传习录序》中说：“孔门之所谓仁者，先生之所谓知也。自程淳公之没，而圣人之学不传，沉酣传注，留心名物，从其求于外者，以为领略贯解，而一实万分、主静立极之义微矣”[③]。李材从学于阳明弟子邹守益，但他对阳明“致良知”说有些批评，提出“止修”说，李材弟子陆典在《敬学录》中也强调“主静立极”：“人性上虽不容添一物，然一堕形骸，便不若天之行所无事。故尧曰执中，孔曰择善固执，子思慎独，孟子直养无害，周子主静立极，皆就太虚中默默保任”[④]。江右王门、阳明后学罗洪先说：“‘主静立极’濂溪尝有是言矣。此非濂溪之言也，戒惧于不睹不闻，子思尝言之矣。不睹不闻，静也”[⑤]。阳明三传弟子、江右王门后学邹元标也说：“宋儒周敦颐之《太极图》，阐阴阳动静之机，发主静立极之旨；程颢之《定性书》，谓性无内外，谓学先识仁；张载之《西铭》《订顽》，朱熹之正心诚意，陆九渊之学在先立其大，真足以涤性灵、见圣真”[⑥]。可见，不少阳明后学都非常推崇周敦颐的“主静立极”说，似乎认为这一观点代表了周敦颐思想的主旨，并把这一思想与《中庸》“慎独”“不睹不闻”、程颢《定性书》等关联起来。

在明代，对“主静立人极”强调最多、肯定最多、发挥最多的是被誉为

---

① 查铎：《查先生阐道集》（卷九）《祭贡受轩师文》。

② 查铎：《查先生阐道集》（卷七）《贺伯兄斗山君八旬寿叙》。

③ 黄宗羲：《明儒学案》（卷十五），第321页。

④ 黄宗羲：《明儒学案》（卷三十一），第694页。

⑤ 徐儒宗编校整理：《罗洪先集》（上），凤凰出版社，2007年，第333页。

⑥ 邹元标：《邹忠介公奏疏》（卷二），明崇祯十四年林铨刻本。

理学殿军的刘宗周。他说："天枢万古不动，而一气运旋，时通时复，皆从此出。主静立极之学本此"[①]。"昔周元公著《太极图说》，实本《中庸》，至'主静立人极'一语，尤为'慎独'两字传神"[②]。非常显然，刘宗周是有意把"定之以中正仁义"排除在"立人极"之外。程颐不喜"主静"之说，强调要"主敬"，但刘宗周坚持认为"主静"优于"主敬"，甚至倡言"'主静立极'之说最为无弊"：

> 伊、洛拈出敬字，本《中庸》戒慎恐惧来，然敬字只是死工夫，不若《中庸》说得有着落。以戒慎属不睹，以恐惧属不闻，总只爲这些子讨消息，胸中实无个敬字也。故主静立极之说，最为无弊。[③]

非但如此，刘宗周还构造了一个"主静立极"说的道统：周敦颐得之《中庸》"慎独""未发"、传大程，大程传杨时道南学派之罗从彦、李侗。刘宗周认为程颢的《定性书》正是发明了周敦颐"主静立极"的思想，他说：

> 此（程颢《定性书》）伯子发明主静立极之说，最为详尽而无遗也……主静之说，本千古秘密藏，即横渠得之不能无疑，向微程伯子发明至此，几令千古长夜矣。[④]

又说：

> 自周子有主静立极之说，传之二程；其后罗、李二先生专教人默

---

① 《刘宗周全集》(第三册)，浙江古籍出版社，2012年，第340页。
② 《刘宗周全集》(第三册)，第271页。
③ 《刘宗周全集》(第九册)，第380~381页。
④ 《刘宗周全集》(第三册)，第212~213页。

坐澄心，看喜怒哀乐未发时作何气象。①

自濂溪有主静立极之说，传之豫章、延平，遂以“看喜怒哀乐未发以前气象”为单提口诀。夫所谓未发以前气象，即是独中真消息，但说不得前后际耳。②

甚至，刘宗周也把阳明纳入到这个道统之中，认为“良知即主静立极之说”：

而（阳明）《答陆元静》数书，发明《中庸》之理甚奥，则其真接濂溪之传者，其曰“未发之中即良知”，即“主静立极”之说也。③

显然，刘宗周自认为其传承了周敦颐所开创的“主静立极”的道统，其“慎独”说上接“涵养未发”，直通“主静立极”及《中庸》之上乘。刘宗周似把程颐“主敬”说排除在此道统之外，对朱子也有些微词，但认为朱子最后还是回归了其师李侗“涵养未发”之旨：

朱子初从延平游，固尝服膺其说；已而又参以程子主敬之说，静字为稍偏，不复理会。迨其晚年，深悔平日用功未免疏于本领，致有“辜负此翁”之语，固已深信延平立教之无弊，而学人向上一机，必于此而取则矣。④

凡此种种，可以说刘宗周是宋元以来“主静立极”说的“集大成”，并把其“慎独”说纳入到周敦颐由《中庸》所开创的这个道统之中。

---

① 《刘宗周全集》（第三册），第 216 页。

② 《刘宗周全集》（第三册），第 371 页。

③ 《刘宗周全集》（第三册），第 224~225 页。

④ 《刘宗周全集》（第三册），第 216~217 页。

在明代，也有些学者结合艮卦、复卦来论“主静立极”，如瞿景淳说：

昔周子教人以“主静立人极”，复自注曰“无欲故静”。盖人无欲则虽动亦静，有欲则虽静亦动，此章言艮其背不其身，言时止而止，不动于身之私也，行其庭，不见其人，言时行而行，不动于物交之私也。盖静处得力，故行亦止。①

顾梦圭说：

震之德为动，然爻象皆取恐惧之义，不以动为贵也。若艮则惟贵乎止，于人身独取背象，乃知圣人主静以立人极，其动也物来顺应，虽动亦静也。②

邓球结合复卦来论说：

人吉凶悔吝生乎动，亦在乎复之而已。不远复，无祇悔，其颜子乎？周子曰圣人主静立人极，圣人之心，一天心也。③

逯中立说：

王辅嗣曰“复者反本之谓也，天地以本为心者也”，孔氏曰“本者静也”。周子曰利贞者诚之复，又曰圣人主静立人极，故曰中者天下之

① 瞿景淳：《瞿文懿公集》（卷十五）《读易杂著》，明万历瞿汝稷刻本。
② 顾梦圭：《疣赘录》（卷一），清雍正七年顾怀劬刻本。
③ 邓球：《闲适剧谈》（卷五），明万历邓云台刻本。

大本也，是故涵养未发之中，三极之道也。[①]

无论如何，在明代，“主静立人极”成为儒学界认识周敦颐思想主旨的一个比较富有普遍性的共识，而且还把“主静立人极”与《中庸》“慎独”“未发”思想紧密联系起来。

三、辨误与反思

虽然先秦一些儒家经典如《礼记·乐记》也强调“静”，但总体上来说，“主静”毕竟是佛老的重要思想特征，无疑，过于强调“主静”将模糊儒家与佛老的边界。应该说，正是有鉴于此，程颐才强调对儒家而言，“主敬”更为根本，认为“敬则自虚静，不可把虚静唤做敬”[②]。这一点，其实朱子也有指出，“‘圣人定之以中正仁义而主静’，正是要人静定其心，自作主宰。程子又恐只管静去，遂与事物不相交涉，却说个‘敬’，云：‘敬则自虚静。’须是如此做工夫”[③]。朱子门人兼好友蔡元定甚至直接说：“濂溪言‘主静’，‘静’字只好作‘敬’字看，故又言‘无欲故静’。若以为虚静，则恐入释、老去”[④]。

在明代，王廷相严厉批判“主静立人极”之说：

圣人之学有养有为，合动静而一之，非学顾如是，乃造化人物之道，会其极，诣厥成，自不能不如是尔。周子倡为“主静立人极”之说，误矣。夫动静交养，厥道乃成，主于静则道涉一偏，有阴无阳，有养无施，何人极之能立？缘此，后学小生专务静坐理会，流于禅氏而不自

---

① 逯中立：《周易札记》（卷一），文渊阁《四库全书》本。

② 程颢、程颐：《二程集·二程遗书》（卷十五），王孝鱼点校，中华书局，1981年，第157页。

③ 《朱子全书》（第十七册），第3139页。

④ 《朱子全书》（第十七册），第3139页。

知，皆先生启之也。嗟嗟！立言者，可不慎乎哉！①

静，寂而未感也；动，感而遂通也，皆性之体也。圣人养静以虚，故中心无物；圣人慎动以直，故顺理而应此，皆性学之不得已者。后儒独言主静以立本，而略于慎动，遂使孔子克已复礼之学不行，而后生小子以静爲性真，动爲性妄，流于禅静空虚而不自知悲哉。②

明代易学家来知德为“主静立极”思想做出辩护，源于《礼记·乐记》“人生而静，天之性也，感于物而动，性之欲也”，他说：

朱子言“周子说主静正是要人人静定其心，自作主宰”，将周子静字略认错了，他见程子说“敬则自虚静，不可把虚静唤作敬”，因有此说。殊不知周子“主静立人极”，本注云“无欲故静”，有此四字，周子也，恐人认错了静字，故注此四字。《经》曰“人生而静，天之性也，感物而动，性之欲也”。周子静字在此处来，言圣人无欲主静，立人极，以为静坐之静，是禅学也，安能立人极哉？③

世儒只知冥心闭目是静，不知此心如有思虑，当人事扰攘之时，皆天理之公，而无一毫人欲之私也，是静。何也？盖理主于一而不动，我既主于理，则凝然不动矣，即所谓人生而静也，从来儒者惟周茂叔知此，故曰主静立人极。④

来知德此说，与阳明“循理之谓静”大体上是一个意思。但，无论是王廷相的批判，还是来知德的辩护，他们无形中都把“主静立人极”看作是周敦颐

① 王廷相：《王廷相集》（第三册），王孝鱼点校，中华书局，1989年，第857页。

② 《王廷相集》（第三册），第846页。

③ 来知德：《来瞿唐先生日录·内篇》（卷二），明万历刻本。

④ 来知德：《来瞿唐先生日录·内篇》（卷五）。

的思想，没有指出“定之以中正仁义”对于“立人极”的重要性，没有意识到这是断章取义，存在一定误解，说明在当时所谓周敦颐“主静立人极”的说法比较流行。当然，也许在王廷相看来，周敦颐说出“主静”两字，站在严肃的儒家立场上，也是不可原谅的。

有清一代的儒者论及此多是围绕“主静”来打转，似唯张履祥在《与何商隐》信中强调了仁义于立人极的重要性。他说：“其曰主静立极者，定之以中正仁义而已也，仁义而不轨于中正，则仁之或流于兼爱，义之或流于为我，而人极不立矣。”[①]

在近现代，不少著名思想家、学者也喜言“主静立人极”，如：

> 周子以主静立人极，陈白沙于静中养出端倪，故云得此把柄入手，则天地我立，万化我出，而宇宙在我矣。(康有为)[②]
>
> 周子以“主静立人极”，而于“静”字下，自注“无欲故静”，则此静非与动相对之静，而以停止之静训之可乎？“立人极”三字，的是尼山宗旨。(熊十力)[③]
>
> 吾尝谓宋明理学以濂溪之为《太极图说》，以人之主静立人极以合太极始，而以蕺山之《人极图说》之摄太极之义，于人极之义终也。(唐君毅)[④]
>
> 然周子以主静立人极，明道易之以主敬，伊川又益之以致知，其学实一脉相承。”(吕思勉)[⑤]

---

① 张履祥：《杨园先生全集》，陈祖武点校，中华书局，2002年，第110页。

② 康有为：《长兴学记》，引自董士伟编《康有为学术文化随笔》，中国青年出版社，1999年，第91页。

③ 熊十力：《论汉学与宋学及宋明理学史》，载郭齐勇编：《熊十力学术文化随笔》，中国青年出版社，1999年，第200页。

④ 唐君毅：《唐君毅全集》(卷十九)，台湾学生书局，1984年，第492页。

⑤ 吕思勉：《理学纲要》，商务印书馆，2015年，第272页。

方东美在引述周敦颐《太极图说》这句话时句读直接就是“圣人定之以中正仁义，而主静立人极焉”[①]。牟宗三在《心体与性体》中有时也喜用“主静立人极”之语来说周子，但牟先生此用语比较复杂，不可简单认为他理解的周子之“人极”就是主静。他说：“‘定之以中正仁义之道’以为超越之标准。此是客观地、原则地先提出理道以为标准。‘而主静立人极焉’，则是通过静复的工夫以见或立此理道以为定体，而人极亦于焉以立。人极不能在‘五性感动’上立，只能在中正仁义处立”[②]，同时牟先生也反对朱子以体用动静来说中正仁义。可见，牟先生所理解周敦颐的“人极”，“中正仁义之理道”是主要的，而“主静”是实现此理道的工夫。

四、“中正仁义”是周敦颐的“人极”标准的重点

周敦颐的《通书》一定意义上也可视为是对其《太极图》《太极图说》思想主旨的进一步发挥。《通书·道第六》说：“圣人之道，仁义中正而已矣。守之贵，行之利，廓之配天地。岂不易简！岂为难知！不守，不行，不廓耳”[③]。《通书·师第七》又说：“惟中也者，和也，中节也，天下之达道也，圣人之事也。故圣人立教，俾人自易其恶，自至其中而止矣”[④]。这些都是对中正仁义的强调，特别是“中”德，周敦颐非常看重。当然，《通书》也有对“主静”思想的发挥，如《圣学第二十》：“‘圣可学乎？’曰：‘可。’曰：‘有要乎？’曰：‘有。’‘请问焉。’曰：‘一为要。一者无欲也，无欲则静虚、动直，静虚则明，明则通；动直则公，公则溥。明通公溥。庶矣乎！’”[⑤]圣人就是人极，很清楚，周敦颐的人极思想是中正仁义与主静的有机统一。陈来先生也指出：“中正

① 方东美：《新儒家哲学十八讲》，中华书局，2012 年，第 115 页。

② 牟宗三：《心体与性体》（下册），吉林出版集团有限责任公司，第 160 页。

③ 周敦颐：《周敦颐集》（卷二），陈克明点校，第 19 页。

④ 《周敦颐集》（卷二），第 20 页。

⑤ 《周敦颐集》（卷二），第 31 页。

仁义是基本道德概念，主静是修养方法，以主静而兼有二者，这在儒学史上是少见的。”[①]

《通书》又名《易通》，《太极图说》结尾也是引《周易》原文：“故圣人‘与天地合其德，日月合其明，四时合其序，鬼神合其吉凶’，君子修之吉，小人悖之凶。故曰：‘立天之道，曰阴与阳。立地之道，曰柔与刚。立人之道，曰仁与义。’又曰：‘原始反终，故知死生之说。’大哉易也，斯其至矣！”很显然，《周易》是周敦颐思想最为重要的经典资源，全面理解“圣人定之以中正仁义而主静”也不能离开《周易》。“中正”是《周易》的一个重要原则，凡爻位居中且正往往是最吉祥的，如九五、六二。《易传》尊尚“中正”之德，如说“刚健中正，纯粹精也”（《乾·文言传》）、“中正以观天下”（《观·彖传》）、“当位以节，中正以通”（《节·彖传》），等等。关于“仁义”，《周易·说卦传》直接说“立人之道曰仁与义”，以对应于天之阴阳、地之柔刚。

《周易·系辞传上》说：“易无思也、无为也，寂然不动，感而遂通天下之故。非天下之至神，其孰能与于此？”周敦颐的主静思想固然与《礼记·乐记》有密切关联，实际上也可以结合这里的“无思无为，寂然不动”来理解。在周敦颐，“静虚”是为了“明通”，“寂然”也是为了“感通”。周敦颐在《通书》里，把“寂然不动”与“诚”作了对应，如《通书·圣第四》：“寂然不动者，诚也；感而遂通者，神也；动而未形、有无之间者，几也 。诚精故明，神应故妙，几微故幽。诚、神、几，曰圣人”[②]。《通书·诚上第一》说：“诚者，圣人之本。‘大哉乾元，万物资始’，诚之源也。‘乾道变化，各正性命’，诚斯立焉。纯粹至善者也。故曰：‘一阴一阳之谓道，继之者善也，成之者性也。’元、亨，诚之通；利、贞，诚之复。大哉易也，性命之源乎”[③]！《通书·诚下第二》说：“圣，诚而已矣。诚，五常之本，百行之源也。静无而动有，至正而明达

① 陈来：《朱子〈太极解义〉的哲学建构》，载《哲学研究》，2018 年第 2 期。

② 《周敦颐集》（卷二），第 17~18 页。

③ 《周敦颐集》（卷二），第 13~14 页。

也。五常百行，非诚，非也，邪暗，塞也。故诚则无事矣。至易而行难。果而确，无难焉。故曰：‘一日克己复礼，天下归仁焉’”[①]。《通书·诚几德第三》说：“诚，无为；几，善恶。德：爱曰仁，宜曰义，理曰礼，通曰智，守曰信。性焉、安焉之谓圣，复焉、执焉之谓贤。发微不可见，充周不可穷之谓神。”[②]《太极图说》中没有出现“诚”字，而《通书》中大量以“诚”论“圣”，这可以看作是对《太极图说》的补充。“诚”是《通书》和周敦颐思想的重要主旨，诚源于天道乾元，诚贯动静，以诚摄静，这无疑使得周敦颐思想的儒家性更为强烈。

“静”与“中正仁义”相对，与“主”相对的是“定”字。因为有了“五性感动而善恶分，万事出矣”，所以需要圣人来“定”。“定之以中正仁义”在前，实际上比“主静”更为重要，从语势上来说，“而主静”是一种补充，或者说是实现“定之”的一种手段和工夫。

总体来看，于“立人极”而言，“主静”固然重要，但绝不可遗落“中正仁义”四字，否则，周敦颐作为一代大儒的形象会模糊化，无法区别于《老子》所言“致虚极，守静笃。万物并作，吾以观复。夫物芸芸，各复归其根。归根曰静，静曰复命”（第十六章）、“重为轻根，静为躁君”（第二十六章）、“清静为天下正”（第四十五章）、“我好静，而民自正”（第五十七章）。

老子还说：“道常无为而无不为。侯王若能守之，万物将自化。化而欲作，吾将镇之以无名之朴。无名之朴，夫亦将不欲。不欲以静，天下将自正。”（第三十七章）从语势上看，“定之以中正仁义”与老子这里所言“镇之以无名之朴”有些类似。在《太极图说》“圣人定之以中正仁义”句前之“五性感动而善恶分，万事出矣”，也与老子此句“化而欲作”有些可比性。而老子所言“不欲以静”，也不禁让我们联想起“主静”下周敦颐的自注“无欲故静”。不可否认，周敦颐思想里有些道家的因素，儒与道有互通的一面，也

① 《周敦颐集》（卷二），第15~16页。

② 《周敦颐集》（卷二），第16~17页。

并非决然对立。但儒与道也还是有不可通约的一面，周敦颐“立人极”的思想不可简单化归约为“主静”。比较“镇之以无名之朴”“定之以中正仁义”，可以说“无名之朴”与“中正仁义”是儒道的重要分水岭，这里“镇”“定”都有调伏、调摄、使之平静有序之义。由此可推断，“中正仁义”才是周敦颐立人极的主词和重点，“中正”“执中” 思想在前孔子的儒家经典里就已经很突显，于孔孟儒学而言，“仁义”更为重要。《太极图说》结尾处三引《易传》原文，第二句是《说卦传》“立天之道曰阴与阳，立地之道曰柔与刚，立人之道曰仁与义”，周敦颐最后感叹说“大哉易也，斯其至矣”，可见，周敦颐思想的根本归旨是大易，是孔门《易传》。显然，周敦颐《太极图说》之“立人极”，对应于《说卦传》之“立人之道曰仁与义”，明乎此，则周敦颐立人极的思想可化简为“仁义”，不可化约为“主静”。

阳明心学的气学进路

——兼论气学家刘宗周、黄宗羲及其意义

陈 畅

（同济大学人文学院哲学系）

明清之际学术思想转型是中国思想史上的重大事件之一。钱穆先生认为，明清之际学风出现了“自性理转向经史”的转型。在他看来，“宋明儒的心学，愈走愈向里，愈逼愈渺茫，结果不得不转身向外来重找新天地，这是学术上的穷途”[①]。事实上，从阳明心学学派思想发展脉络来看，向里走和向外走是同一方向，或者说，向外走是向里走的必然结果。本文以阳明学派的“慎独”诠释史的角度切入，提出关于这一思想史事件的一种理解方案。

黄宗羲在《明儒学案·蕺山学案》案语中有一句惊人之语：“儒者人人言慎独，唯先生（按：指刘宗周）始得其真。”[②]黄氏为刘宗周门人，学界历来多以“门户之见”打发此语，例如自称私淑于黄宗羲的全祖望即为代表。[③]事实上，黄宗羲这一观点与阳明学派慎独工夫的诠释转向密切相关。按黄

① 钱穆：《前期清儒思想之新天地》，载《中国学术思想史论丛》（第八卷），安徽教育出版社，2004年，第2页。

② 黄宗羲：《黄宗羲全集》（第八册），浙江古籍出版社，2005年，第890页。

③ 全祖望评论为“党人之习气未尽”，“门户之见深入”，详见全祖望：《与郑南谿论明儒学案事目》《答诸生问南雷学术帖子》，载《全祖望集汇校集注》，上海古籍出版社，2000年，第1693、1695页。

宗羲自己的解释，阳明学派“以慎独为宗旨者多矣”，但是各家在慎独论题上立场不一，陷入困境：“或识认本体，而堕于恍惚；或依傍独知，而力于动念。”[①]困境的根源来自阳明本人主张的“独即所谓良知也”[②]，“良知即是独知时”[③]，其门下王畿（号龙溪，浙江山阴人）、欧阳德（号南野，江西泰和人）等弟子也主张“良知即是独知”[④]。这一观点引发了阳明后学激烈的思想辩论（致中与致和之辩、良知与知觉之辩等等）。详细考察《明儒学案》，不难发现黄宗羲此言实际上指出：刘宗周一举扭转了阳明学派的慎独诠释困境，提出终极解决方案。

本文试图解决的问题是：如何理解黄宗羲之洞见？本文将从工夫论的角度厘清阳明学派“良知即是独知”说的内在张力以及由此张力而推动的慎独诠释转向；并在此基础上考察此诠释转向与明清之际“自性理转向经史”的学术思想转型之间隐秘的思想关联。

一、“独知”说：朱子、阳明论慎独工夫

本体与工夫是宋明理学最为核心的议题。工夫是对本体（道理）的实践，以求实现主体自我的转化，开出天下文明。如港台新儒家牟宗三先生所言：与重视理论而不重视工夫的西方哲学不同；理学讲本体必函着工夫、讲工夫就印证本体，重视在工夫中了解心体、性体这些道理。[⑤]因此，从

---

① 黄宗羲：《刘子全书序》，载《刘宗周全集》（第五册），台湾“中研院”中国文哲研究所，1997年，第755页。

② 耿定向《东廓邹先生传》记载，详见董平编校整理：《邹守益集》（下册），凤凰出版社，2007年，第1382页。

③ 王守仁撰，吴光等编校：《王阳明全集》（卷二十），上海古籍出版社，1992年，第791页。

④ 王畿撰，吴震编校整理：《王畿集》（卷十），凤凰出版社，2007年，第262页。欧阳德撰，陈永革编校整理：《欧阳德集》（卷三），凤凰出版社，2007年，第88页。

⑤ 牟宗三：《牟宗三先生全集》（第29册），联合报系文化基金会、联经出版公司，2003年，第395页。

工夫论的角度考察理学史上的慎独思想，对于我们深入理解中晚明阳明学派思想发展及其哲学内涵具有重要意义。

"慎独"工夫何以能够成为阳明学派共同关注的理论兴趣点？这牵涉到阳明对朱子工夫论的批评与改造，亦即与两家工夫论差异有关。王畿对朱子、阳明工夫论分歧有一个评论：

> 晦翁既分存养省察，故以不睹不闻为己所不知，独为人所不知，而以中和分位育……先师则以不睹不闻为道体，戒慎恐惧为修道之功；不睹不闻即是隐微，即所谓独……晦翁随处分而为二，先师随处合而为一，此其大较也。[1]

王畿认为朱子将不睹不闻戒慎恐惧与慎独、致中与致和、存养与省察"随处分而为二"，阳明则将其"随处合而为一"；这是两家学术最大的差异。无独有偶，朱子本人也把此类"二分"看作是他与之前的理学家在工夫论上的重要分歧。朱子《中庸或问》有两条设问："诸家之说，皆以戒慎不睹、恐惧不闻即为慎独之意，子乃分之以为两事，无乃破碎支离之甚耶？""子又安知不睹不闻之不为独乎？"[2]朱子的回答，除了文本上的根据之外，最重要的是义理上的分疏：

> 其所不睹不闻者，己之所不睹不闻也，故上言道不可离，而下言君子自其平常之处，无所不用其戒惧，而极言之以至于此也。独者，人之所不睹不闻也，故上言"莫见乎隐，莫显乎微"，而下言君子之所谨者，尤在于此幽隐之地也。是其语势自相唱和，各有血脉，理甚分明。

---

① 王畿撰，吴震编校整理：《王畿集》（卷二），第 39 页。

② 朱熹：《中庸或问上》，载《四书或问》，上海古籍出版社、安徽古籍出版社，2001 年，第 51~52 页。

如曰是两条者皆为谨独之意，则是持守之功，无所施于平常之处，而专在幽隐之间也。且虽免于破碎之讥，而其繁复偏滞而无所当亦甚矣。①

在朱子的论述中，戒慎恐惧与慎独是体道之功入手处，两者分别对应于“己之所不睹不闻”与“人之所不睹不闻”，各自的工夫要点分别在于“平常之处”与“幽隐之地”。这种区分源于朱子对人的精神心理结构（未发已发关系）的看法，以及因应前人工夫论之缺失而提。朱子认为，戒惧工夫是“当先其事之未然而周防之，以全其本然之体也”，慎独工夫则是“当随其念之方萌而致察焉，以谨其善恶之几也”。②此即将两种工夫分别对应于未发与已发。在朱子己丑之悟后的中和新说，未发指心的静止状态，已发指心的活动状态。未发时心体寂然不动，性具于其中而呈形显象；已发时心体感物而通，性发为情而见心之用。在此种心体结构中，心分为性与情两个层次：性是纯粹的核心，是形而上的绝对至善；情则是形而下者，是有善恶之分的气质因素。由此，工夫论的核心就是根据性理（客观规范）对“情”的种种活动进行检查，以使人的意念与行动符合“理”的要求。朱子称：“然未发之前，不可寻觅，已觉之后，不容安排。但平日庄敬涵养之功至而无人欲之私以乱之，则其未发也镜明水止，而其发也无不中节矣。此是日用本领工夫，至于随事省察，即物推明，亦必以是为本，而于已发之际观之，则其具于未发之前者，固可嘿识。”③工夫分为两部分，一是作用于未发的工夫，一是作用于已发的工夫；前者为“庄敬涵养”，后者为“随事省察、即事推明”。概言之，戒惧、“庄敬涵养”工夫是对道南一脉“默坐澄心”神秘主义体验的纠偏；慎独、“随事省察”工夫则是对上蔡“以觉论仁”学说易堕入“认欲为理”的纠偏。

① 朱熹：《中庸或问上》，载《四书或问》，第52页。

② 朱熹：《中庸或问上》，载《四书或问》，第50页。

③ 朱熹：《朱熹集》（卷六十四），四川教育出版社，1996年，第3383~3384页。

朱子早年师从道南传人李侗学习,记述道南工夫指诀如下:

> 先生(李侗)既从之(罗从彦)学,讲诵之余,终日危坐,以验夫喜怒哀乐未发之前气象如何,而求所谓中者,若是者盖久之,而知天下之大本真有在乎是也。①

从杨时、罗从彦到李侗的道南一脉把《中庸》的未发已发说归结为"默坐澄心"、体验未发气象的直觉体验。朱子师从李侗时,对此类体验始终未能契入。按照陈来先生的研究,代表朱子思想走向成熟的中和新说,不是通过未发工夫获得内心体验,而是把主敬之功作为主体修养的手段,以为穷理致知奠定基础;从而实现了从追求未发体验的直觉主义转为主敬穷理的理性主义。②前引文中,朱子以"平常之处"言戒惧,就是理性主义立场的表现。换言之,朱子认可道南一脉对主体修养的重视,力图将人性的深层品性开显出来,获得精神上的自新;但朱子更加强调的是主体修养不能局限于直觉体验,而必须将静时体验和日用行为、公共事务贯通起来,内外交养、动静一贯。因为,如何以"理"的立场恰当安顿人的精神追求和日常事务之平衡,是理学探寻人的精神心理结构之内在要求。故而朱子曾感慨称:"理学最难。可惜许多印行文字,其间无道理的甚多,虽伊洛门人亦不免如此"。③所谓"理学最难",指的是生活化与"平常化"之难:"所谓平常,亦曰事理之当然而无所诡异云尔"。④这也就是朱子所坚持的"中庸"之"庸"作为"平常"解释的题中应有之义。这种主张亦展现于朱子对"以觉论仁"说的纠正之中。

① 朱熹:《朱熹集》(卷九十七),第4985页。
② 陈来:《朱子哲学研究》,华东师范大学出版社,2000年,第193页。
③ 黎靖德编:《朱子语类》(卷六十二),中华书局,1994年,第1485页。
④ 朱熹:《中庸或问上》,载《四书或问》,第45页。

“以觉论仁”思潮的代表人物是北宋程门弟子谢上蔡。上蔡称:“心有所觉谓之仁”①,“仁是四肢不仁之仁,不仁是不识痛痒,仁是识痛痒”②。上蔡所说的“觉”是对“心”应事接物时活泼泼的状态的描述,知觉活泼时为仁、麻木时为不仁,其论说的重心是要在不可抑制的生机自然勃发状态中直接把握仁(天理)的真面目:

> 所谓天理者,自然底道理,无毫发杜撰。今人乍见孺子将入于井,皆有怵惕恻隐之心。方乍见时,其心怵惕,所谓天理也。要誉于乡党朋友,内交于孺子父母兄弟,恶其声而然,即人欲耳。③

上蔡的天理人欲之辨,侧重于是否能超越理智穿凿,他时刻警惕理智对生机的规制和扼杀。朱子坚决反对以上蔡为代表的“以觉论仁”思潮,其称:“仁者,生之理,而动之机也。”④仁是生生之理,是主导事物变化的造化力量本身。“生之理”的提法是有其明确针对性的。在朱子看来,生机如果不按其自然条理运行,将如电光石火般稍纵即逝;这样一来,自然生机与人欲会很容易混淆,若没有道德理性的辨识和贞定,就会有“认欲为理”的危险。这种“以觉论仁”与“以理论仁”的差异,就是朱子“慎独”诠释的理论源头。⑤朱子所说的慎独,是要谨慎地审察善恶之几。朱子认为“几”是天理流行、实理发见的重要枢纽,“天理固当发见,而人欲亦已萌乎其间”是其

---

① 朱熹:《朱子全书》(第7册),上海古籍出版社、安徽教育出版社,2002年,第419页。

② 谢良佐:《上蔡语录》(卷中),载《朱子全书外编》(第3册),华东师范大学出版社,2010年,第20页。

③ 谢良佐:《上蔡语录》(卷上),载《朱子全书外编》(第3册),第4页。

④ 黎靖德编:《朱子语类》(卷九十五),第2418页。

⑤ 关于宋明理学乃至中国思想史上“以觉论心”和“以理论心”之差异和对立,详参冯达文先生的系列研究:《从“理性”到“觉性”——论慧能禅学在中国佛学发展史上之价值》《再论从“理性”到“觉性”——中国佛学与宋明儒学的一个公共话题》,两文均收入冯达文先生《理性与觉性:佛学与儒学论丛》(巴蜀书社,2009年)一书。

基本状态。这一意义上的“几”，善恶杂糅，必须由“理”作出贞定。例如朱子说：“当其未感，五性具备，岂有不善？及其应事，才有照顾不到处，这便是恶。”[1]所谓“照顾不到处”，是指未能由“理”加以贞定的心念，此即恶的根源。在这一意义上，虽然慎独是至隐至微的“人所不知而己所独知之地”工夫，但是其本质上是以公共理则意识能否正确树立的重要关口。

综上，朱子工夫论中的戒惧与慎独之所以被区分为二，是以静存之固、动察之密的方式树立公共理则意识。其以“独知”解释慎独之独，不是个体层面之知，而是具有公共意义之知：根据公共客观规范对“情”的种种活动进行检查，以使人的意念与行动符合“理”的要求。然而，朱子确立的精密工夫论，也是后世理学家生命困惑的根源所在。例如，明代心学两位代表人物陈白沙和王阳明早年依循朱子的教导做工夫实践，均有“吾心与物理难以凑泊”的困惑，即源于此。尽管朱子所说的性理是从即物穷理的具体情境中“格”出，但毕竟与生生活泼、流动不居的实际情境有一间之隔。其根源在于，在领会生活世界的节奏这一点上，“理”比“情”慢了几拍：客观性理必须经由理性的反省方能掌握；而“情”则是感应场域中的直接、当下产物，具有随感随应之灵活性。当现实情境急剧变化时，人把握到的“理”与现实发生乖离，流而为僵化拘执的观念，亦在所难免。

众所周知，阳明良知学的提出与他对朱子学天理观弊病的反省密切相关。阳明提倡的良知是灵明：“可知充天塞地中间只有这个灵明，人只为形体自间隔了。我的灵明，便是天地鬼神的主宰。”[2]良知是贯通天地的生机在人之体现，是生机自身之明觉，是其自明、自了、自知[3]，是为我的灵明。天地宇宙中的生机是一种融于无形，却无时无刻地显现自己的统体存在。这种显现总是具体的，是由“我的灵明”来感知和实现。感是人际、物际

① 黎靖德编：《朱子语类》（卷九十四），第2395页。

② 《王阳明全集》（卷三），第141页。

③ 参见牟宗三：《从陆象山到刘蕺山》，上海古籍出版社，2001年，第247~254页。

生机之感通，是一气相通的生机之流通共振；人在日常生活中通过“感”形构出一个个的实践场域，在每一个场域中，是良知（我的灵明）唤醒了一体生机的韵律，以“活泼泼地”的方式共在。在这个意义上，是良知（我的灵明）激活了我的世界中的万物生机、力量和秉性；天地宇宙正是依赖于良知灵明而显现自身，这种显现属于一体之中的自明、自了、自知。从工夫论的角度来说，通过排除任何强制和扭曲，回归无为的状态，心体自身的秩序就能以自有、自觉、自正（正其不正以至于正）的方式呈现。正如牟宗三先生所说：“此亦无绕出去的巧妙办法。此中本质的关键仍在良知本身之力量。……不是把良知明觉摆在那里，而用一个外来的无根的另一个觉去觉它。这逆觉之觉只是那良知明觉随时呈露时之震动，通过此震动而反照其自己。”[①]由此，阳明将朱子工夫论中被区分为二的种种工夫合而为一。

阳明弟子问如何评价朱子所说的“戒惧是己所不知时工夫，慎独是己所独知时工夫”，阳明回答称：

> 只是一个工夫，无事时固是独知，有事时亦是独知。……此独知处便是诚的萌芽；……于此一立立定，便是端本澄源，便是立诚。……今若又分戒惧为己所不知，即工夫便支离，亦有间断。[②]

阳明所说的戒惧，并非朱子那里基于动静次序的区分而产生的工夫，而是以良知活泼泼的自觉为唯一内容的工夫。例如阳明称：“戒惧之念是活泼泼地。此是天机不息处。……一息便是死。非本体之念，即是私念。”[③]因此，若像朱子那样把戒惧看作是己所不知工夫，工夫就会间断。也就是说，良知自然会觉，（戒惧）工夫只是让此心体常觉，生机从不间断。在阳

① 牟宗三：《从陆象山到刘蕺山》，第162~163页。

② 《王阳明全集》（卷一），第34~35页。

③ 《王阳明全集》（卷三），第91页。

明,致良知工夫无分于动静:独知就是良知,慎独即是致良知,即是致中和,即是存养省察,即是戒惧。这种浑一的工夫论,主要是为了防止心灵的分散,回到良知自然生机开展工夫,而非相反的路子。对比而言,同样是以觉论仁(心体),上蔡所说的“觉”多指同情心、恻隐心之类的情感活动,而阳明所说的“觉”已经广及认知、情感、意志等所有精神心理活动,具足“性体”含义。[①]阳明在回答罗钦顺质疑时说:“凡某之所谓格物,于朱子“九条”之说,皆包罗统括其中;但为之有要,作用不同,正所谓毫厘之差耳。”[②]良知具有客观的理则,能契合现实事物的轻重厚薄的各种情形。这说明,阳明的良知学说同样保有朱子学那里的将客观公共的理则意识与形而上追求融为一体的本体观。

综上,朱子和阳明同样使用“独知”诠释慎独,在两家学术中,独知的功能是以某种方式实现生命自身的觉醒和更新, 把主体身心秩序与世界生机秩序融合为一的关键点。但是,两家独知说的理论内涵和哲学立场完全不同。朱子侧重于消极性的察私、防欲,阳明则以良知心体的自然开展之积极工夫为重;两家分歧的哲学意义在于:如何处理人的道德意识中直觉(知觉)与理性之间的关系?在工夫实践过程中,何者处于更优先的地位?朱子以未发已发区分戒慎恐惧与慎独,其工夫论意义是树立一个独立且先在于人心知觉的“天理本然”,让理性掌控全局;阳明将两者同一化处理,则是要打破理则意识对于生机活力的弛缓、间断、禁锢。换言之,朱子的独知说强调理则意识的先在性、先导性,这一意识是一切工夫的前提;而阳明的独知说则打破一切先在的工夫前提, 理则意识不是良知工夫的前提,相反,良知是理则意识的前提。阳明主张心体具有纯粹的灵性,亦即内在绝对性,足以确保理则的公共有效性。在这一意义上,阳明所主张的

① 参见冯达文:《再论从“理性”到“觉性”——中国佛学与宋明儒学的一个公共话题》,载《理性与觉性:佛学与儒学论丛》,巴蜀书社,2009年,第48页。

② 《王阳明全集》(卷二),第77页。

"良知即是独知时",代表着良知心体最高的主动状态,具有自我做主、自我节制、自我主宰的绝对自由。

二、独知非良,抑或无有不良:阳明后学工夫困境

在阳明学派的思想体系中,独知说具有重要的意义,它体现了阳明学术的精微与圆融,也是理解阳明后学理论发展及其内在困境的一条重要线索。甘泉弟子洪垣(号觉山,江西婺源人)记述了一条阳明谈论独知的文字:"独知之知,至静而神,无不良者。吾人顺其自然之知,知善知恶为良知,因其所知,而为善去恶为致良知。"[①]阳明所说的独知之知,就是知善知恶的良知;独知概念的意义在于其能够凸显良知的两大特质:一是强调良知是切己的生命自知自觉,二是强调良知的清明监察功能。

就自知自觉特质而言,阳明解释为"人若不知于此独知之地用力,只在人所共知处用功,便是作伪,便是'见君子而后厌然'"[②]。良知无时不发,其发无形无声,无法以外在睹闻的方式把握,只能由每个人自知自觉,他人总难与力。阳明此处所提独知与共知之辨,是针对当时儒者以博文广见求知于外的治学流弊而提,指出儒者工夫应该围绕自己的身心性命开展,由"求之于外"转向"反求诸身"。单从工夫效用角度看,这一特质与朱子的戒惧工夫功能相近。就清明监察特质而言,良知是知是知非的道德知觉,贯穿于人的生命全过程。良知是最真实的自我、真己,"这个真己是躯壳的主宰"[③]。"无事时固是独知,有事时亦是独知",人的意识与行为无不为良知所监察。因此修养工夫的核心是发挥独知的主宰力量,以独知为监察

① 洪垣《答徐存斋》记述,详见黄宗羲《明儒学案》(卷三十九),《黄宗羲全集》(第八册),第217页。

② 《王阳明全集》(卷一),第34页。

③ 《王阳明全集》(卷一),第36页。

官,察识念虑初萌之际,审其为善意则引导以扩充之,审其为恶意则驱除而遏绝之。阳明说:“良知只是个是非之心,是非只是个好恶,只好恶就尽了是非,只是非就尽了万事万变。”[①]致良知是在此心感应酬酢之间,实实落落发挥独知之主宰力量,亦即发挥其自然好恶。在这一意义上,独知即是心体感应之自然好恶,这一内涵体现了致良知工夫的实质是良知心体的自然展开,而不是外在客观规范的强制。由此可见,独知说充分展现了王阳明良知学说“即知即行,即心即物,即静即动,即体即用,即工夫即本体,即下即上,无之不一”[②]的特质,足以成为阳明学思想体系的核心概念之一。

从工夫论的角度看,阳明独知概念得以成立,是建立在“未发已发浑一化”的体用论基础之上。独知在朱子理论体系中属于已发时工夫,有别于未发时工夫。阳明则强调良知无时不发,不存在一个未感之前另有未发之时的阶段,其理论表述是:“未发在已发之中,而已发之中未尝别有未发者在;已发在未发之中,而未发之中未尝别有已发者存;是未尝无动静,而不可以动静分者也。”[③]这种未发即已发的关系论述不是在时间序列中做出的界定,而是从时间序列中解放出来,确保已未体用的浑然一体性。其目的在于否定先验定理的措定、否定超然于心的超越之物的存在,以保证良知之绝对自由以及创制事理的充分权限。换言之,阳明是通过未发已发浑一化的心体结构,保障和实现理事无碍。其理论效果之一便是,独知具有即理即事的内涵。就即理内涵而言,独知体现为通体用贯寂感的当下觉知,在独知之外、之上没有另一个终极的本体之知;这说明独知具有不受任何既定的价值观念之拘束的绝对自由含义。就即事内涵而言,独知在已发之念虑、事为中呈现自身;作为良知当体自身的独知不是一个独立于念

---

① 《王阳明全集》(卷三),第111页。

② 刘宗周评论王阳明之文,见黄宗羲:《明儒学案·师说》,《黄宗羲全集》(第七册),第14页。

③ 王守仁:《王阳明全集》(卷二),第64页。

虑、事为的抽象存在。独知的即事内涵之意义，可从阳明“因用求体”思维中看出：“本体上何处用得功？必就心之发动处才可着力也。心之发动不能无不善，故须就此处着力，便是在诚意。”①阳明说的诚意工夫，是以“独知”作为意念的监察官，察识到善意则依这个良知行动，察识到恶意则依这个真知而遏绝之。牟宗三的解释非常精当：“是在良知上立根，致良知以对治后天的意。而不是直在后天的意上立根。”②因此，独知就成了诚意之本，这也是以良知的自知自觉作为所有工夫的本源之意。总而言之，正因为独知具有即理即事内涵，阳明工夫论中存养与省察彻底打通：慎其独知一方面有涵养本源之工夫内涵，另一方面也具备事上磨炼之工夫内涵。

作为即理即事的独知概念，其另一表述就是四句教，或者说，最后以“四句教”的定论形式出现：“无善无恶心之体，有善有恶意之动；知善知恶是良知，为善去恶是格物”。阳明门下弟子钱德洪和王畿对四句教有不同的理解。钱德洪认同四句教，指出“心体是天命之性，原是无善无恶的。但人有习心，意念上见有善恶在，格、致、诚、正、修，此正是复那性体工夫”。此即“四有句”诠释。王畿认为四句教不是究竟话头，究竟之教应该是“心意知物皆为无善无恶”，此即“四无句”诠释。阳明对门下弟子钱德洪与王畿四有句、四无句之辨的调解，说明王门修养工夫分两个入路：一路是四有句所说的从工夫入手，通过在作为心之所发的意念上，切实地下为善去恶的修养工夫，以工夫复心体；另一路是四无句所说的从本体入手，以悟为工夫。而此两路工夫恰恰分别对应于独知之即事内涵与即理内涵。因此，阳明所指出的四句教“原是彻上彻下工夫”，验之于独知概念，可知决非虚言。③

阳明所说的不睹不闻工夫是在独知上用，而独知、诚意工夫均落实于

---

① 王守仁：《王阳明全集》（卷三），第119页。

② 牟宗三：《牟宗三先生全集》（30册），第54页。

③ 此处关于四句教的引文，详见王守仁：《王阳明全集》（卷三），第117~118页。

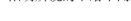

“心之发动处”。在这一意义上，致良知学说与上蔡“以觉论仁”的思想立场是一致的，都是以生机勃发的活泼状态之察识（独知）为核心。朱子曾批评“以觉训仁”说的弊病：“专言知觉者，使人张惶迫躁，而无沉潜之味，其弊或至于认欲为理者有之矣。”[①]显然，阳明的独知说也要面对朱子的担忧与批评。洪觉山对上引阳明“独知之知，至静而神，无不良者……”有一个评论：

盖其所谓知，自夫先天而不杂于欲时言之，是矣。……一时学者喜于径便，遂概以无心之知为真知，不原先天，不问顺帝之则，……任性而非循性者，是过惩（引者按：疑为“逞”）意识之故也。[②]

洪觉山能够理解阳明所说的独知首先是先天本体概念，但是他观察到的现象却是：在具体的工夫实践过程中，心学家“过逞意识”往往使得独知的绝对自由内涵流而为“无所拘束”“无所忌惮”，引发大量认欲为理、任情识而悖天理的弊端。这实际上是指出独知概念的“即事内涵”有流弊。洪觉山给阳明学派提出的问题是：在实际的工夫过程中，无所拘束的主体如何在有善有恶的意念洪流中辨别良知与人欲？或者说，在意念发动时才辨别良知与人欲，如何避免落于后着？这种质疑的哲学意义在于：如何进一步排除人为（人欲）因素的影响，令本体自然发用？这是阳明“未发即已发”体用结构取消了理与事的界限之后，必须面对和解决的理论难题。

事实上，王畿的四无句是针对这一理论难题而提出的解决方案之一。在阳明去世之后，其门下弟子对四句教及“良知即是独知”命题有不同的理解，这种思想冲突并非由于阳明后学将良知教简单化、片面化处理而引起，而是阳明后学试图解决朱子式的担忧与批评而产生。从理论推进的逻

---

① 朱熹：《仁说》，载《朱熹集》（卷六十六），第3544页。

② 洪垣：《答徐存斋》，见黄宗羲：《明儒学案》（卷三十九），《黄宗羲全集》（第八册），第217页。

辑来看,阳明后学的改进思路主要有两个:一个是改造未发即已发的体用结构,从根子上消解独知概念及其流弊;二是在未发即已发的体用论基础上,充分发挥独知概念"即理内涵"的思想意义,以解决"即事内涵"的流弊。而这两种思路的共同目标就是排除人为因素的影响,令本体自然发用;亦即建立"先天之学"。这两个思路的主要代表分别是聂豹与王畿。

提出第一种改进思路的代表是聂豹。聂豹做的是釜底抽薪的工作。聂豹从根本上质疑阳明"良知即是独知"说"以知解独"的正当性:

> 《大学》《中庸》言慎独者三,本文原无知字,知字乃传注释文也。以独为知,以知为知觉,遂使圣人洗心藏密一段反本工夫,潜引而袭之于外。纵使良知念念精明,亦只于发处理会得一个善恶而去取之,其于未发之中,纯粹至善之体,更无归复之期。①

聂豹认为,《大学》《中庸》三处提及慎独的文本中并没有知字,以知解独是后人(朱子)加上去的;阳明继承前人观点,又将独知与良知等同起来,导致良知降到"已发"层面,失去了"未发之中"的含义。显然,聂豹批评的逻辑起点,是把阳明独知概念里的"即事内涵"等同于朱子学意义上的"已发"。质疑"以知解独"与拆解"未发即已发"体用结构是聂豹釜底抽薪工作的一体两面。聂豹认识到阳明"未发即已发"说的虚无(不受拘束)性格是"认欲为理"的理论源头,他提出的解决方案就是在良知教体系内重新确立理则意识的先导性。阳明曾以"虚灵知觉"释良知:"心之虚灵明觉,即所谓本然之良知也。"②聂豹则区分虚灵与知觉:"心之虚灵知觉,均之为良知也。然虚灵言其体,知觉言其用。体用一原,体立而用自生。致知之功,

① 聂豹:《聂豹集》(卷八),凤凰出版社,2007年,第246页。
② 《王阳明全集》(卷二),第47页。

亦惟立体以达其用。”[1]他通过分拆未发已发以区分虚灵与知觉，以未发之中为虚灵之体，以独知（知觉）为本体的发用。因此，聂豹强烈反对“良知即是独知”说，提出“独知是良知的萌芽处，与良知似隔一尘”。[2]相对于“良知即是独知”说，聂豹致知说的最大特点就是：不在发动处着力，而是将工夫用在未发之中。然而，聂豹的改造方案违反了阳明对体用的规定，被阳明众多第一代弟子认定为是“裂心体而二之”[3]。黄宗羲记述其事曰：

当时同门之言良知者，虽有浅深详略之不同，而绪山、龙溪、东廓、洛村、明水，皆守“已发未发非有二候，致和即所以致中”。独聂双江以“归寂为宗，工夫在于致中，而和即应之”。故同门环起难端，双江往复良苦。[4]

不过，虽然聂豹的归寂之学遭到王畿等人的批评，但其实聂豹与王畿是有着共同的理论出发点和目标的。这主要表现在两人对于先天之学的追求上。

第二种改进思路的代表是王畿。王畿四无句将“心意知物”都置于无善无恶的本体地位，认定工夫只在“无善无恶”之本体上用功，不在第二义上用力。四无句彰显出四句教面临的一个工夫困难：心体与意知物不相贯通，意知物没有本体地位，这可能会导致致知工夫致的不是“知”之体，而是知之发用。王畿用先天之学与后天之学的区分来标识这两种理解的差异：

---

① 聂豹：《聂豹集》（卷八），第277页。
② 聂豹、王畿：《致知议辩》，载《王畿集》（卷六），第135页。
③ 黄宗羲：《黄宗羲全集》（第七册），第381页。
④ 黄宗羲：《黄宗羲全集》（第七册），第413页。

正心,先天之学也;诚意,后天之学也。良知者,不学不虑,存体应用,周万物而不过其则,所谓先天而天弗违,后天而奉天时也。人心之体,本无不善,动于意始有不善,一切世情见解嗜欲,皆从意生。人之根器不同,工夫难易亦因以异。从先天立根,则动无不善,见解嗜欲自无所容,而致知之功易。从后天立根,则不免有世情之杂,生灭牵扰,未易消融,而致知之功难。①

聂豹在与王畿辩论时引用邵雍先天之学的提法为自己辩护:“邵子云:‘先天之学,心也;后天之学,迹也。’先天言其体,后天言其用,盖以体用分先后,而初非以美恶分也。”②邵雍区分先天易与后天易,按朱子的解释,先天易是指伏羲所画之易,后天易是文王所演之易。③前者是未画之前已有的天地自然之道,假手伏羲发其秘;后者是基于人的实用目的而产生的对自然之道之认识和理解。后天之学由先天之学而来,两者有用与体之关系。聂豹意图以此来论证他分拆未发已发的正当性。王畿同样使用先天之学、后天之学的范式,目的却是用来巩固“未发即已发在”的体用结构以及消解诚意工夫的流弊。王畿主张在“无善无恶心之体”上立根,则意之所发无不善;这与阳明“因用求体”思维中“必就心之发动处才可着力”观点完全不同。两者有先天之学与后天之学的区分。显然,王畿以先天之学扬弃了独知概念的“即事内涵”(诚意工夫),其本体工夫能够自然发用,从而解决前文所说朱子式的担忧与批评。但是,王畿从无处立基,以顿悟心体为工夫,虽然实现了完全排除人为因素的影响,却是以消解后天致知工夫为代价,难免陷入玩弄光景之弊。

① 王畿:《王畿集》(卷十六),第445页。

② 聂豹、王畿:《致知议辩》,载《王畿集》(卷六),第132页。

③ 朱熹:《朱子全书》(第21册),第1665页。

晚明阳明学者管志道对于王畿进路之流弊有一个深刻的分析：

> 近自王文成公致良知之学出，世儒咸知不睹不闻为本体，戒慎恐惧为工夫，合得本体，方是工夫。于是圣学之直接虚圆，若有径之可入。而又以戒惧一着于意，仍落方所，乃复反之曰：戒慎恐惧即本体，不睹不闻即工夫。尤能鼓初学之精神，而顿助之长。然其流乃至于虚骄狂荡而不可挽，尤有甚于影响支离之病焉。然后知孔门言道，每多严切之词，其虑世至深远也。[①]

管志道以不睹不闻和戒慎恐惧为理论工具，分析阳明学派不同的工夫进路。以不睹不闻为本体，戒慎恐惧为工夫，是以工夫复本体之路；戒慎恐惧即本体，不睹不闻即工夫，是顿悟本体之路。王畿曾说："先师尝谓人曰：'戒慎恐惧是本体，不睹不闻是工夫。'戒慎恐惧若非本体，于本体上便生障碍；不睹不闻若非工夫，于一切处尽成支离。"[②]王畿以戒慎恐惧为本体，是指良知警觉、活泼的状态；其以不睹不闻为工夫，则是以无工夫（自然无为）之工夫保证本体的发用。黄宗羲对王畿此论之评价甚为精当："一着工夫，则未免有碍虚无之体，是不得不近于禅"[③]。这种工夫流弊是启儒佛合流之端，虚骄狂荡，更甚于朱子学支离流弊。

综上，为了在良知学体系内解决朱子式担忧与质疑，聂豹由不睹不闻走向虚寂（未发已发有间），王畿由"未发即已发"走向无工夫之工夫（直悟本体）。两者构成针锋相对的立场，共同彰显"良知即是独知"的弊端，预示着其工夫困境。近代史家刘咸炘对此有透彻的分析：

---

① 管志道：《中庸测义》"戒慎恐惧慎独"条，日本尊经阁文库藏本，第10~11页。

② 《王畿集》（卷一），第3页。

③ 《黄宗羲全集》（第七册），第270页。

阳明之所谓知不再传而说者已不一，念庵所谓阳明公门下争知字如敬师讳，不容人谈破者，是也。浙中江右诸人，或言独知，或言四端，或泛言一切知觉，或谓主宰，或谓流行，虽严荡不同，要之皆以知为照察。由是遂生三病，一为文义虚悬，不知所指。一为工夫浮泛，不可为据。一为陷于无善无恶之论。以故本派之中罗念庵、聂双江起而救正，李见罗别立一宗旨。异派则罗整庵纠之。是固不足以难阳明，而阳明但举知字之弊则甚著矣。①

刘咸炘认为，阳明学的特质是以知为主，而其问题的根源也在于此。虽然从理论上来说，阳明良知教甚为圆融，各家之批评都不足以驳倒阳明。但是阳明学派以“知”为学说核心的流弊是客观存在的。若结合聂豹对阳明“以知解独”的质疑来看，聂豹与刘咸炘共同指出了阳明学派如此重视慎独工夫的根源。亦即，阳明以知解独，把“独”局限在心的领域，如此便引发终极本体的解释方向问题：良知是终极本体，抑或良知之外还有更高的存在？支持或反对“良知即是独知”的各方，就在这个问题上打转，难以调和。而阳明学派“以知解独”遭遇的问题在朱子那里并不存在，它是心学特有的问题。

聂豹与王畿共同的目标、针锋相对的思想立场以及各自遭受的批评，说明良知教话语在建立新的工夫论范式过程中遭遇到了困境。在阳明学以知为核心的思想体系内进行的理论推进，要么以心为根本，充分发挥此心之灵明内涵，这在试图解决问题的同时把问题扩大化了；要么分裂心体走向以性为根本，这又违反了良知学的内在规定性。从逻辑上看，要在阳明学体系内成功解决朱子式的担忧与质疑，必须把聂豹与王畿两派立场

① 刘咸炘：《姚江学旨述》，载《推十书增补全本》，上海科学技术文献出版社，2009年，第203页。

融合为一。聂豹与王畿的针锋相对的立场是在“以知解独”的论域中出现的；若要达致目标，显然必须开辟一个新的思想论域。

三、以“自”（气）取代“知”：刘宗周的慎独诠释转向

从工夫论的角度看，“以知解独”遇到的问题是：独知生发于个体心层面，无所拘束的个体心当下呈现的未必是良知，可能是情欲恣肆，也可能是脱离现实基础的虚幻价值。由此，阳明学派慎其独知的工夫将有可能导致主体陷入时空当下之束缚而不自知，而事上磨练工夫也会流为在念起念灭上追逐。刘宗周广为流传的名言“今天下争言良知矣，及其弊也，猖狂者参之以情识，而一是皆良；超洁者荡之以玄虚，而夷良于贼。亦用知者之过也”[①]，即此之谓。

在阳明学派发展史上，提出一个新的思想论域解决问题的思想家是刘宗周。刘宗周的创新之处在于他提出了一种全新的未发已发说。这主要是受到东林学派集大成者孙慎行的影响。[②]孙慎行对中和问题的观点迥异于前人，他的“未发”“已发”“中”“和”都是针对喜怒哀乐而言，并且他所理解的喜怒哀乐也与传统的理解全然不同。最重要的是，以此为基石建立的新思想体系明确主张“儒者之道，不从悟入”[③]。孙慎行指出：

> 夫人日用间，岂必皆喜怒皆哀乐？即发之时少，未发之时多。若今人物交私梏，即发之时犹少，未发而若发之时多矣。然谓人无之，则终不可。今无论日用间，即终日默坐清明，无一端之倚着、有万端之筹

① 《刘宗周全集》（第二册），第325页。

② 参见陈畅：《自然与政教——刘宗周慎独哲学研究》第二章、第三章，上海人民出版社，2016年。

③ 《黄宗羲全集》（第八册），第812页。

度，亦便不可谓之发也。但所谓未发者，从喜怒哀乐看，方有未发。夫天地寥廓，万物众多，所以感通其间而妙鼓舞之神者，惟喜怒哀乐。[①]

刘宗周也说：

天有四德，运为春夏秋冬四时，而四时之变，又有风雨露雷以效其用，谓风雨露雷即春夏秋冬，非也。人有四德，运为喜怒哀乐四气，而四气之变，又有笑啼恚詈以效其情，谓笑啼恚詈即喜怒哀乐，非也。故天有无风雨露雷之日，而决无无春夏秋冬之时；人有无笑啼恚詈之日，而决无无喜怒哀乐之时。知此可知未发已发之说矣。[②]

以往的理学家在解释中和说时大多侧重于"未发""已发""中""和"这些虚位词，忽略了"中和说"中最具内容意义的"喜怒哀乐"。就《中庸》本文来讲，未发已发都是针对"喜怒哀乐"而言，但在理学家那里，多兼及思、知觉与人之视听言动等等而言。就知觉思虑论未发已发，故以漠然无心为未发之中。孙慎行和刘宗周都认为应紧扣《中庸》原文，就"喜怒哀乐"来论"未发已发"。未发已发一旦收于喜怒哀乐上来讲，则未发时并不是"漠然无心"的状态，而是有"喜怒哀乐"潜存于其间，只不过其时"可喜怒、可哀乐者未交"，此潜存者尚未展现喜怒哀乐之态而已。在日常生活中，喜怒哀乐未发之时肯定是多于已发之时。如是，则不能在日常生活之外寻觅"无思无为"之时并以之为未发。孙慎行和刘宗周的新见解具有什么思想意义呢？在传统理学比如朱子学中，知觉思虑和喜怒哀乐都属于日常可见的"形而下之情"，然而两者之未发却是具有迥然不同的蕴涵：知觉思虑之未发指示了一种隔绝于日常生活的情境，而喜怒哀乐之未发则是一种常见

① 孙慎行：《困思抄·未发解》，《四库禁毁书丛刊》（集部123册），第353页。
② 《刘宗周全集》（第二册），第495页。

的日用情境。前者可与独立于形而下之情的超越本体相呼应,后者则指向与“情”同质、同层次的存在。因而,“未发已发”究竟是围绕知觉思虑立论还是围绕喜怒哀乐立论,并不是单纯涉及概念内涵外延变换的争论,而是关乎体用论立场的整体转变。

笔者的前期研究已经对孙、刘二人的未发已发说做出充分的探讨。概言之,他们把喜怒哀乐界定为人的基本情感并赋予其一个宇宙论背景,从而成为根源性的存在。盈天地间皆气,气之运行可概括为盎然而起、油然而畅、肃然而敛、寂然而止四个阶段,分别命名为喜、乐、怒、哀四气;喜怒哀乐虽名为四气,实际上只是一气,此“一气”流行妙运故有千变万化,而其千变万化之大化流行有一定的次序、秩序,这些秩序总结起来就是喜怒哀乐四者;四端之心、仁义礼智、春夏秋冬,都是这一秩序在各个层面的展现。喜怒哀乐之未发(中),并非指“生气”运行尚未呈现出“喜怒哀乐”这一“气序”时的状态(这一状态并不存在),而是指天地之间万物生气交感、贯通不已的状态;喜怒哀乐之已发(和)则是指天地之间万物生气贯通时呈现之条理(发而皆中节、无过不及处)。因此,未发已发的结构就变成未发已发互相蕴含的关系,但必“存诸中”方能“发于外”,存发之间不是即存即发的关系,而是“存”涵盖“发”。[①]概括起来,就是“中和一体,由中导和”。刘宗周这种心体结构区别于朱子学、阳明学的最大特点在于:从“存”的根源处来引导“发”,把人的视野从时空当下放大到天下宇宙,避免“陷于情识”之流弊;亦保证中和互相蕴含,使“性理”内在于流动的、活泼泼的现实生命,保持对现实的快速应对能力。

值得注意的是,刘宗周基于喜怒哀乐说彻底改变了心体结构和未发已发关系的定义,并赋予阳明后学激辩不已的“先天之学”“后天之学”以新的意义。其称:

① 陈畅:《自然与政教——刘宗周慎独哲学研究》,尤其是第四章、第八章。

性情之德，有即心而见者，有离心而见者。即心而言，则寂然不动，感而遂通，当喜而喜，当怒而怒，当哀而哀，当乐而乐。由中导和，有前后际，而实非判然分为二时。离心而言，则维天於穆，一气流行，自喜而乐，自乐而怒，自怒而哀，自哀而复喜。由中导和，有显微际，而亦非截然分为两在。然即心离心，总见此心之妙，而心之与性，不可以分合言也。故寂然不动之中，四气实相为循环；而感而遂通之际，四气又迭以时出。[①]

在刘宗周的体系中，先天与后天是离心而言与即心而言的区别。“离心而言”的性情之德是性体，“即心而言”的则是心体；性体、心体只是喜怒哀乐的不同表述，不是体用之别。作为气序的喜怒哀乐，是性体，也是心体，统称独体。换言之，先天之学以“离心而言”的喜怒哀乐之性体为内容，后天之学则以“即心而言”的喜怒哀乐之心体为内容。[②]刘宗周描述性体四气周流表现为“自喜而乐，自乐而怒，自怒而哀，自哀而复喜”，自是“自然”，是维天於穆一气流行之事，丝毫不假人力、不涉人为，又何须勉力作为。存此之谓中，发此之谓和。刘宗周所说的慎独，就是时时保任此性体周流，实现由中导和；亦即打开天人之间自然而然的感通机制，令生机自然流行不已。因此，在刘宗周思想体系中，阳明学派的“以知解独”被转换为“以自解独”。刘宗周所说的“自”是一气之通复，自通自复，自好自恶。其称：“自之为言由也，自之为言独也。”[③]“传称毋自欺，自之为言独也。”[④]“如恶恶臭，如好好色，盖言独体之好恶也。原来只是自好自恶，故欺曰自欺，

① 《刘宗周全集》（第二册），第487页。

② 详见刘宗周《易衍》第七章关于先天之易与后天之易的定义，《刘宗周全集》（第二册），第160~161页。

③ 《刘宗周全集》（第二册），第519页。

④ 《刘宗周全集》（第二册），第514页。

慊曰自慊。既自好自恶，则好在善，即恶在不善；恶在不善，即好在善，故好恶虽两意而一几。”[①]以气之自然运作来解释慎独之独，其思想重心在于回到非人格的、公正无私的天道（先天之学）。例如，在阳明那里，未发已发是就良知而言，而刘宗周则是把未发已发重新收于喜怒哀乐上来讲；虽然两人皆紧贴“生机”定位未发已发，把“未发已发”从时空的序列中解放出来，确保了已未体用的浑然一体性，但其间有着哲学立场上的根本差异。刘宗周的论述更加注重人的生机与天地自然生机的贯通，强调以与人同源的自然机制来贞定个体之心，从而使个体之“心”不会流于私意。

刘宗周虽然做出了性本天、心本人的区分，但是实际上天与人是一体不分的关系，“天非人不尽，性非心不体”[②]；他用“寂然不动，感而遂通”来描述这种一体关系。心体可划分为自觉的“感而遂通”状态与超自觉的“寂然不动”状态。当心体处于超自觉状态时，其喜怒哀乐之心气虽在未发之中却未尝因心之寂然而沦于无，而是表现为性体四气周流、相为循环；当心体处于自觉状态时，喜怒哀乐于气机之感通而发皆中节，“四气迭以时出”。所以刘宗周说“即心离心，总见此心之妙”。他用“意”来表述这种“妙”处，亦即描述心体的“中和一体，由中导和”的内在机制。其称：

> 意者，心之中气；志者，心之根气。故宅中而有主曰意，静深而有本曰志。……夫志与意且不可相混，况心与意又相混乎？[③]
>
> 意者，心之所以为心也。止言心，则心只是径寸虚体耳。着个意字，方见下了定盘针，有子午可指。然定盘针与盘子，终是两物。意之于心，只是虚体中一点精神，仍只是一个心，本非滞于有也，安得而云无？[④]

---

① 《刘宗周全集》（第二册），第522~523页。

② 《刘宗周全集》（第二册），第160页。

③ 《刘宗周全集》（第二册），第404页。

④ 《刘宗周全集》（第二册），第397页。

刘宗周所说的“意”源于中和说之“中”。根据刘宗周的中和说结构，这也意味着，“意”对于实践者（个体精神意义上的心）来说，就充当着先导性存在的功能（定盘针）；用存发机制言之，则是“意者，心之所存，非所发也”[①]。由于刘宗周对喜怒哀乐有其独特界定，因此我们不能仅仅在人的精神心理层面来理解他所说的“心之意”。其诚意说主张“意”至善无恶，这一思想的主要内容是：“意”既是人心本体，也是事物之本体。在刘宗周气论视野中，人心之喜怒哀乐与万事万物之喜怒哀乐同属气之秩序，心物不再分割，而是同源一体。人通过日常活动将物带入生活之中，声气息息相通而往来周流，同一节奏、共一秩序。故而作为心之本体的“意”不会局限在“心”的领域，而是直接包涵天地宇宙。“心以物为体”[②]，即此之谓。需要注意的是，这种包涵并非“有物先天地”般的超越存在，而是以通达于万物、尊重事物自身秩序的方式展现其普遍性。“意有好恶而无善恶。”[③]这也说明“意”不涉及事物任何具体的内涵和规定性。唯其超越任何具体规定性的限制，方能通达于万物。在这一意义上，“意”就是使得事物各种内涵和规定得以呈现自身的整全性存在。概言之，意与心、意与物的关系就是中与和的关系；而建立在“中和一体，由中导和”基础之上的刘宗周诚意学具备两大特质：一方面，确保万物不受宰制性的先验本体压制和干涉，自然、自由地生成长养，这是尊重事物自身秩序；另一方面，通过诚意，能当下把握事物之整全性，洞彻先机。因此，刘宗周诚意学绝不是今人所说的内向之学，而是顶天立地的合内外之学：主体通过调整身心（一气周流）状态通达于万事万物，既做到把握先机，又成己成物开物成务。

综上，刘宗周以自（气）解独，其慎独学说建立在一个精微的气一元论思想基础之上。刘宗周的论述重点彰显天人之间自然而然的贯通维度，表

---

① 《刘宗周全集》（第二册），第 459 页。

② 《刘宗周全集》（第二册），第 447 页。

③ 《刘宗周全集》（第三册上），第 387 页。

明人必须契入更为广大的天地自然秩序中确认和证成自身。并且,“中和一体,由中导和”的义理结构使得刘宗周慎独理论展现出与阳明截然不同的面貌。在“意者,心之所以为心”的心体结构和“好善恶恶”的感应机制中,以整全性之意为“此心之体”,个体心得以贞定,能克服独知(即事内涵)之弊,不存在“认欲为理”的问题,而意的主宰性也不会出现“头上安头”(分裂本体)的尴尬。阳明后学内部的工夫困境在这一新论域中得以消解。由此,刘宗周的喜怒哀乐说成功地从“以知解独”的阳明学话语体系中逸出,展现出能同时确保“体用浑一”和作为工夫主宰的“先导性存在”的理论特质。

从刘宗周“以自(气)解独”的视角来看,朱子学与阳明学的流弊都是由于以“知觉”论未发已发导致。一方面,心的知觉活动虽然在本质上是人禀之于天的生生之气之活动现象,但知觉毕竟包含人的活动因素,在工夫实践上难免会有偏差。另一方面,心之知觉有虚灵的特质,虚灵是纯形式的能知觉者,生活中的物事、念虑是作为内容的所知觉者。形式之虚灵与内容之充实的二分在工夫上会有流弊。如东林学派高攀龙的分析甚为精到:“这知字却最关系,学术之大小偏正都在这里,……分两路去了。一者在人伦庶物实知实践去,一者在灵明觉知默识默成去。”[①]孙慎行、刘宗周的喜怒哀乐新解的要点,就是以“气”取代知觉成为理学论述的核心,并且将形式之虚灵与内容之充实在“气”的层面完全融合,彻底寓“虚灵”于人伦日用之中。只有认识到这一点,才能理解刘宗周慎独学说的开创性意义。例如,在阳明后学群体中,指出意为心之主宰的学者除了刘宗周之外,还有泰州学派的王栋。王栋论慎独与诚意之关系为:

诚意工夫在慎独。独即意之别名,慎即诚之用力者耳。意是心之

① 高攀龙:《高子遗书》(卷四),载《景印文渊阁四库全书》(集部1292册),台湾商务印书馆,1986年影印本,第397页。

> 主宰，以其寂然不动之处，单单有个不虑而知的灵体，自做主张、自裁生化，故举而名之曰独。少间搀以见闻才识之能、情感利害之便，则是有所商量倚靠，不得谓之独矣。世云“独知”，此中固是离知不得。然谓此个独处自然有知则可；谓独我自知而人不及知，则独字虚而知字实，恐非圣贤立言之精意也。[①]

王栋的观点表面上与刘宗周有许多相近之处，例如两人同样主张意为心之主宰、独即意之别名，同样主张阳明“以知解独”不合经典文本原意。但其实这只是在同一个学派内部的学者，基于对学术发展趋势和推进逻辑的共同认知而已。事实上，王栋与刘宗周两人的慎独诚意说背后的义理结构完全不同：王栋的学说缺乏元气论与“中和一体，由中导和”的有力支撑，并没有真正脱离阳明“以知解独”的思想论域。如在上引文中，王栋仍然以“不虑而知的灵体”来解释意与独，即为明证。事实上，刘宗周所实现的阳明学派慎独工夫转向，其理论意义不仅仅是在朱子学以理为主的立场以及阳明学以心为主的立场之间取个中道，实现了心与性的恰当平衡；更重要的是，“以自解独”实现了思想论域的转换，从以知觉为理论基石的理学心性论体系转向建立以元气论为基石的心性论体系。而这一转向有着独特的思想效应，是其他阳明学者思想所不具备的。

四、余论：“以自解独”的思想效应

清初阳明学者彭定求《密证录》云：

> 朱子于诚意章注云：“独者，人所不知而已所独知之地”，逗出知

① 王栋：《会语正集》，载陈祝生等校点：《王心斋全集》附录，江苏教育出版社，2001年，第149页。标点有修改。

字，暗与阳明所讲格致工夫吻合。则所谓好恶之自慊，正是物之格处，即知之致处，为《大学》入手第一关也。独中明明有自然之好恶，岂不即是良知？念台先生既以致良知为宗，而又揭慎独二字为致良知实义。所以救夫袭良知之说者，沦于恍惚茫荡，以禅入儒之弊。卫道之功不浅矣。①

在清初针对阳明学派的一片讨伐声中，彭定求可谓刘宗周之知音。彭定求描述了从朱子到阳明再到刘宗周之慎独解释的内在逻辑。朱子和阳明独知说的共同之处在于，强调道德主体对于天理（良知）的活泼泼知觉状态，而这一知觉状态在人心的表现就是《大学》所说的纯粹自然之好恶。因此，刘宗周以“意之好善恶恶”来诠释独体，是符合宋明理学慎独学说的内在脉络的。而从工夫论的角度看，刘宗周“以自解独”彻底实现了朱子把戒惧工夫从神秘主义道路上拉回日常生活的目标；其慎独理论所诠释的“独中明明有自然之好恶”，既有工夫论的先导性，能够制于几先，又能解决阳明学派独知理论“未发即已发”“儒佛合流”之流弊。这种工夫思想发展脉络生动地体现了宋明理学在不断纠偏中曲折前行，而又能保持其内在脉络和理论目标的特质，体现了中国古典哲学与政教之间独特的互动关系。

但是彭定求并没有看出刘宗周之诠释所开辟的新论域及其思想意义。前文提到，刘宗周的诚意说和元气论包涵尊重每一事物自身秩序的客观进路。这一进路与明清之际学风由性理之学向经史之学转型有着内在的理论关联。且以刘宗周“以自（气）解独”思路所蕴含的本体观念为例加以说明。刘宗周以喜怒哀乐四气周流描述性体、独体，意味着本体是一种动态的平衡状态，并且失衡状态（过失、恶）的可能性是永远存在的。孙慎

① 彭定求：《南畇文稿》附录《密证录》，哈佛燕京图书馆藏光绪刻本，第1~2页。

行对中和状态有一个恰当的譬喻：

> 未发一致中和，已发一致中和。辟如天平有针为中，两头轻重钧为和。当其取钧，非不时有斟酌，到得针对来，煞一时事。[①]

在天平这一比喻中，天平取均是一个动态的整体过程，未发已发、中和均有机地联系在一起，致中与致和工夫浑然不可分。黄宗羲在《明儒学案·序》中提出：

> 盈天地皆心也，变化不测，不能不万殊。心无本体，工夫所至，即其本体。故穷理者，穷此心之万殊，非穷万物之万殊也。[②]

黄宗羲的本体工夫之辨，也是在动态的平衡状态意义上言说。钱穆先生对黄宗羲这一段话有一个评论："从来言心学多著意向内，而此则变而向外。"[③]钱穆先生的评论注意到了黄宗羲所继承的师门学说中所开辟的新论域及其思想意义，可谓卓识。概言之，黄宗羲所阐发的刘宗周思想，改变了向内返本求理的方向，"试图向外结合人事和历史"；这同时也意味着一种"存在于历史人事之变动之中"的新理观的诞生："（这种新理）已不再受到先天本来性的规范性约束，而获得了自我延展的可能性。"[④]此即章学诚所总结的特质："浙东之学，言性命者必究于史，此其所以卓也。"[⑤]笔者

① 孙慎行：《玄晏斋困思抄三卷》，四库全书存目丛书本（经部162册），第24页。

② 《黄宗羲全集》（第七册），第3页。

③ 钱穆：《中国近三百年学术史》，商务印书馆，1997年，第29页。

④ 张志强：《从'理学别派'到士人佛学——由明清思想史的主题演进试论近代唯识学的思想特质》，《朱陆·孔佛·现代思想——佛学与晚明以来中国思想的现代转换》，中国社会科学出版社，2012年，第22页。

⑤ 章学诚：《文史通义校注》，叶瑛校注，中华书局，1985年，第523~524页。

的前期研究把刘宗周、黄宗羲师徒思想的新论域命名为“阳明学的道问学开展途径”，并对其作为明清思想转型的一条内在理路做出了详细的疏理。[①]此即刘宗周慎独学说“以自解独”的思想效应。由此效应可知，黄宗羲对其师慎独学说的盛赞绝非门户之见，而是有着深刻的思想史洞见的观点。

① 陈畅：《阳明学的道问学开展途径：论蕺山学派格物思想的哲学义蕴》，《社会科学》，2017年第5期。

悔·治悔·无悔*

——从儒家视角论道德悔过的意义与困境

王　硕

（清华大学国学研究院）

悔，代表着缺憾与痛苦，故“无悔”的呼声始终高昂，“青春无悔”“往者不可悔”“衣带渐宽终不悔”，皆是如此。细细分析，这呼声又有三重：一是“无可悔”，即不存在任何引发悔恨之事。此自是一种美好愿望，同时也与下一重“不悔”相关联——人之所以悔，往往与个人的利益得失有关，但为理想故，则世俗之富贵安生不足惜；又或者将错误、挫折当作人生必经的历练而坦然接受，亦是“不悔”。第三重曰“毋悔”——过去的事无法改变，后悔是徒劳的，应当努力“向前看”。在近现代宗教式微、理性高扬的背景下，“毋悔”不只作为日常劝诫，更作为伦理学和心理学的严肃主张盛行开来：“软弱”“空洞”“病态”，悔不但无力担负起去恶从善的道德重任，还是有害的、妨碍行动与生命的，是一种急需抑制的负面情感。[①]这些流行话语

* 本文修改版刊于《哲学动态》，2020 年第 5 期。

① 如斯宾诺莎主张：“懊悔不是一种德性，换言之懊悔不是起于理性；反之，一个懊悔他所做的事的人是双重的苦恼或软弱无力……因为一个懊悔他的行为的人，第一为恶的欲望所征服，第二为痛苦的情绪所侵扰。”（[荷]斯宾诺莎：《伦理学》，贺麟译，商务印书馆，1958 年，第 211~212 页。）康德也认为悔恨“是一种由道德意向引起的痛苦感受”，它虽完全合法，但“无法有助于挽回已经形成的事件，所以在实践上是空洞的，甚至会是荒谬的”。（[德]康德：《实践理性批判》，韩水法译，商务印书馆，1999 年，第 107~108 页。）

引起了部分学者的异议，例如舍勒，他从基督教忏悔观中汲取灵感，极力抬高“懊悔”在道德与宗教领域的地位。[①]在悠长的儒学传统中，同样蕴藏着丰富的、与悔有关的实践经验和理论资源，并向我们提供了一个既非彻底否定之抑悔，亦非全盘翻案之扬悔的独特视角。本文将透过该视角，为悔的道德意义做出辩护，对悔过的实践困境及应对方案进行说明，从而就悔在道德生活中的地位问题给出一种儒家式的回答，同时通过这种回答，展示儒家工夫论的普遍意义，增强其对现代人的吸引力与说服力。此种研究目标的设定，要求我们把重点放在分析说理而不是哲学史梳理上，从儒家的基本立场及内在精神出发，为先哲知而未言、言而未尽的思考重构或补足论证，并提供一整套严密、有力的辩驳理由。

一、悔的意识结构与主要特征

抑、扬两种立场，各自强调、放大了“悔”的不同局部特征。故重新审视、公允评价的前提，首先在于全面把握悔感的要素。这也有助于我们从日常的情感混合状态中，准确地辨别出悔的存在与作用。因此，本文将先行对悔的一般性意识结构进行剖析，并通过对比，凸显悔之为悔的主要特征。

悔，广泛存在于日常生活中，虚度光阴、决策失误、伤害他人，都可能导致悔。《说文解字》释“悔”为“恨”，段玉裁进一步解释道：“悔者，自恨之意。”《玉篇》更曰：“改也，恨也。”怨恨、自我、改变，这三个关键词业已揭示出悔的若干要素。但相较于参阅辞书，对悔的日常情境与心理体验进行反

① 舍勒提出：“懊悔既不是灵魂的累赘，也不是自我欺瞒；既不是灵魂不和谐的明显征兆，也不是我们的灵魂对不可改变的往事的徒劳干预。恰恰相反，从纯道德的角度出发，懊悔是灵魂自我治愈的一种形式，甚至是重新恢复灵魂失去的力量的唯一途径。从宗教上讲，懊悔的意义更为深远：它是上帝赋予灵魂的一种自然行动，以便灵魂在远离上帝之时，重新返归上帝。”[德]舍勒：《懊悔与重生》，载《舍勒选集》(上卷)，上海三联书店，1999年，第679页。

思，则更为直接而根本：悔是对过去的追溯，其奠基在记忆之上，记忆内容一旦缺失，便无从可悔。而产生悔的原因首先在于，主体相信，过去的某一事件原本存在着更优的可能性。该信念是主体在回忆、想象的基础上，对既成事实与其他可能进行比较而做出的判断，它常被表达为“如果当时做出另一种选择/行动就好了”。人们往往错将时间的不可逆性当作悔的根源。不可否认，悔者的确普遍企望时间能够倒回从前。但请设想，假使有一台时光机，可以对历史做任意的修改，时间的单一流向问题显然得到了解决，可它无法彻底地根除悔，恰恰相反，还可能导致更多悔的出现。因为在有能力操控历史的条件下，人们可以随意想象出比现实更理想的选项，无休止的后悔与更改就变得不可避免。至于先前未能实现更优可能性的原因，主体将之归结为自身的错误，强调“我当时本能够做出另一种选择/行动”。在某些情形下，即便是由他人直接造成的不理想结果，只要主体认为自己对此负有责任，便会感到后悔。最常见的例子，如在被小偷窃走财物后自责，后悔自己当初未能提高警惕、加强看管。这种自我归因，也是产生悔的一个重要原因。并且，认定的自身责任越大，悔感就越强。面对不理想的结果，主体出现沮丧、悲伤等负面情绪，他厌恶自己、痛恨自己，对自我进行反复的质问与声讨，甚至产生自我惩罚、自我毁灭的念头和行动（责打自己、自杀等）。但自我归因并不只引起自我否定，它实际还暗含着一种自主性的发现或觉醒，即认为自我对事件的发展具有极大的影响力。过去的一切不是必然的、命定的和无可奈何的，当时的“我”是自由的，是有其他选择的，“我”本能够知晓并改变一切。这是一种与悔的否定效应不同的积极力量。吊诡的是，该力量既可以为行动提供支持，也可能成为妨碍行动，使人意志消沉的诱因。因为责任愈大，压力愈大，悔者极易产生逃避心理。故悔并不必然引起改变。即使引起，也呈现出两种截然相反的趋向：或朝向未来，尝试以行动弥补过错；或沉溺过去，修改、重构以往的记忆。

在情感的光谱上，与悔交叠者甚多，最相似的如内疚、失望，它们往往相伴产生、彼此混合。借助上述分析，我们可以在一定程度上将三者区分开来：

表1　后悔、内疚、失望

	不理想结果的承担者	是否认为过去存在其他可能	是否认为自己负有责任
后悔	自我 / 他者	是	是
内疚	他者	不一定	是
失望	自我 / 他者	不一定	不一定

内疚与悔一样，也是自责的结果。因个人原因造成自身伤害时，人们体验到的更多是悔感而不是内疚。若不理想结果的承担者是他者，则二者多相伴而生。但相较后悔，内疚并不以更优可能性的存在为必要前提。例如，重症患儿的家长因经济条件窘迫，不得已放弃治疗，他们会感到内疚，而不是后悔。失望，意味着事情的发展未能达到先前的预期，即希望落空。人们既可以对他人，也可以对自我感到失望。而导致失望的原因，可能来自主体自身，也可能是他者，抑或是一些不以人的意志为转移的因素。例如，一对夫妇因患有先天性疾病，多次尝试人工受孕都未能成功，他们会感到失望。但假使两人先天无恙，只是原本坚持丁克，后又改变主意，却因年龄过高导致受孕失败，则极有可能为自己当初的选择而后悔不已。由此可见，悔与失望的主要区别，首先在于过去是否存在其他可能，其次在于自我在多大程度上对结果负有责任。而这两方面都基于主体的认知与判断，并非是完全客观的。

二、悔过的意义与局限

儒学自创立伊始，即表现出对“过”的关注，如孔子云“吾未见能见其过而内自讼者也”（《论语·卫灵公》），“过而不改，是谓过矣”（《论语·公治长》），但他并未提及“悔”在省过、改过中的作用。孟子明确提出了“悔过”

概念:“太甲悔过,自怨自艾,于桐处仁迁义。”(《孟子·万章上》)然该讲法仅此一见,并未成为其思想的主要侧面。悔作为一种道德情感及修身工夫受到广泛肯定,是在理学兴起之后。如朱子曰:“学者做得事不是,须是悔。”[①]阳明也说:“悔者,善之端也,诚之复也。”[②]李颙更以“悔过自新”为宗旨,统括理学诸家。[③]既有研究已对儒家悔过观的思想史线索及代表性主张进行了论述[④],然尚不足以构成对“毋悔”观念的直接、有力回应。以下将直面“毋悔说”的挑战,结合悔的意识特征,揭示儒学主张背后的理由,进而围绕悔过的意义与局限展开论证。因儒者推崇悔过的理由大同而小异,笔者将以证明效力为标准,拣选最明晰、恰切的文本作为论据。至于思想细节的同异比较,已超出本文主题及篇幅之容限,计划另作专文详加探讨。

(一)悔过意义的辩护

毋悔说之所以流行,首先应归功于这样一种信念:过去不可改变,后悔是徒劳的。然在儒者眼中,已经发生的自然事实虽无法更改,但与过去有关的记忆和意义是可以变化的。李颙曾举杨简之父杨庭显为例,杨氏少

① 黎靖德编:《朱子语类》(第三册),中华书局,1986年,第890页。

② 王守仁:《王阳明全集》,上海古籍出版社,2014年,第1001页。

③ 李颙:《二曲集》,中华书局,1996年,第2~13页。

④ 代表性成果有刘振东、吴海勇:《从悔过观看佛教文化对宋明理学的影响》,载《孔子研究》,1999年第4期,第81~90页。Pei-Yi Wu(吴百益),Self-Examination and Confession of Sins in Traditional China, *Harvard Journal of Asiatic Studies*, Vol.39, No.1, 1979, pp.5-38.张灏:《幽暗意识与民主传统》,新星出版社,2006年,第34~40页。李丰楙、廖肇亨主编:《沉沦、忏悔与救度:中国文化的忏悔书写论集》,台湾“中研院”中国文哲研究所,2013年。王汎森:《明末清初的人谱与省过会》,《日谱与明末清初思想家——以颜李学派为主的讨论》;王汎森:《权力的毛细管作用:清代的思想、学术与心态》,北京大学出版社,2015年,第196~297页。吴震:《明末清初劝善运动思想研究》,上海人民出版社,2016年。徐圣心:《儒学对佛学无明问题的回应——聂豹、刘宗周、王夫之、李颙等论“过”与改悔》;徐圣心:《青天无处不同霞——明末清初三教会通管窥》(增订版),台湾大学出版中心,2016年。

时狂妄，只见人过不见己过。可当他放下傲慢，仔细回忆时，却越来越多地意识到自身的问题。[1]回忆意向的转换，极大地改变了他的记忆图像与自我认知。又如李塨日记所载："思昔年煤毒、部问二事，心夷然不动，以为学问所就。今回勘日谱，当时大本未立，盖冒认也。"[2]早年应对事务的态度，最初被认定为修养之功。后来再度回首，又推翻了之前的判断。同一经历，先后却被赋予了不同的价值。这些都表明，"过去"的意义世界是开放的、未完成的。儒家不接受来世观念，故在死亡降临前，个体始终可对生命已逝部分的价值要素做出改变。悔以自我归因为特质，它使主体以谦逊、内省的目光，对过去做逐层的检视和反复的剖析，并能够聚焦于甚至强化自身的责任，从而回忆起缺乏悔感便无法想起的细节，发现更多被忽视的、极具隐蔽性的过恶。

但批评者认为，悔总在回顾过去，却不关心未来，故极易使人一味退转、止步不前。诚然，悔建立在回忆的基础上。若要实现真诚悔过，须先保证回忆的完整性与准确性。儒家自曾子起，便形成了以"日"为时间单位的反思传统。宋代以降，儒者更是撰写了大量的日谱、修身册和功过格，为悔过提供了详细的依据，[3]上文提及的李塨便是其中的一员，他曾事无巨细地追悔道："一日困卧，旋悔曰：安肆日偷。遂起。""人劝饮，加一斝，旋悔曰：负颜先生教矣。""之北街，寒甚，袖手偏，悔曰：此非所以自强于手容

---

① 李颙：《二曲集》，第 11 页。

② 冯辰：《李恕谷先生年谱五卷》，载《续修四库全书》（第 554 册），上海古籍出版社，2002 年，第 516 页。

③ 在这一点上，儒家与基督教传统是相通的。如奥古斯丁、卢梭等人作《忏悔录》，又如利玛窦所精通的记忆术，都被视为实现真正忏悔的基础。马克斯·韦伯也曾提道："和信仰最热切的改革教会信徒一样，起初由耶稣会所创造的近代天主教的虔敬信仰（特别是法国），也是借着信仰日记，将罪恶、怀疑与恩宠里的进步，持续地或填列表格式地一一记录下来。但在天主教里，信仰日记的目的是为了信徒忏悔的完整，或为'灵魂司牧者'教导基督徒（多半是女性信徒）提供基础；反之，改革教会的基督徒则是借信仰日记之助来自我'探查'自己的'脉搏'。所有著名的道德神学家无不提到这点，而富兰克林对自己各项品行上的进步所做的表格–统计式的薄记，更是个经典的例子。"韦伯：《新教伦理与资本主义精神》，康乐、简惠美译，广西师范大学出版社，2010 年，第 108 页。

也。乃端拱。”[①]但对过去的关注，并不意味着对未来的忽视。黄淳耀是《自监录》《日省记》和《甲申日记》的作者，在他看来，“愧悔何用？只求将来莫如既往耳”[②]。悔过的根本目的，是为了避免未来再犯同样的错误。悔者在记忆的反刍中，会反复想象和不断充实有关过去的多种可能性，从而形象地认识到“我当时应当且能够做出的正确选择/行动”。这种假设绝不只是“向后看”，而亦是对未来类似情境的体验和预演，它帮助悔者先行感受到了过而能改的希望与自由。

然依毋悔之说，当下正在懊悔的主体相较过去的自己已发生了根本性转变，即便时光倒流，“我”若还是先前的“我”，仍会犯同样的错误，而绝无可能做出正确的抉择。因此，所谓“我当时本能够做出另一种选择/行动”，即悔者所体验到的自主性，实为一厢情愿的幻想。对此，儒者表示，道德悔感根源于人类先天固有的道德本质，亦即本真之性。朱子曰：“误了一事，必须知悔，只这知悔处便是天理。”[③]悔在揭示过恶的同时，也昭示出主体内在具有的道德准则。譬若明镜起照，在照见丑陋的瞬间，亦使镜子本身显现出来。内在本性在悔过中现身，对自我进行道德审判，它不仅在当下存在，更始终完整地蕴藏于内，只是先前受到遮蔽，未能发用。悔过便是一个去蔽的过程，在这一过程中，没有迥异于旧我的新我产生，而只是恢复了人性的本然状态。如李颙所言：“性，吾自性也；德，吾自得也。我固有之也，曷言乎新？新者，复其故之谓也……若于本体之外，欲有所增加以为新，是喜新好异者之为，而非圣人之所谓新矣。”[④]换言之，“我”即道德主体不会产生本质上的变化，人们在悔过中所感受到的自主性也不是虚幻的，所有人都先天具有做出正确道德抉择的潜能。而每一次悔过，都是对善良

① 冯辰：《李恕谷先生年谱五卷》，载《续修四库全书》（第554册），第461~462页。

② 黄淳耀：《陶菴全集》（卷十九），载《景印文渊阁四库全书》（第1297册），台湾商务印书馆，2008年，第852页。

③ 黎靖德编：《朱子语类》（第七册），第2808页。

④ 李颙：《二曲集》，第5页。

本性的唤醒、复归与锻炼，避免其因受长久遮蔽而变得虚弱、迟钝。

毋悔说还断言，悔是无力的，纵使它能够唤醒人性、发现过错、预演未来，也无法真正在实践上有所建树。但儒者认为，悔所具有的自我否定特征，可以为改过提供强大的精神动能，有力地限制过的再次产生。这一特征的本质，是对主体不完善之处的厌恶与批判，其不仅指向具体的过错，更指向不完善的自我，甚至倾向于彻底擦除过去的自己。因此，王纳谏主张："人不患有过，而患不能改过。然必有悔心，而后有改心；亦必悔心深切，而后改心勇猛。"[①]无论是改过的决心，还是实现决心的力量，都来自于悔。悔者在激烈的自我谴责中，深刻地意识到过恶的存在，并下定决心，誓要拔除错误根源，实现自我更新。吕坤正是看到了这一点，所以才提出："人之视小过也，愧怍、悔恨如犯大恶，夫然后能改。"[②]

当然，自我否定给人带来的痛苦也是显而易见的，如杨简回忆其父曰："某亲见先公自悔自怨，至于泣下，至于自拳，如是者数数。"[③]又如朱子门人黄义刚的自述："方悔之际，惘然自失，此身若无所容！有时恚恨至于成疾。"[④]对痛苦的反感也是人们支持毋悔说的一个理由。儒者承认，悔过的确总是引起哀怨、悲愤与自我惩罚，但它并不是全然痛苦的。从过恶的去除、本性的复归中，人们同时能够获得快乐和满足。吕祖谦即曰："悔过之初，厌愧怨疚；改过之后，舒泰恬愉。"[⑤]相反，如果逃避过去，拒绝悔过，一味"向前看"，不仅会阻挠自我的道德进步，还将使主体不断感受到来自过恶的压力与束缚。有丰富修身经验的陆世仪如是说道："仪每有小不慊意处，辄如瓦砾在心，如负重在身，必改之而后快。"[⑥]

---

① 陆陇其转引王纳谏语，《景印文渊阁四库全书》(第209册)，第262页。

② 吕坤：《吕坤全集》，中华书局，2008年，第689页。

③ 杨简：《内讼斋记》，载《景印文渊阁四库全书》(第1156册)，第611页。

④ 黎靖德编：《朱子语类》(第七册)，第2787页。

⑤ 吕祖谦：《吕祖谦全集》(第六册)，浙江古籍出版社，2008年，第385页。

⑥ 陆世仪撰、张伯行编《思辨录辑要》，载《景印文渊阁四库全书》(第724册)，第79页。

此外，还有一种毋悔说，也遭到了儒者的强烈反对。该说认为，大过、重罪后悔已晚，微过、小错则不必计较。然而，过具有顽固性和蔓延性。前者指过恶反复发作，极难根除。后者指过与过之间相互勾连、彼此包庇，一过不改，就会弥散扩大，引起他过。对此，刘宗周有一段诛心之论："吾辈偶呈一过，人以为无伤。不知从此过而勘之，先尚有几十层；从此过而究之，后尚有几十层。故过而不已，必恶。谓其出有源，其流无穷也。"①在以日用常行为修身场域的儒者眼中，个体人格在臻于完善前，存在着多种多样的问题。即便是最微小的过恶，也绝不是孤立的、无关紧要的。因为单一过恶只是人格疾病的浮面表征，犹如冰山一角，在它之下，还存在着一个"广而深的结构"②。故道德过错无分大小，只要不及时悔过，便会连类而起，变为习染深痼。而只要真诚忏悔，所有过恶都是可赎的。即便是犯下了极大的罪恶，也可通过悔过唤醒内在本性，获得全新的道德生命。因此，刘宗周虽对"通身罪过"大加揭发，但他始终相信："人虽犯极恶大罪，其良心仍是不泯，依然与圣人一样，只为习染所引坏了事。若才提起此心，耿耿小明，火然泉达，满盘已是圣人。"③

综括而言，悔过不是徒劳、退转、虚幻、无力、全然痛苦和可有可无的。悔所具有的独特意识结构，使它能够帮助人们更好地发现并改正过恶，实现自我的解放与更新。因此，儒者不仅不持毋悔态度，还提倡人们应当定期、主动地进行道德悔过。

（二）悔过困境的察治

上文表明，儒家所谓的"悔过"，实包含"悔悟"与"悔改"两个方面。觉

① 黄宗羲：《明儒学案·蕺山学案》，中华书局，2008年，第1543页。
② 王汎森：《权力的毛细管作用：清代的思想、学术与心态》，第252页。
③ 刘宗周：《刘宗周全集》（第二册），浙江古籍出版社，2007年，第15页。

悟属知，是悔的开始；改正属行，是悔的完成。[1]悔贯穿知行，只有持续地发挥积极作用，才是最理想、最彻底的悔过，下图以箭头所示的连续体代表之。然在现实的工夫进程中，则很难避免情感、意志、实践上的歧出与断裂。儒家对悔过困境的察识与救治，充分反映出其在悔及道德情感问题上的独特立场。

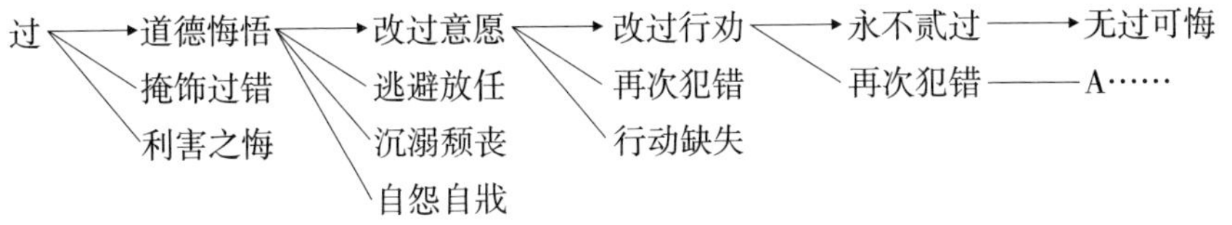

图1　儒家的“悔过”

如上所示，A 个体即便意识到自身的过恶，也不一定产生悔意，甚至会极力掩饰错误。刘宗周对此有着细致入微的观察：“凡人一言过，则终日言皆辗转而文此一言之过；一行过，则终日行皆辗转而文此一行之过。”[2]而即便感到后悔，也不一定出自纯粹的道德动机。舆论压力、利益损失、严厉惩罚，同样会令人悔不当初。但儒者认为，类似问题并非悔过独有，而是代表了人们面对过恶的普遍态度。如吕祖谦曰：“凡人之过，狠者遂之，诈者文之，愚者蔽之，吝者执之，夸者讳之，怠者安之。孰能尽出数累之外，而悔心独者乎？”[3]若要克服此重困境，必须加强对自身内在本性的认识、训练与调用。相应的工夫路径则比较多样，如程颐的致知涵养，陆九渊的发明本心，皆可救治此症。此外，还可以通过提高监察力度，防止文过自欺。例如，明清儒者组织了各种省过团体，用他律辅助自律，以全面检视己过。

前文提到，改过决心源自道德悔悟。B 虽然有道德悔悟，但道德悔悟

---

① 梁启超在《说悔》一文中指出：“凡言‘悔’者，必曰‘悔悟’，又曰‘悔改’。盖不悟则悔不生，不改则悔不成。《易》曰：‘不远复，无祇悔。’孔子系之辞曰：‘颜氏之子，其殆庶几乎？有不善未尝不知，知之未尝复行也。’是故非生其悔之难，而成其悔之难。”见梁启超著、汤志钧、汤仁泽编：《梁启超全集》（第二册），中国人民大学出版社，2018 年，第 76 页。

② 《刘宗周全集》（第二册），第 367 页。

③ 《吕祖谦全集》（第六册），第 383 页。

的产生，并不必然引起改过的决心。因为一旦后悔情绪得不到控制，便会破坏心境平衡，抑制改过意愿，甚至导致进一步的堕落。王阳明精辟地指出：“悔悟是去病之药，然以改之为贵。若留滞于中，则又因药发病。”[1]吕祖谦更为详细地论述道：“悔心初发，自厌自愧，自怨自咎，戚然焦然，不能一日安。苟无以持之，则自厌者苟且弛纵，必入于自肆矣；自愧者退缩羞赧，必入于自弃矣；自怨者郁积缴绕，必入于自怼矣；自咎者忧愤感激，必入于自残矣……风之无力者不能回舟，至于风力之劲者，惟善操舟者为能持之；悔之无力者不能迁善，至于悔力之劲者，惟善治心者为能持之。如使人之有过者，不自厌自愧，自怨自咎，则终始如此而已。厌愧怨咎，正吾入德之门。然毫厘之差，复陷于过。”[2]风可回舟，亦可覆舟，悔悟亦如此。作为道德进步的必要环节，悔悟有助于人们知过改过、去恶从善。但若过度懊悔，不加调适，其所带有的负面情绪效应便有可能滞留郁积，使人自暴自弃、颓唐不振，甚至自怨自残，戕害身心健康。因此，保证悔悟发挥积极作用的前提，在于“持悔”。而情感持控，同样是一个普遍性问题。对此，儒家有着深刻的修身体会和丰富的实践经验。从孟子的“不动心”，到程颢的“廓然大公、物来顺应”，再到王阳明的“不着意思”“无善无恶”，都是针对该问题提出的对治之方。

然而，C 即使在悔悟中产生了强烈的改过意愿，也知晓了最佳的行动方案 X，并在回忆与假设中进行了反复的“预演”，遇到同类情境却仍无法在实践上落实 X，甚至做出与之背离的行动 Y。D 纵有一次成功改过，也很难持续，之后还是会犯同样的错误。黄义刚就深受“作事多悔”困扰：“平时明知此事不是，临时却做错了，随即又悔。”[3]此重困境，我们称之为“道德

① 《王阳明全集》，第 35 页。

② 《吕祖谦全集》（第六册），第 383~384 页。

③ 黎靖德编：《朱子语类》（第二册），第 393 页。

不牢”(moral weakness)。[①]由于该困境的“症状”——反复后悔，与环节B中的情感滞留现象有些相似，因此常被“误诊”为改过意愿的缺乏。为此，黄义刚还曾向朱子申辩，并再次呈述自己的问题：“义刚固非欲悔，但作一事时，千思万量，若思量不透处，又与朋友相度。合下做时，自谓做得圆密了；及事才过，又便猛省着，有欠缺处。才如此思着，则便被气动了志，便是三两日精神不定。不知此病生于何处？”[②]明确“病情”后，朱子对弟子悔过失败的“病因”进行了分析，开出了一系列“对症良方”。首先，针对做事不够圆密，有所欠缺的情况，朱子表示，事事做得恰到好处是极其困难的。为达到这一境界，“须是平时只管去讲明，讲明得熟时后，却解渐渐不做差了。”[③]其次，针对寻常明白，遇事做错的情况，朱子认为问题的根源在于缺乏克己工夫，不能当下断制，遂被人欲引去：“如一条大路，又有一条小路。明知合行大路，然小路面前有个物引着，自家不知不觉行从小路去；及至前面荆棘芜秽，又却生悔，此便是天理人欲交战之机”[④]；“须是知道那里不可去，我不要随他去。”[⑤]知不可去，代表着道德知识的完备；不要随去，意味着意志的坚定与行动的落实。朱子进一步提出，若想做到及时的克制，须从两方面努力：一是“明理以先之”，即格物穷理的工夫。当黄义刚感叹精神强者即使面对突发情况也能立即克下时，朱子便顺势指点，对在日用常行中即物穷理的重要性进行了强调：“所以格物，便是要闲时理会，不是要临时理会。如水火，人知其不可蹈，自是不去蹈，何曾有人错去蹈水火来！若是平时看得分明时，卒然到面前，须解断制。”[⑥]二是“勇猛以行之”[⑦]。

① 方克涛、王启义：《意志不坚：中西哲学进路比较及塞尔的“背景”论》，马永康译，《现代哲学》，2006年第5期，第83~89页。

② 黎靖德编：《朱子语类》（第七册），第2788页。

③ 黎靖德编：《朱子语类》（第七册），第2788~2789页。

④ 黎靖德编：《朱子语类》（第七册），第2800页。

⑤ 黎靖德编：《朱子语类》（第二册），第394页。

⑥ 黎靖德编：《朱子语类》（第二册），第394页。

⑦ 黎靖德编：《朱子语类》（第七册），第2800页。

朱子多次论及“勇敢”的重要性，并直截了当地提出：“若改过，须是大段勇猛始得”。[1]当然，不同资质的人，所需付出的努力程度是不同的。对于绝大多数只具有中等之资的人而言，“须大段着力，无一时一刻不照管克治，始得”[2]。上述工夫，只是儒家治疗道德不牢方案中极小的一部分，“立志”“不贰过”“持志养气”等诸多论说，皆与此相关。由此管窥，频过多悔的治疗，实勾连、涵括着种类繁多的修养工夫。但本文的重点，不在于巨细无遗地列举，而在于根本立场的揭示。在儒家看来，多悔问题的本质是知行不一、只知不行。而该问题的解决，需要多种工夫相互配合，且将贯穿变化气质、成圣成贤的整个修养过程。换用西方哲学家塞尔的语言：道德不牢问题既不应归因于悔感的软弱，也不是因为改过意愿不足，而主要根源于“背景”机制——道德人格中的各种前意向倾向和能力——的失败。我们可以通过多样、持久的道德训练，全方位培养可靠的道德习惯，来帮助人们更好地贯彻道德意向，落实改过行动。

统而言之，悔过虽面临重重困境，但儒者始终强调不可因噎废食。在他们看来，悔过工夫中的歧出与断裂，如文过、功利心、情感滞留、道德不牢等，与悔的特质不无关系，但并不直接源自悔本身，而是广泛存在于各种修身实践中。所有问题根本上都受到个体人格结构的影响，是多层次道德缺陷共同作用的产物。因此，儒家选择从一种整体、有机、动态的视角进行观察，在彼此支撑、交互作用的工夫网络中治疗悔，以保证其恰如其分地发挥道德助力。

三、余论

如果将悔视为过恶存在的标志，那么“无悔”可说代表着儒家的道德

① 黎靖德编：《朱子语类》(第五册)，第1835页。
② 黎靖德编：《朱子语类》(第七册)，第2800页。

理想。但在理想达致前，过而知悔、悔而后改乃是一项最基本的道德要求。[1]儒者充分肯定了道德悔过的积极意义，同时又清醒地意识到其所存在的问题。他们既不彻底抑悔，也不过分扬悔，而是将悔置于道德训练的有机网络，在其他工夫的治疗与支撑下，引导其发挥独特的道德作用，帮助人们去恶从善、改过自新。此种悔过观，为我们重估悔在道德生活中的地位，提供了一个有别于流行观念且极具启发意义的视角。不过，若要使儒家悔过传统在现代生活中产生广泛而真实的影响，还须做进一步的批判与创新。雅思贝尔斯在二战结束初期写就的著作《罪责问题：关于德国的政治责任》中，对道德罪责、形而上学罪责同刑事罪责、政治罪责做出区分，强调每一个德国人都应当意识到自身在人类灾难中的责任，并通过良心忏悔与自我意识的转变赎罪，实现个体、民族与国家的重生。[2]此种吸收、转化基督教思想的经验非常值得我们借鉴。“悔过”不应仅限于“内圣”的建立，还当以培养现代公民为目标，将其所蕴含的、普遍的反思精神渗透到生活的各个层面，对经济剥削、生态破坏、权力压迫等各种现象中所涉及“道德共谋”(moral complicity)进行省察和揭示。

① 王阳明就曾说道：“君子悔以迁于善；小人悔以不敢肆其恶。惟圣人而后能无悔，无不善也，无不诚也。”见《王阳明全集》，第1001~1002页。

② 金寿铁：《罪责反省：克服过去的新生之路》，《中国社会科学》，2015年第9期，第26~42页。

蕺山学派研究

论蕺山学派刘宗周师弟子的人格气象*

张瑞涛

[中国石油大学(华东)马克思主义学院]

人格是人的德行品质和能力素养的统称，在中国古代谓之人品[①],既指人的道德品格,又指具有如此品格的人表现出来的精神状态和境界。所谓气象,《黄帝内经素问》之《平人气象论》最早使用,指人的生命活力和状貌。随后,气象逐渐进入人的精神生活领域,指称人的精神境界,诚如冯友兰所言:气象是"人的精神境界所表现于外的、是别人所感觉的"一种气氛。[②]尤其在宋明理学家那里,更重视和强调人的气象,"孔颜乐处"即是被赋予人格美和精神美的圣贤气象。[③]可以这样说,人格的外在流露就是气象,有怎么样的人格追求,就必然显现为如何的气象。合而言之,"人格气象"就是个体主体或集体主体经长期的生活磨砺和生命体悟,所流露出来的特定的精神形象和德行境界。当然,人格气象有圣贤君子气象,亦有奸

---

* 本文系国家社科基金一般项目"中华优秀传统文化融入新时代大学生理想人格培育研究"(18BKS185)的中期成果。

① 张岱年:《心灵与境界》,红旗出版社,2015 年,第 160 页。

② 冯友兰:《中国哲学史新编》(第五册),人民出版社,1985 年,第 122 页。

③ 殷明耀:《论孔颜乐处》,载《孔子研究》,2006 年第 6 期。

佞小人气象。本文则是综论被誉为宋明儒学最后之“大师”“殿军”[①]的刘宗周（1578—1645，后世学者尊称为蕺山夫子）及其弟子们[②]整体的人格气象，期求客观地、逻辑地还原明清易代之际儒士大夫的精神慰藉和境界追求。

一

作为中华文化重要理想品格的“气节”是士人的安身立命之道，代表着一个人在政治上、道德上的坚定性，[③]内涵了正气、勇气、高节、名节、风骨、气概等意蕴，往往通过死义、清苦、庄厚、扶纲常、立名教、历廉耻等具体内容得以现实证验，且每逢国家民族危亡或世风衰颓之际，“气节”更被广泛提及和弘扬，以维持天地之正气、国族之生存。[④]明清易代之际，因明亡而节义殉道的刘门师弟子几近二十人，尽显气节立德的忠义人格气象。

刘宗周忠义操守、光风霁月。他进退取与，必力辨义否，如抵制“一岁三迁”而革职为民故事：蕺山先生有感于天启二年六月、天启三年五月两次被无缘升擢，遂上疏辩解：“度德而授任者，国家诏爵之典……凡以贤豪杰任事之心，塞宵小速化之路，所裨世道人心，非苟而已者。”[⑤]他为杜绝群臣所怀儌倖之心而上疏请辞，维护臣德，不料又于天启三年九月被提拔为

① 唐君毅认为“蕺山是宋明儒学最后之大师。”（唐君毅：《中国哲学原论·原教篇》，中国社会科学出版社，2007 年，第 320 页。）牟宗三以蕺山为“宋明儒学最后之殿军。”［牟宗三：《心体与性体》（第 3 册），台北正中书局，1969 年，第 511~512 页。］

② 刘宗周通籍四十五年，而在仕版者六年有半，实际立朝仅四年（参见姚名达：《刘宗周年谱》，载吴光主编：《刘宗周全集》（第六册），浙江古籍出版社，2007 年，第 471 页），其余时间多在家讲学修道，授徒传业，有后学弟子 170 余人（参见拙著《蕺山后学研究》上篇《蕺山门弟子考》，人民出版社，2019 年）。

③ 罗国杰主编：《中国传统道德》（名言卷），中国人民大学出版社，1995 年，第 319 页。

④ 詹海云：《气节观的词源、流变及其在中国文化中的价值》，《南京师大学报》（社会科学版），2011 年第 3 期。

⑤ 刘宗周：《奉差事峻疏》，载《刘宗周全集》（第三册），第 40~41 页。

通政使司右通政，遂再次上疏，直陈“臣节”：“进必以礼，故进而足与有为；退必以义，故退而足与有守。两者相反而实相成，乃称臣节焉。”[①]蕺山先生不想以“一岁三迁”败坏世道臣节，但高尚的出发点换来的是皇帝的猜忌和独断：“刘宗周蔑视朝廷，矫情厌世，好生恣放。著革了职为民当差，仍追夺诰命。”[②]蕺山先生忠义之气综愚智而皆知、统中外而俱重、历古今而如一、及百世而愈彰，然身处神宗、熹宗衰季之朝，“力能挽回厄运，而奸宦弄权，旋起旋黜，南都云坠，徒以身殉”[③]。尤为可泣者，蕺山先生最终选择绝食殉道，“前后绝食者两旬，勺水不入口者十有三日”，且“胸中有万斛泪，半洒之二亲，半洒之君上”，以“孤忠耿耿”提撕绝食精义！[④]他光风霁月的道德人生和诚意正心的证人之学圆融通贯，从而塑造了“皦皦完人”[⑤]的品格。他一生没有丝毫造作之心，没有丝毫求名之欲，只是实心为政、真心为人、正心为学，其弟子陈龙正（号几亭）赞其为“行谊无愧真儒”！[⑥]蕺山先生之死并非意气用事、临时冲动，而是学行至此的必然选择，诚如蕺山之孙刘士林所言：“夫一死不足以尽道，而尽道者断不能逃此一死也。然则先生之死也，变也，而先生之所以死，则皆出于生平学问之助，诚之至，慎之极，全而归之，不亏体，不辱亲，忠孝两全，仁义兼尽，以夷、齐之首阳、曾子之易箦、孔明之出师、文山之正气，兼而有之，非天下之至诚，其孰能与于斯！”[⑦]此论诚谓客观、公允！

不仅为师者忠孝节义，其弟子亦不乏殉义之人。据《明末忠烈纪实》记载，在蕺山殉义前后，其弟子先后尽节者有十六人之多，其中“殉君”（崇祯

① 刘宗周：《天恩愈重疏》，载《刘宗周全集》（第三册），第45~46页。
② 刘宗周：《天恩愈重疏》，载《刘宗周全集》（第三册），第56页。
③ 章倬汉：《蕺山文粹序》，载《刘宗周全集》（第六册），第727页。
④ 姚名达：《刘宗周年谱》，载《刘宗周全集》（第六册），第484~485页。
⑤ 《崇奖明臣刘宗周等饬部议谥上谕（乾隆四十年）》，载《刘宗周全集》（第六册），第636页。
⑥ 沈佳：《明儒言行录》，载《刘宗周全集》（第六册），第641页。
⑦ 刘士林：《蕺山先生历任始末·世谱·行实》，载《刘宗周全集》（第六册），第612页。

朱由检)者八人:倪元璐(号鸿宝)、李邦华(号懋明)、施邦曜(号四明)、孟兆祥(字允吉)、刘理顺(号湛六)、吴麟征(号磊斋)、成德(号元升)和金铉(字伯玉);“殉唐”(唐王朱聿键)者一人:彭期生(字观民);“殉鲁”(鲁王朱以海)者二人:熊汝霖(字雨殷)和吴钟峦(号霞舟);“效死”者一人:陈子龙(号大樽、轶符,别号采山堂主);“殉国”者四人:祁彪佳(号世培)、王毓蓍(字元趾)、潘集(字子翔)和周卜年(字定夫)。另,《明史》还记载,皇清顺治九年,世祖章皇帝表章前代忠臣:“所司以范景文、倪元璐、李邦华、王家彦、孟兆祥、孟章明、施邦曜、凌义渠、吴麟征、周凤翔、马世奇、刘理顺、汪伟、吴甘来、王章、陈良谟、申佳允、许直、成德、金铉二十人名上。命所在有司各给地七十亩,建祠致祭,且予美谥焉。”[①]其中,属于蕺山门弟子者就有倪元璐、李邦华、孟兆祥、施邦曜、吴麟征、刘理顺、成德和金铉等八人!由此已见蕺山后学道德楷模之社会影响和政治影响!其他殉义者尚有:举义兵复明而身殉者祁鸿孙(字奕远)、辅佐桂王事败而跳崖殉义者徐复仪(字汉官)、国变而殉难义士傅日炯(号紫眉)、魏学濂(号内斋)、因国变而殉义者祝渊(字开美)、举义兵但为叛徒揭发而死狱者华夏(字吉甫、过宜)、王家勤(字卣一、评事),等等。

蕺山门弟子的殉义,不仅是一己生命的终结和德性体悟的升华,还内涵了其家庭妻女的忠烈情怀!如金铉:李自成义军攻陷皇城时,身为兵部车驾清吏司主事的金铉因己绵薄之力不能力挽狂澜,遂投水紫禁城西北角大河以殉国难,金母知城已陷,“亟往赴井”以死,“时妇女长幼辈举从母暨王赴井,井几满”。[②]又如成德:皇城被攻破后,崇祯帝自缢,成德遂“持鸡酒奔东华门,奠梓宫于茶棚之下”,及祭奠完毕归家,视其待闺未嫁胞妹自缢,“别其母,哭尽哀,出而自缢”,其母“亦投缳死”[③],“成氏一门死顺德及

---

① 《明史》卷265《列传》第153,吉林人民出版社,1995年,第4513页。

② 金镜编:《金忠洁年谱》,载《金忠洁集》附录,《畿辅丛书》集部第120册。

③ 《明史》卷266《列传》第154,第4537页。

京师者，为忠臣二，为烈妇七”[1]，即此可见成氏一家忠烈精神！还如孟兆祥：京城陷落之时，孟先生自刭于正阳门下，长子孟章明投缳于亡父身侧，其妻吕氏、孟章明之妻王氏皆自缢殉节。[2]不惟金铉、成德、孟兆祥本人殉节尽义，其母、其妻、其妹、其子皆殉义，体现的是忠君爱国、节义明道的忠义人格！

在殉节的蕺山门弟子中，未有任何功名的王毓蓍、潘集和周卜年是学儒士子忠义人格的真情流露。王毓蓍先于业师自决，并以所著《愤时致命篇》粘于祠堂锵壁，遂趋文庙跪而祷告："君殉国，士殉泮，正也"，先跳泮水河，后赴柳潭自溺死，年仅三十九，蕺山先生慨而赞之："吾讲学十五年，仅得此人"[3]。潘集与王毓蓍为挚友，闻毓蓍死，狂走大叫，几近疯癫："集故人也，必死从王子"，意欲投河，有以其为布衣勿庸循臣子节义而劝者，潘集厉声詈之："天下人自生，集自死，集不以愧天下，天下亦不以集愧"，遂自溺东郭渡东桥而死。[4]周卜年闻国变，赋五悲歌，狂书"自古皆有死，民无信不立"于案，跳海殉义。[5]绍兴人谓此三人为"义士"[6]。

有的蕺山弟子虽未因国破家亡、易代更迭而身殉己死，但其忠义气节精神依然气贯长虹！如吴蕃昌（字仲木），"十六补诸生，弱冠遭国变，慨然有殉君父之志。伯父责以为人后之义，乃不果。于是杜门谢客，弃举子业，锐志于圣贤之事，发为古文诗歌，皆至性所流，不效儿女软媚态……临殁之日，犹与诸弟讲学不辍，曰：'吾志在先公《年谱》后叙，行在《阃职三仪》，以不终丧为不孝。戒殓以丧服。……'无一语及私事。呜呼，兄可为得正而

① 徐秉义：《明末忠烈纪实》，浙江古籍出版社，1987年，第172页。

② 《明史》卷265《列传》第153，第4524页。

③ 姚名达：《刘宗周年谱》，载《刘宗周全集》（第六册），第483页。

④ 徐元梅等修、朱文瀚等辑：《嘉庆山阴县志》（卷14）《乡贤二》，台北成文出版社有限公司，1983年，第513页。

⑤ 徐秉义：《明末忠烈纪实》，第376~377页。

⑥ 徐开任：《明名臣言行录》，载《刘宗周全集》（第六册），第642页。

毙者矣，可谓节孝两全者矣。”[①]“得正而毙”之“正”即见吴蕃昌以已残存之身锐志于圣贤事业，洁身自好，由董理典籍而著述立说，以补“殉君父之志”。以死明志固然悲壮，以苟活之心宏学术之伟业，亦不失为真忠义！又如黄宗羲（字太冲，号南雷、梨洲）、黄宗炎（字晦木，鹧鸪先生）和黄宗会（字泽望，号缩斋，称石田先生）三兄弟。崇祯朝覆亡后，兄弟三人视自决为无益之举，乃募义兵反清复明，虽事败几毙命，尤其黄宗炎两次差点被“斩立决”，[②]但能著书治义，承绪圣学；后来又皆因学识渊博、纵论广泛，为当权者多次征举，尤其黄宗羲，虽清廷欲诏征其为博学鸿儒，皆果决辞免。[③]三兄弟明夷夏大防，不与新贵合作精神与自决殉义相媲美。还如周之璿，蕺山先生殉节后，其子刘汋（字伯绳）奔走逃避山中，周氏弃己家，背负蕺山先生遗集与伯绳同行，风餐露宿，绝无怨言，全祖望盛赞曰：“山阴周先生之璿……不知其苦节过人也。”[④]倘无周之璿拼死保护刘宗周遗著，今人或许不知刘宗周何许人也！虽其未死，然忠义精神可大书特书！

其实，无论是否选择自裁殉义，拟或苦节续命，蕺山门弟子心灵深处铁骨铮铮之气节，自然为后人敬重。殉义、节义气节精神是学行圆融的真境界，黄宗羲《思旧录》在论范景文殉道时即有论：“节义一途，非拘谨小儒所能尽也”。[⑤]儒家君子讲“义”德，尤其易代之际、革命关节，能“舍生取义”之人最可堪称真君子！刘门十七人选择“殉义”，其“真精神”难能可贵，“刘子之节义，斯真节义；真节义，斯真学也。……刘子际末流、守死善道，其弟子之出而仕者多以生死明学术。……盖以言明道，不若以身明道之为能真

① 吴复本：《祇欠庵集·原叙》，《祇欠庵集》卷首，适园丛书。

② 全祖望：《鲒埼亭集内编》卷13《鹧鸪先生神道表》，载朱铸禹会校集注：《全祖望集汇校集注》（上），上海古籍出版社，2000年，第246~253页。

③ 赵尔巽：《清史稿》卷480《列传》第267，第9973~9975页。

④ 全祖望：《子刘子祠堂配享碑》，载《刘宗周全集》（第六册），第649页。

⑤ 黄宗羲：《思旧录》，载《黄宗羲全集》（第一册），浙江古籍出版社，2005年，第342页。

知而实践也。”[①]蕺山先生学行圆融，为学的醇儒性与为人的纯粹性和合通贯，其弟子门人亦充分践行此种人格精神，对浙江士子即产生深远影响："自先生以贞介之操，倡明圣学，士大夫后起者翕然宗之，争以救时匡主为务。……呜呼！盛矣！夫同一越人也，昔何以与粪土同弃？今何以与日月争光？推其所自，不得不归先生风厉之功矣。或谓死忠死孝，得于秉彝。岂必人人有所训诫而然与？然良心在人，熏烁之则措亡，提撕之则涣发，向非先生诚笃之教，渐磨以数十年之久，乌能使有位无位，咸知幸生为耻，殉国为正，视一死如饴蜜哉？"[②]

或许有人会批评易代之际选择"节义"之人的"无能"，实际上，节义之人之所以如此选择，乃真大生死的境界，倘若一个人的内心世界里面没有属于自己的一点价值追求、精神信仰、爱国情怀和人道正气，那这样的人生又有什么意义呢？再者，选择一条寻死的不归路，岂是一般毅力和心志之人所能做到的？蕺山门弟子潘集殉义前所言"集不以愧天下，天下亦不以集愧"正代表着纯粹、正气之人的心声和旨趣。蕺山先生及其门弟子以气节明道觉人，堪与日月争光，昭彰了晚明时代一个具有浓墨气节色彩和戆性品格的学术流派，也正是这样的忠义人格，中华文化才屹立不倒、万年永驻！

二

黄宗羲有言："有明文章事功，皆不及前代，独于理学，前代之所不及也。"[③]其意表明，明代儒学家重"心性"而轻"事功"，乃至将"心性学"领域

① 邵廷采：《刘门弟子传序》，载《思复堂文集》，浙江古籍出版社，2010年，第51页。

② 刘汋：《蕺山刘子年谱》，载《刘宗周全集》（第六册），第195~196页。

③ 黄宗羲：《明儒学案·发凡》，载《黄宗羲全集（第七册），第5~6页。

内的各种境界开拓到了尽头。[1]明清之际的士人在反思明亡的教训时也表达出对明儒重义理而轻事功之行为取向的不满。如蕺山弟子施邦曜殉国之际吟诵绝命诗曰:“惭无半策匡时艰,惟有一死报君恩”[2],这是对儒家知识分子“两耳不闻窗外事,一心只读圣贤书”的真实写照。不可否认,明儒只谈心性、不重事功,“有用之学”较少,[3]但蕺山学派刘门师弟子治学重工夫践履,仕官重经世事功,体现了经世立功的经世人格气象,也是不争的事实,诚如梁任公所言:“刘蕺山(宗周)晚出,提倡慎独以救放纵之弊,算是第二次修正。明清嬗代之际,王门下惟蕺山一派独盛,学风已渐趋健实。”[4]

蕺山先生不废事功,实现“学术”与“经济”的圆融统合。[5]如,论“德性之知”与“闻见之知”:“至于德性、闻见本无二知,心一而已,聪明、睿智出焉,岂可以睿智者为心,而委聪明于耳目乎?今欲废闻见而言德性,非德性也;转欲合闻见而全德性,尤未足以语德性之真也。”“德性之知”与“闻见之知”是“一”,若以之为“二”,自然将“心”分而为二,圆融“德性之知”与“闻见之知”,既不偏于“德性”、只重本体,又不偏于“闻见”、只重工夫,从而本体与工夫合一、心性与事功合一。再如论簿书、钱谷:“簿书、钱谷皆放心之地,亦即是求心之地,此居官者当以学问为第一义,而不可不日加之意者也。……簿书、钱谷之皆心者,为其有以寄吾之生心也。君子生其心以生人、生百姓,一簿书焉而生生,一钱谷焉而生生,则学问之道又孰有大于此者乎?”[6]簿书、钱谷就是法制治理、经济管理,是“求心之地”,是“生生之心”的必然表现,实心实意、真心诚意地完成社会事功是“心”的当然要求,

① 余英时:《论戴震与章学诚》,生活·读书·新知三联书店,2000年,第299页。

② 黄宗羲:《弘光实录钞》,载《黄宗羲全集》(第二册),第39页。

③ 赵园:《明清之际的所谓“有用之学”——关于这一时期士人经世取向的一种分析》,汕头大学新国学研究中心编:《新国学研究》(第5辑),人民文学出版社,2006年,第1~38页。

④ 梁启超:《中国近三百年学术史》,中国书店出版社,1985年,第40页。

⑤ 参见张瑞涛:《刘宗周与宋明理学“知识论”走向》,载《孔子研究》,2012年第1期。

⑥ 刘宗周:《书》,载《刘宗周全集》(第三册),第368~369页。

是经世人格的必然展示。故,《四库全书》评刘宗周曰:“立朝之日虽少,所陈奏……皆切中当时利弊。……在有明末叶,可称皦皦完人。”[①]蕺山虽立朝仅四年,且被革职为民三次,然所陈奏疏达九十八通,官在顺途,不攀附权贵;革职在野,不漫谈失节;进则建言,退则讲学;取困风波荆棘之场,清真清恕。当值明末,儒士大夫们谈心论性、说玄务虚之时,蕺山践履笃行、真知实行,为后人所敬仰,清初状元彭启丰(号芝庭)即以“真名节,真经济”[②]赞誉蕺山。想必,这并非溢美之词,而是客观评价!

于殉道之蕺山弟子群体中,有事功之大、卫国之忠、杀敌之勇数功绩者则以吴麟征为首。吴麟征仲子吴蕃昌《上南都议郎蒋公书》申明吴麟征在四个方面比其他殉难诸臣节义精神更为突出:其一,“无如先大夫忠”:吴麟征曾为外吏十年,后任侍从十年,功绩昭彰,如癸未(1643)年疏请授南司马史可法节制应援京师、疏请召边军大将吴三桂捍御寇难、疏请徙宁远城等等,其说虽不见用,但事后皆以其建言合理备至;[③]其二,“无如先大夫勇”:李自成攻克京城之日,举国悲愕无计,惟吴麟征请皇上下罪己诏,蠲租布诚以款动壮士人心,并请养军士于城外,请百官擐甲带兵练禁卒,率众决一死战;其三,“无如先大夫劳”:吴麟征奉命守西直门,蓐食城头,手执炮矢击敌无数;募死士缒城,杀贼数百;风雨半夜,徒步叩阙,欲为天子筹划计而为奸辅魏藻德阻挠;其四,“无如先大夫有成绩”:德胜门陷落,吴麟征受命城下,填石西直门以阻起义军入城,因坚固厚实,后历数月始挖掘重启。[④]城破之日,吴麟征虽未立即赴死殉国难,但终不苟且偷生,矢志一死报君王,于崇祯十七年三月二十日酉刻作《绝笔》言:“祖宗二百七十余年,宗社移旦失,虽上有龙亢之悔,下有鱼烂之殃,而身居谏垣,徘徊

① 永瑢等撰:《四库全书总目提要·刘蕺山集提要》,载《刘宗周全集》(第六册),第711页。

② 彭启丰:《刘蕺山先生文集序》,载《刘宗周全集》(第六册),第725页。

③ 祝渊:《太常吴公殉节纪实》,载吴蕃昌:《吴麟征年谱》,《北京图书馆藏珍本年谱丛刊》第61册,北京图书馆出版社,1999年,第174~176页。

④ 吴蕃昌:《上南都议郎蒋公书》,载《祇欠庵集》(卷一),适园丛书。

不去，无所匡救，法应褫服。……茫茫泉路，炯炯寸心，所以瞑予目者又不在此也。”[①]由此可见吴麟征拳拳忠义情怀，也凸显了吴麟征经世事功、不虚仕职的人格面向！

蕺山门弟子治学传承业师精神，重经世实学，强调事功实行。如黄宗羲重经史之学，反对空谈：南都败亡时，他曾组建“世忠营”，鲁王授其为职方郎、御史，高举反清复明大旗；作《监国鲁元年大统历》并颁之于浙东，之后注《授时历》《泰西历》《回回历》三历；著《春秋日食历》辨卫朴所言之谬，著《律吕新义》明竹管十二律与四清声，著《授时历故》《大统历推法》《授时历假如》《气运算法》《测圆要议》诸经世书，又著《明夷待访录》《留书》。尤其《明夷待访录》，其内涵的民主启蒙思想、政治思想、经济思想、军事等思想，深为时人学者器重，如昆山顾炎武赞曰：“三代之治可复也！”[②]近现代学者亦对《明夷待访录》的政治远见和经世功能给以深刻评价，梁启超、谭嗣同等辈倡民权共和之说，还将《明夷待访录》节抄本印数万册，秘密散布。[③]《明夷待访录》融先师之已发、创先师之未发，立足于晚明俗风弊政，又会通中国古代政治哲学思想，同时放眼中国乃至世界之未来，构设治国理政新理念、新制度、新方法，从现实救世中走向大同理想。

蕺山门弟子张履祥（字考夫，称杨园先生）重民生实业，著农书实学，教导弟子务经济之学。杨园先生尝言：“愚谓治生以稼穑为先。能稼穑则可以无求于人，无求于人，则能立廉耻；知稼穑之艰难，则不妄求于人，不妄求于人，则能兴礼让。廉耻立，礼让兴，而人心可正，世道可隆。”[④]故，“择术不可不慎，除耕读二事，无一可为者。”[⑤]杨园先生“治生以稼穑为先”和“务

---

① 吴麟征：《吴忠节公遗集》卷三《殉难书》，载《四库禁毁书丛书》（集部第 81 册），北京出版社，2007 年，第 413 页。

② 徐鼒、徐承礼主编：《小腆纪传》卷 53《列传》第 46，中华书局，1985 年，第 573 页。

③ 梁启超著、朱维铮导读：《清代学术概论》，上海古籍出版社，1998 年，第 17~18 页。

④ 《清史稿》卷 480《列传》第 267，第 9984 页。

⑤ 张履祥：《杨园先生全集》（下），陈祖武点校，中华书局，2002 年，第 1352 页。

本而节用”的治生之道，深刻影响了后世儒家学者的治生观念。[①]除此之外，他还编《沈氏农书》一卷，专门阐发其耕读治生实学，《四库全书》即论曰：“履祥以其有益于农事，因重为校定。具列艺穀、栽桑、育蚕、畜牧诸法，而首以月令以辨趋事赴功之宜。”[②]这充分肯定了杨园先生的经世实学精神。同时，张履祥辑录采撷陈良谟《见闻记训》、耿定向《先进遗风》、李乐《见闻杂记》和钱袠《厚语》所记明代儒士世子的嘉言懿行，裒辑《近古录》四卷，分立身、居家、居乡、居官四门，宣扬修己立身、敦睦居家、仁里居乡、忠恕居官的君子人格，有裨于世道人心。正因杨园先生健实之学风，方东树（号副墨子）以其为“近代真儒”[③]。

蕺山门弟子陈子龙亦重经世实学，并编纂经世文编传世。他与好友徐孚远（号复斋）、宋征璧（字尚木）合编《皇明经世文编》五百零四卷、补遗四卷，以人为纲，按年代先后为序，选录了四百二十人的文章，包括兵饷、马政、边防、边情、火器、贡市、番舶、灾荒、农事、治沙、水利、海运、漕运、财政、盐法、刑法、钱法、税法、役没、科举等方面，是有关治国理政方针政策的实用之学。陈子龙所做《序》云：“俗儒是古而非今，文士撷华而舍实。夫抱残守缺，则训诂之文充栋不厌，寻声设色，则雕绘之作永日以思。至于时王所尚，世务所急，是非得失之际，未之用心，苟能访求其书者盖寡，宜天下才智日以绌，故曰士无实学。”[④]由此可见，陈子龙之学的经世特色，也展现出他悉心为国治家齐而不懈集思广益的心智和毅力。陈子龙尚编有《别本农政全书》四十六卷。须知，徐光启（号玄扈，谥文定）作《农政全书》六十卷，其殁后，子龙得《农政全书》原本于徐光启之孙徐尔爵，乃与张国维、方岳贡共同刊刻该著，所作凡例有曰：“文定所集，杂采众家，兼出独见，有得

① 徐永斌：《张履祥的治生之路及治生观》，《中国文化研究》，2014 年夏之卷。

② 永瑢等撰：《四库全书总目提要》卷 102《子部》第 12《农家类存目》第 19 册，商务印书馆，1935 年，第 84 页。

③ 方东树：《重编张杨园先生年谱序》，载《杨园先生全集》（下），第 1487 页。

④ 陈子龙：《陈子龙文集》（上），华东师范大学出版社，1988 年，第 437~438 页。

即书，非有条贯。……大约删者十之三，增者十之二。其评点俱仍旧观，恐有深意，不敢臆易云云。”[①]陈子龙之举既传承了实学致用知识，又彰显了蕺山学派师弟子的经世实功精神。

蕺山门其他弟子亦有经世理念和实践。如魏学濂尝与薄子珏务佐王之学，凡兵书、战策、农政、天官、治河、城守、律吕、盐铁之类，无不讲求，将以见之行事；又知天下大乱，遍访剑客奇才而与之习射角艺，不尽其能则不止。魏学濂多才多艺、游侠任性，为学重经世，被黄宗羲视为蕺山刘门弟子中最有才分的三人之一。[②]另，徐芳声（字徽之）于甲申之变后，尝与同学蔡仲光（字子伯）集学中子弟，哭孔庙三日，既入潘山隐居，称“潘山野人”，秉“读书贵有用”理念，著兵、农、礼、乐诸书，别辑兵书数十卷，凡运筹指顾、制械器、设屯灶，无不简核以辟从前之虚言兵者，不仅有经世实学，尚有节义精神。[③]还有，冯京第（号簟溪）学问以事功为主，忠节侠义，高宇泰（号檗庵）即论曰：“博学闳览，居平好谈经济”[④]。簟溪先生二十五岁时侍从从父冯元飏（号留仙）备兵南都，时值边警，遂“授略行间，而并大捷”，从父为之请功，被赐进士，但两次面陈，终不受赐；崇祯自缢后，他南走三山间，历十余载，终赍志以惨死，柴梦楫即赞曰：“使当时不允所请，得假之兵事，正未可量，岂仅以诗见哉？”[⑤]即此可见冯京第的经世才能！

刘门师弟子入仕为官者，则在位谋政、兢兢业业，尽心尽力为治国理政谋划方略、贡献政治智慧，虽在较大程度上不为当权者所认可实施，但史实已然证明其理念和方法于世教不无成效；出为读书学子者，则遍观博览，犹重经世实学，谈经论道不离工夫践行，言性命之理不舍匡济实策，著

① 永瑢等撰：《四库全书总目提要》卷102《子部》第12《农家类存目》第19册，第83页。

② 黄宗羲：《翰林院庶吉士子一魏先生墓志铭》，载《黄宗羲全集》（第十册），第414~416页。

③ 徐鼒、徐承礼主编：《小腆纪传》卷54《列传》第47，第587页。

④ 高宇泰：《雪交亭正气录传》，载冯贞群：《冯侍郎遗书》附录卷一《传记》，四明丛书（约园刊本）。

⑤ 柴梦楫：《三山吟后序》，载《冯侍郎遗书·叙录》。

书立说，泽被后世。故而，蕺山学派刘门师弟子学以致用、经世开物，反对谈虚说玄、空论矫作，体现了经世立功的经世人格。

三

邵廷采（字念鲁）论刘宗周为学特色云："先生之学出许敬庵，已入东林、首善书院，博取精研，归于自得，专用慎独，从严毅清厉中发为光霁，粹然集宋、明理学诸儒之大成"。[①]他以"自得"为蕺山学的基本特性。其实，"自得"还是蕺山后学弟子普遍信仰的治学理念，彰显了学以自得的创新人格气象。

蕺山以"自得"为为学"精要"，且学有所得。《学言》云："学问之道，只有紧关一下难认得清楚，如所谓寸铁杀人者是。圣贤之训，多随地指点，大约使人思而自得之。"[②]"寸铁杀人"喻贵精不贵多，蕺山以此来说"自得"，显见他对"自得"的重视和关注。早在1631年的证人讲会，他第一次明确阐释"自得"意蕴："自得全然是个敬体，无时不戒慎，无时不恐惧，则此心已游于天空地阔之境"，"实无所得，故名自得"。[③]"无所得，故名自得"，前一个"得"为从别人那里得到的东西，是建立于从别处学习之后获得的某些"知识"，不属于自己心思体悟的效果；后一个"得"为自己在学习了别人的"知识"后反思、体悟形成的属于自己心得体验的东西。"得"别人的东西，"所得"是死的；经自我反思和体悟"自得"的东西是活的，真正有灵魂的东西正是通过"自得"而展现。蕺山先生坚守"自得"理念，实现哲学创新，"发先儒之未发" 有四："静存之外无动察"，"意为心之所存非所发"，

① 邵廷采：《明儒刘子蕺山先生传》，载《刘宗周全集》（第六册），第539页。
② 刘宗周：《学言》（上），载《刘宗周全集》（第二册），第371页。
③ 姚名达：《刘宗周年谱》，载《刘宗周全集》（第六册），第351页。

"已发未发以表里对待言,不已前后际言","太极为万物之总名"。[①]综括而言,蕺山哲学思想在本体论上倡"生生"道体、在方法论上主张"圆融"思维、在知识论上坚持"德性闻见本无二知",是对宋明理学的深层解构。[②]正如此,蕺山门弟子董玚评论业师曰:"先师为特悉是即周子'主静立人极'、程子'体用一原,显微无间'之旨,标尼山秘旨于二千一百余年之后,自先儒以来,未有盛于刘子也"[③];黄梨洲论师说:"识者谓五星聚奎,濂洛关闽出焉;五星聚室,阳明子之说昌;五星聚张,子刘子之道通。岂非天哉!岂非天哉!"[④]作为明末大儒,蕺山学推本濂溪和二程,又得源阳明心学,但与朱子理学、阳明心学皆异,"承朱熹之道德伦理,舍空谈而趋道德之实践","具有综合各派学术思想的性质"[⑤]。蕺山先生曾撰座右铭:"读书有要,在涵养本源,以得作者之意,使字字皆从己出;做人有方,在谨禀幽独,以防未然之欲,庶时时远于兽门"[⑥],此已然成为蕺山学派刘门师弟子治学做人的共同呼声,创新人格展露无遗!

蕺山门弟子凡有著述文献传世者,皆循"自得"理念。如黄宗羲。他学出蕺山,缜密平实,著书颇丰,问学以穷经为先,以经术经世,并兼读史书,以证理之变化,上下古今,穿穴群言,自天官、地志、九流百家之教,无不精研,[⑦]同门友陈之问(字令升)评曰:"黄子于蕺山门为晚出,独能疏通其微言,证明其大义,推离远源,以合于先圣不传之旨,然后蕺山之学如日中天,至其包举艺文,渊综律历,百家稗乘之言,靡不究"[⑧]。蕺山学派刘门弟

① 黄宗羲:《子刘子行状》,载《刘宗周全集》(第六册),第39~40页。

② 参见张瑞涛:《心体与工夫——刘宗周〈人谱〉哲学思想研究》,人民出版社,2014年,第364~403页。

③ 董玚:《刘子全书钞述》,载《刘宗周全集》(第六册),第691页。

④ 黄宗羲:《明儒学案·蕺山学案》,中华书局,1985年,第1512页。

⑤ 张立文:《宋明理学研究》,人民出版社,2002年,第633~634页。

⑥ 姚名达:《刘宗周年谱·后编·刘谱录遗》,载《刘宗周全集》(第六册),第494页。

⑦ 赵尔巽:《清史稿》卷480《列传》第267,第9974~9975页。

⑧ 黄宗羲:《陈令升先生传》,载《黄宗羲全集》(第十册),第600页。

子中，惟黄梨洲传延、创新蕺山学最为昭彰深远，“刘宗周之学……传其道者，惟黄宗羲最正，邵廷采则其再传嫡派也，而恽日初、张履祥之流不与焉。”[①]不过，梨洲先生虽承续蕺山学，但终究“自得”而成。比如，昭示黄宗羲作为政治哲学家、最能体现中国传统民本思想的重要著作《明夷待访录》，虽渊源于业师刘宗周，但终究是基于自己的心得体悟而创构；作为梨洲最大学术成就的经史学，虽传承业师所开显的“人格列传”史学模式，但终究由梨洲先生发扬光大，“梨洲黄氏出蕺山刘氏之门，而开万氏弟兄经史之学，以至全氏祖望尚存其意，宗陆而不悖于朱也。”[②]黄梨洲秉持宋明理学“自得”精神，尤其将业师“自得”精义发挥殆尽，“先生诲余虽勤，余顽钝终无所得，今之稍有所知，则自遗书摸索中也”，[③]成为蕺山学派中遗著最多、影响最广的后学弟子，其大者就有《易学象数论》《授书随笔》《孟子师说》《明儒学案》《明史案》《行朝录》《授时历故》《大统历推法》《授时历假如》《公历、回历假如》《气运算法》《勾股图说》《开方命算》《测圆要议》《明夷待访录》《留书》等等。唯有自我体悟之学方为真所得，治学传世者定当培育创新人格！

黄宗羲胞弟黄宗会赋有才望，亦自得立学。他于十三经微言奥义、名物象数、年月异同，细若铢黍，咸加辨析；廿一史成败得失、制度沿革，以至于河渠历算，莫不洞然；治儒之暇，旁及释氏藏典，手注数十万言而不辍。[④]黄宗会著有《缩斋文集》若干卷、《缩斋日记》若干卷、《学御录》一卷、《瑜伽师地论注》若干卷、《成唯释论注》若干卷以及《四明游录》等，博通古今，贯览儒释，梨洲先生为《缩斋文集》所作序有论：“泽望之为诗文，高厉遐清。其在于山，则铁壁鬼谷也；其在于水，则瀑布乱礁也；其在于声，则猿吟而

① 姚名达：《刘宗周年谱》，载《刘宗周全集》（第六册），第212页。

② 章学诚：《文史通义校注》，叶瑛校注，中华书局，1985年，第523页。

③ 黄宗羲：《思旧录》，载《黄宗羲全集》（第一册），第342页。

④ 《绍兴府志》卷53《儒林传》，台北成文出版社有限公司，1975年，第1288页。

鹳鹤欸且笑也；其在平原旷野，则蓬断草枯之战场，狐鸣鸱啸之芜城荒殿也；其在于乐，则变徵而绝弦也。”[①]由此可见，石田先生极富有创新意识，学有自得。

蕺山门弟子张履祥著述颇丰，为学重自得。杨园先生除编有《沈氏农书》外，尚编纂《杨园全书》三十四卷、《张考夫遗书》五卷，皆自得之言，其挚友凌克贞（号渝安）即言："余友张念芝先生，于学绝道晦之日，独明心性之故，而修身力行以践其实。其于是非真伪之际，辨之明而守之笃"；"先生学有本原，功崇实践，守集义、养气之功，以致力于庸言、庸行之际，道器不离，动静无间。验其素履，则历险难而不渝，极困穷而自得。凡发为语言文字，决不矜情作意，而蔼然自见于充积之余。言愈近而旨愈远，见愈亲而理愈实，有德之言，非能言者比。余交三十年，察其语默动静，莫非斯道之流露，非深造自得者不能也。"[②]"非深造自得者不能"之论已然将杨园先生治学尚自得、且学有所得的创新人格昭彰无遗。

陈确（字乾初）为蕺山学派刘门弟子之"畸士"，[③]自得立学，创新迭显。其论学有《大学辨》《禅障》《性解》《才气情辨》《原教》《学谱》，不折中孔、孟，衡断群儒；坊俗则有《丧俗》《家约》等论葬书，言近旨远，黜伪存诚；其余杂著数十万言，俱有关世教；其诗歌清真大雅，自写安贫乐道之怀、悲天悯人之志。乾初先生为学，"即偶然落笔，出其心得，具有发明，理归一贯，绝非支离驳杂，依傍装排"[④]。因此，当乾初先生所撰《大学辨》公布于世、散播学肆之后，即受同门学友批评，甚有被视为"洪水猛兽"之势，同门张杨园即讽喻陈乾初曰："近世学者，于道粗知向方，遂自矜许，上无古人，甚至信一人之臆见，薄尊闻为流俗，足己自贤，而无复求益之意，非圣人日进无

① 黄宗羲：《缩斋文集序》，载《黄宗羲全集》（第十册），第12页。

② 苏惇元：《张杨园先生年谱》，载《杨园先生全集》（下），第1525页。

③ 全祖望：《子刘子祠堂配享碑》，载《刘宗周全集》（第六册），第647页。

④ 陈翼：《乾初府君行略》，载《陈确集》（上），第14页。

疆、绥其福履之道。”[1]乾初作答书为己辩护：“至《大学辨》，实出万不得已……盖以弟《大学辨》为愚昧无知则可，谓当置之不足议论之列则不可。”[2]由二人辩诘可知，陈确治学虽不能为同门友认同，但为学自得创新宗旨明确。是故，乾初先生将质疑儒圣先贤的言论辑集裒纂为《瞽言》，以“素位之学”为主旨，实是对《中庸》“素位”章“自得”之义的回归和高扬，是创新人格的集中体现。

蕺山门弟子张岐然（字秀初）读书牛毛茧丝，虽厕身释氏，却不因佛而厌儒，著述论说，颇有创见。他读《十三经注疏》刻意于名物象数，与梨洲学问志同道合；于《易》《诗》《春秋》皆有论，但不与人雷同，凡先旧诸家盘滞之处能显发开张；即游方外亦能穷《六经》，所著《大学古本辨绎义》之论“格物”，于七十二家之说最为谛当，黄宗羲即评价说：“此是平生功力，不为佛学埋没”[3]。他著有《春秋五传平文》四十余卷，广泛采辑《左传》《谷梁传》《公羊传》及《国语》之异同，既考知其异，又疏通折中，以救正胡安国《春秋传》之失，“指陈流弊，可谓深切著明……于《春秋》不为无功，”[4]在晚明经学史上占有重要地位。

其他凡有一定学术影响之蕺山门弟子皆自得立言、歧路开新。如：姜希辙（号定庵）既整理刊刻刘宗周著作行世，“使海内知子刘子之学，与阳明同而异，异而同”；又著书立说，“以事悟道，久之以道合事，从人情物理之恰好处，体当受用”，“皆其真诚之流露”。[5]定庵之学既不与世抵牾，亦不为世披靡，其所独著的《左传通笺》以及与黄宗羲合著的《历学假如》皆其学以自得的悟道成果。又如：王嗣奭（号于越）博通文史，喜辨析先儒异同，

① 张履祥：《陈母叶太君九衮寿序》，载《陈确集》（上），第53页。
② 陈确：《大学辨·答张考夫书》，载《陈确集》（下），第590页。
③ 黄宗羲：《张仁菴先生墓志铭》，载《黄宗羲全集》（第十册），第457页。
④ 永瑢等撰：《四库全书总目提要》卷30《经部》第30《春秋类存目一》（第6册），第122~123页。
⑤ 黄宗羲：《姜定庵先生小传》，载《黄宗羲全集》（第十册），第610页。

于圣学深有所得,尤嗜杜诗,年八十成《杜臆》,采用知人论世、以意逆志的方法,对杜诗产生的时代背景、杜甫思想的发展线索,甚至对某些和杜甫有关的人的政治态度,都做了极有说服力的推论与揣度。[①]再如:王家勤通经术,于三《礼》俱有论说,不苟同他人,“颇过于好奇。”[②]还如:先受学蕺山心性义理之学、后潜心画作的陈洪绶(字章侯,号老莲)书画人物,衣纹清劲,力量气局,在仇(英)、唐(寅)之上;尝于杭州摹府学石刻李公麟七十二贤像,又摹周昉美人图,数四不已,人咸谓其胜原本;为诸生时游京师,摹历代帝王像,纵观御府图画,技艺精进,与崔子忠号称书画界“南陈北崔”;[③]全祖望即赞陈洪绶曰:“蕺山弟子元趾与章侯最为畸士,不肯帖帖就绳墨。”[④]章侯先生“不肯帖帖就绳墨”,故能画技超群、艺有大成,著《宝纶堂集》《避乱草》及《筮仪象解》,以气节之概、自得之学,成就真儒之身!

蕺山学派刘门师弟子不仅视“自得”为治学方法,更以“学以自得”为治学价值追求,为学不求苟同先贤,但求言之有理,唯学精粹独立,方可屹立学术之林。蕺山学派中无论是学术影响较为广泛深远的刘宗周、黄宗羲、陈确、张履祥、陈洪绶等人,拟或学有小成的张岐然、黄宗会、姜希辙、吴蕃昌、祝渊等人,其著述立说是创构者的生命体悟和真情实感的切实流露,凸显了蕺山学派“自得立学”的创新人格气象。

整体而言,蕺山学派刘门师弟子以气节明道觉人,忠于国家、严辨华夷,置生死于礼法道义,铮铮铁骨,堪与日月争光,昭彰了以气节立德的忠义人格气象;刘门师弟子入仕为官则尽心治国理政,言性命之理则不舍匡济实策,学以致用、经世开物,反对谈虚说玄、空论矫作,体现了以经世立功的经世人格气象;刘门师弟子以学以自得为治学价值追求,为学不求苟

---

① 刘开扬:《前言》,载王嗣奭:《杜臆》,上海古籍出版社,1983年,第3页。

② 全祖望:《鲒埼亭集外编》卷十《王评事状》,载《全祖望集汇校集注》(中),第940页。

③ 赵尔巽:《清史稿》卷504《列传》第290,第10513页。

④ 全祖望:《子刘子祠堂配享碑》,载《刘宗周全集》(第六册),第649页。

同先贤，但求言之有理，在适应新的人文语境的基础上，多元致思，凸显了自得立学的创新人格气象。

《宋元学案》的编撰与濂溪学的新诠

——从刘宗周到黄宗羲、黄百家父子

张天杰

（杭州师范大学国学院）

周敦颐《太极图说》与《通书》的思想主旨，及其在理学史上的重要地位，与朱熹的诠释关系重大，早在乾道六年，张栻与吕祖谦在严州刊刻的《太极通书》，便收录了朱熹的解说[①]，此后大多版本的《周敦颐集》都附录了朱熹的解说。然而到了明末，刘宗周与黄宗羲、黄百家父子在《宋元学案》之中，却作了许多新的诠释，给予了新的定位。

刘宗周特别推崇周敦颐，称之为“再生之仲尼”，他在《五子连珠》《圣学宗要》等著述中的新诠，后被黄宗羲、黄百家收录于《宋元学案》之《濂溪学案》，黄氏父子还承继刘宗周作了进一步的阐发。刘、黄等人以朱陆和会之说来诠释周敦颐《太极图说》《通书》，看似摆脱门户之见，实则是为了周子濂学走出朱子闽学的影响，至于提出《通书》以“诚”翻新《中庸》道理、强调《通书》之颜子学的地位而为周、程授受张本，也有着重要的学术影响。然而目前学界对于刘宗周与《宋元学案》的关系，以及刘宗周与黄氏父子

① 杨世文点校：《张栻集》，中华书局，2015 年，第 1272 页。

对濂溪学的新诠尚未有较为完整的说明，故而极有必要再作一番考察。[①]

一、刘宗周的宋明学术史观

刘宗周蕺山学的建构，虽然有其师承的一面，受到许孚远的影响很大，但是更为重要的是，还有其“得之遗经”的一面。刘宗周一生都勤于读书与思考，上至孔子、孟子，再至周敦颐、朱子等宋儒，下至明儒，对各家各派都进行过细致的梳理，最后完成了《孔孟合璧》《五子连珠》《圣学宗要》《皇明道统录》[②]等“语录”选本；还回归于经学，对《四书》学、《礼》学、《易》学也都有精深的研究，撰有《大学古文参疑》《论语学案》《周易古文钞》等多种经学著述。可以说刘宗周对理学与经学研究的过程与其学术成熟的过程是一致的，而他的人生也正好是他平生所学的最好印证。

就理学而言，刘宗周的学术渊源于许孚远及浙中的阳明学传统，而后他又努力超越于明代，对于宋儒，特别是周敦颐、朱子学术的承继也同样重要。杜维明先生说：“他的明代氛围很强，但同时他又有跳出明代、继承整个宋明儒学乃至整个儒学大传统的气魄……宗周有他自己的深刻的体验，而且他的体验又非常丰富和多源多样。他要从他自己的问题意识出发，与每一位他心仪的大师大德进行对话，并通过这种对话将他们的合理

① 目前学界论及周敦颐对刘宗周学术建构的影响论著较多，有代表性的则有杜维明、东方朔：《杜维明学术专题访谈录——宗周哲学之精神与儒家文化之未来》（复旦大学出版社，2001年）；论及刘宗周对周敦颐的学术的评定则极少，值得注意的有杜保瑞《刘蕺山的工夫理论与形上思想》（台湾大学硕士学位论文，1989年）。至于刘宗周对《宋元学案》的影响则几无提及，笔者曾在拙著《蕺山学派与明清学术转型》（中国社会科学出版社，2014年）第六章第二节之中有所论及，然尚未展开。

② 《皇明道统录》是刘宗周在四十九岁前后研读明儒文集之后编撰的书，刘汋的《年谱》说：“每日晨取有明诸儒文集、传记考订之。盖意于《道统录》也。”刘汋：《蕺山刘子年谱》49岁条，见《刘宗周全集》（第六册），浙江古籍出版社2007年，第82页。其性质当与《圣学宗要》类似且更为完备，可惜此书已经大部遗失，仅保留部分于《明儒学案》卷首之《师说》。

的东西加以吸收，因此宗周所表现的同情的理解和批判的认识是非常清楚的。”[①]刘宗周对于前人从不盲从，对历代学术资源的吸收与利用，从蕺山学建构的需要出发对整个儒学加以梳理，当然这种梳理的动因则来自其治学与讲学的困惑，希望在先儒的著述之中寻找答案，围绕具体问题与先儒进行有着一定深度与高度“巅峰对话”。

刘宗周之子刘汋说蕺山学“上承濂、洛，下贯朱、王”[②]，确实周敦颐、二程、朱熹、王阳明都对刘宗周学术思想的形成，起到了至关重要的作用。当然，还有更早的孔子与孟子，刘宗周临终之前反思学术，曾有一段较为系统的论述：

> 嗟乎！人心之晦也，我思先觉。其人者曰孔氏。孔氏之言道也，约其旨曰“中庸”。……则吾道之一大觉也。历春秋而战国，杨、墨横议，孟子起而言孔子之道以胜之，约其旨曰“性善”。……则吾道之一大觉也。……又千余载，濂溪乃倡“无极”之说，……则吾道之一觉也。嗣后辨说日繁，支离转甚，浸流而为词章训诂，于是阳明子起而救之以“良知”。一时唤醒沈迷，如长夜之旦，则吾道之又一觉也。[③]

从这里，可以看出刘宗周是站在道学发展的历史上，得出自己的责任所在。除去孔子的“中庸”、孟子的“性善”，宋儒之中特别欣赏周敦颐的“无极”，明儒之中特别欣赏王阳明的“良知”，刘宗周认为这些都是道学史上的“一觉”，即在理论上的突破性成就。值得注意的是，其中没有二程与朱子。

---

① 杜维明、东方朔：《杜维明学术专题访谈录——宗周哲学之精神与儒家文化之未来》，第40~41页。

② 刘汋：《蕺山刘子年谱》序，载《刘宗周全集》（第六册），第51页。

③ 刘宗周：《证学杂解·解二十五》，载《刘宗周全集》（第二册），第277页。

早在天启六年(1626),刘宗周就开始编撰《孔孟合璧》与《五子连珠》。[1]这二书都围绕“求仁之说”展开,辑录的就是“孔孟”与“五子”谈论“仁”的语录。其中《五子连珠》一书收录周敦颐十则、程颢十三则、程颐十七则、张载十五则、朱子二十则。《五子连珠》体量较小,刘宗周的按语也较少。再看此书之中刘宗周对于“宋五子”的看法,他说:

> 昔人谓周子至精,程子至正,而予谓纯公尤至醇云。若张子可谓敦笃矣,朱子几于大矣。论地位,濂溪尽高;论学术,晦翁卓立天下之矩;然以言乎学以求仁,则五子如一辙。[2]

很明显,在当时刘宗周最为推崇的是周敦颐与朱子,而“五子”在继承孔子“求仁”之学上,则如出一辙,也就是说宋明理学是孔门正宗嫡传。关于周敦颐,刘宗周说:“周子之学,尽于《太极图说》。其《通书》一篇,大抵发明主静立极之意,而宗旨不外乎求仁。仁也极也。”[3]认为“求仁”与“主静立极”思想是一贯的。周敦颐是理学的开创者,在整个宋明理学发展史上地位最高,但就学术成就而言,则是朱子最大。关于朱子,刘宗周说:“紫阳之学,切近精实,亦复展开充拓去。循累而进,居然孔子下学上达法门。”[4]认为朱

① 东方朔先生根据刘宗周思想发展的特点及此篇的实际内容,认为此书作于天启六年。参见杜维明、东方朔《宗周之哲学精神》附录东方朔《刘宗周对宋明儒的判读——以〈圣学宗要〉之诠释为中心》。而刘宗周之子刘汋《蕺山刘子年谱》与近人姚名达《刘宗周年谱》,都认为《五子连珠》作于崇祯八年。笔者也认为刘汋与姚名达之系年,值得商榷。《孔孟合璧》与《五子连珠》有共用之《小序》,其中书明作于“崇祯乙亥三月”即崇祯八年(1635),此书最后成书当为此时;但其编撰过程则早在天启六年(1626)寓居韩山草堂之时就已经开始,《小序》中说:“先是,岁丙寅,寓韩山庄。客有问孔、孟大旨者,予不敏,以求仁之说告之。因一一书之成帙,题曰《孔孟合璧》,又附以《吃紧三关》言求仁者所必有事也。已而病其割裂,掷之笥中久矣。……乃复裒五子之言仁者以益之,曰《五子连珠》……”由此可知,《五子连珠》的编撰当晚于天启六年许多,但又早于崇祯七年。

② 《刘宗周全集》(第二册),第190页。

③ 《刘宗周全集》(第二册),第176页。

④ 《刘宗周全集》(第二册),第190页。

子之学切近、循累，展开了孔子“下学上达”的具体工夫，所以才是“卓立天下之矩”。有必要提及的还有刘宗周对于二程的看法，他对程颐有一个评说：“叔子笃信谨守，其规模自与伯子差别，然见到处更较稳实。其云‘性即理也’自是身亲经历语。”[1]程颐之学较为稳实，但规模不及程颢，创见也不及程颢。他对程颢一直都评价很高：“伯子诸语，字字向自己血脉流出，可谓妙悟天启，却无一字印过前辈来。”[2]在《圣学宗要》之中则更为推崇：“向微程伯子发明至此，几令千古长夜矣。”[3]所以说《圣学宗要》只收了程颢而不收程颐，也是有特别考虑的。

《圣学宗要》编撰于崇祯七年（1634）刘宗周五十七岁之时。此书的编撰主旨与《五子连珠》不同，已经有了明显的统合程朱与陆王的意思。《圣学宗要》的编撰，有一个机缘，引言说：

> 宗周非能读五子书者也，偶友人刘去非示我以《太极图说》《西铭》《定性书》《已发未发说》，题之曰《宋学宗源》，辄洒然有当于心，爰益以《识仁》《东铭》及《已发未发全说》，又合于阳明子之与程、朱相发明者二则，改题曰《圣学宗要》。盖亦窃取去非之意云耳。由今读其言，如草蛇灰线，一脉相引，不可得而乱，敢谓千古宗传在是。即数子之书不尽于是，而数子之学已尽于是矣。[4]

刘宗周编撰《圣学宗要》受到了友人刘去非的启发，但其编撰之主旨则大不相同。《圣学宗要》选取的“语录”包括周敦颐的《太极图》与《图说》、张载的《西铭》与《东铭》、程颢的《识仁说》与《定性说》、朱熹的四篇《中和》的节

---

① 《刘宗周全集》(第二册)，第 183 页。
② 《刘宗周全集》(第二册)，第 181 页。
③ 《刘宗周全集》(第二册)，第 239 页。
④ 《刘宗周全集》(第二册)，第 228~229 页。

略，以及王阳明的《良知答问》与《拔本塞源论》，也就是"阳明子之与程、朱相发明者二则"。除王阳明外，所选每一个人的文本字数都不多，但是在这些文本的后面，都附录了刘宗周所作的篇幅较长且思想精深的按语，许多按语文本的字数超出了原来文本，这些按语相当于后来"学案体"中的"论断"。[①]其中关于宋儒文本的按语，后来绝大多被黄宗羲等人收入《宋元学案》，成为其中的重要组成部分，并标明"刘蕺山曰"字样，置于黄宗羲、黄百家等人按语的前面，也置于所摘引的顾宪成、高攀龙相关语录的前面，可见对刘宗周的按语特别看重。除去《圣学宗要》，刘宗周在《五子连珠》《吃紧三关》《论语学案》《学言》等著述之中还有许多论及宋儒的话语，这些在《宋元学案》中大多也有摘引，并标明"刘蕺山曰"字样，集中收录在《濂溪学案》《明道学案》《晦翁学案》，还有《伊川学案》之中。

刘宗周编撰《圣学宗要》，希望在空谈心性不读书的时代，提纲钩要地将宋明儒学呈现出来，从而通过彰显宋明之儒学，再来彰显孔孟之儒学。他说：

> 孔孟既没千余年，有宋诸大儒起而承之，使孔孟之道焕然复明于世，厥功伟焉。又三百余年而得阳明子，其杰然者也。夫周子，其再生之仲尼乎！明道不让颜子，横渠、紫阳亦曾、思之亚，而阳明见力直追孟子。自有天地以来，前有五子，后有五子，斯道可为不孤。顾后五子书浩繁，学者多不能尽读。即读之，而于分合异同之故，亦往往囿于所见，几如泛溟渤之舟，茫然四骛，莫得其归，终亦沦胥以溺而已。呜呼！后世无知读五子书者，而五子之道晦，五子之道晦，而孔孟之道亦晦，则其所关于斯文之废兴，岂浅鲜乎？[②]

① 《刘宗周全集》(第二册)，第228~260页。

② 《刘宗周全集》(第二册)，第228页。

上文提及刘宗周特别推崇周敦颐与王阳明，认为“无极”与“良知”二理论的提出，都是理学史上的重要突破。但是他将周敦颐比作孔子，恐怕会引发许多争议，而将王阳明比作孟子，则恐怕大多学者都会认同，如牟宗三先生就说：“不管其悟良知之主观机缘为如何，其学之义理系统客观地说乃属于孟子学者亦无疑。”[①]另外，将程颢比作颜回、将张载比作曾子，争议不会太大，而将朱子比作子思则争议会比较大。事实上刘宗周也对朱子特别推崇，这里前后五子的比附，确实也有点牵强。至于为什么在《圣学宗要》中没有收录程颐的语录，杜维明先生说：“故宗周在《圣学宗要》中特拈出‘诚敬’二字，提领程明道‘识仁’之旨，亦将二程之学在工夫一路上完全打合，可谓良工苦心。依宗周，就求仁一脉上，以敬以诚乃吾儒顶门，固不特二程兄弟为然，则凡圣贤血路，皆就此劈榛，断无捷径。如是，宗周去伊川而取明道，除去别的原因，则其重工夫以证圣以在心学一脉中补偏救弊、醒目学人之用心便了然纸上。”[②]其实，还有一个简单的原因就是程颐的语录大多比较零散，而《圣学宗要》一书收录的都是较为系统、完整的篇章。

刘宗周为什么特别推崇周敦颐，称之为“再生之仲尼”？黄宗羲所总结的蕺山学“发先儒之所未发者”四点之中的“静存之外无动察”“太极为万物之总名”都与周敦颐相关。更重要的是，蕺山学的核心问题“人与万物一体”与周敦颐“主静立极”之说密切相关；还有刘宗周晚年的代表作《人谱》一书中的《人极图》也改自周敦颐的《太极图》，至于其中主旨“人极”，也可以说就是《太极图说》的“立人极”。这些在刘宗周《圣学宗要》的按语里体现得十分明显。杜维明先生说：“《圣学宗要》的另一个显著特点即是宗周诠释其余诸子之思想大抵皆以周濂溪的理论为归旨，此则与宗周将濂溪

① 牟宗三：《从陆象山到刘蕺山》，上海古籍出版社，2001年，第152页。

② 杜维明、东方朔：《杜维明学术专题访谈录——宗周哲学之精神与儒家文化之未来》，第323页。

比作‘再生之仲尼’的看法有关……假如撇开宗周推尊周濂溪的个人观点,我们发现,宗周如此诠释宋明五子之文本却有一个非常突出的特点,那便是宗周乃是从吾儒成圣成贤、继天立极之终极关怀中,将严密工夫认作‘千古宗传’,万世道揆的。”①

此外,刘宗周在诠释朱子的时候,也十分关注周敦颐与朱子的关系。周敦颐的《太极图说》《通书》朱子都作了重新诠释,周敦颐在理学史上的地位也是朱子确立起来的,刘宗周显然也看到了这一点。在上面提及的《五子连珠》的第一条关于“心之所为”之后,刘宗周的按语是“此是朱子得统于濂溪处”。

二、《太极图说》以及朱陆之辨

《宋元学案》中的《濂溪学案》属于“黄宗羲原本、黄百家纂辑、全祖望次定”一类,也就是说该学案为黄宗羲初步编辑,黄百家进一步编辑并基本完成,全祖望则只是有适当的调整与少量的补充。虽然说《濂溪学案》主要体现的是黄宗羲的学术史观,然而其中传承自刘宗周的一面依旧明确。其中不但收录大量刘宗周《圣学宗要》等书的相关评语之外,还在《太极图说》《通书》首条等周敦颐的文本之后,都是首列标示“刘蕺山曰”的刘宗周的评语,然后方才是黄宗羲的笺注或按语,接着是黄百家的按语,这样的排序,很有可能是体现黄宗羲本人的意思。而且这一做法就与《明儒学案》卷首放入来自刘宗周编纂的《皇明道统录》的“断语”为《师说》一卷,同样是体现了黄宗羲对刘宗周的尊重以及传承蕺山学脉的意思。总体来看,整个《濂溪学案》呈现的就是蕺山学派的师弟子重新诠释与定位周敦颐的学术地位的相关学术史观。

---

① 杜维明、东方朔:《杜维明学术专题访谈录——宗周哲学之精神与儒家文化之未来》,第320~322页。

虽然说《宋元学案》的编撰还是在明代朱子学为官方思想的背景之下，但是其中贯穿的学术主旨却是朱陆的和会，甚至可以说略微偏向于陆、王一系。就《濂溪学案》来看，有两点反朱子学的因素特别值得注意：其一，《太极图说》置于《通书》之后；其二，《濂溪学案》没有收录朱子《太极图说》与《通书》的"解"，这两种"解"却是历代大多周敦颐的集子以及《性理大全》等都收录的。代替朱子注解的则是刘宗周、黄宗羲、黄百家等人的讲义、笺注或按语，如刘宗周在《圣学宗要》里关于《太极图说》的长段按语，以及《五子连珠》等书中论及周敦颐等的相关语录；黄宗羲的《太极图说讲义》与《通书笺注》，以及他在编辑过程中所加的几条按语；黄百家在编辑过程中所加的近三十条按语，对刘宗周、黄宗羲的诠释的补充阐发。[①]

先来看为什么要将《太极图说》移后，黄百家在《通书》之首有按语说："《性理》首《太极图说》，兹首《通书》者，以《太极图说》后儒有尊之者，亦有议之者，不若《通书》之纯粹无疵也。"[②]此处说得较为委婉，只是强调《太极图说》有推尊之，也有议论之，所以不如《通书》来得纯粹无疵。所谓推尊，自然是指朱子一系的学者。因为朱子所定的周敦颐的集子，以及官方认同朱子学而编撰的《性理大全》，都是首列《太极图》与《太极图说》，朱子说："抑尝闻之，程子昆弟之学于周子也，周子手是图授之。"[③]朱子此类说法虽不将其确凿，却已经从理路上推断《太极图说》的重要性了。朱子还说："《通书》者……本号《易通》，与《太极图说》并出程氏，以传于世，而其为《说》，实相表里。"[④]在朱子的诠释之下，二书的理路完全可通。然而在《濂

---

① 牟宗三先生也曾注意此问题，认为这是"以刘蕺山之解说为领导，兼及其他，抹过朱子，以争学统"，然而并未对具体的学术史问题作进一步的探析。牟宗三：《心体与性体》，上海古籍出版社，2001年，第334页。

② 黄宗羲：《宋元学案·濂溪学案上》（卷十一），中华书局，1986年，第482页。本文引述《宋元学案》，部分标点与此版本有所不同。

③ 朱熹：《太极图说解》，载《周敦颐集》，中华书局，1990年，第8页。

④ 朱熹：《通书后记》，载《周敦颐集》，第49页。

溪学案下》引述了多家评述之后,黄百家却有按语说:

至于其图之授受来由,虽见于朱汉上震之《经筵表》,而未得其详。今节略先叔父晦木《忧患学易》中《太极图辩》于此,以俟后之君子或否或是焉!①

《太极图》的"授受来由",也就是所谓传之陈抟等道家之说,黄百家指出朱震等人早就怀疑过,不过他本人则是采取存疑的态度。其缘故当是因为黄宗羲本人不认为《太极图》传自陈抟,而黄宗羲的弟弟黄宗炎却说《太极图》"创自河上公,乃方士修炼之术也"②,二人意见不一。黄百家将其仲父黄宗炎的《太极图辩》加以节略,附录于诸家论《太极图说》之后,并在按语中说:

人能去其所存先入之见,平心一一案之,实可知此无极之太极,绝无与夫子所云之"《易》有太极",宜乎为二陆所疑,谓非周子所作。盖周子之《通书》,固粹白无瑕,不若《图说》之儒非儒、老非老、释非释也。况《通书》与二程俱未尝言及无极,此实足征矣。百家所以不敢仍依《性理大全》之例,列此《图说》于首,而止附于《通书》之后,并载仲父之辩焉。③

黄百家强调,正是因为怀疑《太极图说》也有可能如同陆九渊兄弟所说非周敦颐本人所作,且是否为纯正的儒学也有争议,而《通书》则"固粹白无瑕",确定为周敦颐所作。所以方才一改《性理大全》等书的顺序,将《太极

① 《宋元学案·濂溪学案下》(卷十二),第514页。
② 《宋元学案·濂溪学案下》(卷十一),第518页。
③ 《宋元学案·濂溪学案下》(卷十一),第518页。

图说》附录在《通书》以后，至于将黄宗炎的《辩》也收录其中，也是为了更有力地说明《太极图说》的疑点。其疑点则有二，一为“无极”之说；一为儒与佛、老之辨。这两点其实也就是当年朱、陆二人《太极图说》论辩的核心问题。

上文已经提及，在此学案中没有收录朱子对周敦颐著述的“解”，然也有一篇相关的文本，此即《朱陆太极图说辩》，后面还有黄宗羲与黄百家偏向于陆王一系、主张朱陆和会的按语，故而通过此文亦难以真正知晓朱子本人对周敦颐的看法了。《朱陆太极图说辩》之后黄宗羲的按语说：

> 朱、陆往复，几近万言，亦可谓无余蕴矣。然所争只在字义、先后之间，究竟无以大相异也。惟是朱子谓“无极即是无形，太极即是有理，在无物之前而未尝不立于有物之后，在阴阳之外而未尝不行于阴阳之中”，此朱子自以理先气后之说解周子，亦未得周子之意也。罗整庵《困知记》谓：“‘无极之真，二五之精，妙合而凝’三语，不能无疑。凡物必两而后可以言合。太极与阴阳，果二物乎？其为物也果二，则方其未合之先，各安在邪？朱子终身认理气为二物，其原盖出于此。”不知此三语，正明理气不可相离，故加“妙合”以形容之，犹《中庸》言“体物而不可遗”也。非“二五之精”，则亦无所谓“无极之真”矣。朱子言无形有理即是，是寻“无极之真”于“二五之精”之外，虽曰无形而实为有物，亦岂无极之意乎！故以为歧理气出自周子者，非也。至于《说》中“无欲故静”一语，非其工夫之下手处乎？此语本孔安国“仁者静”之注，盖先圣之微言也。[①]

这段话，有三个重要观点。其一，朱、陆二人无大相异，黄宗羲肯定朱、陆二

① 《宋元学案·濂溪学案下》(卷十二)，第508~509页。

人的争论对于阐发太极之余蕴有积极的意义，但是争论主要在字义的解释与无极、太极的先后两个方面，且就《太极图说》的本义而言，却是“究竟无以大相异”，也就是说二家没有太大的出入。其二，就“无极太极”而言，黄宗羲认为朱子误解周敦颐而提出“歧理气”，朱子解释“无极而太极”就是“无形而有理”，这是以“理先气后”说来解释，也就不是周敦颐的本义了。此处黄宗羲还引了明代学者罗钦顺的观点，罗对《太极图说》中的话提出疑义，且认为朱子学之中的“理气为二物”的思想来自《太极图说》，黄则认为罗也是误解了周敦颐，或者说罗是以朱子的思想来理解《太极图说》故而产生了误解。黄宗羲认为朱子所谓“无形有理”是有问题的，是从“二五之精”之外来寻找“无极之真”，在“气”之外寻找“理”，这也就是理先气后、理气二分。事实上理、气不可相离，周敦颐说“无极之真”与“二五之精”是“妙合”的，也就是表示理、气不可相离，后人因为朱子的诠释而误会“歧理气”出自周敦颐，则错在朱子本人。其三，关于“主静”及其儒、佛、道的关系，黄宗羲认为《太极图说》指出的“无欲故静”就是指“主静”，可以作为修身工夫的“下手处”，且强调了“无欲故静”四字与孔安国对《论语》“仁者静”的注释相同，故而是“先圣之微言”，这也就是说“主静”之工夫传之孔、孟，是儒学的正宗。这其实也是以陆、王一系的立场来作的诠释，当时是程、朱一系倡导“主敬”反对“主静”，因为“主静”与佛、道关系太近或容易导致枯寂等弊病，而陆、王一系则大多认为“主静”没有弊病。综合来看，黄宗羲虽然表面上主张朱陆和会，但显然已有尊陆、王而抑朱子的意味在。关于朱、陆门户，还有黄百家在接着引述吴澄、许谦等人相关论著之后的按语：

周子之作《太极图说》，朱子特为之注解，极其推崇，至谓得千圣不传之秘，孔子后一人而已。二陆不以为然，遂起朱、陆之同异。至今纷纷，奴主不已。宗朱者诋陆，以及慈湖、白沙、阳明；宗陆者诋朱及周，近且有诋及二程者矣。夫周、程、朱、陆诸君子，且无论其学问之造诣，破暗千古，其立身行己，俱万仞壁立。其在两间，则斗杓、华岳也；在人，则宗祖父母也。是岂可诋毁者！且道理本公共之物，诸君子即或有大纯小疵处，亦只合平心参酌，必无可死守门户，先自存心于悖躁，而有诋毁之理。①

黄百家的观点，当承继于刘宗周与黄宗羲，在叙述了朱、陆同异的纷纷诋毁之后，强调了周敦颐、二程、朱子、陆九渊等都是君子，无论学问与人品，都不接诋毁。也就是说反对门户之争。

刘宗周本人被收入《濂溪学案》的那些讨论《太极图说》的话，并未展开关于朱陆之辨的讨论，然而对"无极太极""主静"等问题则也有精辟的讨论，其中暗中透露对朱子之不认同，再来对比黄宗羲的观点则可以看出就是对其老师的发展。刘宗周说：

"一阴一阳之谓道"，即太极也。天地之间，一气而已，非有理而后有气，乃气立而理因之寓也。就形下之中而指其形而上者，不得不推高一层以立至尊之位，故谓之太极；而实无太极之可言，所谓"无极而太极"也。使实有是太极之理为此气从出之母，则亦一物而已，又何以生生不息，妙万物而无穷乎？今曰理本无形，故谓之无极，无乃转落脚注。②

从此解义来看，刘宗周明确反对朱子"理先气后"之说，他强调"天地之间，一气而已"，认为"气立而理因之寓"，反对先有理而后有气。在他看来，天地之间无非"一阴一阳"的气而已，理在气中；至于"太极"，则是指形下之气当中的"形而上"之理，称之"太极"也就是"推高一层"的"至尊之位"，其

① 《宋元学案·濂溪学案下》（卷十二），第514页。

② 《刘宗周全集》（第二册），第230~231页；《宋元学案·濂溪学案下》（卷十二），第498页。

实本无“太极”，“太极”只是推高、至尊的说法，因此“无极而太极”只是在说本无所谓太极而已。如果强调“太极”作为“理”先于“气”而为气之母，那么“太极”就是另外一物了，“太极”也就不能生生不息了。刘宗周此文还说：“太极之妙，生生不息而已矣。生阳生阴，而生水火木金土，而生万物，皆一气自然之变化，而合之只是一个生意，此造化之蕴也。”正是因为，“太极”就是寓于“气”之“理”，所以才能随着“一气自然之变化”，生阳生阴，有此生意。再者，刘宗周还说“今曰理本无形，故谓之无极，无乃转落脚注”，就是针对朱子以“无形而有理”诠释“无极”，也就是说他认为朱子的这样牵强附会于“无极”，没有必要。故而黄宗羲编撰《宋元学案》不收录朱子的“解”，也可以说是因为他的老师刘宗周已经对其不认同了。

关于“主静”的问题，刘宗周在对《太极图说》的解义中还说：“惟圣人深悟无极之理而得其所谓静者主之，乃在中正仁义之间，循理为静是也。……主静要矣，致知亟焉。”此外他还有一段话也收录于《濂溪学案》中：

> 或曰：周子既以太极之动静生阴阳，而至于圣人立极处，偏着一静字，何也？曰：阴阳动静，无处无之。如理气分看，则理属静，气属动，不待言矣。故曰：循理为静，非动静对待之静。①

此处黄宗羲还有按语对其师作了补充：

> 朱子以为，阳之动为用之所以行也，阴之静为体之所以立也。夫太极既为之体，则阴阳皆是其用。如天之春夏，阳也；秋冬，阴也；人之呼，阳也；吸，阴也。宁可以春夏与呼为用，秋冬与吸为体哉！缘朱子以下文主静立人极，故不得不以体归之静。先师云：“循理为静，非动静

① 《宋元学案·濂溪学案下》（卷十二），第498~499页。

对待之静。”一语点破，旷若发蒙矣。

刘宗周一再强调“主静”，也即“循理为静”，体悟“无极而太极”也就是体悟“生阴生阳”那种“生生不息”之变化，那种“生意”，探索“造化之蕴”。然而只有圣人才能真正体悟透彻，能够“主静立人极”，也就能处之于“中正仁义”。至于理气关系，刘宗周说理、气可以分别来看，理静、气动，然而其实“静”只是“气”能够“循理”所以称之为“静”，此处的“静”也就是所谓“静而无静”，故不是动、静二分、对立的“静”。黄宗羲的按语，指出朱子之所以讲理气、动静时候有分别，是因为强调了阴之静为体，阳之动为用，以此来看待“主静立人极”，这也就是将理、气作了分别对待，故黄宗羲强调其师“推高一层”来看则形而上的太极为体，“阴阳皆是其用”故不可将“动静对待”，因此他称赞刘宗周的那句话为“一语点破，旷若发蒙”。

关于“无极”“主静”以及儒与佛、老之辨，黄宗羲的《太极图讲义》之中还有一些精辟的论述值得补充：

通天地，亘古今，无非一气而已。气本一也，而有往来、阖辟、升降之殊，则分之为动静。有动静，则不得不分之为阴阳。然此阴阳之动静也，千条万绪，纷纭胶轕，而卒不克乱，万古此寒暑也，万古此生长收藏也，莫知其所以然而然，是即所谓理也，所谓太极也。以其不紊而言，则谓之理；以其极至而言，则谓之太极。识得此理，则知“一阴一阳”即是“为物不贰”也。其曰无极者，初非别有一物依于气而立，附于气而行。或曰因“《易》有太极”一言，遂疑阴阳之变易，类有一物主宰乎其间者，是不然矣，故不得不加“无极”二字。……而二氏又以无能生有，于是误认无极在太极之前，视太极为一物，形上形下，判为两截。[1]

① 《宋元学案·濂溪学案下》(卷十二)，第499~500页。

黄宗羲承继刘宗周，认为天地、古今“无非一气”，气之动静、阴阳变化“其所以然而然”就是“理”“太极”，“太极”是从“极至”这一层面而言，并非“类有一物主宰”，为了说明“太极”非指一物，故而加上“无极”二字。可以说这段话将刘宗周“实无太极可言”的意思阐发得更加明白了。他还指出，以佛、道“无能生有”的理路，“误认无极在太极之前”，不但将“无极”看作“无”，还将“太极”看作一物，形上、形下分作两截，都是一种误解。关于主静，黄宗羲在此讲义中说：

圣人以“静”之一字反本归元，盖造化、人事，皆以收敛为主，发散是不得已事，非以收敛为静，发散为动也。一敛一发，自是造化流行不息之气机，而必有所以枢纽乎是，运旋乎是，是则所谓静也，故曰主静。学者须要识得静字分晓，不是不动是静，不妄动方是静。

他认为“静”是圣人“反本归元”的工夫，这个工夫也就是“气机”流行的“枢纽”“运旋”，如上文所引刘宗周说的“循理为静”，故“主静”也就不是“不动”，而是“不妄动”。黄宗羲在此讲义最后还说：“蕺山先师曰：千古大道陆沉，总缘误解太极。‘道之大原出于天’，此道不清楚，则无有能清楚者矣。”[①]刘宗周、黄宗羲都担心学者们“误解太极”，于是将佛、道异端思想混入儒学，以至于“无有能清楚者矣”。黄宗羲在《濂溪学案》附录引述高攀龙“元公之书，字字与佛相反，即谓之字字辟佛可也。元公谓’圣人之道，仁义中正而已矣‘，会得此语，可谓深于辟佛者矣”之后，还有一段较长的按语，其中说：

周子之学，以诚为本。从寂然不动处握诚之本，故曰主静立极。本立而道生，千变万化皆从此出。化吉凶悔吝之途而反覆其不善之动，

① 《宋元学案·濂溪学案下》(卷十二)，第500页。

> 是主静真得力处。静妙于动，动即是静。无动无静，神也，一之至也，天之道也。千载不传之秘，固在是矣。而后世之异论者，谓《太极图》传自陈抟，其图刻于华山石壁，列玄牝等名，是周学出于老氏矣。又谓周子与胡文恭同师僧寿涯，是周学又出于释氏矣。此皆不食其胾而说味者也。[①]

这里也在补充说明周敦颐所说的“主静立极”与“诚”的关系，下文也将说明刘宗周、黄宗羲都认为周敦颐《通书》的主旨为“诚”，也就是说刘、黄都认为《太极图说》与《通书》有其思想关联，他们只是不认同朱子的“解”而已。因此黄宗羲批判了《太极图》传自陈抟、周敦颐之学出于道、佛等观点。

至于黄百家，在《濂溪学案》的最后，他还有一个特别长的按语来说明：“后之儒者不能通知其微，尊之者未免太高，抑之者未免过甚”[②]。比如其中对朱子“自太极以下，未尝言无极也，而周子言之”“‘无极’二字，真得千圣以来不传之祕”等说法，黄百家说：

> 夫“无极”二字，且无论出于外氏。柳子厚曰：“无极之极。”邵康节曰：“无极之前，阴含阳也。有极之后，阳分阴也。”是周子之前已有无极之说。[③]

此外还有真德秀、顾宪成等都极力称赞《太极图说》，黄百家则认为他们与朱子一样，“未免标榜，尊之太高”，因为“无极”之说在周敦颐之前就已有。至于因为《太极图说》而极力将周敦颐拉入佛、道之中去的那些学者如晁景迁、游酢、丰坊等，黄百家认为“此皆未免有意抑之过甚者”，故而在此处的按语之中，他还说了很长一段儒、佛之异同，这段文字强调“夫大道本

① 《宋元学案·濂溪学案下》（卷十二），第523页。

② 《宋元学案·濂溪学案下》（卷十二），第523~525页。

③ 《宋元学案·濂溪学案下》（卷十二），第523~525页。

公，吾儒之所以为正道，释氏之所以为异端，非从门户起见也”，然后从人伦、轮回、天堂地狱等方面批判佛学。最后说：

非谓凡从事于心性，克己自治，不愿乎外，深造自得者，便可诬之为禅也。是故同一言性，儒者之性善而释氏之性空也；同一言心，儒者之心依乎仁而释氏以无心为也；同一言觉，儒者以天理为闻道而释氏以无理为悟也。种种悬绝，曷可胜言，奈何全不知儒、释之根柢而妄加訾议乎？试观元公，以诚为五常之本，百行之源，以无欲主静立人极，其居怀高远，为学精深，孝于母，至性悱恻过人，又勤于政事，宦业卓然，此正与释氏事事相反者。若果禅学如此，则亦何恶于禅学乎？即或往来于二林，以资其清净之意，亦何害邪？

性善、性空，天理、无理，儒、佛二者在黄百家看来是“悬绝”的，至于周敦颐之学，他承继其父而认为“诚”为本体，“主静立人极”为工夫，又从孝母、勤政两者来补充说明其言其行都与佛教徒是“事事相反”的，至于与佛、道的往来，在他看来只是借其地方的清净，本无害于学术。

三、《通书》以“诚”翻新《中庸》道理

与《太极图说》后先列刘宗周的语录一样，《濂溪学案》之中的《通书》也是先列刘的语录，然而刘的相关语录不够完备，故而黄宗羲将《通书》以其刘宗周的学说来做了一番笺注。黄百家在《通书》前的按语说：

《通书》，周子传道之书也。朱子释之详矣；月川曹端氏继之为《述解》，则朱子之义疏也。先遗献嫌其于微辞奥旨尚有未尽，曾取蕺山子

> 刘子说笺注一过，谨条载本文下，间窃附以鄙见。[1]

黄百家虽然强调了朱子对《通书》的《解》已详，又有曹端续作《述解》来疏通朱子的《解》，然而《濂溪学案》却并未收录朱、曹的诠释。其缘故是黄宗羲"嫌其于微辞奥旨尚有未尽"，这当是比较委婉的说法，事实上是不认同朱子的诠释，所以才用刘宗周的学说来重做笺注。从黄百家的按语来看，黄宗羲的笺注已全部收录于《濂溪学案》，《通书》原文为四十条，黄宗羲的笺注为十八条，黄百家的按语为二十条。[2]

所以说，刘宗周虽然没有注解过《通书》，但有黄百家将刘宗周的语录注于《通书》之中，还有黄百家所收录的黄宗羲"取蕺山子刘子说"而对《通书》所做的笺注，另有黄百家所做的其他按语，也有指示刘宗周的思想主旨的，所以说《濂溪学案》中的《通书》，贯彻其中的诠释思想主要是刘宗周的蕺山学。

先看《通书》的第一条《诚上第一》：

> 诚者，圣人之本。"大哉乾元，万物资始"，诚之源也。"乾道变化，各正性命"，诚斯立焉。纯粹至善者也。故曰："一阴一阳之谓道，继之者善也，成之者性也。"元亨，诚之通；利贞，诚之复。大哉《易》也，性命之源乎！[3]

此条以《周易》思想来"言诚"，然而"诚"的观念本身却不是来自《周易》，而

---

① 《宋元学案·濂溪学案下》(卷十一)，第 482 页。

② 《濂溪学案》将《通书》正文分条排列并括注该条标题，如有黄宗羲的笺注则排在该条下并退格排，如有黄百家按语则在该条下再退一格排并标出"百家案"。因为黄宗羲的《通书笺注》的条目之前未标出"宗羲案"故学界多有将之与《通书》正文混同的。还有黄宗羲、黄百家的按语乃至刘宗周的语录，等等，也有将之一并视为黄宗羲本人的观点。

③ 《宋元学案·濂溪学案上》(卷十一)，第 482~483 页。

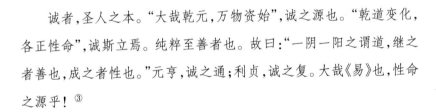

是来自《中庸》。《濂溪学案》此处有黄百家以"刘蕺山曰"摘录的刘宗周语录两条：

> "乾元亨利贞"，乾，天道也。"诚者，天之道也"，四德之本也。"诚之者，人之道也"，主静，所以立命也。知几其神，所以事天也。圣同天，信乎！
>
> 濂溪为后世儒者鼻祖，《通书》一编，将《中庸》道理又翻新谱，直是勺水不漏。第一篇言诚，言圣人分上事。句句言天之道也，却句句指圣人身上家当。继善成性，即是元亨利贞，本非天人之别。[①]

先看后一条，可以说是刘宗周以及黄宗羲、黄百家诠释《通书》的总纲。说周敦颐是"后世儒者鼻祖"，这与刘宗周在《圣学宗要》里的"夫周子，其再生之仲尼乎"一样，在宋儒之中特别凸显周敦颐的地位。刘宗周还特别强调《通书》与《中庸》之间的思想承继关系，这是历代学者少有提及的，一般都强调《通书》与《周易》的关系，其中的原因则在于刘宗周提出"诚意慎独之学"，所谓晚年"归本于诚意"[②]，以"诚意"为宗旨。前一条刘宗周引《中庸》里的话来补充说明，"诚者，天之道也"，"诚"即"乾道"也即"天道"，具有仁义礼智"四德"，故为本体；"诚之者，人之道也"，"诚之"，就需要"主静"的工夫来实现"立命"，这也就是周敦颐《太极图说》所说"主静，立人极"，还有"知几其神"，也就是《通书》后面说到的"几""神"的观念，这些都是在说明如何做工夫"所以事天"。在刘宗周看来，周敦颐"言诚"之学将"圣人分上事"与"天之道"结合起来，指出了学者"希圣"如何做工夫。也就是说，将天道、人事打通，认真做继善成性的工夫，也就是顺着乾元之道的元亨利贞去做。此处黄百家还有一条按语说"继善即元亨，成性即利贞"，

① 《宋元学案·濂溪学案上》(卷十一)，第 483 页。

② 《刘宗周全集》(第六册)，第 173 页。

正好补充说明刘宗周“继善成性，即是元亨利贞”。此条下还有黄宗羲的两条笺注：

人分上有元亨利贞，后人只将仁义礼智配合，犹属牵强。惟《中庸》胪出“喜怒哀乐”四字，方有分晓。

或问：“‘元亨，诚之通；利贞，诚之复。’天道亦不能不乘时位为动静，何独人心不然？”曰：在天地为元亨利贞，在人为喜怒哀乐，其为一通一复同也。《记》曰：“哀乐相生，循环无穷，正明目而视之不可得而见，倾耳而听之不可得而闻。”人能知哀乐相生之故者，可以语道矣。[①]

此处黄百家有按语：“提出喜怒哀乐以接元亨利贞，此子刘子宗旨。”黄百家指出，黄宗羲讲的元亨利贞配以“喜怒哀乐”是刘宗周的宗旨。确实，元亨利贞配以“仁义礼智”先儒早就讲过，然而但如此配合还比较牵强，故刘宗周在周敦颐将《中庸》与《周易》相互结合的基础上，作了更为细密的发挥。

刘宗周曾说：“喜怒哀乐中，便是仁义礼智信，故《中庸》于中字逗出诚字。”[②]“喜怒哀乐，一气流行，而四者实与时为禅代。如春过了夏，秋过了冬，冬又春，却时时保个中气，与时偕行，故谓之时中。此非慎独之至者，不足以语此。”[③]这两条语录，已经阐明了喜怒哀乐与四德、四时的关系，更为完整的表述则为：

一心耳，而气机流行之际，自其盎然而起也谓之喜，于所性为仁，于心为恻隐之心，于天道则元者善之长也，而于时为春。自其油然而

① 《宋元学案·濂溪学案上》(卷十一)，第483页。
② 《刘宗周全集》(第二册)，第457页。
③ 《刘宗周全集》(第二册)，第457页。

畅也谓之乐，于所性为礼，于心为辞让之心，于天道则亨者嘉之会也，而于时为夏。自其肃然而敛也谓之怒，于所性为义，于心为羞恶之心，于天道则利者义之和也，而于时为秋。自其寂然而止也谓之哀，于所性为智，于心为是非之心，于天道则贞者事之干也，而于时为冬。乃四时之气所以循环而不穷者，独赖有中气存乎其间，而发之即谓之太和元气，是以谓之中，谓之和，于所性为信，于心为真实无妄之心，于天道为乾元亨利贞，而于时为四季。自喜怒哀乐之存诸中而言，谓之中，不必其未发之前别有气象也。即天道之元亨利贞，运于於穆者是也。自喜怒哀乐之发于外言，谓之和，不必其已发之时又有气象也。即天道之元亨利贞，呈于化育者是也。惟存发总是一机，故中和浑是一性。……此独体之妙，所以即隐即见，即微即显，而慎独之学，即中和即位育，此千圣学脉也。自喜怒哀乐之说不明于后世，而性学晦矣。千载以下，特为拈出。①

在人心，其实也是"一气流行"，"喜乐怒哀"在天道则是"一气流行"，也就是"乾道"的"元亨利贞"，从时序上表现则为春夏秋冬；在人之性，则表现为"四德"，即仁义礼智，在人之心则表现为四端之情，即恻隐之心、辞让之心、羞恶之心、是非之心。除了四时之气，还有"中气"，也就是"太和元气"存与宇宙之中，其在人性为"信"德，在人心为"真实无妄之心"。刘宗周将气之流行与天道以及人之心性联系了起来，至于如何实现"中和位育"则认为还是要做"慎独"工夫，这也就是其性学的要义，而此性学则还是对《中庸》中的一个"诚"字的发挥，其思想资源与周敦颐关系密切。刘宗周显然承继于周敦颐，然后将《中庸》所讨论的"喜怒哀乐"以及"慎独"与《周易》的气论结合，故而在性论上有了新的发展。

① 《刘宗周全集》（第二册），第415~416页。

黄宗羲强调“惟《中庸》胪出“喜怒哀乐”四字，方有分晓”他本人对于《通书》中的性论，也有承继刘宗周而作新的发挥。《通书》之《师第七》中说：

或问曰：“曷为天下善？”曰：“师。”曰：“何谓也？”曰：“性者，刚柔善恶中而已矣。”不达。曰：“刚善为义，为直，为断，为严毅，为干固；恶为猛，为隘，为彊梁。柔善为慈，为顺，为巽；恶为懦弱，为无断，为邪佞。惟中也者，和也，中节也。天下之达道也，圣人之事也。故圣人立教，俾人自易其恶，自至其中而止矣。故先觉觉后觉，暗者求于明，而师道立矣。师道立，则善人多；善人多，则朝廷正而天下治矣。”①

黄宗羲的此条下的笺注较长：

濂溪以中言性，而本之刚柔善恶。刚柔二字，即喜怒哀乐之别名。刚而善，则怒中有喜；恶则只是偏于刚，一味肃杀之气矣。柔而善，则喜中有怒；恶则只是偏于柔，一味优柔之气矣。中便是善。言于刚柔之间认个中，非是于善恶之间认个中，又非是于刚柔善恶之外别认个中也。此中字分明是喜怒哀乐未发之谓中，故即承之曰：“中也者，和也，中节也，天下之达道也，圣人之事也。”《图说》言“仁义中正”，仁义即刚柔之别名，中正即中和之别解。

他认为周敦颐此处以《中庸》之中的“中”来谈“性”，周敦颐说“性”就是刚柔、善恶能得其“中”，然而“中”或“和”“中节”都难以实现，所以说是“天下之达道”“圣人之事”，所以要立师道。黄宗羲则进一步发挥，强调刚柔，就

① 《宋元学案·濂溪学案上》(卷十一)，第485~486页。

是喜怒哀乐的别名，也就是说刚或柔在行动表现为善或恶，其中就有喜怒哀乐在，如何能够为善，就需要去“认个中”，然而中并不在刚柔、善恶之外，本为“一气流行”，故而“中”就是刚柔与善恶能“中”。此条下，还有黄百家引的黄宗羲《孟子师说》里的一段话：

《通书》云：‘性者，刚柔善恶中而已矣。’刚、柔皆善，有过不及则流而为恶。是则人心无所为恶，止有过不及而已。此过不及亦从性来，故程子言‘恶亦不可不谓之性’也，仍不碍性之为善。[①]

此处黄宗羲明言“恶”就是“有过不及”，也就是不能“认个中”，无论善恶，也都是从喜怒哀乐中来的，也就是从“性”而来。这些对心与性的诠释，如联系刘宗周的《学言》来看，也都可以看到黄宗羲与刘宗周的承继关系。

四、《通书》之颜子学为周、程授受张本

从刘宗周到黄宗羲、黄百家父子，都特别强调周敦颐的上承孔、颜，以及《通书》里的颜子之学，这与所谓周敦颐下传二程“孔颜之乐”的说法有关，也就是说对《通书》之颜子学的诠释，其实是为了将周、程之间的传道关系更落到实处。《濂溪学案上》的小传以及《濂溪学案下》的《附录》，其资料主要来自《伊洛渊源录》，在周、程授受问题上刘、黄等人可以说都是认同朱子的，然而在诠释颜子学上，却与朱子关系不大。

先来看《濂溪学案上》周敦颐的小传，其中说：“先生官南安时，二程先生父珦摄通守事，视其气貌非常，因与为友，使二子受学焉，即明道先生颢、伊川先生颐也。”[②]在小传下，黄百家有按语：

---

① 《宋元学案·濂溪学案上》(卷十一)，第486页。
② 《宋元学案·濂溪学案上》(卷十一)，第481~482页。

孔、孟而后，汉儒止有传经之学，性道微言之绝久矣。元公崛起，二程嗣之，又复横渠诸大儒辈出，圣学大昌。故安定、徂来卓乎有儒者之矩范，然仅可谓有开之必先。若论阐发心性义理之精微，端数元公之破暗也。

这段话为整个《濂溪学案》中的第一条按语，故常被误作黄宗羲所说。当然可以说黄百家此处的观点来自黄宗羲，而再上溯可至于刘宗周。上文提及刘宗周在《圣学宗要》里说："孔孟既没千余年，有宋诸大儒起而承之，使孔孟之道焕然复明于世，厥功伟焉。……夫周子，其再生之仲尼乎！"①对比刘宗周、黄百家之论，他们的观点是相同的，也就是说周敦颐方才在千年之后接续了孔、孟的性道之学。虽然《宋元学案》在《濂溪学案》前列有胡瑗、孙复、石介宋初三先生等人的学案，但是认为他们仅为"开之必先"，最为关键的"阐发心性义理之精微"，则还是要靠周敦颐，也就是首破除千余年之暗，使得孔、孟之道"焕然复明"，这也就是"元公崛起"的意思。至于"二程嗣之"，也就是上面小传里说的二程跟随周敦颐受学。刘宗周《圣学宗要》还说"明道不让颜子"，其实就是在以周、程比作孔、颜的意思了。在《濂溪学案下》的《附录》中有"明道曰：昔受学于周茂叔，每令寻仲尼、颜子乐处，所乐何事"等五条相关语录，当是对周、程授受说的一个补充。

黄百家还承继刘宗周、黄宗羲来阐明《通书》的津津乐道于颜子之学。《通书》之中明确论及颜子之学的有三条，分别为《志学第十》《颜子第二十三》《圣蕴第二十九》。其中《志学第十》一条，当是周敦颐的"颜子学"的纲领。而《颜子第二十三》与《圣蕴第二十九》则正好是纲领的展开。

先看周敦颐《通书》论颜子之学的第一条《志学第十》，其原文为：

① 《刘宗周全集》(第二册)，第228页。

圣希天，贤希圣，士希贤。伊尹、颜渊，大贤也。伊尹耻其君不为尧、舜；一夫不得其所，若挞于市。颜渊不迁怒，不贰过，三月不违仁。志伊尹之所志，学颜子之所学，过则圣，及则贤，不及则亦不失于令名。[①]

此条下面没有黄宗羲的笺注，只有黄百家的按语：

此元公自道其所志、学也。伊尹之志，虽在行道，然自负为天民之先觉，志从学来。颜子之学，固欲明道，然究心四代之礼乐，学以志裕。元公生平之瘖寐惟此。

黄百家在《濂溪学案下》的附录中另有按语说："周子之学，在于志伊尹之志，学颜子之学，已自明言之矣。"[②]这两条正好可以参看，黄百家强调周敦颐之学术宗旨即为"志伊尹之志，学颜子之学"，已经在《通书》此条中"明言"，也即所谓"生平之瘖寐惟此"。再看黄百家的阐发，"志从学来"，也就是说志在行道，譬如伊尹，然实现此"志"还当先"学"，学以明道，譬如颜子，也就要"究心四代之礼乐"，方才能够"学以志裕"，也就是说要从颜子之学来入手。黄百家在《圣蕴第二十九》中曾摘引刘宗周语录：

颜子死，分付后人曰法天尔。人即是天，尔法尔天，不必更寻题目了。后来周子理会得。[③]

这一条刘宗周的语录，正好说明周敦颐所谓"圣希天，贤希圣，士希贤"也

① 《宋元学案·濂溪学案上》(卷十一)，第487页。
② 《宋元学案·濂溪学案下》(卷十二)，第523页。
③ 《宋元学案·濂溪学案上》(卷十一)，第491页。

即“人法天”，且“人即是天”，人人都有成为圣贤的可能，故不必另外寻找门径了。刘宗周认为“人法天”的道理周敦颐能够“理会得”，也就是说周敦颐上承了孔颜之道，而颜子之学则正好是后世学者入道的门径。

再看《通书》论颜子之学的第二条《颜子第二十三》的原文：

> 颜子一箪食，一瓢饮，在陋巷，人不堪其忧，而不改其乐。夫富贵，人所爱也，颜子不爱不求而乐乎贫者，独何心哉？天地间有至贵至富、可爱可求而异乎彼者，见其大而忘其小焉尔。见其大则心泰，心泰则无不足，无不足则富贵贫贱，处之一也。处之一则能化而齐，故颜子亚圣。①

此条黄宗羲与黄百家的注解，也强调颜子之学作为入道门径的意义。黄宗羲的笺注：

> 古人见道亲切，将盈天地间一切都化了，更说甚贫，故曰“所过者化”。颜子却正好做工夫，岂以彼易此哉！此当境克己实落处。

周敦颐所谓“见其大”也就是“见道”，孔门之中颜子已经见道，所以才能安处贫贱，也正因为已经见道，所以才能“化而齐”。黄宗羲除了强调颜子的“见道”，还强调颜子的安处贫贱“正好做工夫”，这也就是“当境克己实落处”。黄宗羲所指出的颜子之学作为入道门径，黄百家也在下面的按语进一步地解释：“化而齐者，化富贵贫贱如一也。处之一以境言，化以心言。”周敦颐所谓“化而齐”，其中的是指无论富贵贫贱都处之以一，“处之一”也就是黄宗羲所谓“当境”，即“富贵贫贱如一”；至于“化”字，黄百家强调在

① 《宋元学案·濂溪学案上》(卷十一)，第490页。

"心"上做工夫,也就是黄宗羲所谓"将盈天地间一切都化了",也就是刘宗周与黄宗羲都经常讲的"盈天地间皆心"[①],也就是说颜子之学,做工夫处还在于心。

《通书》论颜子之学的第三条《圣蕴第二十九》原文说:

> 不愤不启,不悱不发。举一隅不以三隅反,则不复也。子曰:"予欲无言。天何言哉!四时行焉,百物生焉。"然则圣人之蕴,微颜子殆不可见。发圣人之蕴,教万世无穷者,颜子也。圣同天,不亦深乎!常人有一闻知,恐人不速知其有也,急人知而名也,薄亦甚矣![②]

此条可以与《通书》中的《孔子下第三十九》一条参看:"道德高厚,教化无穷,实与天地参而四时同,其惟孔子乎!"[③]在周敦颐看来,孔子的道德、教化,也就是所谓"与天地参而四时同",其中的"圣人之蕴"只有颜子方才能够体证并垂教于后世。因此,黄宗羲对此条有笺注:

> 看来曾子之唯,不如颜子之愚。孔、颜天道,曾子人道。今且说颜子教万世在何处!

他强调的也是颜子发挥圣蕴而教万世的意义,曾子在传承人伦之道上有其重要地位,而颜子则是在传承孔子性与天道上有其重要地位。经过宋代以来的性理之学的发展,自然更加重视颜子的地位了。此条下还有黄百家的按语,其中说:

---

① 《刘宗周全集》(第二册),第122、189页;黄宗羲:《明儒学案序》(原本、改本),《黄宗羲全集》(第十册),第77、79页。

② 《宋元学案·濂溪学案上》(卷十一),第491页。

③ 《宋元学案·濂溪学案上》(卷十一),第494页。

《通书》屡津津于颜子，盖慕颜子默体圣蕴，无些少表暴。元公之学近之。南轩张氏曰："濂溪之学，举世不知。为南安狱掾日，惟程太中始知之。"可见无分毫矜夸。此方是朴实头下工夫人。嗟乎，学问一道，有诸内而矜夸者，然且不可。

黄百家指出，《通书》津津乐道于颜子，而颜子能够体证孔子"性与天道"之学，却从不表暴、自炫，据张栻的记载则周敦颐之为学也近于颜子，不曾有分毫的矜夸，所以说是朴实做工夫的学者。此处黄百家的按语，从圣蕴体证的朴实、不矜来说明周敦颐之承颜子之学，还间接说明了周、程之间的授受风格。

关于周、程授受，黄百家还在《濂溪学案》最后的长篇按语中说：

丰道生谓："二程之称胡安定，必曰胡先生，不敢曰翼之。于周，一则曰茂叔，再则曰茂叔，虽有吟风弄月之游，实非师事也。至于《太极图》，两人生平俱未尝一言道及，盖明知为异端，莫之齿也。"先遗献尝辩之，其《过圆通寺》诗有云"何须孔墨话无征"者，此也。……至于受学于周茂叔之言，亲出于明道之口，岂以"仲尼"二字疑子思之不为宣圣孙乎？①

丰坊认为二程兄弟称呼胡瑗都是"胡先生"，而称呼周敦颐却都是"茂叔"，所以周、程有交游却非"师事"，而《太极图》则未见二程提及，所以是异端。黄百家此处只说其父黄宗羲早就已经论辩过，有些问题也不必多去征引什么文献，何况受学于周敦颐的话是程颢亲口所说；他还以子思本人也讲到"仲尼"二字，并不见得是对孔子的不尊重作比方，确实如程颢这样子洒

① 《宋元学案·濂溪学案下》(卷十二)，第523~525页。

落的儒者，本不会拘泥于称呼，黄百家的辨析则正好补充说明了黄宗羲本人对于周、程授受的态度。

五、结语

明末清初的许多理学家都曾致力于理学史、儒学史的梳理，比如周汝登的《圣学宗传》与孙奇逢的《理学宗传》，然而最后只有刘宗周、黄宗羲一系，也即蕺山学派的著作，完整而细致，也相对客观而公允，故而影响最大，成为学术史著作的代表。从刘宗周的《五子连珠》《圣学宗要》开始，到其弟子黄宗羲的《明儒学案》，与黄宗羲以及黄宗羲之子黄百家、私淑弟子全祖望等人的《宋元学案》结束，完成了中国学术史上一次特别重要的对于宋明理学的学术脉络的梳理。

《宋元学案》的编撰与《明儒学案》一样，都是黄宗羲承继于刘宗周的宋明理学史观的体现，只不过"师说"是以案语的形式附录在相关学案之中，而《濂溪学案》则是"师说"比较集中的一个，故《宋元学案》对濂溪学的新诠，是从刘宗周到黄宗羲以及黄百家，三人共同完成的。刘宗周《五子连珠》《圣学宗要》之中关于濂溪学的重要阐述，分别被黄宗羲、黄百家父子收录于《濂溪学案》，并且作了补充论证。

从刘宗周到黄氏父子对周敦颐《太极图说》与《通书》的新诠，最大的特点就是走出了朱子学的影响，不收录朱子的"解"，甚至附录的《朱陆太极图说辩》以及后续的其他各家评论，都有明显的和会朱陆的色彩。再看对《通书》的诠释，强调了以"诚"翻新《中庸》道理，认为"诚"的"天之道"落实于"人事"之中，"诚"之一气流行，在天道为"元亨利贞"，在人心为"喜怒哀乐"，在人性为"仁义礼智"，做工夫就是"主静"求"中"，也即"立人极"。其实刘宗周还认为《太极图说》也与《中庸》之学相关："昔周元公著《太极图说》，实本《中庸》，至‘主静立人极’一语，尤为‘慎独’两字传神。”①在他看来，《通书》与《太极图说》也是相关的，且都是《中庸》之“诚”的发展。

至于《通书》中的“颜子学”，黄宗羲与黄百家也是在发展刘宗周的看法，刘宗周就有将周敦颐比作孔子，将程颢比作颜回的主张，孔、颜与周、程一样，都是圣人之学，而关于周、程的授受关系的反复说明，则为了使得圣人之学的道统脉络更为明晰。至于周敦颐、程颢之后为谁？《濂溪学案》里未曾讲到，然而结合刘宗周《圣学宗要》与黄宗羲《明儒学案》等来看，自然是阳明而不是朱子了。从刘宗周到黄氏父子强调《通书》之颜子学的地位而为周、程授受张本，以及对濂溪学的重新诠释与定位，都有着重要的学术史意义。

① 《刘宗周全集》(第二册)，第 301 页。

后刘宗周到后南雷时期之知识社群：以刘宗周证人会复举为考察

孙中曾

（台北科技大学通识中心）

癸巳正月同澉湖吴仲木校山阴先生遗书于古小学漫赋

蔼蔼春晖淡越城，先生木主昼堂清。
儒风自昔推东浙，圣学从今溯大明。
千载知音吴季子，四时禋祀鲁诸生。
（本注：时值诸及门春祭，诸生自鲁国之逊，并不赴试。）
乾坤独我羞惭甚，潦倒年华学未成。[①]

——陈　确

一、泗水汤汤，孔林苍苍

清朝对于儒学的尊崇，在顺治统治期间即已显示趋向所在，以程朱理

① 陈确：《陈确集》（卷 8），台北汉经文化事业，1984 年，第 773 页。

学为主的儒学，在意向上是清楚的。[1]康熙年间衍圣公孔毓圻所编撰的《幸鲁盛典》记有："自孔孟以后，道学之绪至宋周、程、张、朱而始著，此四姓五人者，名号并悬于天壤之间，学问皆彻乎性天之始。"[2]所谓"周、程、张、朱"才是儒学正统。

"泗水汤汤，孔林苍苍。"[3]是很美的尼山印象，这是由任职内阁学士兼礼部侍郎的李振裕（1641—1707 年）所撰写的诗赋。李振裕是康熙九年（1670 年）庚戌科进士，选庶吉士，散馆授检讨，后升侍讲，出督江南学政。历任工部、刑部、户部、礼部尚书。依李振裕官衔内阁学士兼礼部侍郎来看，写雅颂是极为适当的措置。若依李振裕的一生来看，其生平算是官位亨通无虞，风波未起。康熙九年到康熙二十三年，十四年间能够得预康熙亲祭盛典，是礼部儒官甚为殊荣之事。但上溯其亲，则其青云无波的仕程，与其父李元鼎（？—1653 年）关系密切。李元鼎之妻朱中楣，是晚明宗室辅国中尉朱议汶的次女，辅国中尉是郡王的五世亲，其女儿称"宗女"。关键是，李元鼎经历三朝，其官职如下：

---

① 另一个清晰的意向，可以自诠释《大学》看出端倪。《幸鲁盛典》卷六，记有孔尚任讲书《大学》，文本如："皇上祀孔庙毕，讲书宜在孔庙大成门东诗礼堂内讲书，康熙二十三年十一月十七日启奏……依议孔尚任进讲《大学》圣经首节：'大学之道，在明明德，在亲民，在止于至善。'讲义曰，此一章书，是言修己治人，内圣外王之要道，乃《大学》一书之纲领，此一节又圣经一篇之纲领也。孔子意谓，大人统天下国家以立极，其为学之道有三，一在明明德，德者命于天而赋于人，至虚至灵具众理而应万事，本明者也，但为气禀物欲所拘蔽，则明者有时而昏然，其本体之明未尝或息，必因其善端之发而遂明之，以复其初，此大学之所以立体也。一在亲民德者，人人所同得，大人既自明其德矣，又必推以及人鼓舞振作，使凡具是德者，皆有以去其旧染之污，而嘉与维新，此《大学》之所以致用也。一在止于至善，明德，新民皆有至当不易之则，则纯乎天理而毫无人欲，所谓至善也。大人于己之德，必无一理之不明，于民之德，必无一人之不新，皆造于至善之域，而主适不迁。此大学之所以体圣功而该王道也。孔子发明宗旨，溯千圣之心传，开百王之治统，其纲领条目灿然毕具，心法治法悉备于此，钦惟！"

② 见孔毓圻：《幸鲁盛典》卷十九，收入《四库全书·文渊阁》，第 6 页，http://www.kanripo.org/ed/KR2m0033/WYG/019#1a。

③ 见孔毓圻：《幸鲁盛典》卷二十二，收入《四库全书·文渊阁》，第 23 页，http://www.kanripo.org/ed/KR2m0033/WYG/022#1a。

天启二年(1622年),登壬戌科进士。崇祯年间,授行人司行人。崇祯二年,改考功司主事。崇祯三年,改文选司主事,崇祯四年,改稽勋司员外郎、考功司员外郎、文选司员外郎。后升光禄寺少卿。李自成攻入北京后,再授光禄寺少卿。清朝顺治元年,授太仆寺少卿、顺治二年,升任太仆寺卿、太常寺卿。顺治二年,授兵部右侍郎。顺治八年,升任兵部右侍郎、殿试读卷官、兵部左侍郎。

李元鼎是明天启二年进士,在崇祯年间,授行人司行人。行人,就是"颁行诏敕,册封宗室,抚谕诸蕃,征聘贤才,与夫赏赐、慰问、赈济、军旅、祭祀,咸叙差焉"的工作,可看出与宗室的关系密切。之后,为崇祯重用,升至太仆寺少卿。太仆寺,主掌牧马之政令,隶属兵部,主要管理京卫、山东、河南等地马政。李自成入京,李元鼎改任光禄寺少卿,以御膳食材采买为主,既往光禄寺主要是"听于礼部",顺治元年(1644),仍任授太僕寺少卿,如旧管牧马事务,顺治沿用明朝旧制,附设于兵部武库司。李元鼎仍受顺治重用,顺治二年官至太僕寺卿、太常寺卿正三品官。太常寺隶属礼部,掌管宗庙祭祀。并转任兵部。最后官至兵部的兵部右侍郎、左侍郎;以及礼部的殿试读卷官。

李元鼎并不是一个个案,明朝甲申之乱后,许多朝臣仍然留下,依附新朝。这些朝臣的留用,一方面是基于明朝典章制度的熟稔娴习;当然,另一方面则是基于保全身家性命的人性基本,即便未免伤及儒家纲常的伦理。但对清朝统治的面向来看,清朝确实需要这些娴熟于国家体制的朝臣,来帮忙清朝进行体制与统治的运作。明显的,北方的统治与南方儒者间的圣域世界,在这有了分歧。

李元鼎官职一直与兵部、礼部有关,且身既经历三朝又为朝廷所重,父子二人均官拜二品。可知李振裕之所以著录于《幸鲁盛典》中雅颂"泗水汤汤，孔林苍苍”之词，就是康熙“幸鲁”而称颂之词。颂者鲁地尼山，是孔家圣地，儒学正宗所出无疑。但李元鼎与李振裕父子犹如五代冯道长乐老，与“一匡五代之浇漓”而成“天水一朝”之“瑰宝”的儒学“义利”之辩；或以明之宗室而臣仕三朝，与浙东谔谔之士真有天壤之别。虽然全祖望在《重订黄氏〈留书〉》中言：“尤闻老眼盼大壮，岂料余生终明夷。”有副翼清属之感，但“终明夷”仍是表明气节所重。倘若思之入密，那么，南北儒学、或官府遗民所依以践履的信念已然成为互相矛盾对立的两个儒家的世界。

二、天心日后竟难窥

陈洪绶是以画著称的晚明大家，但陈洪绶是刘宗周弟子，全祖望在《子刘子祠堂配享碑》中言“子刘子深知之”，所谓“深知”是指作为“畸士”而言，刘宗周是“知”的。这从其与陶去病、祁奕远、祁奕庆、张岱、王紫眉、祁彪佳、王元趾、浙东另一群体的一气之友可知。并言，刘宗周“所言不虚”，这是全祖望之所以判定陈洪绶“配享”的肯认。

陈洪绶在浙东一地，天崩地拆之时撰《避乱诗自叙》称：“弗迟自五月之后，逃命自鹫峰寺，从鹫峰至云门，结茅薄坞。患难中尤不失故吾，毫墨洒落，得诗一百五十三篇，残落者强半，陶去病、祁奕远、奕庆颇惜之，属朱子谷儿子鹫子集之。原不成声，因无工拙，人忘憎喜，有何去留。轶成，除夕自酌而歌曰，五月六月间，其知得生者欤？五月至十二月间，其知死而复生者欤？知携手高士老僧，晨夕相唱酬者欤？此一百五十三首，非嵇中散视日影之琴声者欤？过此以往知有今日者欤？知无今日者欤？”[①]全祖望在《明待诏老莲画——有序》言：“呜呼！老莲好色之徒，然其实有大节，试观此卷，古人哉。”[②]其对浙东文献的烂熟可知，若是见及《避乱诗》，自然能言：

① 陈洪绶：《陈洪绶集》，浙江古籍出版社，1994 年，第 373 页。

② 全祖望：《全祖望集汇校集注》（下），第 2096 页。

"然其大节则未尝有愧于元趾。"

实情以言,对陈洪绶而言,根本不存在生死问题。浙东老儒毛奇龄在《陈老莲别传》中记有:"王师下浙东,大将军抚军固山从围城中搜得莲,大喜,急令画,不画,刃迫之,不画,以酒与妇人诱之,画。"[①]毛奇龄所言,可以确知一事,陈洪绶之名气,并不会受到死亡胁迫,只要居于杭城要津,就无生死困扰。但何以陈洪绶要避难山中,削发为僧,过着生死难言的日子。这涉及的是更重要的人生价值。所以在浙东一地,天地改换之时,陈洪绶反映了刘门弟子在朝在野的态度。他在《梅墅舟还》的十六首诗"其"字的诗中,结尾一首《其十六》,诗为:"家人莫酿酒,予不庆新年。怕将新日月,来照旧山川。"[②]

《梅墅舟还》是有特殊意义的,祁彪佳自沉之所,就是梅墅。所以诗写着意之处,就是陈洪绶自我定位为大节持守以终之时,这几乎是刘门弟子在"义守"实践上的共同心志。

其另吟咏二诗,更可深窥其心之所向。

梦见先帝泣赋

其一

衣钵多时寄病身,也宜忘却是孤臣。
禅心梦里身难管,白玉墀头拜圣人。

其二

老僧幸得觐先皇,八彩重瞳永不忘。
梦里天颜犹只尺,余年犹敢离禅床。

---

① 毛奇龄:《陈老莲别传》,载陈洪绶:《陈洪绶集》,第590页。

② 《陈洪绶集》,第184页。

其三

半夜钟声觉草堂，老僧正梦见前皇。

嵩呼频唤弥陀号，泪滴袈裟荷叶裳。①

《祁奕庆以忠烈公所遗端石赠陶去病，去病索提》

歌咏忠魂霜满林，郎君遗赠爱人深。

陶生解此深情否，敬赠先人一片心。②

这两首诗，一则是梦见崇祯皇帝，另一则是这些所谓"畸士"群体间十分写实描绘群体间传递生命中深情于某些价值的东西。这两样由生命与信念所构筑而成的东西，显然与北方如李元鼎、李振裕父子生命中所设定、所意向与所构筑的东西不同。对于陈洪绶而言，这种隐藏于内心的真实性，远比真实所预想的要更加真实，所以会有"也宜忘却是孤臣"与"禅心梦里身难管"两诗句。这两句诗句的意义是，首先，当然的，"孤臣"是真实说明社会处境上的实际状况，吃饭的天不同了，人民自然地就接受现在这个实际的天，所以"孤臣"就是事实，但，陈洪绶心中仍然自我隶属于那个已经不存在的"天"，这也是他内心知道的事实，所以，这诗句透显的是，陈洪绶认为就他在这多病又入僧的现实状况，应该要（宜）"忘掉"他仍然有着明朝臣子的想法，但事实是，在梦中，这个不受身体管控的状态下，心却由梦的形式展现出心的真实性，"禅心梦里身难管" 就说明梦到先帝所存在的真实性，在不受"身"所管控的"心"上，浮现出"心"的意向性，这是陈洪绶梦见"先帝"所透显出"心"之所向。

而另一首诗，是祁奕庆赠送陶去病以端砚，祁奕庆就是祁理孙，祁彪

① 这首诗放在七言绝句中，但按照文中的老僧自称，又是怀念先皇之诗，这首诗应该是《避乱诗》中所移易出来的诗。见《陈确集》（卷8），第273~274页。

② 《陈洪绶集》，第392页。

佳长子,祁彪佳沉水自尽后,祁理孙与祁班孙兄弟,义助抗清致而家败,这是祁氏家族一门忠烈的史实。陶去病就是陶沽，陶去病算是陈洪绶子侄辈,也是祁家与张家的同道,常以诗文书画同遗民僧道唱和,明亡后创立"废社",成员有姜绮季、祁理孙,陶履平、陶朗雯等诸生,陶去病是陶氏家族之后,算是陶望龄、陶奭龄家族子侄,陈洪绶画《雅集图》画上署有"僧悔为去病道人作",就是纪念陶去病祖父陶允嘉与陶望龄、袁伯修、袁弘道、黄辉、米万钟、王赞化、愚庵、陶奭龄九人的嘉会。陶去病之父陶崇谦与陈洪绶共学于张尔葆,可知陈洪绶与陶去病关系极深。是以祁理孙送陶去病的端石,这象征着一种精神意义的传递,陶去病当然理解这中间深意,是以"索提"于陈洪绶,这传递方式是以诗配及物质间(端石)的联系。

在儒家的思维中,甚少论及痴爱,但中、晚明社会所形成高度物质文化多元专长的发展，艺术文化上的尊崇与品味的细致化赏析，如若陈继儒、董其昌、祁彪佳及之后张岱的爱物成痴,没有一二百年稳定发展的社会,也是极难,而陈洪绶恰是深思实践于儒、艺两者之间,甚熟习于深情之心,所以言"爱人"与"深情"。对陈洪绶言,"歌咏忠魂"就是生活日用、人伦纲常,如呼吸般的自然,但这忠魂如冰霜煞人的典范成林,祁彪佳自沉于水,就是日用人伦的实践,因为基于纲常的深情,所以能够殉难践履,这恰与"文化神州丧一身"的评断有着同样的情怀。祁理孙仍然散财义助鲁王、张煌言、就是承继并继续实践这丧未结束的伦常义理,祁理孙赠与陶去病的端石、就是祁彪佳日用所爱的端石,[①]以此表征承继这纲常人伦。所以纲常人伦的坚持实践,就是对于儒家的深情所致。这种深情莫如张岱言、祁

① 诗文中言忠烈公,疑指祁彪佳,诗中"敬赠先人一片心"之"先人",或指前辈,或指先父,但由人情失事理看,祁理孙以先人"端石"赠陶去病,应是表出祁彪佳义不仕清的心志。至于"忠烈"谥号,应是丧未确定,便宜行事,尤其在这天崩地裂之时,按时间来计,祁彪佳在顺治二年(1645)闰六月四日自沉于水池,由《避乱诗自叙》来看,避乱诗写于丙戊年(1646)冬之后,应在来年有赠端石事,所以约在二年时间左右,又在兵荒马乱之时,是以,对祁彪佳的谥号应未明确,忠烈公可能是亲友们人弟子间所私用的谥号,以便尊称。

豸佳:“人无癖不可与交，以其无深情也；人无疵不可与交，以其无真气也。”[1]“癖”是一种持续的深情,所以张岱所言“深情”就与“ 陶生解此深情否”的深情的缘由是一致的。最后,“敬赠先人一片心”的“心”,如前所述,是践履儒家纲常的“心”,端石就是这心在物质上的表征,作为传递这精神之物,或与“吾侪所学关天意”的纲常之“天”。

在《避乱诗自叙》中“五月六月间,其知得生者与？五月至十二月间,其知死而复生者欤？”可以看到鼎革之际时的慌乱,不仅仅是社会上的动荡,更是思想意识上的不确定,既无法预知能生或必死;也没法知道生死不知能在何时终了。其言:“过此以往知有今日者欤？知无今日者欤？”所隐射的问题,更涉及所谓“知”的问题,亦即,之后史实是否被“知”的未来。这些隐晦的历史事实,在每个朝代中都不断地重复产生,在经历过价值转换的两代之人,会有非常真实的体会。陈洪绶在明亡之时,深切体会到人事价值的某些变化。其诗云:

> 国破家亡身不死,此身不死不胜哀。偷生始学无生法,畔教终非传教材。
>
> 柴屋大都随分去,莲宗小乘种因来,定来金界和银界,永去歌台与舞台。[2]

《避乱诗自叙》写成于丙戌年(1646)冬,就是弘光政局已破,清顺治三年除夕写成,在陈洪绶避难山谷又多猿鸟之地,是制发批缁,处在“偷生始学无生法”时,陈洪绶除了上不用原有的“秀才”之名外,可能处在野地,连

① 祁豸佳(1594—1683)是祁彪佳弟,字止祥,号雪瓢,明亡后隐于梅市。工书善画,能篆刻,能诗文。天启七年(一六二七)举人,仕吏部司务。明亡后,当局礼聘,却之,与董玚、王雨谦、陈洪绶、罗坤等结“云门十子”社,日与老衲蒲团相对,谈世外烟霞。

② 《陈洪绶集》,第389页。

丁籍、户籍都没有的“无法”的处境，这荒地遗民与在朝为官几乎是一天一地，一般这种反差极大的感受是非常真实的，又诗：

滥拖人身已五十，苟玩人事只辞篇。诿云世不尊经术，所以吾逃文字禅。

诗史彼能追腐史。鬼仙渠可指天仙。老夫缮写何为者，夸示猖狂又一年。[1]

按“滥拖人身已五十”可知，这时陈洪绶应该写于戊子年（1658），顺治五年。距甲申明亡已经五年，避难处境是非常艰困的，“诗史彼能追腐史。鬼仙渠可指天仙”。大致说明了“腐史”“诗史”与“鬼仙”“天仙”间有着是非黑白颠倒的状况。这种真实的史事与是非撰写的诠释，就在生活的社会中形成新的变化，这种定位与价值的急迫感，一如张岱梦及祁彪佳嘱其完成《石匮书》的危机感受是一致的。

这种危机的感受，以及人事价值变换的变化，刘门弟子陈确也有同样感受，其诗《世事》言：

世事年来已绝奇，天心日后竟难窥。新功渐熟惟师吏，旧业连荒且授儿。

不得意时寻得意，失便宜处讨便宜。等闲道理凭推择，恰好中间知未知。[2]

陈确诗中“天心”“难窥”不就说明“世事”“绝奇”的缘故，而日用生活

① 《陈洪绶集》，第222页。

② 《陈确集》（卷8），第793页。

中的儒者之“师”，已经转为“吏”的律式法规，这些旧的世界的价值与日用，只能自家传授。其中值得注意的是“新功”二字，“新功”是刘门弟子间问候“功夫”是否精进有得的问候语，陈确密友张履祥在《与沈上襄》书信中的开头语即是：“别来道履和泰，新功益密可知。”所谓“新功”一词，是在“新”“旧”之间的精进变化，但明显的，在这诗中，“新功”一词已然转变，是对应着“旧业”。所以全祖望所言陈洪绶为“古人”，就是言明守旧有功。

“新功”的嘲讽、贬义与伤时是真正所指，若对照李元鼎能够经历三朝，而又亨通于时来看，不正指示“天心”难以知悉的现实。陈确诗中所说的世界，这代表清朝统治政权对儒家所重视的价值，在“新功”所象征的意义，证明官府与遗民所实践的儒家，就是两种对立状态下的世界。

三、顺治十二年与偶然的平行

“泗水汤汤，孔林苍苍。”语出《幸鲁盛典》，是清朝尊崇孔子的重要转折著作。《四库全书总目提要》中言《幸鲁盛典》最为翔实，书的缘起，是因“康熙二十三年，圣祖仁皇帝，幸临阙里，亲祀孔庙，行九拜之礼”。简单来讲就是，康熙皇帝亲自到阙里祭孔。

所谓：“圣天子尊师隆轨，超迈古今，勒为成书，垂示来叶”，就是赞誉康熙，对于“尊师”这一最重要轨制的实践。清朝尊孔尊儒的盛事，最值得注意的是“并录圣贤后世，给世官以奉祭祀”[①]的施行，简言之，清朝承继明朝奉祭的旧轨，就是赐与五经博士官职于圣贤之后。这一重要举措，可以视为清朝对于儒学正宗的立场，这一重要的文本以及发展的过程，最为简要文本见于《幸鲁盛典》卷十九，起因是康熙二十五年，康熙“命以宋儒周

① 永瑢等撰：《四库全书总目》，卷八二，史部，政书类二《幸鲁盛典四十卷》，中华书局，1965年，第705页。

惇颐后为世袭五经博士”[1]，之后，言：“切思自孔孟以后，道学之绪至宋周程张朱而始着，此四姓五人者名号，并悬于天壤之间，学问皆彻乎性天之始，以故祀典均昭，艺林咸颂。”四姓五人的后人命职五经博士，专事祭祀，是清朝尊孔的重要盛事。对于朱熹复袭祭祀一事，在康熙二十九年记：“命宋儒朱熹闽派嫡孙朱潆复袭翰林院五经博士”，对此原委，《幸鲁盛典》卷十九记为：

康熙二十九年正月二十四日，奉旨该部议奏钦此钦遵，该臣等议得宋儒朱熹祖籍徽州之婺源，以父松官于闽遂居闽之建安，熹长子塾之后，世居建安守熹之墓，次子埜之后还居婺源守熹祖墓，故熹之裔有闽徽二派。明实录开载景泰六年，以塾之后梃为五经博士主建安祀，嘉靖二年照建安例以埜之后墅为五经博士主婺源祀，原有博士二员。我朝顺治十二年，部覆准朱煌袭五经博士于婺源县，奉祀在案。今据福建巡抚张仲举，会同总督兴永朝题称，有建安原袭博士朱之儁，于顺治九年曾起文赴部，因病旋卒，而其子金铉又经早亡，时其孙潆尚在幼稚，致稽请袭至康熙十九年，潆始具呈申请，迭经移查，驳覆志乘宗图悉相符合，朱潆实系闽派应袭之人等语。仰惟皇上崇奖先儒，广励正学，以朱熹有功经传，特于徽、闽二处各赐御书匾额，褒崇之典踰于往代，熹十八世嫡孙潆，既经该督抚查明具题，应准承袭五经博士以奉建安祀事，恭候命下。[2]

祭孔与道学四姓五人的复祀，如“皇上崇儒重道，理学修明，臣请敕廷

---

① 见孔毓圻：《幸鲁盛典》卷十九，收入《四库全书·文渊阁》，第1页，http://www.kanripo.org/ed/KR2m0033/WYG/019#1a。

② 见孔毓圻：《幸鲁盛典》卷十九，收入《四库全书·文渊阁》，第1页，http://www.kanripo.org/ed/KR2m0033/WYG/019#1a。

臣集议，详考惇颐当理学绝续之际，启程朱道脉之传，即行楚抚查其子孙果否曾世授五经博士，特赐洪恩酌加恤录，不惟慰先儒于地下，亦可以励百世之人心矣。”之文，以“励百世之人心”最为重要。可说是政权对于道统的肯认，但，这同时是清朝政权对于道统意识的统治，至于，“道统”二字，更产生诠释上的作用。传统儒学对于“道问学”与“尊德性”渐、顿两端的论辩，至王阳明讲会论学之后，阳明与朱熹的两种论述，除了论辩之外，在生活使用中更因为“三教”、宗风的渗入，有正统上的诸多疑虑。显然，对于清朝政权的维系，完全以程朱道学为主，王阳明则完全没有进入论述之中，宋、明之间的儒学论述，自此分为两阙，这是清朝皇统对道统的重要指向。

顺治十二年秋与朱熹复祀

《幸鲁盛典》在论述朱熹复祀的过程时指出一个重要的始点。事实上，对于朱熹复祀的过程，群臣发现早在顺治九年，就已经开始回复赐予朱熹后人承袭五经博士，回复对于朱熹的祭祀，值得注意的是，这并没有真正地实现。因为朱熹后人的祭祀分成“闽、徽”二支。朱熹过世之后，朱熹长子朱塾及本支之后人，世居建安，守朱熹墓；儿朱熹次子朱埜及其后人，回到祖地婺源，守朱熹先祖之墓。朱熹之后，立五经博士专奉祭祀起自明代宗景泰六年，自清开朝，顺治九年开始回复明朝朱熹祭祀的制度，但这过程并不顺遂，建安一支的“原袭博士”朱之儁在报部之时病亡，其子又已经亡故，只剩孙子，但年纪太小。因此，真正回复博士祭祀，是顺治十二年，壬辰，公历 1652 年。《幸鲁盛典》记有：“我朝顺治十二年，部覆准朱煌袭五经博士于婺源县，奉祀在案。”至于朱熹在建安一支的复袭，几乎过了二十五年，在康熙十九年才按实回复。但这已经不是关键，因为在顺治十二年，清在儒与道学间立下一个新的立场。

时间的关系往往是非常关键的，尤其对于因果关系上的联系与次序，往往可以看出更多的信息,隐藏在时间次序之中。对于标题所示“后刘宗周”时期的概念,就是基于时间次序中的许多内容,加以整理成一“概念”上的表述。所谓“后”的概念,在本文中,不仅仅是时间轴上的现象描绘,而更包含许多重叠实质意义上的发现,以及伴随而来的转变。时间轴上的“后”是呈现在现象中一个不变的必然,在一个选定时间点上“之后”的时间,都可以成为“后”的描述。所以,“后刘宗周”的论述,必然是刘宗周以义自绝之后的描述,同时又意味着一个向心力形成“失去”之后的变化与现象。

对于刘宗周及其弟子在刘宗周义死后的思想发展,历来论述颇多①,其中赵圆在《刘门师弟子——关于明清之际的一组人物》中颇用力于张履祥《入蕺山而出程朱》的变化,并言:“在有清一代朱学中人,张履祥与刘宗周的学术关系,是有待解释的。”②赵圆的观察是细密的,张履祥之所以入祀孔庙,全祖望又何以屏弃杨园于刘子配享弟子之外,这是对于明清之际思想承继与理解、诠释的重大关节点。

《幸鲁盛典》在报告中所依据的文件并不完全相同,因此因着公文出处的不同,时间的准确度得到进一步的确证。据《幸鲁盛典》卷十九页八文本:“查顺治十一年八月内据江南布政使司呈请朱熹子孙朱煌承袭博士等。”③可知,早在顺治十一年八月已经“呈请”“朱熹子孙朱煌承袭博士”。另据卷十九页三三文本:“顺治十二年八月内据江南布政使呈送朱熹子孙朱煌承袭博士。”④时间是顺治十二年八月“呈送”。因此,即便抄文脱误,十

① 按时间先后顺序,论及刘宗周之后的所谓之刘门弟子与刘门弟子思想分化的问题,皆有实据,论述精到,尤以1992年李纪祥的《清初浙东刘门的分化及刘学的解释权之争》、1997年王汎森的《清初思想趋向与刘子节要——兼论清初蕺山学派的分裂》与2005年赵圆的《刘门师弟子——关于明清之际的一组人物》最为清晰,其他相关论文,如黄宗羲、证人会复举、山阴与甬地证人会、邵念鲁、陈确、恽日升、杨园、万氏诸子等分论,数量与质量皆重,实难一一顾及。是不复引时人精研。

② 赵圆:《刘门师弟子——关于明清之际的一组人物》,《新国学研究》,2005年第1辑,第199页。

③ 见孔毓圻:《幸鲁盛典》卷十九,收入《四库全书·文渊阁》,第8页,http://www.kanripo.org/ed/KR2m0033/WYG/019#1a。

④ 见孔毓圻:《幸鲁盛典》卷十九,收入《四库全书·文渊阁》,第33页,http://www.kanripo.org/ed/KR2m0033/WYG/019#1a。

一年是抄录十二年的文字脱误，仍然可以确定“朱熹子孙朱煌承袭博士”时间是顺治十二年秋八月。是以，顺治十二年秋八月朱熹于清复祀。

顺治十二年岁杪与杨园所疑

张履祥，人称杨园先生，张履祥受学于刘宗周，但张履祥一般被视为清儒排辟王学的第一人。尊朱辟王对陆陇其产生巨大影响，形成清朝尊朱思潮，影响巨大。张履祥由刘学转变轨迹为程朱之学最为清晰的文本，是《杨园先生全集》卷之四·书三的《与沈上襄》，其文曰：

> 别来道履和泰，新功益密可知。自癸巳春季得交于兄，去二十余月，而得为岁杪一夕之晤，次早随返。人生聚会之难如此。弟衰矣！向后岁月，曾几何时，而离索时多，切磋日少，其长为小人以没其齿，无惑也，然终年旅食欲求，资益于有道。君子非惟不能，亦不暇念之，惟有伤悼。今年幸馆于近里，或得于笔札之间，时质所疑，而冀商正焉，所至愿也。去冬所论，喜怒哀乐未发以前一段疑义，弟初于先師《语录》，闻其说而悦之，已而证之朱夫子与湖南诸公一书（书见《朱子大全集》），深悔前时所见之失，因以为定论，而反而求之日用之间事物未感，此心寂然不动，有以具众理而应万事者。但吾人以从幢幢往来之心，急卒求之，是以未之见耳，然欲求见比体，则又非如释氏瞑目却虑之，可庶几也。……弟窃有感于百有余年格物之义不明，而有志于学者往往即于邪慝而不自知也。其曰：“以吾心格之。”是已然不知吾之心其能尽出于道心否耶！如其尽出于道心也，以此心格之可也，如其不然，其能无过不及之差乎！夫吾人自气拘物敝以来，其与圣贤大中至正之心相去固已远矣，一旦欲以相去圣竖既远之心宰制事物，非失之过即失之不及不待言也，正使念念自信以为尽合于天理而不知

已为人欲之私也，是以古之为教，莫先于穷理，凡人伦事物无大无小莫不有当然之则，吾心未之得也，圣贤先得之以示法则于后世，今于事事物物莫不考诸圣贤之成法，而不敢以气拘物蔽之心参之，则当然之则见矣，所谓衡诚悬不可欺以轻重，规矩诚设不可欺以方圆也。夫惟圣人为能动容周旋无不中礼也……世儒重言克己，轻言复礼，究其本末皆禅也！夫克己复礼固非一事，然而求端用力之际，莫切于礼，苟其无礼，则亦何所取准求得其所为己者而克之哉！①

与沈上襄书信中直言："喜怒哀乐未发以前一段疑义，初于先师语录闻其说而悦之。已而证之朱夫子与湖南诸公一书（书见《朱子大全集》），深悔前时所见之失。"这段文字，毫无疑问的，是对于刘宗周之前《语录》的否定，所谓"深悔前时所见之失"表明"前非今是"之。他更直言，说"弟窃有感于百有余年格物之义不明，而有志于学者往往即于邪慝而不自知也"。张履祥对于"格物"的指责，可说是背离师旨。刘宗周说："后儒格物之说，当以淮南为正。曰：'格知身之为本，而家国天下之为末。'予请申曰：'格知诚意之为本，而正修齐治平之为末。'阳明云：'意在于是亲，则致吾良知于事亲之物。'只意在于事亲，便犯个私意了。当晨昏则定省，当冬夏则温清，何处容得意在于事亲耶？"又言："朱子一生学问，半得力于主敬，今不从慎独二字取认，而欲掇敬于格物之前，真所谓握灯而索照也。"②张履祥则言："其曰：'以吾心格之。'是已然不知吾之心其能尽出于道心否耶！"最后弊端是："一旦欲以相去圣竖既远之心宰制事物，非失之过即失之不及不待言也。"简言之，张履祥认为刘宗周是"以心格物"，但因为无法辨识心是否能够符合所谓的"道心"，所以最后成为"正使念念自信以为尽合于天理而不知已为人欲之私也！"张履祥又无端放入一个"念念"的概念，然后认为

① 张履祥：《杨园先生全集》（同治十年江苏书局刊本），卷之四，书三，第10~11页。
② 黄宗羲：《黄宗羲全集》（第八册），浙江古籍出版社，1992年，第914页。

这一切的结果就是"人欲"无从验核判定。这推论就产生最严重的判教,张履祥言:"世儒重言克己,轻言复礼,究其本末皆禅也!"

按照文意,张履祥认为百年来最严重的错误,就在于格物。同时,他同样的认为刘宗周在格物的问题上,造成他过去理解上的错误。他认为,格物的错误认识会造成"人欲之私"在判定上的错误,甚至造成,人们以为在从事天理的实践;殊不知正在满足内心的私欲。因此,张履祥等于是强调刘宗周的语录,让他错失理解朱熹正道的机会,所以,他言:"证之朱夫子与湖南诸公一书(书见《朱子大全集》),深悔前时所见之失。"现在,张履祥才步上"圣贤之成法",步上"无不中礼"的可能性。

张履祥对于刘宗周的判定,建立在严重的误解之上,再进一步的判定强调"克己"(这几乎可以视为"慎独"之功)的儒者,只要"轻言复礼",无论如何论究其所论的"本"或"末",都是不过是"禅"的工夫,这几乎是判定刘宗周所论是"禅"。这难怪黄宗羲无所论于张履祥,而全祖望言"故予定诸弟子中共有负盛名而不得豫配享"之语。

但《与沈上襄》书信中,另一个信息更值得重视,编者在《与沈上襄》书信下有按语:"炳按:'观篇首数行,此篇似乙未年书。'"这书写的时序,按照篇首数行,记有"别来道履和泰,新功益密可知。自癸巳春季得交于兄,去二十余月,而得为岁杪一夕之晤,次早随返。人生聚会之难如此"。张履祥把时间交代得十分清楚。第一,他与沈上襄认识的时间是癸巳年的春季,癸巳年是顺治十年,公历1653年。"去二十余月"是一个模糊的时间概念,但最基本上是超过二十个月。这就必然会经过二个年头,所以从癸巳、经甲午而到乙未年。这就是编者认为"此篇似乙未年书"的根据。

但在这篇短短数行字之中,又可见另一个时间的证据,就是"而得为岁杪一夕之晤,次早随返"。又言:"人生聚会之难如此。"显然张履祥与沈上襄短暂的一日会晤之后,回返后,显然没有马上回信,应该仍然经过一点时间后,再在写这封书信。但重点是"岁杪"二字,辞典:"岁杪:《礼记·王制》:‘冢宰制国用,必于岁之杪,五谷皆入,然后制国用。’”郑玄注:“杪,末也。”所以,岁杪就是岁末,年底之谓,是故,张履祥这篇《与沈上襄》书应该写于乙未年岁末之时。乙未年,顺治十二年,公历1655年。

一个偶然的平行

顺治十二年,一个清朝于儒家、理学极为关键的一年,《幸鲁盛典》记“朱熹子孙朱煌承袭博士”,这时间如上所述是顺治十二年秋八月,朱熹在清朝统治下回复祭祀,这是一个关键性的事件,意味着道统在政治力量光谱上的恢复。

孔庙与孔庙祭祀对于一般儒生的影响,在传统以仕人为中心的社会体制,往往深陷其中而不自知,尤其以科考为中心的阶层结构,牵动的不仅仅只是儒者、道学家的网络,更牵动到广大的选文与科考方向。全祖望撰《萧山毛检讨别传》中言:“抑闻西河晚年雕《四书改错》摹印未百部,闻朱子升祀殿上,遂斧其板。然则御侮之功亦馁矣,其明哲保身亦甚矣!”[1]可以视其梗概。黄进兴在《研究儒学的反思》中言:“按,孔庙乃‘道统之所系’,本系儒生之原乡,因此晋谒孔庙遂成文人雅士朝圣之旅,特别是参访阙里孔庙,意义尤为非凡,致有‘幸遂平生愿,今日或登龙’之叹。”[2]因为是“儒生之原乡”,故而孔庙与朝廷的关系,凡朝廷有所动作,或是任何动静改变,都透露并影响许多现状。

顺治十二年,“朱熹子孙朱煌承袭博士”的动静,是否产生影响,钱谦益作为五十年文坛盟主,他会感受到许多重要事件的动静变化,同时他也会对许多动静变化间的差异做出反应。即便在降清之后,钱谦益仍与大量文人、儒士酬唱应和,他往往就是知识传播、动静变化应对上的重要枢纽。

---

① 全祖望:《全祖望集汇校集注》(中),上海古籍出版社,2008年,第988、989页。

② 黄进兴:《从理学到伦理学:清末民初道德意识的转化》,允晨文化公司,2013年,第248页。

陈寅恪撰《柳如是别传》，最能洞悉钱谦益的背景、作为与主张。其言：“吴江胜泽实为东南最精诗织制造市易之所，京省外国商贾往来集会之处，且其地复是明季党社文人出产地。”[①]又言：“牧斋表面虽屡称老归空门，实际后来曾有随护郑延平之举动。”[②]都意味着钱谦益对于时代脉动、传播与响应，都仍然位于学术上的核心位置。是仔细考索顺治十二年后，是否对于孔庙“朱熹子孙朱煌承袭博士”是有所回应，幸运地，顺治十六年，钱谦益确实撰写一篇有关孔庙之文，所论标题为《书赵太史鲁游藁后》，其文核心题旨，就是讨论朱熹复祀后，朝廷所应追及的朱门功臣。

其文首言两次“恭诣阙里，谒先圣林庙”，一是崇祯戊寅年，钱谦益拜谒“先圣林庙”；而在二十有一年后，己亥年，其好友赵月潭太史也“肃谒林庙”，这时间分别是明末崇祯十一年与清初顺治十六年。除了比对两朝繁华与落寞差异外，文中，钱谦益特别指向“朱熹”的相关祭祀，他直言：

> 朱子之学一传为何基、王柏，再传为金履祥、许谦，又传为明朝宋文宪濂、王忠文、祎文宪，又传为方正学孝孺。文宪，忠文以文学佐高皇帝，黼黻开天鸿业，开三百年斯文之脉，此可以无祀乎。方正学为朱子之世适宗子，九死殉国，开三百年节义之脉，此可以无祀乎！以儒林言之，新安之赵汸、汪克宽，一则承资中之绝学，一则阐紫阳之遗文，其有功圣门一也，以道学言之，三原王端毅恕，其学力岂下于薛文清，石渠意见，发挥经学，河汾读书录之季孟也，是三君子者其可以无祀乎！[③]

钱谦益专门针对朱子之学，是针对孔庙回复朱熹后人奉为五经博士，

① 陈寅恪：《柳如是别传》，上海古籍出版社，1980 年，第 329 页。
② 陈寅恪：《柳如是别传》，第 1146 页。
③ 钱谦益：《牧齐有学集》（卷四十九），上海古籍出版社，1996 年，第 1591~1594 页。

主掌祭祀。因此对于有功于朱熹源流脉络学者，钱谦益主张，认为应该追加崇祀。中文不是论述孔庙兴衰，而着重于其中透露消息的因果变化。诚如黄进兴言孔庙是儒生的原乡，凡孔庙动静变化，既影响儒生的情感，也影响其对朝廷“道统”承继重视与否的风向及变化。钱谦益结语所言，正透露出儒士对于在位者的理想举措。其言：

> 太史晞圣考文，逖稽遐览，志则韪矣。日尤在天，文未坠地，明君圣王，必将有祀太牢，坐讲堂如炎汉之高，光者。执此以往，后死者之得与斯文也，其在斯乎！其在斯乎！杜牧有言，“自古称夫子之德，莫如孟子，称夫子之尊，莫如韩吏部”。余深望于太史，故谨书其后以竢焉！①

所谓“日尤在天，文未坠地”是一种肯认，无论解释为“明”的小朝廷犹在，或者是顺治十二年的祭孔举措，都代表着犹堪称喜的“文未坠地”之处境。对于所谓道统之理想境地，一个“明君圣王”的理想举措，就是尊崇道统，亲自祭祀孔庙，升讲堂以“道”为先，所以言：“必将有祀太牢，坐讲堂如炎汉之高，光者。”

顺治十二年八月，乙未秋，朱熹子孙承袭博士以祭祀；顺治十二年，乙未年岁末，张杨园撰《与沈上襄》书，言“深悔前时所见之失”。这两者之间没有更进一步的证据可以说明其中关系，所以这或许是一个偶然的平行，一个没有因果证据的两个现象，但在未来儒学的发展上，我们看到更多关于官方在正统儒学的发展，以及更多谩骂明际空疏的阳明末流，似乎政统与道统之间有着紧密关系，亦步亦趋地演绎着国家兴衰。

即便我们没有许多证据，但张杨园好友陈确的诗，却透露许多个中消息。陈确《世事》诗前四句：“世事年来已绝奇，天心日后竟难窥。新功渐熟

① 钱谦益：《牧齐有学集》（卷四十九），第1591~1594页。

惟师吏，旧业连荒且授儿”的“新功”二字，与张杨园《与沈上襄》问候语“别来道履和泰，新功益密可知”的“新功”一致。但在新旧之间，陈确偏向于“旧业”，而张杨园则倾向于“新功”。

四、后刘宗周与后南雷时期的说明

按董秉纯（1724—1794）编撰的《全谢山年谱》可知，《西笑集》写成于乾隆十四年（1749），时全祖望（1705—1755）四十五岁，[①]在《西笑集》中有诗：

当年伊洛发遗书，郑重张朱校勘余。
束发有心传坠绪，白头把卷竟踌躇。
少师香火最婴情，三月俄惭辍讲行。
祇为白驹憔悴甚，场苗别自费经营。[②]

诗上引文所言“坠绪”一词，所指正是浙东姚江之学。在《姚江赠同年施明府蘖斋》中言：“黎洲克绍蕺山绪，九流百家互参伍。”[③]“绪”字明言黄宗羲（1610—1695）承继刘宗周（1578—1645）遗绪。若比较《西笑集》中同时所撰成《信宿姚江舟中，偶作三哀诗》中言：“百年浙学久坠地，石梁薪火亦荒烟。”[④]指出“浙学”荒芜不传的情状，不仅是刘宗周的证人之学，连简易进入学门的石梁之说也如荒烟一般。就此来看，全祖望所言“坠绪”，似乎专言明际学术，尤重于阳明以来浙东学术一脉之承继已中歇断绝。

① 《全祖望集汇校集注》（上），第22页。

② 本诗的诗题：宜田欲开雕蕺山先生遗书，属予雠正，而予已辞讲席，因以书归之刘氏，并柬补堂。《全祖望集汇校集注》（下），第2249页。

③ 《全祖望集汇校集注》（下），第2110页。

④ 《全祖望集汇校集注》（下），第2252页。

从全祖望所言，其言“百年浙学”所关涉的实是有关全祖望与后南雷时期的学术承继与知识社群关系。后南雷时期是在黄宗羲之后所形成的学术现象，这种现象是描述一个学术及学术社群如何在失去一个构成学术向心力之巨擘下的状态，其间所相关的是如何形成学术团体间的共同信念，以及学术网络的构成与联系的方式。明显的是，浙东学术转折有数次变化，从王阳明（1472—1529）到刘宗周再曲折走到黄宗羲，王阳明之后同样有后王阳明时期，差异所在是阳明思想范围达及全明所属之土，这与刘宗周为救正阳明之学而兴起证人会的范围不同。

刘宗周之后，同样有后刘宗周的现象产生。但就范围及时间的存续而言，后南雷时期更值得加以剖析研究。而其中更核心因素是基于后南雷时期接近学术连续发展的终结时期，终结一词的意义是指，一方面基于明清学术判定的偏向不同所致，或云学术典范之不同所致；一方面是基于黄宗羲之后所形成巨擘终结的实际现象。

基于终结现象的成形，后南雷时期到全祖望间的学术变化，寓意着知识社群在后南雷时期间存在着学术承继的实质问题。因此这涉及后南雷时期如何运作知识社群与学术网络，一方面是维持原先所构成的学术向心力，而学术向心力的部分其实与学术客观性的建构有着密不可分的关系；另一方面是如何承继学术核心精神的信念，这部分则与道统与正统的重构有关。事实上，由今日学术发展的脉络来看，全祖望与浙东学术的重整与建构有着关键性位置，同时，全祖望之后又意味着全祖望与浙东知识社群的没落，以及取而代之的是客观浙东论述与浙东之学的兴起，简言之，全祖望为浙东学术建构了浙东之学在学理上的文本、脉络与范围。

后南雷时期的核心信念，是以原初南雷复举证人会时立意精神为核心之信念所在，亦即，是以后刘宗周发展为中心的脉络下，进行的脉络化重构。从事后历史现象的发展看，可以确知黄宗羲所事之事，是在进行一个信念的重构工作，试图将知识社群与学术承继间做系统的整合，以维持一个立基于独立自主的学术网络，承继明朝的学术血脉，并在清之王土上开枝立叶。从这个角度来看黄宗羲的作为，就能够说明“瓣香”一词的承继脉络，也足以说明浙东学术所具有的承继脉络与知识网络中所承继的核心信念。

因此，黄宗羲兴复绝学于明亡之后，以回复正统学术于易代之时，振起于志图大事之浙东一隅，而群聚抗清隐逸之后，看似不过浙东复举证人之会，但实是一段兴复绝学于异族统领之土，一群守节于明亡隐逸士族儒者的活动，所系与所意并不仅止于浙东一隅之学术兴衰，而是寓道统及正统于浙东一丝辫香于不坠。这是浙东之学之所以不同于清际学术的原因所在。

五、关乎晦明：证人会与浙东之学救正浙东之学的承继

浙东证人会的复举，是以明际学术之兴复为核心，首先就是以救正阳明之学为据的证人会为核心，刘宗周的证人会是以浙东之学救正浙东之学，浙东之学之救正依据为何，这对浙东之学的承继者而言，是毋须稍加批注的，因为浙东救正浙东之学的救正之功，就是一段实践的践履精光，浙东鲁王之师之所以抗起浙东，丑怪为之惊骇，是因为践履精光是在知其不可为而为之的实践中进行的抗起[①]，这是浙东之学救正浙东之学的血脉所在，是刘宗周证人会之所以救正姚江阳明流弊的实证实功。[②]

① “知其不可为而为之”是真正的关键，这涉及“义利之辨”与“气节”完成的实践问题，也就是“证人”与“证学”的实证实功之完成。这例子的文本印证，可参照黄宗羲晚年所撰的《思旧录》的“熊汝霖”条，所记是：“熊汝霖，字雨殷，余姚人。北变闻，余从刘夫子于武林，寓吴山之海会寺。公徒步上山相晤。东浙之事，趋死不顾利害。从亡海外，为悍将所害。”其中“趋死不顾利害”所言就是知其不可为而为之的精神。参见《黄宗羲全集》（第一册），第385页。

② 请参考拙著，有关赈灾一段，其详细另参吴震专著。

救正的实证实功是第一义,[①]学术之通彻与否并非关键,这是证人之所以证为人与为禽的关键所在。黄宗羲在《子刘子行状卷下》中的最后判语言:“先生身殉宇宙,关乎晦明。”所言“晦明”二字,就是指说社会全体是晦是明的关键,“晦”是不分是非、不辩曲直而不知忠义、名节的社会;“明”则是能够知有忠义、名节而能践履的社会。[②]

因此,明际浙东之学与明亡之后的浙东之学,在后刘蕺山时期应如何

① “第一义”是刘宗周讲学的首要宗旨,其生平出处之间,以“一”或“二”的第一义来做实践自我反省之义例者实多,在此不一一详记,因为所论关涉黄宗羲所行的信念判断,所以依据举一实例呼应证之。《思旧录》“王毓蓍”条记有:“王毓蓍字玄趾。为人亢爽不羁,好声色,在先师归弟子中,颇为逸群。及改革之际,上书请先生自裁,无为王炎午所吊,玄趾亦自沉柳桥之下。先师曰:‘吾数十年来,止得此一门人。’余每至越城,玄趾顷刻不离,其笃于友谊如此。”刘蕺山所言:“吾数十年来,止得此一门人。”对王毓蓍做出门墙之列的判语,并加之以“止”一词,是就“上书请先生自裁,无为王炎午所吊。”而言的,据《刘宗周 · 年谱》所记,对于不忍“不进滴水”而劝止老师的门生甚众,因此,直接劝进老师应当“就义”的,王毓蓍是其中之一,是否真是唯一,文献已不足征。但就改革之际,义以赴死而言,这是呼应刘宗周在“证人会”强调以实证实功救正阳明蹈虚流弊的“第一义”以及对于“第一义”的实践。参见同上注“王毓蓍”,第 387 页。另详,则参见《子刘子行状卷下》“六月丙寅”条至“戊子”条。

② 参见《子刘子行状卷下》所言:“浙中之为禅学者,以为忠义、名节无关乎理学,而先生清心忌恶,终陷党议,是意气之未融也。盖闻之子朱子矣,风俗颓弊,浙中为尤甚,大率习软美之态、依阿之言,而以不分是非、不辩曲直为得计,不复知有忠义、名节之可贵。万历以来,排摈诋辱,出而杀君子者,多自浙人,盖由宋至今,沿之为俗。故朝廷之上,成之为党,遂使草野之间,讲之为学。非先生与先忠端、魏忠节,三数公振拔污险之中,则亦何以使忠义、名节如今日之浙之盛也。”黄宗羲所言“先生身殉宇宙,关乎晦明。”的意义,是对于上引文的进一步展开,是身殉之后的“晦明”的再定位,讲学浙中的变化是使浙之一地,能够践履“忠义”“名节”,这是由浙地由“晦”转“明”的关键。但刘宗周身殉之后,其“晦明”所指为何?关键在浙东一地的拥鲁抗清。《子刘子行状卷下》“丁亥”条:“祁中丞彪佳投水死。王毓芝以告。先生已不能言,张口举目者再,指几上笔砚,至则书一‘鲁’字。毓芝曰:‘先生问鲁主监国事乎?’颔之。”“鲁”字是刘宗周的最后文辞,是刘宗周心中悬念的最后一事,也是绝命未完之憾,这是刘宗周浙中、浙东弟子、仕绅在浙东一地奋起抗清的关键,所以是明际之能够践履“忠义”“名节”的“晦明”关键,这是天地间“晦明”的义例所在,是所以黄宗羲言之为:“身殉宇宙,关乎晦明。”相对于起兵抗清,有关讲学的判语,见诸黄宗羲言及“先生之学”部分,黄宗羲记:“忠宪、忠介、恭定既没,讲学中绝,先生始有证人社之会。南都而后,门人问学者,先生曰:‘守所闻,行所知,足矣。今乾坤何等时,犹堪我辈从容拥皋比而讲学论道乎?此所谓不识人间羞耻者也。’”这是刘宗周在明亡之际对于论学、讲学的立场,可堪对照刘门弟子死义、与浙东抗清的义例。

承继整个学术的传承，主要表现集中在三个面向，一是复举证人会，讲明“关乎晦明”的学术与事功；二是编辑刘宗周遗书；三是承继浙东之学救正浙东之学的学术脉络与承继源流。因此，在鲁王兴复无望之后，随即有承继问题的讨论，这一方面攸关刘宗周的学统承继，同样关乎明际学术的核心理论的儒学脉络，而这三个面向与刘宗周的学术与讲会有着无法分割的关系，尤其与刘宗周之学重新复举，以及重举证人会于古小学一事，[①]均有密切关系。因此其精神立意之所在，就是以古小学为主的证人会复举于之先，陈确诗最能表见此一立意精神，所言“儒风自昔推东浙，圣学从今溯大明”最宜深思。

在《陈干初先生年谱卷下》记：“十年癸巳（公元一六五三年）五十岁。正月，同吴仲木至山阴，校蕺山先生遗书于古小学，并与诸同学修春祀。先生《别刘伯绳序》：‘越明年，春，正月，某又同澉湖吴子以来，则伯绳之蔬食如故也。仲月三日，会同门之士四十余人于古小学，举先生之春祭。’”[②]同年诗《巳正月同澉湖吴仲木校山阴先生遗书于古小学漫赋》：

> 蔼蔼春晖淡越城，先生木主昼堂清。儒风自昔推东浙，圣学从今溯大明。千载知音吴季子，四时禋祀鲁诸生（本注：时值诸及门春祭，诸生自鲁国之逊，并不赴试。），乾坤独我羞惭甚，潦倒年华学未成。[③]

诗中所言攸关当时诸生心志，最能表出刘宗周在浙东一地的影响。首

---

① 癸巳正月，同澉湖吴仲木校梭山阴先生遗书于古小学漫赋凄。吴仲木梭山阴先生《寿张奠夫八十序》：“子刘子讲学于证人书院，梦奠之后，虚其席者将三十年。丁未九月，余与姜定庵复为讲会，而余不能久住越城，念奠夫从先生游最久，因请之共主教事。”暨邵廷采《谒毛西河先生书》言及康熙七年（1668）“伏惟先生今世之韩、欧、班、马也，康熙七年六月初吉，望见光颜于古小学，此时蕺山高弟如张奠夫、徐泽蕴、赵禹功诸先辈咸在讲座，而先生抗言高论，出入百子，融贯诸儒。”参见邵廷采：《思复堂文集》（卷7），第310页。

② 《陈确集》（卷9），第845页。

③ 《陈确集》（卷8），第773页。

先，古小学祭祀木主正是蕺山，这说明黄宗羲在越一地的证人会是举于古小学，另一方面，则指出证人会诸生并未停止祭祀刘宗周[①]，所谓："蔼蔼春

① 对于证人会之复举一事，赵园在《刘门师弟子——关于明清之际的一组人物》一文中，已经敏感意识到"时在顺治十年（癸巳，1653年）。可知其时就有恢复讲会的酝酿"的迹象，其取用资料是《杨园先生全集》卷三《答吴仲木八》中言："证人之举，容更商之，恐未宜汲汲。"此材料足以明证，吴仲木与陈确诸人确实商议过再举证人会一事。赵园言："张履祥对讲学一向取审慎态度。"也是十分明确的。我之所以同样再提旧材料，是要再加详述其间时间序列与事迹经过间的因果关系。顺治十年【鲁监国八年（1653）】是期间转折最为重要的一年，原因所在是与鲁王之存继有关，黄宗羲《行朝录》《鲁王监国》所记"七年壬辰（1652）"条目，并无鲁王相关事迹。"八年癸巳（1653）正月戊辰朔，上在金门。""三月，上自去监国号。"极其简略，鲁王虽是于癸巳（1653）年三月才去监国号，但舟山一役，即行不知所向。吴光考证《行朝录》应是写于康熙年间，是以顺治年间未定稿修撰而成。因此，即便在康熙年间重新书写鲁王事迹时，仍无任何可供参考的事迹可用，足见鲁王亡命海上，几是隐密行动。值得注意的是，《海外恸哭记》中所记："六年辛卯（1651）春正月已卯朔，上驻舟山。"另记："七月二十四日，大星坠地。"八月后，记："上发舟山，御舟泊道头。""丙寅虏寇舟山。九月丙子，城陷。"吴光在《附录：黄宗羲遗著考（二）》中判断："可知此《记》当在宗羲由舟山归家以后所记。"吴光的推断颇是，其引用："其自序称：'舟山以后，羲所未详。行朝之臣，必有同志者。'"这说明黄宗羲在写《海外恸哭记》时，黄宗羲完全不知鲁王下落，所以只能记到舟山城陷。事实上，黄宗羲之所以如吴光所言："对鲁王复国事业犹存希望"这是基于清廷并无任何消息所致。但舟山一役，以经伤及监国的恢复事业，是明显可知的。所以，黄宗羲特别提及"大星坠地"一事，这下意识的书写，反映出时人对于大局的判断。全祖望《明兵科都给事中董公神道表》言及关键，其言："监国始于绍兴，终于舟山，其后飘泊海中，无能为矣。"可知，浙东一地的乡绅子弟与诸儒所关心及所系都指向浙东一地消息是以"行在"之所在为关键，舟山一役关键鲁王存亡，在鲁王六年（1651）九月后，舟山为清所陷，鲁王已经不知所向。《陈干初先生年谱卷下》在"顺治九年【即鲁王七年壬辰（1652）】"条记有："三月，至山阴访刘伯绳。"陈确此行甚为重要，这是鲁王失陷"行在"之后，不及三个月，陈确有越城之行。陈确此行的动机并未在《年谱》中有所显示，但由其引文可知，陈确的拜访，主要是与刘伯绳商议如何承继刘宗周之学的大事有关，引文"当事者……求先生之遗书而梓之，固弗与。某拜而请之，则尽出以示之，洋洋十余万言，已装潢成帙矣。"主要所论是与编辑刘宗周遗书有关。又由事后之事来看，当时陈确与刘伯绳应该论及集聚刘宗周门人弟子春祭一事。之后，才有来年四十门人齐聚古小学春祭之举。据《见闻录》知，壬辰（1652）冬，张考夫也前去拜访刘伯绳，陈确因病不能成行，并有《怀诸同病》诗，所以张考夫与陈确、吴仲木在壬辰与癸巳年间先后拜访刘伯绳。其中商议之事，包括编辑刘宗周遗书、证人会复举以及兴复大明圣学的议题。关于证人会的复举，以及张考夫所言："恐未宜汲汲。"的讲法，确实让人不解。陈确在刘宗周、祝开美相继引义后，来年即有"同人之会"，隔五年，其中同人陈枚则另举省过之会，《年谱》引《省过录序》言："岁己丑（1649），观潮之日，犹子枚植会于黄山，干初道人自泥桥疾走二十里视之。诸子欢相迎，证我以盟书，又次第陈《日史》于前。直会廉《日史》所犯之多寡轻重而差其罚。《日史》无欺已之言，司罚无阿众之笔。此吾向者山阴先生之教也。予小子不克奉行，而绪子能力行之，先生其为未死乎！吾与有荣施焉。"可见陈确在其乡里，子弟已有奉行证人省过的实证躬行之会。癸巳

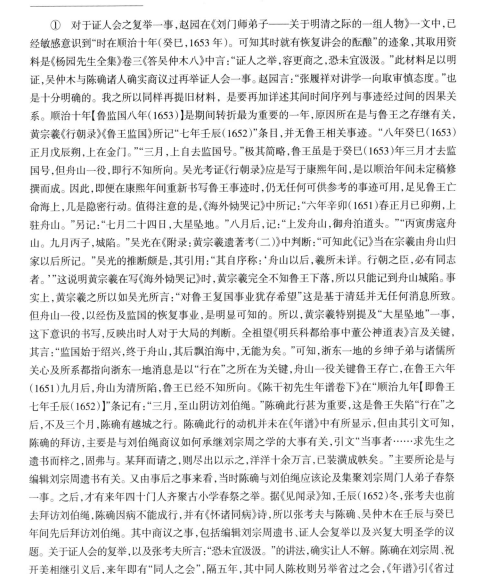

晖淡越城，先生木主昼堂清。”是与昔往证人会诸生齐聚共论的对比。一方面则指出诸生“不赴试”的共同心志，“鲁诸生”是极为关键的指涉，陈确是暗喻刘宗周死前所指的“鲁”字，其“本注”所言：“时值诸及门春祭，诸生自鲁国之逊，并不赴试。”则是对于所喻之事的进一步说明，以免因时间转移而因果湮灭。为“鲁王”之存继而赴命义守，“鲁诸生”是相应于刘宗周死节及证人诸及门弟子以义相守的不宣之义。①

但陈确所陈最重要的新意是“儒风自昔推东浙，圣学从今溯大明”。这是“同门之士四十余人于古小学”在“明”与“鲁”后的承继意识，明亡而鲁灭，能够存继的在国亡之后，证人弟子对于存继的意义有一新共识，“明”之所存的真正意义是“圣学”的承继，而其之所以在“浙东”一地，并非偶然而致。因此，以明之学术为存继之义，就成为证人及门弟子间所共同承担的新使命。如何兴复大明圣学之功，浙东何以儒风不绝如缕，是陈确在学术定位上的新命题，是国亡失土之后，其明土之士如何承继，这成为后蕺山时期的新起点，直接导致证人会之复举、《明儒学案》之编撰与《宋元学

(1653)年，张考夫举葬亲社，其过程为“岁会者，集葬社中人，集四方观礼之士；延有学行者宾事之，先生为主。悬孟夫子于中堂，考钟伐鼓，行士相见礼，讲学、读法，成礼而退。”张考夫举“葬亲社”与“汲汲”论之证人会之复举。是果如：“昔人修山阴先生祠堂，慎选弟子以配食，凡三十余人，其煊赫著名如桐乡张考夫先生者，且不得豫”的原因之一。

① 对于不赴试一事，《吕留良年谱》所描述的现象可以作为一个比对。《吕留良年谱》顺治十年（一六五三）癸巳条记有：“是年先生始去应试考，考取邑庠生。《行略云》：‘癸巳，始出就试，为邑诸生，每试辄冠军，声誉籍甚。’”《行略》又言：“时同里陆文若先生方修社事，操选政，每过先君，虚左请其共事。先君一为之提倡，名流辐辏，玳瑁珠履，会者常數千人，女阳百里间，遂江上为人伦奥区，诗筒文卷，流布宇内，人谓自复社以来，未有其盛，如金沙娄东，而先君意不自得也。”吕留良三兄吕季臣原主持澄社，与复社通声气。后吕季臣于顺治七年左右过世。是所以陆文若“虚左请其共事”，与其家世故交关系为深。这显示明亡之后，江南应举事态的实际状态。陈确有拒绝千人社事邀清之举，是当世真正情事。这中间是出处问题的关键，也是明清之际对待清之民与明遗民有其不同举措的关键所在。这中间特别值得留意的是陈确削籍儒生为农一事，与吕留良应试两肇，实则一为清民，一为遗民。这两肇与其际遇之等差有所以然的缘由在，与清明之际的社会构成有密切关系，这社会结构构成模式的差异，同样构成外缘于清际学术转向的社会脉络，这仅其现象所示之一隅。

案》之继完。

六、明月冈头人共见：大明之斯土到精神承继的转换与《明儒学案》

对于“儒风自昔推东浙，圣学从今溯大明”的承继意涵，核心的关键是从物质化的大明“斯土”观转向所谓的精神承继。明朝覆亡最基本的存继问题是“王”的替代，并随着“莫非王土”的消逝而随之消逝的是所有物质性意义的转替。发式、衣冠、朝服、朝色以及整个制度上的变化，语言使用的变化，甚至是生活中的举动行为都已经开始逐渐进行着“局部性的全面更替”①。因此，随着鲁监国舟山一役之不知所向后，证人会诸子开始面对明朝物质化部分必然会消逝的事实，同时又必须面对朝代更替与随之而来物质性上的转变，面对不认同之异族与政权要如何承继大明所具有的核心意义。如前所述，陈确之所以言及“圣学从今溯大明”的意义，就是定位在明朝所应承继的部分，正是刘宗周承继浙东一脉而来的“圣学”传统。这以明之圣学作为明朝精神之承继的信念，正是后蕺山时期所共同承当的共识。

在黄宗羲所撰《高旦中墓志铭》中，最能看出其与陈确同调之密。《高旦中墓志铭》有一段引发黄宗羲与吕留良互龃的论述，互龃但可归因于吕对遗民心志之不解，但却可见及黄宗羲与陈确内心所及之志。其论为：

> 明年，过哭旦中，其兄辰四出其绝笔，有：“明月冈头人不见，青松

① 所谓“局部性的全面更替”，是指在明朝制度的结构物上进行制度结构物中每个构成元素的转换，结构物依稀是原来的样子，但在每个构成其结构的环节，构成的物质性事物都以结构性的运作进行全面性的替代。所以从每个构成元素都是结构物中的一个局部构成物，但依照制度的运作模式来看，这局部的替换又是全面性的更替。这是明清朝代之替换上较为凸显的核心问题，也是身处于当时替换境遇中极易识别的物质性特征，这原是视觉上辨识的判准，若未能见诸文字，则此一判准将随之视觉物质基础之消逝而随之消逝。

树下影相亲"之句,余改"不见"为"共见"。夫可没者形也。不可灭者神也。形寄松下,神留明月,神不可见则堕鬼趣矣。旦中其尚闻之?[①]

包赉《吕留良年谱》的解释已洞及关键,认为"他说的明月就是那胜国的明朝,他说的青松就是新兴的统治者清朝,'青'和'清'同音,故借来作为隐语。旦中所做的'明月冈头人不见,青松树下影相亲'……意会这两句诗就是复明还未实现,我人已先死了。这就是'出师未捷身先死,长教英雄泪满襟。'的意思。"[②]姑且不论高旦中真正诗意,包赉所论"隐语"一词的指涉,是可直接参解黄宗羲改"不见"为"共见"之意。黄宗羲言"形寄松下,神留明月"这两句的意义,是指涉明亡后遗民、或普世之民的形躯可以寄寓于清廷统治之下,而其之所以可以寄寓者,是基于"神留明月"的承继,如包赉言之"明月"正是指涉"明"字,是"神留明月"就是明之神留于形躯,以明神的形躯寄寓于清廷之下,这是黄宗羲言言"形寄松下,神留明月"的深意。用现在的语言描绘,"形"就是构成物质化的有形事物;而"神"则是信念的构成,是构成价值与意义、形成判断与决定行为与行为意义的总和,就是精神的承继。"形寄松下"是个体在清廷所属物质化事物所组构而成的有形世界中的生活;"神留明月" 是指个体如何以明朝圣学所构成的信念与价值进行精神的承继。

黄宗羲言"夫可没者形也。不可灭者神也",更涉及"神"所具有的"不朽"意义,所有具有形体的物质性事物具会毁坏败亡,所以"可没者"就是毁坏败亡的"形"。但"神"就是精神性的部分,是"信念""价值"所构成,这精神性的构成是不会随着事物败坏而随之毁坏,所以"不可灭者神也"恰是真正应该承继的部分。这意义上,更加具体的描绘,就是陈确所指称的"圣学从今溯大明",明际所承自孔孟宋儒而来的部分,正是不会毁灭败坏

① 《黄宗羲全集》(第十册),第317页。

② 包赉:《吕留良年谱》,商务印书馆,1936年,第76页。

的“神”。

黄宗羲在看到高旦中的绝笔时，知道其心志所寄是以“明”之遗民同志为念。绝笔所言：“明月冈头人不见，青松树下影相亲”之意，是表述明之遗民之所以在清廷下仍能“影相亲”，是基于人所不能见及的“明月”仍然遥挂天际所致。这诗句已然表明同人、同志之所以能如“影相亲”般的亲近，是基于共同拥有的“明”月所照。所以高旦中所言的“明月”是清际已为人所遗忘，但却未能意识到其缘由的状态。但却是指向同志之所以能相亲是所共有的“明”。但对于黄宗羲而言，这是指向人所能共见的明之精神，所以改“不见”为“共见”，直接要指出“青松树下”之能够“影相亲”的原因是所共有的“明”之精神。这也说明“神不可见则堕鬼趣矣”的真正意思，因其“不见”“明”的圣学精神，则应是无神之形躯，如此是“堕鬼趣”者也。黄宗羲改为“共见”之因，透显黄宗羲对于明之精神应如何能够“共见”的积极心态，若相应于《明儒学案》的编撰，其与陈确所言者更几乎已呼之而出。

由这可知黄宗羲更改“共见”缘由，其实是呼应高旦中转向明遗民的转变，黄宗羲言：“旦中锐甚。闻余之言即偏求其书而读之，汲深解惑，尽改其纨绔余习，衣大布之衣，欲仿岸颓俗。与之久故者，皆见而骇焉。”所谓“大布之衣”是指明际之衣裳，所以其故人会“见而骇焉”，正是其身着明衣之故。实是涉及高旦中是以明之遗民自处的事实，黄宗羲改“明月冈头人共见”一句，呼应高旦中以明之精神承继为立身处世之转变，而成为共此精神下的“影相亲”之同人。可惜吕留良未能深识此中精神及立意，但这同样说明所谓“隐语”之密，实是清初明遗民同人间的不传之密。

黄宗羲所谓“不可灭者神也”是“圣学从今溯大明”的抽象意义，两者对于承继明之学术恰有异曲同工之妙。黄宗羲《明儒学案·序》中言：“羲为《明儒学案》，上下诸先生，深浅各得，醇疵互见，要皆功力所至，竭其心之万殊者，而后成家，未尝以懵懂精神冒人糟粕。于是为之分源别派，使其宗旨历然，由是而之焉，固圣人之耳目也。”[①]“圣人之耳目”可以说明《明儒学案》与“圣学”的关系，黄宗羲特引贾若水所言：“此明室数百年学脉也，可听之埋没乎！”黄宗羲弟子仇兆鳌序《明儒学案》言：“孔、孟之学，至宋儒而大显。明初得宋儒之传者，南有方正学先生首倡浙东，北有薛敬轩先生奋起山右，一则接踵金华，一则嗣响月川，其学皆原本程、朱者也。独天台经靖难之余，渊源遂绝。自康斋振铎于崇仁，阳明筑坛于舜水，其斯道绝而复续之机乎！”[②]直接明言《明儒学案》所撰是孔、孟之学，而此学脉由宋儒与明儒所接续。其中所言：“方正学先生首倡浙东”及“阳明筑坛于舜水”是特论浙东学统，又与陈确所言“儒风自昔推东浙”相表里。

因此，陈确与黄宗羲所言的“儒风自昔推东浙，圣学从今溯大明”与“形寄松下，神留明月”或“明月冈头人共见，青松树下影相亲”是在后蕺山时期的共通心志。若按时间序列来看，证人会复举于古小学是康熙六年(1667)、高旦中墓志铭撰成是康熙九年(1670)、《明儒学案》撰成于康熙十五年(1676)，越地古小学证人会复举已是“人共见”的实践，此时更包括《明儒学案》的编撰。

黄宗羲在康熙三十二年癸酉(1693)年《序》记有：“余于是分其宗旨，别其源流，与同门姜定庵、董无休操其大要，以着于篇，听学者从而自择。”[③]可知《明儒学案》的编辑之地是以绍兴古小学所在地为主，原因是姜定庵与董无休也同时编撰刘宗周遗书，绍兴古小学即是“圣学”承继的所在地。而此序更透露，《明儒学案》除黄宗羲外，姜定庵与董无休也一并共同抄录。这意味着《明儒学案》的编撰，实可确知起自于证人会诸同志。陈确所言“圣学从今溯大明”实是证人会诸门人重要共识，而其实践实功除证人会

① 《黄宗羲全集》(第七册)，第4页。

② 沈芝盈校点本的《明儒学案》收入各家、各版本的《序》，收录最为完整，仇兆鳌的序引用自中华书局，1985年版本。

③ 《黄宗羲全集》(第十册)，第76页。

复举的讲会外、蕺山遗书与《明儒学案》的编撰才是承继明之圣学的核心工作。因此，环绕在越地古小学证人会的讲会，主要是以明际学术宗旨及源流为主，其重要性不以讲会之讲论为主，反以判定蕺山救正浙东学术的圣学承继为主，其以同人同志间、蕺山之学与明际学术间的承继与文献的考订为主，这是承继明之圣学的首要工作。

因此古小学证人会是以蕺山遗书，《明儒学案》与孔、孟及宋、元间学术源流与承继关系为主，黄宗羲晚年与子百家商订《宋儒学案》与《元儒学案》之修撰，实是预备完成圣学承继的最后工作。但若以这三件核心工作来看，继完这三事几乎是全祖望之心志所在，这相联系的心志从陈确、黄宗羲及证人诸同志而下，几乎可以毫无间隔地过渡到全祖望，所以其在学术之承继与心志之所向上是一致的，这是全祖望之所以使用“瓣香”与“遗绪”诸词之实义所在。

黄宗羲之所以复举证人会的原因所在，既攸关一段大明精神的建立，更相涉于浙东一地学术脉络重要启承间的承继脉络。《明儒学案》是此段精光文献的剖析与分判，以阳明之学视之，浙东余姚是明际之所以成为继承圣学的关键；以刘宗周视之，刘宗周证人会是以浙东之学救正浙东之学的关键，而在明清交替之际，浙东忠节是证人首功、继之以拥护鲁王监国，此番证人工夫是黄宗羲身处后蕺山时期，意图复举证人会的立意精神而恢复的共同信念。《明儒学案》与刘宗周遗集编撰是这一时期的成果，《宋儒学案》则是根据刘宗周对于宋儒的构想。厘清宋元之际的脉络源流，黄宗羲承继枝叶源流脉络，继续进行的是《元儒学案》的工作。但黄宗羲之后，同样形成与刘宗周之后所类似的后南雷时期，但显然其共同价值与信念的部分更形剥落，后南雷时期正如全祖望所言的处境：“百年浙学久坠地，石梁薪火亦荒烟”浙东的明际学术、文献与一段精光的史实在今世已经零落殆尽。但值得注意的是，其知识分子间的网络与信念仍然存在于整个浙东的关系脉络之中，即便是这些社群的关系仍在，但原初构成浙东学术的真正学术的核心内容却已无法回复，尤其是承继蕺山与黎洲而来的宋明之学，这部分之承继，全祖望即将成为浙东学术建构之功臣，此建构脉络如何承继与构成，实与浙东知识社群间关系脉络的构成有着密切的关系。

天理人欲之辨与陈确(1604—1677)的国家意识

解 扬

(中国社会科学院古代史研究所)

一、天理、人欲之辨的脉络

天理、人欲之辨是宋代以后才开始成熟的重要哲学论辩,也是哲学史上的核心议题之一。将这两个概念一并提出,进而考辨二者关系,最早可以追溯到《礼记·乐记》中这段关于人之本性的论断:

> 人生而静,天之性也;感于物而动,性之欲也。物至知知,然后好恶形焉。好恶无节于内,知诱于外,不能反躬,天理灭矣。夫物之感人无穷,而人之好恶无节,则是物至而人化物也。人化物也者,灭天理而穷人欲者也。①

这段话以四个递进的层次,诠释了人之本性,颇具辩证性。言者在认定人之性属静之后,对人受到外物习染的情形,提出了感而动、成好恶、反躬自

① 郑玄注,孔颖达疏:《礼记正义》(卷三七),北京大学出版社,1999年,第1083~1084页。

己和存理灭欲这一系列因为伴随道德判断而生发出复杂性的环节。由此，引发了后世对天理、人欲及其关系的不同理解。

这段话虽然认定“静”是人的本性，对其本质却并未深谈，对这一本性的表现也未涉及。论述中关注的侧重，在于人受感于物而生发出的系列问题，包括感物而动及由此生成的欲，重点尤在于因无节不能反躬而导致灭天理、穷人欲的恶果。这提示了一个有趣的现象，即论者对人纯然的本性，往往视之为必然而然，因此在关切的程度上，比起并不必然如此的受外物所诱、不能反躬的各种人化物之情形，反而逊色。这一点无论是出于言者的警惕性，还是基于对人欲复杂性的认识，在不同时代的思想家身上，都有类似之处。周敦颐认为无欲是成为圣人的条件。他在孟子寡欲说的基础上，提出应该由寡欲进而为无欲。张载从天理人欲对立的角度，说“上达反天理，下达循人欲者欤！”“烛天理如向明，万象无所隐；穷人欲如专顾影间，区区于一物之中尔。”[1]这是说天理昭彰，遵循天理，自是当然，穷人欲却是舍本逐末，难以把握事物本质。“区区”一句，已然可见张载对二者高下的判别。程颢、程颐对天理、人欲之别作了更为清晰的界定。“‘人心惟危’，人欲也；‘道心惟微’，天理也。”[2]这段话成了之后将人心视为人欲，天理等同道心的标准论述。二程还曾说：“人心莫不有知，惟蔽于人欲，则亡天理也。”[3]既将人欲视为能影响天理的对立面，同时赋予了人欲以更多的主动性和关注度。也即，在天理人欲的关系中，仍然是人欲损害天理的问题，更为引起二程的注意。

朱熹在二程的基础上，进一步丰富了对天理、人欲关系的理解，同时厘定了天理人欲和人心道心的关系。他不同意二程将人心等同人欲、道心等同天理的简单绝对二分法。朱子认为人心不全是人欲，人心有善有恶，

---

① 张载：《正蒙·诚明篇第六》，载章锡琛点校：《张载集》，中华书局，1978 年，第 22 页。

② 程颢、程颐著、王小鱼点校：《二程集》，中华书局，1981 年，第 126 页。

③ 《二程集》，第 123 页。

“尧舜不能无”;道心是天理,“桀纣不能无”。“盖人心不全是人欲,若全是人欲,则直是丧乱,岂止危而已哉!”[①]朱子在坚持用道心指导人心的同时,扩大了人欲的范围,主张“天理人欲,无硬定底界”,认为“人欲隐于天理之中”[②],“人欲中自有天理”[③]。在朱子眼中,凡是对人欲的追求超出了人赖以生存的物质前提,就是伤害天理;若是维持生命的基本需求,例如饮食,就属于天理的范畴。也即,朱子主张禁止的,是人的私欲、贪欲和纵欲。陆九渊在天人合一的原则下,也不赞成天理人欲的分别。他说:“若天是理,人是欲,则是天人不同矣。”[④]叶适也说近世学者论学,“以天理人欲为圣狂之分”,是“择义未精”。[⑤]实际上,这不仅提升了人欲的地位,更是对人欲采取了较为客观、包容的态度,视之为基于人性的合理范畴。

对人欲表示了特殊关注的,还有与朱子同时代的张栻。他从天理人欲之分的角度讨论“敬”,也是从负面入手,认为人欲是破坏因素。他说:“若何而能敬?克其所以害敬者,则敬立矣。害敬者,莫甚于人欲。自容貌、颜色、辞气之间而察之,天理、人欲丝毫之分耳。”[⑥]这是认为人欲是破坏因素,但可辨可感,若仔细体察,便能让其无所遁形。

在明代,理欲论也是核心议题。薛瑄在《读书录》中说:“为学之要,莫切于动静。动静合宜者,便是天理,不合宜者,便是人欲。人心一息之顷不在天理,便在人欲。未有不在天理、人欲而中立者也。”[⑦]依然是将天理人欲视为截然对立、此消彼长的对立状态。王守仁对“去人欲,存天理”也多有讨论,且强调二者的对立。他在理欲论上强调天理,目的是说明心的本体

---

① 黎靖德编:《朱子语类》(卷一一八),中华书局,2011年,第2864页。

② 黎靖德编:《朱子语类》(卷五三),第2034页。

③ 黎靖德编:《朱子语类》(卷一三),第355页。

④ 陆九渊:《陆九渊集》(卷三四),钟哲点校,中华书局,1980年,第395页。

⑤ 叶适:《习学记言序目》(卷二),中华书局,1977年,第24页。

⑥ 张栻:《南轩集》(卷一二),文渊阁《四库全书》(第1167册),上海古籍出版社,1987年,第528页。

⑦ 黄宗羲:《明儒学案》(卷七),中华书局,2008年,第113页。

性，因此说“心体纯乎天理”，“存吾心之天理”，借此论证“心之本体，即天理也”。[1]

由上述分析可见，对天理人欲问题的讨论，承认二者的对立性是中国历代哲人的共识。即使对人欲的认识包含了理性化的成分，但仍然不能因此影响天理的纯粹性。与侧重天理人欲的对立性相关，历代思想家都会将君子小人之辩纳入讨论；至少在明代中叶以前，重点都在对人本性的探索，很少涉及国家意识的层面。也即，在讨论人的本性与自然世界的关系时，仍然局限于个人与自然的问题，《大学》提示的治国、平天下等问题，尚未成为讨论的实质重点。

但到了明末清初，这一思想传统却在哲学思辨上形成了突破，代表性人物便是浙江海宁人陈确。下文围绕陈确，从他形成理欲论上的突破所需要的发展脉络和结构性因素两个角度，分析他是如何从对天理人欲的关注上，生发出国家意识的。

二、陈确的理欲论与国家意识

陈确将理欲观的讨论扩充到国家意识，关注点也在人欲，但他跳出了二程、朱子肯定人欲的思想脉络，突出了关注国家的新向度。下面这段话是他将哲学思考与国家问题联系起来的核心表述：

> 不必将天理人欲判然分作两件也。虽圣朝不能无小人，要使小人渐变为君子。圣人岂必无人欲，要能使人欲悉化为天理。君子小人别辨太严，使小人无站脚处，而国家之祸始烈矣，自东汉诸君子始也。天理人欲分别太严，使人欲无躲闪处，而身心之害百出矣，自有宋诸儒

① 王阳明：《王阳明全集》（卷五），上海古籍出版社，1992年，第190页。

始也。[1]

陈确的理论前提当然是天理人欲不必区分。仅此一点，已经打破了此前宋明儒者在理欲观上的基本认定。接下来，在与理欲观紧密相关的君子小人之辩上，陈确认为小人可以向君子一方转化，人欲也可以转化为天理。接着，陈确将这一论断落脚于国家，从负面申论。他提出了两条论证，一是从君子小人的关系角度，认为不可将二者区分，否则国家会生出祸乱，东汉便是例子；二是从心性的角度，批评宋儒区分二者，否定人欲，结果导致对心性认识上的伤害。

从陈确的思想体系来看，他从天理人欲生发出对国家问题的关注，实为突破，但作为铺垫的前两段论述，在其思想体系中，却是经常申述的成熟看法，并非偶然一得。陈确历来否定人心中有天理，主张天理依托于人欲，人欲可以转化为天理。因此在这段话的开篇，他说："人欲不必过为遏绝，人欲正当处，即天理也。"与之类似，他还说过："人心本无天理，天理正从人欲中见，人欲恰好处，即天理也。"[2]"天理皆从人欲中见，人欲正当处，即是理，无欲又何理乎？"[3]陈确承认天理、人欲二者的合法性，将天理置于人欲的范畴中，视之源于人欲。但从上文回顾宋明儒者的讨论脉络来看，他并没有完全跳出此前天理人欲的讨论范式，而是在继承二程、张载等人承认天理、人欲各有合理性的观点之后所作的推进。尤其是他主张"向无人欲，则亦并无天理之可言矣"[4]，即足可说明陈确并非意在强化两者对立，而是将天理的形上地位，拉到了人欲的形下地位之下。[5]

顺着陈确主张的人欲包含天理，甚至人欲恰到好处便可以转化为天

① 《陈确集·别集》(卷二)，中华书局，1979年，第425页。
② 《陈确集·别集》(卷五)，第461页。
③ 《陈确集·别集》(卷五)，第468页。
④ 《陈确集·别集》(卷五)，第461页。
⑤ 张恒寿：《论宋明哲学中的"存天理，去人欲"说》，《哲学研究》，1986年第3期。

理的认识，就不难理解小人有可能渐变为君子，甚至为了国家，可以忽视天理人欲之辩的重要性。陈确所谈的“国”，并不属于家、国、天下序列里的国家，而是在一定程度上超越了传统中国从道德权威(moral authority)角度的判断，不仅外在于“个人”，而且有了如谢和耐(Jacques Gernet)对比中、法两国之后，认为传统中国有超越于法国的管控能力之所在。[①]正是基于这种在对国家意义的理解上形成了“由道至器”的转变，陈确能够超脱具体朝代讨论国家问题；而且陈确以汉、宋两朝为例，说明他也并未以王朝更迭为意，而是将国视为与一己之身心对立的概念范畴。

那么陈确宁可不顾天理人欲之间的冲突也要关注国家问题的意识，有哪些结构性的思想突破作为基础呢？揆诸其思想，即陈确在对“我”、君子与小人、公与私这三组概念上所作的递进式辩证大概有如下的三个方面。

首先，他借拉进“我”与“君子”的距离，突出了“我”的主体性，消融了君子对于小人的超越性。他在《辰夏杂言》中，有这样一段讨论“怒”的话：“吾辈处今日，有何可怒，不过小小不平之气所干。”[②]“所不胜忿怒者，只有二病：一自是，一自卑。”[③]无论是自是还是自卑，“我”跟君子都有距离。对这两种态度，陈确说：“是己则非人，故易怒。自卑则尊人，以庸众自居而以无过之君子望他人，天下安得皆无过之君子耶！则不胜其怒矣。故学者直须自尊自贵，时时以圣贤之道自责，既不甘自卑，必不敢自是。”[④]陈确这番话，明确将“我”置于超越君子小人之辨的范畴之外，他甚至直指圣人，推崇孟子所说的“舜，人也，我亦人也”。[⑤]

---

① Jacques Gernet, “Introduction” in Stuart R. Schram, ed., *Foundations and Limits of State Power in China*, Chinese University Press (Hong Kong) and School of Oriental & African Studies (London) 1987, P.xxii.

② 《陈确集·别集》(卷一)，第416页。

③ 《陈确集·别集》(卷一)，第417页。

④ 《陈确集·别集》(卷一)，第417页。

⑤ 《陈确集·别集》(卷一)，第417页。

陈确虽然强调了“我”的主体性，但并不否认由自是或自卑的自我所生发出的“怒”具有客观性。陈确转换了着眼点，从“公与私”的角度申论，反对仅仅从个人立场上作分类判断的主张。从他的相关论述中，我们可以体会他超越一己之私，进而谈论天下国家之“公”的思想进路。陈确接下来认为，“怒”可以分为“公怒”和“私怒”，两者的区别是“私怒决不可有，公怒绝不可无。公怒为天下国家，私怒只为一己”[①]。这说明陈确已经清晰地厘定“一己”是处在与“国家”对立的地位上，而且这种对立是超脱于君子小人之辨的。这样一来，在陈确的思想体系中，在承认个体超越性的前提下，顺利完成了从一己之私到为国之公的转变。为了让自己的观点更明确，陈确接下来还澄清了在处理宗亲事务上可能含混的公私之别，从中可见他侧重在“国”而非“家”。他在辨析“在一家者，亦莫是私怒否”[②]的疑问时，主张对于宗族中“欺孤暴寡等事”，即使身份卑微，也要“力请诸尊长而公言之”，寻求公开而公正地解决之道；“虽为宗戚朋友，亦属己私边事”。[③]

在陈确的思想体系中，区别了公与私，也就分辨了国与己。国与公、己与私，在陈确看来，是彼此差别明确又互相关联的整体。陈确摒弃了自是或自卑的判断标准，实际上是排斥了一己之私，究其根本，与上文所论他力主消弭天理人欲、君子小人的判断，是秉持同一原则而并不彼此矛盾的。

三、陈乾初国家意识的思想渊源

陈确是明末清初思想界有突破性贡献的代表人物。他公开怀疑《大学》《中庸》，在五十一岁时撰写《大学辨》，对于理学传承形成了巨大冲击。但陈

① 《陈确集·别集》(卷一)，第418页。
② 《陈确集·别集》(卷一)，第418页。
③ 《陈确集·别集》(卷一)，第418页。

确的思想并非一蹴而就，老师刘宗周对传统儒学的思辨和创获，对他从天理人欲之辨的范畴中拓展国家意识问题的讨论，起到了重要的助推作用。

对于刘宗周给自己的影响，陈确曾说："山阴先生曰：'生机之自然不容已者，欲也，而其无过无不及者，理也。'斯百世不易之论也。"这一论断当是陈确理欲论的思想基础。刘宗周此处说的当生机无过无不及时，即是说恰到好处，欲也就成了理，究其根本，与陈确认为人欲正当处或者恰到好处时便是天理的观点，实际上完全一致。而且，从陈确在批评周敦颐近禅的《无欲作圣辨》中强调"欲是人心生意，百善皆从此生，止有过、不及之分，更无有无之分"来看，陈乾初对人欲的理解，完全继承了刘蕺山。那么是如何从蕺山理欲论的思想，发展到陈确讨论的国家意识呢？

在蕺山看来，天理和人欲是互为消长的关系，"减一分人欲，便曾一分天理"[①]。他沿着王阳明的良知说，认为阳明谈论这一问题是从"天理"推出"存天理、遏人欲"，由此得出"良知"的思路。[②]对于何为"良知"，蕺山从天理人欲关系的角度解释道："良知之在人，本是惺惺。从本体上说，即天理之别名。良知中本无人欲，所谓人欲，亦从良知受欺后见之。其实良知原不可欺也。"[③]辨析其含义可见，第一层是从本体论的角度，视良知等同于天理；第二层从理欲论的角度，认为天理本不包含人欲，人欲是良知/天理受欺后所见；但由于良知本不可欺，人欲又客观存在，因此相对于良知，人欲处于主动。对比上文的分析，可知陈乾初在理欲论上与蕺山有内在一致性，也可以说是蕺山的理欲论为乾初突破藩篱，论及国家意识奠定了哲理基础。

理欲论之外，蕺山的思想体系也为乾初提供了思想资源。在本体论上，蕺山的理气论首先提供了重要的解释思路。他坚持"气"本论，认为气外无

---

① 《刘宗周全集》(第五册)，浙江古籍出版社，2012 年，第 437 页。

② 《刘宗周全集》(第五册)，第 52 页。

③ 《刘宗周全集》(第三册)，第 261 页。

理，理在气中，“有是气，方有是理”[1]。进而，蕺山认为“道不离器”，“凡道理皆从形器而立纪，不是理生气也”。[2]至于何为“气”，蕺山指出：“阴阳之气一也，而其精者则曰神与灵，其粗者则物而已。精气者，纯粹以精之气，道之形而上者是也。……人物之生，莫不本乎阴阳之气，则莫非神之所为，故以为品物之本。”[3]人既然是本于气而生，……而且，“气”既然是天地万物的根本，便会衍生出各种器物：“天积气，气浑然而运则圆；地积形，形块然而处则方。”[4]并且，“器外无道也，即变通即事业，皆道也，而非离器以为道也”[5]。无论从蕺山的气本论，还是他的道不离器论，都能找到陈乾初认为天理在人欲之中并依托于人欲的理论渊源。

正因为道在器中，蕺山从自然人性论的角度，坚持人生之本性是人的自然特性，是心能思、耳能听、目能视的自然特点。他进而主张气质之性和义理之性俱善：“气质之性即义理之性，义理之性即天命之性，善则俱善”[6]。在视义理之性、气质之性合二为一这点上，蕺山的看法无疑也为陈乾初不主张辨析天理人欲的观点提供了理论资源。蕺山曾经明确提出“人心、道心，只是一心”[7]，心之所以为心，“非以人欲为人心，天理为道心也”[8]。对于应该如何权衡两者，刘宗周明确从公私角度，提出了具有突破性意义的见解，他说：

> 天理人欲本无定名，在公私之间而已。[9]

---

① 《刘宗周全集》(第三册)，第 369 页。
② 黄宗羲：《明儒学案·蕺山学案》，中华书局，2008 年，第 1564 页。
③ 《刘宗周全集》(第二册)，第 562 页。
④ 《刘宗周全集》(第二册)，第 560 页。
⑤ 《刘宗周全集》(第一册)，第 223 页。
⑥ 黄宗羲：《明儒学案·蕺山学案》，第 1558 页。
⑦ 《明儒学案·蕺山学案》，第 1583 页。
⑧ 《明儒学案·蕺山学案》，第 1556 页。
⑨ 《刘宗周全集》(第三册)，第 327 页。

认为天理人欲并无定名，与陈乾初不必将天理人欲判然两分的观点简直如出一辙；对看待天理人欲的角度，认为无非是出发点上的公私之别，又几乎与乾初所关心的要消除带给国家的祸患的思路一致。

在蕺山、乾初师徒的思想脉络之外，我们还可以在朱子哲学中的“公共性”问题上，发现其中一脉相承的因素，只不过蕺山所论又不同于朱子在强调“道”的普遍性时为公共性所做的本体论贡献。如果沿着朱子的思路，天理为公，人欲为私，公的天理必然压倒私的人欲。但是，蕺山从本体论上已经消解了天理对人欲的优势，进而从人性论上弥合了两者的距离，只给天理人欲的讨论留下了公私之别这一个领域作为突破口。在朱子主张通过个人修养提升道德能力的思想基础上，蕺山进而通过“慎独”说，将视域从个人延展到了外物世界，提出“君子由慎独以致吾中和，而天地万物无所不本、无所不达矣。达于天地，天地有不位乎？达于万物，万物有不育乎？天地此中和，万物此中和，吾心此中和，致则俱致，一体无间”①。在蕺山之后，陈乾初并未沿着朱子的思路，走个人的伦理进路，将公共性落实于个人的“仁”，也没有取“推己及人”的个人修养公共化路径。相反，他话锋一转，将重心放在了《大学》提示的八条目的终极目标国家问题上。因此，陈确从天理人欲角度讨论国家意识，是在朱熹、刘宗周思想贡献的基础上，跳出了个人修养的传统思路，提出的对于国家稳定和安全的思考。

四、陈乾初由理欲论转向国家意识的意义

晚明党争激烈，有士大夫意识到若继续执着于天理人欲、君子小人之辨，会令时局更加危险，但对于该如何措意落脚，却并未达成共识。

明末陈子龙即认识到“惟君子小人之是争，此最国家之大祸也”，但他

① 《刘宗周全集》(第三册)，第270页。

认为解决问题的关键是人主能“辨人臣之邪正”。一旦“国家不行而有朋党之祸，为人君者惟有速去小人，……独用君子，以责其成效可也”。他虽然将天理人欲、君子小人之辩的危害提升到了国家安全的高度，但却将解决问题的期望寄托在君主身上，既未意识到消弭相关论辩的意义，也未涉及消除论辩的可能性。究其根本，他是出于现实性的眼光，故而未能触及天理人欲之辩自身的哲理层面。因此当陈子龙谈及东汉和赵宋的历史教训时，得出的结论也逊与陈确。他认为从东汉的史事可见，“若徒愤人臣之私交，而务破其党，则君子必败，小人必胜，而祸及于社稷”；宋代的史事则说明了若君子小人“两无所信”，“则国家徒受小人之患，而不得君子之用，卒至于小人大胜而君子大败，国亦随之”；若君子小人各为党而相争，则“朋党之名必在君子，人主之所恶亦必在君子”。[①]所做申论，仍然是从君子小人两相对立的角度阐发，思路实际与上文所论在在天理人欲之辩中侧重人欲的观点毫无二致。

晚明沈懋孝认为，“君子小人虽悬若霄渊，而为国、为道、为爵禄、为意见之一念，其中甚微。有难遽以一节一事辄为张大粉泽，形之奏简，指陈别白之者”。既然君子小人彼此不远，自负为君子的阵营也不固定，因此彼此争胜，“各主其党，各奴其敌，不肯平心为国家论议”，于国家无益。[②]沈懋孝所说，实际上揭示了当时士大夫意识到了对天理人欲的辨析可以松动，但两者的区别无法清晰厘定，也并未通过对两者的辨析形成改善国政的助力。

此外，认为天理人欲之辨可以忽略，突破口则在人欲一方，例如明末杨锵认为“君”的权力即依托于“人欲”，“人主所以鼓动天下者，爵禄富贵也。使爵禄富贵不足以鼓动之，则人主无权矣”。[③]这是从国家、君主角度肯

---

① 陈龙正：《安雅堂稿》(卷九)，载《续修四库全书》，上海古籍出版社，1995 年，第 48~50 页。

② 沈懋孝：《长水先生文钞·复李渐庵中丞书》，载《四库禁毁书丛刊》，北京出版社，2000 年，第 279~280 页。

③ 杨锵：《生绿堂集》(卷一)，国家图书馆藏崇祯年间刻本。

定人欲的观点，说明“君”和“国”有差别，而且肯定了追求爵禄富贵的人欲对国家治理有正面推动作用，实际上是肯定了人欲的正当性。但杨锵所论，仍然未能深入触及国家问题，也未形成体系性的理论突破。又如万历三十五年的探花张瑞图，曾在廷试策论中写道“君子小人不必过于分别”，但并未就此引申出他切实关心的国家问题，相反被讥评“天下将乱矣，人心先坏”。[①]意识到个人的道德修为与国家安全可以有不同权重的刘荣嗣也说：“非元老在位，正气伏邪，世变遂不可知矣。难进易退，非所施于此时。爵禄可轻，道德可藏，国家不可弃，所以须细商耳。”[②]但诸家相比陈乾初，所缺便在于未能在本体论和工夫论上形成对天理人欲与国家关系的结构性论述。

那么陈乾初所论，是否代表了一种时代发展的方向呢？对于一种观点的价值，可以综合时间的维度与思想见诸言行的实践维度进行检验，权衡后出观点对前出者的认可、依循或否定的程度。这一方法对于检验乾初着意的国家问题，同样适用。东林顾宪成有《泾皋藏稿》被收入《四库全书》，四库馆臣为其撰写的提要，为我们提供了一份有力的评价依据。这份提要写道：

> 明末东林，声气倾动四方。君子小人，互相搏击，置君国而争门户，驯至于宗社沦胥，犹蔓延诟争而未已。春秋责备贤者，推原祸本，不能不遗恨于清流。宪成其始事者也。考宪成与高攀龙，初不过一二人相聚讲学，以砥砺节概为事，迨其后标榜日甚，攀附渐多，遂致流品混淆，上者或不免于好名，其下者遂至依托门墙，假借羽翼，用以快恩仇而争进取，非特不得比于宋之道学，并不得希踪于汉之党锢，故论

① 陈宝良：《明代士大夫的精神世界》，北京师范大学出版社，2017 年，第 189 页。

② 刘荣嗣：《简斋先生集》（卷二），北京出版社，2000 年，第 387 页。

者谓攻东林者多小人，而东林不必皆君子，亦公评也。[1]

很明显，四库馆臣也认为君子小人之争对君国无益；对这一恶果的形成，与顾宪成等起事者有直接关系。既然判别君子小人对于国家而言没有好处，而且此处的“君”和“国”已然有所区分，可见在清代中叶的官方权威学术评判中，“国”是一个独立与个人心性休养和道德判断的政治实体。更关键的是，四库馆臣并不认为明清更迭导致了“国”的不同，其感慨和申论完全是站在明朝的立场上。这说明此处所论是抽绎的国之概念，而不是对明朝君主或朝廷的实际所指。

《四库全书总目》是能代表清代考证学兴盛阶段的权威学术看法与政治判断。顾宪成是东林领袖，借君子小人之辩，掀起晚明政坛的巨大波澜，对陈乾初生活的时代和他的思想世界，都产生过实质影响。可以说，顾宪成的时代、陈确的判断和清中叶的反思，不仅形成了一个时间链条，更重要的是构建了一个后先关照，有清晰价值判断的思想线索。从这一线索可见，在陈确的思想中已然清晰显现了一种超脱于个人心性培养的国家概念，而与前此诸儒形成了明确转折。

① 永瑢等：《四库全书总目》（卷一七二），中华书局，1965年，第1513页。

明清儒学研究

湛若水道德哲学中的情感之维

王文娟

（北京理工大学马克思主义学院）

占据西方伦理学中心地位的道义论和功利主义思想，因长期忽视人的社会角色、人格塑造、情感等德性伦理议题所发挥的重要作用，逐渐为人诟病。相应地，儒学将自我德性的完善作为中心关切，注重人的社会角色的践履和社会功能的实现。这些特质的发现在纠偏以往人们对于儒学的刻板印象的同时，也为深入挖掘儒学的现代价值提供了视角。对于情感问题，以往研究则多有忽视，一般认为儒学尤其是宋明儒学高扬道德理性，甚至有以道德超越人情、理性压制欲望的误解。事实上，宋明儒家学者对于情感问题多有关注，其处理大多延续《论语》《中庸》《孟子》的脉络，形成了心、性、情的讨论架构与“中和”“未发已发”等一系列理学独有的话语体系，并将道德意识的培养、道德情感的激励和节制，以及坚定意志的贯彻贯穿起来，用以实现德性的完善这一终极目标。明儒湛若水（1466–1560，字元明，广东增城人，世称甘泉先生）在这一问题上也概莫能外。湛若水将情感这一维度有机地融入其道德哲学整体中，强调道德情感与道德理性始终是紧密联系的，任何道德行为都离不开道德理性和道德情感的参与，尤其关注情感在工夫论中的运用与处理，指出道德理性、情感与意志的协同参与以及相互作用的程度，决定了德性人格的成就与否及其所达致的广度与高度。本文力图呈现其道德哲学中对情感之维的关注与自觉融贯，并为现代社会日益突出的道德问题提供借鉴。

一

湛若水指出“天理即性”①，延续宋儒对“天理”之先天道德根据及价值规范的意义阐明，以此作为行为的目标和准则。在湛若水的理解中，心之本体包含对天理的完整认识，“心只是一个好心，本来天理完完全全，不待外求”②，只因个体气禀所拘，或私欲、情感的障蔽，因而无法始终保持对天理的自觉，只有通过“随处体认天理”的工夫作用过程才能提升道德自觉，使先天所具道德逐渐获得现实性。对“天理”的理解和确信具有动机效应，激发我们在工夫修养层面作道德努力，超越具体气质的局限、去除私欲和负面情感。天理作为体认过程的既定目标而指导、规范整个工夫作用的过程，将体认的各个环节联系起来，使主体逐渐形成对天理的自觉意识并上升至恒定的人格，统摄、规范和制约主体的具体行为，尤其针对不合理的欲望和不正当的情感，此所谓“常存天理，则人欲自去，非谓一边存天理，一边去人欲也”③。

但是情感绝非作为“天理”这一道德理性的对立面而存在，相反，人心本有的道德规范和认知植根于人的“爱敬”之自然情感：

> 问之曰：良知何知矣？则应之曰：无不知爱亲，无不知敬兄可也。知爱敬之真心即天理也，是其同也。……夫天下之道皆原于爱敬焉发之矣。④

---

① 湛若水：《泉翁大全集》（卷七四），钟彩钧、游腾达点校，台湾“中研院”中国文哲研究所，2017年，第1850页。

② 湛若水：《泉翁大全集》（卷六七），第1633~1644页。

③ 湛若水：《泉翁大全集》（卷七四），第1850页。

④ 湛若水：《甘泉先生续编大全》（卷五），钟彩钧、游腾达点校，台湾“中研院”中国文哲研究所，2017年，第100页。

爱亲敬兄便是天理自然处。……惟能由此良知良能扩充而达之，爱其亲以及人之亲，敬其兄以及人之兄，仁义不可胜用矣。①

这是说，天下之道皆原于爱敬而显发，爱亲与敬兄这种普遍的自然情感是所有道德规范的来源与根基。爱亲敬兄的真实情感同时也是天理的自然显发，天理体现在人心上便是这种自然真挚又普遍存在的情感流露。以爱亲敬兄为基础往外推扩，爱己亲以及人之亲，敬己兄以及人之兄，一切道德行为皆以此同情心、同理心为基础展开。湛若水将“爱亲敬兄”这种普遍自然的人类情感作为良知的起点，就如同孟子所举“孺子将入井”的事例所体现出来的，“爱亲敬兄”与“恻隐之心”是我们与生俱来的认识，不是理性推理计算获得的，亦不是从后天经验中得到的，这种可以称为“道德感”的自然情感，“使我们以自然信念的方式直接具备了某些道德态度和信念”。②爱亲敬兄与恻隐之心这种道德情感本身就已经蕴含着一种道德判断在内，同时渗透了道德理性与道德价值因素。它与康德所说建筑在理性判断之上的道德情感不同，不是道德律令对人的心理上的一种影响和结果，③但是它同样对认知与意志的发生、发展提供动力，蕴含着个人的自我道德要求和自我评价，并成为发挥个体主体性的心理驱动，从而调动身心热情与激情。

湛若水指出：“知爱敬之真心即天理”，表明天理既是一种规范理性，又植根于吾人心中普遍具有并自然显现的道德情感。情感是主体意识的内在要素，而这种天然的道德情感结合对持久性规范和原则的认识，就能产生一种持续不断的道德上的动力，从而避免“义袭”之举所致道德动力与活力的缺乏。在湛若水这里，“天理”这一概念是知、情、意的统一，真正、

① 湛若水：《甘泉先生续编大全》(卷二八)，第739页。

② 徐向东：《道德哲学与实践理性》，商务印书馆，2006年，第314页。

③ 康德：《实践理性批判》，商务印书馆，1999年，第76~77页。

完全的吾心之天理流行是仁爱的情感与自觉的理性、坚定的意志的融合与统一,这样既避免了道德理性主义那种过分理智化的倾向,也不是单纯受情感影响的知觉冲动。"天理"这一道德理性与道德情感在我们的道德实践中互相配合发生作用:一方面,天理调节或指导我们的情感、欲望,使之通向行为的合宜与德性人格的完成;另一方面,在立志圣人之学、寻求行为的合理性时,理性为欲望、意志所指向目标的实现服务,同时情感、欲望、激情为道德努力提供支持。理性认知影响、规范情绪和情感,而情绪和情感的发生反过来会进一步影响人们对情境的认知和评价。因此,情感和理性始终是紧密联系的,任何道德行为与实践都不可能只有道德理性或道德情感单方面的参与。

理性认识与情感教育及其相互作用决定了德性人格及其德行的广度与深度,这也使得湛若水之道德哲学体现出一种"深思熟虑"的特质。"天理"不是一个外在的规范,作为"吾心中正之本体"的"天理"深度参与我们的道德实践,关注自我在生活世界的活动的展开,并担负起时刻监视和判断个人的欲望和情感,直接地指导和推动道德行为的发生。以天理为目标和原则的实践关注在实践中转化为一种道德需要,一种体证"人之为人"与完善自我的内在要求,从而决定了道德情感的内容、性质和强度。与此同时,个体自然的道德情感是道德行为产生的基础和依据,这种道德情感的培育和扩充,通过不断地调动人们的热情,强化并催生道德需要,并与理性认知、意向抉择相互渗透、相互作用,服务于德性人格的成就。

二

虽然有"爱敬"之类的道德情感作为道德意识萌发和培育的基础,但现实情感种类多样,其发生与展开也是复杂而多变的,不正当的情感或不合理的欲望时有出现,如何规范和指导情感和欲望,使之自然导向道德,便是工夫修养论的主要内容。解决这一问题，首先需要在哲学体系中澄清情感的来源与发生机制，进而确立其基本的处理原则。湛若水在自己的哲学体系中，用“性”与“情”这一对表示本体与作用的概念来说明。他延续宋明理学的说法，性是情的根据，相对于形上的抽象的“性”，我们只能通过“情”的显发来认识、感知我们的本性，尤其要通过规范、矫正不当之情来证成本性，使之获得现实性。天理是本性中所禀赋的对道德根据和原则的认识，通过规范现实情感、欲望而自然导向道德，使天理成为情感之自然意向、并产生道德需要。此即“正情复性”的真正意蕴。他指出：

心具生理，故谓之性。性触物而发，故谓之情。发而中正，故谓之真情，否则伪矣。道也者，中正之理也。其情发于人伦日用，不失其中正焉，则道矣……心性之失也，情流之也。情非流也，失其中正故流。惟君子立其中正，故情不流；情不流，故性不凿；性不凿，故虚实之体全……孟子曰“勿忘勿助”，其间中正处也。此正情复性之道也。[①]

湛若水用理学话语“未发之中”与“已发之和”这两个不同阶段来关联和统领心、性、理、道与情的关系。概言之，心所具有的根据和原则是性，性接触外物而感发为情；中正的情感是符合道的，反过来不中不正的情感则是不合理、不符合道的，需要我们认真对待。在湛若水这里，心、性、理皆是未发之中，情和“道”是已发，未发之中是情感的先天基础，已发之和是目标状态，个体皆有未发之中，未发时符合中道，已发时情有真有伪，有中正有流偏，已发而中正不偏则是道，发而不中不正则是“情之流”。因此在情感的处理上，既要真挚地流露情感，以避免生硬、冷酷等偏颇，同时情感必须有节制而不泛滥、不过度，这才是真正的合理合情、合乎道德的情感处理方式。

① 湛若水：《泉翁大全集》(卷八)，第246页。

理学话语中的“中和”问题，实质上在理论层面澄清了情感与本性及道德规范的关系，它不针对具体的情感问题而发，但能普遍地运用于指导具体情感问题与情绪的处理。借助于这个架构，湛若水提出对于不当的情感、情绪的处理目标即是“正情复性”。他没有像朱熹那样区分在情感的未发与已发阶段分别做不同的工夫，而是主张以一贯的“中正”标准和原则衡量、制约“情”。在理学语境中，情感问题包括以传统社会五伦（君臣、父子、夫妇、兄弟、朋友）为基础延展至同族、同乡、国人、陌生人之层级序列的不同情感关系的“适当”，也包括一般所说之喜怒哀乐爱恶欲的具体情感与情绪的“适度”。两者在理学家的思考中有着不同的侧重，前者侧重于社会伦理关系，后者则通常体现在个体的心性修养上。良好的个体心性修养是和谐社会伦理关系的基础，同时个体心性修养也必须要向外扩展，实现其在社会生活、伦理领域的现实化。同时，在实际生活中，“适当”与“适度”总是关联在一起的，一个关乎正误，一个关乎分寸，缺一不可。湛若水用“中正”来代指适当与适度，换言之，就是所有这些情感的发出与处理都要符合“中正”之道。“中”在理学话语中具有多重含义，在湛若水这里则偏重适度义，“中”即不偏不倚、无过与不及。无过与不及之“中”在具体伦理处境中具有纠偏的规范作用，不偏不倚之“中”则指示心体修持的境界及其表征。“中”作为情感的节度，就是指示器，指明情感的发显要自然、有度，不压制、不强迫、不泛滥。这就要求我们“识中”，把握“中”这一节度，时时察而存之，各去其偏颇而达至中正。他举例说：“中即是天理，察见此天理，则易之惩忿窒欲，颜子不迁怒贰过，孔子不怨天尤人，与戒谨恐惧，不过都是存养此中耳”。[①]如果人能够在怒气、不当的欲望升起之时，理性省察原因与是非曲直，使之心平气和，就是就情之起处、动处真切用力而卓然有效也。“正”即适当，它针对的是不同情境中的不同对象的关系处理，

① 湛若水：《泉翁大全集》（卷六八），第1664页。

均能得到适当的、与之相匹配的对待。相较于“中”之不偏不倚的分寸感，“正”突显其道德正当性与合宜，“中”则不偏不倚、各如其分，“正”则各得其所、顺受其正。

湛若水将“中”与“正”连用，将“中正”视为天地万物的最高道德准则，如云“中正者，天下之至道”，[1]中正同时是天理的表征，所谓“纯粹中正者，天理也”，[2]也是界定心体的表征，是心性工夫修养的目标，如云“中正者，心之本体也”。[3]湛若水通过“中正”将“天理”与“心”关联，指出“天理者，吾心本体之中正也”，[4]确实是他思想中一大亮色，唐君毅先生曾指出，虽然其他学者亦有提及“心之中正”，但大多如王阳明一样将之视为“不偏不倚之未发之中”，以此为根据纠正意念之偏颇以达到“已发之和”，湛若水言心则“恒就其广大而无中正偏私处言”[5]。这样的处理，也为个体修身路径直接导向伦理秩序的建立与社会的整体和谐提供了可能。更重要的是，湛若水将个体修持与社会伦理关系中的符合“中正”视作天地之秩序建立的基础。此点既基于天地人物一气的贯通性，同时也体现出外在实现的可能蕴藏于自我人性之中的思考。归根结底，天地万物的秩序都需通过一心来获得安立，个体之心不中正，则天地之气失其序，个体之心符合中正，整体之气才能和畅顺遂，个体的行为合宜、遵守秩序、人格彰显才能展开、外化，并促进社会、国家、天地的整体和谐，并最终在意义世界中生成价值。因此“中正”首先应在人心上得到体现，天地“生生”之理展现为盎然生机而生化不息的现实作用，关键在于个体之心符合中正之道。所谓“心正而后气顺，气顺而后天地之和应，故位育”[6]，由于心之生理为性，人只于此心

① 湛若水：《泉翁大全集》（卷一），第 22 页。

② 湛若水：《泉翁大全集》（卷七五），第 1887 页。

③ 湛若水：《泉翁大全集》（卷六），第 126 页。

④ 湛若水：《泉翁大全集》（卷六），第 116 页。

⑤ 唐君毅：《唐君毅全集》（卷一九），学生书局，1991 年，第 358 页。

⑥ 湛若水：《泉翁大全集》（卷三），第 61 页。

勿忘勿助时得其中正时，生生之理，自然流通，喜怒哀乐莫不中节，以至于天地位、万物育，无非气得其中正而著见于外，“若心不中正，则生理息矣，生理息，故手足痿痹，七情过当，而万事万物皆病矣，尚得谓之性乎？”[1]在湛若水看来，气是构成世间一切事物的基础，任何认识包括形上的归纳和提炼都不能脱离这一现实基础。从本源来说，情是一本之气的流露，是人性感触所发，也是生生之理的显现，天地人在这里是由一气所统摄，而人心则是气之灵，气的中正顺遂由心之中正来决定，偏离心性本来面目、违背中正之道的情不仅不合理、不适当，而且最终将导致生理不畅、天地失序、万物凋敝。因此，“正情复性”最终要落实到个体心灵之中，因为心是情感的发源与作用之处，心得中正才能七情顺畅。

“心之中正”具有如此重要的地位和作用，这就使得以“正情复性”为目标，以符合中正之道、情感顺畅为核心的心性修养理论成为湛若水道德哲学中不可或缺的内容。这也意味着情感问题的处理在湛若水道德哲学中居于核心的位置，通过对爱亲敬兄这类正面的道德情感加以扩充，辅之以负面情感的引导与纠偏，具体情感逐渐与道德理性相结合，激发道德需要，并催生和指导道德行为，进而成就道德个体和理想人格。最后，道德个体将其行为扩展至社会、家国，引导社会中的人与人之间的关系走向整体和谐。

三

湛若水开展出一套德性修养论来对待与处理具体情感与情绪这一问题，以“随处体认天理”为统摄，“执事敬”与“存心于勿忘勿助之间”相互配合，实质是道德理性的提升与道德情感的自然生成双管齐下，最终成就德

① 湛若水：《泉翁大全集》（卷七三），第1816页。

性人格和至善境界。

"随处体认天理"是湛若水最重要的工夫论命题,其实质是以日常生活中的存心体认、涵养天理以提升道德意识,加强道德认知和思维能力,这样才能在具体的情境中明辨是非,排除或转化不良情绪,达成情感的教育和提升。"存心体认"是调控情感和情绪的心理准备工夫。以"怒"这一难以克制的情感为例,他指出:"圣贤之学只在性情上理会,故孔子不怨天,不尤人,颜子不迁怒,不贰过,其要只在平时时时存心体认,遇有怒即知,不发得暴。程子之言不过使初学如此体验耳!若学之功,岂可到这时节才忘怒观理耶?患制怒不能者,只是心不存,体认之功疏耳!"[①]存心是对本心之天理的涵养与保任,存心则心中本有之天理不失不放,所谓"心存而后理明,理明而后意诚"[②],在"怒"的情绪升起之时,本心所存具之道德意识明照、省察此时的"怒"之当与不当,根源在己还是在人。在以天理为核心的道德理性的察照之下,情绪的发展与矛盾一目了然,从而及时化解怒气、防止怒气的扩散,使之得到排除或转移。不唯对"怒",对其他情感与情绪的处理都可以诉诸存心以体认天理,这也是湛若水的"随处体认天理"工夫是具有统括性的原因。湛若水说:"吾所谓体认者,非分未发已发,非分动静。所谓随处体认天理者,随未发已发,随动随静。盖动静皆吾心之本体,体用一原故也。如彼明镜然,其明莹光照者,其本体也。其照物与不照,任物之来去,而本体自若"。[③]可见,随处体认天理的整个过程对情感发生与情绪对治给予时刻的关注并贯穿始终,最终达至一种"任物之来去,而本体自若"的情感自然流露而本体澄定的状态。在存心体认的过程中,个体的理性认知不断得到提升,自我的情绪和情感调控能力不断得到增加。所谓"心存则有主,有主则物不入,不入则血气矜忿窒碍之病皆不为之害

① 湛若水:《泉翁大全集》(卷七五),第1882页。
② 湛若水:《泉翁大全集》(卷二),第35页。
③ 湛若水:《泉翁大全集》(卷九),第264页。

矣……久将自消融矣”[1]，此种理性认知和情绪把控能力的提升，依靠的是平日的存心明理，亦即道德意识的培养与情感教育，道德意识的树立与情感训练的强化直至熟化于心，对不当之情感的发生与处理才有立竿见影的效果。这一过程伴随个体生命始终，最终成就一种“随感而应”的道德自觉与道德纯熟。

必须指出，湛若水对情感的处理的目标不是对自然情感的压制与排除，而是力图转化和提升具体情感为道德感，最终呈现为理性、情感与审美相融的和乐之境。这一点体现在随处体认天理工夫对“执事敬”与“存心于勿忘勿助之间”这两种工夫的配合上，相应地湛若水对情感问题的处理也要从这两种具体的方法上来理解。主敬是积极的工夫，是培养道德意识与道德自觉的必要手段，所谓“能主敬则众善归焉”。[2]“敬”不仅是外在仪表的整齐严肃，外在的整齐严肃是为了促进内心的专注、收敛精神以及道德理性的形成，此点经由“敬”的存养——“默识天理”以达至“思无邪”。“敬”是湛若水强调的工夫，其内容是“主一”，目标指向心有专主、防邪存诚与本源澄澈，如此则道德主体挺立，道德自觉彰显。主一无适则天理常存而本体澄定，涵养越久，则本源越澄彻，体物越无遗，自一念存存以至游息酬酢，不但不为外物牵累，同时也涵养了吾之道德本体、坚定了吾之道德志趣。湛若水指出：“涵养久则自然纯熟，本源澄彻。发之而恻隐，则仁之爱形矣，发之而羞恶，则义之断形矣；发之而辞让，则礼之恭形矣；发之而是非，则智之辨形矣。性得以全，而情得以正。全体大用之流行，都于敬字尽了，故曰：‘敬者，德之聚也’”。[3]“执事敬”的工夫是从正面积极培养道德意识，使纯然的天理至善内化于心，情感自然流露符合道德规范，并落实在行为上。情感的自然与行为的合理取决于用“敬”涵养的纯熟以及由此

① 湛若水：《泉翁大全集》（卷八），第230页。
② 湛若水：《泉翁大全集》（卷九），第253页。
③ 湛若水：《泉翁大全集》（卷一三），第393页。

形成的道德自觉。因此湛若水感叹道:“始终一心,始终一敬,终日终身,一心一敬,所以收拾乎此而已焉,尽之矣”[①],于此可见他对“敬”之重要性有着深切的体会。

湛若水同时指出“存心于勿忘勿助之间”也是涵养天理的重要工夫。他说:“但存心于勿忘勿助之间,天理便自然呈露于前”。[②]“勿忘勿助”本来出自《孟子》,是与“必有事”这一心中主宰意识常存的状态相配合的,指涉一种既不间断又非强制的工夫,与“忘”“助”分别指示的“不及”与“过”的弊病直接相对。易言之,恪守心中天理之道德价值,同时避免助长理性之强制,使饱满的道德意识与情怀充盈于“全放下”“不著丝毫”的身心状态,让人欲无隙可入,此即“能存心于勿忘勿助之间,则人欲彻去,天理长存”。[③]可见在他这里,“存心于勿忘勿助之间”是一种重要的方法和手段,由此达到天理常存、内心澄明无欲,道德理性自然显露,并明照情感的发端与正误。需要注意的是,“存心于勿忘勿助之间”意在保持情感与情绪的“自然的节度”,既不会失之太过,又不会失之不及,在节奏感与分寸感之间保持一种平衡。正如湛若水所说:“人心之安,固是天理。然恶人亦且安心为不善,则安与不安,亦未可凭据,到了只还在勿忘勿助之间,心得其中正时,安即是天理矣”[④],“勿忘勿助之间”是评判心体中正与否的标准。“勿忘勿助之间”这种心理状态为我们区别合理、正当与适度与否提供依据的根源在于,它是心得中正的心体中正与天理现前的前提和准备状态。正如他所描述的,“当此时节,所谓参前倚衡,所谓鸢飞鱼跃之体自见矣”,[⑤]这时情感的流露是自然的、自由的,情绪的表达是合理的、适度的,情感与理性的一致在心的“勿忘勿助之间”这一状态上得到了呈现。

---

① 湛若水:《泉翁大全集》(卷三二),第841页。
② 湛若水:《泉翁大全集》(卷七四),第1841页。
③ 湛若水:《泉翁大全集》(卷十),第317页。
④ 湛若水:《泉翁大全集》(卷十),第306页。
⑤ 湛若水:《泉翁大全集》(卷六九),第1690页。

“执事敬”与“存心于勿忘勿助之间”并非对立的工夫。在湛若水看来，“敬”包含“有”（主宰）与“无”（不滞、无累）的两个面向，在他看来，“于戒慎恐惧、勿忘勿助中见得自然，乃真敬也”[①]，“真敬”指向一种有主而实、无欲而虚，同时又无滞无累、自然流行的境界。这是因为在他看来无论是“戒慎恐惧”时内心的敬畏、严肃，还是“勿忘勿助”时的不执不滞，都不能掺杂刻意的人力干涉，而必须一任本心之流行，保持一种自由活泼的心境，这样才是道德理性与情感的真正融合，而非一方对另一方的强制。运用“执事敬”与“存心于勿忘勿助之间”两种工夫于日用之间，随时随处、随动随静地体认天理是如何令其有诸己的，从而达到“存心于勿忘勿助之间”本体自然流行的境界。湛若水描绘道：“存心于不疾不徐，即勿忘勿助之间，则自坚定、自昭融、自激昂、自澄定、自广大、自流行不息，天德在我矣”。[②]“存心于勿忘勿助之间”则中正不倚而无所滞碍，因此心体颖悟洒脱、昭融、激昂，进而澄定、广大，天机盎然而生生不止。他还指出：“惟勿忘勿助之间，而心自存，心存而乐斯得，不待寻，而乐亦无处时无不在矣”[③]，可见，通过存心于勿忘勿助之间的自然工夫，不仅儒家的道德规范逐渐内化于主体的意志结构，其德性人格与生命境界亦不断得到扩充与提升，直与宇宙存有的根本价值、天地精神相往来、相融通，豁显价值与存有的终极意义。[④]到此境界，道德理性与道德情感相互融摄，自然流行、不执不滞，会呈现出如鸢飞鱼跃般的愉悦与自在的道德生活，存在、道德与审美融于一境。这才是湛若水所向往的真正境界。通过工夫修养，实现道德理性、情感与审美的真正合一，而归根结底，存心于“勿忘勿助之间”便是开显此种自然的、不虚伪造作的道德生活与自由境界的钥匙。

---

① 湛若水：《甘泉先生续编大全》（卷二五），第661页。

② 湛若水：《甘泉先生续编大全》（卷二六），第695页。

③ 湛若水：《泉翁大全集》（卷一二），第375页。

④ 林月惠：《良知学的转折——聂双江与罗念庵思想之研究》，台湾大学出版社，2005年，第52~53页。

当然，情感的产生与情绪的变化于不同个体而言存在不同的差异，情感的冲突如何解决，对于每一个致力其中的人来说都是一个难以跨越的问题。此时，持续工夫的重要性便得以凸显，以期形成一个熟能生巧后的惯性反应。这关乎情感教育和能力的培养，也关乎意志的训练。如湛若水所云："熟后便见自然，此须假之岁月，一年、三年、五年、十年才到熟，未为晚也。此事袭取强为不得"[①]，这是一个长期的以个体德性人格成就为目标的过程，需要我们持续地以提升和培养自身道德认知与情感的调控能力为目标，及时排除、转移或升华不良的情绪与情感，升华情感的层次与境界使之成为道德需要，并逐渐落实在行为上，将偶然的道德行为转化成习惯，逐步成就道德人格。

四

以湛若水哲学中的情感问题为切入点，可以看出传统儒家对情感问题的关注，不唯对道德理性的张扬，更注重爱敬等自然情感的培育与情感的自然流露与真挚配合，强调以成就个体德性人格为核心的道德理性认识、情感教育与意志训练的综合考察。相较于忽视情感的道义论者和功利主义者来说，儒家对情感的关注与情感问题的解决方式更具现实感和实践意义。

现代西方文明的发展以"人"的发现为旗帜，张扬人的理性以对抗宗教的力量，然而随着现代文明的推进、成熟，其弊端也日益凸显，与理性力量彰示的改造世界的巨大成就相继而来的是环境的恶化、文明的冲突与道德的堕落、人情的淡漠。而占据西方伦理学中心地位的道义论和功利主义思想，长期忽视人的社会角色、情感、人格的塑造等方面的重要作用，逐

① 湛若水：《泉翁大全集》（卷一三），第409页。

渐显现弊端。随之而起的是近年来西方伦理学出现回归德性伦理的呼声，尤其是情感这一维度的价值在对理性的整体反思中得到重视。作为理性的补充，它对人性的培养、人格的塑造及社会关系的润滑与促进作用应该得到阐发。湛若水对这一问题的提示无疑为我们打开了一面了解儒家的窗户，也为我们在思考和解决这一问题时提供了有益的传统资源。他提出“知爱敬之真心即天理”“天下之道皆原于爱敬焉发之”，指出道德理性的实践基础在天然的道德感情，实质上是在昭示情感教育和涵养对于个体养成的作用，尤其是以此为基础向传统家庭伦理情感的回归对于重建现代伦理认同的意义。

同时，湛若水认为“心之中正”有着关乎天地整体道德秩序之建立的重要地位和作用，因此以“正情复性”、符合中正之道、情感顺畅为核心的心性修养理论成为其道德哲学中不可或缺的内容。这就将伦理重建的核心归结到个体心灵与情感的教育和改造，理性、情感与意志的培养在根本上都以“人”为目的，而不是手段。“正情复性”针对的是不当之情，喜、怒、哀、惧、爱、恶、欲，都是人性中本有的七情。现实具体情感的发动与流行可以用“中正”来指导，心体无喜怒哀惧时的不偏不倚、停停当当，纯然是善，感物而动时喜其当喜、怒其当怒、哀其当哀、乐其当乐，亦是不戾不乖，和畅而行。也就是说，个体心灵和情感教育和改造注重理性认识与情感教育的齐头并进，并不忽视自然的人情，而是主张情感的和畅表达，强调德性人格的养成与个体修养的最终实现。这种观点在接近现代人的情感认知的同时，进一步对人的情感作用提出了伦理、审美的要求，并给予极高的肯定，对于我们长期积淀的僵化、刻板的儒家印象，不啻为一种扭转。

不同于西方伦理学重理性认知、轻实践的特点，儒家重视个体成长与实现，将德性人格的生成视作道德修养的最终目标，并以此发展出一套德性修养实践理论。湛若水的德性修养体系围绕“随处体认天理”展开，同时辅之以“执事敬”与“存心于勿忘勿助之间”的具体工夫，通过对爱亲敬兄这类正面的道德情感加以保存、培育、扩充，辅之以负面情感的引导与纠偏，使具体情感逐渐与道德理性相结合，并以此激发道德需要，催生和指导道德行为，最终成就道德个体和理想人格。这一点无疑与当下社会唯重理性认知能力的现象形成对照，对当今社会道德问题的解决及伦理重建有着重要的作用。对于现代社会中的人们来说，发展自身的理性认知能力与具体技能之余，不能忽视当下人生与社会现实的道德实践，在真实的情感和道德的自觉之进行中把握、体认、领悟，实现道德人格的自我完善，是建立自我认同和价值的必由之路。进而，道德个体将其行为扩展至社会、家国，引导社会中的人与人之间的关系走向社会的整体和谐。当然，这一过程并非随意可以为之，而是道德理性、情感与意志的长期协同参与，以及持续工夫涵养的结果。以情感问题的关注和解决为出发点，尤其具有指示性意义。对此，湛若水乃至儒家的相关阐述，无疑为我们提供了有益借鉴。

王阳明龙场悟道的“来龙”与“去脉”略诠*

程海霞

（扬州大学社会发展学院）

阳明龙场悟道，有“从一夕大悟到验证”与“从恍若有悟到大悟”之两说。[1]前者见之于黄绾[2]、钱德洪[3]之记载[4]，更为强调阳明心学从无到有的顿悟义，更具神秘性[5]；后者见之于阳明[6]、徐爱[7]、龙溪[8]之论述，更为强调从渐悟到顿悟的过程，更具可“言说”性[9]。后者在立场上无疑更为客观、理

* 本文为国家社会科学基金重大项目“多卷本《宋明理学史新编》”（17ZDA013）的阶段性成果。此文曾刊于《扬州大学学报》（人文社会科学版）2019 年第 3 期，后收录于《中国儒学》第十四辑。

① 参见程海霞：《阳明龙场之悟新探》，《中国哲学史》2011 年第 3 期，第 79~86 页；另可参见郝永：《对儒家义理的体验——阳明“龙场悟道”新论》，《贵州师范大学学报（社会科学版）》，2015 年第 2 期，第 46~47 页。

② 黄绾：《阳明先生行状》，载《王阳明全集》，吴光、钱明、董平、姚延福编校，上海古籍出版社，1992 年，第 1409 页。版本下同。

③ 钱德洪：《王阳明年谱》“三十七岁”条，见《王阳明全集》，第 1228 页。

④ 此种记载后为黄宗羲所承接。

⑤ 关于阳明心学中的神秘性，参见陈来：《心学传统中的神秘主义问题》一文，载陈来：《有无之境——王阳明哲学的精神》，人民出版社，1991 年，第 412~413 页。

⑥ 《王阳明全集》，第 240 页。

⑦ 徐爱言：“……不知先生居夷三载，处困养静，精一之功固已超入圣域，粹然大中至正之归矣。”（《王阳明全集》，第 1 页）。

⑧ 王畿言：“……及居夷三载，动忍增益，始超然有悟于良知之旨，无内外，无精粗，一体浑然，是即所谓未发之中也。”（《王畿集》，吴震编校，凤凰出版社，2007 年，第 340 页。）

⑨ 关于哲学的“言说”性，参见冯友兰：《新理学》，《贞元六书》（上），华东师范大学出版社，1996 年，第 10 页。

性。实际上,将阳明龙场悟道的视野加以前后延展,“一夕大悟”,抑或“恍若有悟”,作为龙场悟道的前悟时期,当有其“来龙”;“验证”,抑或“沛然若决江河而放之海”之“大悟”,作为龙场悟道的后悟时期,当有其“去脉”。对此“来龙”与“去脉”进行探究,实有助于呈现龙场悟道的基本范围,以便于进一步确定龙场悟道的主要内容。而阳明多以“三年”论及其谪居龙场的经历①,其最早的弟子之一徐爱、最得意的弟子王畿亦皆以三年称之,因此,以三年悟道为范域,又为此“来龙”与“去脉”之揭示,提供了现实之可能。

一、龙场悟道之“来龙”

龙场悟道之“来龙”可从阳明“下狱”“别友”“归隐与初赴”以及“奔赴”等一系列时段来分析。

(一)“箪瓢有余乐”

阳明三年悟道,实有其基点,即“下狱”后、“赴谪”前的基本思想。此主要体现在两个方面。

一方面,阳明期待逃儒家而归于道家。其撰诗云:

> ……我心良匪石,讵为戚欣动!滔滔眼前事,逝者去相踵。厓穷犹可陟,水深犹可泳。焉知非日月,胡为乱予衷?深谷自逶迤,烟霞日悠永。匡时在贤达,归哉盍耕垄!②

① 阳明言:“吾亦自幼笃志二氏,自谓既有所得,谓儒者为不足学。其后居夷三载,见得圣人之学若是其简易广大,始自叹悔错用了三十年气力。”(《王阳明全集》,第36页。)阳明又言:“……及在夷中三年,颇见得此意思,乃知天下之物本无可格者。其格物之功,只在身心上做,决然以圣人为人人可到,便自有担当了……”(《王阳明全集》,第674页。)

② 《王阳明全集》,第674页。

此诗呈现出阳明当时的思想状态：首先，临境有“戚欣”，心实有所动。此已非孟子不动心之境界。从为官到下狱，“滔滔”之事，发生似在一瞬间，而又一去不复返。即便处“厓穷”“水深”之绝境，犹有“陟”“泳”之可能。此时的处境，如何知道其不意味着光明之所在呢？何必为此心动。透迤的深谷、悠永的烟霞，便是那光明之所在。唯贤达，才可济世匡时；于己，则归而耕垅。既未能不动心，又未能成贤达，阳明逃儒之意甚为明显。

早在1505年，在“改除兵部主事”时所作的“京师诗八首”[①]中，阳明言：“阳伯即伯阳，伯阳竟安在？大道即人心，万古未尝改。长生在求仁，金丹非外待。缪矣三十年，于今吾始悔。”[②]以求仁为长生，以人心为金丹，三十四岁的阳明似已实现从道教向儒家的转向。然同年，阳明又云：“长见人来说，扁舟每独游。春风梅市晚，月色镜湖秋。空有烟霞好，犹为尘世留。自今当勇往，先与报江鸥。”[③]阳明诗作中多次言及自己的“烟霞好”，主要呈现的是其对道家山林之乐的偏好。可见，在下狱之前，三十四岁的阳明的思想实处于儒家的求仁与道家的山林之乐之间。正基于此，下狱之后，阳明思想首先体现出逃儒归道的倾向。

另一方面，阳明为排解狱中忧思而体得“箪瓢”之乐。其撰《读易》[④]诗云：

> 囚居亦何事？省愆惧安饱。瞑坐玩羲易，洗心见微奥。乃知先天翁，画画有至教。包蒙戒为寇，童牿事宜早；蹇蹇匪为节，虩虩未违道。遁四获我心，蛊上庸自保。俯仰天地间，触目俱浩浩。箪瓢有余乐，此意良非矫。幽哉阳明麓，可以忘吾老。

① 《王阳明全集》，第672页。

② 《王阳明全集》，第673页。

③ 《王阳明全集》，第673页。

④ 《王阳明全集》，第675页。

面临“省愆惧安饱”之情境，阳明“瞑坐玩羲易，洗心见微奥”。阳明之新见在于，先天之六十四卦，每一卦画皆含最高的教导。如《蒙》卦第二爻之爻辞“九二：包蒙，吉。纳妇吉。子克家”中的“包蒙”，强调要如包容愚昧那样防止其为寇。如《大畜》第四爻的爻辞“六四：童牛之牿，元吉”中的“童牿”，强调要如“童牛之牿”那样早早地从事。又如《蹇》卦所示，艰难并非节遇。如《震》之卦辞“亨，震来虩虩，笑言哑哑，震惊百里，不丧匕鬯”中“虩虩”，并不违于大道。如《遁》卦第四爻的爻辞“九四：好遁，君子吉，小人否”所示，此时须以隐遁的方式来处理君子与小人的关系。如《蛊》卦第六爻的爻辞“上九：不事王侯，高尚其事”所示，此时需要“自保”。因对《易》有一种全新的体验，阳明亦达到“俯仰天地间，触目俱浩浩”之境界。天地之间的万事万物，因大道而贯通。贯通后的万事万物，皆俱“浩浩”之特征。与孟子的“浩然之气”不同，此“浩浩”之道，是阳明用《易》之卦爻辞，对自身天翻地覆的经历，以及自己是时的处境，进行分析之后所得出结论，是对道体的重新体认。由此体认，阳明获得一种精神上的愉悦，即“箪瓢有余乐”。因是极为真切的生命体验，故阳明强调“此意良非矫”。正是有此种精神上的愉悦，阳明才对“幽哉阳明麓，可以忘吾老”充满自信。

以上是阳明“狱中诗作”的主要意旨。从中不难看出，山林之乐，作为阳明对未来的一种期待，并不能真正排解阳明内心的忧思。因为此仍是一种有待之乐。而“箪瓢”之乐乃是阳明最大的收获。身处顺境的阳明，必有山林之乐的体验，但不可能拥有“箪瓢”之乐的感受。而身处困境的阳明，在迥异于现实的山林之乐与使其忘忧忘思的“箪瓢”之乐之间，作何种取舍，实已不言而喻。

（二）“无欲见真体”

阳明居龙场只有两年，而常标为三年，此当从南下（“赴谪”）时开始。然阳明之“赴谪”有一个曲折的过程，从别友开始，途经归隐，最终才奔赴龙场。所谓别友，是指阳明南下（“赴谪”）之初，受友情之鼓舞甚多，其对心与道的理解，亦呈现出自身的特色。此主要体现在其为道友湛甘泉与崔铣所撰的“八咏”[1]中。

在“八咏”的第三首中，阳明论及了儒家道统之谱系，肯定了“伊洛”上继绝学的地位。

> 洙泗流浸微，伊洛仅如线；后来三四公，瑕瑜未相掩。嗟予不量力，跛鳖期致远。屡兴还屡仆，惴息几不免。道逢同路人，秉节倡予敢；力争丝毫间，万里或可勉。风波忽相失，言之泪徒泫。[2]

此处的“伊洛”，主要指大程。因为阳明是时有诗云“期我濂洛间”[3]。不仅如此，阳明后来在表达自己此时的思想倾向时，所指为周子与大程。[4]另外，在《王阳明年谱》的“三十岁”条中还留有对周子与大程的夸赞。[5]而在是年所撰的《别三子序》中，阳明言：“自程、朱诸大儒没而师友之道遂亡。六经分裂于训诂，支离芜蔓于辞章举业之学，圣学几于息矣。”[6]阳明是时虽未明确对程朱之学作出否定性评价，而主要是对“训诂”“辞章举业”有所不满，但程朱主要是指小程与朱子无疑。“伊洛”之后，当有道南一脉、湖湘一脉、象山一脉以及金华一脉等。阳明所言的“后来三四公”，或是指朱子、张栻、象山以及吕祖谦等；“瑕瑜未相掩”，说明其不在道统之谱系中。由此来看，在阳明是年的思想中，朱子的地位显得很特别：一方面在师友

---

① 《王阳明全集》，第 677 页。

② 《王阳明全集》，第 678 页。

③ 《王阳明全集》，第 679 页。

④ 1512 年，阳明撰《别湛甘泉序》言：“某幼不问学，陷溺于邪僻者二十年，而始究心于老、释。赖天之灵，因有所觉，始乃沿周程之说求之，而若有得焉。”（《王阳明全集》，第 230 页。）

⑤ 《王阳明年谱》“三十岁”条言：“……因论最上乘曰：‘周濂溪、程明道是儒家两个好秀才。’”（《王阳明全集》，第 1225 页。）

⑥ 《王阳明全集》，第 226 页。

之道的层面被肯定;另一方面,在道统的层面,又被否定。在此意义上,阳明以道统自任。“跛鳖期致远”当是指其三十四时才具有“大道即人心”“长生在求仁,金丹非外待”的归儒意识。而甘泉则为阳明的“同路人”。正是要承担道统,阳明才“秉节倡予敢”,才“力争丝毫间”。由此来看,此道统,乃是阳明敢于直言犯谏的真精神,是学统,更是政统。

在第四首中,阳明论及承担道统的方式、大道之具体内容。

> 此心还此理,宁论己与人!千古一嘘吸,谁为叹离群?浩浩天地内,何物非同春!相思辄奋励,无为俗所分。但使心无间,万里如相亲;不见宴游交,征逐胥以沦?①

此涉及心与道(理)之关系。心多主观,多变迁,当去除这些主观与变迁,从而还原其中的大道。因为“大道在人心”。由此不难看出,承担道统的方式在于还原内心的大道。在此点上,未有人己之别。此大道,即是“千古一嘘吸”,即是“浩浩天地内”。大道即是浩浩生机,遍在于当下,遍在于万物。此是阳明“万物一道体”之体验。此种体验,在甘泉亦有之。甘泉在《九歌》的第九首言:“天地我一体,宇宙本同家。……愿言崇明德,浩浩同无涯。”②甘泉之“浩浩”,联系着“崇明德”,故而更类于孟子之“浩然之气”。而阳明从狱中开始,由于对道体的更深体验,故而其“浩浩”并不局限于“明德”,而已是天地之“生机”。有基于此,何时无道,何物非道,因此,只要体道之心志相同,即便相距万里,即便身受放逐,亦可相亲相知,亦能无忧无惧。

在第五首中,阳明对大道从道器关系的角度作了强调,并提出了为学的具体方式。

---

① 《王阳明全集》,第678页。

② 湛若水:《九章赠别并序》,《湛甘泉先生文集》(卷二十六),清康熙二十年刻,《四库全书存目丛书》(集部第57册),齐鲁书社1997年影印,第164页。版本下同。

器道不可离，二之即非性。孔圣欲无言，下学从泛应。君子勤小物，蕴蓄乃成行。我诵穷索篇，于子既闻命；如何圜中士，空谷以为静？①

万物皆是器，器道不可离。论器不论道，不明；论道不论器，不备。以道器二分世界，则非大道之本性。道本无言，下学而上达。因此，君子当勤于小物，只有蕴蓄才能有所成就。所谓"穷索篇"，乃是甘泉《九歌》中的第八章"穷索不穷索，穷索终役役。若惟不穷索，是物为我隔。大明无遗照，虚室亦生白。至哉虚明体，君子成诸默。"②甘泉对"穷索"进行了辩证的理解，既反对令人"役役"之"穷索"，亦反对物我两隔之"不穷索"，在此基础上，甘泉以为，道体虚明，无物不照。君子于此，当多默然。在为学的具体方式上，与甘泉主张君子当默然不同，阳明反对"空谷以为静"，主张下学而上达。

由此来看，此时阳明与甘泉的思想有同有异。同在万物一道体，而异在道体本身的内容。甘泉在视"浩浩同天涯"为崇明德之后的境界的基础上，又以虚明为道体本身；阳明在以浩浩生机为道体的基础上，又以包含"未发之中"的"静虚"论道体。

在第六首中，阳明又特别强调了静之儒家内涵以及为学之无欲工夫。

静虚非虚寂，中有未发中。中有亦何有？无之即成空。无欲见真体，忘助皆非功。至哉玄化机，非子孰与穷！③

阳明以未发之中论静虚之体。阳明认为，道体乃静虚，而非虚寂，因为静虚中存有"未发之中"。若是没有此未发之中，道体即为虚寂之空。阳明

① 《王阳明全集》，第678页。

② 湛若水：《九章赠别并序》，载《湛甘泉先生文集》（卷二十六），第164页。

③ 《王阳明全集》，第678页。

此种理解实是针对甘泉所言“虚明体”而发。而“无欲见真体”“忘助皆非功”，亦是对甘泉思想的回应。甘泉在《九歌》的第七首中言：“皇天常无私，日月常盈亏。圣人常无为，万物常往来。何名为无为？自然无安排。勿忘与勿助，此中有天机。”[①]甘泉以无私论皇天，以无为论圣人，以自然论无为，以勿忘勿助论自然，此时皇天道体之主要特征即是无私自然。与此不同，阳明以“无欲”为工夫，因“无欲”而“真体”得以显现。此“真体”即是未发之中。阳明后来有对勿忘勿助工夫的批评[②]，实际上在此处已有其端倪。“无欲”工夫含有对欲之评判，因此，其与包含“未发之中”的“真体”具有相通性，而“勿忘勿助”中关于“忘”“助”的评判，如何实施，在阳明看来，实是一个问题。当然，此在甘泉那里，自有其内在合理性。

（三）“超然”之乐

阳明南赴，就后来的行动表明，其首先开启的是归隐之途。故其对山林之乐的体验与向往时时呈露。

1. 山林之乐

《南屏》[③]一诗表明，阳明在春天回到西湖边上：“溪风漠漠南屏路，春服初成病眼开。花竹日新僧已老，湖山如旧我重来……独有幽禽解相信，双飞时下读书台。”在《卧病静慈写怀》[④]一诗中，阳明言：“卧病空山春复夏，山中幽事最能知。……把卷有时眠白石，解缨随意濯清漪。吴山越峤俱堪老，正奈燕云系远思！”静慈寺即是净慈寺，其南屏晚钟最为著名。阳明在净慈寺养病，由春而夏，后又移居胜果寺。《移居胜果寺二首》[⑤]的第一首，表明1507年6月，阳明（36岁）已在胜果寺：“……六月深松无暑来。病

① 湛若水：《九章赠别并序》，载《湛甘泉先生文集》（卷二十六），第164页。
② 《王阳明全集》，第83页。
③ 《王阳明全集》，第683页。
④ 《王阳明全集》，第683页。
⑤ 《王阳明全集》，第683页。

肺正思移枕簟，洗心兼得远尘埃。富春咫尺烟涛外，时倚层霞望钓台。”阳明言及“洗心兼得远尘埃”，此处的“洗心”与前面在“此心还此理”时强调的“无欲”属于同一工夫层次。在第二首中，阳明表达了在此归隐的念头：“病余岩阁坐朝曛，异景相新得未闻。……越山阵水当吴峤，江月随潮上海门。便欲携书从此老，不教猿鹤更移文。”[①]在此情境中，阳明必有对亲人的思念。《忆别》[②]中言：“……重看骨肉情何限，况复斯文约旧深。贤圣可期先立志，尘凡未脱谩言心。移家便住烟霞壑，绿水青山长对吟。”阳明希望自己的骨肉同胞立贤圣之志，唯此才能脱得“尘凡”，从而避免对“心”有所“谩言”。此处，阳明对志与心的重视值得关注。

然阳明隐于故土或山林的愿意并不能实现。黄绾撰《阳明先生行状》言：“……瑾怒未释。公行至钱塘，度或不免，乃托为投江，潜入武夷山中，决意远遁。夜至一山庵投宿，不纳。行半里许，见一古庙，遂据香案卧。黎明，道士特往视之，方熟睡。……道士曰：‘如公所志，将来必有赤族之祸。’……公然其言。遂由武夷至广信……”[③]后钱德洪撰《王阳明年谱》又补充记载为：“……乃托言投江以脱之。因附商船游舟山，偶遇飓风大作，一日夜至闽界。比登岸，奔山径数十里，夜扣一寺求宿，……邀至寺。寺有异人，尝识于铁柱宫，约二十年相见海上；至是出诗，有‘二十年前曾见君，今来消息我先闻’之句。与论出处，且将远遁……因为蓍，得《明夷》，遂决策返。”[④]后阳明余姚同乡、东林豪杰施邦曜[⑤]又辑《阳明先生集要》言：“夏，赴谪至钱塘，瑾遣人阴迹先生。先生惧，佯为自沉于江，密附商船往舟山，飓风一夕，飘至闽界。比登岸，山行数十里，夜扣野寺，不纳。又趋野庙，……

① 《王阳明全集》，第684页。

② 《王阳明全集》，第684页。

③ 《王阳明全集》，第1408页。

④ 《王阳明全集》，第1227页。

⑤ 陈鼎：《东林列传》，广陵书社，2007年，第191~193页。

邀至其寺,则向与先生趺坐于铁柱宫之道士在焉。……因问先生曰:'尔欲安往?万一瑾怒,逮尔父,诬尔北走胡,南走粤,奈何?'先生愕然,卦之,得《明夷》,乃决策返。别道士,留诗壁间,诗在集中。遂取间道,繇武夷归,涉鄱阳,往省龙山公于建业。以十二月赴龙场驿。时先生妹婿徐爱因先生将赴龙场,纳贽北面,奋然有志于学。"[①]

2. "超然自得之致"

在归隐的念头打消之后,阳明才真正开始赴谪之途,由此阳明获得一种"超然"之乐。与对险夷未卜的道路的担忧有所不同,是时阳明有为了家人而远赴的决定。因此,其撰《泛海》[②]言:"险夷原不滞胸中,何异浮云过太空!夜静海涛三万里,月明飞锡下天风。"后施邦曜评此诗为:"此诗是先生泛海避难,遇一道者而作,读之有超然自得之致。"[③]黄绾撰《阳明先生行状》言:"……遂由武夷至广信,溯彭蠡,历沅、湘,至龙场。"[④]依黄绾所表,阳明径自由武夷而奔赴龙场。然阳明又撰诗《武夷次壁间韵》[⑤]云:"……海上真为沧水使,山中又遇武夷君。溪流九曲初谙路,精舍千年始及门。归去高堂慰垂白,细探更拟在春分。"可见,阳明虽然来到了可以避世之所,但是念及家人的安危,决定踏上赴谪的征程,从而获得一种超然之乐。正有此超然之乐,阳明才有远赴的动力,也才有先回归以拜别高堂的决定。在具体的安排上,阳明拟在来年春天慰别高堂。钱德洪撰《王阳明年谱》言:"……因取间道,由武夷而归。时龙山公官南京吏部尚书,从鄱阳往省。十

① 施邦曜辑评:《阳明先生集要》,王晓昕、赵平略点校,中华书局,2008年,第7~8页。版本下同。另参见《王阳明年谱》"三十六岁"条。

② 《王阳明全集》,第684页。

③ 施邦曜辑评:《阳明先生集要》,第982页。

④ 《王阳明全集》,第1408页。

⑤ 《王阳明全集》,第684页。

二月返钱塘，赴龙场驿。”[1]是秋，阳明撰《因雨和杜韵》[2]云：“……客途最觉秋先到，荒径惟怜菊尚存。却忆故园耕钓处，短簑长笛下江村。”

（四）“寒根固生意”

阳明后来归别高堂，从容赴谪。沿途更是体得故园之期、山林之期、为教之期、礼乐之诠等诸种快乐。而读《易》体道，乃是其快乐之根本。

关于道体的理解，阳明在《杂诗三首》[3]中言：

> 危栈断我前，猛虎尾我后。倒崖落我左，绝壑临我右。我足复荆榛，雨雪更纷骤。邈然思古人，无闷聊自有。无闷虽足珍，警惕忘尔守。君观真宰息，匪薄亦良厚。

于道路之艰难险阻中，阳明有“无闷”之感，又提醒自己要“警惕”。阳明以此些感受为“真宰息”之“良厚”。不仅如此，阳明还不时陶醉在青山流水中。

> 青山清我目，流水静我耳。琴瑟在我御，经书满我几。措足践坦道，悦心有妙理。顽冥非所惩，贤达何靡靡！乾乾怀往训，敢忘惜分晷？悠哉天地内，不知老将至。

“悦心有妙理”，此妙理在“顽冥”与“贤达”各能自足。与终日乾乾相比，当下乃是悠然自在。此仍是由儒归道之取向。得此妙理后，阳明又言：

---

① 《王阳明全集》，第1228页。

② 《王阳明全集》，第682页。

③ 《王阳明全集》，第686页。

羊肠亦坦道，太虚何阴晴？灯窗玩古《易》，欣然获我情。起舞还再拜，圣训垂明明。拜舞讵踰节？顿忘乐所形。敛衽复端坐，玄思窥沉溟。寒根固生意，息灰抱阳精。冲漠际无极，列宿罗青冥。夜深向晦息，始闻风雨声。

人生的险途即是“坦道”，一切的阴晴不过“太虚”。此是极苦之境的极乐体验。于其中，阳明把玩“古《易》”，“欣然”有证而起舞忘形。此后，阳明又端坐玄思，思得极苦与极乐之间的内在关联：“寒根固生意，息灰抱阳精。冲漠际无极，列宿罗青冥。夜深向晦息，始闻风雨声。”其中，“寒根”“息灰”“冲漠际无极”“夜深向晦息”皆是收敛之状态，更是“生意”“阳精”“列宿罗青冥”“始闻风雨声”之先期潜伏状态。在此意义上，阳明后来的悟道，实又受启于下狱时之体验、赴龙场途中之心得。有了关于逆境至乐的深度体验，阳明在诗文中亦有流露。如：“台名何事只宜春，山色无时不可人。不用烟花费妆点，仅教刊落仅嶙峋。”[①]此类似于大程《秋日偶成》诗所云“万物静观皆自得，四时佳兴与人同”[②]，亦类于阳明怀友时所撰的“浩浩天地内，何物非同春”。然而，大程《秋日》之境，代表着万物皆自得；阳明别友南下所表“浩浩”之境，代表着万物皆生机；是时阳明从容赴谪所表“无时不可人”之境，代表着历屈而伸之过程中，万物皆可至乐：三者自有程度之差别。

此时，阳明的赴谪诗，大体不出于此。然而，关于至乐的体验，又是稍纵即逝的。因为以上种种快乐并未完全串联。[③]在阳明孤寂的旅程中，时而乡愁仍旧袭来：“……夕阳归鸟投深麓，烟火行人望远村。天际浮云生白

① 《袁州府宜春台四绝》之第二首，载《王阳明全集》，第687页。

② 程颢：《秋日偶成二首》，载《二程集》，中华书局，2004年，第482页。

③ 乐之串联，乃是更深层次的体验。

发，林间孤月坐黄昏。越南冀北俱千里，正恐春愁入夜魂。”[1]时而受先贤感发[2]：“木偶相延恐未真，清辉亦复凛衣巾。簿书曾屑乘田吏，俎豆犹存畏垒民。碧水苍山俱过化，光风霁月自传神。千年私淑心丧后，下拜春祠荐渚蘋。”阳明推崇濂溪，由来已久。“碧水苍山俱过化，光风霁月自传神”，此是阳明与濂溪思想的打通。时而阳明又思念故土：“晓行山径树高低，雨后春泥没马蹄。翠色绝云开远嶂，寒声隔竹隐晴溪。已闻南去艰舟楫，漫忆东归沮杖藜。夜宿仙家见明月，清光还似镜湖西。”[3]

然而，玩《易》体道，乃真正的快乐所在。“风雨偏从险道尝，深泥没马陷车箱。虚传鸟路通巴蜀，岂必羊肠在太行！”于此黯淡的现实之中，“远渡渐看连暝色，晚霞会喜见朝阳”，依然孕育着光明的前景。此种“孕育”，唯有在《易》中体得：“水南昏黑投僧寺，还理羲编坐夜长。”[4]此时的《易》道，或已与濂溪之学相联系。或者，《易》言道体，而濂溪之学所强调的“主静”“无欲”，又为道体的体认提供了方法。

以上是阳明三年悟道之基点以及早期形态，展现了阳明龙场前悟之“来龙”。虽然，在心与道之关系上，还是洗心无欲以显天机的思想，然其对道体之理解，却有一个将“生意”推向“寒根”之转向。

二、龙场悟道之“去脉”

1508年（37岁）春，阳明抵龙场。十九个月之后，即约1509年十月，阳明成《五经臆说》并撰《五经臆说序》。此标志着阳明龙场悟道主体内容的完成。其间，阳明于1508年秋得构“龙冈书院”，此前为三年悟道之中期，

① 《王阳明全集》，第687页。

② 《王阳明全集》，第687页。

③ 《王阳明全集》，第688页。

④ 《王阳明全集》，第688页。

也是前文所言及的前悟时期。后阳明不仅见召于贵阳书院，并于1509年4月前的一段时间任教于贵阳书院，而且还于1509年闰九月时已再聘于贵阳书院[①]，最终于1509年年终岁末奉旨离开龙场。此与贵阳书院相关的时段为三年悟道之晚期，也是前文所言及的后悟时期。而龙场后悟的“去脉”，主要是指阳明离开龙场之后的思想倾向。

(一)静坐

归程途经辰州，阳明撰诗《辰州虎溪龙兴寺闻杨名父将到，留韵壁间》[②]云：“杖藜一过虎溪头，何处僧房是惠休？……林疏地底见江流。烟化日暖犹含雨，……好景同来不同赏，诗篇还为故人留。”“杨名父，名子器，浙江慈溪人，成化年间进士，官至河南布政使”[③]。赏景留诗是阳明来去龙场的常课，而在归程中对“辰中诸生”讲学则是阳明三年悟道后的“首发”[④]。后在归途中，阳明又撰《与辰中诸生》[⑤]言：

> 谪居两年，无可与语者。归途乃得诸友，何幸何幸！方以为喜，又遽尔别去，极怏怏也。绝学之余，求道者少；一齐众楚，最易摇夺。自非豪杰，鲜有卓然不变者。诸友宜相砥砺夹持，务期有成。近世士夫亦有稍知求道者，皆因实德未成而先揭标榜，以来世俗之谤，是以往往隳堕无立，反为斯道之梗。诸友宜以是为鉴，刊落声华，务于切己处著实用力。
>
> 前在寺中所云静坐事，非欲坐禅入定。盖因吾辈平日为事物纷

① 参见陆永胜：《王阳明龙冈书院讲学考论》，《中山大学学报》，2017年第1期，第153页注释①。

② 《王阳明全集》，第715页。

③ 钱明：《王阳明散佚诗汇编及考释》，《浙江学刊》，2002年第6期。

④ 阳明龙场悟道后的“首发之地”，有龙冈书院、贵阳书院以及辰州三说。

⑤ 《王阳明全集》，第144页。所注时间为“己巳”，即1509年。然考阳明行程，当在1510年初。

拿，未知为己，欲以此补小学收放心一段工夫耳。明道云："才学便须知有著力处，既学便须知有著力处。"诸友宜于此处著力，方有进步，异时始有得力处也。"学要鞭辟近里著己"，"君子之道暗然而日章"、"为名与为利，虽清浊不同，然其利心则一""谦受益""不要异于人，而求同于理"，此数语宜书之壁间，常目在之。举业不患妨功，惟患夺志。只如前日所约，循循为之，亦自两无相碍。所谓知得洒扫应对，便是精义入神也。

由以上内容可知，阳明先是在辰中僧寺，对诸生讲学，言及静坐的为学工夫；亦要求诸生习举业。继而又在此信中对诸生进行提点。

首先，因"谪居两年，无可与语者"，得辰中诸友，方因聚而喜，又因别而悲。

其次，为学"最易摇夺"，当相互砥切，务期有成。若稍知求道而在实德未成时又急于标榜，必引来世俗之谤，从而"隳堕无立"，于"斯道"为"梗"。因此，要引以为戒，"刊落声华"，于"切己处着实用力"。此"刊落声华"，实是处静反思，由此可找到"切己处"。

正是在此意义上，具有"刊落声华"特征的"静坐"值得细析。一方面，此静坐并非"坐禅入定"，由此看来，阳明所倡"静坐"亦有"坐禅入定"之疑；另一方面，此静坐实是针对平日"为物所牵而不知为己"的"吾辈"所设，"欲以此补小学收放心一段工夫"。因此，此静坐，实是工夫，其"头脑"[①]实是为己之学之"为己"，即是要能够找到"切己处"[②]。此也是"著力处"。静坐以找到这一"著力处"，异时才有"得力处"。

不仅如此，诸生要常观"学要鞭辟近里著己""君子之道暗然而日章"

① 阳明后来喜用"头脑"说明本体对工夫的引领作用。

② 三年悟道之后，阳明对作为"头脑"的本体的理解不断精进，最终定型为良知。

"为名与为利，虽清浊不同，然其利心则一""谦受益""不要异于人，而求同于理"等语。此似乎为静坐以得"切己处""著力处"之口决。细观此数语，不难发现，其除强调静、谦之方法外，还反对利心而强调"同于理"之心。后者当是"切己处"。由此来看，阳明的"切己处""著力处"实是己与理的合一处。此可视为内心与外理的合一，当然也就是心即理之义。

最后，"举业不患妨功，惟患夺志"，当如前日所约，循循为之。此志当是指"圣贤之学""尧舜其君之志"①。有此志，有业举之方法，如同知得洒扫应对即知精义入神一样，必可成为大儒贤相②。

由此来看，阳明此书主要言及静坐与举业两个问题。其举业问题，属于阳明在贵阳讲学时的议题，亦即属于阳明三年悟道之晚期，另文再表。而关于静坐教法，在此需要细析。

（二）知行合一

关于此时的静坐教法，《王阳明年谱》"1510 年（39 岁）"条以"语学者悟入之功"对之进行定性，所指当为阳明教以静坐以得切己处，此亦得阳明思想大旨。然《年谱》将阳明教诸生静坐的原因归为龙场知行合一之教之弊端："先是先生赴龙场时，随地讲授，及归过常德、辰州，见门人冀元亨、蒋信、刘观时辈俱能卓立，喜曰：'谪居两年，无可与语者，归途乃幸得诸友！'悔昔在贵阳举知行合一之教，纷纷异同，罔知所入。兹来乃与诸生静坐僧寺，使自悟性体，顾恍恍若有可即者。"③

不仅如此，《年谱》"1509 年（38 岁）"条言："提学副使席书聘主贵阳书院。"又言："是年先生始论知行合一。始席元山书提督学政，问朱陆同异之辨。先生不语朱陆之学，而告之以其所悟。书怀疑而去。明日复来，举知行

① 《王阳明全集》，第 875 页。
② 《王阳明全集》，第 875 页。
③ 《王阳明全集》，第 1230 页。

本体证之五经诸子，渐有省。往复数四，豁然大悟，谓‘圣人之学复睹于今日；朱陆异同，各有得失，无事辩诘，求之吾性本自明也。’遂与毛宪副修葺书院，身率贵阳诸生，以所事师礼事之。”[①]《年谱》认为，席书首问阳明朱陆异同，而阳明以所悟相告，其后阳明又“举知行本体证诸五经诸子”，席书“渐有省”。考阳明与席书的交往，实未有相关论述。

与此稍有不同，钱德洪又撰《刻文录叙说》言：“先生尝曰：‘吾始居龙场，乡民言语不通，所可与言者乃中土亡命之流耳；与之言知行之说，莫不忻忻有入。久之，并夷人亦翕然相向。’”[②]据此来看，阳明知行之说，又是以中土亡命之流为首发对象，后才是对夷人而发。

由以上材料来看，龙场时提出知行合一之说，多是钱德洪之记载。然而，阳明三年悟道，历早、中、晚三期，除早期处南下赴谪之途必无知行合一之实录而外，其中期、晚期亦无实时性文字作明确记载。由此来看，龙场悟道，在何种意义上，如钱德洪所载，体现为知行合一；辰州论学，在何种意义上，又如钱德洪所载，要反对知行合一：实非常值得思考。

在严格意义上，就阳明后来的表述看，知行合一实是其为学宗旨。《传习录》上篇，载有徐爱所录其与阳明关于知行合一的长段对话。[③]在此对话中，知行合一已然是阳明思想的基本宗旨。考徐爱为学经历，其约于1513年春至1514年四月此段时间，或亦包括1516年的春夏时期，受教阳明最多。因此，在是时，或在龙场以后、是时以前，阳明即以知行合一为论学宗旨。在此意义上，可以说，龙场以后，在阳明所历庐陵、北京、滁州、南京任上，必有一知行合一宗旨的显发期。此可称为“知行合一晚出论”。如滁州名宦胡松就尝言：“松尝谓先生之学与其教人，大抵无虑三变。始患学者之心纷扰而难定也，则教人静坐反观，专事收敛。学者执一而废百也，偏于静

① 《王阳明全集》，第1229页。

② 《王阳明全集》，第1574~1575页。

③ 《王阳明全集》，第3~5页。

而遗事物，甚至厌世恶事，合眼习观，而几于禅矣，则揭言知行合一以省之。”[①]在教法上，胡松此种以知行合一对治坐禅入定之提法，恰与钱德洪以静坐对治知行合一之“罔知所入”的观点，构成鲜明对比。

在贯通意义上，阳明龙场所悟之道本身即具有“知行合一”性质，即是知行合一之本体。举此本体，即是举知行合一宗旨，即是举知行合一之教法。以此反推，举知行合一之宗旨、举知行合一教法，即是举“悟”为言。然而，“悟”如何而为教法，这是一个值得思考的问题。

另外，在以上贯通意义上，将知行合一与阳明三年悟道的中期与晚期——龙场悟道的前悟与后悟——进行对接，虽有其合理性，但亦当保持审慎的态度。因为阳明在《与辰中诸生》中亦言：“近世士夫亦有稍知求道者，皆因实德未成而先揭标榜，以来世俗之谤，是以往往隳堕无立，反为斯道之梗。”阳明此语虽然并不反对有所标榜，然其更为强调的是“实德”先成，唯有如此，才能孚信于人。因此，“实德”如何先成，行何以证知，此是作为贯通意义上的宗旨的知行合一，在教法上面临的问题。例如，同样是习举，从“行”上无法阐明其“知”是尧舜其君之心，还是自私自利之心。也就是说，教法上的知行合一或面临为事所牵的嫌疑。要消除这一嫌疑[②]，即是要拥有内在的心志。而如何拥有内在的心志，此须有一个悟入处。于阳明而言，不论是“前悟”还是“后悟”，皆是内在心志的获得。因此，在逻辑上，知行合一之教法当转为悟得内在心志的教法。

知行合一之教法或具有为事所牵的嫌疑，此在阳明的《与辰中诸生》中有一段相类的表达：“吾辈平日为事物纷拏，未知为己。”正是基于这一嫌疑，阳明强调静坐以寻切己处。亦正基于此，《王阳明年谱》在“1509年（38岁）”判阳明提出知行合一之“本体”，在“1510年（39岁）”条又判阳明放弃知行合一之“教法”。而阳明所强调的静坐以寻切己处，正是悟得内在心志

① 《王阳明全集》，第1362页。

② 《王阳明全集》，第875页。

的教法在现实中的展开。此“内在心志”便是现实中的“切己处”，亦即是“良知”的最初形态。[1]此“悟得”之方式便是现实中的“静坐”。

（三）三教关系

怀着三年悟道之心得，阳明期望与当年的道友共话“此心”：“……江天云鸟自来去，楚泽风烟无古今。山色渐疑衡岳近，花源欲问武陵深。新春尚沮东归楫，落日谁堪话此心？”[2]正是内心从容自得，故而时时可自谦自嘲：“台下春云及寺门，懒夫睡起正开轩。……道意萧疏惭岁月，归心迢递忆乡园。年来身迹如漂梗，自笑迂痴欲手援。”[3]

在归程中，阳明不仅在教法上提出“静坐”以寻“切己处”，而且对静悟之后的境界亦有所论及：“………洞口流云夜有声。静后始知群动妄，闲来还觉道心惊。问津久已渐沮溺，归向东皋学耦耕。”[4]此处的“静后始知群动妄”，实是悟后才能辩群动之意。此时，于阳明而言，即便是闲处，亦是道心之显在。体道若此，仕途可进可退。“尽日僧斋不厌闲，独余春睡得相关。……江外云晴忽有山。远客趁墟招渡急，舟人晒网得鱼还。也知世事终无休，亦复心存出处间。”[5]

阳明反对坐禅入定，亦体现为对“枯坐”的态度上。“乘兴看山薄暮来，山僧迎客寺门开。雨昏碧草春申墓，云捲青峰善卷台。性爱烟霞终是僻，诗留名姓不须猜。岩根老衲成灰色，枯坐何年解结胎？”[6]此是对三教关系的一重理解。

① 钱德洪撰《刻文录序说》言：“先生尝曰：‘吾良知二字，自龙场以后，便已不出此意，只是点此二字不出，于学者言，废却多少辞说。……”（《王阳明全集》，第1575页）

② 《王阳明全集》，第715页。

③ 《王阳明全集》，第715页。

④ 《王阳明全集》，第716页。

⑤ 《王阳明全集》，第716页。

⑥ 《王阳明全集》，第716页。

是时，阳明的入世情怀与求道之心糅合在一起："……流民失业乘时横，原兽争群薄暮号。却忆鹿门栖隐地，杖藜壶榼饷东皋。"[①]求道之心使其怀念道友："……梦回客枕人千里，月上春堤夜四更。欲寄愁心无过雁，披衣坐听野鸡鸣。"[②]而道体世界又充满着无穷的自在："……闲观物态皆生意，静悟天机入窅冥。道在险夷随地乐，心忘鱼鸟自流形。未须更觅羲唐事，一曲沧浪击壤听。"[③]阳明此诗呈现了万物生机浩浩、万物至乐基础上的万物和乐境界。此时，道在当下，乐在当下，不仅仅指个体，不仅仅指自然，还包括由个体所构成的人世间。

阳明归程中对仕途的担忧时亦有之："南望长沙杳霭中，鹅羊只在暮云东。……花暗渐惊春事晚，水流应与客愁穷。北飞亦有衡阳雁，上苑封书未易通。"[④]然更多时候则是当下之自得："福地相传楚水阿，三年春色两经过。羊亡但有初平石，书罢惟笼道士鹅。……"[⑤]与赴谪时对《易》道的追寻[⑥]不同，是时阳明更多是见道后的评判："渌水西头泗洲寺，经过转眼又三年。老僧熟认直呼姓，笑我清癯只似前。每有客来看宿处，诗留佛壁作灯传。开轩扫榻还相慰，惭愧维摩世外缘。"[⑦]与赴谪时的思亲[⑧]不同，是时阳明是物各付物而思亲："碧山道士曾相约，归路还来宿武云。月满仙台依鹤侣，书留苍壁看鹅群。春岩多雨林芳淡，暗水穿花石溜分。奔走连年家尚远，空余魂梦到柴门。"[⑨]于道而言，万物自得，是个体的饱满。于人而言，人伦定在，是个体的归向。与赴谪时对濂溪的推崇[⑩]不同，见道后，阳明对道统的承担

① 《王阳明全集》，第716页。
② 《王阳明全集》，第717页。时为1510年。
③ 《王阳明全集》，第717页。
④ 《王阳明全集》，第717页。
⑤ 《王阳明全集》，第718页。
⑥ 《王阳明全集》，第688页。
⑦ 《王阳明全集》，第718页。
⑧ 《王阳明全集》，第688页。
⑨ 《王阳明全集》，第718页。时为1510年。
⑩ 《王阳明全集》，第687页。时为1508年。

有了新的理解，对儒家学脉的分疏更为清晰：“曾向图书识面真，半生长自愧儒巾。斯文久已无先觉，圣世今应有逸民。一自支离乖学术，竞将雕刻费精神。瞻依多少高山意，水漫莲池长绿蘋。”[1]阳明欲以“逸民”承担儒家之道统。此“逸民”已悟得圣人易简之学，而世人则为学支离，处处雕刻，枉费精神。由此诗也不难看出，正是对道家思想的借助，濂溪才当之无愧为儒家道统之承担者。此时，阳明不仅已归向儒学，而且已以己身从容承担道统。[2]

以上为阳明三年悟道对动静关系的处理、对坐禅入定的反对、对道体和乐境界的体认、对儒家道统的承担等，体现了阳明对三教关系的处理。

阳明归程的终点是庐陵。1510 年 3 月，阳明至庐陵[3]，撰诗云：“……松古尚存经雪干，竹高还长拂云梢。溪山处处堪行乐，正是浮名未易抛。”[4]正如施邦曜之评语“读此诗，先生经国之志已见，诗以言志，然哉”[5]所示，阳明此时的儒家经世之意已赫然在目。阳明为官庐陵时，亦有其他相关撰述，然其儒家旨趣实未离于此。[6]

以上关于静坐、知行合一与三教关系的呈现，即是阳明龙场后悟之“去脉”所在。此不仅关联着阳明工夫论从悟到静坐再到头脑工夫的递进，而且关联着阳明本体论在知行合一层面与心即理层面的双重打开[7]，因此其在阳明心学的发展史上，具有极为重要的意义。

---

① 《王阳明全集》，第 718 页。时为 1510 年。

② “……及在夷中三年，颇见得此意思，乃知天下之物本无可格者。其格物之功，只在身心上做，决然以圣人为人人可到，便自有担当了。……”《王阳明全集》，第 674 页。

③ 《王阳明年谱》“三十九岁”条载：“先生三月至庐陵。”《王阳明全集》，第 1230 页。

④ 《王阳明全集》，第 720 页。时为 1510 年 3 月。

⑤ 施邦曜辑评：《阳明先生集要》，第 961 页。

⑥ 《阳明先生集要》置《陈言边务疏》《乞宥言官去权奸以章圣德疏》《谏言佛疏》《庐陵县公移》于“经济编”“奏疏公移”篇首，缘由在于：“右四篇俱成于先生初仕时，然安内攘外、致君泽民之大概，已见于此，故冠集首。”（施邦曜辑评：《阳明先生集要》，《目录》第 4 页。）然就龙场后悟之“去脉”而言，主要呈现于《庐陵县公移》一篇中。此“公移”乃阳明悟后之生命状态在政治层面的展开。

⑦ 知行合一是本体的基本特性；心即理乃本体之客观面相。

综上所述，以三年悟道为范域，阳明龙场悟道之“来龙”依次体现为“箪瓢有余乐”“无欲见真体”“超然”之乐以及“寒根固生意”等，“去脉”主要体现为“静坐”“知行合一”以及“三教关系”等。对此“来龙”与“去脉”进行勾勒，不仅为研究承载于其间的龙场悟道的主体内容（亦即阳明三年悟道之中期与晚期、龙场之前悟与后悟）——这一学界关注的热点问题，提供更具内在性[①]的线索，而且为研究阳明早年思想[②]向三年悟道的收拢性转化、三年悟道向心学本体论与工夫论等层面的发散性转化，提供更为客观、更为理性的参照。由此，阳明龙场悟道的神秘性质可逐步得到澄清。

① 内在性是指因置于某一系统中而具有的相互关联性。

② 参见程海霞：《检讨钱德洪系〈王阳明年谱〉之立场——以王阳明的早年经历为例》，《复旦学报》，2010年第5期。

明儒王道与湛若水的交往与论学*

刘　勇

（中山大学历史学系及历史人类学研究中心）

一、引言

本文是笔者关于阳明学批判者的系列研究之一。这项系列研究的基本思路是，致力于发掘那些曾经与王阳明及其主要追随者有过直接接触的同时代异见者，听听他们的实时声音，考察他们从异见角度所见、所闻、所感的阳明学者和学说，观察他们同阳明学者的交往、对话与分歧，以及他们面对分歧时的针对性回应。这样的处理方式，希望能丰富对阳明学者跟同时代其他学术群体的互动的认知，增进对明代中期思想多元情状的了解，同时有助于更具批判性地看待后来记载在层累地迭加或迭减、过滤、转述过程中不可避免地施加的影响。

16世纪初明代正德年间，湛若水和王阳明在南北两京共同倡导理学讲学活动，吸引了不少读书人的注意，一些新科进士陆续参与到二人主导的讲学活动中。正德六年（1511）进士王道就是其中之一。在参加讲学活动之后，他先后拜师王阳明、湛若水，学习他们提倡的理学学说。不过，这种

* 本文是“中山大学高校基本科研业务费专项资金资助”（项目批准号：17wkzd04）成果。

师徒论学融洽状态并没能持续多久。大概在两三年后,王道就受到以魏校为中心的阳明学批判者的影响,学说立场转向朱子学,并因此与王阳明疏离,逐渐从阳明门人转变成阳明学说的激烈批评者。到嘉靖初年,王道不仅继续批判阳明学说,同时也致力于摆脱朱子学立场,追求一己独立学说。[①]王道与湛若水之间的学说融洽期保持得更长久一些,直到嘉靖初年,随着湛若水在"大礼议"中言行表现不孚众望,反复出现行不顾言、背友恋权的情事,而王道则坚持寻求仕学、出处表现上的自决自立之道,由此与湛若水的分歧越发明显,最终处于尖锐对立的立场。

在具体讨论中,本文首先简述王道的生平,然后在着重考订现存相关各方往来文献的基础上,历时性地述析王道与湛若水之间由融洽到疏离、对立的交往和论学过程,兼及二人在此期间同王阳明之间的论学交涉。

二、王道的生平与著述

王道(1487—1547)字纯甫,号顺渠,山东东昌府高唐州武城县人,正德六年进士。[②]中进士后,王道旋即被选为翰林院庶吉士,但在正德七年因"山东寇乱,欲奉祖母避地江南,上疏乞补学职,词极恳切,得应天学教授"。此后,王道"居应天学二载,升南京仪部主事"。至正德十年夏,"召改吏部验封'司主事',历考功'司郎中'、文选'司郎中'",其间,曾于正德十二至十四年丁父忧,合计"前后在吏部十年"。至嘉靖十一年(1532)九月,

① 参见刘勇:《从门人到批判者:明儒王道与阳明学之疏离》,《台大文史哲学报》,第90期,2018年11月。

② 正德年间另有王道,别字同样是纯甫,号六泉、崆峒,山西陵川人,举人,正德末任朝邑知县,任上刊刻过由韩邦靖纂修的《(正德)朝邑县志》,详参该《志》卷首正德十四年康海所撰序、卷末"正德己卯(十四年)九月吉旦知朝邑县事山西陵川王道"撰《跋》,并参《(万历)续朝邑县志》卷五《王道传》;杨廷福、杨同甫编:《明人室名别称字号索引》(下册),上海古籍出版社,2002年,第47页。

因大学士方献夫荐其学行淳正，可任宫僚，遂以吏部文选司郎中擢左春坊左谕德，王道累疏辞疾，获允回籍养病。旋即于嘉靖十二年六月，起南京国子监祭酒，十月到任，复于次年四月获允回籍养病。至二十五年六月，起南京太常寺卿，十月升南京户部右侍郎，旋改礼部右侍郎，掌国子监事，二十六年三月到任，五月改吏部右侍郎，仅阅月而卒，赠礼部尚书，谥文定。①

王道一生著述多种，现存有《周易亿》二卷《系辞亿》一卷、《诗经亿》四卷、《大学亿》二卷、《大学释疑》一卷、《老子亿》二卷、《顺渠先生文录》十二卷。②

三、正德年间王湛论学融洽情形

（一）初期论学"无所不悦"

正德六年王道中进士时，王阳明正好是该科会试同考官，双方不仅有座师门生之谊，王道还与路迎、方献夫、黄绾、应良、朱节、徐爱等二十余人"同受业"于阳明。此事先被明确记入徐爱所编专门收录阳明门人的《同志

① 王道：《顺渠先生文录》卷九《先君槐庭先生行状》《升官告祖墓文》《升礼部侍郎告祖墓文》，育德财团，1932 年影印明嘉靖刻本，第 19 页、第 28~30 页；卷一〇《辞祭酒第一疏》《辞祭酒第二疏》《谢恩疏》《吏部谢恩疏》，第 6~13 页。严嵩：《钤山堂集》卷三七《明故吏部右侍郎王公神道碑》，《四库全书存目丛书》集部第 56 册影印明嘉靖二十四年刻增修本，第 318~319 页；亦载《顺渠先生文录》卷末附录，第 24~27 页。另参《明世宗实录》卷三二六，嘉靖二十六年八月壬寅，第 6030 页；黄宗羲《明儒学案》卷四二《甘泉学案·文定王顺渠先生道》，中国书店，1990 年影印清雍正间紫筠斋贾刻本，第 488 页。

② 中国古籍总目编纂委员会编：《中国古籍总目》，中华书局；上海古籍出版社，2012 年，经部第 1 册，第 100、333 页；第 2 册，第 756 页；子部第 5 册，第 2337 页；集部第 2 册，第 677~678 页；丛部第 2 册，第 1050 页。其中史部第 8 册第 4722~4723 页著录的《（正德）朝邑县志》二卷（或一卷），实为韩邦靖纂修，而由时任知县山西陵川人王道刊刻，非本文所论之山东武城王道。王道著述的早期著录，参严嵩：《明故吏部右侍郎王公神道碑铭》，《顺渠先生文录》，卷末附录，第 26 页；黄虞稷著，瞿凤起、潘景郑整理，《千顷堂书目》，上海古籍出版社，2001 年，卷一、二、一〇、一六、二二，第 4、21、28、44、63、268、433、560 页。

考》中，后又反复载入阳明高弟钱德洪等所编阳明年谱之中。[①]次年，王道疏改应天府学教授而离京之际，阳明有《别王纯甫序》以勉之，序文中特别响应了王道关于教授职责之问。[②]不久，王道果然在教职任上出现问题，似乎由于其过于严厉管束诸生，引起诸生敌视并诉诸官司。对此，阳明高弟徐爱立即以"同门友"身份出面，致信关说同为正德三年（1508）进士的讼事受理人许立升。[③]

在正德六年拜师王阳明的同时，王道还通过阳明以及同为阳明门人的进士同年应良的介绍，在北京结识并拜师已是理学名人的湛若水。次年春，应、湛二人因故离京，同路南行，沿途畅游山水并相与论学。据湛氏观察，"应子者实以自信而虚以相受，予间与论充塞流行之理，感通往来之机，乃略去支离，而一归统会"。分别之际，湛氏赠序应良时回忆：

> 正德丙寅（三年），始得吾阳明王子者于京师，因以得曰仁徐子（徐爱）者。辛未（六年），因阳明得吾仙居应子（应良）者，又得吾武城王子（王道），日夕相与论议于京邸。王子于吾言，无所不悦。应子者，

① 钱德洪编辑，罗洪先考订：《阳明先生年谱》，《北京图书馆藏珍本年谱丛刊》第42册，北京图书馆出版社，1999年，影印明嘉靖四十三年刻本，第530~531页；王守仁：《王阳明全集（新编本）》卷三二《年谱一》，吴光、钱明、董平、姚延福编校，浙江古籍出版社，2010年，第1241页。关于两份年谱的关系，参杨正显：《觉世之道：王阳明良知说的形成》附录二《王阳明〈年谱〉与从祀孔庙之研究》，北京师范大学出版社，2015年，第285~323页。其中，穆孔晖、顾应祥、郑一初、方献科为弘治十八年进士，徐爱、唐鹏、路迎为正德三年进士，王道、梁穀、万潮、陈洸、应良、邹守益、费寀为六年进士，萧鸣凤、林达、朱节为九年进士，蔡宗兖为十二年进士。关于这批受业者的近期研究，参钱明：《王阳明及其学派论考》，人民出版社，2009年，第257~265页；George Lawrence Israel（伊来瑞），"Wang Yangming in Beijing，1510–1512：'If I Do Not Awaken Others，Who Will Do So?'，" *Journal of Chinese History* 1（2017），pp.59–91。

② 王守仁：《王阳明全集（新编本）》卷七《别王纯甫序 辛未》，第247~248页。文集编者定为"辛未"即正德六年，误。据王道撰《先君槐庭先生行状》《壬申改官南行次韵留别馆中诸同年》（《顺渠先生文录》卷九，第23页；卷一一，第1页），当在七年。

③ 徐爱：《与许立升书》，钱明编校：《徐爱、钱德洪、董澐集》，凤凰出版社，2007年，第58页。

忠信而笃学，其于吾与阳明也，始而疑，中而信以固，非苟信也。[1]

所谓"王子于吾言"的"王子"，当指王道而非王阳明，观其上文称武城王子"相与论议"，而下文复提"阳明"可知。在此时的湛若水看来，王道不仅与自己"日夕相与论议于京邸"，并且对于自己所授理学之言"无所不悦"。双方这种融洽的论学关系至少延续到正德末、嘉靖初。

目前尚未发现正德六、七年间王道与湛若水在北京论学情状的记录，但可以从几年后的回顾略知一二。正德十年正月，湛母陈氏卒于北京，二月湛若水丁忧扶柩南归，在南京龙江关与逆吊于此的王阳明辩论格物说。[2]稍后，湛若水致信王道，忆及此前北京论学情形：

学无难易，要在察见天理，知天之所为如是，涵养变化气质，以至光大尔。昔者辛、壬之岁（正德六年、七年，1511—1512）在都下，所与贤契语，并殊非悬空杜撰，以相罔也。若于夫子"川上"之叹，子思"鸢鱼"之说，及《易》"大人者，与天地合其德，与日月合其明，与四时合其序，与鬼神合其吉凶，先天而天弗违，后天而奉天时"等处见之。若非一理同体，何以云然？故见此者谓之见易，知此者谓之知道，是皆发见于日用事物之间，流行不息。百姓日用不知，要在学者察识之耳。此吾

① 湛若水：《泉翁大全集》（卷一五），钟彩钧、游腾达点校，台湾"中研院"中国文哲研究所，2017年，第457~458页。

② 黎业明：《湛若水年谱》，上海古籍出版社，2009年，第50~51页。关于王、湛之间格物论争的研究已多，本文主要参考：Woo，Ann-ping Chin. *Chan Kan-Ch'uan and the Continuing Neo-Confucian Discourse on Mind and Principle*，Columbia University Ph.D. Thesis，1984，pp.55-79；王文娟：《湛甘泉哲学思想研究》，巴蜀书社，2012年，第137~147页；夏长朴：《变与不变——王守仁与湛若水的交往与论学》，载《儒家与儒学探究》，大安出版社，2014年，第217~270页。

所谓察见天理之说也。[①]

早在弘治十年(1497)湛若水已有“丁巳之悟”,明确提出“随处体认天理”宗旨,由此确立起自身学问的根基并终生大体保持不变。这个宗旨是在继承其老师陈白沙“自然”之教和“勿忘勿助”工夫的基础上,着重强调天理是本来如此充塞于天地之间并且自然流行无碍,相应地学者的工夫就应该致力于不施加人为干预地去体会天理自然流行过程中“无在无不在”之意。[②]此信中的“察见天理”说,正是对天理本来充塞于天地间而“发见于日用事物之间,流行不息”的明确认知。信中湛若水接着提醒王道,当前应该“涵养此知识,要在主敬,无间动静也。贤契用功如是不息,他日当知吾言之不诬也”,并勉励王氏在京与几位“同志者闲中当常相聚讲习,并以愚说质之,时致规言”。

对于湛氏的“察见天理”说,王道看来是赞同和接受的。在给同样俱为阳明和甘泉门人的周冲所作赠序中,王道明确将湛氏此说复述以赠:

阳羡周道通(周冲)谈学于委顺子曰:“向也冲见于甘泉子而问学,夫子曰:‘察见天理。’何谓也?”委顺子曰:“富哉言乎!儒、释之辨昭矣。夫心也者,天下之至神而不可拘也;夫理也者,天下之至费而不可离也;夫事也者,天下之至顺而不可袪也。三者一而已矣。儒者之学,本心以应事,即事以观理,是故天理见而内外一矣。释氏之学,外事以求理,外理以求心,是故天理灭而心迹二矣。一也,故极于明庶

① 湛若水:《泉翁大全集》(卷八),第216~217页。在嘉靖十二年王道任南祭酒后,湛氏《答王顺渠司成》中有“忆昔壬癸之岁(正德七年、八年),卜邻于长安之西,相与甚欢,相信甚笃,自此遂成疏阔”,将二人在京相处系于正德七、八年,当是回忆有误。《泉翁大全集》(卷九),第265~266页。

② 王文娟:《湛甘泉哲学思想研究》,巴蜀书社,2012年,第10~43页。

物、察人伦而参天地;二也,故极于畔伦理、逆天地而不自觉焉。是故邪正大小判矣。”道通曰:“然。是固夫子教我之意也,请附于夫子之教以自警。”①

（二）对阳明学说的共同批判

王道与湛若水的论学融洽情形,还表现在正德九、十年间两人对待阳明学说的共同批判态度上。正德九年九月,南京兵部主事路迎北上入京,王阳明有《与路宾阳》赠之:

> 宾阳(路迎)质美近道,固吾素所属望。昨行,必欲得一言,此见宾阳好学之笃。然浅鄙之见,平日已为宾阳尽之矣。君子之学,譬若种植然,其始也,求佳种而播之,沃灌耘耔,防其“上敦下虫”“上或下虫”,畅茂条达,无所与力焉。今嘉种之未播,而切切然日讲求于苗秀实获之事,以望有秋,其于谋食之道远矣。宾阳以为何如?北行见甘泉,遂以此意质之。外书三纸,烦从者检入。守仁顿首,宾阳司马道契文侍,九月八日。余空。②

路迎字宾旸,号北村,山东汶上人,正德三年进士,授南京兵部主事,转郎中,历知襄阳、松江、淮安等府,仕至兵部尚书。在南京兵部主事任上,路迎“与堂邑穆孔晖、武城王道同师事王守仁,专务讲学,以相切劘”③。

---

① 王道:《赠周道通》,载《顺渠先生文录》(卷七),第1页。

② 原载孔继涑汇集:《玉虹鉴真续帖》卷八《王守仁与宾阳司马书四通》,阳明文集失载;此据束景南:《王阳明年谱长编》,上海古籍出版社,2017年,第789页。

③ 过庭训:《本朝分省人物考》卷九五《路迎》,广陵书社,2015影印明刻本,第2059页;佚名:《兵部尚书路公迎传略》,载焦竑:《国朝献征录》卷三九,广陵书社,2013影印明刻本,第1626页。任襄阳知府当在正德十二年始以前,见胡价等编纂:《襄阳府志》卷一九《秩官志》,明万历十二年刻本。

路迎从正德七年以来一直任南京兵部主事，即阳明信中所谓“司马”。[①]而从正德六年至十二年间，湛若水在京仅有两段时间，即六年至七年二月，九年春夏之交至十年二月。[②]据此，则阳明赠书当作于九年九月。

路迎入京后，遵阳明嘱咐“见甘泉，遂以此意质之”。当其南归之际，甘泉为撰《赠兵曹路君宾阳还南都序》：

> 古之为道也，浑浑尔也。今之为道也，龂龂尔也。夫道，天下之公，四达之逵也。今夫适道，自东至者，或以西至为非，而不知亦犹西之视东也，其可乎？自南至者，或以北至为非，而不知亦犹北之视南也，其可乎？夫自达观大道者，其至一尔。故言有殊立而无殊理，行有异入而无异至。古之学者，传而不议，行而致同。色相受也，意相传也，善相观也，和相饮也，德相化也，殊途而同归，百虑而一致。故曰浑浑尔。夫道，一而已矣。视听言动，皆心也；情性微显，同原也；内外动静，一理也。是故知而至之存乎智，默而成之存乎德，化而裁之存乎义，体而尽之存乎心，溥而通之存乎公，遁而无闷存乎蕴，诱而相之，正而不岐，存乎师友。故夫龂龂者各就其方，自其私见言之，未睹乎大道者也。吾友路君宾阳宦学于南都，志笃而行确，与甘泉子相遇于金台，今归而南也。南中多学者，然吾惧其龂龂，故有以赠宾阳，庶闻吾言者，龂龂之说或息。龂龂之说不息，浑浑之道不见。[③]

赠序的主旨比较清楚，以古之浑浑与今之龂龂对举立说，从而批评和警醒今之龂龂的现状。所谓浑浑，是说道一而适道之途可以多端。龂龂，争辩貌，是指今之学者是此非彼、是彼非此的门户意气之争，属于未睹大道

① 束景南：《王阳明年谱长编》，上海古籍出版社，2017年，第790页。

② 黎业明：《湛若水年谱》，第41~46、50~51页。

③ 湛若水：《泉翁大全集》（卷一五），第461~462页。

的私欲之见。

更值得注意的是赠序的言说背景和预设听众。此序的写作背景不仅跟湛甘泉本人同王阳明的论学分歧直接相关，同时很可能还连带指涉当时以魏校为中心的阳明学批判圈子。王、湛分歧此时已在酝酿和形成中，而魏校与阳明之间的分歧更加尖锐。正德十年前后，京师盛传魏校与阳明的学术分歧已经势同水火。黄绾在试图请托与魏校关系密切的名贤李承勋居间调停时，曾经明确指出："近者京师朋友书来，颇论学术同异，乃以王伯安（王守仁）、魏子才（魏校）为是非。是伯安者，则以子才为谬，是子才者，则以伯安为非。若是异物，不可以同。"①

至于预设听众，线索在赠序之末。湛氏特别指出，希望借助路迎曾经宦学于南都而今南归之便，传达湛氏本人对于南中学者可能陷于"断断"的担忧。所谓路迎此前"宦学于南都"，当是指其和王道一同"师事王守仁，专务讲学，以相切劘"之事。而阳明于正德八年十月至滁州督马政，九年四月升南京鸿胪寺卿，五月到南京，直到十一年九月升南赣巡抚，十月归省至越。故此处的所谓"南中多学者"，无疑主要是指任官南京的王阳明及其追随者而言。

整体上，此序可以视为身处北京的湛甘泉借助路迎这个共同门人此次北来南归作纽带，在回应身处南京的王阳明"喊话"的同时，向其追随者释放的和解姿态和意向。在湛氏看来，即使双方不能达成完全一致，至少也应该共同努力防止"断断"争辩的裂痕继续扩大。明显的，这种姿态和意向是通过泛泛而论的"论学"修辞来表达的。例如，文中有关"适道"方式的论述，湛若水用东至与西至、南至与北至互以为非来立论，这自然是宋明

① 黄绾：《复李逊庵书》，《黄绾集》（卷一八），张宏敏编校，上海古籍出版社，2014年，第334~335页。此信开篇有"迩闻擢宪敝省，喜慰无量。数年之间，法立仁流，谁不瞻仰"之语，而李承勋从正德九年七月至十一年七月为浙江按察使，见《明武宗实录》卷一一四，正德九年七月戊子，台湾"中研院"历史语言研究所，1984年缩印再版，第2322页；卷一三九，正德十一年七月壬午，第2733页。

理学中司空见惯的泛泛之说,但揆诸当时的情势,同时可以是实指身处南京的王阳明与身处北京的阳明学批判者之间围绕“适道”方式的南北争论。在阳明方面的意向并不明朗的情形下,这种表达方式既有助于避免使首先表态的湛氏陷于尴尬境地,同时也避免将双方直接暴露在针锋相对的情境中,有利于为后续应对和互动留下足够转圜的空间。此外,这种泛泛的修辞性表达,也有助于拓宽指涉的范围,使诸如魏校等阳明学批评者被囊括进来,淡化表达姿态和意向的行为的私人属性,使其看起来更像是出于公心的“论学”行为。

对于湛甘泉在赠序中希望借路迎之口消弭南京阳明学者中“断断之说”的努力,以及同时期书信中表达的试图防止与阳明之间的“纷纷异同之辩”(详后),王道的观感则是同中有异。

路迎携甘泉赠序南归后,不负所望地在南京学者中传示,并在此过程中明确请王道发表意见,后者为撰《书甘泉赠言卷后》:

> 宾旸(路迎)与予同游甘泉先生之门。先生之所以期宾旸,与宾旸之所得于先生者,聚在此卷,宾旸之学可知矣。南行,出以相示,且属缀以一言。予学懵于得,而涂辙之眩也,其何敢滕口无已?则申之而已矣。《大学》而“断断”云者,以无所折其中也。杨雄氏曰:“众言淆乱折诸圣。”信斯言也,宜莫如孔子。孔子之言仁也,自视听言动,达于出门使民、居处应接之类,取体天而已,未尝外身以守心也,然而隐显一矣。孔子之言智也,自学问思辨,达于诗书执礼、前言往行之类,取知天而已,未尝扞事以求悟也,然而内外一矣。孔子之言道也,自达道达德,达于三千三百之类,取合天而已,未尝弃万以趋一也,然而一以贯之矣。
>
> 后之学者不然,指方寸以为本心,而不知心体之与天同其大也;指经训以为陈言,而不知圣人先得我心之所同然也;厌烦径约,指万

事以为粗迹，而不知道之殊途而同归也。其诸异乎孔子之学矣，其亦弗思甚矣！然而高才明智者见闻胶胶，束书不观者游谈摇摇，靡然师之，又从而为之辞，其益弗思甚矣。无惑乎学之私且异，而龂龂如也。韩愈曰："不塞不流，不止不行。"今欲放彼而闲此，则莫急于明吾孔子之学焉尔矣。孔子之学明，则世儒之学息，世儒之学息，则道德可一，道德可一，则风俗可同，风俗可同，则王化可兴，是故君子莫大乎反经。[①]

此文没有收录在王道的文集《顺渠先生文录》中，而是收录在嘉靖二十八年刻《武城县志》。文集和县志的编刻者都是时任武城知县尤麒，看来很可能是由于县志晚于文集刊刻之故。县志在此文篇题下署"顺渠王道，吏部左侍"八字，显然有误：其一，如前所述，王道于嘉靖二十六年五月任吏部右侍郎，仅阅月而卒，赠礼部尚书，他从未担任吏部左侍郎；其二，王道撰写这篇《书后》是在正德十年，那时更不可能拥有吏部左侍衔。从文中提到"南行，出以相示，且属缀以一言"来看，此文当写于正德十年初路迎南归途经南京时，其时王道在此任官，而同年夏王道就从南京改官移居北京。

毫无疑问的是，王道和湛甘泉都对阳明学说持批判态度，这是两者的共通之处。湛甘泉在前引正德十年二月路过南京龙江关后不久所写《寄王纯甫验封》信的末尾，特别将自己与阳明论辩情形告诉王道：

过南都，阳明亦有论说。形而上下之说，信有近似者，但为传者又别告。自今且取其疑者致思，取其同者自辅，方是虚己求益。毋徒纷纷异同之辩，恐于道无益，而反有害也。[②]

① 尤麒修、陈露纂：《（嘉靖）武城县志》卷八《文章志》，明嘉靖刻本。
② 湛若水：《寄王纯甫验封》，载《泉翁大全集》（卷八），第217页。

尽管甘泉声称“为传者又别告”，并自勉应当“虚己求益”，但他不仅承认与阳明之间的论辩有近似于“形而上下”的分歧，而且担心这种分歧有导致“纷纷异同之辩”的可能。龙江关辩论格物之后，湛甘泉在返家途中寄信给阳明时，再次提到：“昨承面谕《大学》格物之义，以物为心意之所著……兄意只恐人舍心求之于外，故有是说。不肖则以为，人心与天地万物为体，心体物而不遗，认得心体广大，则物不能外矣。故格物非在外也，格之、致之之心，又非在外也。于物若以为心意之着见，恐不免有外物之病，幸更思之！老兄仁者之心，欲立人达人甚切，故不免急迫，以召疑议。”①

不过，王道与湛甘泉在如何对待阳明及其学说的态度和立场上却有程度轻重之别。湛氏本着“殊途而同归”之说，向阳明方面释放消除分歧和争执的期待。但王道则强调，正是由于“后之学者”即王阳明“指方寸以为本心”“指经训以为陈言”“厌烦径约，指万事以为粗迹”，②这些主张不仅不符合孔子学说的根本精神（即“同归”），而且这种排斥他说的举动本身，完全背离了湛氏赠序提出的“殊途”主张。并且，由于阳明的这些学说已经吸引了“高才明智者”和“束书不观者”“靡然师之”“又从而为之辞”，正是导致“学之私且异，而断断如”的根本原因。因此，必须如同韩愈所说，不彻底阻止和打倒阳明学说，儒学正道就不可能有昌明之望。

对阳明学说的批判，王道走得更远。至迟在撰写《书后》几个月后的正

① 湛若水：《先次与阳明鸿胪》，载《泉翁大全集》（卷八），第216页；并参黎业明：《湛若水年谱》，第51~52页。

② 此前不久，王阳明在致黄绾信中详述自己与王道关系趋恶，大约有暗示黄绾从旁挽救之意，因之黄绾致信王道云：“昨再得书，知不终弃，喜慰何如！且令仆言，以尽异同，尤知与善盛心。夫圣人事业，广博极乎天地。其道虽大，其本只在一心。盖一心之眇，君临百骸，道德仁义由此而备，礼乐刑政由此而出，《六经》《四子》由此而作。累于私则蔽而昏，反其本则明而通。蔽而昏则无所不害，明而通故无所不用。用之则三极之道立，害之则三极之道废。今欲学圣人，惟求之吾心而已。不知反之于心，求其累与害者去之，徒以博物洽闻为有事、旁寻远觅为会通，是乃逐物而滋蔽也。故古圣传授，皆以克己去私为至要，私去则心无所蔽，其体清明，而天下之本立矣，故曰‘皇建其有极也’。”黄绾：《复王纯甫书》，《黄绾集》（卷一八），第335~336页。

德十年夏，王道从南京改官北京，很快受到以魏校为中心的反阳明学圈子的影响，对阳明学说提出了非常严厉的批评，其严厉之程度，甚至使得在南京任官的王阳明听说之后，有“纵使散处敌国仇家，当亦断不至是”之慨。[1]

王阳明方面对此的反应，见于正德十一年九月二十八日路迎在南京龙江关为其饯行时，阳明所撰《跋甘泉赠兵曹路君宾阳还南都序后》：

宾阳视予兹卷，请一言之益。湛子之说详矣，凡予之所欲言者，湛子既皆言之，予又何赘？虽然，予尝有立志之说矣，果从予言而持循之，则湛子之说亦在其中。夫言之启人于善也，若指迷途，其至之则存乎其人，非指迷途者之所能与矣。孔子曰：“为仁由己，而由人乎哉！”宾阳其勉之，无所事于予言。正德丙子九月廿八日，阳明山人王守仁书于龙江舟次。[2]

信中的“尝有立志之说”，是指王阳明于正德十年所撰的《示弟立志说》。尽管阳明认为甘泉赠序之说“亦在其中”[3]，但两人的学说分歧仍然持续。至正德十六年(1521)，甘泉在答门人杨骥书信中，同样特别指出：“吾与阳明之说不合者，有其故矣。盖阳明与吾看心不同，吾之所谓心者，体万

① 王守仁：《王阳明全集(新编本)》(卷四)，第164~165页；并参前引刘勇：《从门人到批判者：明儒王道与阳明学之疏离》。

② 原载孔继涑汇集：《玉虹鉴真续帖》卷八《王守仁与宾阳司马书四通》，阳明文集失载；此据束景南：《王阳明年谱长编》，上海：上海古籍出版社，2017年，第915-916页。值得注意的是，阳明仅仅回应了甘泉赠序，未见其提及王道《书甘泉赠言卷后》，不知是否由于路迎并未向其出示王道之文，抑或其虽知有此文而不予回应？

③ 湛若水方面对于阳明立志说的讨论，详见《泉翁大全集》卷八《与杨士德》、《再答郑进士启范》，卷六七《新泉问辩录》“盘问日用切要工夫”条，卷六八《新泉问辩录》“[周]冲窃谓初学之士”条，卷七五《问疑录》“今之人不是志不立”条，第223、241~242、1633~1634、1659~1660、1867页。

物而不遗者也，故无内外；阳明之所谓心者，指腔子里而为言者也，故以吾之说为外。阳明格物之说，谓‘正念头’，既与下文‘正心’之言为重复，又自古圣贤‘学于古训’，‘学、问、思、辨、笃行’之教，‘博文约礼’之教，‘修德讲学’，‘尊德性道问学’之语，又何故耶？”①批评阳明释格物为“正念头”，既与《大学》八条目中的“正心”重复，又完全抹杀了儒学传统中的种种“学问”之功。湛甘泉后来在新泉书院的讲学活动中也明确发挥此意：“圣人之学皆是心学。所谓心者，非偏指腔子里方寸内与事为对者也，无事而非心也。尧、舜‘允执厥中’，非独以事言，乃心事合一。‘允执’云者，吻合于心，与心为一，非执之于外也。”②上述甘泉的这些看法，与王道对阳明的批评“后之学者不然，指方寸以为本心，而不知心体之与天同其大也”相通。

需要注意的是，王道和路迎都是先师从王阳明，然后借由阳明及其门人才结识并师从湛甘泉的。但在此文中，王道对阳明学说的决裂批判态度，是非常明确地站在湛甘泉的立场提出的，开篇“同游甘泉先生之门”就已表明此意，紧接着“先生之所以期宾旸，与宾旸之所得于先生者，聚在此卷”，则是对赠序、同时也是对自己的《书后》的郑重强调，以凸显两文皆非泛泛之作。

（三）门人王道扮演说客

王道与湛甘泉的融洽交往至少延续到嘉靖初年。例如，当正德十六年

① 湛若水：《答杨少默》，载《泉翁大全集》（卷九），第256~257页。

② 湛若水：《泉翁大全集》（卷六八），第1668页。

至嘉靖元年间，[1]广东提学副使魏校在任上力推毁淫祠，[2]同本地士大夫湛若水发生冲突后，王道反复居间为湛氏说情。湛、魏冲突的具体情况不易详知，但看来不止一端。湛氏日后的议论中提及一例：魏校认定湛氏之师陈白沙为禅学，以提学身份“欲出乡贤祠（白沙）牌位于西郭”，幸“赖潮士薛子修十数人诤之，乃免”。[3]其次，也有湛氏与魏氏在具体学术问题如《大学》文本上的分歧。当时湛氏密切关注流行的《大学古本》，并据以制造出自己的改本和解释，以与王阳明竞争。当他在广州向魏校出示自己的《大学》改本和解释时，魏校明确不以为然，认为当前出现的几种所谓古本，“如《参同契》人人解之不同，毕竟是实做得神仙者为是，不待解也”；湛氏对此当然不同意，“予以为此说似可喜，只恐错了神仙门路，若实做神仙，连《参同契》亦不用了也”。[4]

更有可能的情形是，湛、魏冲突与田产纠葛有关，[5]此点尤其可从远在

① 魏校于正德十六年下半年始任广东提学副使，嘉靖二年六月以父丧离任。湛若水从正德十二年开始在西樵山讲学，直到正德十六年九月收到部檄起复，次年即嘉靖元年正月十日赴京北上已抵韶关。参陆鳌：《嘉议大夫太常寺卿赠礼部右侍郎谥恭简魏公行状》，载朱大韶编：《皇明名臣墓铭》兑集，《明代传记丛刊》第59册影印明刊本，第514~515页；并参黎业明，《湛若水年谱》，第79~85页；任建敏：《从“理学名山”到“文翰樵山”——16世纪西樵山历史变迁研究》，广西师范大学出版社，2012年，第24~25页；George L. Israel, Zhan Ruoshui at his Dake Academy on Mount Xiqiao, 1517–1521: Scholarship, Pedagogy, and Philosophy, *Journal of World Philosophies* 4(Summer 2019), pp.36–54.

② 科大卫：《明嘉靖初年广东提学魏校毁“淫祠”之前因后果及其对珠江三角洲的影响》，载周天游主编：《地域社会与传统中国》，西北大学出版社，1995年，第129~134页；井上彻：《魏校的捣毁淫祠令研究——广东民间信仰与儒教》，《史林》，2003年2期，第41~51页；何伟健：《魏校重整广东教化的事业与广东士大夫侵占田产关系之探讨》，香港中文大学历史学系学士学位论文，2006年。

③ 参庄兴亮、黄涛：《明中叶毁“淫祠”行动中的思想因素——以魏校欲罢祀陈献章于乡贤祠为例》，《中国社会历史评论》第21卷，天津古籍出版社，2018年，第211~221页。

④ 湛若水：《答方吏部》，《湛甘泉先生文集》（卷七），《四库全书存目丛书》集部第56册影印康熙二十年黄楷刻本，第577页；详参刘勇：《王阳明〈大学古本〉的当代竞争者：湛若水与方献夫之例》，《中国文化研究所学报》第60期，第159~182页。

⑤ 任建敏：《从“理学名山”到“文翰樵山”——16世纪西樵山历史变迁研究》，第41~43页；任建敏：《明中叶广东禁毁淫祠寺观与寺田处理》，《新史学》第26卷第4期，第79~126页。

北京的王道出面说情推知。王道首先通过魏校的送信人黎生，询问湛、魏在广东的冲突情况，然后借黎生之口关说：

大意谓：爱憎取舍、至公无私才谓之直，直乃圣人报怨之道，以之施于泛常，已为无情。何者？公而以人体之为仁，非便以公为仁也。若加之故旧朋友，则太薄矣。语曰："四海之内皆兄弟也。"甘泉先生于吾兄为同年同志之交，而吾兄少甘泉者几廿岁，则谓甘泉者，吾兄之兄，非欤？甘泉每书见教，必及吾兄，或述所得，必曰："不知吾契在南都，与子才兄所讲者何如？"观此，则甘泉之于兄，其分义厚薄何如也？

广中之事，传闻不一，要必有一二近似者，吾兄不已直乎？语曰："忠告而善道之。"又曰："因恶而扬善。"又曰："亲者无失其为亲也，故者无失其为故也。"又曰："故旧无大故，则不弃也。"此仁也。原壤登木之歌，孔子若弗闻也者，而过之不忍闻也。闻且不忍，而忍攻之哉？此圣人之仁也。吾兄在广，拳拳以体仁之说风示后进，独不念此，何耶？道师事甘泉而辱吾兄友义甚厚，所望二公同德比义，交进此道，以提警不逮，而乃自相矛盾如此，此道之所以大惧也。每欲修书奉谏，又恐辞不逮意，反成罪过，坐是中止。偶会黎君，面尽此意，托之转达。

但魏校听到这番关说之辞后并未释然，回信有"万里还书，未道所得，而泉（湛甘泉）事详焉"之句，明确表示对王道远道来信不谈学问却汲汲担任湛甘泉的说客感到失望。然而，说客王道看来并未就此放弃为湛甘泉关说，复信时就借论学为名，从质疑魏校之说入手，行其继续说情之实：

来喻曰："颇窥测天意。"又曰："益验知天意。"此高明独得之见，所以示道者深矣。愚则窃疑"窥测天意"何如"窥测物理"，"验知天意"何如"验知人情"。盖天理平铺于人情物理之间，舜之所以为圣，不过明于庶物、察于人伦而已。所贵乎学问之功，正要在日用应酬人物处观其会通，动中肯綮，如庖丁解牛，洞无凝滞，然后为得。少有扞格龃龉，即是学力未至，便当反己研求，务要推勘到底，使在我者无毫发之不尽，而后委外之通塞于所遇焉。此吾夫子之所以不怨天不尤人，下学而上达也。知到此地，方是知天，行到此地，方是体天，学到此地，方是天人合一之学……是则欲通天下之志，载天下之物，成天下之务，在极深研几而已；欲极深研几，在人伦物理上做工夫而已。何其平实也耶！老者安之，朋友信之，少者怀之，此圣人厚德载物气象，可谓至广大矣，然实自极深研几平实工夫中来，不可诬也。……慨昔聚首，受益弘多，暌远十年，无以为报，一得之愚，三献请教，未蒙见纳……道卧家六年，贫困益甚，春仲马伯循（马理）以书见招，□勉一出，旅食三月而疾复作，返班生庐矣。"①

王道的论述逻辑，是在承认魏校所说"天意"的前提下，认为"天理平铺于人情物理之间"。对于儒者来说，所谓学问工夫，"正要在日用应酬人物处"体现，在平平实实的"人伦物理上做工夫而已"。简言之，"天意"不易窥测和验知，能时时窥测和验知的，正是日常生活中体现天理的人情物理。因此，正确和得体地处理与湛甘泉之间的冲突，正是魏校所谓窥测和验知"天意"的具体体现。对此，魏校回信则表示，"天道渊乎微哉，校岂能窥测？但所以厚吾之生、玉吾于成者往往而是"，同时指责王道来信"英气时复逼人，岂刚大发越，固难自掩耶？"②

与本文的讨论密切相关的是，此信中王道仍然明确以"师事甘泉"和友事魏校身份来扮演说客。

① 王道：《与魏庄渠（二）》，载《顺渠先生文录》（卷六），第4~7页。所谓"三献请教"，此信前文有"庚辰（正德十五年）之秋，奉答书曰……后竟不蒙批示，不知果契尊意否也？"

② 魏校：《与王纯甫书》，载《庄渠遗书》（卷三），第736~737页。

四、"大礼议"之后王与湛的疏离情形

王道与湛若水之间的疏离情形,至迟到嘉靖十一年已经明显出现。这个裂痕与湛若水本人的仕宦表现密切相关。大概在嘉靖十三年年中,王道有《奉甘泉先生》:

三数年来,南北周旋,皆得瞻依杖履,亦云幸矣。而病药缠绵,竟未能朝夕请教,几于不学而居夫子之门者。今又忽尔睽远,岂非命耶?怅叹!怅叹!濒行,承以《新泉问辨录》示教。舟中无事,一一批阅,开警实多。感谢!感谢!但窃观诸贤所问,详于终食、造次、颠沛之功,而略于富贵、贫贱、取舍之辩,谆于学问求放心之说,而忘乎宫室妻妾,失其本心之原,似与孔、孟之旨若有不相似者。吾师竟不以一言发之,何耶?岂亦随问而答,竢其触类自悟耶?抑别有说耶?道窃尝妄谓孔子之许颜子,惟在于用舍行藏,安于所遇;孟子之学孔子,亦惟在于仕止久速,各得其宜。此为仁之妙,亦体认天理之要也。圣贤得力处在此,学者着力处亦当在此。白沙老先生曰:"名节者,道之藩篱,藩篱不守,其中未必有存者。"愚以为此自名节言也,若自道而言,则"明日遂行""接淅而行""不税冕而行",皆道也,恐无藩篱内外之可言矣。鄙见如此,不知与《录》中诸贤所见同否?幸惟俯赐一言以印可之,庶不迷于所向也。万万!道仰承尊庇,幸抵弊庐,追念前愆,敢附此以请。冗病不次,伏祈矜亮,不宣。

《献纳编》前已受读,吾师之意,盖欲以此晓天下之人,使知吾道之在今日,其行否何如;吾身之在今日,其进退当何如也。其所以开示

后学，已太明白矣。或者不知，乃以近名疑之，陋哉！①

湛若水于次年底回信：

友生湛某再拜复大司成顺渠王大人道契执事。知去年一路到家，获百顺之福，知己之庆，远承手谕之及，时即作答，稿具矣，久乏良便，遂尔因循至于今。怠慢之过，夫复何言！忆昔壬、癸之岁（正德七、八年），卜邻于长安之西，相与甚欢，相信甚笃，自此遂成疏阔。近数年幸两相值，亦颇讶不一相讲究、相疑问。计吾执事从事于圣贤之学且二十年矣，今手谕云云。

夫夫子之文章，于性与天道一也；富贵、贫贱、取舍，与造次、颠沛、终食之不违，一也。富贵、贫贱、取舍，事也；颠沛、造次、终食不违，心也。必有是心而后有是事，故夫子初言富贵、贫贱一节，恐人只于事上制行，便谓之道，而无其本，则行之未必泰然，故又言造次、颠沛、终食之不违一节，欲人于本上用功，贯通只是一理。若无此本，只于制行上便了，则必信必果者，夫子何以谓之小人？克伐怨欲不行者，陈文子、子文之忠清者，何以皆不许其仁？孟子何以有集义、义袭之分？由仁义行、非行仁义之辨？石翁"名节，道之藩篱"耳，非即道也。若为即道，然则东汉之名节，晨门、荷蒉之高尚，皆为得道耶？孔子燔肉若至，犹未行可知也。夫既曰接淅不税冕而行矣，不曰迟迟吾行，去父母国之道欤？若只执一边，朱子所谓天理硬矣。天理是活的，所谓"不以道，不处不去"者以此，岂易言哉？孔子之仕止久速，颜子用行舍藏，有本者如是。周子曰："见其大则心泰，心泰则无不足，无不足则富贵贫贱处之一。"有本之谓也。若晨门、荷蒉之流，东汉名节之士，其能见大心

① 王道：《顺渠先生文录》（卷六），第10~11页。

泰否乎？孔子曰："果哉！末之难矣。"其难者正在乎仕止久速之时，时即道也。幸深思之，以会斯道之大全，是望！是望！乙未（嘉靖十四年，1535）十一月十二日。①

湛甘泉信末明确署嘉靖十四年十一月，信首谓"知去年一路到家"，明显是呼应王道信中"幸抵弊庐"之辞，故知王信撰于嘉靖十三年。

王道于嘉靖十一年九月因大学士方献夫荐举升任左春坊左谕德，但他累疏辞疾，获允回籍养病，旋即于十二年六月起为南京国子监祭酒，十月到任，复于十三年四月获允回籍养病，结合信中"忽尔睽远"，待抵家后致信湛氏，大约当在五、六月间。湛甘泉于嘉靖七年（1529）由南京国子监祭酒升南京吏部右侍，八年改任北京礼部侍郎，十二年八月升南京礼部尚书，至十五年改南京吏部尚书。②由此看来，王信所谓"三数年来，南北周旋，皆得瞻依杖履"，湛信所谓"近数年幸两相值"，大约是从嘉靖十一年至十三年间，两人先是在北京相遇，然后在南京相逢。

从两人的书信追述来看，至迟在嘉靖十一年双方已经出现芥蒂。王信既说"瞻依杖履"乃幸运之事，却又以"病药缠绵"为理由，"竟未能朝夕请教，几于不学而居夫子之门者"。而湛信则在回忆两人早期交往"相与甚欢，相信甚笃"的基础上，对王道"不一相讲究、相疑问"感到讶异，可见两人之间的裂痕已非常明显。

王道与湛甘泉之间的分歧，更明显地体现在嘉靖十三、四年的当下，问题的症结在于湛甘泉本人的出处进退表现。这个分歧的浮现，主要围绕湛氏的《新泉问辩录》和《献纳编》两书展开。

《新泉问辩录》由湛甘泉门下史恭甫、周冲等人所编湛氏师徒截至嘉

① 《泉翁大全集》（卷一〇），第287~288页。书信亦见于《泉翁大全集》（卷九），第265~266页，但该篇缺首句启辞和末句时间署款。

② 黎业明：《湛若水年谱》，第143、163、195页。

靖七年底在新泉精舍的论辩问答语而成。编纂成书的时间是在七年十二月，但当时似乎未能立即刻成，付梓前夕史氏请吕景蒙负责校正及撰序，吕序署款为嘉靖十一年三月，因该书分量不大，很可能就在此前后刻成。[①]王道获赠的应该就是此本。据撰《序》的吕景蒙称："学者欲窥先生之蕴，若《格物通》，若《学、庸难语》，若《古文小学》，及此书之类，观之亦可以得其概矣。然此无非教也，若其宏纲大法，则惟在于'随处体认天理'一言而已。斯言也，即孔门求仁之谓。孔门弟子问仁多矣，圣人皆告以求仁之方，初未尝言仁之体，若语曾子'一以贯之'之理，是乃以已及物之仁体也。而语诸弟子以求仁之方者固多，惟克复之功为最大，'随处体认'云者，即四勿之意，乃指示学者以随事用力于仁之工夫也。仁者，至诚也，天之道也；体认天理者，诚之也，人之道也，下学而上达也。先生斯言，其有功于圣门、有补于世道也大矣。士之生于三代以后者，夫何去仁益远，为害益甚，故事惟求可，功惟求成。惟取必于智谋之末者多矣，而能循乎天理正者，几何人哉？故士之欲复乎天理，必自体认工夫始，然后有所持循，而可以求至于圣人之仁，可以图三代以上之治；否则心术之微、政事之末，皆苟焉耳。故曰：'有天德然后可以语王道。'又曰：'必有关雎、麟趾之意，然后可以行周官之法度。'斯言岂欺我哉！斯言岂欺我哉！蒙敬用书之篇端，以为有志者之一助云。"[②]周冲撰《题辞》有云："自下学立心之微，以达家国天下之显，与夫古今圣贤心事，佛老异同之辩，皆略该载，欲知先生之学者，观于此亦足窥其大端矣。"[③]

《献纳编》则是湛若水从嘉靖元年六月至十二年二月底所上奏疏及颂赋讲章等26篇文字汇编，同样由门人史恭甫"集而刻之"。

---

① 吕景蒙：《新泉问辩录序》、周冲：《新泉问辩录题辞》（嘉靖七年十二月）、洪垣：《泉翁大全新泉问辩续录序》，载《泉翁大全集》（卷六七、七一），第1629~1631、1731~1732页。

② 吕景蒙：《泉翁大全新泉问辩录序》，载《泉翁大全集》（卷六七），第1629~1630页。

③ 周冲：《泉翁大全新泉问辩录题辞》，载《泉翁大全集》（卷六七），第1631页。

王道对两书的质疑，其实都指向湛甘泉本人的出处进退表现。对于《问辨录》，王道反复质问“略于富贵、贫贱、取舍之辩”“忘乎宫室妻妾，失其本心之原”“用舍行藏，安于所遇”“仕止久速，各得其宜”，认为这些才是圣人所说“为仁之妙”，也是湛氏提倡的学说宗旨“随处体认天理”之要，这是对于学者和圣贤都十分关键的用功、收功之处，但湛氏诸门人却舍此不问，而作为老师的湛氏竟然也“不以一言发之”。对于《献纳编》，王道认为湛氏目的在于以自己的上奏言行为例来晓谕天下人，儒家之道在当今之世的行否情形，儒学之士在当今之世的进退情形。因此，此处的核心关怀其实与《问辨录》相同，仍然是儒学用舍与个人进退问题，而王道在揣测湛氏以身示例的基础上，最后却借“或者”之口，质疑湛氏此举不无自我标榜的“近名”之嫌。

对此，湛甘泉在回信中辩护，富贵、贫贱、取舍与颠沛、造次、终食不违是内外合一之道，其中富贵、贫贱、取舍属事，属末，颠沛、造次、终食属心，属本，必先有此心而后有此事，先有其本而后有其末，不能本末颠倒。因此，《问辨录》中的师弟问答当然应该详于论心论本而略于论事论末。同理，就个人出处进退而言，关键不在于出与处、进与退这些外在行为表现本身，而在于这些行为表现是否“有本”，亦即出处进退等行为必须要在是否符合“道”的前提下来考虑。例如，表示速去的“接淅不税冕而行”，与表示不苟去的“迟迟吾行，去父母国之道”，问题的关键就不在于去还是不去，它们都是在“有本”的前提下、在恰当的时机被实施的行为，因此都是符合“道”的圣贤之行。

这些有关儒学出处进退的泛泛而论，事实上紧密围绕嘉靖初年湛若水的仕宦表现展开。既有研究表明，在嘉靖三年“左顺门事件”之前的“大礼议”争论中，湛若水是明确站在与嘉靖皇帝对立面的杨廷和一边的。杨廷和是弘治十八年会试主考官，不仅与该科进士湛若水有座主门生之谊，同时也是嘉靖元年五月湛氏复翰林院编修职的推手。因此，当六月初二日杨廷和等人上疏谏诤时，湛氏随即上《初入朝豫戒游逸疏》呼应杨氏。此后，湛氏反复从这个政治立场上疏支持杨廷和，并多次在群臣反对皇帝追尊其父的联名奏疏中署名。直到杨廷和于嘉靖三年二月被迫致仕，反对皇帝的力量进一步削弱。随后，七月发生著名的“左顺门事件”，湛氏反常地没有参与此事。但皇帝却已经记住湛若水，次月就以明升实降的方式将其调离北京翰林院，为南京国子监祭酒。从此以后，皇帝从未改变对湛氏的看法，大概在七年底八年初，皇帝还曾明确批评湛氏为背叛朋友的势利之徒。至十年十一月，皇帝建祈嗣醮于钦安殿，以礼部侍郎湛若水、顾鼎臣充迎嗣导引官。十二月初八日，湛若水上《劝收敛精神疏》，初十日奉圣旨：“这所言，朝廷已知。尔既欲朕收敛精神，便不须烦扰。该衙门知道。”[①]显而易见，皇帝对湛氏的不满已经公开化。日后史家谈迁对此评论：“湛氏出新建之门，讲学人也。匍匐芝幛鹤驭之间，独不可奉身而退乎？又上章言：祷储当修其在己，收敛精神。上曰：‘既欲朕收敛精神，即不宜烦扰。’盖深窥其微也。近代士大夫信道盖如此。”[②]然而，湛氏对皇帝的公开批评不以为意，《献纳编》接着还收录了十一年十一月的《进演雅疏并序》、十二年二月《进古文小学疏》和《进瑞鹿赋疏并序》。[③]

湛若水的上述表态是否言行相顾，还可以从负责编刻《献纳编》的湛氏门人所说此书用意来加以印证。卷首嘉靖十三年九月门人叶春芳序言称：“先生忠献焉，圣天子嘉纳焉，宛然唐虞都俞之风也。是故刻之也，昭一

---

① 湛若水：《甘泉献纳编》（卷下），《广州大典》第30辑第2册影印明嘉靖十三年史际刻本，第839~841页。

② 谈迁：《国榷》（卷五五），张宗祥校点，中华书局，1988年，第3455页。

③ 湛若水：《甘泉献纳编》（卷下），第841~848页。以上此段所述，并参朱鸿林：《明儒湛若水撰帝学用书〈圣学格物通〉的政治背景与内容特色》，《朱鸿林明史研究系列·儒者思想与出处》，生活·读书·新知三联书店，2015年，第129~176页；胡吉勋：《“大礼议”与明廷人事变局》，社会科学文献出版社，2007年，第111页；黎业明：《湛若水与“大礼议”之关系述略——兼述嘉靖皇帝对湛若水的态度》，载《明儒思想与文献论集》，商务印书馆，2017年，第121~139页；任建敏：《从“理学名山”到“文翰樵山”——16世纪西樵山历史变迁研究》，第46~63页。

时君臣相感之甚也。”[1]同年十月门人梁宇撰《后跋》亦称:“窃惟吾师泉翁之得君也而能献焉,千圣万贤之心法于兹乎寓;我明皇之得臣也而能纳焉,二帝三王之家法于兹乎明。今观其献纳之言,或直而核,或讽而婉,或婉而入,或核而从,无非所以致其启心沃心之诚也,至矣。是故君不逆于其言,而臣不疑于其心,明良相遇之机,端在是矣;雍熙泰和之治,于是基矣。”[2]如前所述,嘉靖皇帝与湛若水之间的实际关系,跟此处湛氏门人宣称的“唐虞都俞之风”“明良相遇之机”,相去实在太远。

对于王道以“近名”怀疑湛氏编刻《献纳编》的用心,湛氏不仅在回信中有针对性回应,还在讲学场合跟其他门人解释。不久后,湛氏门下在编辑《新泉问辩续录》时,特别摘录了前引王道书信中有关该书的论述文字,然后记录湛氏对此的回应:

> 王顺渠司成问:“《献纳编》前已受读。吾师之意,盖欲……或者不知,乃以近名疑之,陋哉!”
>
> [湛若水答:]其谓近名,固不足辩,祇可以自反自警策耳。吾道之行否,吾身之进退,吾自知自信,中立不倚,何与于人?何必以此晓人?盖此编乃门下史进士刻之,然可以告君父者,无不可以告朋友、告人人。盖此编论道也,非论事也,古人不存奏稿者,论事之言,恐彰君父之过。若此编皆论道之言,又累蒙圣明嘉纳,固无嫌可避,且足以彰君之美也。近日有叶生春芳作跋语,殆识此。若夫疑者自疑、信者自信,吾又何与焉![3]

《续录》所收内容,是湛甘泉嘉靖十二年八月从北京礼部侍郎转南礼

① 《甘泉献纳编》(卷首),第809页。

② 《甘泉献纳编》(卷末),第849页;并参黎业明:《湛若水年谱》,第177页。

③ 湛若水:《泉翁大全集》(卷七一)《新泉问辩续录》,第1754页。

部尚书之后，直到十四年与门人在新泉精舍论学的记录。[1]这个收录时间范围，跟湛氏从收到王道来信到嘉靖十四年底回信高度重合。不易确定的是，此处的“王顺渠司成问”，是否王道于嘉靖十二年六月至十三年四月任南祭酒期间，亲自参与新泉精舍讲学时的问答，[2]抑或湛氏师徒在新泉精舍摘录王道返家后的来信内容加以讨论？可知的是，此处所谓“吾自知自信，中立不倚”，即覆王道信中所谓“有本”之说；“论道”与“论事”的分疏，亦即覆王道信中事与心、本与末之区分，因此，两者的立论并无重大差异。

在嘉靖十四年之后，王道与湛甘泉的关系看来有进一步恶化的趋势。晚年的王道致力于建构一己之学，因而努力向《大学》改本、《周易》、三教寻求资源，[3]为此而撰书多种。其中，《老子亿》一书认为孔子曾师事老子，故孔、老学说并无不同。湛甘泉获读此书后，认为其学已流于异端，故撰《非老子》一书逐条驳斥。其中记录了湛氏同门人冼桂奇之间的问答：

> [冼桂]奇问：昨奉来教，知《非老子》将梓成书，所以闲先圣之道，意甚至也，得无费高年之神乎？注《老子》者多矣，未有如王纯甫拟老子于孔圣者。虽然，王子未知道，不足怪也。独怪其出于门下，非惟于师道无所发明，反贻名教之累也。此书传于天下，将必有追咎者矣。如何？
>
> [湛若水答：]王子年妙时在长安相从，虚心听受。后又信庄渠（魏校），溺于俗学。今又淫于老子之学，非命也耶？因得《老子亿》读之，即

---

① 黎业明：《湛若水年谱》，第143、163、195页。

② 王道：《顺渠先生文录》（卷六），第11页。按：论述《献纳编》的这段文字处于整篇书信的末尾，但却提行另起，不知是否由于抄录自湛氏著述之故？

③ 参水野实：《台湾国立中央图书馆藏希觏本〈大学〉注释书による〈古本大学〉の解释について》，载联合报文化基金会国学文献馆编：《第一届中国域外汉籍国际学术会议论文集》，联经出版事业公司，1987年，第545~562页；水野实：《王顺渠の〈大学亿〉について》，载早稻田大学，《フィロソフィア》第67号，1979年，第93~121页；朱湘钰：《王道〈大学亿〉析论——晚明〈大学〉诠释之一侧写》，载《当代儒学研究》，第15期，2013年12月，第150~182页。

以平日所得圣贤之指非，随笔注于简端，所以闲先圣之道，不劳神也。[1]

在此时的湛甘泉看来，王道的为学之路经历了三个重要阶段性变化：首先是正德六、七年在北京“虚心听受”时期，显然这是其学最纯正的阶段；其次是受到魏校影响而流于俗学的阶段，大致上相当于正德末年至嘉靖初年；最后，也是最糟糕的阶段，是当前王道“淫于老子之学”，已彻底流于异端了。

冼桂奇除了当面请教老师湛甘泉外，还趁机积极响应老师著书批判王道之举，向湛氏呈上自己十年前的旧作《孔子问礼辩》。他声称“读太史公传老子，有孔子适周问礼于老子之说而疑其诬”，经过分析，他认为这个故事是“老子之徒借孔子以尊其师，故为是说，欲天下后世知孔子者，亦吾师之弟子云尔”。他为此而撰成《孔子问礼辩》，但彼时“未能自信，故不敢出诸人也。兹承《非老子》之教，录上丞丈一览，以为何如？”[2]湛氏则将此文作为自己所撰《非老子》一书的附录，其中提到：

霍任问曰：“《老子》一书，只是老子之后有一人，资质之偏、之高、之朴者为之也。何如？”

师（湛若水）曰：“此人非朴非高，直是偏驳狡谲之人也。”

［霍任］又曰：“《老子》始以无名有名论道，中以礼为忠信之薄，及治人事天莫啬之章，又以使民结绳而治之终焉。其言偏曲诡谲，盖似是而实非者也。吾师翁非之，句句的当。中间紧切处，非其分道德为二，离有无为二，昧体用一源之指，谓其不知道而非老聃之所作，诚是也。知学君子看此书，亦莫能惑之矣。夫何王子纯甫（王道）乃惑之而

① 湛若水：《甘泉先生续编大全》（卷二七），钟彩钧、游腾达点校，台湾“中研院”中国文哲研究所，2017年，第709~710页。

② 冼桂奇：《孔子问礼辩》，载《甘泉先生续编大全》（卷三二），第1050~1051页。

为之《(忆)[亿]》焉？则王子于吾儒大中之学未究，不见日新之益，盖可知也。我师尊谓为何如？”

师(湛若水)曰：“相与讲学长安，尽有见解。后失其故步，遂至胡涂无所分别尔。”①

湛甘泉在此对王道的评判，一如前引答冼桂奇之问，由最初的“尽有见解”，到迷失方向，终至于儒、道不分。只不过此处更加笼统，省略了由佳而劣过程中受到魏校影响这个中间环节而已。

五、结语

本文的讨论指出，王道与湛若水在正德六年确立师徒关系之后，直到嘉靖初年始终保持着比较融洽的论学交往。即使从正德八、九年以后，王道受到以魏校为中心的阳明学批判者的影响，在学说立场上倾向于朱子学，并因此与阳明学说疏离直至决裂时，仍然与湛甘泉保持着比较融洽的论学关系。王道与湛甘泉关系的裂痕，与湛若水在“大礼议”中的政治言行、特别是其易进难退的仕宦出处表现密切相关，同时也与王道自己试图摆脱朱熹、王阳明、湛若水、魏校等宋明儒学名家的影响，尝试整合三教资源从而建立一己独立学说追求有关。

王道难进易退的历官表现，清楚说明了他对仕宦出处的重视。当正德六年中进士并被选为庶吉士后不久，王道就以家乡治安不佳为由，上疏请求改授教职，得应天府学教授。此后王道辗转于南北两京礼部、吏部司官。嘉靖初，“大礼议”新贵方献夫荐其“可备宫僚劝讲之职，乃擢春坊左谕德”，而王道固辞之；嗣后反复获荐，或辞而不出，或旋出即归，无恋权求进之表

① 冼桂奇：《孔子问礼辩》，载《甘泉先生续编大全》(卷三二)，第1060页。

现。对此，王道的碑传作者是高度认可的，严嵩在其神道碑铭中详加铺陈，用意明显；隆庆二年王道获朝廷赠“文定”谥号后，致仕家居的内阁大学士严讷为之撰传，对此也特别加以强调。[①]万历年间的名儒焦竑，在应邀为王道文集撰序时，同样对此再三措意：

> 顺渠先生以绝人之资，少游词馆，一切棼华文艺之好不入其心，而直以穷理尽性为志。浏览古今，出入老、释，而得其所谓性者，涣然自信曰：“道在是矣。”自是莅官行己，率以是为归。方为庶常，清华在望，辄请教职而南，其志固已远矣。至鼓箧京辇，典乐成均，靡不以古道相劘切，士之彬彬兴起者为多。是时大臣，与先生殊趣，犹知重其德学，推毂不已。自太常历卿贰，骎骎柄用矣。先生乃屡退而一进，甫进而辄退，人见为恬于荣禄，不知先生之出处皆有深意，非苟然者。然则先生之于道，所谓实允蹈之，非耶？今见是集者，深探奥窔，洞朗关窍，于《易》之所谓密，《中庸》之所谓隐者，三致意焉。虽率然有作，必归于此。学者潜心求之，即圣人所罕言者，必于此问津焉。斯固儒学之潭奥，非群华之辨蕚也。[②]

焦竑显然是将王道莅官行已的仕宦出处表现，归因于其求道有得、德学充养，故有上佳的外在表现和树立。并且，焦竑没有将王道的德学素养

① 严讷：《王文定公传》，载骆大俊纂修：《（乾隆）武城县志》卷一四，清乾隆十五年刻本，第44~46页。

② 焦竑：《澹园续集》（卷一），李剑雄点校，中华书局，1999年，第763~764页。值得注意的是，焦竑其实对王道三教合一的论学取向并不满意，《焦氏笔乘·续集》（卷二）有云：孔、老、释迦之出，为众生也。《法华》云：“诸佛世尊，唯以一大事因缘，故出见于世。”又云：“诸佛如来，但教化菩萨，诸有所作，常为一事，唯以佛之知见，示悟众生。”知佛，则知孔、老矣。后世源远流分，三教鼎立，非圣人意也。近日王纯甫、穆伯潜（穆孔晖）、薛君采（薛蕙）辈，始明目张胆，欲合三教而一之，自以为甚伟矣。不知道无三也，三之未尝三，道无一也，一之未尝一。如人以手分擘虚空，又有恶分擘之妄者，随而以手一之，可？不可也。梦中占梦，重重成妄。

与王阳明、湛若水，或任何其他宋明理学名家联系起来，而是着重强调由其独立“浏览古今，出入老、释”所得。事实上，对于王道致力于追求独立的一己学说并最终学有所得，在嘉靖二十七、八年严嵩应邀为之撰写神道碑铭时已经特别指出：

> 公貌厚而气温，学笃而志远。始也驰骋词翰，既而叹曰：“此无益也。”乃遂研精于义理之学，取宋儒程、朱书读之，既又取《论语》一部，反复潜玩，有悦于心，曰：“圣门平实简易之学，固如是也。”公虽潜心理学，而见世之立门户相标榜者，则深耻之。尝言：“汉以前无名道学者。其人品如张文成、曹相国、黄叔度、管幼安，皆真道学之流。虽老、释二氏，亦各有所见，不可厚非。”凡其言议不随时苟同，故能表见辈流，大自树立，不为利害所动，进退从容。①

不过，在讲究师承渊源的学派观念中，像王道这样的案例却不易被妥善安顿。由于王道与王阳明、湛若水均有师徒名分，而最终却与两人的论学关系均告破裂，故各方在如何书写这种关系时分歧颇多。如前所述，从王道立场写成的严嵩撰神道碑铭、焦竑撰序，皆能尊重王道对于一己独立学说的追求，完全不提他与阳明和甘泉曾经的师徒关系，严嵩甚至含糊地提及王道对这种关系的批判态度。而从王阳明的立场撰成的文字中，对于二王的师徒关系却别有书写，并且随着时势和作者的变动而有所变化。②

黄宗羲在编纂《明儒学案》时，也面临不易安顿王道的困境。在《学案》的早期刻本紫筠斋贾刻本中，黄宗羲在详细介绍了王道“初学于阳明，阳明以心学语之”，但“其后因众说之淆乱，遂疑而不信”的转变后，复指出“先生又从学甘泉，其学亦非师门之旨”。对此，《明儒学案》的处理办法是

---

① 严嵩：《明故吏部右侍郎王公神道碑铭》，载《顺渠先生文录》卷末附录，第25~26页。

② 详参前引刘勇：《从门人到批判者：明儒王道与阳明学之疏离》。

"姑附于甘泉之下"。显然，所谓"众说之淆乱"，重点应是指以魏校为中心的阳明学说反对者群体；所谓"姑附于"则表明，尽管黄宗羲将王道置于《甘泉学案》中，但同时也意识到这个安排的勉强之处。问题看来在于，就《明儒学案》的编排框架而言，从师承来看，既可将王道置于阳明学案中，也可放在甘泉学案中；但从学说宗旨来看，两者都不妥当。黄氏对《明儒学案》的修订情形，更加可以坐实他从"学派"角度看待王道时所自感为难之处——在通常被视为《明儒学案》定本的晚出二老阁郑刻本中，[①]黄氏干脆彻底删掉了王道，既不列入《甘泉学案》，也不收入其他任何学案中。

无论是就王阳明、湛甘泉、王道关系的当时实况来看，还是从黄宗羲《明儒学案》的事后观察视角而言，都提醒我们在看待宋明理学脉络中的师承关系时，需要自觉地突破学说传承乃至衣钵继承观念，引入更为复杂和多样化的视角。尽管王道与王阳明、湛甘泉之间的师徒关系最终均告破裂，但裂痕产生的原因明显有别。二王之间的疏离和相互批判，主要是受到学术认同与学说取向有别的影响；而王道与湛氏之间，则主要受到仕宦表现和出处抉择这些个人行为取向的影响。不过，虽然王道最终选择追寻一己独立之学，但曾经存在过的师徒伦理，仍然带给他很大压力。此点在二王交涉中体现得非常明显：当双方的学术分歧已经明确化以后，王道仍然刻意回避直接与阳明本人继续辩论分歧，而选择在阳明弟子或他人面前提出对阳明学说的直率批判。[②]我们不妨尝试性地猜测，在王道与湛甘泉的交涉中是否有类似的来自师徒伦理的压力？比如，当嘉靖初年魏校与湛甘泉在广东发生冲突时，远在北京的王道反复出面关说，此举究竟是源于王道对事情是非曲直的真切认同呢？抑或受到自己与湛甘泉之间的师徒伦理的压力，甚至是湛氏方面的主动施压呢？

---

① 关于《明儒学案》的版本情况，参朱鸿林：《〈明儒学案·发凡·自序〉研读》，载《〈明儒学案〉研究及论学杂著》，生活·读书·新知三联书店，2016年，第68~70页。

② 详参前引刘勇：《从门人到批判者：明儒王道与阳明学之疏离》。

“原日身体”与身的形上化

——罗汝芳身心之学的现象学诠释

刘增光

（中国人民大学哲学院）

近年来，“身体”哲学、“身体”观，成为哲学研究的一个重要主题，不仅国内学界呈现出重新发掘和解释中国哲学的“身学转向”[①]，乃至美国现在活跃的哲学家也认为“身体”是中国古典“哲学传统的中心”。[②]正如学者们已指出的：“儒家身体观的典范在先秦时期已告奠定。”[③]不过典范的奠定并不意味着在后来的发展中就不会有偏差。就宋明理学的发展而言，在程朱理学之后，阳明学确乎发生了一种“身学转向”，其中尤以泰州学派王艮、罗汝芳一脉为典型。本文即以罗汝芳为对象，在吸收前人成果的基础上，适当借用现象学之方法对其身心之学进行诠释和申论，以在中西对比的视野中凸显阳明学派身体观的重要价值和意义。

一、“身心二端乐于会合”

罗汝芳在王阳明、王艮的基础上，将心学视域中的身学或身观念向前

① 如张再林、杨儒宾、陈立胜等学者的著作。

② 舒斯特曼：《身体意识与身体美学》，程相占译，商务印书馆，2014 年，第 11 页。

③ 杨儒宾：《儒家身体观》序言，台湾“中研院”中国文哲研究所，1996 年，第 1 页。

大大推进了。就对前人的继承而言，他认同阳明所言“无身则无心，无心则无身”，以身心一如为心之本体、真己的观点，他说：“心为身主，身为神舍，身心二端，原乐于会合，苦于支离。”[①]他也承接了王艮以身为本、身与天下为一物的观点。如他说：“天下国家，从我身发端，我身却以家、国、天下为完成。”[②]“身与天下，原是一物。”[③]我们知道，宋明理学强调学以成圣，因此真正的圣学必然是身心之学，故“体之于身，验之于心”的内省观念和工夫深入人心，成为士人君子的普遍追求。但是，内圣和外王、天德和王道本即是一体，故身心之学的另一面向即是《中庸》所言“君子之道，本诸身，征诸庶民”。二者正对应于孔子所言“修己以敬”“修己以安人”（《论语·宪问》）当然，这也就是《大学》的主旨所在。罗汝芳正是将身心之学的这两个面向都聚焦于对“身”的理解。

在此基础上，罗汝芳提出了更富新意的观点，其一是以阴阳解释身心关系：

> 吾人之生，原阴阳两端合体而成。其一则父母精气，妙凝有质，所谓“精气为物”者也；其一则宿世灵魂，知识变化，所谓“游魂为变”者也。精气之质，涵灵魂而能运动，是则吾人之身也，显现易见而属之于阳；游魂之灵，依精气而归知识，是则吾人之心也，晦藏难见而属之于阴。交媾之时，一齐俱到，胎完十月，出生世间。[④]

这段话正如王阳明的身心一如说一样，体现了阳明学派整体性的人的观念，故他强调精气之质是涵灵魂的，而游魂之灵又是依着精气的，二者是

---

① 《罗汝芳集》，方祖猷、梁一群、李庆龙等编校整理，凤凰出版社，2007年，第37页。版本下同。

② 《罗汝芳集》，第117页。

③ 《罗汝芳集》，第119页。

④ 《罗汝芳集》，第287页。

相即相依的，这就是将人的生命视作整体，而非将精神和身体分裂，成为“一人两体”的异化之人，甚至在精神和身体间分别高下，成为“上下两体”——形而上与形而下，如程朱对天理和气质、人心和道心的区分。[①]“交媾之时，一齐俱到”一语，正如上引“身心二端乐于会合”一样，从生命发生的角度论证了身心拥有同样的本源性，不能以本末前后区分。需要注意的是，此处的“身”并非是指血肉躯体而言，而是指“能运动”——能视听言动的身；“心”也不并是指阳明心学的良知或者心体，而是指“知识”，即人的知觉或意识。

但罗汝芳之论未免与前人大异，因为他将身视为阳，而将心视为阴，这与传统的贵心贱身、以身为牵累，批评心为形役的论述有很大差距，难怪罗汝芳弟子会疑惑：“先生之论，是以身为阳而在所先，以心为阴而在所后，乃古圣贤则谓：身止是形，心乃是神，形不可与神并，况可以先之乎？”[②]面对此疑惑，罗汝芳首先是区分了“心”“身”“神”，指出“心”不就是“神”，然后进一步说：“精气载心而为身，是身也，固身也，固耳目口鼻、四肢百骸而具备焉者也；灵知宰身而为心，是心也，亦身也，亦耳目日鼻、四肢百骸而具备焉者也。”[③]也就是说，不仅视听言动的耳目四肢是身，心也是身。他将前者称为“精气之身”，后者称为“心知之身”。[④]据此可见，他所言“身”并不是指躯体、肉体之身，而是身心浑一的“身”。很明显，罗汝芳在有意识地提高“身”的哲学或思想位格，或者说他对传统的身心观念不满意，他并不认为可以在人的生命整体中截然地为身和心划分疆界。传统观点以为“心”是不可见的，但罗汝芳所言“身”也是不可见的，是“不可见之身心”。

① 舒斯特曼指出：在传统西方哲学中，“身体缺陷是一种普遍经验。”见氏著：《身体意识与身体美学》，程相占译，商务印书馆，2014 年，第 80 页。

② 《罗汝芳集》，第 288 页。

③ 《罗汝芳集》，第 288 页。

④ 这正相当于马克斯·舍勒所区分的“身体躯体”和“身体心灵”。见其所著《伦理学中的形式主义与质料的价值伦理学》，生活·读书·新知三联书店，2004 年，第 490 页。

这恰似梅洛·庞蒂所说:“我在我的身体中,更确切地说,我是我的身体。”[①]既然如此,“我” 如何能清晰地知道我之身与心的边界呢! 罗汝芳接着以“阴阳不测之谓神”解释身心的浑融和灵妙:

> 分之固阴阳互异,合则一神所为,所以属阴者则曰“阴神”,属阳者则曰“阳神”。是神也者,浑融乎阴阳之内,交际乎身心之间,而充溢弥漫乎宇宙乾坤之外,所谓无在而无不在者也。惟圣人与之合德,故身不徒身,而心以灵乎其身;心不徒心,而身以妙乎其心,是谓“阴阳不测”,而为圣不可知之神人矣。[②]

据此,则在他看来,“神”才是心之本体,而“心”“身”皆是现象,“身”是人的视听言动等现象,“心”是人的意识活动、心理活动或精神活动,阳明所言“无心则无身”的“心”也是指此,其实即是“心之所发谓之意”的“意”。[③]“无在无不在”正是形容“神”的绝对性、超越性和普遍性,罗汝芳在他处称此本体为“知体”“生机”“生理”或“神理”,此不已之生机即是《周易》“生生之谓易”。由此,他就在继承张载“一故神,两故化”思想的基础上,赋予了《周易》“阴阳不测之谓神”和“神也者,妙万物而为言者也”以新的解释,“身不徒身,而心以灵乎其身;心不徒心,而身以妙乎其心”,身心不仅仅是“一齐俱到”,而且身心俱灵妙,不可认为心灵而身拙,也不可分先后。西方哲学自笛卡尔主张“我思故我在”以来,确立了身心二元对立的认知模式,这一模式直到现象学诞生之后才获得彻底的反思, 深受胡塞尔现象学影响的马克斯·舍勒在其陈述哲学人类学的重要著作《人在宇宙中的地位》一书

① 梅洛·庞蒂:《知觉现象学》,商务印书馆,2001 年,第 196 页。

② 《罗汝芳集》,第 288 页。

③ 学界研究者往往忽视了这两种“心”,混淆了“本体之心”和“意识之心”,类似于“真心”和“习心”的区分,由此造成诸多分析上的不当。

中就以“身心同一”批判笛卡尔的身心二元，他指出：

> 从本体论来看，生理的和心理的生命过程是严格地同一的，如同康德已经猜测到了的那样。二者只是在现象上有所不同，而在结构规则和它们流逝的节拍中，从现象看却是完全同一的。这两个过程，生理的和心理的，都是非机械论的；二者都是有目的的并以整体性为目的……“生理的”和“心理的”，只不过是对同一个生命过程进行观察的两个方面。①

他不仅批评了笛卡尔，也批评了以生命为机械的庸俗唯物主义。耳目四肢、行住坐卧的生理和喜怒哀乐、好恶是非的心理都是现象，是生命本体的发用过程。梅洛·庞蒂也对笛卡尔有类似批评，认为“身体不是一个物体”，不能视作主客对立的那个作为客体的物体，“我”对身体无法形成“清晰的观念”，因为“我就是我的身体”，也就是说，身体和灵魂并不是截然分割的。②罗汝芳以身心浑一的“身”来指称“生命”，而他所言“神”或“生机”即是生命本体。

二、“原日身体”与“赤子之心”

王阳明龙场悟道的一个内容是“格物之功，只在身心上做”③，泰州学派创始者王艮淮南格物说中以“身”为工夫论中的“本”，这二者都主要是在工夫论的意义上说“身”。罗汝芳虽然继承了这一理路，但他更侧重从身心浑一的存有论意义上提高“身”的哲学思想地位。这就要说到他提出的

① 马克斯·舍勒：《人在宇宙中的地位》，李伯杰译，贵州人民出版社，2015 年，第 42 页。

② 梅洛·庞蒂：《知觉现象学》，商务印书馆，2001 年，第 257 页。

③ 《王阳明全集》，上海古籍出版社，1992 年，第 120 页。

“原日身体”或“初生身体”，正是这一命题与“赤子之心”共同构成了他对身心之学的核心理解。先看罗汝芳的两段文字：

知人，即知心矣。子观《洪范》，说人有视、听，言、动、思，盖大体、小体兼备，方是全人。视、听、言、动、思兼举，方是全心。但人初生，则视、听、言、动、思浑而为一；人而既长，则视、听、言、动、思分而为二。故要存今日既长时的心，须先知原日初生时的心。子观人之初生，目虽能视，而所视只在爹娘哥哥；耳虽能听，而所听只在爹娘哥哥；口虽能啼，手足虽能摸索，而所啼所摸，也只在爹娘哥哥。据他认得爹娘哥哥，虽是有个心思，而心思显露，只在耳、目、视、听、身、口、动、叫也。于此看心，方见浑然无二之真体，方识纯然至善之天机。吾子敢说汝今身体，不是原日初生的身体？既是初生身体，敢说汝今身中，即无浑纯合一之良心？渐渐凑泊将来可见，知得人真，便知得心真，知得心真，便存得心真。虽汝初学，不免要着力点检、操持，然较之穷路不明而粗蛮执滞者，自是天渊不类矣。①

赤子提孩欣欣，长是欢笑，盖其时身心犹相凝聚，而少少长成，心思杂乱，便愁苦难当了。世人于此随俗习非，往往驰求外物，以图得遂安乐……方信大道只在此身，此身浑是赤子，又信赤子原解知能，知能本非虑学，至是，精神自来贴体，方寸顿觉虚明。②

第一段话中的“思”即是指人的心理活动或意识活动，《洪范》五事“视听言动思”兼备即意味着身心的浑一、生命整体，这才是“全人”。“全心”意味着心身是不离的，大体、小体是不离的。上节言及，罗汝芳说到心也是身，此处说“全心”，正是因为身心本就是一，身心二名也仅仅是人的认识

① 《罗汝芳集》，第43页。

② 《罗汝芳集》，第37页。

从生理和心理现象两方面对生命本体的观察。如果将身看作身、心看作心，这恰恰是将身心割裂，由此便是主客二分的身心二元论，现象学正是鉴于此而反对将身、心实体化。身、心是相对而言的，故心也是身，身也是心，浑一言之，可称作“全心”，也可称作“大身”。不仅身、心是相对而言，身心一如之人与物、物与鬼魅也是相对而言。“安知我体之非物，而物体之非我耶？”[1]“生人之初，如赤子时，与天甚是相近。奈何天生而静后，却感物而动，动则欲已随之，少为欲闻，则天不能不变而为人，久为欲引，则人不能不化而为物，甚而为欲所迷且蔽焉，则物不能不终而为鬼魅妖孽矣。”[2]人之欲望无节，则“人化物”，乃至化为鬼魅。这是等而下之地说。若等而上之地说，则可以言：“盖人叫做天地的心，则天地当叫做人的身。”[3]由此可见，“人者，天地之心”，在阳明心学一派的解释中所包含的决非人类中心主义，反而包含了对人类中心主义的批判。

“浑纯合一之良心”实即王阳明所言良知本体，而用罗汝芳自己的话说就是“浑然无二之真体”“纯然至善之天机”，也即上节提到的“神理”。罗汝芳一再说“原日初生时的心”“原日初生的身体”的重要，体认“原日初生”，正是要去除后天习性的杂染，相当于现象学所说悬置反思性的意识，而回到前反思的纯粹意识本身，也就是要体认心之本体。不过在罗汝芳看来，既然身心浑一，那么纯粹意识就不仅仅是就心理而言，而是纯粹身心，也即他所说原初的身心，这正是为何罗汝芳极为重视孟子的“赤子之心”说。

赤子之心，不虑而知、不学而能，王阳明常以此阐说良知，而罗近溪看到的则是人之为赤子时的身心浑一凝聚状态。故与阳明言“心之灵明”或良知虚灵明觉不同，罗汝芳则往往说“身心灵明”[4]，“身心灵妙”[5]，或者受

① 《罗汝芳集》，第 111 页。

② 《罗汝芳集》，第 124 页。

③ 《罗汝芳集》，第 179 页。

④ 《罗汝芳集》，第 195 页。

⑤ 《罗汝芳集》，第 319 页。

孟子"形色天性"的启发而言"形性之妙"。[1]这意味着王阳明所言"心之所发谓之意,意之所在便是物"中意识与事物之间的感应关系或意向结构,对于"身"也同样适用,身体的感知与心里的感受同样都是源初的,此相当于梅洛·庞蒂所言"身体意向性"[2],舒斯特曼称之为"身体意识":

> 身体化是人类生活的普遍特征,身体意识也是如此。我所理解的'身体意识'不仅是心灵对于作为对象的身体的意识,而且也包括'身体化的意识':活生生的身体直接与世界接触、在世界之内体验它。通过这种意识,身体能够将它自身同时体验为主体和客体。[3]

在舒斯特曼看来,正如人的意识可以意识到心理活动而同时又有自我意识一样,身体也是如此。身体是"活生生的、感知敏锐的、动态的"[4]。此恰似罗汝芳强调浑一之身心皆是生生不已之天机的显露。据上引罗汝芳第二段文字所述,大道生机之离身或身心之分离,是因人长大后"心思杂乱"所致,这似乎是说,即使人之意识杂乱,身与世界万物的感应关系仍然是坚固的,保持着其源初性,这正是在突出身体意识相对于心灵意识的优越性。不论是朱熹以"气之灵"[5]说心还是阳明以"虚明灵觉"说心,都显露出心优于身、灵于身的态度,罗汝芳之说则直指身本亦是灵妙的,非如朱熹所论"形体之动,自是心使他动"[6]。因此,罗汝芳认为,对于每个人而言,不论是年少还是年长,"形体如故",现在的形体就是初生的形体,惟不同者在于年长后人的心思会为欲望习染所遮蔽,"运用则专心思",由此就失

① 《罗汝芳集》,第360页。
② 梅洛·庞蒂:《知觉现象学》,商务印书馆,2001年,第150页。
③ 舒斯特曼:《身体意识与身体美学》,第7页。
④ 舒斯特曼《身体意识与身体美学》,第11页。
⑤ 黎靖德编:《朱子语类》,岳麓书社,1997年,第79页。相对来说,身即是"气之塞"。
⑥ 黎靖德编:《朱子语类》,第78页。

却了赤子身心的活泼开爽。[1]在这样的情况下,若要复归身心浑一的生机状态,人就需要反之于身,以形体妙用其心知,而不是辗转于见闻之知——“理每从于见得,几多涉于力为”,这样才能成为圣人。[2]这就说明了“初生身体”的感知敏感性的稳定性、基础性,而“心”反而不如“身”。为何会这样?罗汝芳在解释孟子“形色天性”时指出,孩提初生思虑未起时,就知爱念父母,孝、弟、慈就是身体意识之敏感性的证明。他说:“若孩提初生,思虑未起,人也教不得他,他也学不得人,却浑然只靠他耳目知能,便自爱念父母,顷刻难离,何等的善良,又何等的吻合!圣人只从此识破,此个形体,即原日形体也。”[3]圣凡之别并“不是形性不如圣人,只是圣人知形性之妙,肯安心定志,以反求吾身。吾人却信不过自己,更驰逐见闻……故圣人教颜子‘克己复礼’,象山先生解作‘能身复礼’,而复即一阳初复之‘复’,谓用全力之能于自己身中,便天机生发而礼自中复也。”[4]在罗汝芳看来,后起的思虑与见闻,也就是“年长习坏”、习染,并非源初的意识内容,故必须复归于“原日身体”,这正是他为何屡屡道及“反求诸身”这一命题的缘由所在。他已然赋予这一先秦儒学命题以全新的内涵,随之,程朱理学所重视的作为孔颜传道证据的“克己复礼”命题,在他这里也获得了全新的内涵。根据罗汝芳的看法,圣凡之别并不在于“形性”,圣人的身体和凡人的身体并没有任何差别。差别仅仅在于人是否“真知”自己的“原日身体”,是否相信自己“原日身体”与圣人一般。所以,他常说“信”是学问紧要关头。这就与朱熹从所禀受气质的清浊厚薄划定圣凡之别的路径截然不同。“克己复礼”不是朱子理解的克去己身私欲,也非王阳明所说回复心之本体,而是“身自能复礼”,是反求诸身,是归心原日身体。原日身体本就

---

① 《罗汝芳集》,第 287 页。

② 《罗汝芳集》,第 287 页。

③ 《罗汝芳集》,第 360 页。

④ 《罗汝芳集》,第 360 页。

是天道生机，后者才是礼之根源。此说真正扭转了唐末李翱性善情恶的复性说，其理论意义不言而喻。

罗汝芳对“原日身体”的强调，还有更为重要的意义。在现象学中，梅洛·庞蒂批评胡塞尔的先验意识还原得不够彻底，因为“我们认识到的每一个意识都是通过作为它们的透视外表的一个身体而呈现出来的”[①]。所以从先验意识进一步还原至身体知觉或身体意识，是将现象学的还原贯彻到底，这意味着，意识要回到身体性的在世存在中，这就显示出了生存论的结构，“世界”的一维就显露了出来，身体与世界有某种意向关系，具有先天的统一性，“我与世界是原始的是共属一体的”。[②]其实在王阳明那里，已经有了身体意向性的端倪，此即其所言“目无体，以万物之色为体；耳无体，以万物之声为体；鼻无体，以万物之臭为体；口无体，以万物之味为体；心无体，以天地万物感应之是非为体。”[③]从身体现象学的观念来看，则可以说王阳明不仅仅描述了意识与世界万物的感应关系，而且也描述了人的身体与世界万物的感应关系，注意到了身体的意向性、自发性、主体性。[④]身体与世界是不可分离的，有一种同构关系。世界通过我的身体而视听言动，我就是世界的眼睛、耳朵和意识。“我与世界的关系就如身体和精神的关系。精神并非寓于身体之一隅，而是整个地弥透于机体之全身，身体并非外在地被添加了一个叫精神的东西，而是整个地充满灵气，富有精神。”[⑤]王阳明在论述万物一体时曾指出“人只为形体自间隔了”[⑥]，但是

---

① *The Structure of Behavior*, trans. Alden L. Fisher, Beacon Press, 1963, p.216.

② 张尧均：《隐喻的身体：梅洛·庞蒂身体现象学研究》，中国美术学院出版社，2017年，第42页。

③ 《王阳明全集》，第108页。这段话中言及目耳鼻口似乎仅是为“心无体”一语作铺垫。

④ 关于身体的自发性、主体性，可参看舒斯特曼：《身体意识与身体美学》，商务印书馆，2014年，第93页。

⑤ 张尧均：《隐喻的身体：梅洛庞蒂身体现象学研究》，中国美术学院出版社，2006年，第42页。

⑥ 《王阳明全集》，第124页。

仁人之心则未失却本体，故能“以天地万物为一体，欣合和畅，厚无间隔”[①]。相较于王阳明的万物一体论，罗近溪对万物一体的论述重心已经从心或意识转移到身体。“人者，天地之心”，亦可说是“人者，天地之身”，其实张载《西铭》早已说过“天地之塞，吾其体”。当然，在罗汝芳这里，正如前文所论，身心浑一，可以称作“身”，也可以称作“心”，并无差别。

不过与现象学在宏大范围内谈论世界不同，在罗汝芳思想中，当还原至“原日身体”即赤子之心时，显露出的“世界”有着实质性内容，此即是包蕴着孝弟慈三件大道理的家庭。这与梅洛·庞蒂对不同，后者并不认为孝弟具有源初性，反而说：“即使人类团体中固有的情感，如父子关系，实际上也是由制度决定的。”[②]罗汝芳说：“我此人身，从何所出？岂不根着父母，连着兄弟，而带着妻子也耶？”[③]这意味着，每个人都是孝弟慈的存在，换言之，世界就是孝、弟、慈洋溢充满的世界，“世界所以为世界者，不过君臣、父子、长幼、朋友、夫妇。”[④]这就是“天则”，就是世界的原初条理。故孟子所言“尧舜之道，孝弟而已”就成了罗汝芳的学问要旨，他也正是由此形成了对儒家道统的独特理解。

三、身体与道统

罗汝芳对“原日身体”的强调，还意味着他在本体论的建构上更加圆融，相较王阳明的“心之所发谓之意”的理论更进一步。正如有学者所指出的，王阳明的良知更适合于指称价值本体，而非存在本体，阳明直到后期才用“灵明”来指称存在本体。由此“心之本体”就有了两层蕴含，一是作为

---

① 《王阳明全集》，第194页。

② 梅洛·庞蒂：《知觉现象学》，第246页。

③ 《罗汝芳集》，第65页。

④ 《罗汝芳集》，第94页。

价值本体的良知，二是作为存在本体的灵明。[1]儒家本重道德实践，从孔孟开始就是以价值论和实践论为中心，而不涉及存在论。阳明前期所论证与此相合。但问题在于，若仅止于此，儒学就无法回应佛老二家将现实生活世界归于“虚空”本体的问题。阳明后期对存在本体的建构正回应了此问题。但即便如此，“灵明”“良知”也往往被明代学人批评为是对佛教“心生则种种法生，心灭则种种法灭”之心的拟仿。罗汝芳一方面使用“生机”“神理”等名称指称本体，恰可避免“良知”“心之本体”过重的价值论意味，从而将存在和价值绾合为一；另一方面使用“原日身体”或“初生身体”增强了对人的现实存在和身体感知的肯定，由此也可见“赤子之心”在罗汝芳思想中无与伦比的重要性。也就是说，赤子之心呈现出孝、弟、慈等价值的同时，与此心浑然为一的赤子之身[2]正呈现出的是“吾身从何而来”，吾身从父母而生，这就是人生活的孝弟慈的人伦世界。而父母生我之生，就是“生生不息”之“生”，就是仁生，正如他所说“孝仁无别”一样：

问：“孝弟也者，其为仁之本与！”仁与孝，又何分别？

罗子曰：亦无分别。孔子云：“仁者人也。”盖仁是天地生生的大德，而吾人从父母一体而分，亦只是一团生意。故曰：“形色天性。”惟圣人而后能践形，即目明耳聪，手恭足重，色温口止，便性机不拂，充长条畅。人固以仁而成，人既成，则孝无不全矣。故生理本直，枉则逆，逆非孝也；生理本活，滞则死，死非孝也；生理本公，私则小，小亦非孝也。[3]

仁是生生之德，孝也是生生之德，“人能默识得此心此身，生生化化，皆是

① 参见陈清春：《七情之理——王阳明道德哲学的现象学诠释》，人民出版社，2016年，第167~170页。

② 在罗汝芳这里，赤子之心是“全心”，所指称的是身心浑一的身或心。

③ 《罗汝芳集》，第15页。

天机天理，发越充周”[1]。心之能作能知，身体之动容周旋中礼，都是“生生”本体的体现。《易传》“乾以易知，坤以简能”，正对应于孟子“不学而能，不虑而知”，乾坤并建，正是身心一如。而《易传》“天地之大德曰生”“生生之谓易”所说正是本体。故他说：“夫惟好生为天命之性，故太和细缊，凝结此身，其始之生也，以孝、弟、慈而生，是以其终之成也，必以孝、弟、慈而成也。”[2]

罗汝芳一再强调孔门之学以“求仁”为宗，而他截然肯定地认为仁孝无别，正表明他对“仁”的理解已与程朱不同。程朱以性体情用分说仁孝，仁是性、理，孝是情、事，“有是仁，后有是孝弟”[3]。故仁孝的分别是形上和形下的质的分别。朱熹以喜怒哀乐为已发，孝弟处在情的层次，自然也是已发。而罗汝芳则指出，人与人之相通，并非是通过心对天理的认识，而就是通过日用常行的“性情喜怒”，喜怒并不就是“恶”、就是私欲：

> 吾人此身，与天下万世原是一个，其料理自身处，便是料理天下万世处。故圣贤最初用功，便须在日用常行，日用常行只是性情喜怒，我可以通于人，人可以通于物，一家可通于天下，天下可通于万世。故曰：人情者，圣王之田也。[4]

“心”在阳明学中被提升到了本体的地位，而在程朱那里作为本体的性在罗汝芳这里则下降了，或者说相对于心来说下降了。程朱认为：“性中只有仁义礼智”[5]，性即理，是主宰，而罗汝芳则言神明不测之心之本体才是仁义礼智信之性背后的主宰。[6]弟子追问“心性分别”，他直言：“孟子云：

① 《罗汝芳集》，第5页。

② 《罗汝芳集》，第134页。

③ 黎靖德编：《朱子语类》，第415页。

④ 《罗汝芳集》，第11页。

⑤ 黎靖德编：《朱子语类》，第95页。

⑥ 《罗汝芳集》，第94页。

'仁、义、礼、智根于心。'则心之为心，视仁、义、礼、智而深且宏也，具见矣；学之求心，视仁、义、礼、智而犹先且急也，亦具见矣。是故超然而神于万感之先，湛然而灵于百虑之表。渊渊乎其渊，浩浩乎其天，盖言心之深且宏者，从古则为然矣"[①]。既然超然而神感、湛然而灵虑的"心"才是形而上的本体，仁、义、礼、智就落在了现象的层面，仁也是爱，与孝弟一样。不仅如此，仁、义只是"虚名"，而孝弟才是"实"，唯此方可了结孔子公案。[②]赤子不学不虑的孝弟才是尧舜以至孔孟相传道统的内容，身心一如，就身而言的宗法，也即是就心而言的心法：

夫赤子孩提，其真体去天不远，世上一切智巧心力，都来着不得分毫。然其爱亲敬长之意，自然而生，自然而切，浓浓蔼蔼，子母浑是一个。其四海九州岛岛，谁无子女？谁无父母？四海九州岛岛之子母，谁不浓浓蔼蔼浑是一个也哉！夫尽四海九州岛岛之千人万人，而其心性浑然只是一个天命，虽欲离之而不可离，虽欲分之而不能分。如木之许多枝叶而贯以一本，如水之许多流派而出自一源。其与人家宗法，正是一样规矩，亦是一样意思。人家立宗法意思是，欲知千身万身只是一身。圣贤明宗旨意思，是欲后世学者知得，千心万心只是一心。既是一心，则说天即是人可也，说人即天亦可也；说圣即凡可也，说凡即是圣亦可也；说天下即一宗可也，说一宗即天下亦可也；说万古即一息可也，说一息即顽固亦可也。[③]

千身万身只是一身，联属天下以成一身。心心相传的世界，也就是身身相通的世界，"生生不息"，生生世世，人所生存于其中的历史世界和当下世

---

① 《罗汝芳集》，第 96 页。

② 《罗汝芳集》，第 135 页。

③ 《罗汝芳集》，第 205~206 页。

界都在此挺立起来。相应地,他解释十六字心传“允执厥中”时即说:“中即此身,身即此中”。[①]“中即人,人即中,人与中固无二体。”[②]尧舜禹亲相授受不仅仅是“传心”,也是“身传”。仁不是朱熹所说的“心之德,爱之理”,“须是先理会得一个‘心’字”[③],而是“体仁于身”,是“仁者人也,亲亲为大”。这就彻底扭转了自唐末以至程朱理学占据主流的“对仁的心学式解读”[④],罗汝芳之说可谓对仁的“身学式解读”。这也意味着,儒门的道德实践不单是率循个体良知的绝对律令,更是世代传承的孝悌家风和示范性[⑤]的言传身教。

四、余论:身的形上化

在罗汝芳以身为核心阐述道统时,已将身的形而上维度揭示了出来,故他有“吾人此身……原与乾元合体”[⑥],“我既心天之心……天将身吾之身”[⑦]等说法,身不仅仅是气质和欲望的载体,更是乾元、生机的化身。故有学者将其概括为“身体即天体”[⑧]。实则,罗汝芳对弟子所说“身皆是天”的说法非常警惕,认为若仅仅体认到此是“作汝狂药”。[⑨]否则就不需要体仁于身、反求诸身的修身工夫了。在阳明后学中,指出“身”之形而上维度者,并非泰州学派罗汝芳一人,与他并称“二溪”的王畿也说:“吾人此身,自顶

---

① 《罗汝芳集》,第47页。

② 《罗汝芳集》,第48页。

③ 黎靖德编:《朱子语类》,第415页。

④ 参见张再林:《中国古代身道研究》,生活·读书·新知三联书店,2015年,第165页。

⑤ 王庆节教授便将儒家伦理称为“示范伦理”,以对应于“规范伦理”,见氏著:《道德感动与儒家示范伦理学》,北京大学出版社,2016年,第71~90页。

⑥ 《罗汝芳集》,第28页。

⑦ 《罗汝芳集》,第320页。

⑧ 此为陈立胜教授《身不自身——罗近溪身体论发微》一文中的概括,载《西北大学学报》2012年第1期,第14页。

⑨ 《罗汝芳集》,第107页。

至踵，皆道体之所寓，真我不离躯壳。”[①]耿定向更是本《易传》“形而上者谓之道，形而下者谓之器”而直接提出了身即形而上之道的说法。[②]

将身视作生机之化身、道体之所寓或者形上之道，无疑具有重要的思想意义，此点前文已详述。而其社会政治意义亦十分显著，身体是权力运作的场所，国家或共同体往往被设想为一种注重总体利益却忽视个体权利的政治权力，因此，总体性是政治权力结构的显著特征。与之相应的便是一种注重普遍性的哲学。中西方哲学传统占主流地位的思想都强调心灵或智识的重要性，唯有心灵方能接近真实的本体，寻找到真知，而身体的感受则被贬低为虚假和残缺。心、身的二元区分就转化为了劳心者和劳身者的阶层划分，后者成了受统治和屈服的阶层。程朱的“理一分殊”、王阳明的“万物一体”都蕴含着普遍性因素。虽然王阳明主张良知是人人具有、个个圆成，以此挺立道德主体，但由于他仍然是以“心”作为沟通不同阶层以实现万物一体的引子，而否认身与身的相通，故而有忽视现实生活中人与人之差异的色彩。罗汝芳提高“身”的思想地位，乃至确立“身”相对于“心”的可靠性、稳定性，就打消了劳心与劳身阶层划分的理论基础，不论何种阶层的人都具有同样的“原日身体”，个体尊严的本源性即在此奠基，身身相通就包含了确立现实生活中每个个体最基本的生存权的政治意涵；以孝弟慈为历圣相传的道统，意味着普遍的仁爱共同体要以具体的家庭生活为根基，显然，在总体性的国家权力的管制下，确立家庭生活的基础地位是十分必要的。

---

① 《王畿集》，吴震编校整理，凤凰出版社，2007年，第101页。

② 《耿定向集》，华东师范大学出版社，2015年，第338页。

高攀龙的主静工夫*

——以静坐法为中心

李 卓

（天津社会科学院伦理研究所）

静坐方法从来不是理学关注的问题意识，即便是主张静坐的宋明儒者也鲜有言及，少数人虽有所论亦语焉不详。高攀龙（1562—1626，初字云从，后改字存之，别号景逸，以下均以别号称之。）十分重视静坐工夫，他于静坐方法提揭之重，论说之详，在理学家中是非常少见的。故他的主静修养工夫，有较大的研究价值。在具体讨论之前，我先对“主静”一词稍作说明。在宋明理学的话语中，“主静”与“静坐”往往是异名同实的关系，但严格来说，“静坐”是主静工夫的一种主要形式，“主静”的意涵要更为宽泛。“静坐”可以说是儒释道三家的“共法”，“主静”则具有鲜明的儒家性格。而且在景逸的言说脉络中，“静”有时并不仅指静坐，故本文以“主静”一词来指涉他的静修工夫。

众所周知，静坐是佛老非常重视的一个修为方法。虽然原始儒家并没有将静坐作为一项专门的教法来提揭，但在先秦儒典中却不难发现静坐思想的滥觞。《易传》之“寂然不动”，《乐记》的“人生而静”都有主静之义。《大学》开示的“定、静、安、虑、得”，指出了一个由“定”“静”下手的工夫入

* 本文为天津市哲学社会科学规划项目（TJZX16-005）阶段性成果。

路。孟子教人“存夜气”“求放心”(《告子》上),以及他现身说法的“我四十不动心”(《公孙丑》上),也可窥见收敛主静的意味。不过原始儒家的这类表述毕竟失之过简或“文献不足征”,且未必是一个严格自觉的工夫概念,静坐主要是在佛道二教中发展成为系统严密的修证方法。

道学宗主周濂溪在《太极图说》中提出“主静”,开创了儒家的主静传统,但他并未详细阐发主静的意涵,更没有涉及静坐的问题。至二程则明确将静坐作为主静工夫的主要形式,不过明道和伊川有很大的不同。明道开创了道南一系,至罗从彦以“静中观喜怒哀乐未发前气象”为“道南指诀”,黄梨洲谓“罗豫章静坐看未发气象,此是明道以来,下及延平,一条血路也”[①]。依牟宗三先生,“道南指诀”属于“超越的逆觉体证”,“‘超越’者闭关静坐之谓也”,主要指暂时与现实生活相隔离,静坐是代表性的方法,“隔”即意味着超越。[②]伊川为了与佛教划清界限,不用“静”字,以“敬”代之,所谓“才说静,便入于释氏之说也。不用静字,只用敬字”[③]。朱子本来授受于道南之李侗,但他却转向了伊川的轨道,以“主敬”代“主静”,并以主敬涵养和格物穷理为主要工夫,“一改道南传统的主静,内向和体验色彩,使得道学在南宋发生了理性主义的转向”[④]。虽然伊川、朱子亦言静坐,朱子甚至有“半日静坐,半日读书”[⑤]的著名教法,但静坐毕竟在伊川和朱子的为学工夫中不占主要地位。尽管景逸自谓“从程朱夫子讨出工夫,曲折一一依他做”[⑥],以朱子的“半日静坐,半日读书”为规程,但他的为学更加向内,注重体验,甚至带有神秘色彩,事实上在很大程度上回到了“道南一系”的主静传统。

---

① 黄宗羲:《宋元学案》(第 39 卷),中华书局,2008 年,第 1277 页。

② 牟宗三:《心体与性体》(中),上海古籍出版社,2001 年,第 394 页。

③ 程颢、程颐:《河南程氏遗书》(第 18 卷),载《二程集》,中华书局,2004 年,第 189 页。

④ 陈来:《朱子哲学研究》,华东师范大学出版社,2000 年,第 71 页。

⑤ 黎靖德编:《朱子语类》(第 116 卷),王星贤注解,中华书局,1986 年,第 2806 页。

⑥ 高攀龙:《高子遗书》(第 3 卷),明崇祯五年刻本,第 54 页。

主静是景逸之学的显著特征。就现有的记录来看，景逸习静始于登第后在“朝天宫习仪，僧房静坐”[1]，时为万历二十年壬辰(1592)，景逸三十一岁。此后他一生勤习不辍，他的日记和书信往来中关于静坐的记载所在多有，后人甚至以主静概括其为学特征，如陆陇其谓“景逸主静”[2]“高(景逸)则以静坐为主”[3]，明史作者也认为其学“以静为主”[4]。在儒家言静坐工夫，有论者认为景逸最详。[5]景逸的主静之学在东亚儒学的范围内都较有影响，比如日本幕末维新时期的朱子学者楠本端山，在深潜精密的体认自得方面，达到很高水准。很大程度上就是得益于实践高攀龙“复七规”静坐的体认自得。[6]

景逸主张为学必须由静坐而入，他说：“圣学入门，无逾静坐”[7]，“学者静坐，是入门要诀”[8]。是因为静坐可以定心气，可以与读书交相互发，静坐更是见性之法，此义已有备述。[9]本文略人所详，以下主要考察景逸有关静坐方法的四篇文字，然后在此基础上对相关问题加以辨正，以期全面呈现他的主静思想。

---

① 高攀龙:《高子遗书》(第3卷),第14页。

② 陆陇其:《三鱼堂集》(第4卷)。

③ 吴光酉:《陆陇其年谱》,中华书局,1993年,第58页。

④ 张廷玉等:《明史》(第243卷),中华书局,1974年,第6315页。又《明史》(第258卷)载:“华允诚,……从同里高攀龙讲学首善书院,……遂受业为弟子,传其主静之学”。

⑤ 近人丁福保《静坐法精义》以问答的形式指明了这一点:问曰:“儒家所讲静坐之法,以何家为最详”?答曰:“宋之程子、朱子,明之王阳明、陈白沙,皆讲静坐法,惟论静坐最详细者,莫如吾乡高忠宪公”。丁福保:《静坐法精义》,上海古籍出版社,1990年,第2页。

⑥ 参见难波征男:《从日本幕末维新时期的儒学者看明清之际的精神与思想世界——山田方谷与楠本端山》,载《明清之际的精神和思想世界国际学术研讨会会议论文集》,河南嵩山,2013年,第55页。

⑦ 忠宪授(华允诚)以主静之学,谓“圣学入门,无踰静坐。静坐非冥然寂守,正是凝然根极”。高廷珍:《东林书院志》(第22卷)《华凤超先生》。

⑧ 高攀龙:《高子遗书》(第5卷),第8页。

⑨ 参见杨菁:《高攀龙的静坐实践及其体悟》第三节“为何要静坐”,《彰化师大国文学志》第22期(2011年6月),第301~333页。

一、静坐法考释

景逸专门讨论静坐方法的文字集中在两个“程规”和两篇“静坐说”之中。按照撰写的时间顺序，依次是《复七规程》《山居课程》《静坐说》和《书静坐说后》。万历二十六年戊戌(1598，景逸三十七岁)景逸作水居，为静坐读书计，作《复七规程》。华允诚《高忠宪公年谱》、朱国祯《墓志铭》、钱士升《神道碑铭》等均有记载，叶茂才《景逸高先生行状》所记较详：“同志如吴子往、归季思来访，相与焚香兀坐。坐必七日，取大易七日来复之义。作《复七规程》”[①]。景逸诗《湖上闲居季思、子往适至》有“春风吹微波，日暮倚杨柳。我友惠然至，童仆喜奔走”[②]，可知《复七规程》作于戊戌之春。华允诚《高忠宪公年谱》万历二十六年条下载：“是秋，会同志于二泉之上，与管东溟辨无善无恶之旨。作《山居课程》”[③]，故《山居课程》作于戊戌秋。《书静坐说后》前云：“万历癸丑秋，静坐武林弢光山中，作《静坐说》。越二年观之，说殆未备也”，其后又注明“乙卯孟冬志”[④]，故《静坐说》作于癸丑秋(1613，景逸五十二岁)，《书静坐说后》作于乙卯孟冬(1615，景逸五十四岁)。以上略考景逸四篇文字的撰写时间，借此可见景逸静坐思想的演变，同时也可以澄清某些记载的错误。[⑤]

四篇文字当中，“规程”涵盖了日常生活的各个方面，“静坐说”则专言静坐之中的具体方法。以下依次抄录四篇文献的全文并略加疏解，由于文

① 叶茂才:《景逸高先生行状》，载《高子遗书》附录《行状》，明崇祯五年刻本。

② 高攀龙:《高子遗书》(第 6 卷)，第 26 页。

③ 华允诚:《高忠宪公年谱》，同治、光绪间刻《高子遗书》附刊本，第 12 页。

④ 《高子遗书》(第 3 卷)，第 20~21 页。

⑤ 如孙奇逢就误认为《静坐说》与《复七规程》作于同一时间。《理学宗传》载:“偕吴志远、归子慕二人扁舟往来，兀坐相对，作《静坐说》及《复七规程》”。孙奇逢:《理学宗传》(第 23 卷)《高忠宪攀龙》，清康熙六年刻本。

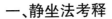

字比较简单，仅择其要点考察。先录《复七规程》：

> 复七者，取大易七日来复之义也。凡应物稍疲，即当静定七日以济之，所以休养气体、精明志意，使原本不匮者也。先一日，放意缓形，欲睡即睡，务令畅悦，昏倦刷濯，然后入室炷香趺坐。凡静坐之法，唤醒此心卓然常明，志无所适而已。志无所适，精神自然凝复，不待安排。勿著方所，勿思效验。初入静者，不知摄持之法，惟体帖圣贤切要之言，自有入处。静至三日，必臻妙境。四五日后，尤宜警策，勿令懒散。饭后必徐行百步，不可多食酒肉，致滋昏浊。卧不得解衣，欲睡则卧，乍醒即起。至七日则精神充溢，诸疾不作矣。食芹而美，敢告同志。①

首先，“复七者，取大易七日来复之义”，绝不是什么禅林打七之规。实践《复七规程》的目的是功能性的，是为了“休养气体、精明志意，使原本不匮”，即修养身心，也就是“定心气”之义。至于具体实行之法，在前一日先做准备，不再应事，通过休息除去昏倦，畅悦身心。然后入室闭关，采取趺坐（双盘）的姿势。要在“唤醒此心卓然常明，志无所适”，即提撕警觉，保持心之虚灵不昧，又要无欲无念，如此精神自然凝复。志无所适则不能加以手势，故“勿著方所”。又惧“助长”之心，故“勿思效验”。以体贴圣贤之言作为初入静的摄持之法，带有明显的儒家性格。在饮食和睡眠方面都有详细规定，旨在不使身体昏浊，精神昏沉。其效验则是三日“必臻妙境”，七日“精神充溢，诸疾不作”。以七日为限，取“大易七日来复之义”，很容易使人联想到之前颜山农的“七日闭关法”。两者的效果相近，不过颜山农之法需要坚持忍耐做苦工，又颇具神秘色彩。比较而言，景逸之法更为平常。

以后景逸在静坐时多严格遵照此规程，必以七日为期。如一年后的日

① 高攀龙：《高子遗书》（第3卷），第18~19页。

记己亥(1599)五月廿一日条载:“七日,大觉精神迥别。学虽然不专在静坐,自幼欠缺(原文作“却”,据文意改)小学之功,却需大段入静,方得收摄凝定也”,此为“定心气”;日记庚子(1600)九月十八日记曰:“静坐,七日中只体贴诚敬,见精一为圣学的传也”,这是“体帖圣贤切要之言”;十月十二日:“静坐七日,是日见只是顾諟天之明命为工夫”[①],同为体贴圣贤之言,不过内容有所不同。

不久以后,景逸又作《山居课程》,其文曰:

> 五鼓拥衾起坐,叩齿凝神,澹然自摄。天甫明,小憩即起。盥漱毕,活火焚香,默坐玩《易》。晨食后,徐行百步。课儿童,灌花木,即入室静意读书。午食后,散步舒啸。觉有昏气,瞑目少憩,啜茗焚香,令意思爽畅,然后读书。至日昃而止,趺坐尽线香一炷。落日衔山,出望云物,课园丁秋植。晚食淡素,酒取陶然。篝镫随意涉猎,兴尽而止。就榻趺坐,俟睡思欲酣,乃寝。[②]

较之《复七规程》,《山居课程》多恬淡适性之义。此规程有两个显著特点,一是将静坐融入儒家学者的日常生活之中,如伴随有课儿童、课园丁秋植等事;二是将朱子“半日静坐,半日读书”的提法变为一个具体操作的规程。

此后数年,景逸将静坐与其他工夫相配合,精进不已。期间丙午(1606,四十五岁)、丁未(1607,四十六岁)、壬子(1612,五十一岁)均有所悟[③],但于静坐之法阐发无多。直到万历癸丑秋(1613年,五十二岁)静坐武林弢光山中,才有《静坐说》。内容如下:

---

① 以上诸条见高攀龙:《高子日记约钞》,收入《高子遗书未刻稿》,无锡市图书馆藏抄本。

② 高攀龙:《高子遗书》(第3卷),第18页。

③ 高攀龙:《高子遗书》(第3卷),第16~17页。

静坐之法，不用一毫安排，只平平常常，默然静去。此平常二字，不可容易看过，即性体也。以其清静不容一物，故谓之平常，画前之易如此，人生而静以上如此，喜怒哀乐未发如此，乃天理之自然。须在人各各自体贴出，方是自得。静中妄念强除不得，真体既显，妄念自息。昏气亦强除不得，妄念既净，昏气自清。只体认本性原来本色，还他湛然而已。大抵著一毫意不得，著一毫见不得，才添一念，便失本色。由静而动，亦只平平常常，湛然动去，静时与动时一色，动时与静时一色。所以一色者，只是一个平常也，故曰无动无静。学者不过借静坐中，认此无动无静之体云尔。静中得力，方是动中真得力；动中得力，方是静中真得力。所谓敬者，此也；所谓仁也者，此也；所谓诚者，此也，是复性之道也。[1]

此说乃景逸见性后的高明浑化之论。全文重在“平常”二字，即性体之义。“静以见性，见性自静”[2]，“静坐只以见性为主”[3]，“主静以见性”是景逸主张静坐工夫的重要理由，景逸这里围绕性体之义展开他对静坐法的理解。

妄念纷纭，昏气干扰都是静坐时常见的现象，佛道二教有众多对治的方法。景逸这里只以见性为法，不言消极的除昏去妄工夫，主张积极之体认。这种对治妄念的方法，景逸有详细的阐发。他鉴于某些僧人闭关的情况：“有焚诵者，有书写者，有持咒者，有参话头者，总排遣过日。三年出关，依然旧时人”[4]，指出：“吾谓关人静坐是第一工夫，静中除妄想是第一工夫。除得妄想，方是工夫。妄想如何除得？要知人生以来，真心悉变成妄想，

① 高攀龙：《高子遗书》（第3卷），第19~20页。
② 高攀龙：《高子遗书》（第5卷），第6页。
③ 高攀龙：《高子遗书》（第8卷）（上），第65页。
④ 高攀龙：《高子遗书》（第12卷），第26页。

除却妄想，别无真心。回光一照，妄想何在？妄不可得，即是真心。急自认而已，日认日真，必有日一声雷震，万户洞开，方知如上所言，字字是真，字字是假。何者？不认不真。当其认时，还是认者，故曰是假；当其真时，即此认者，故曰是真。此是儒者格物一诀，吾不知其于禅如何”[①]。在景逸看来，僧人采用的各种方法都是以妄息妄，所以他强调翻迷即觉，真显妄息，并将此归为格物工夫。事实上，他的主张倒是非常接近佛教天台、华严和《大乘起信论》真常一系“迷觉一心”的思想。

于静坐工夫，景逸又强调性体无著之义，所以不用安排。又言动静一贯，性贯动静，明谓静坐不过见性之法。总之以“平常”为把柄，在性体上立根，紧紧把握工夫的头脑在根本处用力。如此则静坐时“平平常常默然静去”，“由静而动，亦只平平常常湛然动去”。不用安排，一无所著即无为之义，由于性体无著，故工夫无为。景逸说：“弟有《静坐说》，是守之之法，书以请正。万不可做有作有为工夫。一涉有为，即是假法，决不见道。盖此事本体原是无极，故工夫不得有为。合工夫之谓本体；合本体之谓工夫，二之则不是矣”[②]。虽是无为，其实只是以无为的姿态呈现，不显操持相而已，绝非无事可做。其特点正是“不操之操，操更力耳”，近于王龙溪所谓“无工夫中真工夫，不著力中大著力”，罗近溪之“工夫再难凑泊，即以不屑凑泊为工夫”。

两年后，景逸认为《静坐说》有所不足，又作《书静坐说后》。其文曰：

万历癸丑秋，静坐武林弢光山中，作《静坐说》。越二年观之，说殆未备也。夫静坐之法，入门者藉以涵养，初学者藉以入门。彼夫初入之心，妄念胶结，何从而见平常之体乎！平常则散漫去矣。故必收敛身心以主于一，一即平常之体也，主则有意存焉。此意亦非著意，盖心中无

① 高攀龙：《高子遗书》（第12卷），第26~27页。
② 高攀龙：《高子遗书》（第8卷上），第30页。

事之谓，一著意则非一也。不着著而谓之意者，但从衣冠瞻视间整齐严肃，则心自一。渐久渐熟，渐平常矣。故主一者，学之成始成终者也。【乙卯孟冬志】[1]

此说以《静坐说》未备，强调主一工夫以为纠正。所谓“未备”，当指《静坐说》不合适作为普遍的教法推行。初学者习深锢蔽，循此无从见平常之体，其谓平常实为散漫。对初学者来说，《静坐说》是“以悟后语语未悟之人”而不免有弊，所以景逸改为收敛身心以主于一。《静坐说》中平常、无著之胜义仍然保留，只不过强调要辅以整齐严肃的主敬工夫渐修。与前说相较，补充主一工夫于入门者、见性者无妨，于接引初学者无弊。刘蕺山谓：“近高忠宪有《静坐说》二通，其一是撒手悬崖伎俩，其一是小心着地伎俩，而公终以后说为正”[2]，此为知言之论。

上引四文，《复七规程》是功能性的调养身心之法，《山居课程》更像一份以静坐和读书为主，包罗广泛的课程表。两“规程”作于三十七岁，乃是景逸构建水居、可楼，归隐林泉静坐读书之始。《静坐说》作于五十二岁，其前景逸经历了数次大悟：“丙午，方实信孟子‘性善’之旨……丁未，方实信程子‘鸢飞鱼跃’与‘必有事焉’之旨……辛亥，方实信《大学》‘知本’之旨……壬子，方实信‘中庸’之旨”[3]。故《静坐说》可谓景逸的“悟后之语”“见道之说”。《书静坐说后》是鉴于《静坐说》于初学不免有弊，以“主一”纠正之，实未改原文大旨。质言之，《静坐说》将景逸数十年的主静所得和盘托出，乃指明静坐必须以主一为宗旨，始为善论。作为教法自然当以“后说”为准，景逸的主静要旨则于“前说”尽发无余。也可以看出景逸的主静思想有一个从“定心气”“体贴圣贤之言”到“见性”，不断向内深入的演变过程。

① 高攀龙：《高子遗书》(第3卷)，第20~21页。
② 刘宗周：《刘宗周全集》(第三册)，浙江古籍出版社，2012年，第14页。
③ 高攀龙：《高子遗书》(第3卷)，第16~17页。

于宋明理学静坐工夫较有研究的台湾学者杨儒宾，认为“他（景逸）的各种静坐法门最后汇聚于《复七规程》，此法门可视为东林静坐论汇归之大壑”①，此说似有未安。《静坐说》《书静坐说后》晚于《复七规程》十五年，除非杨氏认为此二说毫无新义，否则其思想无论如何也不可能汇聚于之前的《复七规程》当中。

二、质疑与辨正

景逸一生习静不辍，大有受用，并以此教人。后世儒者于此褒贬不一，见仁见智。誉之者姑且不论，忌之者多以为静坐近禅，脱略事物而批诋之，其批评是否相应？景逸曾以静坐养生疗疾，他如何看待道教养生？下面对这三个与主静有关的问题加以辨正。

（一）静坐杂禅

后儒对景逸主静思想的批评，主要是静坐与圣学不合而杂禅。如张履祥指出：“东林诸公，表彰程朱之学，然与程朱毕竟不同。盖其入门便从‘静悟’二字用功，与圣门博文约礼、文行忠信、入孝出弟、守先待后之意，往往不合”②。杨园以东林之静坐悟道有违程朱之旨。陆陇其谓“盖《乐记》之人生而静，《太极图》之主静，皆是指敬而言，无事之时，其心收敛不他适而已。非欲人谢却事物，专求之寂灭，如佛家之坐禅一般也。高景逸不知此，乃专力于静，甚至坐必七日。名为涵养大本，而不觉入于释氏之寂灭，亦异乎朱子所谓静矣”③。陆氏严尊朱子，于朱子静坐之言视而不见，认主静即

---

① 杨儒宾：《明儒与静坐》，载《跨文化视野下的东亚宗教传统：个案探讨篇》，台湾“中研院”中国文哲研究所，2012 年，第 64 页。

② 苏珺元：《张杨园先生年谱》，载张履祥：《杨园先生全集》，中华书局，2002 年，第 1163 页。

③ 陆陇其：《三鱼堂集》（文集第 5 卷）《答秦定叟书》。

主敬，静坐即坐禅，以杂禅责景逸。新儒学大师牟宗三也说：“‘打坐不能增加人的道德感’。打坐的工夫与佛老的教义相应，不与儒家的教义相应，至少亦不是其工夫之所以为工夫的本质”[①]。

我们必须承认，景逸的静坐方法确实于佛教多有取益。例如对于静坐的姿势，一般宋明儒者很少言及，至多是与主敬配合，以整齐严肃，正襟危坐而惺惺不昧为主。景逸则明确规定应当采取趺坐的姿势，他所撰的规程和平时静坐的记载均如此。一般认为趺坐起源于早期的印度宗教，后为佛教所吸收，成为禅坐的姿势。景逸静坐时又使用过蒲团，曾谓：“为大归之计，故日在湖山作蒲团活计耳”[②]，他甚至还在静坐时穿着禅衣，《蔡观察贻余禅衣成夜坐诗寄谢》诗云：“感君衣被意，示我禅定心”[③]。《高子遗书》未载的《弢光山中和友人韵》也有“禅坐秋逾寂，泉飞夕更凉”[④]的诗句，更见景逸有时候对静坐的描述与坐禅完全不加分别。

然而坐姿、坐具、服饰、语词的运用等都属于技术层面，并没有特定的属性，可以被任何哲学或宗教传统用作精神修炼的方法，即佛教所谓“共法”。在这个层面上，宋明儒者一向于二氏多有取益。不过“是禅”“非禅”的根本分际并不在此，而在于是否用佛教的思想取代儒家根本的固有之义。因此在静坐形式上对佛教的吸收，尚并不足以作为评判儒佛的根据。不过我们也必须承认，景逸上述的一些做法不免引人近禅的联想，甚至其门人亦有所忌讳，所以他的这类记述很多被陈龙正以“凡于不欲垂、不必垂者，胥已之。宁简毋繁，为后世也，所以体先生之志也”[⑤]的名义，排除在《高子遗书》之外。

---

① 牟宗三：《人文讲习录》，牟宗三先生全集（第28卷），联合报系文化基金会，2003年，第117页。

② 高攀龙：《高子别集》（第4卷），民国十五年太仓陆氏刊本，第18~19页。

③ 高攀龙：《高子遗书》（第6卷），第11页。

④ 高攀龙：《高忠宪公诗集》，明崇祯间刻本，第7页。

⑤ 陈龙正：《高子遗书·小序》，载《高子遗书》。

前引景逸静中体贴圣贤之言，代替禅家之参话头，以儒家义理来悦心；于《书静坐说后》中以主一贯终始；又说“至静中，凡平日行不慊心者一一显现，故主静要在慎独”[①]；景逸从未要坐禅入定，兀然无事，他反复申明静坐是为了体验未发气象，即主静以见性。除了特别凸显性善之义，其论性语并不违程朱之旨，而儒家性体之义是主张缘起性空的佛教绝无可能承认的。景逸主静思想的这些特点都与禅坐有很大的不同，体现了鲜明的儒家性格，而且这些不同超出了形式的意义，与佛教有本质的区别。事实上，景逸对静坐与禅的分际有着充分的自觉，他的《静坐吟》就明确道出了这一点，诗云：“静坐非玄非是禅，须知吾道本于天。直心来自降衷后，浩气观于未发前。但有平常为究竟，更无玄妙可穷研。一朝忽显真头面，方信诚明本自然”[②]。

（二）喜静厌动

论者谓景逸主静为坐禅，隐含的一个批评是喜静厌动，局内遗外。陆陇其谓“其（景逸）《困学记》所谓旅舍小楼，见六合皆心者，朱子有此光景乎！其《行状》所谓焚香兀坐，坐必七日者，朱子有此工夫乎”[③]！即是指责景逸脱略应事，入静入空，有违朱子之学。

事实上，景逸的确有过喜静厌动之病。他在给赵南星（1550—1627，字梦白，号侪鹤）的信中说：“龙去年得胸膈之疾，殆矣。急勇猛摆脱一切世事，尽情弃舍，终日怡怡，观大化流行。久之，身心内外，莹然朗彻，病亦自愈。自喜因病得药，又因药得病，不免习成懒惰”[④]。景逸因病而静坐，静坐而病愈，又因之喜静而厌动。不过他对此是有所警惕的，其纠偏之言曰：

① 高攀龙：《高子遗书》（第2卷），第4页。

② 高攀龙：《高子遗书》（第6卷），第24页。

③ 陆陇其：《三鱼堂集》（文集第5卷）《答嘉善李子乔书》。

④ 高攀龙：《高子遗书》（第8卷上），第37页。

"一切求闲好静，总是无事生事，亦成当面蹉过。圣人之学，下学上达，惟是孜孜矻矻，好古敏求"[1]，又谓"动与静原是一理，学与教原非二道。学所以要静者，非是闭门讨个境界之静，只要研穷得如何是道，知道便知忙闲都是也。应事不损精神，怕应事便损精神。信得本来无事，应事何妨。静中体贴，正要体贴此理"[2]。这都是说求闲好静乃是无事生事，静坐所得之理正是要人行动如理，喜静厌动恰恰有违此理，只要人能应事如理，应事也是无事。

景逸强调主静，又主张学无分动静，他的理由是："学无动静也，然形太用则疲，神太用则困，故省外事者，学之要也……然此事凝之甚难，散之甚易。道岂有聚散乎？正欲凝此无聚散者，故本体本无散，工夫只是凝"[3]。这个思想很接近阳明的教法，所谓"以默坐澄心为学的……大率以收敛为主，发散是不得已"[4]。可见主静只是为初学设教，并非究竟义旨，景逸的目标亦不在此，他说："学无动静。其初静以澄之，至不缘境而静，不缘境而动，乃真静也"[5]。静坐仍然有待于境，真静则不受外境的影响。景逸对静的境界有明确的划分，指出：

> 若夫脱落世事，超然物表，深山茂林，只居无耦，境静而已。澄湛虚明，心冥太始，无善无恶，腾腾兀兀，念静而已。静于境者，不可与于物宜，而当天下之动；静于念者，不可与于典礼，而善天下之动，去主静立极之道远矣。[6]

---

① 高攀龙：《高子遗书》（第 8 卷下），第 63 页。

② 高攀龙：《高景逸先生东林论学语》（上），载高廷珍：《东林书院志》（第 5 卷），清雍正刻本。

③ 高攀龙：《高子遗书》（第 8 卷下），第 60 页。

④ 黄梨洲认为此是阳明早岁教法，陈来指出"教人静坐实际上从来不具有教之一变的意义"。参见陈来：《有无之境：王阳明哲学的精神》，北京大学出版社，2006 年，第 300~302 页。

⑤ 高攀龙：《高子遗书》（第 1 卷），第 11 页。

⑥ 高攀龙：《高子遗书》（第 6 卷），第 25 页。

景逸把静分为境静、念静和至静三种,而“至静之静,静不可得而言”[1]。境静乃隐逸,念静可谓不动心。在他看来,二者都脱略物事,不可以应世,非圣人主静立极之道。景逸的目标是要超出境、念之静,故于《静坐吟》诗以言志,曰:“从今去却蒲团子,鲲海鹏天亦快哉”。

景逸又有理静、气静的分别,他说:

> 理静者,理明欲净,胸中廓然无事而静也。气静者,定久气澄,心气交合而静也。理明则气自静,气静理亦明,两者交资互益,以理气本非二。故默坐澄心,体认天理为延平明下至教也。若徒以气而已,动即失之,何益哉。[2]

理静是一种道德修养境界,并不偏于形体的静,气静则主要指静坐。景逸承认二者关系密切,由于理气本非二,所以工夫上要交资互益。但是如果偏狭地把静理解为气静则有失。“静如是,动不如是者,气静也;静如是,动亦如是者,理静也”[3]。显然理静贯通动静,而单纯追求气静则会在动时有差。

景逸还有动静一体的说法,主张“动时工夫,要在静时做;静时工夫,要在动时用。动时差了,必是静时差,譬如吾人静时澄然无事,动时一感即应,只依本色,何得有差”[4]。这是说工夫应当贯通动静,一方面以动时有无差错来检验静时工夫是否到位,另一方面强调静时的工夫要在动时用,动时之用的实现才是静时工夫的完成。

从以上对静的各种区分可见,景逸虽然承认工夫有动静的分别,重视主静,但始终对耽于静有所警惕,又认为徒静并非究竟,主张动静一贯,他

① 高攀龙:《高子遗书》(第 9 卷),第 95 页。
② 高攀龙:《高子遗书》(第 1 卷),第 11 页。
③ 高攀龙:《高子遗书》(第 1 卷),第 11 页。
④ 高攀龙:《高子遗书》(第 5 卷),第 8 页。

的态度和宋明儒的一般看法并无二致。张岱年先生指出："程朱陆王都颇知主静之流弊，而讲动静合一，但究竟都是很注重静的"[①]。事实上，即便在佛道二教也不以静坐为究竟，同样也反对一味闭关孤修兀坐而流于枯寂。如禅宗有磨砖作镜之讥[②]，道教经典《悟真篇》谓"未炼还丹莫入山，山中内外皆非铅"，丘祖诗云"作闹中闲，忙中静，浊中清"(《爇心香·学道》)。当然我们也必须承认，和儒家相较，佛老确实更偏重于出世间法，因此主张静坐的学者经常受到来自儒学内部"近禅"的批评。

(三)静坐与道教养生

另一个可能引起误解之处，是景逸以静坐疗疾和道教养生的关系。景逸有过多次以静坐疗疾的经历，前引景逸得胸膈之疾，静坐而病自愈，就是一例。又如《高桥别语》载："尝夜半腹痛，痛不可支。起坐，觉此心精明，痛亦随止。寻偃息，痛复如初。仍起坐，达旦，不药而愈。又一日在镇江齿痛，亦以静坐愈。"[③]

理学家通常对道教养生持批评态度，较宽容者如阳明也不过是以"养德"来包容养生[④]。景逸虽然患病以静坐疗疾而愈，同样对道教长生久视的

---

① 张岱年:《中国哲学大纲——中国哲学问题史》,昆仑出版社,2010年,第496页。

② 开元中,有沙门道一(即马祖大师也)。住传法院,常日坐禅。师知是法器,往问曰:"大德,坐禅图什么"?一曰:"图作佛"。师乃取一砖,于彼庵前石上磨。一曰:"师作什么"?师曰:"磨作镜"。一曰:"磨砖岂得成镜耶"?师曰:"坐禅岂得成佛耶"?一曰:"如何即是"?师曰:"如人驾车不行,打车即是?打牛即是"?一无对。师又曰:"汝学坐禅?为学坐佛?若学坐禅,禅非坐卧。若学坐佛,佛非定相。于无住法,不应取舍。汝若坐佛,即是杀佛。若执坐相,非达其理"。释道原:《景德传灯录》(第5卷),四部丛刊三编景宋本,第58~59页。

③ 高攀龙:《高子遗书》(第5卷),第26~27页。

④ 例如阳明就说:"闻以多病之故,将从事于养生,区区往年盖尝弊力于此矣。后乃知其不必如是,始复一意于圣贤之学。大抵养德养身,只是一事,元静所云'真我'者,果能戒谨不睹,恐惧不闻,而专志于是,则神住气住精住,而仙家所谓长生久视之说,亦在其中矣"。王守仁:《王阳明全集》(第6卷),上海古籍出版社,1992年,第187页。

追求大不以为然。他曾在日记中写下这样一段文字：

> 因病，复取修炼家说观之，觉其鄙而不足为。夫大人者，与天地合其德，日月合其明。区区自保其神气，以偷生其间，亦焉用之？若夫慎言语、节饮食、毋劳其形、毋摇其精、毋使思虑营营，则诚养生至要矣。[①]

景逸所观何书不得而知，使他感到“鄙陋而不足为”的，据文义推测应该是道教长保自然生命的修炼追求。在景逸看来，此是“偷生”，甚不足取。其引《周易·文言》之语，意指儒者当以“大人”为志业，而“从其大体为大人，从其小体为小人”（《孟子·告子上》），故谓修炼家之说鄙陋而不足为。不过对于以营卫健康为目的的摄生之法，景逸还是非常赞同的，并认为是“养生至要”。其实景逸很早就对道教专注养生的取向有所警惕，他自述早年游学经历的《三时记》载：“（萧自麓）又尝谓予往曰：‘静后觉真气从丹田隐隐而生’。予又惧其（萧自麓）误认主静之旨也”[②]。萧自麓所谓静坐后感觉到“真气从丹田隐隐而生”，颇近道教内丹之说，景逸认为追求这类身体效验有违儒家主静的精神方向。朱子曾教人静坐疗疾，谓“但跏趺静坐，目视鼻端，注心脐腹之下，久自温暖，即渐见功效矣”[③]，这和萧自麓的说法非常相似。可见景逸自别于道教之严甚至超过朱子。

事实上，景逸的批评道教中人未必接受。在主张性命双修的道教看来，虽曰修命，修性亦在其中。景逸所论乃是落于一边，可谓“修性不修命”。此处的分歧是儒家传统和道教对自然生命的理解差异所致，无须深论。这里只补充一点，道教追求长生之义未必可鄙，也未必与儒家精神全

---

① 高世宁、高世泰：《高忠宪公年谱》（上卷），顺治、康熙间刻本。

② 高攀龙：《高子遗书》（第10卷上），第28页。

③ 朱熹：《晦庵先生朱文公文集》（卷五十一），载朱杰人、严佐之、刘永翔主编：《朱子全书》（第22册），上海古籍出版社、安徽教育出版社，2010年，第2381页。

不相应。唐君毅先生指出："而中国之神仙思想一特色，则为即以此肉身为修炼之资。此可视为一对肉身之贪恋，但亦可视为一当下要即俗成真之意志之表现。此即俗成真之意志中，有一先不舍离我在世间之此身之精神。此精神乃更与儒家之肯定世界之精神相应者。在基督教要人舍弃生命，以得生命，佛家有委身饲虎之义。人既生于世，要舍弃生命身体实难。但人既厌弃此生命与身体，而欲求超拔解脱时，则人之要负担此自然生命及此自然身体之重量，而由此修炼，加以超化，亦难"①。

三、口诀与效验

景逸晚岁再度出仕，以衰年之躯应对繁冗之政事，幸赖于多年的主静之功，得以勉强支撑。他在给友人的信中写到："弟今年以一人摄一寺事，既无精神，又无才略，所仗者一静而已"②。又有："光禄之事，弟以一人摄之，终日手不停笔，全赖平日静功，忙中收敛以翕而发，聊可支吾。以是益信学必以静为本，方有受用"③。

景逸"益信学必以静为本，方有受用"，他从京师寄给晚辈的家书，有一篇就是专门勉励子弟习静的《勖早做静功》，后作为《杂训》之一收入《高子遗书》。文中有叮咛之语云："汝辈急做工夫，受些口诀，不然此事（静功）无传矣。"④

此处"口诀"何指？殊难索解。近人丁福保在其《静坐法精义》中以问答的形式给出了一个解释：

① 唐君毅：《中国人文精神之发展》，台湾学生书局，2002年，第358页。

② 高攀龙：《高子遗书》（第8卷下），第46页。

③ 高攀龙：《高子遗书》（第8卷下），第46页。

④ 高攀龙：《高子遗书》（第10卷），第94页。

问曰:《庄子》《抱朴子》之所谓一,既闻命矣,《高忠宪公家训》谓静坐确有口诀,未知高子之所谓口诀者果何所指?

答曰:高子之静坐口诀,亦指一而言,故《高子遗书》曰:“收拾全副精神,只在一处”(谓静坐时当聚全副精神于两眉间之一处也)。又曰:“主一二字最尽。一者,本体;主者,工夫。”①

道教修炼特重口诀,师徒授受,不肯轻传,带有浓厚的神秘色彩。在丁福保看来,景逸这里所谓口诀,即道教常言的玄关一窍。丁福保此说并没有给出任何根据,以眉间守窍,配合主一作解,殊为牵强,当属臆说。

笔者遍检景逸著作,发现景逸于静坐言口诀只此一处,查找相关解释亦无所获。但是在陈龙正〈《高忠宪公诗集》序〉中发现了一条线索,陈龙正谓:“《静坐》《戊午》诸吟,则专以举道。譬如禅家之有偈,术家之有歌诀,不过假借宫商,明宗传要。使人哦则易熟,熟则难忘,而句子间之淘汰琢磨,概非所计矣”②。据此,口诀当指景逸所作与静坐相关的诗歌。考之景逸著述,有《静坐吟》四首,《戊午吟》二十首,《戊午吟》作于万历四十六年(1618,景逸五十七岁),前有景逸案语云:“戊午吟者,谓是年所见然也。春气动物,百鸟弄韵,人心至闲,自有无腔之韵悠然而来,足以吟讽。吟者不可谓诗,所吟者不可谓道,姑就行持,心口相念云尔”③。可见景逸确以《戊午吟》作行持之用,谓之口诀,不亦宜乎!

丁福保对景逸做静功的效验也有解释:

---

① 丁福保:《静坐法精义》,上海古籍出版社,1990年,第19页。

② 高攀龙:《高忠宪公诗集·序》,明崇祯间刻本。

③ 高攀龙:《高子遗书》(第6卷),第25页。

> 问曰：高忠宪公静坐数十年，究竟有何功效？然不闻其能出神也。
>
> 答曰：儒家不重神通，尤不喜语怪。此为儒家门面所束缚也。然高子赴止水时，平立水中，滴水未入口，在须刻间能使灵魂离躯壳而去。其理由与出神无异。故刘念台先生谓高子平日学力坚定，临化时做的主张如此。[①]

这是将景逸赴水后发生的神秘现象，解释为静坐所得的出神之效验。道教有入定出神的说法，出神指通过修炼使元神脱离躯体。

景逸殉节的情形，华允诚《高忠宪公年谱》、叶茂才《景逸高先生行状》、钱士升《神道碑铭》等均有记载。“行状”所言较详，谓“所最异者，平立水面，冠不湿，履无泥，拥起竟日，无滴水出口。停敛数日，以待长君，颜色如生，观者无不惊为神云”[②]。这些记录和实际情况是否有距离，确实值得警觉。不过在没有明确反证的情况下，我们也不能轻易怀疑其真实性。事实上，在宋明儒的传记资料中经常有一些关于神秘现象的记载，以死亡为例，比较典型就有罗近溪能预知自己的死期并略加控制[③]，王心斋临终前“卧室内竟夜有光烛地”[④]等事例。后来祁彪佳自沉殉节，与景逸的情况尤为相似，有记曰：“夜半月黑，分庙中之烛，出照水滨，端坐水中而死。家人

---

① 丁福保：《静坐法精义》，上海古籍出版社，1990 年，第 18 页。

② 叶茂才：《景逸高先生行状》，载《高子遗书》附录，明崇祯五年刻本。

③ “九月初一日，师（罗近溪）自梳洗，端坐堂中。命诸孙次第进酒，各各微饮。仍对众称谢，随拱手别诸门人曰：‘我行矣，珍重！珍重！’诸门人哭留，师愉色许曰：‘为诸君再盘桓一日’。初二午刻，整冠更衣而逝。从午至申，坐不少偏。越日，乃敛。颜色红活，手足绵软如生”。罗近溪：《盱坛直诠》，台北：广文书局影印复性书院“儒林典要”校刊本，第 41（该书影印有误，此页位置当在书末）。

④ “先是，卧室内竟夜有光烛地，众以为祥。先生（王心斋）曰：‘吾将逝乎’？至病革，诸子泣请后事，顾仲子襞曰：‘汝知学，吾复何忧’。顾诸季曰：‘汝有兄知此学，惟尔曹善事之。人生苦患离索，惟时序友朋于精舍，相与切磋，自有长益’。神气凝定，遂瞑目。是为八日子时也。及殓，容色莹然不改”。王艮：《王心斋全集》，广文书局，2012 年，第 36~37 页。

觉而寻之,烛犹未见跋也”[1]。至于宋明儒在日常修炼方面的神秘体验,更是不胜枚举。从现象上来说,必须承认理学家长期修炼之后是可能有一些神秘效验发生的,不过我们对此的解释当小心谨慎为宜,在没有充分证据支持某种推测的情况下,存而不论是较为明智的。刘蕺山为景逸辩之曰:“先生平日学力坚定,故临化时做得主张,亦吾儒常事。若以佛氏临终显幻之法求之,则惑矣”[2]。按照蕺山的说法,景逸殉节的“异状”,应该说和他长期修炼,勘破生死,殉节前气定神闲、从容不迫,有更为直接的关系。

① 黄宗羲:《弘光实录钞》,载《黄宗羲全集》(第二册),浙江古籍出版社,1986年,第95页。
② 刘宗周:《书高先生帖后》,载《高子遗书》附录,明崇祯五年刻本。

清代思想的异调:王船山政治哲学再探

谷继明

(同济大学哲学系)

一、近代以来诠释船山的一个脉络

清末人们对于船山学,特别是对其政治思想的理解,往往受到谭嗣同的影响。比如梁启超说:“我读船山书,都是壮飞教我。”[1]谭嗣同如是评价船山:

> 君统盛而唐、虞后无可观之政矣,孔教亡而三代下无可读之书矣!乃若区玉检于尘编,拾火齐于瓦砾,以冀万一有当于孔教者,则黄梨洲《明夷待访录》其庶几乎!其次,为王船山之遗书。皆于君民之际有隐恫焉。黄出于陆、王,陆、王将缵庄之彷佛。王出于周、张,周、张亦缀邹峄之坠绪。辄有一二闻于孔之徒,非偶然也。若夫与黄、王齐称,而名实相反、得失背驰者,则为顾炎武。顾出于程、朱,程、朱则荀之云礽也,君统而已,岂足骂哉![2]

① 梁启超:《中国近三百年学术史》,上海三联书店,2006年,第75页。

② 谭嗣同:《仁学》卷下,载《谭嗣同全集》,生活·读书·新知三联书店,1954年,第56页。

谭氏将船山的思想与黄宗羲《明夷待访录》并列，同时贬低顾炎武。他判断的标准即是民权思想。又如他谓："唐虞以后，无可观之政，三代以下，无可读之书。更以论国初三大儒，惟国初船山先生，纯是兴民权之微旨；次则黄梨洲《明夷待访录》亦具此义；顾亭林之学殆无足观。"①船山有哪些具体的批判君权、伸张民权的言论呢？谭嗣同并未加以指明或引用。如果考虑到其他学者的归纳，《黄书》《噩梦》《读通鉴论》等集中论述政治问题的书或有涉及疑似"民权"的段落。下面一段即常为人引用：

中国财足自亿也，兵足自强也，智足自名也。不以一人疑天下，不以天下私一人，休养厉精，土佻粟积，取威万方，濯秦愚，刷宋耻，此以保延千祀，博衣、弁带、仁育、义植之士甿，足以固其族而无忧矣。②

船山常批评"孤秦""陋宋"，认为统治者私心太重，这与黄宗羲所谓君主将天下看作"莫大之产业"③的批评有相似之处。他反对"万方统于一人，利病定于一言"④的政治形态。这些批评君主专制的言论，在清季受到排满革命家的认同，且更为后来强调平等和民主的革命家所推崇。

与政治思想相关联的，是他的理欲观。比如船山曾说过：

礼虽纯为天理之节文，而必寓于人欲以见；饮食，货。男女，色。虽居静而为感通之则，然因乎变合以章其用。饮食变之用，男女合之用。唯然，故终不离人而别有天，礼，天道也，故中庸曰"不可以不知天"。终不离欲而别有理也。

① 谭嗣同：《上欧阳中鹄》(第二十二)，载《谭嗣同全集》，第464页。
② 王夫之：《黄书》，载《船山全书》(第十二册)，岳麓书社，2011年，第519页。
③ 黄宗羲：《明夷待访录》，载《黄宗羲全集》(第一册)，浙江古籍出版社，2012年，第2页。
④ 王夫之：《尚书引义》，载《船山全书》(第二册)，岳麓书社，2011年，第401页。

船山反对将人类欲望加以否定并试图灭弃的做法,与此相应,政治安排需要能满足人民的合理欲望,保障民生。在此基础上,不少研究者将船山的这种理欲观与明后期以来情欲的解放运动联系在一起。在哲学史的构建中,船山常常被与戴震相提并论。然而,情况果真如此吗?

二、理的解构与絜矩之道:清代理欲观之基调

在哲学史的叙述中,明末以来思想界已经对宋明理学中天理人欲之辨厌倦乃至反动。在社会上,情欲解放运动风行一时;而在思想界,"理在欲中"等对于人欲正视甚至高扬的思潮也越来越盛。可以说,清代思想界的理欲观主要是对于欲的肯定,其中的代表是戴震。

戴震哲学在近代以来可谓之显学,我们此处不欲探究戴震的系统思想,只是考察一下他对于理学批评的思路,及其现实的政治指向。戴震批评理学家对于理的看法是"如有物焉,得于天而具于心",然真正的理是寓于气之中,即寓于情之中而非独立的:

> 理也者,情之不爽失也;未有情不得而理得者也。天理云者,言乎自然之分理也。①

从本体的层面而言,戴震讲"理在气中"是要反对理的独立性和统一性。这与伦理层面的"理在情中"一致。这里的人情,是每一个人的人情,既包括在上者的人情,也包括贩夫走卒的人情。所谓:"心之所同然始谓之理。谓之义;则未至于同然,存乎其人之意见,非理也,非义也。凡一人以为然,天下万世皆曰'是不可易也',此之谓同然。"②如果不能达到同然,而是

① 戴震:《孟子字义疏证》,载《戴震全集》(第六册),黄山书社,2010年,第150页。
② 戴震:《孟子字义疏证》,载《戴震全集》(第六册),黄山书社,2010年,第151页。

由某一精英或某类群体执持某一“理”来判事，后果是很严重的：

圣人之道，使天下无不之情，求遂其欲而天下治。后儒不知情之至于纤微无憾是谓理；而其所谓理者，同于酷吏之所谓法。酷吏以法杀人，后儒以理杀人。浸浸乎舍法而论理。死矣，更无可救矣。①

批评宋明儒“以理杀人”，这指责可谓异常严厉，又如他说：

今之治人者，视古贤圣体民之情，遂民之欲，多出于鄙细隐曲，不措诸意，不足为怪；而及其责以理也，不难举旷世之高节，著于义而罪之。尊者以理责卑，长者以理责幼，贵者以理责贱，虽失，谓之顺；卑者、幼者、贱者以理争之，虽得，谓之逆。于是下之人不能以天下之同情、天下所同欲达之于上；上以理责其下，而在下之罪，人人不胜指数。人死于法，犹有怜之者；死于理，其谁怜之！②

戴震的批评可以归纳为几个要点：第一，不存在独立的、至高为一的理；第二，既然理在事中，是“分理”，则不应当具有宰制性、压迫性；第三，任何人都不能宣称自己独立获得了“全体大用”的理，并执持此理来压制别人。宣称自己获得整全之理的人，他获得的只是“意见”，所谓意见，就是师心自用塑造的话语霸权。在宋明理学那里，天理具有普遍性和必然，因而理在展开自身的时候，就显示出“不得不然”的特色。戴震则认为，既然不存在这种“天理”，则理学家及信奉理学的人们在宣称“天理”的时候，只是假借这种普遍性和必然性来贯彻自己对他人的压迫和宰制。儒学是要维护共同体生活的，那么戴震将统一性的理消解掉之后，又如何保证共同

① 戴震：《与某书》，载《戴震全集》（第六册），第479页。

② 戴震：《孟子字义疏证》，载《戴震全集》（第六册），第159页。

体的统一性呢？他只好求诸“絜矩之道”：

凡有所施于人，反躬而静思之：“人以此施于我，能受之乎？”凡有所责于人，反躬而静思之：“人以此责于我，能尽之乎？”以我絜之人，则理明。天理云者，言乎自然之分理也；自然之分理，以我之情絜人之情，而无不得其平是也。[①]

戴震所解读的絜矩之道，是一种在平等基础上建立的交往与对话关系。可以说，对“絜矩”的重视，是清代思想的一个特色。对戴震的《孟子字义疏证》不以为然的钱大昕，在对“絜矩”的重视上亦与戴震一致：

予读《大学》书，与忠恕一以贯之之旨何其若合符节也。……天子修其身于上，庶人修其身于下，不敢尊己而卑人，不敢责人而宽己。不以己之所难者强诸人，不以己之所恶者加诸人。……絜矩之道，即修身之道也。由身推之而至于家，由家推之而至于国，由国推之而至于天下。吾道一以贯之而已矣，忠恕而已矣。[②]

钱大昕这种说法，有其现实的指向，这其中或许如牟润孙先生所言，是隐微地批评了乾隆皇帝以理学标榜却不能自我修身[③]，但这多少带有猜测的成分。可以明确判断的是，钱的说法有针对当时惨苛吏治的用意。戴震对此感受尤为强烈，他正是因为与宗族后辈发生纠纷而被县级司法机

① 戴震：《孟子字义疏证》，载《戴震全书》（第六册），第150页。

② 钱大昕：《潜研堂文集》，载《嘉定钱大昕全集》（第九册），凤凰出版社，2016年，第45页。

③ 牟润孙：《钱大昕著述中论政微言》，载《注史斋丛稿》，中华书局，第641~661页。

关迫害，不得已避走京师。[①]在戴震的眼中，这些基层的宗族和政治势力压迫民众的时候，不但绳之以酷法，还责之以“天理”。程瑶田虽然维护程朱，对戴震有所批评，但也说：“人之言曰：‘天下止有一理。’余以为此亦一是非，彼亦一是非，乌在其一理也。各是其是，是人各有其理也。安见人之理必是，而我之理必非也？而于是乎必争。”[②]戴震的弟子焦循更是引申其师说曰：“格物者，旁通情也。情与情相通，则自不争，所以使无讼者在此而已。听讼者以法，法愈密而争愈起，理愈明而讼愈烦。吾犹人也，谓理不足持也，法不足恃也。旁通以情，此格物之要也。”[③]又说：“格物者，絜矩也。絜矩者，恕也。”[④]可见絜矩是情的旁通，即忠恕之道，亦即人与人之间由对话建立的判断标准。另外，焦循精于易学，他对《周易》的解释，也以六十四卦之间的旁通、时行等关系来寄托社会中不同群体和阶层的絜矩、通情。[⑤]

清儒对于情的重视，对于理的反对，在明代不乏先声，其杰出的代表是李贽。李贽与清儒之间，似乎存在着某种思想上的关联，比如沟口雄三就曾指出“李卓吾的这一辨别，到了戴震才得以体系的展开”[⑥]。然而清儒对李贽是持批判态度的，他们的言论也有不同之处。李贽的学说是强调人人可以作圣，有现成的良知和现成的圣人；而清儒则恰恰强调人之不完满性，强调不能躐等。它们又何以成为一致的呢？其实看似相反的言论背后，分享了一种与汉唐儒学乃至程朱理学完全不同的态度，即平等的诉求。阳明后学强调“满街都是圣人”，意味着将下层抬高到与圣人一个层面上；而戴震反对宰制之理，则是把圣贤降低到与庶人一个层面上。

① 段玉裁《戴东原先生年谱》记载：“先生是年讼其族子豪者侵占祖坟，族豪倚财结交县令，令欲文致先生罪，乃脱身挟策入都，行李衣服无有也，寄旅于歙县会馆。饘粥或不继，而歌声出金石。”[《戴震全集》(第七册)，第146页。]

② 程瑶田：《让室卮言》，载《程瑶田全集》(第一册)，黄山书社，2010年，第97~98页。

③ 焦循：《焦循诗文集》，广陵书社，2009年，第170页。

④ 焦循：《焦循诗文集》，广陵书社，2009年，第162页。

⑤ 陈居渊：《焦循儒学与易学思想研究》，齐鲁书社，2000年，第192页。

⑥ 沟口雄三：《中国前近代思想的演变》，索介然译，中华书局，1997年，第271页。

汉唐儒学强调圣、贤、士、庶之间的等差和秩序;宋代理学兴起则是强调在不改变这种等差秩序的前提下,人们在各个等级之间的流动。正如周敦颐提出的“圣希天,贤希圣,士希贤”,士人可以凭借自己的努力,变化气质,涵养德性,从而达到不同的位阶。但到了阳明后学特别是泰州学派那里,圣贤士庶的等级和秩序本身都已经被打破,庶人即现成的圣人,而不是说通过学习才能渐渐成就。戴震哲学则隐含了这样的想法:现实中的每一个人都有可错性,都不可能是全善的;因此谁也无法单独宣称自己拥有真理去压制其他人。人们对于事情的判断,是在交往的过程中产生的,这种交往又要建立在絜矩,亦即平等对话的基础上。由此可见,阳明后学与戴震哲学,一左一右,在消解古典等差结构的问题上达到了吊诡的统一。

三、生成与等差

如果我们将以上戴震等人的思路视作清代思想的基调, 那么船山显然是与此格格不入的。近代以来的解释将船山放在这一脉络中,难免要对船山的说法进行揉斫。与戴震等相比,船山与理学家的思想更近一些。

船山对于太极图是非常重视的,尽管他的解读未必与朱子全然相同。比如《思问录外篇》前几条皆是在讨论太极图。他是将太极与横渠的太虚相会通,指出“太极虽虚而理气充凝”[①],也就是将太极看作理气的统一体。在《周易外传》中,船山还提出过“太极有于易以有易”[②]的命题;张学智师精辟地指出,这受到了朱子理一分殊的影响[③]。这里的太极必然不会仅仅消解为“多”的条理而已。他对于太极的强调,恰恰与戴震“发狂打破宋儒

---

① 王夫之:《思问录》,载《船山全书》(第十二册),第430页。

② 谷继明:《王船山周易外传笺疏》,上海人民出版社,2016年,第225页。

③ 张学智:《明代哲学史》,中国人民大学出版社,2012年,第545页。

家中《太极图》”[①]“自得之义理，非《西铭》《太极》之义理也”[②]形成鲜明对照。因为对太极的关注，其实就是对本体之“一”的重视。

当然，船山“理在气中”的说法及其相关联的性情论、理欲论，往往令人感觉与戴震相似。但这种相似只是表面的，需要我们仔细分辨。船山最核心的人性论学说，即“性日生日成”说。比如他说：

> 夫性者，生理也，日生则日成也。则夫天命者，岂但初生之顷命之哉！夫天之生物，其化不息，初生之顷，非无所命也。何以知其有所命？无所命，则仁、义、礼、智无其根也。幼而少，少而壮，壮而老，亦非无所命也。……形日以养，气日以滋，理日以成；方生而受之，一日生而一日受之。受之者有所自授，岂非天哉？故天日命于人，而人日受命于天。故曰：性者生也，日生而日成之也。[③]

其《读四书大全说》亦曰：

> 未死之前统谓之生，刻刻皆生气，刻刻皆生理；虽绵连不绝，不可为端，而细求其生，则无刻不有肇造之朕。若守定初生一日之时刻，说此为生，说此为始，则一受之成型，而终古不易，以形言之，更不须养，以德言之，更不待修矣。[④]

船山不离开气而论性，气是日赋于人，人之性便日生而日成。易言之，人性呈现为一种动态的结构。这几段论述，对于了解中国哲学史的人来说

---

① 段玉裁：《答程易田丈书》，载氏著《经韵楼集》，上海古籍出版社，2008年，第184页。
② 焦循：《申戴》，载氏著《焦循诗文集》，第125页。
③ 王夫之：《尚书引义》，载《船山全书》（第二册），第299~300页。
④ 王夫之：《读四书大全说》，载《船山全书》（第六册），第753页。

算是“习闻之论”。但是我们需要进一步思考，其意义究竟在哪里呢？

程朱之人性论，如果不是一种性二元论，那我们至少也能说，他们是在两个角度来探究人性的。纯善之性是天命之性，是理；而后天的恶，则可归咎于气质。就至善之性而言，自涂人以至于尧舜，是一样的；但因为气质之差异，现实中的人仍是有等差的。学者需要通过变化气质和明理，来逐渐达到圣人的境地。阳明学不赞同这种分说，一定要混而一之，即气言性，将理气心性贯通起来。阳明后学一方面同于程朱，认为天命之性是人人皆同的；另一方面又要即气言性，则气也是人人皆同的，于是便会得出“见在圣人”或“满街都是圣人”的结论来。

船山即气言性，这一点与阳明同；但是他立足于气，认为气是时时刻刻灌注与人的，那么人的性，因此也是动态的、生长的，这与朱子学和阳明学以本性为一的看法皆不同。阳明后学强调良知现成，强调“赤子之心”“童心”，这都是一种“本来面目”的思维方式。船山对孟子“赤子之心”的解读则引申了：大人固然不失赤子之心，但仅仅有赤子之心是不够的。他由此批评了两种错误的解释倾向：一是认为赤子之心就是圣人的全部，一是将赤子自然而言、不假安排的啼哭喜笑看作心。前者类似于老子说的“婴儿”，后者则是以情识和知觉运动来说心。这两者共同结合起来，走向了异端：“若认大人、赤子了无不同，则已早侵入异端界也”，“孟子说个‘赤子之心’，是从天道上见得，不容向一啼、一笑讨消息”。[①]船山这里只是批评《大全》中朱子学者的解释，以及佛老，但他写作此段时脑海中肯定想着罗汝芳、李贽等人。

要言之，阳明学反对朱子学理气二分言性，但因为继承了程朱天地之性本一，故认为气也是一，取消了朱子学通过气质建立的现实中的等差。船山则认为气不断地灌注，性理也随着气而不断生长，从而成全了程朱理

① 王夫之：《读四书大全说》，载《船山全书》(第四册)，第1018~1019页。

学所建立的等差。

需要注意的是，船山讲人性因气的灌注而呈现动态的发展，并不是说会有"恶气"存在，使得人性成为有善有恶者。生而为人的事实，已经决定每人所秉的气就是善的。只是这种善的气有生长的强弱、盛衰而已。他常说"气善则理善"，因此他即气言性，同时也即性言气，高扬气的善，把气的道德价值向上提升；与此相对的，戴震即气言性，则从气与情欲相关联的结构中言性，是把性的道德要求向下降。在船山哲学中，人的气时时刻刻与太虚之气发生关联，他要时时刻刻为自己整全的人生负责，为整体的宇宙负责，努力增加太虚中的清气。这种"乾乾夕惕"的工夫，对于人们的道德要求其实是更高了。人不是仅仅知道某些道理就可以了，他还要在气上下工夫：一方面反复锻炼使之中正纯粹，一方面培育滋润使之盛大充沛。这使得船山的哲学与戴震等有根本的不同，是故船山称得上明末至清代思想的异调。

四、教化与秩序

船山在清代的特异之处，不仅表现在基本的哲学义理上，还表现在他的问题意识和现实关怀上。因为对于人性差等还是平等的看法，与政治上的"教化"还是"絜矩"相关。

东原坚持理是条理、分理，反对理学家"如有物焉"的说法。但理学家所言之理并非如此浅薄。戴震强调"分"，理学家又何尝不知分理。程颐有"理一分殊"的说法，后来李延平教朱子时说："吾儒之学，所以异于异端者，理一而分殊也。理不患其不一，所难者分殊耳。"[①]可见程朱一脉对于分殊有着极为清醒的认识，只是这个分殊之理，要统一于太极之理。程子说：

① 赵师夏《跋延平答问》引朱子语，转引自王懋竑：《朱熹年谱》，中华书局，1998 年，第 15 页。

《西铭》明理一而分殊，墨氏则二本而无分。（自注：老幼及人，理一也。爱无差等，本二也。）分殊之蔽，私胜而失仁；无分之罪，兼爱而无义。分立而推理一，以止私胜之流，仁之方也。无别而迷兼爱，至于无父之极，义之贼也。[①]

我们曾经指出，理一分殊表达了理学家的政治设计："理一"的意义在于强调士人不断学习明彻先王之道，并且有整个天下乃至宇宙的政治担当和责任感；"分殊"的意义则在于警戒士人要安于自己的伦理角色和政治分位，不要躐等或僭越。对于一个处于较低官位或者没有官职的士人来说，他一方面在具体政治实践中不可做出僭越之事；另一方面则要有家国天下的责任感和不断学习圣人之道的努力。[②]这是一个等差结构，而更直观地加以表达的，则是司马光的《体图》。他的这个图式，自王、公至士、庶人共十等，形成一个金字塔模式。司马光说："一以治万，少以制众，其惟纲纪乎！"[③]保持这个金字塔统一的，是纲纪，亦即程子的"天理"。以此角度来审视，周敦颐的《太极图》及《太极图说》，也具有一种自上而下的政治义涵。从空间上来看，"无极而太极"居于最高位，其他的存在者都是太极的展开，居于下位。太极是统一之理，而人极之确立取决于圣人。不论周敦颐还是朱子，都会认为太极之理是真实而无妄的；而余英时先生将朱子的"无极而太极"比拟为政治中的虚君[④]，是缘于将民主政治的前见投射到宋代士大夫上，并不符合朱子本人的意思。也正是在这个角度上，戴震"发狂打破宋儒家太极图"的意义才能被理解：对太极图的打破，其实是对于这

① 程颢、程颐：《二程集》，中华书局，2004年，第209页。

② 谷继明：《从执一统众到理一分殊——试论魏晋到赵宋政治哲学的一个变化》，《集美大学学报》，2014年第4期。

③ 司马光：《潜虚》，四部丛刊影宋本，第3页。

④ 余英时：《宋明理学与政治文化》，吉林出版集团，2008年，第155页。

样一个理一分殊之等差世界和共同体秩序的打破。

船山正是与宋代理学家站在一个立场上。在讨论《尚书》中“天”和“民”的关系时，他说：“盖天显于民，而民必依天以立命。合天人于一理。天者，理而已矣。有目而能视，有耳而能听，孰使之能然？天之理也。”[1]他根据“天视自我民视”，指出既要重视民情、民意，又不能谄媚民意而违反天理。换句话说，民众的诉求有时并不正确，或者说是违背天理的，这时候圣王应该做的是“无违道以干百姓之誉”，即以天理化民。这与戴震把天理消解于民情之中，是根本不同的。在船山看来，民意有时候是很危险的：“忘大德，思小怨，一夫倡之，万人和之，不崇朝而喧阗流沔，溢于四海，旦喜夕怒，莫能诘其所终。若此者，非奉天以观民，孰与定其权衡，而可惟流风之披靡以诡随哉？”[2]在信息传播和人际交往日益便捷的社会里，各种话题和热点极容易被制造出来，引诱民意的沸腾和欲望的肆虐，而且一部分士子还热衷于从事这项事业。明末各种邸报的盛行、宫廷实录的公开和传抄、出版的繁盛、香艳书籍的风行等，与当时各种形式的群体性事件呈现出很大的关联性。陈宝良指出：“明末的新社会风尚，是一种秩序变动，其根本点理应着力于商业繁荣以后的诸多商业化倾向，但也不能不注意自王阳明崛起以后在意识形态领域产生的巨大震动，以及由此而对人们生活观念变化的影响，乃至对整个社会生活领域所产生的冲击。”[3]

同样地，在对待理欲问题上，船山与清代思想也十分不同，《思问录》说：

> 所欲与聚，所恶勿施，然匹夫匹妇，欲速见小，习气之所流，类于公好公恶而非其实，正于君子而裁成之。非王者起，必世而仁，习气所扇，天下贸贸然胥欲而胥恶之，如暴潦之横集，不待具归壑而与俱泛

---

① 王夫之：《尚书引义》，载《船山全书》（第二册），第328页。

② 王夫之：《尚书引义》，载《船山全书》（第二册），第330页。

③ 陈宝良：《明代社会生活史》，中国社会科学出版，2004年，第662页。

滥；迷复之凶，其可长乎？是故有公理，无公欲；公欲者，习气之妄也。不择于此，则胡广、谯周、冯道，亦顺一时之人情，将有谓其因时顺民如李贽者矣；酷矣哉！[1]

所谓“公欲”，即“众人所欲求者”。但因为人性是动态发展的，亦即有差等的。许多人在成长的过程中并不能贞定自己的性，反而为习气所煽动。这样一类人所欲求的，未必就符合天理。公理上同天理，而公欲则下流为放肆狂乱。船山又说：

有公理，无公欲。私欲净尽，天理流行，则公矣。天下之理得，则可以给天下之欲矣。以其欲而公诸人，未有能公者也。即或能之，所谓违道以干百姓之誉也，无所往而不称愿人也。[2]

船山此处讲得更清楚，而且他反对公欲，恰恰与我们上面所引的他对于《尚书》“违道干百姓之欲”的批评相互发明。以每个个体的平等为基础，通过选票、“公投”建立的社会，往往会产生很多“违道干百姓之欲”的政客，这种人为了赢得民意和选票，不惜以空言欺骗民众，放弃对于善和正义的追求，故船山称之为“愿人”，亦即乡愿之人。需要辨析的是，在其他的语境中，船山也有过肯定“公欲”的说法，比如他说：“天下之公欲，即理也；人人之独得，即公也。道本可达，故无所不可，达之于天下。”[3]但我们需要注意，这里的语境是君主“好货”“好色”之欲，船山之意在于，这个“欲”若要合于天理，必然是能“达”之于天下的欲。这就不仅是以欲规定理，而且以理来规定欲。易言之，当船山肯定公欲的时候，他指的是所有人之人性

① 王夫之：《思问录》，载《船山全书》（第十二册），第428页。
② 王夫之：《思问录》，载《船山全书》（第十二册），第328页。
③ 王夫之：《张子正蒙注》，载《船山全书》（第十二册），第191页。

中固有之合理倾向的欲;他所反对的“公欲”,则是现实状态中、具体某一情境下,每个个体或一部分个体共同表达出的欲求和意见。

当李贽、黄宗羲、顾炎武、戴震等纷纷适应“近世化”而渐渐向大众和个体一边靠拢的时候,船山却站在精英士大夫一边思考,不免显得“反动”。就这个问题来说,嵇文甫、蔡尚思等先生的眼光十分犀利,没有强把船山等同于梨洲、戴震等人。嵇文甫曾注意到船山与黄梨洲同为“启蒙思想家”,但“在对于群众性政治运动的看法上颇有些歧异。梨洲热烈赞扬某些群众性和党派性的政治斗争,而船山则持否定的或批判的态度。”[①]蔡尚思则强调了“船山浓厚的以三纲为中心的礼教思想”[②]。老前辈实事求是的态度十分可贵,尽管他们基本是从否定的方面来看待这个问题。更具体一点考察船山、梨洲等人的不同,我们可以更清楚地了解船山此种观点的问题意识所在。比如同样将明亡之祸归于阳明后学,梨洲、亭林主要指责他们不学无术、空疏无实,导致国家衰微;船山所反对的,是阳明后学陷入猖狂妄行之后,带来的纲纪陵迟、上下之别泯灭,要言之即共同体的败坏。明朝之亡,先亡于李自成、张献忠之乱,后亡于满清入关。在船山看来,李自成、张献忠是“犯上作乱”。这种乱局,一方面是由于统治者不注重保障民生、满足人民的基本欲求;另一方面,则是阳明后学风行之后,对于等级之分所带来的破坏力,使得犯上作乱成为一种极易被鼓动起来的事。只有从这个角度,我们才能真正理解船山为什么一方面重视民之所欲,谴责忽视人民欲求的苛政;一方面却仍不赞同人民自作主张,斥责躐等。

船山所理解的儒学是一种这样的政治学:君主的权力虽然要受到限制,但却不能无限制的向下开放,以至于人人都可以议政;政治、教化的主体,应当在贤良士大夫手中。船山憎恶的主要有这几类群体:党争、农民起

① 嵇文甫:《论王船山与黄梨洲政治思想中的一个歧异点》,载《王船山学术讨论集》,中华书局,1965年,第457页。

② 蔡尚思:《王船山思想体系》,湖南人民出版社,1985年,第27页。

义（“大盗”）、异族。显然，在他的眼里，儒学要维护共同体的秩序，以走向善治，而非鼓励“犯上”和“作乱”。他解释“民可使由之，不可使知之”曰：

> 天之生人也同，而人之习以成性者异。夫既为民矣，其父兄之所率，乡党之所狎，知有饱暖逸居而已。进之孝友姻睦，尊君亲上，免于淫辟而止耳。为之禁其作，定其分，行乎不得不然之途，所可以贵治贱，以贤治不肖，而使之由者也。若其所以然者，君之何以尊，父之何以亲，……而欲使知之，必不可也。先知先觉者显其用于德行，则亦足以导天下于中正和平之中，而风俗美矣。①

他的思考是符合古代儒家思想的，包括被认为最能弘扬人之主体性的孟子。“先觉觉后觉”的思路决定了此种政治理论的基本结构。也正是基于古代儒学义理和现实问题的考虑，船山批评躐等之学：“后世有异端者，欲以性命之理遍喻愚贱，非贬道以殉俗，则立意以惊众。言之谆下，及于猥琐，适足以生君子之厌恶而惑小人之狂迷”②。这里的“异端”不仅仅指佛道，更指向了阳明后学。正如我们前面提到的，船山的这个批评不仅仅是从抽象、形上层面出发，而且更是为了探究明代后期社会秩序崩溃的原因，以期重建皇极。皇极者，大中至正之道也。

① 王夫之：《四书训义》，载《船山全书》（第七册），第541页。
② 王夫之：《四书训义》，载《船山全书》（第七册），第542页。

王船山人性论思想中的“情”与“欲”

曾美珠

（云南红河学院政治与国际关系学院）

一、前言

其实在先秦时，孔子即说：“食色，性也。”孟子也言：“可欲，之谓善。”也强调人的喜怒哀乐爱恶欲之“七情”。但在儒学史的发展中，历来却都是以“成性”“成德”为主、为优先，所以在谈论人性时，往往重心都是放在“天理”“心性”“仁义”“良知”等概念上，而对于情与欲就少谈论。而且总是认为心性才是善的本源，而情与欲往往被理解为恶的源头，是必须被否定和压抑掉的。[①]但船山对“情”与“欲”的看法，就非常不同于以往的“传统儒家”。主张情欲不仅不需被压抑和否定，它们反而是性、理、善能够被充分表现的必要条件。[②]

① 王力新教授说：“朱子虽批评李翱的灭情说，实则与程颐一样，虽不明言灭情复性，然都坚持‘抑情扬性’的主张。”（王立新：《从胡文定到王船山理学在湖南地区的奠立与发展》，中国社会科学出版社，2014年，第585页。）

② 这应该是晚明以后，儒学发展的特质。亦即此时情欲的地位明显开始受到重视。像刘蕺山主张：欲的自然流露本身亦无恶可言，欲的放纵与更甚表现，才能视为过与恶。而若无过不及的流荡，则欲甚至便是理的表现。

二、情论

船山的宇宙论思想是一“气本论”，即是气一元论。因此，认为“气”本身是善的。而他也由此推出人是“性善”的，即人之性本无不善。但他又主张“性”本身是一个“寂然不动”的“体”。但人之性又不能不有所表现，如他所说：“性不能无动，动则必效于情才，情才而无必善之势矣。”“惟性生情，情以显性。”于是“情”的作用在船山人性论思想中就相当关键了。

（一）情与心性

一般学者认为船山思想中的“情”和宋明儒论“情”最大不同处，即是船山不认为“情”都是负面且必须要加以遏制的，如此不但不能畅人之性，反而有害于人之性的畅达。而极力主张“情”它是可上通于“性”；且是形上之性，在现实存在的发端，而只要是合理的抒发都是一真性情之表现，即是人“本然之性”的具体展现。但如果情不是直承性而发，就会流于欲，即是“私情”；即情非由性出，而由情自出所产生的，此时之情就是形而下的情欲展现。因此，船山又把情分成“性之情”与“人之情”。

(1)性之情

“性之情”，顾名思义情是直接从性，即人的“本然之性”直接展现出来的情感，如船山所言：

> 情受于性，性其藏也。乃迨其为情，而情亦自为藏矣，藏者必性生，而情乃生欲；故情上受性，下授欲。①

① 王船山著、船山全书编辑委员会编校：《船山全书》（第三册），岳麓书社出版，1992年，第12页。以下凡引此书，只注书名及页码。

性情相需者也，始终相成者也，体用相函者也。性以发情，情以充性；始以肇终，终以集始；体以致用，用已备体。[①]

情之发用如果是直承性而发，此是情之贞者，其是可上通于性的，实则与性无异，其内容即是性在现实中的展现。因为“心”在船山之思想中，它只能算是“性之形着原则”，是性体在身之凝聚而为“心”，所以“性”本身只是一个“寂然不动”的“体”，所以人本心、本性之发用仍必须从“情”而出，必须借助于情的发用才能展现出来。即如唐君毅先生所说：“情原即性理之表现于气之别名。”亦即，在船山人性论思想中的“情”实扮演着相当重要的角色，它不但是“性”与“欲”之中介，也是“性”与“心”之通贯者。即如果“情由性发” 此时情的内容和性可以是相同的。

因此，船山之所以重“情”之表现是有其道理的，因为他认为：“道必由本直贯，始为正道”，即道必须开展成就道德事业才能算是道的完成，不能只安于“性体之本然”，如此将流于佛老之徒。[②]而此道（性理）之通贯于物，必借由发用之情的表现才能透显出来，不然“性理”本身只能是一寂然不动之“虚理”，而不能具体落实。也就是说，船山认为“性之本然之理”必表现于生命之气以成情，所谓的“情之不容已”，即“性以发情，情以充性”，“情”与“性”是“互为体用”的。此时之“情”就不只是所谓的“气质之性”而已，或只是“用”而不具“达体”之能。即天降性命于人，人亦必须不断地将此性表现于流行之气中，其性方可日生，所谓“命日降，而性日生”也。亦即，在船山人性论的主张中，性、理是必须透过情、欲之展现以表现出一创造之历程，如此才能使天理之流行相继不已。

可见“情”之思想在船山这确实具有其重要意涵，虽说不能与“性”同

① 《船山全书》（第一册），第835页。

② 船山批评宋明儒主言“以理率气”将流于“尊理而贱气”，而忽略人之情才之事，忘此理必表现于生命存在之实，而易流于佛老之徒。

列并排(因为在船山那情仍得以性为主),但其地位相较于之前儒者的看法,确实具有相当之正面性与能动性。

(2)人之情

船山谓:“人情若果能如其性之发,则固处处如其天,达其性而无私情之虚妄可言。然质诸事实则不然矣。”即情之流荡而变质,盖处处可见矣!只要情非缘性而动,即变而为贸然私动即产生种种流荡之情。这也就是船山所谓的“人之情”如他自己所言:

> 性不能无动,动则必效于情才,情才而无必善之势矣。[①]
>
> 喜怒哀乐之情,虽无自质,而其几甚速亦甚盛,故非性授以节,则才本形而下之器,蠢不敌灵,竟不胜动,且听命于情,以为作为辍,为攻为取,而大爽乎受形于性之良能。[②]

人之情,如果没有性加以节制之,很容易随物意移,或过不及,而不能如其量。则此情之表现即有不与理、性合一的情形,此即人之情。就如唐君毅先生所言:“人之心可奉理奉性以生情,而显仁义礼智之性于其喜怒哀乐,以使心与性一,与理一,是为道心。人之心亦可只是感物而动以有其喜怒哀乐,是为人心。”[③]

依船山之意,情者本为性之端,性无不善,则情原亦当不为不善。而情竟流于淫者,实由情受性而既成之后,即成另一系统,自有其生发之机能,而可顺其机能之惯性,以离性盲动矣。就如船山自己所说:

> 情固由性生,乃已生则一合一离,如竹根生笋,笋之与竹终各为

① 《船山全书》(第三册),第11页。
② 《船山全书》(第六册),第520页。
③ 唐君毅:《中国哲学原论原性篇》,学生书局出版社,1990年,第566页。

> 一物事，特其相通相成而已。……发而始有，未发则无者谓之情，乃心之动几与物相往来者，虽统于心，而与性无与；即其统于心者，亦承性之流而相通相成。然终如笋之于竹，父之于子，判然为两个物事矣。[①]

情虽然由性所生发，但一旦生发之后，情就脱离性而独立了，其生长和变化就不是性本身可以主导了。因此，它可能就会缘物而动，不奉性以行，于是就产生了种种不合理的流荡之情，此情就是船山所谓的“人之情”。是必须被疏导和通畅以条理之的“私情”，而唯有此情才是船山认为需要去“遏止”和“消除”的“人之情”。

（二）情之本质与罪情论

由上之论述，我们可以很清楚地看到，在船山的人性论思想中，“情”扮演着两种角色：一方面它是“性之端”，是“本然之性”在现实中的具体展现，人只要诚于当下之情，当机直通全体之性，此时之情是“性之情”，而与“性”是不二的，是人自然生命的真实展现。但另一方面，人心又不能不有私意，一有私欲，情就变质而不是直从性本身而生发出来，即非缘性而动之情，于是就产生了种种流荡之情，于是世间种种不善或恶也就由此而生。所以“情”可以为善，也可以为不善或恶。

那“情”在船山的思想中，其本质到底是怎样的呢？这在学术界产生了很多争论。很多学者认为在船山的思想中，恶或不善的根源既然来自于“情”，于是就认定船山是“贬情”的。那么事实上船山是否真的是如此贬抑情本身的价值吗？

(1)情的本质

首先，要定位“情”在船山人性论中的价值之前，必须先去厘清“情”其

① 《船山全书》(第六册)，第535页。

自身的本质到底是怎样的？为何它是不善或恶的来源或根源，其本身就是恶的吗？如果是，那船山为何又说情也是为善的基础呢？亦即如前所说，情本身有两面性，可以为善也可以为恶。

那在船山的人性论思想中情到底是怎样的生发的呢？船山是如此说的：

> 盖吾心之动几，与物相取，物欲之足相引者，与吾之动几交，而情以生。然则情者，不纯在外，不纯在内，或往或来，一来一往，吾之动几与天地之动几相合而成者也。①

情的生发，是人心之动几与外物接触时，互相感取、变合而产生的。亦即，就船山而言，情本身不存在于人心之内，也不在外物上，而是人与外物在相互授受、相交接而产生出来的一种情况。也就是说，情是一种“无本体”“无自性”的一种存在。如船山自己所言：

> 若论情之本体，则如杞柳，如湍水，居于为功为罪之间，而无固善固恶，以待人之修为而决导之。②

情是“无自性”的，本身既不是善也不是恶，因此其有两面性，可以为善也可以为恶，那就端赖于后天人为的修持来决定了。也就是说，情是一种“发而始有，未发则无”的存在，如果发时“合于性”，即是合于理时，它就是善，是“性之情”。如果发时是“离于性”而缘物而动，是出于私意或私欲时，它就是不善或是恶的，也就是所谓的“人之情”。

因此，船山所说的情，就类似告子说的“人性论”一样，是由外“铄”的，

---

① 《船山全书》(第六册)，第985页。
② 《船山全书》(第六册)，第869页。

不是人性本有的。如他自己所说：

> 铄之善，则善矣，助性以成及物之几，而可以为善者其功矣。铄之不善，则不善矣，率才以趋溺物之为，而可以为不善者其罪也。[①]

情是一种需要人为本身去“引导”和“裁削”的。只有在生发的时候合理、中节，才能是善的，如果不合理、不中节就是不善或恶的。亦即“情”在船山的人性论思想中，不能单独地说它本身是善或是恶，它本身是“无自性”的存在；是无善无恶。之所以会有不善之情或恶之产生，是人在后天经验中与外物接触时才产生出来的，不是情本身即具有不善或恶之本质和特性。

(2)罪情论

因此，如上所述，船山人性论中的情本身或说情的本体，是无色彩，是无善无恶、无自性的一种存在。而之所以有善、有恶，是心与外物接触时，在相互交接、授受时才产生的。当然，船山也不可否认，世间上之所以有种种的不善或恶，其根源都是从情而来，因此有所谓的“罪情论”。如船山自己所说：

> 大抵不善之所自来，于情始有而性则无……情以性为干，则亦无不善；离性而自为情，则可以为不善矣。[②]
>
> 才不任罪，性尤不任罪。其能使为不善者，罪不在情而何在哉！[③]

不善的来源或根源，是从情的产生而来的。但我们不能因此就说情本身就是不善的，而只能说有“不善之情”。不然这和他说情可以为善之说是互相

① 《船山全书》(第六册)，第768页。
② 《船山全书》(第六册)，第896页。
③ 《船山全书》(第六册)，第230页。

矛盾的。

亦即，如前所分析的，在船山的人性论中情本身并无所谓的善恶可言，性无不善，形色也无不善，不能单独说一事物不善，当然也不能说情不善。而之所以有不善或恶，都是来自于人与外物相交接、变合之间，几之不相应、不当位而产生的。如他自己所说：

> 凡不善者，皆非固不善也。其为不善，则只是物交相引，不相值而不审于出耳……苟其但缘物动而不缘性动，则亦成其不善也……盖从性动，则为仁义礼智之见端；但缘物动，则恻隐羞恶辞让是非，但成乎喜怒哀乐，于是而不中节也亦不保矣。①

而之所以会“不相应”，是因为情离性缘物而动而不能显理。因此，之所以归罪于情，是说情不奉性而为，任人自身私意而起的喜怒哀乐随意展现，而没有以理节制之。但虽说不善是情之罪，但不能因此，就说船山是“贬情”的，因为情也有其为善之功。所以他说：“不知人苟无情，则不能为恶，亦且不能为善。”“情之可以为善，因其为性之感通也。”情可以下堕为私欲、为恶，但也可以是仁义礼智的直接展现，也有其为善之功。就像船山自己所说：“不善虽情之罪，而为善则非情不为功。”

可见，船山对情进行了二分法：“性之情” 即是性的直接表现；“人之情”则是受人感性经验层面的情感和情绪所影响而展现出来的。只有后者的情才产生出不善或恶，前者反而是善的呈显。所以不能说船山主张“罪情论”就等同于“贬情”或“抑情”“否情”的。

① 《船山全书》(第六册)，第 766 页。

（三）治情之道：奉性治情

虽说船山不完全否定情，而且认为情也有其积极意义的为善之功。但其论情也不像李贽等晚明的一些儒者那样“以情识为主体”来正面肯定甚至高扬情的地位和作用。因为船山也深知以情识为主体也有其流弊，于是也提出了其“治情之道”——情之流荡，既游离性而私动，则“匡以反正”即可。所以他主张要“奉性治情”“以理节情”。他说：

> 率性以达情，而后其情自无不正。情以性为干，则亦无不善，离性而自为情，则可以为不善矣。①
>
> 情，非圣人弗能调以中和者也。故圣人尽心，而君子尽情。心统性情，而性为情节。②

情之流荡，既由离性而私动，则欲匡之反正，固亦当率性以达情，而后其情自无不正。然节者，非压抑情之舒流之谓。亦即对情的主张是“达情”不是“抑情”或“窒情”。因为他认为如果只知绝欲窒情以存性者，其道非矣。无凝滞之情，斯不废天下之情。因此主张治不道之情，不可以窒情为之，而反当舒其情之窒滞，以俟其复有与性通流之几矣。他说：

> 治不道之情，莫必其疾牵于道，能舒焉，其几矣。君子不惠不舒，究之不舒而能惠者少也……其能舒也，则其喜也平，其怒也理。③
>
> 见情者，无匿情者也。是故情者性之端也，循情而可以定性也。文者白也，圣人之以自白而白天下也。匿天下之情，则将劝天下以匿矣

① 《船山全书》（第六册），第793页。
② 《船山全书》（第三册），第4页。
③ 《船山全书》（第三册），第26页。

……匿其哀，哀隐而结；匿其乐，乐幽而耽，耽乐节哀，势不能久，而必于旁流；旁流之哀，懰慄惨淡以终乎怨；怨之不恤，以旁流于乐，迁心移性而不自知。[①]

达其情者，即使其情当下表白而成一真实存在之情也，如此从情所发出的喜怒哀乐自然能合理。如果刻意去压抑、隐藏，反而会让生命之情无从宣泄而窒滞，如此不但压抑不了情，反过来还会伤害人应有的本然之性。

因此，船山在情上“重达”而反对“抑情”或“反情”。也反对宋儒的“存天理，去人欲”之说法，因为如此将令人“节情而无情”，容易流于佛老而不自知。

三、论欲

在“论欲”的思想上，船山大体承继了明末“去实体化”和“情欲解放”的思潮。亦即和之前宋儒所主张的“存天理，去人欲。”有了明显的不同。不再认为“欲”本身的存在即是恶的，是必须被消除和抑制的，或必须以理为主宰，用理来加以控制或压抑的。反而认为“欲”本身非但不是恶的，而是天理展现的一种资具，不需被抑制，而是要去加以疏导、舒畅让其尽情地展现才是好的。

（一）欲的本质及样态

船山“论欲”和情一样，受其宇宙论思想（气善论）的影响，认为营天地之间无非气也，“气善”所以人性以及世间所有的形形色色无非是善的。而之所以有不善或恶的产生，是因为人性在与外物交接授受之际才产生的。亦即船山主张“天地无不善之物，而物有不善之几”，“天性之性非不善，吾

① 《船山全书》(第三册)，第23页。

之形色非不善，物亦非不善，而唯在吾先天之性与外物相取以熏成后天之性上，可生出不善也。”形色、才情、物欲、气禀等都是统属于气，因此其自身无不善，而不善是在事物之外，不在人性中的情或欲上。也就是说，船山在论欲上和情的主张是一样的，认为“欲”本身并无其本体、无质亦无节，本身并非恶的，因此不需像宋儒或释老一样主张“抑欲”，甚至“禁欲”或“寡欲”。

另一方面，船山虽然对欲是持肯定的态度的，但也并非像明末的一些儒者一样高扬情欲本身，反而对宋儒所主张的“消欲明理”和“遏欲”的修养工夫是持支持的态度，只是他将重点放在要“明辨”欲本身是“私欲”还是“公欲”上。因此，就如陈来先生所说：“船山将欲区分为人欲、私欲和公欲。”①

“人欲”，指一般人性中的甘食悦色，耳目口体的感性欲求，自身无所谓好坏或善恶。“私欲”，指的是人在一般的欲求之上渗入了个人过多的感性和情绪，使欲不得其正，而产生了不好或不善，例如，损人利己、假公济私等，以及不合理或以不正当手段所满足的“私欲”，这是需要适时加以遏止和消除的，不可使其扩大而漫无其所。

而“公欲”呢？则是船山人性论思想中，很特出的主张，之前一般的儒者几乎无人提出过。它是和国家、社会关联在一起的，指的是与百姓同之欲，天下人所共同认可的“欲”。如船山自己所说：“人欲之大公，则天理之至正矣。”“理尽则合人之欲，欲推则合天之理，于此可见人欲之各得，即天理之大同。”亦即如果此“欲”是天下人所一致认可和普遍追求的，它本身就不只是“私欲”，因此一定是合理的。例如，孟子也曾说过“可欲之谓善”。只要满足共同的“人欲”，合乎共同的“人性”，其本身就是合理的。

所以“欲”在船山思想中未必是指不好的，所以它有“私欲”与“公欲”

① 陈来：《诠释与重建》，北京大学出版社，2004 年，第 37 页。

之分。而“私欲”即是“私情”，即情非由性出，而由情缘物而动所产生的。而“公欲”之所以是“公”而不是“私”，表示它是合理的，那即是“公理”非“欲”也。如他所说：

> 有公理，无公欲。私欲净尽，天理流行，则公矣。天下之理得，则可以给天下之欲矣。以其欲而公诸人，未有能公者也。是故有公理，无公欲；公欲者，习气之妄也。①

只要每个人把自己的私欲去除，彼此相互认同，而能达到一定共识，天下人都普遍认可的欲望，它本身就可以是合理的，可以被允许的。

另一方面，船山虽然对欲本身是持肯定的态度，但也并非一味地、无条件地加以高扬，而是主张能明辨“欲”是私或公的区别，合理地加以发扬，不合理的还是要加以去除、遏止。所谓的“私欲净尽，天理流行，则公矣”是也。

（二）治欲之道：以理导欲

因此，从上船山对欲的主张可以看出，他虽承继了晚明以来普遍肯定欲的思想，但在修养工夫上他也认同宋儒的“遏欲”思想。只是他不从“抑欲”“窒欲”甚至“禁欲”或“寡欲”的方法上下手，而是以“导欲”“达欲”为主。如陈来先生所说：“船山从未否定‘遏欲’的工夫。但不能像程朱那样用‘强制’这样消极的说法来表达这工夫。另一方面，也反对在克己工夫上的‘连根铲去’，认为提倡连根铲去人欲，就等同于佛教的主张。他特别警惕禁欲主义。”②因此船山说：

---

① 《船山全书》(第十二册)，第426页。

② 陈来：《诠释与重建》，第152页。

耳目口体各得其所，节字具焉。不随习以迁，欲其所欲，为其所为，有过则知，而节可见矣。[①]

天下之公欲，即理也；人人之独得即公也。道本可达，故无所不可达之于天下。[②]

饮食男女之欲，人之大共也。共而别者，别之以度乎！君子舒焉，小人劬焉，禽兽趋焉；君子宁焉，小人营焉，禽兽奔焉。[③]

“欲”只要是表现出各得其所，理就在其中，而节也即在其中。一般人的欲求只要是自然而然地从自己生命中最真实的感受中展现出来，它一定是合理的，不需刻意去压制或去除，只要去通达它，它本身自然就能展现出合理之处。

其实，船山在人性论思想中即已预设了，心涵具理，理在人性的展现中（包括情欲的展现）会发挥其调控和范导的作用。也就是说，“生色臭味等都是欲的对象，那也都是理借以显现的事物。只要以理为主导，则在理的指导下一切事物都是天理流行。因此正确的立场不是去除欲，而是以理贯穿一切事物”[④]。因此，船山在修养工夫上其重点是放在“省察”与“思辨”，从“存心”“动机”上下手，而不是从“根源”（认为欲本身就是恶的必须去除）或“地位”（认为欲相较于理而言是末、不好的，必须抑制或被主宰）上下手。就如陈来先生所说：“船山主张工夫要放在‘存天理’上，反对‘净尽人欲则天理自然流行’。不能把天理流行看成是人欲净尽的自然结果，恰恰相反，他认为只有先存天理于心，才心有所主而遏抑人欲之发。如果

① 《船山全书》（第六册），第639页。

② 《船山全书》（第十二册），第179页。

③ 《船山全书》（第三册），第12页。

④ 陈来：《诠释与重建》，第187页。

天理未存，只去做净欲的工夫，那就容易走到佛老空虚寂灭的境界上去。因为心中去除了人欲，并不等就会充满天理，人常常有“人欲不侵天理不存”的时候。”

可见船山的“治欲之道”是“以理导欲”，而不是“以理治欲”“去欲”甚或直接“无欲”或“寡欲”。如他自己所说：

> 尽用其惩，益摧其壮；竟加以窒，终绝其感。[①]
>
> 天之使人甘食悦色，天之仁也……悖天之仁而违其仁，则去禽兽不远矣。[②]

欲不能抑制，你越压制它反而会使它越来越壮大，到最后可能会一发不可收拾，而一次爆发。他自己就以“大禹治水”为例，认为大禹治水之所以能成功，就是他不像之前治水之人用的方法都是“阻滞”，他用的是“疏导”，他疏通了水道，还以其欲自行的方式，使其自身得到生长和实现，他反而能自得其条理，而使水流能各得其所，而自然顺遂。因此，他反对宋儒将理提高到欲之上，变成理是以一种盛气凌人的姿态向欲求提出种种强制性的要求，他希望“理性不再是以抑制为主导作用的规范、律则，而是引导欲望、激情使之获得解放的一个条件。”[③]

另外，船山也不认为欲望本身的存在是一种恶或疾病，必须避之唯恐不及或去之为快，认为像佛老所主张的“禁欲”甚或“寡欲”都不对。如陈来先生所说：“船山认为老子的五色目盲和五声耳聋说、佛教的禁欲修行，都是‘贱欲’论，成为对人欲的整体否定。主张‘天理人欲同行而异情’。”[④]因

---

① 《船山全书》(第三册)，第12页。

② 《船山全书》(第十二册)，第522页。

③ 陈斌：《理以导欲：走向真实的理欲关系》，《福建论坛·人文社科学报》，2002年第6期。

④ 陈来：《诠释与重建》，第37页。

为他认为人不能无欲，无欲即不能感，即跟禽兽没有区别。甚至连“寡欲”都不好，因为你没能同百姓有同样的欲望，你就无法分辨哪些是得当而合理，哪些是不得当而不合理的。如他自己所说：

只此欲心，便无分别，初未尝有意必求所谓不好者而欲得之也。其分别为当得、不当得，则吾性之恻隐、羞恶、辞让、是非授之辨也。故寡欲者须一味寡去，以欲上讨个分辨不得也。[①]

有澹而易足者焉，为君子易，非即君子也。……奖其澹也，非奖其薄也，聊且者，薄之心也。吾惧夫薄于欲者亦薄于理，薄于以身受天下者之薄于以身任天下也。[②]

“寡欲”虽然容易成为君子，但只有“寡欲”未必能成为君子。而且寡欲之人，容易对一切事物都看淡、看轻了，反而不能勇于为天下先、勇于去承担天下事。因为，你在惩窒欲求、断绝欲望的同时，其实也摧毁了人积极奋进、向上进取求进步的精神，如此反而会使社会停滞不前，文化无法高度地展现。

四、结语

由以上之分析，我们可看出船山对情和欲是肯定的，且主张性与情和欲是分不开的。亦即，“情欲”在船山人性论思想中确实有其相当重要且特殊之地位。它是“性与心”“性与欲”之中介。是性之发或是欲之流，全看“情”之发用是“达或滞”。如果“情”之发于不容已则“性之情”也，而出于己私，不是志之所待，即变成“私情”或“欲”。因此，在其修养工夫上是主张

① 《船山全书》(第三册)，第 36 页。

② 《船山全书》(第三册)，第 4 页。

“以性节情”“以理导欲”的，做到“情性合一”“理欲合一”，则“情欲”本身则是好的，是无不善的。[①]因此，船山并不以“气质之偏刚偏柔为不善”，而是认为“不善”皆来自于“性之后”，即发用流乎情之不正，而不在气质之性本身，认为“情之流于不正”才会产生不善或恶。亦即，船山不同于宋明儒者，他不将“气质之性”看成不善而需加以抑制或对治的，其工夫重点是如何将“情之流荡于不正”之欲、之滞使其通达，所谓“达其情、畅其欲”也。只要使生命流行之阻滞与窒碍畅通，即可合乎理。如此的“情欲”主张，大体更能符合人性之本能，反而少了宋明儒者在道德实践中的“紧张相”（抑而非达），而多了些道德实践的“创造性”与“活泼性”。如此，也比较符合一般人的情感需求和欲望的展望，以及更能去说明当代人在现实上想求发展和不断追求进步的事实。

① 船山继承了晚明儒学论恶的学风，不以人性内部任何一个环节为恶，习才是不善之原。情、欲等看似是人性中的形而下者，其自身自然的表现不仅不是恶，甚至可以是善的表现。

清初福建朱子学者对于王学心性论的几种批评

方 遥

（福建师范大学文学院）

关于程朱理学与陆王心学之间的区别，历来见仁见智，不同学者往往根据自己的思想倾向、理论意图与学派立场给出不同的理解与回答。但在明代之后，以“性即理”与“心即理”为代表的心性论领域的思想差异被一些学者提炼、归纳出来，将其视为朱陆之辨或朱王之辨的要点之一，逐渐形成了某种共识。如罗钦顺即言：“程子言‘性即理也’，象山言‘心即理也’。至当归一，精义无二，此是则彼非，彼是则此非，安可不明辨之！”[①]而清初福建朱子学者虽然同样站在“性即理”的立场上，以正统朱子理学为武器，对王学进行批评，但不同学者在批评的角度与重点上亦略有不同，从而既表现出各人的学术特点，又可以使我们概括出清初朱子学者的某些思想共性与致思模式。

一、朱子学背景下的阳明心性思想

王阳明的心性思想与陆九渊思路相近，因而不能排除受到陆氏心学

① 罗钦顺：《困知记》（卷下），中华书局，1990年，第37页。

影响的可能性，但从其直接来源上看，主要仍是受到朱子理学的刺激，是在朱子理学的理论框架与思想基础上产生和发展起来的，因而可以被视作朱子理学的一种延续。尽管这种延续在表面上采取了反叛的形式，并且最终发展到了它的反面。

朱熹主张"性即理"，认为人禀受天理以为本性，即"天命之性"，而此性又居于心中，故心具众理。所谓"凡物有心而其中必虚，如饮食中鸡心猪心之属，切开可见。人心亦然。只这些虚处，便包藏许多道理，弥纶天地，该括古今……理在人心，是之谓性。性如心之田地，充此中虚，莫非是理而已。心是神明之舍，为一身之主宰。性便是许多道理，得之于天而具于心者"[①]。从性与心的不同性质来看，性纯乎理，是静的、未发的、至善的，"无情意，无计度，无造作"[②]，而心则是理与气合的产物，是兼括动静、善恶、已发未发的，具有知觉、思维与主宰的作用。故曰："心有善恶，性无不善"[③]，"心与性自有分别。灵底是心，实底是性。灵便是那知觉底"[④]，"性有仁义礼智之善，心却千思万虑，出入无时，是性不能以该尽此心也"[⑤]。由于人同时具有天理与气质两种因素，故人之心又可区分为"道心"与"人心"。"此心之灵，其觉于理者，道心也；其觉于欲者，人心也。"[⑥]朱熹虽不以人心为绝对的恶，但认为其"生于形气之私""易动而难反，故危而不安"[⑦]，若缺乏必要的规范、制约则极易流为不善，故主张以道心统率、克制人心，将人的情感、欲求压缩到极低的程度，以至于化人心为道心。

---

① 黎靖德编：《朱子语类》（卷九十八），载朱杰人、严佐之、刘永翔主编：《朱子全书》（第17册），上海古籍出版社、安徽教育出版社，2002年，第3305页。

② 黎靖德编：《朱子语类》（卷一），载《朱子全书》（第14册），第116页。

③ 黎靖德编：《朱子语类》（卷五），载《朱子全书》（第14册），第223页。

④ 黎靖德编：《朱子语类》（卷十六），载《朱子全书》（第14册），第511页。

⑤ 黎靖德编：《朱子语类》（卷一百），载《朱子全书》（第17册），第3343页。

⑥ 朱熹：《朱文公文集》（卷五十六），载《朱子全书》（第23册），第2680页。

⑦ 朱熹：《朱文公文集》（卷六十五），载《朱子全书》（第23册），第3180页。

由此可见，朱熹虽然也承认，作为性的理先天地内在于人的心中，但由于其对理采取了一种实体化的诠释方式，并且突出了性的超验色彩和普遍规范意义，尤其是强调了性对心、道心对人心的规范、宰制作用，使得性与理很容易被理解为一种外在于人的、异己的纯客观原则，如戴震所批评的"以理为'如有物焉，得于天而具于心'"[①]，从而与人的情感、意志等主观因素发生对立。在这种情况下，如何有效地将外在的普遍必然原则转化为个体自觉的道德意识与道德行为便成为一个难题。

在阳明看来，朱熹对于心性概念及其相互关系的这种理解与规定，不仅是支离、烦琐和不必要的，而且导致了心与理的分离，割裂了主体与本体之间的紧密联系。因此，阳明主张"心即理"，更加强调心、性、理、知的一致性，取消了心与理之间的各种中介因素，使理直接内化于心中，希望以此避免心与理之间的割裂与对立。

对于阳明这一明显背离正统朱子理学的思想，不少学者表示疑虑与困惑。如其弟子徐爱就曾问道："至善只求诸心，恐于天下事理有不能尽？……如事父之孝，事君之忠，交友之信，治民之仁，其间有许多理在，恐亦不可不察。"对此，阳明则强调，心不仅是知觉器官，更是天理的完整体现，是各种道德法则的内在根源。显然，道德法则不可能存在于道德行为的对象上，只能存在于道德主体的心中，由道德主体通过实践活动自然而然地实现出来。若是认为理在事事物物上，进而即物穷理，便是离心求理，南辕北辙。所以他批评朱熹"谓'人之所以为学者，心与理而已，心虽主乎一身，而实管乎天下之理，理虽散在万事，而实不外乎一人之心'，是其一分一合之间，而未免已启学者心、理为二之弊"[②]。

在对心的含义的理解上，与朱熹相同的是，王阳明亦将心解释为知觉。他说："心不是一块血肉，凡知觉处便是心，如耳目之知视听，手足之知

① 戴震：《孟子字义疏证》（卷上），中华书局，1982年，第4页。
② 王守仁：《王阳明全集》，上海古籍出版社，1992年，第42页。

痛痒，此知觉便是心也”①，“所谓汝心，亦不专是那一团血肉。若是那一团血肉，如今已死的人，那一团血肉还在，缘何不能视听言动？所谓汝心，却是那能视听言动的，这个便是性，便是天理”②。同时，阳明亦以心为身之主宰，谓：“这性之生理，发在目便会视，发在耳便会听，发在口便会言，发在四肢便会动，都只是那天理发生，以其主宰一身，故谓之心。这心之本体，原只是个天理，原无非礼，这个便是汝之真己。这个真己是躯壳的主宰。”③

王阳明和朱熹虽然都认同心具有知觉与主宰的作用，但在具体论述心的过程中，朱熹往往将其置于心性关系的结构中进行讨论，明辨心性异同及其相互作用，并最终归结为理或性对心的规定、约束与宰制，而阳明则倾向于将心、性、理视为一物，甚至抛开性的概念，直接以心说理。因此，阳明可以说那能视听言动的便是性，便是天理，而朱熹就绝不能如此说。对此，杨国荣认为，朱熹“在心性关系上表现为以性说心，这一思路更多地将心的先验性与超验性联系起来，而对心的经验内容未予以应有的注意。与此不同……王阳明在肯定心体具有先天的普遍必然之理的同时，又将其与经验内容与感性存在联系起来”④。所以阳明既肯定了“喜怒哀惧爱恶欲，谓之七情。七者俱是人心合有的”⑤，又以“恻怛”之情释“仁”，还以“乐”为心之本体，从而使心体染上了明显的感性色彩。在阳明看来，“‘乐’是心之本体，虽不同于七情之乐，而亦不外于七情之乐。虽则圣贤别有真乐，而亦常人之所同有。但常人有之而不自知，反自求许多忧苦，自加迷弃。虽在忧苦迷弃之中，而此乐又未尝不存。但一念开明，反身而诚，则即此而在矣”⑥。也就是说，作为心之本体的乐，虽不是单纯感性的七情之乐，但亦包

① 《王阳明全集》，第121页。
② 《王阳明全集》，第36页。
③ 《王阳明全集》，第36页。
④ 杨国荣：《心学之思——王阳明哲学的阐释》，生活·读书·新知三联书店，1997年，第73页。
⑤ 《王阳明全集》，第111页。
⑥ 《王阳明全集》，第70页。

含了某种类似的情感形式和情感体验，而不同于抽象的道德理性。这种本体之乐作为心的本然状态，是人所共有、无时不存、无间于凡圣的，亦是心性修养所欲达到的最终目标和必然结果。因此可以说，“王阳明所说的心体既以理为本及形式结构（心之条理），又与身相联系而内含着感性之维……以理为本（以性为体）决定了心的先天性（先验性），与感性存在的联系则使心无法隔绝于经验之外。这样，心体在总体上便表现为先天形式与经验内容、理性与非理性的交融”[①]。如此便可保证作为道德规范的理内化于道德主体心中，与心相互融合，而使外在的道德行为皆为心中之理的外化与实现，并为人的行为活动提供理性范导与内在动力。

关于性，王阳明虽然亦在一般的意义上承认天理“赋于人也谓之性”[②]，与朱子学者的理解相近，但在具体讨论时，他又往往倾向于以气质论性，不提倡天命之性与气质之性的区分。他说：

> “生之谓性”，“生”字即是“气”字，犹言气即是性也。气即是性，人生而静以上不容说，才说气即是性，即已落在一边，不是性之本原矣。孟子性善，是从本原上说。然性善之端须在气上始见得，若无气亦无可见矣。恻隐、羞恶、辞让、是非即是气，程子谓“论性不论气不备，论气不论性不明”，亦是为学者各认一边，只得如此说。若见得自性明白时，气即是性，性即是气，原无性气之可分也。[③]

王门高弟邹守益亦谓：

> 天性与气质，更无二件。人此身都是气质用事，目之能视，耳之能

① 杨国荣：《心学之思——王阳明哲学的阐释》，第76页。

② 《王阳明全集》，第15页。

③ 《王阳明全集》，第61页。

听，口之能言，手足之能持行，皆是气质，天性从此处流行。先师有曰："恻隐之心，气质之性也。"正与孟子形色天性同旨。其谓"浩然之气，塞天地，配道义"，气质与天性，一滚出来，如何说得"论性不论气"。后儒说两件，反更不明。除却气质，何处求天地之性？[①]

由此可见，阳明虽不否认有"性之本原"，但他所关注的显然不是不容说的"性之本原"，而是现实的性，即气质之性。因为性体本身是不直接显现的，性与性之善只有通过气质才能表现出来。人的一切行动思虑皆是气质用事，人之天性亦从此处流行，四端即是性善的表现。若无气质，亦无性善可见。孟子认为，恻隐之心、羞恶之心、辞让之心、是非之心是人心的本然状态，构成了人之为人的一般规定。朱熹将四端称之为情，阳明则将其视为气、气质之性、性之表德。在阳明看来，气质不仅与性相伴而生，而且是性的完整体现，故曰："若见得自性明白时，气即是性，性即是气，原无性气之可分也。"由此可以推知，阳明所说的性既是先天的普遍之理，也与人的情感、意识等经验内容和感性因素相互联系，同样体现了普遍性与个体性的统一。他之所以不提倡天命之性与气质之性的区分，恐怕亦是为了避免二者之间的冲突与对立。

二、李光地对于王学心性论的批评

李光地作为清初福建朱子学者的主要代表，其对于王学心性论的批评具有一定的普遍性。在他看来，朱子理学与陆王心学在表面上既有不少相似的内容，又有一些明显的表达与方法差异，但二者之间的根本分歧在于心性之辨，其实质则是心性本体的善恶问题。所谓"夫告、孟之差也，朱、

① 黄宗羲：《明儒学案》（卷十六），中华书局，2008年，第343页。

陆之异也，在乎心性之源不合，仁义之实不著，非夫功之偏而不举，说之略而不全云尔"[1]，"象山之学，亦言志，亦言敬，亦言讲明，亦言践履，所谓与朱子异者，心性之辩耳"[2]。

对于心性之辨，李光地说道：

> 知心性之说，则知天命、气质之说。何以故？曰：知人则知天。夫性无不善，而及夫心焉，则过也，不及也，杂糅不齐，于是乎善恶生焉。天命无不善，而及夫气焉，则过也，不及也，杂糅不齐，于是乎善恶生焉。[3]
>
> 主于天，曰理也，气也；主于人，曰性也，心也。一也。之二者之在天人，又一也。一则不离，一而二则不杂。[4]

在他看来，心、性之间的差别与天命、气质的差别相同，且来源于天命、气质的差别。因为人禀受天地之理与气而生，知人则知天。人之本性与天命之性属理，是纯粹至善的，而心则包含气质的因素，有过与不及，杂糅不齐，从而产生善恶，故心与性是不离不杂的关系，以善恶之不同为标志，心不同于理明矣。

从作用来看，李光地认为，性是生物之本，形是物生之迹，心则既非性，亦非形，"居形性之间，形性妙合，而心为之主"[5]。从心、性关系来看，一方面，心具众理，"心者性之郛廓。心如物之皮壳，性是皮壳中包裹的"[6]；另一方面，性是心的本体与根据，"心亦性之所生也。及有此心，则性具于中，

---

① 李光地：《榕村集》（卷八），《景印文渊阁四库全书》（第1324册），第652页。

② 李光地：《榕村集》（卷七），《景印文渊阁四库全书》（第1324册），第620页。

③ 李光地：《榕村集》（卷八），《景印文渊阁四库全书》（第1324册），第641页。

④ 李光地：《榕村集》（卷八），《景印文渊阁四库全书》（第1324册），第640页。

⑤ 李光地：《榕村集》（卷七），《景印文渊阁四库全书》（第1324册），第627页。

⑥ 李光地：《榕村语录》（卷二十五），《榕村语录 榕村续语录》（上册），中华书局，1995年，第450页。

感物而动，而情生焉”[①]，“谓心乃能生者。心之所以能生，是之谓性焉尔”[②]。而心之所以具有无比强大的认识能力，能够周物而不遗，也是由于其以至大无外、无所不该的性作为根据。李光地特别重视性对于心的先在性与根源意义，故强调：“‘心统性情’，形生神发后，便著如此说。若论自来，须先说性，而后及心。”[③]

此外，心又有道心、人心之别，二者同样以善恶不同为标志。人心兼具善恶，由于“形气之用，徇之可以流而为恶，而失心之正，然亦不得谓之非心也”[④]，故曰“人心惟危”。“果心之即性，则何危之有与？”[⑤]据此，李光地批评王阳明以心为性，便是混淆了道心、人心之别。“姚江以一段灵明者为性，虽少近里，然所见乃心而非性也。心便有别，但看声色臭味，平时多少耽著，至遇疾病，便生厌恶；遇患难，便不复思想。惟孝弟忠信，则坎壈之中，转见诚笃。至于生死利害，更生精采。故知人心、道心，确然两个。”[⑥]

李光地追根溯源，指出“心即性”“心即理”之说来源于释氏，不但与程朱之学相背，亦不合于孔孟之道。他分析道：

> 孔子所谓“仁者，人也”，心性之合也。孟子所谓“仁，人心也”，心性之合也。然且有不仁之人，有不仁之心，是心不与性合也。心不与性合，而曰即心即性，可与？不可与？是知孔子所谓人者，立人之道，曰仁与义，非谓人为仁也。孟子所谓心者，恻隐之心，仁之端也，羞恶之心，义之端也，非谓心为性也。[⑦]

① 李光地：《榕村语录》（卷二十五），《榕村语录 榕村续语录》（上册），第450页。
② 李光地：《榕村集》（卷七），《景印文渊阁四库全书》（第1324册），第628页。
③ 李光地：《榕村语录》（卷二十五），《榕村语录 榕村续语录》（上册），第450页。
④ 李光地：《榕村集》（卷七），《景印文渊阁四库全书》（第1324册），第627页。
⑤ 李光地：《榕村集》（卷八），《景印文渊阁四库全书》（第1324册），第640页。
⑥ 李光地：《榕村语录》（卷二十五），《榕村语录 榕村续语录》（上册），第446页。
⑦ 李光地：《榕村集》（卷八），《景印文渊阁四库全书》（第1324册），第640页。

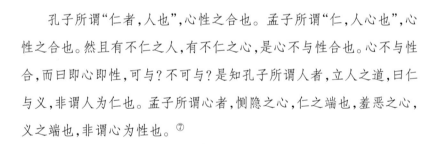

此处，李光地其实亦是借用理学中的心性之辨来阐释孔孟之言。仁义之性是人之为人的根本，也是培养、教育人的终极目标，而仁义之人与仁义之心便是心与性的完美结合。但是现实中的人却并不总是表现为仁，有不仁之人，有不仁之心，因而证明现实的人心并不总是与性理相合。同样，恻隐之心、羞恶之心只是仁义之端，若此善端不能加以护持、扩充，人心亦将流而为恶，故不能以心为性。

在揭露"心即理"说的错误之后，李光地又进一步批判了王阳明"心无善恶"的思想。他说：

> 象山谓即心即理，故其论《太极图说》也，谓阴阳便是形而上者，此则几微毫忽之差，而其究卒如凿枘之不相入也。近日姚江之学，其根源亦如此，故平生于心、理二字往往混而为一。《答顾东桥书》引《虞书》，断自"道心惟微"以下，而截去上一语，晚岁遂有心无善恶之说。①

阳明在《答顾东桥书》中曾说："其教之大端，则尧、舜、禹之相授受，所谓'道心惟微，惟精惟一，允执厥中'。"②可见李光地所说的"断自'道心惟微'以下，而截去上一语"指的便是阳明故意截去"十六字心传"中的"人心惟危"四字，欲以此隐藏危殆的人心，以便证明"心即理"，进而得出"心无善恶"的结论。

严格说来，王阳明其实并未直接主张心无善恶。其"四句教"中的首句乃是"无善无恶心之体"，无善无恶所指称的显然是心之本体，而不是笼统地说人心无善无恶。那么如果明确地说心体无善无恶，或本心即性，李光地是否就能同意呢？答案显然是否定的。当面对诸如"姚江之说，谓心自

---

① 李光地：《榕村集》(卷七)，《景印文渊阁四库全书》(第1324册)，第620页。

② 王守仁：《王阳明全集》，第54页。

仁，心自义，心自恻隐、羞恶、辞让、是非，其不然者，非本心也。以是谓即心即性，殆可与"之类的问题时，李光地回答道：

其言似，其意非。奚不曰仁义之心，道心也；其不然者，人心之流也，则心性之辩明矣。彼丽于孔孟而为是言也，其意则谓心之体如是妙也，故以觉为道。以觉为道，必以无为宗。以无为宗者，道亦无矣。故无善无恶心之体，姚江晚年之说也。其异于孔孟之旨，又奚匿焉？①

又曰：

王说之病，其源在"心之即理"。故其体察之也，体察乎心之妙也，不体察夫理之实也。心之妙在于虚，虚之极至于无，故谓无善无恶心之本，此其本旨也。其所谓心自仁义，心自恻隐、羞恶、辞让、是非，是文之以孔孟之言，非其本趣也。②

由此可见，李光地对于王阳明"心无善恶"的批评并非完全出于误解。在他看来，所谓心之本体仍是具有知觉作用的心，而不能等同于性。即便阳明将"心即理""心无善恶"中的"心"解释为本心，也是为了混淆心与性的差别，打着孔孟的招牌，实则强调心性本体虚无、玄妙的特质，从而达到援释入儒的目的。

关于心体的善恶问题，阳明本人的论述并非十分清晰、毫无疑义，其在不同的时间、场合往往存在互异的表述，而所谓"无善无恶"的确切含义亦是复杂难解。无善无恶究竟是否等同于至善？是没有善恶，还是可善可恶？抑或所说得根本不是伦理意义上的善与恶？这一系列问题历来争论不

① 李光地：《榕村集》（卷八），《景印文渊阁四库全书》（第1324册），第640~641页。
② 李光地：《榕村集》（卷八），《景印文渊阁四库全书》（第1324册），第644页。

体，见仁见智，这里无法一一复述。简单说来，我认为阳明“无善无恶心之体”的思想乃是吸收、借鉴了佛家特别是禅宗的相关理论，认为心之本体超越了一般意义上相对的、具体的善恶，而将其视为一种绝对待、不思议的先天状态。这种状态可以被称为“至善”，但又不完全等同于一般所说的纯善无恶的至善。它既带有传统伦理学意义上的善恶意涵，又非伦理学所能完全范围。①

应该说，正是由于阳明这一思想的模糊性与复杂性，使其在传播、发展的过程中，很容易被不同目的、立场的学者误解或曲解为心无善恶，从而对王学进行激烈批判，或是彻底倒向自然主义，以此作为放纵身心、肆意妄为的借口。从这一意义上看，李光地虽未直接对阳明“无善无恶心之体”的思想内容作详尽的辨析，也未必完全理解其复杂内涵，但又确实抓住了其中的某些要点。一方面，他始终坚持朱子理学关于心性之辨的基本立场，指责阳明在心性问题上故意回避了道心、人心的关键差别；另一方面，他明确指出阳明的这一思想别有授受，乃根源于佛家以知觉作用为性，认心性为虚无的思想，并非出自孔孟本旨。若对这一点不加察觉，以非为是，终将导致一切道德规范与道德法则虚无化的严重后果。也正因为王学的心性思想更多地吸纳了佛家的智慧，而又证以孔孟之言，在正统的朱子学者看来不免似是而非，离经叛道，具有很强的迷惑性与危害性，故李光地要极力辨之。

根据上述讨论，李光地指出，陆王之学“心性之原既差，则志其所志，养其所养，讲其所讲，行其所行，二本殊归，其道使然。今言陆王之学者，不谓其偏于德性而缺学问，则谓重在诚意而轻格物，此亦朱子论近世攻禅，若唐檄句骊守险者类也……然则陆王二子之弊其应辩析者，固在心性人

① 关于后一方面，陈来先生认为“无善无恶心之体”这一命题强调的是心体所具有的纯粹的无滞性与无执着性，并以此作为个人实现理想的自在境界的内在依据。参见陈来：《有无之境——王阳明哲学的精神》，北京大学出版社，2013 年，第 189~197 页。

道本原之际，不在讲学持守、知行先后之间也”①。在李光地看来，心性乃人之本原，心性论则是学术之源。王学固然存在“偏于德性而缺学问”“重在诚意而轻格物”等问题，但这些都不是要害所在，其谬误根源在于错认心性，混淆善恶，故所志、所养、所讲、所行不免皆错。若要彻底辩驳王学之弊，恢复孔孟之真，就不能光在为学方法、修养工夫等处用力，而应该釜底抽薪，于心性大本大原处讨个分晓。

三、童能灵对于王学心性论的批评

在清初福建朱子学者中，童能灵亦对心性问题作了较为集中、系统的剖析与论述。由于童能灵主张“天地之间，止此理、气二者而已，此即古今学术之辨所由分也”②，因而其主要是从理气论的角度来理解和阐述心性概念及其之间的区别与联系。对于性，他认同程朱“性即理”之说，特别强调性与人之间的亲切关系。故曰：

> 以理言之，则为当然之则，所谓“有物必有则”是也。其具于人心，即在人之则，而为性者也。③
>
> 性固是天理，然必就人生所禀言之，乃见性之所以得名也。不然，何以不即谓天理，必别之曰性耶？谓之性，则如云水性寒、火性热之性。盖人但知有此生则有此性，不知须有此性始有此生也。如水必须有寒之性方凝而成水，火则必须有热之性方发而成火，人则必须有生

① 李光地：《榕村集》（卷七），《景印文渊阁四库全书》（第1324册），第620页。

② 童能灵：《冠豸山堂文集》（下卷），《四库全书存目丛书》（集部第234册），齐鲁书社，1997年，第578页。

③ 童能灵：《冠豸山堂文集》（下卷），《四库全书存目丛书》（集部第234册），第578页。

之性方有此生而为人也。[①]

性固是理，但须看到理之在人最为亲切，方见其为人之性也。盖人之生，气聚而生也。气之所以聚而生，则理为之也。[②]

在童能灵看来，人由气聚而生，但气不能自生，也不能自行，气的聚散变化皆理为之。理为气之主宰，亦为气之所以然者，因而性是人之所以为人的终极根据与基本前提，“须有此性始有此生”。理又根植于气之中，气为理之载体。天理须为人所禀，内在于人心之中，方成其为人性。所以说性是于人最为亲切之理。

而心对于童能灵来说，则是一个属于气的概念，属形而下者，其特性为虚灵不测、神明之妙。他说：

以气言之，则气之粗者凝而为形，其精爽则为心。心之精爽至于神明，故其体虚而无物，其用灵而不测。[③]

盖(心)只是气也。气之粗者，凝而为形，其精爽则为心。气之精爽，自能摄气，此心所以宰乎一身也。且既曰精爽，则亦无气之迹，而妙于气矣。顾只是气之精爽，非形而上之理也。[④]

由此可见，在童能灵的理解中，性属理，属形而上之道，心属气，属形而下之器，故心不能为性，心不能为理明矣。同时，心之虚灵亦表现为一种知觉、主宰、运用的能力。童能灵认为，人得至精至灵之生气以为魂魄，魂为阳之神，魄为阴之神，魂魄之合为心，便有主宰运用、知觉记当的作用。因

① 童能灵:《理学疑问》(卷二),《四库全书存目丛书》(子部第 28 册),齐鲁书社,1995 年,第 644 页。

② 童能灵:《理学疑问》(卷二),《四库全书存目丛书》(子部第 28 册),第 644 页。

③ 童能灵:《冠豸山堂文集》(下卷),《四库全书存目丛书》(集部第 234 册),第 578 页。

④ 童能灵:《理学疑问》(卷一),《四库全书存目丛书》(子部第 28 册),第 637 页。

此，心本身虽无声无臭，却能觉声觉臭，认识各种事物与义理，主宰一身而运用之，而性则无情意、无计度、无造作，显然不具备任何运用与知觉能力，这也说明心不能为性，心不能为理。所以他说："性无为而心有觉，觉即精爽之所为也。性则是理，虽所觉者亦是理，而理初无觉也。此形而上下之分。"[①]

童能灵认为，心所具有的神明之妙大致可分为三个方面：

> 一曰神速，不疾而速，不行而至也；一曰神通，贯幽明，通远近，无所隔碍也；一曰神变，应事接物，变化不测也。然惟通故速，速亦是通，只是神通、神变二者而已。通与变是其神处，而明在其中矣。[②]

心之所以能通、能变，是由于心乃气之精爽，"清之极矣，无粗浊，自无渣滓昏隔，如何不通"，"精极则变，无粗浊，故无滞碍也，如何不变"。[③]据此，童能灵提出，心虽属气，而其精爽之至却可通极于性，故胡宏谓"心妙性情之德"，朱子言"心妙众理"。"不然，性即理也，理寓于心，岂不反为心所昏隔耶？"[④]若心与性相互隔绝，不能相通，则心中之理亦将为心所遮蔽阻隔，无法发而为用。正因为心具有如此的神明之妙，又可通极于性，故而许多学者便容易将心性混为一谈。对此，童能灵强调："此又须知心之为物，只是气之精爽，其受气之浊者，亦有昏隔时。"[⑤]这就是说，心虽非形气之粗，但毕竟属气，不免有时要为气之粗浊者所遮蔽障碍，不能如性一般纯粹至善。心以性为体，其气之精爽可通极于性，而有神明之妙，但不能因此认定心即是性，心即是理。

对于人性，童能灵进一步指出："人者，天地之生而万物之灵，故其性

---

① 童能灵：《理学疑问》（卷一），《四库全书存目丛书》（子部第 28 册），第 637 页。
② 童能灵：《理学疑问》（卷一），《四库全书存目丛书》（子部第 28 册），第 638 页。
③ 童能灵：《理学疑问》（卷一），《四库全书存目丛书》（子部第 28 册），第 638 页。
④ 童能灵：《理学疑问》（卷一），《四库全书存目丛书》（子部第 28 册），第 638 页。
⑤ 童能灵：《理学疑问》（卷一），《四库全书存目丛书》（子部第 28 册），第 638 页。

无所不绾。所谓万物备于我者，非独备其影象也，即万物之所以为物者绾于此焉。”[①]由于天理包罗万有，万分具足，而人作为万物之灵，禀受天理之全体以为性，人性就不仅是人自身的根据与规定，也应该包括万物之所以为物的根据与规定。同时，人性之所以能够感物而动，发而为情，亦因为性中包含物理，性理与物理只是同一天理。“性所以感物而动者，性在内，物在外，然在内之性不是别物，只是理也。所谓理，便是在外之物之理也。舍物理，无以为吾之性矣。物理即吾性之理，此天下所以无性外之物也。”[②]因此，人性与性理中显然包含了物理、事理、情理等多方面的丰富内容，并不只局限于道德规定与道德准则等伦理范畴。故曰：

凡天地之道，圣人之蕴，措之为礼乐刑政，垂之为《诗》《书》《易》象者，皆是理之所蟠际，即皆是性之所充周。而日用彝伦、视听言动之间，须臾而离之，则是自失其则而不诚无物矣。是以圣人之教，必使择之精而执之固，有以完其所以为性者焉。此其学固非可以一朝顿悟而一悟无余者矣。[③]

又曰：

吾性之理即物理。天下之物理多矣，大而天地，细而昆虫草木，皆各有理。自人言之，大而五伦，细而三百三千，各有一理，千条万派，用各不同，而皆具于吾性之内。……万理只一理，故性具万理，无头项杂凑之嫌。但性只一理者，正指未发之前，内无感触，端绪未见，条理未分，浑然而一理耳……当此之时，气不用事，心理为一，本难分别，故

① 童能灵：《冠豸山堂文集》（下卷），《四库全书存目丛书》（集部第234册），第578页。

② 童能灵：《理学疑问》（卷二），《四库全书存目丛书》（子部第28册），第653页。

③ 童能灵：《冠豸山堂文集》（下卷），《四库全书存目丛书》（集部第234册），第578页。

于所谓正而不偏、亭亭当当者,理固宜然,而心亦如是也。学者于此时实难见得亲切,不若即理之万分、散于事物者一一穷之,辨其万分者之不出一理,庶几心有把握,而涵泳之久,涣然释,怡然顺矣。①

这里所说的“一朝顿悟而一悟无余者”,以及只求“一理”而不顾“万分”的为学方法,显然都是针对被目为禅学的陆王之学。

对于陆王心学一派的学者所宣称的种种神秘的顿悟体验,童能灵并不否认这种体验本身的真实性,而是通过分析这一现象产生的心理机制,指出其只不过是来源于心体虚灵不测、神明之妙的特性。他说:

心之精爽至于神明,故其体虚而无物,其用灵而不测。方其未用也,寂然而虚;及其既用也,亦寂然而虚,则其方用之际,亦谓必有常虚常寂者存于其中,而不得以心思求之,恐心思之有着而非虚也;不得以言语求之,恐言语之外喧而非寂也。②

正是由于心体虚灵不测,难以迹求,人们在追求心中存在的“常虚常寂者”时,便不能使用语言文字、逻辑思维等日常手段,因而往往容易陷入一种神秘的、非理性的境界之中。“心思路绝,言语道断,惟静惟默之际,而其为神明之本体,静极当动,敛极当发,介然有顷之间而偶尔感触,光明呈露,自觉自知,遂诧为神奇,得未曾有他人不见,师友莫与,而惟我独自得之者矣。……又有一种,静默之久,神明未瞑,亦未发用,迷离惝恍,虚实之间,有影象参差呈露于前,如睡初觉,如梦中见,原非实有,则遂以此为万物皆备之象呈于我矣。”③童能灵认为,这种神秘体验至多只是心体在极端静默

① 童能灵:《理学疑问》(卷二),《四库全书存目丛书》(子部第28册),第654~655页。
② 童能灵:《冠豸山堂文集》(下卷),《四库全书存目丛书》(集部第234册),第578页。
③ 童能灵:《冠豸山堂文集》(下卷),《四库全书存目丛书》(集部第234册),第578页。

状态下的一时呈露而被偶尔感触，甚至是一种虚实之间迷离惝恍、真伪莫辨的幻觉、幻象，并非对于性理的完整、客观认识，自然也不具备他们所宣称的惟我独得、一朝顿悟、一悟无余的意义。

据此，童能灵指出，不论是陆九渊闻鼓声振动窗棂而豁然有觉，还是王阳明龙场中夜悟道，抑或徐仲试镜中看花，杨慈湖鉴中见象，“自穷理者观之，此皆心之神明不得循其寂感动静之常，而束于空寂，为之变现光影如此。既已自为之眩而不自知，遂欲保以终身，惟恐或失。此正朱子所谓禅家作弄精神，到死不肯舍放者也。嗟夫！以心为理，此势必眩于心而一于虚寂之见者，必不得与事相操持，泛应之际，涉而不有，日用彝伦之地，皆归之于浮薄不可止矣。……且夫虚寂之体，岂得不以礼法为束缚而废弃之哉？”[①]在他看来，陆王之学之所以将主静、顿悟作为最重要的为学方法与修养工夫，其根源还是在于误认心性，以心为理。若以心为理，一味地追求心之神明，必然会扰乱心性本身寂感动静的常态，陷入虚空寂灭的状态之中，从而执着、迷惑于心中闪现的虚幻光影，将其认作世界的实相或本质，并冀图保任终身。童能灵认为，这实际上正是禅家在主观上作弄精神的把戏，而非对于天理之实实有所得，学者若满足、沉溺于这种虚无高妙的境界之中，将使心灵与现实事物相割裂，甚至以万事万物为虚幻，从而导致对日常的躬行践履、应事接物、日用彝伦等道德行为与道德规范的忽视和荒废。

此外，对于心与理的关系，以及心之神明的来源问题，童能灵主张心本于理，但心非即理。在他看来，人之一身止理、神、气、形四者而已。推其所由生，则“理生神，神生气，气生形，一以贯之也。……理生神，即所谓精爽也”[②]。理生心之神明，而其本身即寓于神明之中，故曰心具众理。前面曾经提到，心所具有的神通、神变等神明之妙是由于气的至清、至精、至灵，

---

① 童能灵：《冠豸山堂文集》（下卷），《四库全书存目丛书》（集部第234册），第579页。
② 童能灵：《理学疑问》（卷一），《四库全书存目丛书》（子部第28册），第641页。

而追根溯源，又皆根源于理。理一分殊，就“理一”观之，“非独一身之内只此一个心，……天地人物止此一个神明。原只一个，如何不通？原只一个，呼应自灵”[1]；就“分殊”观之，理一而散万心、应万心，心如何不通？理一而万、万而一，心如何不变？故曰：“神明之妙本于理。”[2]童能灵又以动静言心之神，而以理为所以动静者。有所以动静之理，方有动静之心，而心之动静又主宰形体之动静。童能灵指出，朱子论《太极图》，以动静为心，以太极为性，性具于心，性与心本无先后可言，但据《太极图》推之，太极为动静之根柢，性则当为心之根柢，亦可证心之妙本于理。若从反面来看，世间虽有假仁假义之心，但这并非仁义之理本身为假，而是人在理解、运用上出现了偏差。所谓“假仁者不仁，苟无仁，彼安所假耶？假义者不义，苟无义，彼又安所假耶？……盗跖之不仁甚矣，不义亦甚矣，然尝以分均出后为仁义矣。假令跖不为盗，而以其分均者行赏，出后者居殿，谁得拒之仁义之外哉？乃知人心只是此理也，小人外是亦无以行其恶。故曰心本于理”[3]。

四、蓝鼎元对于王学心性论的批评

在心性论方面，蓝鼎元正面的理论建构或论述虽然不多，但其特别强调从为学与修养的实践出发，对陆王之学与朱子学之间似同实异的微小区别进行辨析。在他看来，二者之间的根本差别并不在于是否讨论心，或者是否重视心，而在于对心性内涵的不同理解，及其导致的不同修养实践。他说：

圣贤所以别于异端，其惟心学乎？“人心惟危，道心惟微”，千载心

① 童能灵：《理学疑问》（卷一），《四库全书存目丛书》（子部第28册），第639页。

② 童能灵：《理学疑问》（卷一），《四库全书存目丛书》（子部第28册），第641页。

③ 童能灵：《理学疑问》（卷一），《四库全书存目丛书》（子部第28册），第642页。

学之祖也。圣贤以道心为人心之主，异学养人心而弃其道心。故虽皆以心学为名.而是非邪正，相似而实不同者在此。[1]

蓝鼎元这里所说的异端，除了释、道二教之外，显然也包括陆王之学在内。蓝鼎元认为，“人心惟危，道心惟微”一句是义理之源、心学之祖，因而也是判断学问、义理是非真伪的根本标准。在他看来，朱子学明辨道心、人心，主张以道心主宰、制约人心，而陆王之学则忽视乃至泯灭道心、人心之间存在的差异与分歧，从而导致养人心而弃道心。因此，二者虽然都以心学为名，但其中却隐含着是非邪正的根本区别，言相似而实不同，只有以朱子学为代表的正统儒学才能称得上是真正的心学。

蓝鼎元进一步指出，人心以虚灵为特点，根源于知觉，而道心则根源于虚灵知觉之义理，故道心应主宰人心。朱子学言心注重心的义理层面，强调通过格物穷理、涵养省察等方式来发明、培养心中的仁义礼智，使心的知觉作用能够符合道德法则的要求，故能以道心统率人心。而佛老与陆王之学则仅以知觉作用言心，舍性理而专言知觉，故不学不虑，不假修为，于一切事物都不理会，终日只是完养其精神魂魄，希望完全摒除心中所包含的丰富的义理与事物，必然导致以人心作道心。故曰：

主于义理者，惟恐义理不明，或有非理之视听言动，则失其所以为心。故必读书穷理，以致其知，而涵养省察，不敢有一息之或间。由是而为圣为贤为豪杰，皆此道心为之也。主于知觉者，则止欲全其知觉，惟恐心泊一事，思一理，或扰其昭灵寂静之神，故不顾善恶是非，不立语言文字。若老氏之无视无听，抱神以静，佛氏之净智妙圆，识心

① 蓝鼎元:《棉阳学准》(卷三)，《四库全书存目丛书》(子部第28册)，齐鲁书社，1995年，第442页。

见性，象山之瞑目静坐，收拾精神，白沙之虚灵万象，阳明之良知，皆误以人心为道心者也。①

由于陆九渊和王阳明都标榜自己的学术直承孟子而来，而孟子又特别关注心性问题，于儒学心性论多有开辟、发明之功，所以便不免有人产生疑问，认为陆王的心性思想皆本于孟子，似乎不应以异学视之。对于这一观点，蓝鼎元明确表示反对。他说：

孟子所言，仁义之心也；陆子所言，昭昭灵灵之心也。孟子求放心，必曰学问之道是教人读书穷理，主敬求仁者也。陆子以闭目静坐为求放心，是教人屏事物，绝思虑，废语言文字意见，即心是道，明心见性者也。言似同而旨不同，恶可以诬孟子！②

又曰：

陈清澜曰："孟子之先立其大，道心为主，不使欲得以害心。陆氏则养神为主，而惟恐事之害心，善之害心。天渊之别，若何而同也？孟子之先立其大，曰：'心之官则思，思则得之，不思则不得也。'陆氏则曰：'不可思也，心不可泊一事也。'冰炭之反，若何而同也？象山假孟子以欺人，未有能破其说者。"此论深切著明，可谓抉陆学之隐，如陆子所云"直截雕出心肝"者也。③

① 蓝鼎元：《棉阳学准》(卷三)，《四库全书存目丛书》(子部第28册)，第442~443页。
② 蓝鼎元：《棉阳学准》(卷三)，《四库全书存目丛书》(子部第28册)，第443页。
③ 蓝鼎元：《棉阳学准》(卷三)，《四库全书存目丛书》(子部第28册)，第443页。

在蓝鼎元看来，孟子所说的心是主于义理的仁义之心，而陆王所说的心则是主于知觉的虚灵之心。孟子以读书穷理、主敬求仁为学问之道，注重内外交修并进，以此求放逸之心，而陆王则以闭目静坐为求放心的工夫，欲使人摒除事物，断绝思虑，以心为理，取消一切读书讲论与经典学习，显然是佛老一路的思想，从而与孟子之学有着本质上的区别，不可混为一谈。

五、结语

综上所述，不难发现，清初福建朱子学者对于王学心性论的批评和纠驳可谓既是准确的，又有失偏颇。首先，清初福建朱子学者选择以“性即理”与“心即理”为代表的心性论议题对王学进行批驳，本身虽不新鲜，在大的论证思路上也无重大理论创新之处，但又确实针对朱学与王学之间存在的核心问题与主要分歧作了比较全面的辨析和讨论，在批判王学负面的社会影响的同时，注重发掘其背后的思想根源，在宣传、捍卫朱子理学的过程中，亦对其中的某些理论作了一定适应时代特色的调整和发挥，并非像某些学者所说的那样一无是处。

其次，从清初福建朱子学者对于王阳明的批评中可以看出，不少学者其实对阳明的整个心学思想体系缺乏全面、客观、深入的认识，加之受到门户之见的影响，使得他们对阳明思想的理解与批判往往流于粗糙和片面，显示出某种脸谱化与表象化的倾向。其中某些被指为阳明所说，因而遭到大加鞭挞的理论观点，不但与阳明本人的思想有所出入，甚至根本就是阳明所反对的，不免给人一种无的放矢之感。但是若从另一个角度来看，这些被批判的王学思想虽然经过了不同程度的简化、发挥与变形，但也并非某人某派凭空虚构出来的，而是在明末清初的思想界确实存在，并为众多学者所公认的严重问题，也是王学快速膨胀、泛滥所导致的必然后果。其中大部分的理论观点都可以在阳明那里找到某种源头或依据，可以说是阳明的部分思想，特别是阳明思想中的主观主义、自然主义、直觉主义、个体主义等新趋势与新精神在不同角度和不同层面上发展演变的逻辑结果。因而清初福建朱子学者所直接面对的也就不是阳明思想本身这样一套相对单一的思想理论，而是各种为王门后学所不断诠释与发挥，并充斥、主导着明末思想世界的"泛王学"思想，以及由此给原有的社会秩序、学术规范和价值体系造成的种种混乱与破坏。面对这种状况，清初福建朱子学者对各种"泛王学"思想之间的异同演变往往不暇细辨，而是直接追根溯源，将主要的错误与责任归罪于阳明，亟欲廓清其负面影响，以恢复朱子学的主导地位。因此，清初福建朱子学者对于王学的批判虽然存在种种偏颇之处，却反映出学术思想史上每次重大的思想转变时期的一般情况与普遍规律，有其现实的逻辑性与内在的合理性。

探析朝鲜前期心学的展开特点*

高在锡
（成均馆大学儒学院副教授）

一、绪论

本文主要探讨了朝鲜时代初期，即14至16世纪时期，由于受到性理学者的排斥而成为异端学问的“韩国心学”的发展情况，旨在为韩国心学及韩国儒学史的研究提供多角度的理论基础。

国内学术界关于韩国心学的研究，以“韩国阳明学”的概念为中心，其研究成果已经具有相当的水准。①“韩国阳明学”的研究在日本殖民统治时

* This paper was supported by Samsung Research Fund, Sungkyunkwan University, 2019.

① 自1995年为了东洋哲学研究的平衡发展而成立了“韩国阳明学学会”之后，关于韩国阳明学研究的成果及评价一直被定期的整理并记录下来。崔载穆(ChoiJaeMok)发表了《韩国阳明学研究成果的回顾和展望》(《中国学报》，韩国中国学学会，1998年第38期)一文，对韩、中、日三国的阳明学研究现状作了回顾，并讨论了韩国阳明学研究的前景与未来。卢冠范(NoKwanBum)在《韩国阳明学史研究的反思性考察》(《韩国思想与文化》，韩国思想文化学会，2001年第11期)一文中，探讨了朝鲜时代阳明学的真实存在状态/实际存在的状态。宋锡峻(SongSeokJun)通过《韩国阳明学的历史性成果和发展方向》(《阳明学》，2011年第30期)一文，在韩国阳明学的历史发展过程中，分析了韩国阳明学的多元化发展潮流。金容载(KimYongJae)在《韩国阳明学的研究现状与新的探索》(《阳明学》，2005年第14期)一文中，提出了韩国阳明学研究进行江华学研究的必要性和研究方法。于炳敦(ChonByunDon)在《霞谷学研究现状》一文中(《阳明学》，2007年第19期)探索了成立具有韩国特殊性的“霞谷学”的可能性。金世贞(KinSeJung)在《韩国象山学与阳明学相关

期方才开始，之后在20世纪60年代成为研究的中心，并从70年代起研究范围扩大到中国和日本的阳明学研究。在2000年以后，其研究内容深化为韩国阳明学的特点研究和阳明学的现代应用等研究。①

笔者认为，“韩国阳明学”这一学术用语最初在丽末鲜初传入，在历史发展过程中以各种形式呈现出来，而简单把其作为概括朝鲜心学全部内容的用语未免有不妥之处。朝鲜心学并不是自阳明学传入之时才开始的，而是在高丽时期由于受到了佛教的影响，形成了当时的学术倾向，又成为花潭的气学等心学形成的基础；与性理学一起，在同一时期传入的象山心学也成为其基础。另外，在朝鲜时期发展的心学潮流，除了受到王阳明的学术观点的影响之外，在很大程度上也受到了象山和明道的影响。

加之，“阳明学”这一概念同过去和现在作为东亚三国的韩国、中国和日本的时代特殊背景有着密切的联系，若是仅把其界定为单纯的学术性用语，未免忽视了这一用语存在的复杂背景。在日本殖民统治时期，为了确保殖民

研究目录》(《儒学研究》，忠南大学儒学研究所，2007年第15期)一文中，整理了截至2006年12月，在韩国出版发行的有关中国阳明学和韩国阳明学的著作、译作、论文，以及介绍日本阳明学的形成、发展、思想等相关内容的论著。金世贞(KimSejung)在《韩国阳明学的研究现状和其研究任务》(《哲学研究》，大韩哲学学会，2005年第93期)一文中，按照发展时期考察了韩国的阳明学研究现状，讨论了“现代韩国阳明学”需要解决的研究课题。金润庆(KimYunKyung)在《对国内韩国阳明学研究趋势的反思性考察》(《阳明学》，2013年第35期)一文中，对既有的研究成果进行重新整理，并试图提出反思性的考察；提出了在韩国思想范围内，有必要对韩国“阳明学派”进行重新展望。韩国阳明学会整理了截至2007年的韩国阳明学研究成果，出版发行了《江华阳明学研究丛书》共三本(江华阳明学研究小组：《江华阳明学研究史》1–3期，韩国学术情报院(股份公司)，2008年)，对江华阳明学的遗址、霞谷学研究分析、韩国阳明学文献调查、江华阳明学文化史、韩国阳明学研究论文等作了综合性的考证。但是韩国心学研究的原典发掘与原稿整理工作、翻译工作等一系列研究的基础性资料的整理工作迫在眉睫；按照韩国心学的解释体系和韩国心学的历史性发展阶段进行概念定义的整理及本质评定，这些都是尚未完成的课题。

① 宋锡峻(SongSeokJun)：《韩国阳明学的历史性成果和发展方向》，《阳明学》第30期，2011年，第135~140页；中纯夫以宋锡峻所界定的韩国阳明学研究史为基础，把韩国阳明学分为孕育期(1930–1960)、早期建立期(20世纪70年代)、发展期(20世纪80年代)、成熟期(20世纪90年代以后)，叙述了朝鲜阳明学史的研究和江华学派的研究现状。(中纯夫：《朝鲜的阳明学》，李英浩译，2013年，第11~20页。)

统治的伦理性,“韩国阳明学”研究正式启程;而近几年中国为了确保中国文化中心主义的伦理构成,从文化扩散这一意义上同时开展了“阳明学”和“韩国阳明学”研究,而对于具有普遍价值的韩国式接受和发展的“韩国阳明学”的重视程度有所弱化。若要坚持“韩国阳明学”的研究,就应该消除这种倾向,把包含着普遍价值且具有特殊性的“韩国阳明学”从“阳明学”中剥离出来并加以研究。虽说这一前提烦琐不堪,但却是不可否认的实际情况。

因此,本文首先探讨了14—16世纪朝鲜学者们对象山所持有的态度和观点,其次分析了批判象山学问的性理学者的理论,试图理清朝鲜初期韩国的“心学”形成与其发展阶段的特征。本文对于阳明学说或多或少有些学术性的批判,文中观点无论对象山学说是持肯定的还是否定的态度,只是片段性地提及其存在的事实而已。本文虽然试图尽可能地搜集有意义的文献资料并对其进行分析,但是非常遗憾的是,查询朝鲜前期关于象山学说的精辟论点的文献资料具有相当大的困难。

在文章最后的补充论证中,主要以具有同时代性以及普遍价值的意义的“韩国心学”为中心,对“韩国阳明学”这一概念的使用进行了反省和深思,并提出了省察性的见解。

二、对象山学问的接受态度

1. 对象山学问的肯定

象山学问传入韩国的过程并不十分清晰明了。在高丽末期朝鲜初期开始传入的性理学并不是指朱子理学的一色,而是指以“朱陆和会论”这一主流所形成的元末明初的性理学。[①]

① 金吉洛(Kim Gil Rak)在《韩国的象山学和阳明学》一文中从三个侧面对象山学传入韩国的过程进行了考证。元代官学中曾流行的主要观点,万卷堂的儒生们的倾向,以及胡炳文在《四书通》中的观点等等,这些都受到了朱陆和会论的影响,认为朱子学和象山学一起自然而然地传入了韩国。(金吉洛:《韩国的象山学和阳明学》,清溪出版社,2004年,第19~58页。)

元代以“北许南吴”并称的许衡和吴澄认为，朱子和象山的教导其实是相同的，应对两者的长短之处进行取舍，同时进行道问学与尊德性的学习。明代的程敏政著有《道一编》一书，表明朱陆观点虽然在早年时期有着明显的差异，在中年时期互相对对方持有半信半疑的态度，而在晚年时期却竭力主张互相取长补短。陈健针对元明时期的学术倾向评价道：“朱子未出以前，天下学者有儒佛异同之辩，朱子既没之后，又转为朱陆异同之辩。”[①]朱子与象山观点的对立就好像佛教与儒教的激烈对峙一样，实际上并不仅仅出现在南宋时期，在明代之后的很长一段时期内都是学者们主要关注的对象。

在与中朝有着频繁交流的朝鲜初期，学者受到了这种朱陆和会的学术倾向的影响，把象山学说界定为异端学说，但并未对其否认，而是把其认定为是可以作为补充完善性理学不足之处的一种观点。

《朝鲜王朝实录》中记录了象山的首次登场是中宗十二年(1517年)。“东莱吕氏曰：‘古之学者，必严其师。师严然后，道尊。道尊而后，笃敬。笃敬然后，能自守。能自守然后，果于用。果于用然后，不畏而不迁。’象山陆氏曰：‘论学，不如论师，得师而不能虚心委己，则又不可以罪师。’右，师傅之礼宜尊。”[②]弘文馆的副提学韩效元在论辩教授元子一事之时，引用了象山的观点。可以看出，当时象山的地位在某种程度上与吕祖谦可以相提并论。

晦斋李彦迪在同一年(1517年)写作的《书忘斋忘机堂无极太极说后》一书中的书信可以看出，身为老三的舅舅忘斋孙叔暾受到了象山观点的影响，与忘机堂曹汉辅展开了关于无极太极的论辩。[③]晦斋只是判定忘斋的观点从象山而来，而并没有对其作具体的细节批判，是因为朱子的文献

---

① 《学蔀通辩》，《提纲》。

② 《朝鲜王朝实录》，《中宗实录》卷27，中宗十二年(1517)1月19日乙未。

③ 《晦斋先生集》卷5，《杂著》。书忘斋忘机堂无极太极说后：“谨按忘斋无极太极辨，其说盖出于陆象山。”

中已经详细记载了象山的相关批判，在这里再无须重复论辩。《朝鲜王朝实录》中宗三十七年(1542)中记录了礼曹判书金安国在谈论值得印刷的书籍时，提及了建议出版象山文集的内容。

> 《象山集》，宋朝巨儒陆九渊所著，先生与朱子一时，专心于尊德性。往复辨论，虽与朱子异趣，心性之学，因得以讲明。学者崇尚程朱之教，参考此集，则不无有益。[①]

虽说金安国若为学者，那他应当是尊崇程朱性理学的。但是象山致力于尊德性，是有助于学习关于心性的论辩观点的。他在谈及象山时，使用的称呼或是“巨儒”或是“先生”，这与日后性理学者贬低象山的否定性语调截然不同。这或许可以看作是嘉靖九年(1530)明朝文庙中的象山从祀之后，朝鲜学者们对象山进行重新思考，并探讨出版其文集的必要性。金安国印刷了几本《象山集》并呈交给君主，建议将其中一部分分别藏于文武楼、弘文馆和成均馆，剩下的则作为君主赏赐之用途。[②]苏斋卢守慎(1515—1590)在其三十一岁时作诗一首：“传注留情负象山，十年说话总成闲。凭君眼着鹅湖辨，讵唤澄源做两般。”[③]这是他对自己陷入了如同朱子格物究理般的道问学研究中，却没能集中精力在象山所重视的尊德性研究上的自我反省。

另外，苏斋在四十五岁时完成了关于人心道心的文章写作，批判了把人心看作人欲，把道心看作天理的观点，把道心和人心解释为体和用。

---

① 《朝鲜王朝实录》,《中宗实录》卷98，中宗三十七年(1542)5月7日丁亥。

② 《慕斋先生集》卷9,《议》。赴京使臣收买书册印颁议：象山集6册……量数印出，进上及文武楼、弘文馆、成均馆分藏外，余件略加颁赐，似当。

③ 《苏斋集》卷1,《诗》。

夫形气四端，何尝不相交涉？则形气岂不为四端所乘之机，而四端岂不为形气所载之主乎。故朱子尝谓人心合道理处便是道心，如言情之合道理处便是性也。又举人心道心，继引横渠前说以明之，如言心统人与道也。然则道心是性，人心是情，而情自兼形气四端者也。与其遗乎体而备于用，夫孰若备于用而不遗乎体……道心即天理具于心者，而其发也以气，故谓之人心。便有中节不中节，故危，而其未发则无形，故微。见其危而知其微，所以必加精一之功。精者，察人心，即所谓察夫二者之间而不杂也，在学者则动时功也。一者，存道心，即所谓守其本心之正而不离也，在学者则静时功也。[1]

道心是不能从未发时具有性命的纯善的心之本体来理解的，就算是认同了已发的纯善之心。人心是已发时通过形气显露出的区分善和恶之心。不善的感情意味着性之本体所未显露的人心中，不中节的感情；善的感情指的是作为性之本体所显露出的人心中，中节的感情。但对于苏斋来说，纯善的四端和中节的七情不能区分。他把朱子的“人心合道理处便是道心”解释为“情之合道理处便是性”，这一解释没有区分本体和作用，把纯善的道德感情和心的本体一视同仁；这同象山的观点[2]有相似之处。

---

① 《苏斋先生内集》下篇，《人心道心辨》。

② 象山批判了道心即是天理，人心即是人欲的这种断言，“天理人欲之言，亦自不是至论。若天是理，人是欲，则是天人不同矣。……书云人心惟危，道心惟微。解者多指人心为人欲，道心为天理，此说非是。心一也，人安有二心？自人而言，则曰惟危，自道而言，则曰惟微。‘罔念作狂，克念作’，非危乎？无声无臭，无形无体，非微乎？”（《陆九渊集》卷34，《语录（上）》。）这是受到了老子的影响，这同“异端”学说——源于天理的心才是道心，源于人欲的心是人心——没有什么不同。因此，他批判了文人们的观点，“来书举程明道先生静亦定动亦定之语，此非子之所知也。定之于动静，非有二也。来书自谓“静而定……”，亦恐未能果如是也，是处静处动不同矣。（《陆九渊集》卷3，《与张辅之》，第36页。）本体 在中节的道德情感上解释为已确立的心的原本状态，与本体的相互作用也是无法分成两类的。（陆九渊：《象山语录释注》，高在锡译，世昌出版社，2017年，第72~74页。）

所以后人用退溪的观点来批判了苏斋的人心道心说是对象山观点的固守,强调了应当把其同异学区分开来并排斥。[1]

除此之外,还有金世弼(1473—1533)、洪仁祐(1515—1554)、南彦经(1528—1594)等学者都同退溪通过学问的交流,论辩了象山学说,研究了朝鲜初期的象山学问。

作为批判象山和阳明学说的先锋人物西崖柳成龙(1542—1607)也对象山表现出了极大的兴趣。

> 庚午(1570年)辛未(1571年)年间,余以修撰在玉堂,爱象山之论。因抄出警语作一册,出入自随。每疑朱子攻象山,未免太过,虽口不敢言,而心尝疑之。[2]

当然,柳成龙写道:"其后余遭忧,守制于金溪山中,有老僧持佛经及大慧语录证道歌等书见示。闲中搜阅几尽,其机轴运用,皆与象山学相出入,特象山改换头面,文以儒说耳。自是,于朱子之论,一向笃信,不敢有疑云。"[3]这是他对自己在二十岁年轻的那段时期,专注于象山的过失进行的反思,并从那时起开始只尊崇朱子学。

对象山学说的肯定也存在于经历了壬辰倭乱的宣祖之中。宣祖针对击退外敌的方法作了论述。

> 我国儒生,平日视武夫如异端,待之如奴隶,惟事迂阔高谈。我国文弊极矣,其弊庆尚道为尤甚。前闻尹卓然之言则,'尚州只有射手三

---

① 《艮斋集》卷6,《溪山记善录》:"'问今世谁能学问',先生曰:'未见其人……卢苏斋,名守慎字寡悔,守象山之见,甚为惧也。'"

② 《西厓先生文集》卷15,《杂著》。

③ 《西厓先生文集》卷15,《杂著》。

人'云。……予意，取生员进士者，将以升于太学也。孔子之教，非射御乎？ 陆象山教人，必使门人习射。今后取生进时，并试武艺，如贯革入格者取之。此不易之理，议启。[①]

闻庆尚道风俗，人有子兄弟，一子能文，则坐于堂上。一子业武，则坐于庭中，如视奴隶。国家之有今日，庆尚道误之也。昔陆象山教子弟习武，……我国只持册子，以教子弟，歧文武为二道，甚无谓也。[②]

宣祖在看待朝鲜受到外敌侵袭的原因时，认为这缘于仅重视文人，轻视武人的风俗。因此主张文人们也应当精通武艺，在国家危乱之时才能克服难关。宣祖对象山的肯定与其说是对象山学说的尊崇，不如说是一种主张文人也应当精通武艺，积极参与到克服国难的"尚武精神"的肯定。像这样在朝鲜初期，对于象山学说的肯定认识随着历史和时间的变化，也成为性理学者们时代性的应对和对象山认识转变的契机。

2. 对象山学问的否定

《朝鲜王朝实录》中记载了对于象山学问的否定评价，即中宗十二年(1517年)。"宋时周敦頣，首明性理之学，继而有两程夫子发明其说，至于朱熹，其道大备。如此持久然后，可以有成矣。夫性命之学，至为微妙，入于正道为难。宋时文运方兴，陆九渊之学，亦不偶然，而不得为真儒，真儒固不可以言而得也。"[③]朱子是真儒，用语言揭示了性理学说；象山则谈及了歪曲了正道的学者。

柳希春也在经筵对宣祖说："嘉靖中，中朝士大夫，皆宗陆氏之学。故以九渊从祀，非正论也。……臣尝观九渊文集，以观书穷理之儒，为不及于

---

① 《朝鲜王朝实录》，《宣祖实录》卷26，宣祖26年(1593)6月17日庚子。

② 《朝鲜王朝实录》，《宣祖实录》卷26，宣祖26年(1593)10月22日壬寅。

③ 《朝鲜王朝实录》，《中宗实录》卷27，中宗12年(1517)8月30日癸酉。

杨墨，至诋为异端之甚，此盖暗讥朱子之学也。九渊性傲而拗。”[1]

质正官赵宪建议文庙中的从祀排序为：寒暄堂金宏弼（1454—1504）、静庵赵光祖（1482—1519）、晦斋李彦迪（1491—1553）、退溪李滉（1501—1570）。中国对文庙中已经把象山和阳明列入从祀已有争议，认为应该重新安排从祀行列，赵宪针对这一议论做出了批判。

> 独陆九渊之学，不事讲问，专务顿悟。当时朱子，固忧其说之为害，而流传益久，人惑愈甚，举世靡然，胥归禅学。如王守仁之敢为横议，诋谤朱子者，而尚请其从祀，则是必江西之人，习熟见闻，而簪仕者众，力佑象山，以至上误朝廷，下误斯学。如此之流，臣恐不可效尤而苟从者也。[2]

当时在中国，对应该把阳明也列入文庙中的从祀行列已有争论，赵宪认为这都是由于受到了否定读书穷理而只重视顿悟的象山学说的影响。

对象山学说开始进行理论性批判的性理学者是晦斋李彦迪。他在《书忘斋忘机堂无极太极说后》一书中以性理学为基础，把象山判定为异端学说，并以朱子的象山批判为依据，主张排斥象山理论。[3]他说：“我朝崇丘轲，异端犹不息，黄金塑神像，处处藏岩穴。谁复大道左，公然立胡质，释氏尚未谢，不应有此佛，孰有胡颖志，赫然加斧锧。”[4]认为虽然在高丽时期，竭力排斥已经成为主流的佛教，但却把气学和陆学判定为儒学内部的异端并对其加以批判。

此后，还有河西金麟厚（1510—1560）与南冥曹植（1501—1572）对象

---

① 《眉岩先生集》卷16,《经筵日记》辛未。

② 《重峰先生文集》卷3,《疏》。

③ 《晦斋先生集》卷5,《杂著》。“书忘斋忘机堂无极太极说后：谨按忘斋无极太极辨，其说盖出于陆象山。而昔子朱子辨之详矣，愚不敢容赘。”

④ 《晦斋先生集》卷1,《西征诗》。

山学说进行了批判，认为其只重视类似顿悟的简易学习，否定读书穷理的学习，因此是对道学的曲解。[①]

仅在十四至十六世纪时期的性理学者中，对象山学说进行系统的理论性的批判的学者就有退溪和栗谷李珥（1536—1584），月汀尹根寿（1537—1616）等人。退溪在《心经后论》一书以及同文人学者往来的书信中都对象山的观点进行了批判。栗谷著有《学部通辨跋》以及《圣学辑要》，其中揭示了朱子同象山的观点差异。月汀则通过同中国陆学正的问答中批判了象山的核心观点。

需要注意的是，朝鲜时期阳明著作的传承是发生在1518年《传习录》发行后三年的中宗十六年（1521年）的事情。[②]朝鲜的性理学者们接触到了阳明学说，或是认为“学蹈象山多病处”，或是认为“守仁之学，宝祖象山”。他们以象山为中心，最终停在了把阳明学作为异端进行批判的阶段。退溪、栗谷、月汀等性理学者大部分都认为所有的阳明学说都是以象山为依据的，都不过是象山的门徒罢了。[③]

① 《河西先生全集》卷12，《杂著》。策：“象山之贵顿悟而废讲学者，均以害后学心术目之，则其所与异同者，不难辨矣。”

《南冥先生集》卷4，《补遗》。行录：“先生治家以孝友，家道肃，律身以敬义。心学正，常与同志之士慨然曰：‘今之学者，每病陆象山之学以径约为主，而其为自己之学，则不先读小学大学，近思而做功，先读周易启蒙，不求之格致诚正之次序。而又必欲先言性命之理，则其流弊不但象山而止也。’”

② 吴宗一，《对阳明学的接受和发展的重新探讨》，《阳明学》第3期，韩国阳明学会，1999年。吴宗一在对金世弼《传习录》的初刊本进行探讨之后，在给朴祥寄去的书信中，以“紫阳人去斯文丧，谁把危微考旧闻。学蹈象山多病处，要君评话复云云。”（《十清轩集》卷2，《又和讷斋》）为基础，把《传习录》的韩国发展时期界定为1521年。

③ 《退溪先生文集》卷41，《杂著》。白沙诗教传习录抄传：“滉谨按陈白沙，王阳明之学，皆出于象山，而以本心为宗，盖皆禅学也。”

《栗谷先生全书》卷37，《附录》。紫云书院庙庭碑：“中朝之士学，尊信象山，以至阳明之徒出，则尤为正学之害。”

《月汀先生别集》卷1，《跋鱼有凤》。“皇朝学术，自王阳明，陈白沙以来，专主陆氏，恣为荒唐诐僻之说。”

三、对象山学问批判的展开

1. 退溪对朱陆早异晚同说之批判

根据徒弟李德弘的记载，退溪在得到了《心经》之后，方才领会到心学的根源和心法的精密性，并倾其一生把此文章当作神明一样信奉，当作严父一般尊敬。[①]退溪在六十六岁所作的《心经后论》中也提到“其初感发兴起于此事者，此书之力也。故平生尊信此书，亦不在四子近思录之下矣。”[②]因此可以认为《心经》才是真正包涵心学研究的经典。

退溪的爱读之书是程敏政(1445—1499)所著的《心经附注》一书。《心经附注》一书选取了四书三经和宋代诸贤的文章中颇具意义的内容，并在《心经》中原文和注释欠妥不周的地方以“附注”的形式做了补充注释。

退溪的徒弟赵穆根据程敏政在《心经附注》中提及象山学说，[③]有所怀疑其学问源于象山学说。对此，退溪认为：“人心为私欲，程门只作如此看，朱子初间亦从之。其说见于大全书答何叔京等书者，可考。其以为非私欲，乃晚年定论。附注，兼取前后说故耳。”[④]也对程敏政的附注表示赞同。在他看来，朱子所说的人心和人欲并不是同一概念。人心为先，其次为人欲。人欲是人心显露出时受到气质和私欲的影响而无法中节的流弊感情；人心中节后即可成为天理。附注的解释并不是对提及象山的引用，而是对朱子的晚年定论的陈述。退溪认为，知觉形气之私是人心，而知觉性命之正

① 《退溪全书》,《退溪先生言行录》。先生自言:“吾得《心经》而后，始知心学之渊源，心法之精微。故吾平生信此书如神明，敬此书如严父。”

② 《退溪先生文集》卷41,《杂著》心经后论。

③ 《心经附注》,《人心道心章》。朱子曰:“心之虚灵知觉一而已矣，而以为有人心道心之异者，以其或生于形气之私，或原于性命之正。”……但此不是有两物，只是一人之心，合道理底是天理，徇情欲底是人欲。……陆子静云:“舜若以人心为全不好，则须说使人去之，今止说危者，不可据以为安耳。”

④ 《退溪先生文集》卷23,《答赵士敬别纸》。

是道心。心并不是单纯的“方寸之心”或者“血肉之心”,而是达成“理气之合”的知觉运用之主体。[1]若把其区分为未发和已发,那么在未发之前的心的状态是知觉性命之理成为其本体,纯善无恶的道德趋向的本然之性;已发的瞬间,知觉形气之气的气质之性介入,善与恶被区分开来,可善可恶的欲求倾向的气质之性。

对于退溪来说,在显露出来的感情中,非善非恶的中立感情是不可能存在的。即便是有无法判断的感情,或者是无法认知的感情,也仅仅存在中节的善的道心或是不中节的不善的人欲。[2]只是中节的道心按照知觉的根源,有可能有着纯善的四端和中节的七情的差异。本然之性显露出来之时若是气质之性随之(理发而气随之),至善的四端成为道心;而气质之性显露出来时,若是本然之性主宰(气发而理乘之),中节的七情成为道心。他从分言和合言的立场定义了人心和道心。从分言的角度来看,人心是知觉形气之私而发现的,道心则为知觉性命之正而发现的。虽然善的人心[3],但原于性命之正的道心区分开来。因此,可以认为道心也有两种,即:理发气随的纯善之四端,以及气发理乘的中节之七情。

从合言而看,退溪之所以从主理和主气的观点来区分道德情感有四端和七情,要强调道德情感都为知觉性命之正而发现,其根源就是未发本

① 《退溪先生文集》卷29,《答金而精》。“心者理气之合,此非滉说,先儒已言之。所谓‘气之精爽’,先生就兼包中而指出知觉运用之妙言,故独以为气之精爽耳。”

② 《退溪先生文集》卷36,《答李宏仲问目》。“人心之中理中节,为好底。反是,为不好底。能精能一,则不畔于道心,不流于人欲矣。”

③ 退溪强调道心皆是善,人心也是本善,但人心会很容易流人欲,所以通过积极消除人欲的工夫,凡人都有可以成为圣人的希望。(《退溪先生文集》卷16,《答奇明彦论四端七情第二书》:“七情本善,而易流于恶,故其发而中节者,乃谓之和,一有之而不能察,则心已不得其正矣。”“本善而”以下,旧作“善恶未定也,故一有之而不能察,则心不得其正,而必发而中节,然后乃谓之和。”今改。)但在他看来,恶的原因有两种,当本然之性显露出来的时候,气质之性介入其中;又或者气质之性显露出来的时候,若是本然之性无法主宰,那么成为流逝不善的人欲之人心。(《退溪先生文集》卷36,《答李宏仲问目》:“四端理发而气随之,七情气发而理乘之。理而无气之随,则做出来不成,气而无理之乘,则陷利欲而为禽兽,此不易之定理。”)

体的“理”。他认为道德情感和心之本体的“理的作用”有关。如果道心也只限于已发工夫，则可能忽视未发本体的实在。在他看来，道心在修养工夫中意味着两个含义，“贯始终”是强调通过人的主体努力，通过格物致知和诚意正心工夫持续道德意志的纯善，“通有无”则强调不能忽视善心的根源和本体的作用。为了维持道德思维和行为，人必须通过已发工夫，知道和实践当为准则，但也不能忽视道德的另一主体——理。由于理是道德思维和行为的另一主体，在退溪的修养论中不被轻视“戒惧”工夫。

另外，退溪还在《心经后说》一书中通过程敏政的《心经附注》，针对朱子的尊德性和道问学的晚年定论做出了确认。

> 朱陆二氏之不同，非故有意于不同也。此儒而彼禅，此正而彼邪，此公平而彼私狠。夫如是，安得而相同耶？孔子曰：“博学于文，约之以礼。”子思曰：“尊德性而道问学。”孟子曰：“博学而详说之，将以反说约也。”二者之相须，如车两轮，如鸟两翼，未有废一而可行可飞者。此实朱子之说也，吾儒家法，本自如此。老先生一生从事于斯二者，才觉有一边偏重，卽猛省而痛改之……岂初年全迷于文义之末，及见象山然后始悟，而收归本原乎哉！①

朱子认为，但凡是人，无论是谁在内心里都包含着道德本体，但是由于气质和私欲的影响，这一本体要显露出来是非常难的。通过道问学，确立道德性的知识，通过尊德性，不断地进行道德性的实践，只有这样才能自觉到心的本体，并将其显露出来。

另一方面，象山认为，朱子将尊德性和道问学的追求同时进行，始于对这两个概念的错误理解。对于他来说，知与行齐头并进式的合并从一开

① 《退溪先生文集》卷41，《杂著》，心经后论。

始就毫无意义。培养德性的学习式恢复本心并使其显露的学习,并不是在对读书或者对外部事物道理的追求之后,再单独进行的培养性学习。另外,道问学只能是恢复本心的人才可能进行的学习,若是丢失了本心,无论如何努力地读书,也无法明白其中的意义,当然也无法揭示事物的道理。自然,就算是陆象山先强调了恢复本心的重要性,这也与朱子的先知后行是不同的。在本心中,知与行已经合二为一了。①

退溪认为,朱子强调居敬涵养的尊德性工夫,并不是在与象山进行交流的过程中,在其晚年才发生的转变。而是早在已丑之悟之后,就强调同格物致知的道问学工夫一起,应当一同进行存心养性及诚意正心的尊德性工夫,这成为了朱子的正论。

因此,退溪在写给自己徒弟的信件中说道:"晦翁盛年,读尽天下书,穷尽万理,门人皆效法之。觉于躬行,功或稍疏,故力言尊德性,以求一时之弊,非谓不读书专治心如象山之说也。"②

2. 栗谷对象山工夫论和道统论之批判

栗谷当时在中朝上尊敬对待象山,在阳明学说兴起后,认为象山学说的核心是远离致知,只讲求"存养"。

> 中朝之学,尊信象山,以至阳明之徒出,则尤为吾道之害……学者必存养,然后乃有所得。象山挥斥致知之功,以为支繁失真,专用功于本心。此于涵养,不为无助。但学者知行必须并进。若不知道理,不辨是非,则所谓存心者,亦将何据。若只静坐而万理自得,则孔子何必曰博学于文,子思何必曰道问学乎?③

---

① 陆九渊:《象山语录译注》,高在锡译,世昌出版社,2017年。

② 《退溪先生文集》卷36,《答李宏仲》:"晦翁盛年,读尽天下书,穷尽万理,门人皆效法之.觉于躬行,功或稍疏,故力言尊德性,以求一时之弊,非谓不读书专治心如象山之说也。"

③ 《栗谷先生全书》卷38,《附录(六)》,前后辨诬章疏。

象山认为，由于在本心中知和行已经统一，在物欲或私欲的引诱下，变得混乱的心若能冷静地沉静下来，本心自会自然地显现出来，并能够区分出心到底是有志于义还是有志于利。

栗谷则认为，象山的观点不区分心和理，知和行，而是把它们看作一体；这种观点稍微不慎，就有把私欲错认为是本心的危险。只有通过格物穷理，筹备好道德标准，就能够进行诚意正心的居敬工夫。当然致知工夫的目的虽然在于通过外部事物来探求事理，但是其最终目的在于显现出主观的内心世界中已经具备之理。居敬与穷理的工夫，忽略任何一方都是无法进行的。

另外，栗谷通过道统说对象山的观点进行了批判。“道统”是圣贤们进行传道的宗谱。朱子在《中庸章句》的序言中提出了道统的宗谱：尧、舜、禹、汤、皋陶、文、武、周公、箕子、孔子、曾子、子思、孟子、二程等。[①]虽然象山也基本认同了到孟子为止的道统宗谱[②]，但是却极力反对伊川把本性和内心一分为二的观点[③]。

栗谷认为，佛教要么把理看作心，要么不立文字，因此存在着用轮回和报应的学说来迷惑人们的弊端。但是这一弊端即刻便可被人们发现，因此害处并不大。而与之相反的是，象山在表面上主张儒学的正道，但实际

---

① 《中庸章句》：“夫尧舜禹，天下之大圣也，以天下相传，天下之大事也……自是以来，圣圣相承。若成汤文武之为君，皋陶伊傅周召之为臣，既皆以此而接夫道统之传。若吾夫子，则虽不得其位，而所以继往圣开来学，其功反有贤于尧舜者。然当是时，见而知之者，惟颜氏曾氏之传得其宗。”

② 《陆九渊集》卷22，《杂著》。杂说：“尧、舜、文王、孔子四圣人，圣之盛者也。……夫子之门，惟颜曾得其传。”

③ 《陆九渊集》卷34，《语录（上）》：“某旧日伊洛文字不曾看，近日方看，见其间多有不是。”象山对一分为二观点的批判从小时候就开始了。《陆九渊集》卷36，《年谱》：“闻人诵伊川语，云‘伊川之言，奚为与孔孟之言不类？’”他对一分为二观点的批判性态度的坚持，是因为一分为二的观点把动和静、体和用明确地分开来，把作为道德感情根源的本性界定为区别于心的实际情况。本心指的是：本性和心无法区分，二者合二为一的心原本的状态。

上却标榜禅学，因此误导人们的弊端非常之大。①

四、结语

高丽末期，朝鲜初期传入韩国的朱子学，同元末时期的朱陆和会说以及明初的朱陆早异晚同说一起形成了性理学的主流。明代中期以后，由于阳明学说凸现为政治理念，当时与中朝保持着持续交流的朝鲜学者们自然而然地接触到了朱子和象山的学说。

朝鲜初期对于象山学说的评价可以分为阳明学说流入之前与流入之后两种特性。阳明学说流入之前，象山学说曾被看作是同朱子学有着密切联系，补充完善朱子学的理论；也被看作是与朱子学背道而驰，或者是与佛教的观点具有同一意义的异端邪说，并因此遭到了否定评价。阳明学说流入之后，象山学说同阳明学的观点有着联系，成为阳明学说形成的原因，被批判为是对道学有害的异学。

吴宗一在《对阳明学的接受与流传的重新探讨》一文中认为，阳明学从最初流入的时候开始，一直到退溪写作《传习录辨》一书之前，在学者之间流行着针对阳明学的研究，因此这一时期应被看作是阳明学的盛行时期。②

---

① 《栗谷先生全书》卷37，《附录(五)》。紫云书院庙庭碑："佛氏之说，有精有粗。粗者，不过以轮回报应之说，广张罪福，诱胁愚迷，使之奔走供奉而已。其精者则极论心性，而认理为心，以心为万法之本，认心为性，以性为见闻作用，以寂灭为宗，以天地万物为幻妄，以出世为道，以秉彝人伦为桎梏。其用功之要，则不立文字，直指人心，见性成佛，顿悟之后，方加渐修。……宋初，其徒犹炽，自程朱廓清之后，其势始衰，于今所谓禅学者，殆至于绝矣。又有陆象山，与朱子并世而生，挥斥致知之功，以为支繁失真，专用功于本心。……象山既没，其学不绝，至今与朱子正学，竝立而相抗，一种厌勤劳乐简便之徒，相与作为幽深慌惚之说以附之。呜呼！其亦斯道之不幸也欤！禅学虽足以惑人，其言非儒，其行灭伦，世闲稍知有秉彝者，固已疑阻，又经程朱之辟，宜乎其迹若扫矣。陆学则不然，言必称孔孟，行必本孝弟，而其用心精微处，乃是禅学也，辟之之难，岂不十倍于佛氏乎。佛氏之害，如外寇之侵突，陆氏之害，如奸臣之误国。"

② 吴宗一：《对阳明学的接受与流传的重新探讨》，载《阳明学》第三期，韩国阳明学会，1999年，第5~17页。

退溪之前,阳明学的流行并不是指阳明的学说本身的流行。融入了朱陆和会说以及朱陆同异的观点的朱子学,在朝鲜初期流入,并自然地与象山的学说接触。由于存在对其认同的学者,才可能形成这一现象。

朝鲜初期,学者把性理学作为统治理念进行采纳,并在象山的学说中寻找可以补充完善朱子学说缺点的依据,并对象山的学说予以认同。

当然,在当时也有学者坚持对象山学说的批评态度。李能和认为,在退溪判定阳明的良知良能学说出自于象山的禅学之后,"阳明学"就从朝鲜的学术界中被排挤出去,成了异端。[①]吴宗一也认为,在朝鲜初期,还没有出现把陆王学视为异端的风潮。退溪在其晚年批判了阳明之后,这种潮流才成为主流。[②]

但是对象山学说的批判却在退溪之前就已经存在。晦斋李彦迪认为,忘斋和忘机堂以象山的学说和花潭的气学为依据,在书信中对其进行了批判。尽管朱子用反驳象山的论据代替了忘斋的批判,但是由此而知,从性理学者的立场来看,对象山学问逻辑性的批判在朝鲜前期就已经存在。

也可能是在朝鲜建国初期,由于在高丽时期尤为盛行的佛教批判上倾注了大量力气,在儒学内部对于不同于性理学的异学没有余力关注,因此没有凸显出来。又或者是由于像朱陆和会观点的流入,但却没有明确地区分两者之间的差异,存在着把两者当作同一学说来认识的倾向。

在性理学的理论基础扎根的十五世纪以后,象山的理论遭受了大肆的逻辑性的批判。阳明学的著作在流入朝鲜之后,接触了阳明学著作的退溪、栗谷等性理学者断定阳明学说是以象山为基础的,在延长批判象山的层面上,对其进行贬低,认为它属于禅学。阳明的心即理、心外无物、知行

---

① 李能和:《朝鲜儒界之阳明学派》,《李能和全集》,韩国学研究所,1978,第 639 页:"退溪之时,王阳明文集,始自明国而来,退溪以其良知良能之说,暗出于陆象山禅学之源流,分别昭晰痛加排斥,于是乎世人皆知阳明之为禅学而一辞攻击,自是阳明之学,不得接踪于儒界,而根苗永绝矣。"

② 吴宗一:《阳明传习录传来考》,《哲学研究》(第 5 集),高丽大学哲学系,1978,第 72~73 页。

合一、致良知的核心概念尽管同象山的用语有所不同，但这不过都是对象山的抄袭。这表明，在阳明之前对象山的认知已经发生了。

退溪和栗谷认为，并不是朱子在晚年时期受到了象山观点的影响，才开始重视尊德性；中和新说以后，确立的尊德性和道问学的观点原封不动地被继承下来，担心徒弟们认为应该偏重致知的工夫而忽略存养的工夫，因此在晚年开始重视存养的工夫。在朱陆和会说和朱陆早异晚同说中所提出的逻辑性批判，以及从性理学者的角度提出的观点都受到了系统性的批判，突出了两者之间的差异。另外，栗谷还从性理学的角度批判了象山所提出的道统说。

不仅仅是在丽末鲜初流入的象山学说，以及至少在朝鲜中宗十六年以后流入的阳明学说，在十四到十六世纪朝鲜的学术界中，尊崇陆学和王学的学者们留下，并没有判定为“阳明学”。象山的学问被叫作“陆学”“陆氏之学”“陆象山之学”“象山之学”等等，阳明的学问则被叫作“王学”“阳明之学”“阳明学术”等。这两种学问虽然被统称为“陆王之学”，但是这一用语并不是指称尊崇这两者的观点所形成的学派，只是有着歪曲了孔孟之道的“异端”，以及只属于个人的学问观点的贬低意义。壬辰倭乱之后，朝鲜学者们才开始同形成阳明学这一主流的中朝进行密切的交流，并开始使用具有统称象山和阳明学问意义的“心学”这一用语。

当然，韩国儒学都是心学，退溪自然也属于心学。在朝鲜时期的文献记录中，就有把像退溪这样的道学学者界定为“心学”的内容记载。[①]那么

① 《朝鲜王朝实录》,《宣祖实录》。宣祖 27 年(1594)7 月 17 日癸巳：上曰：“心学亦为之乎？”瑶曰：“臣尝闻治心之人，无不往见，今之名士，亦皆遍识。如柳成龙往来退溪门庭，有学而未能详知。金谨恭乃李仲虎弟子，而尝教授生徒，臣尝与之从游矣。……虽中朝人，若有心学，则愿见而不得。王守仁之书，亦尝喜见矣。……其言云：‘晦庵之心，与某同，而格物之说，与程子有异。’臣尝见阳明及象山书，臣之心，以为好矣。”当然，在朝鲜初期，“心学”并没有被用作代表陆王心学的概念而使用。性理学者仍然把它用作指称关于心性的探索研究的特征来使用。《太祖实录》中记录道：“人主之治，系于心学，当精一执中，涵养扩充，以为修齐治平之本。”(《朝鲜王朝实录》,《太祖实录》15 卷，太祖七年(1398 年)12 月 17 日己未。)《燕山君日记》亦说：“臣闻，尧舜授受，必先心

韩国儒学就都是实学。因为韩国儒学否定虚学和伪行，为了实现真正的圣学而努力。但是在东亚，把占有独一无二位置的茶山规定为“实学”的尝试也颇具意义。学者在各自的时间与空间中对儒学进行新的阐释，应用于现实中，这样有意义的学问需要清楚明白的学问分类的概念划分。“心学”在学术现场上已经通用，具有指称像象山和阳明这样的学问性观点的意义。

朝鲜初期“心学”的形成过程仅用阳明学说是无法说明的。除了高丽时期由于佛教的影响而形成的学术倾向，或者受气学的影响之外，只有让象山和阳明的学问齐头并进，才能说明韩国心学的初期发展情况。

五、补论：对近现代“韩国阳明学”概念的省察

20 世纪以后，东亚的知识分子们各自带着不同的原因和目的，对“阳明学”和“韩国阳明学”表现出极大的研究热情。

日本的朝鲜阳明学史的研究在过去日本帝国主义强占时期，在朝鲜史编修会的邀请下，由李能和带领进行了尝试。[①]由日本主导的“阳明学”在很大程度上与殖民史观的确立这一不纯的动机有着很大关联。

日本在 1867 年明治维新以后，积极地接受西方的文化产物，选择从未开化的国家走向独立的文明之国。冲出亚洲走向西方的“脱亚入欧”的观点，把一贯坚持锁国政策的朝鲜和中国界定为无法凭借自身的力气实

学，三代令主，皆为师傅。……近者识理学者盖寡，唯金应箕一人而已。帝王之学，心学为重，治国之道，莫逾于此。（《朝鲜王朝实录》，《燕山君日记》36 卷，燕山六年（1500）1 月 12 日丁卯。）而且《中宗实录》记曰：“近者金宏弼、郑汝昌，皆为心学之人也。”（《朝鲜王朝实录》，《中宗实录》66 卷，中宗二十四年（1529）11 月 1 日癸巳。）退溪亦说“吾得《心经》而后，始知心学之渊源，心法之精微。故吾平生信此书如神明，敬此书如严父。”（《退溪全书》，《退溪先生言行录》。）“心学”也被用作术语来指代性理学者的心性修养的学问。

① 李能和：《朝鲜儒界之阳明学派》，《青丘学丛》，第 25 号，1936 年。

现现代化的未开化的"坏邻居";日本以天皇制国家主义为中心,把其作为侵略和主宰亚洲的帝国主义建设的理论基础。尤其是在阳明学内在的里面,以忠为法则的基础以及万物本来就是一体的万物一体论,成为对天皇自律性的忠诚,以及为了亚洲的共同繁荣而构建大东亚秩序这一具有魅力的伦理要素。

日本侵略朝鲜后,为了其殖民政策的合理化,在朝鲜总督府下设立了下属机关朝鲜史编修会,对韩国思想和历史有意识地进行缩减和歪曲。高桥亨利用朝鲜六百年间的统治理论,为了提出歪理邪说,认为生机勃勃的性理学的封闭性是导致朝鲜败亡的主要原因。他贬低韩国儒学,认为韩国儒学思想同日本儒学不同,偏向朱子学,其发展潮流单调枯燥;而朱子学的韩国本土化没有达到自我发展,而只是作用于党争的逻辑依据。另外,朝鲜史编修会鼓动李能和进行朝鲜的阳明学研究。明治维新以后,他们试图塑造自己通过阳明学达成了西方现代化,并强调从亚洲独立出来并发展成为文明国的日本人侵略朝鲜和支配朝鲜的正当性。[①]

另一方面,近代以后韩国知识分子的阳明学研究以区别于日本的截然不同的动机开始启程。为堂郑寅普断定,朝鲜在面对日本侵略时束手无策并倒塌崩溃的原因,就是历史上性理学的"虚学"和"假行"的弊端所导致的。他主张通过朝鲜的阳明学研究,以"实学"和"实行"的精神对儒学进

---

① 李能和对韩国阳明学史研究的分析,在李宇真、崔载穆所著的《李能和的韩国阳明学研究:以郑寅普和高桥亨的比较为中心》一文中有详细的记述(《阳明学》第42好,2015年)。李能和在《朝鲜儒界之阳明学派》一文的序言中写道:"儒教在日本及支那,则有朱子学派,有阳明学派对峙竝立,而在朝鲜,则专以朱子学说为主,至于阳明学派,非无其人,而但从前,因朱派之挟政权,以压迫之故,不敢举头于世,遂使此学之人,埋没无闻,大为学界之缺憾,今之史家稻叶君山博士、小田省吾先生等,怂恿不佞,表明朝鲜儒界之阳明学派,以借学界之参考者,非止一再矣……惟望读者诸君子,但作阳明学派史材观可也。"(李能和:《朝鲜儒界之阳明学派》,《李能和全集》,韩国学研究所,1978年,第105页。)当时"稻叶君山"和"小田省吾"身为朝鲜史编修会的委员,属于研究殖民史观的核心人物。由此可以推测出,他们鼓动李能和进行朝鲜阳明学研究的意图和殖民史观并不是毫无关系的。

行全新的阐释,并克服历史上朝鲜性理学的封闭性,恢复自主性的自我认识和自主性的民族精神,以实现独立和和平。①

20世纪六七十年代以后,韩国的阳明学研究以牟宗三为首,在台湾现代儒学的影响下,自朝鲜时代起一直被指控为异端,一直在学问辩论上遭到冷落的韩国阳明学的学术不平等问题;为了挖掘新的时代精神,韩国阳明学开始受到重视。韩国阳明学会的首任会长宋河璟在《阳明学》这一学术期刊创刊号的祝词中写道:"'韩国阳明学会'的创立以及学会期刊《阳明学》的创刊,虽然从全世界或者我国学术界这一大的方面来看,不过是微不足道的小事;但是经过了525年的历史,从阳明学史和阳明学界这一小的方面来看,我认为是值得记载下来的非常大的事件……21世纪就在眼前,即将到来……我认为阳明学的精神也到了发出光芒,发挥其应有的作用的时代。"② 20世纪80年代以后,社会文化整体表现出脱一元化和脱统一化的变化趋向,韩国阳明学会自朝鲜时代就被指控为学术界的异端,这一席话是认为现在应该确立阳明学的学术性地位,并让阳明学的普遍价值在现代社会中发挥其积极的作用的自我任命。

中国对于阳明学的现代兴趣在经历了与西方国家的冲突之后突然暴增。梁启超在引入西方文明的过程中,主张解体旧的传统,并为了接受民主、平等、自由等近代价值,挖掘出阳明学内在的价值和西方价值的相似之处,试图革新中国文化。

1950到1960年,牟宗三、徐复观、唐君毅等现代新儒家学者们远赴台湾和香港,针对现代文明,试图通过阳明学思想来寻找中国式的对应法则。东亚因此也自然对西方知识分子产生了不小的影响。

2000年以后,随着经济的发展,中原大陆的社会一体化要求也随之出现,目睹了与西方文明对决的中国,近年来开始集中研究代表朱子学和阳

① 郑寅普:《阳明学余论》,洪元植译,启明大学出版社,2004年。
② 宋河璟:《创刊词》,《阳明学》第1期,1997年,第3~4页。

明学的宋明理学,并试图恢复东亚文明的中心地位,倾注大量精力于复苏文化自尊的过去记忆。多元文明的公正理解对于形成和谐的世界秩序有着积极的影响。但是最近中国学者尝试的对于东亚“阳明学“的研究,含有恢复文化中心主义的意义, 即韩国和日本的阳明学并没有越过中国哲学单纯的地理性扩散。这预示着韩国思想文化的特殊性正在被忽视,并且被吸收到中国哲学中去。其主要的伦理是“韩国阳明学”若是无法超越中国阳明学的地理性扩散,那么韩国所特有的差异性和独创性就很难被思考。

近现代的韩国“阳明学”这一用语很大程度上与各自不同的政治性意图有着密切的关系,因此要展现作为普遍价值的纯粹的“阳明学”的意义多少有些困难。在日帝殖民时期,日本为了歪曲韩国思想史,并移植他们的殖民史观,研究了“朝鲜阳明学史”。近年,中国为了民族文化的复兴,花费大量精力专注于“阳明学”研究。因此,东亚的阳明学特征不过是中国阳明学的地理性扩散而已。

日帝时期的日本和最近在中国备受瞩目的“阳明学”;近代韩国知识分子为了克服性理学的弊端,确立民族精神,开始对其关注而开始的阳明学;还有 80 年代以后,同脱统一化的变化潮流一起,为了恢复朝鲜时代在学问辩论中被排挤出去的阳明学的地位, 并研究阳明精神的现代性运用而开始的阳明学;这些阳明学一起探索着普遍价值的接受和应用,而要把这一“阳明学”的意义表现出来是具有相当的难度的。

当然,“阳明学”这一概念,以及和朱子学形成对比的象山,作为对阳明世界的认识的学术用语是可以使用的;但是“阳明学”是以阳明为起点,包含着较浓的心即理学说的色彩。尽管在中国周边的朝鲜学者们接受了朱子的性即理学说,但是中国的地域学,或是不局限于特定人物的概念,或是中国的地域学来理解,使用所谓“性理学”的概念,是试图赋予其普遍的韩国式接受与发展的意义。孔子的集大成学说并不叫作“孔子学”,为“儒学”,正是这一个道理。

为了让“韩国阳明学”成为日本帝国主义侵略正当化的理由而将其停留在这一时间上是不可以的；停留在某个特定国家的地域学概念上也是不可以的。在这期间，学术界上分别用象山学、阳明学、陆王学、心学、霞溪学、江华阳明学等用语来称呼“韩国阳明学”。

在这一层面上，与性理学区别开来的普遍价值的象山学把阳明哲学思想的韩国式接受与发展判定为“韩国心学”也非常有意义。如果要坚守“韩国阳明学”，就应该要把阳明学放在朝鲜时期的历史潮流中，它并不只是阳明的学说，而应该把其多元化的观点所蕴含的意义也一起考虑进去。在近现代的剧变时期，应当去除由于政治性的意图而界定的特定目的。

“韩国心学”拥有朝鲜六百年的历史，近代以后，它在剧变的历史潮流中带有怎样的特性，又是如何发展的，这些问题我会通过后续的研究继续分析探讨。只是，本文试图通过分析朝鲜初期对韩国心学的接受态度和发展特性，并针对“韩国心学”的发展情况作了多元性的持续的研究；以普遍价值的韩国特殊性的发展作为对“韩国阳明学”概念的自我反省的前提。我期待对本文的指评可以作为日后针对扩大的“韩国心学”的后续讨论。

五）

行全新的阐释，并克服历史上朝鲜性理学的封闭性，恢复自主性的自我认识和自主性的民族精神，以实现独立和和平。①

20世纪六七十年代以后，韩国的阳明学研究以牟宗三为首，在台湾现代儒学的影响下，自朝鲜时代起一直被指控为异端，一直在学问辩论上遭到冷落的韩国阳明学的学术不平等问题；为了挖掘新的时代精神，韩国阳明学开始受到重视。韩国阳明学会的首任会长宋河璟在《阳明学》这一学术期刊创刊号的祝词中写道："'韩国阳明学会'的创立以及学会期刊《阳明学》的创刊，虽然从全世界或者我国学术界这一大的方面来看，不过是微不足道的小事；但是经过了525年的历史，从阳明学史和阳明学界这一小的方面来看，我认为是值得记载下来的非常大的事件……21世纪就在眼前，即将到来……我认为阳明学的精神也到了发出光芒，发挥其应有的作用的时代。"② 20世纪80年代以后，社会文化整体表现出脱一元化和脱统一化的变化趋向，韩国阳明学会自朝鲜时代就被指控为学术界的异端，这一席话是认为现在应该确立阳明学的学术性地位，并让阳明学的普遍价值在现代社会中发挥其积极的作用的自我任命。

中国对于阳明学的现代兴趣在经历了与西方国家的冲突之后突然暴增。梁启超在引入西方文明的过程中，主张解体旧的传统，并为了接受民主、平等、自由等近代价值，挖掘出阳明学内在的价值和西方价值的相似之处，试图革新中国文化。

1950到1960年，牟宗三、徐复观、唐君毅等现代新儒家学者们远赴台湾和香港，针对现代文明，试图通过阳明学思想来寻找中国式的对应法则。东亚因此也自然对西方知识分子产生了不小的影响。

2000年以后，随着经济的发展，中原大陆的社会一体化要求也随之出现，目睹了与西方文明对决的中国，近年来开始集中研究代表朱子学和阳

---

① 郑寅普：《阳明学余论》，洪元植译，启明大学出版社，2004年。

② 宋河璟：《创刊词》，《阳明学》第1期，1997年，第3~4页。

明学的宋明理学，并试图恢复东亚文明的中心地位，倾注大量精力于复苏文化自尊的过去记忆。多元文明的公正理解对于形成和谐的世界秩序有着积极的影响。但是最近中国学者尝试的对于东亚"阳明学"的研究，含有恢复文化中心主义的意义，即韩国和日本的阳明学并没有越过中国哲学单纯的地理性扩散。这预示着韩国思想文化的特殊性正在被忽视，并且被吸收到中国哲学中去。其主要的伦理是"韩国阳明学"若是无法超越中国阳明学的地理性扩散，那么韩国所特有的差异性和独创性就很难被思考。

近现代的韩国"阳明学"这一用语很大程度上与各自不同的政治性意图有着密切的关系，因此要展现作为普遍价值的纯粹的"阳明学"的意义多少有些困难。在日帝殖民时期，日本为了歪曲韩国思想史，并移植他们的殖民史观，研究了"朝鲜阳明学史"。近年，中国为了民族文化的复兴，花费大量精力专注于"阳明学"研究。因此，东亚的阳明学特征不过是中国阳明学的地理性扩散而已。

日帝时期的日本和最近在中国备受瞩目的"阳明学"；近代韩国知识分子为了克服性理学的弊端，确立民族精神，开始对其关注而开始的阳明学；还有 80 年代以后，同脱统一化的变化潮流一起，为了恢复朝鲜时代在学问辩论中被排挤出去的阳明学的地位，并研究阳明精神的现代性运用而开始的阳明学；这些阳明学一起探索着普遍价值的接受和应用，而要把这一"阳明学"的意义表现出来是具有相当的难度的。

当然，"阳明学"这一概念，以及和朱子学形成对比的象山，作为对阳明世界的认识的学术用语是可以使用的；但是"阳明学"是以阳明为起点，包含着较浓的心即理学说的色彩。尽管在中国周边的朝鲜学者们接受了朱子的性即理学说，但是中国的地域学，或是不局限于特定人物的概念，或是中国的地域学来理解，使用所谓"性理学"的概念，是试图赋予其普遍价值的韩国式接受与发展的意义。孔子的集大成学说并不叫作"孔子学"，而且被界定为"儒学"，正是这一个道理。

为了让“韩国阳明学”成为日本帝国主义侵略正当化的理由而将其停留在这一时间上是不可以的；停留在某个特定国家的地域学概念上也是不可以的。在这期间，学术界上分别用象山学、阳明学、陆王学、心学、霞溪学、江华阳明学等用语来称呼“韩国阳明学”。

在这一层面上，与性理学区别开来的普遍价值的象山学把阳明哲学思想的韩国式接受与发展判定为“韩国心学”也非常有意义。如果要坚守“韩国阳明学”，就应该要把阳明学放在朝鲜时期的历史潮流中，它并不只是阳明的学说，而应该把其多元化的观点所蕴含的意义也一起考虑进去。在近现代的剧变时期，应当去除由于政治性的意图而界定的特定目的。

“韩国心学”拥有朝鲜六百年的历史，近代以后，它在剧变的历史潮流中带有怎样的特性，又是如何发展的，这些问题我会通过后续的研究继续分析探讨。只是，本文试图通过分析朝鲜初期对韩国心学的接受态度和发展特性，并针对“韩国心学”的发展情况作了多元性的持续的研究；以普遍价值的韩国特殊性的发展作为对“韩国阳明学”概念的自我反省的前提。我期待对本文的指评可以作为日后针对扩大的“韩国心学”的后续讨论。